Gravure des DVD POUR LES NULS

Gravure des DVD POUR LES NULS

Philip Escartin

FIRST
Interactive

Gravure des DVD pour les Nuls

Publié par Wiley Publishing, Inc.
111 River Street
Hoboken, NJ 07030-5774
USA

Edition française publiée en accord avec Wiley Publishing, Inc.
© 2005 Éditions First Interactive
27, rue Cassette
75006 Paris - France
Tél. 01 45 49 60 00
Fax 01 45 49 60 01
E-mail : firstinfo@efirst.com
Web : www.efirst.com
ISBN : 2-84427-782-9
Dépôt légal : 4e trimestre 2005

Collection dirigée par Jean-Pierre Cano
Edition : Pierre Chauvot
Maquette et mise en page : Edouard Chauvot

Imprimé en Italie

Sommaire

Introduction

Le numérique est sans doute la plus grande révolution technologique depuis l'invention de l'imprimerie par un certain, un certain, alors j'attends... Gutenberg ! Bon, je vois que l'histoire n'est pas votre point le plus fort. Mais qu'en est-il de l'informatique dont l'une des plus extraordinaires applications est la gravure des DVD ? Je ne suis pas certain que vos connaissances en la matière soient à la hauteur de ce que permet ce support optique polyvalent. D'ailleurs, il suffit de vous poser la simple question : "Que signifie DVD ?" pour que vous répondiez du tac au tac... "Disque vidéo... ah ! ben, je ne sais pas !" DVD signifie littéralement Digital Versatile Disc, c'est-à-dire en bon français *disque numérique polyvalent*. Eh oui ! la lettre V ne veut pas dire Vidéo ! C'est cette polyvalence à laquelle s'intéresse cet ouvrage. Que vous débutiez en informatique, que vous ayez envie de débuter en informatique, que vous soyez un expert ou non de la gravure des CD désireux d'évoluer vers le DVD, je vous invite à pénétrer dans le monde fascinant, redoutable, autant qu'effrayant, qu'est la gravure des DVD envisagée dans tous ses aspects. Vous souhaitez graver des données sur DVD car votre bureau croule sous les CD ? Ce livre est fait pour vous ! Vous hésitez entre l'achat d'un graveur de DVD-ROM et un enregistreur de salon ? Ce livre est fait pour vous ! Vous ignorez la différence qui existe entre les deux appareils que je viens de citer ? Ce livre est fait pour vous ! Vous souhaitez graver, copier, créer des DVD vidéo avec un système de navigation digne des DVD professionnels que vous achetez ou louez dans le commerce ? Ce livre est fait pour vous ! Vous désirez transférer le contenu de vos cassettes vidéo sur DVD ? Ce livre est fait pour vous ! Vous ne savez pas pourquoi vous devez acheter ce livre ? Alors, ce livre est vraiment fait pour vous ! En un mot comme en cent, toutes les questions que vous vous posez sur tous les aspects du DVD en tant que support de données et support de diffusion de vidéos trouvent une réponse dans cet ouvrage très complet qui vous fait comprendre, avec le sourire, et en expliquant clairement les choses, ce que vous êtes en droit d'attendre d'un ordinateur équipé d'un graveur de DVD-ROM, d'un enregistreur de salon et des DVD vierges.

Organisation de ce livre

C'est après une mûre réflexion, un brainstorming d'une intensité telle que le paracétamol ne pouvait plus rien pour mes migraines diurnes et nocturnes que j'ai décidé, comme ça, un matin en me levant du bon pied, le droit, de structurer ce livre en six parties distinctes composées de vingt chapitres. Voici ce que vous y découvrirez :

Première partie : Le salaire du graveur

Cette partie présente les aspects fondamentaux du DVD envisagé dans toutes ses acceptions. Ainsi, au Chapitre 1, vous saurez en quoi la gravure des DVD est devenue une activité quasi incontournable dans laquelle il faut oser s'investir. Au Chapitre 2, vous découvrirez la différence entre un graveur de DVD-ROM et un enregistreur de salon, ainsi que les différents types de matériels existants dans ces deux catégories. Le Chapitre 3 présente, dans une chronologie à la logique implacable, les différents types de DVD vierges, vous explique comment les acheter au meilleur prix, et vous montre la manière de les stocker et de les entretenir. Disposer d'un graveur de DVD-ROM est une bonne chose, mais quel ordinateur faut-il pour l'utiliser ? Que vous hésitiez entre un Mac et un PC, le Chapitre 4 distille de précieux conseils sur l'achat, la mise à niveau et l'utilisation d'un ordinateur dont une partie de l'activité sera réservée à la gravure de DVD de données et de DVD vidéo. Vous disposez d'un graveur de DVD et d'un ordinateur et/ou d'un enregistreur de salon. Le Chapitre 5 explique comment installer ces matériels et comment les asservir à vos besoins spécifiques. Enfin, au Chapitre 6, vous verrez qu'il est nécessaire de disposer de matériels supplémentaires lorsque l'on désire créer des DVD vidéo.

Deuxième partie : Les logiciels de gravure de DVD

Fort des explications données dans la première partie, vous aurez vite compris que, sans logiciel de gravure, un graveur ne sert à rien.

Le Chapitre 7 présente donc les programmes phares disponibles sur PC, tandis que le Chapitre 8 s'intéresse à ceux disponibles sur Mac. Ces deux chapitres envisagent aussi bien les applications de gravure de données que celles de création de DVD vidéo, et de copie de vos DVD quels qu'ils soient.

Troisième partie : Graver des DVD sur PC

Cette partie intéresse exclusivement les possesseurs d'un ordinateur fonctionnant sous Windows. Bien évidemment, ceux qui hésitent encore entre PC et Mac se feront un plaisir d'augmenter leur niveau de connaissance en lisant cette partie. Le Chapitre 9 présente la gravure des données en étudiant ses grands principes, et en montrant quelques exemples tirés de l'utilisation des logiciels Nero 6 Reloaded, Roxio Easy Media Creator 7.5, ainsi que d'un utilitaire gratuit nommé CD BurnerXP Pro. Au Chapitre 10, vous apprendrez à copier et/ou à restructurer le contenu d'un DVD vidéo, notamment en mettant en œuvre deux logiciels gratuits et puissants : DVD Decrypter et DVD Shrink. Toujours dans le domaine du DVD vidéo, le Chapitre 11 explique comment copier directement sur DVD le contenu d'une cassette vidéo numérique (MiniDV entre autres) après avoir raccordé le caméscope à l'ordinateur. Enfin, nous clôturons cette partie avec le Chapitre 12 qui explique comment graver des DVD vidéo en enregistrant préalablement le contenu de vos cassettes sur disque dur, puis en créant un DVD sans définir de système de navigation basé sur des menus.

Quatrième partie : L'authoring DVD sur PC

L'authoring DVD, beaucoup d'entre vous en entendent parler sans savoir du tout de quoi il peut bien s'agir. Cette partie lève le voile sur un terme anglo-saxon qui envisage simplement la création d'un DVD comportant des menus interactifs identiques aux DVD que vous louez ou achetez dans le commerce. Le Chapitre 13 envisage deux solutions grand public assez puissantes : Pinnacle Studio (versions 9 et 10) et Adobe Premiere Elements. Ensuite et enfin, à ceux qui désireraient porter l'expérience du DVD à un niveau supérieur, le Chapitre 14 fait découvrir l'authoring professionnel sur PC avec l'étude succincte mais efficace d'Adobe Encore DVD.

Cinquième partie : La gravure de DVD sur Mac

Dans ses grandes lignes, cette cinquième partie reprend ce qui est dit dans la troisième, mais en le transposant à l'univers Macintosh. Ainsi, au Chapitre 15, vous apprendrez à graver des données avec Toast 7 Titanium, mais également avec les fonctions natives de Mac OS X Panther et Tiger, c'est-à-dire sans investir dans une application de gravure supplémentaire. Au Chapitre 16, vous découvrirez comment copier et/ou sélectionner le contenu de vos DVD vidéo avec Toast, Popcorn et deux logiciels gratuits : Mac The Ripper et DVD Imager. Le Chapitre 17 explique comment créer de superbes DVD vidéo en asservissant iDVD livré gratuitement avec Mac OS X. Au Chapitre 18, vous effectuerez des gravures directes sur DVD avec la fonction Plug & Burn de Toast 7 Titanium, et découvrirez l'authoring DVD très sommaire proposé par cette application. Enfin, au Chapitre 19, vous entrerez dans le monde merveilleux de l'authoring DVD professionnel de l'excellent mais complexe DVD Studio Pro 4 d'Apple.

Sixième partie : Les dix commandements

Je dois avouer qu'il m'a été bien difficile de trouver quelque chose à dire dans cette partie traditionnelle de la collection *pour les nuls*, tellement je pensais avoir distillé d'informations précises tout au long de cet ouvrage (eh oui ! ma prétention est à la hauteur de mon talent, c'est-à-dire modeste). Finalement, au Chapitre 20, j'ai trouvé dix lieux communs à faire tomber de manière que vous puissiez envisager la gravure des DVD en toute sérénité.

Les pictogrammes utilisés dans ce livre

Ce pictogramme attire votre attention sur un conseil ou une astuce qui vous permet d'effectuer une tâche plus facilement et/ou plus rapidement, mais aussi vous rappelle quelques notions essentielles et vous renvoie à certains chapitres et sections de l'ouvrage.

Voici une icône qui vous met en garde contre des idées toutes faites, des informations erronées et des actions dangereuses. Il est indis-pensable d'en bien lire le contenu pour ne pas commettre l'irréparable. Rassurez-vous, votre vie et celle de vos proches ne sont pas en danger.

Ce pictogramme renferme des explications techniques que seuls les masochistes de l'informatique et de la gravure prendront plaisir à lire.

Et maintenant...

Foncez ! La gravure est à portée de vos mains, de vos désirs et de vos nécessités. Consultez les chapitres en fonction de vos besoins et de votre niveau de connaissance dans le domaine de la gravure des DVD. Cependant, qui que vous soyez, je suis intimement persuadé que commencer par la lecture du Chapitre 1 risque de vous ouvrir de nombreux horizons que vous ne soupçonniez pas.

Avertissement aux lecteurs

Les Éditions First Interactive attirent l'attention de leurs lecteurs sur les risques encourus par le téléchargement illégal, sur Internet, ou la gravure de fichiers protégés par des droits d'auteur.

Les Éditions First Interactive rappellent que la copie partielle ou totale, et, par voie de conséquence, le téléchargement d'œuvres littéraires, cinématographiques ou musicales sont strictement interdits sans autorisation expresse des ayants droit. En l'absence d'une telle autorisation, les utilisateurs d'Internet téléchargeant des œuvres protégées s'exposent aux peines prévues à l'article L. 335-4 du Code de la propriété intellectuelle.

Quel que soit leur pays, les lecteurs sont invités à prendre connaissance des lois locales portant sur la protection des œuvres intellectuelles.

"Vous ne désirez pas un truc plus simple
du genre : 'Je voudrais être beau et riche' !"

Dans cette partie...

Depuis que l'informatique est informatique et que l'ordinateur est entré dans la maison de Monsieur Tout-le-monde (je sais que chacun d'entre vous a un voisin qui porte ce nom), la gravure sur support optique fascine autant qu'elle intrigue. Déjà, aux termes "support optique", je sens poindre en vous une certaine crédulité qui, sans la présente partie, tournerait en une panique générale vous poussant à un exil forcé dans la campagne auvergnate où les plateaux infinis s'accordent davantage à l'élevage des chèvres qu'à celui des DVD. Il va donc falloir démythifier et démystifier tout cela dans des chapitres qui montrent et démontrent ce qu'est un DVD et à quoi il peut bien servir (Chapitre 1) ; quels sont les différents types de graveurs existants (Chapitre 2) et les supports qui vont avec (Chapitre 3) ; les systèmes informatiques permettant de graver des DVD (Chapitre 4) nous amenant alors tout naturellement à expliquer l'installation et l'utilisation des graveurs (Chapitre 5) ; et enfin montrer en quoi le DVD vidéo peut imposer l'achat de matériels supplémentaires (presque) indispensables (Chapitre 6).

Chapitre 1

Pourquoi graver des DVD ?

Dans ce chapitre :

- Qu'est-ce qu'un DVD ?
- Graver, ça veut dire quoi ?
- S'équiper pour le DVD.
- Pourquoi un DVD et pas un CD ?
- Sauvegarder ses données.
- Préserver ses souvenirs.

Qui aujourd'hui peut répondre à cette question ? Aussi bien vous que moi ! Chacun a, sans le savoir encore, d'excellentes raisons pour graver des DVD. La principale étant qu'il y a 99 % de chances pour qu'un graveur de DVD ait été livré avec l'ordinateur acheté à grand renfort d'angoisse et d'envie dans la grande surface la plus proche de chez vous, mais aussi pour que vous ayez déjà eu une première expérience de la gravure sur support optique : le CD !

Fort de ces constatations, je vais malgré tout supposer que l'envie ne suffit pas à surmonter les craintes, et à répondre d'autorité à cette question posée en titre de chapitre. Vous allez donc découvrir ce qu'est réellement un DVD, ce que l'on peut en attendre et ce que l'on peut en faire, le tout sans entrer dans les détails techniques que nous développerons au Chapitre 2.

Qu'est-ce qu'un DVD ?

DVD est l'acronyme générique de Digital Versatile Disc, c'est-à-dire *disque numérique polyvalent*. Cette polyvalence s'explique par le fait que le DVD est, pour le grand public, la dernière technologie de stockage sur disque optique, mais aussi la dernière technologie de diffusion domestique de films sur son téléviseur.

TRUC

Il ne faut pas confondre les différentes acceptions du terme DVD telles qu'on les connaît aujourd'hui. Parler de DVD cela peut être :

- Parler du lecteur de DVD en lui-même : "Oui, j'ai un DVD à la maison !"
- Parler de vidéo, c'est-à-dire d'un film enregistré (que dis-je, gravé) sur un disque de 12 cm de diamètre qui ressemble à s'y méprendre à un CD : "J'ai ce film en DVD !"
- Parler du support de gravure, ou encore d'écriture, ou enfin d'enregistrement, que l'on utilise dans un graveur de DVD-ROM informatique ou un graveur autonome de salon (enregistreur) : "J'ai enregistré mes films de famille sur DVD."

DVD enregistré

Le DVD existe en version enregistrée, c'est-à-dire un support qui contient déjà des informations. Par exemple, qui d'entre vous n'a pas acheté ou loué un DVD vidéo, c'est-à-dire un disque contenant l'équivalent d'un film antérieurement proposé sur cassette vidéo VHS, agrémenté de bonus en tout genre ? D'autres auront également acheté des jeux sur PC, Macintosh ou encore console Playstation et XBox qui, au regard de leurs performances techniques et graphiques, sont trop volumineux pour tenir sur nos bons vieux CD-ROM. Enfin, certains auront investi dans des DVD multimédias, ou encore des encyclopédies complètes tenant sur un seul disque. Nous pouvons dire que, d'une manière générale, le DVD couvre la plupart des loisirs informatiques.

DVD vierge

Le DVD existe également en supports vierges que nous étudions plus en détail au Chapitre 3. D'une capacité environ 6 à 12 fois supérieure à celle du CD, le DVD est devenu le support privilégié de la sauvegarde des fichiers et de la préservation de nos souvenirs soit sous forme de vidéos, soit sous forme de photos. Il s'agit donc d'un disque que vous pouvez asservir à vos besoins informatiques purs (la gestion), et à vos envies de création et de diffusion d'éléments plus personnels comme les films de famille. Depuis qu'il existe en support enregistrable et réenregistrable, le DVD peut être utilisé par tout possesseur d'un ordinateur (Chapitres 2 et 4) ou d'un enregistreur de salon (Chapitre 2).

Chacun d'entre nous sait, confusément, qu'il devrait graver des DVD, car on lui a dit, à raison, que c'est le meilleur support du moment, mais aussi parce que rares sont les ordinateurs récents démunis d'un matériel appelé "graveur" (voir le Chapitre 2), permettant intrinsèquement de graver des DVD. De plus, même si votre ordinateur n'est pas équipé d'un tel périphérique de gravure, il est assez facile de lui en ajouter un comme le démontre le Chapitre 5.

Pérennité du support

Le DVD, de par sa nature optique, est un support de stockage indépendant du matériel qui le lit et le grave. Le support opposé en matière de données informatiques est le disque dur. Entièrement magnétique, il intègre les têtes qui vont écrire et lire les données. Le support est donc doublement fragilisé. La surface peut s'abîmer du fait d'un frottement permanent, d'une rotation incessante et d'un fort dégagement de chaleur. De plus, en cas de problème mécanique comme le blocage des têtes, il devient inutilisable, rendant les données inaccessibles.

De son côté, le DVD est sécurisé dès qu'il quitte le lecteur ou le graveur. Il repose dans un boîtier qui, s'il est parfaitement bien stocké et manipulé, ne saurait souffrir d'une quelconque détérioration. Par conséquent, à l'inverse du disque dur, si le lecteur ou graveur de DVD tombe en panne, vos données ne seront pas perdues. Vous remplacez l'appareil défectueux, et vos DVD peuvent de nouveau être lus. Cette lecture se faisant par le biais d'un faisceau laser parcourant la surface du disque, aucun frottement n'est dommageable.

Vous pourriez rétorquer à cela qu'il existe également la disquette ou les disques amovibles de type Zip. Le principe reste le même que celui du disque dur, sauf que la disquette et la cartouche Zip peuvent s'éjecter, et être préservées du matériel qui les prend en charge. Il n'en demeure pas moins que le support reste magnétique. Par conséquent, il se dégrade dans le temps, même si vous en prenez grand soin. Le principe même du frottement des têtes vient à bout du support magnétique le plus robuste. (Cela ne vous rappelle pas la dégradation audio et vidéo de vos cassettes à cause du frottement des têtes en général et du support magnétique en particulier ?)

Le DVD n'est pas imputrescible. Le vernis qui protège la surface enregistrée peut s'altérer si certaines conditions d'utilisation, de stockage et d'entretien ne sont pas respectées. Pour en savoir plus à ce sujet, consultez le Chapitre 3.

Qu'est-ce qu'un support optique

A l'origine, le disque optique est un compact-disc inventé par Sony et Philips en 1981. Il se destinait uniquement à la création de CD audio répondant aux spécificités du Livre rouge. En 1984, ses possibilités ont été étendues au stockage de données numériques (Livre jaune).

Un disque optique ne peut être lu que par un lecteur optique comme les lecteurs de CD-ROM ou de DVD-ROM installés en standard sur les ordinateurs PC et Mac. C'est un faisceau lumineux qui parcourt la surface du disque pour collecter les données, et pour les écrire avec un graveur sur un support inscriptible (+R, -R, RAM) et réinscriptible (+RW, -RW, RAM).

Si l'on grave plus de données sur un DVD que sur un CD, cela tient au fait que la surface d'un DVD présente une densité supérieure à celle d'un CD. En d'autres termes, les *microcuvettes* où sont gravées les données sont plus nombreuses sur un DVD que sur un CD.

Aujourd'hui, le DVD est un support optique grand public aux capacités de stockage importantes. En revanche, à un niveau professionnel, d'autres supports optiques atteignent des capacités nettement supérieures.

Bientôt, le DVD devrait entrer dans une nouvelle ère d'expansion avec la technologie Blu-ray que je présente rapidement en fin de chapitre.

Pour conclure sur la question de savoir pourquoi il faut graver des DVD, relisez bien l'exposé ci-dessus et les quelques points suivants :

- Grosse capacité de stockage permettant au DVD de jouer le rôle d'un disque dur amovible, surtout quant il est réinscriptible.
- Polyvalence du support qui accepte aussi bien des données informatiques (sauvegarde de fichiers) que des vidéos

diffusables sur un ordinateur, ou dans un lecteur et/ou enregistreur de DVD de salon compatible.

- Pérennité du support qui dépend principalement de l'usage que vous faites du disque, de son stockage et de son entretien, indépendamment du matériel qui le grave et/ou le lit.
- Disque vidéo compatible avec la majorité des lecteurs de DVD de salon. Vous pouvez enregistrer 60 minutes en pleine qualité DV, jusqu'à 120 minutes de vidéo dans une bonne qualité numérique et jusqu'à 6 heures en qualité VHS.
- Possibilité de graver des DVD sans ordinateur avec un graveur de DVD de salon.
- Possibilité de graver des DVD MP3 avec le logiciel approprié (voir le Chapitre 9).
- Support prêt à la création de DVD audio.

Des DVD qui échappent au standard

Si le support physique du DVD reste le même dans toutes les circonstances, force est de constater que ses possibilités dépendent de la manière dont les données sont enregistrées sur sa structure. Ainsi, à côté des sacro-saints et bien connus DVD de données et DVD vidéo achetés ou encore loués dans le commerce (plus ceux que vous graverez vous-même après avoir lu cet ouvrage), nous distinguons les DVD exotiques suivants :

- **DVD VCD :** Le VCD ou Vidéo CD est traditionnellement créé sur CD-ROM. Il produit une vidéo encodée, c'est-à-dire compressée dans un format qui ne permet pas d'atteindre une qualité d'image supérieure à la cassette VHS. Donc, le DVD VCD est un VCD conçu sur DVD. La grande différence avec son petit frère est que le son doit être en 48 kHz au lieu de 44,1, et que vous pouvez stocker jusqu'à 450 minutes de vidéo MPEG-1 contre 70 minutes sur CD. Les DVD VCD sont reconnus par la majorité des lecteurs de DVD.
- **DVD SVCD :** Le SVCD est lui aussi traditionnellement réservé au CD-ROM. Il permet d'enregistrer environ 20 minutes de vidéo encodée au format MPEG-2, mais dans une résolution (ou taille) d'image inférieure à celle du DVD, d'où une moins bonne qualité vidéo. Toutefois, la qualité d'un SVCD est bien

supérieure à celle d'un VCD. Là encore, l'audio doit être en 48 kHz au lieu de 44,1.

- **DVD MP3 :** Il s'agit d'un DVD structuré de telle sorte que vous y gravez des fichiers MP3 pouvant être lus par des lecteurs de DVD de salon. Toutefois, la compatibilité n'est pas assurée à 100 %, car beaucoup de lecteurs cherchent la présence de fichiers purement vidéo à l'insertion d'un DVD.
- **DVD ISO :** Il s'agit de fichiers MPEG, MPG ou VOB gravés sur DVD mais sans aucune étape d'authoring, c'est-à-dire de création de la structure classique d'un DVD vidéo. De ce fait, peu de lecteurs de salon savent les interpréter.

Pour créer ces DVD spécifiques, vous utiliserez un des graveurs informatiques étudiés au Chapitre 2, et des DVD vierges traditionnels identiques à ceux présentés au Chapitre 3.

Il existe un dernier type de DVD appelé miniDVD ou cDVD. Il s'agit d'un DVD vidéo gravé sur CD. Bien évidemment, la faible capacité de stockage d'un CD vierge ne permet pas de graver un minutage aussi long que sur un DVD. Pour vous donner un ordre d'idée, un CD-R de 650 Mo peut contenir 15 minutes de vidéo encodée dans une qualité d'image identique à celle d'un DVD.

Vous en saurez davantage sur les supports au Chapitre 3.

Bien que tout ce qui vient d'être exposé ne soit qu'une présentation rapide du DVD et de ses possibilités, vous avez certainement compris que le DVD est le support d'aujourd'hui. Mais qui dit support dit également matériel indispensable pour en assurer la gravure et la lecture. C'est le sujet de cette première partie et des chapitres suivants. Toutefois, pour bien vous faire comprendre que le DVD est accessible à tous, je vous invite à lire la prochaine section.

Puis-je graver des DVD ?

Si vous posez cette question, j'ai presque envie de dire que vous le faites exprès ! Bien sûr que vous pouvez, et de multiples manières. Je vais me permettre une distinction qui, sans chercher à vexer qui que ce soit, n'en demeure pas moins une réalité. Il y a deux types d'utilisateurs : celui qui ne veut pas se casser la tête et celui qui veut se singulariser (justement en se cassant la tête).

Je ne veux pas me casser la tête sur le DVD

Se casser la tête en matière de DVD ne signifie pas entrer dans un univers tellement complexe qu'on en ressorte avec des migraines épouvantables, réduisant l'effet du paracétamol à celui d'un cautère sur une jambe de bois.

Amis DVDistes (ou Défaitistes ?) voici ce que je suppose de vous :

- **Vous souhaitez lire des DVD un point c'est tout !** Alors, achetez un lecteur de DVD, refermez ce livre, et filez en louer dans votre vidéoclub de quartier, ou en acheter dans un magasin spécialisé, une grande surface ou sur Internet. Bien qu'avec cette mentalité je ne pense même pas que vous ayez la patience de configurer un quelconque accès à la toile (oui, j'emploie volontairement un terme confusionnel), et que vous faites encore vos petits achats, avec votre petite voiture, dans votre petit magasin... Dieu, que vous manquez d'ambition ! Au fait, saurez-vous brancher le lecteur et lire sa notice ?! (Faut bien que quelqu'un vous mette un peu en boîte, ne le prenez pas mal !)

- **Vous souhaitez graver des films diffusés à la télévision.** Là, vous commencez à devenir un individu plus intéressant. Sachez que vous en avez tout à fait le droit, et qu'il n'est pas nécessaire d'être un grand connaisseur en informatique pour cela. Bien évidemment, vous pourriez procéder avec un ordinateur, une carte tuner et un programme de capture, puis graver le tout sur DVD. Mais ça casse la tête, n'est-ce pas ? Alors, allez au plus simple. Investissez dans un graveur de DVD de salon, les fameux *DVD Recorder* que je me plais à vous présenter au Chapitre 2. Si vous savez y faire, vous pourrez même transférer vos films rares qui périssent lentement sur VHS, et tout ou partie de vos films de famille enregistrés sur bande magnétique (donc périssable) analogique ou numérique.

  TRUC

  Nous verrons bientôt que c'est loin d'être une solution satisfaisante, car vous perdez bon nombre des avantages proposés par le DVD vidéo.

  En d'autres termes, vous désirez utiliser le DVD comme vous utilisiez vos cassettes vidéo.

- L'ordinateur vous effraie... Ça, je pouvais le comprendre avant que n'existe la collection *pour les nuls* en général, et les ouvrages dédiés à l'utilisation des Mac et des PC en particulier, dont le livre que vous tenez entre les mains lève le voile sur le grand mystère du DVD. Vous rejoignez implicitement les utilisateurs des deux sous-catégories précédentes. Votre expérience du DVD s'arrêtera à sa lecture, et éventuellement à sa gravure confortablement installé que vous serez dans votre salon.
- **Vous êtes une femme !** Non, non, je ne rentrerai pas dans un discours machiste ou misogyne, l'expérience montrant que la femme dresse simplement une barrière technologique entre elle et les machines, qu'elle réussit à faire tomber bien plus radicalement que les hommes dès qu'elle veut bien arrêter de croire qu'un ordinateur, un graveur, voire une télécommande sont plus intelligents qu'elle, ou disposent d'une autonomie de pensée despotique qui ne cherche qu'à l'asservir à ses besoins. (Bonjour si vous avez compris cette phrase !)

Plus sérieusement, je constate que l'avènement du numérique a bouleversé notre manière de consommer (vilain terme) et de créer des images. Ne pas vouloir se casser la tête est une chose bien facile à réaliser, alors que chercher à se singulariser, se passionner et être fier de ce que l'on parvient à montrer aux autres est une démarche fort louable qui emporte toute mon admiration. Je tiens d'ailleurs à souligner que cet effort supposé, et consenti, loin d'être insoutenable est tout à fait ludique, jouissif, surprenant, intéressant et valorisant. J'espère que, tenté d'appartenir à la première catégorie d'utilisateurs, vous rejoindrez bientôt ceux de la seconde.

Je veux me casser la tête sur les DVD

Cette attitude majestueuse ne vous fera pas mal. En effet, j'envisage ici tous les utilisateurs qui réfutent, donc refusent, la première catégorie, pour s'investir dans la seconde et rejoindre non pas une élite, mais tous ceux qui ont compris ce qu'était un DVD et qui souhaitent maîtriser les choses suivantes :

- **J'ai un ordinateur et je n'en ai pas peur.** Voilà une attitude bien positive ! Il n'y a en effet aucune raison d'en avoir peur. Vous êtes certainement capable d'installer ou de faire installer un graveur de DVD et le logiciel qui va avec. Il permettra de faire vos premiers pas en gravure de DVD, premiers pas qui marqueront le début d'une longue marche (non, je ne suis pas maoïste) vers des gravures plus sophistiquées que sont celles de DVD vidéo accompagnés de menus interactifs. C'est à vous, les grands partisans de votre révolution numérique, que la totalité de cet ouvrage est destinée.

- **Je veux graver des données.** Déjà, vous savez ce que c'est, ce qui présuppose que vous avez probablement gravé des données sur CD. Si vous n'avez pas de graveur de DVD, vous en installerez un comme cela est expliqué au Chapitre 5, et vous utiliserez sans doute le programme livré avec votre graveur pour procéder à cette gravure rudimentaire. Si vous manquez de logiciels, et en fonction de l'ordinateur avec lequel vous travaillez (PC ou Mac), vous ne manquerez pas de consulter le Chapitre 7. Mais je vous connais (ou presque), et je sais que tôt ou tard, si vous aimez la vidéo familiale, le cinéma et les films VHS rares qui se détériorent progressivement dans leurs boîtiers, vous rejoindrez le camp des utilisateurs présentés ci-dessous.

- **Je veux faire des DVD comme chez le marchand.** La belle ambition ! L'accession à un niveau supérieur de connaissance et de réjouissance, sans vanité, mais dans le plaisir pur de bien faire des choses qui en valent la peine. Faire des DVD comme ceux vendus dans le commerce est à la portée de tous les utilisateurs appartenant à la présente catégorie. Imaginez ce que vous pouvez faire, l'incommensurabilité du bonheur qui va vous étreindre chaque fois que vous sortirez un DVD du graveur pour l'insérer dans votre lecteur de salon :

    - Créer des DVD vidéo familiaux.
    - Transférer votre vidéothèque sur DVD.
    - Effectuer des copies de sauvegarde de vos films en DVD.
    - Créer des menus interactifs.
    - Chapitrer vos films.
    - Ajouter des bonus.

Que vous disposiez d'un Mac ou d'un PC, ces tâches sont expliquées précisément à partir de la deuxième partie de ce livre avec les meilleurs logiciels disponibles sur le marché.

DVD vs CD

J'entends déjà certains d'entre vous me dire : "Pourquoi je graverais un DVD alors que j'ai un graveur de CD qui me convient tout à fait ?" Oui, la question est légitime, tout autant que la réponse que je vais y donner.

Le CD est largement implémenté dans les foyers. Premier support historique de l'audionumérique et du multimédia, on peut également y graver des données et des vidéos.

Le CD souffre des comparaisons suivantes avec le DVD :

- Faible capacité de stockage. 650 à 900 Mo contre 4,7 à 8,5 voire 15,5 Go pour le DVD.
- Impossible de graver en pleine qualité vidéo numérique faute d'espace suffisant. (Sauf à créer un miniDVD ou cDVD qui contiendra au mieux 10 mn de vidéo.)
- Le CD ne permet que le DivX, le VCD et le SVCD, c'est-à-dire des vidéos très compressées par rapport à la vidéo MPEG-2 sur DVD, et dont la lecture n'est pas compatible avec tous les lecteurs de salon.
- Le prix très intéressant des CD vierges n'est plus un argument jouant au détriment des DVD (voir le Chapitre 3).
- Le CD n'est pas plus simple à graver qu'un DVD.
- Le CD n'autorise pas autant de choses que le DVD.
- Un graveur de DVD peut également graver des CD.
- Vous pouvez créer de gigantesques DVD MP3 lisibles sur un lecteur de DVD de salon.

Ces raisons essentielles placent le graveur de DVD au centre de l'activité de gravure de l'informatique domestique. A partir du moment où vous ne perdez pas l'usage de vos CD vierges, et que vous ajoutez celui des DVD, vous pouvez utiliser l'un et l'autre en fonction de vos besoins. Ainsi, le CD pourra servir à créer des CD audio, chose plus difficile avec un DVD où l'audio répond à des spécifications bien plus complexes. En revanche, et j'insiste sur ce point, en matière d'audio, il est très facile de créer des DVD MP3.

Nous aborderons cet aspect, au Chapitre 9, sous forme d'une exception dans la gravure des données.

L'avenir du DVD : Le Blu-ray ?

Plus qu'un avenir, c'est une réalité sur laquelle il faut compter. Toutefois, avant que cela n'atteigne le grand public en matière de gravure et de développement multimédia, le DVD va tenir sans doute aussi longtemps que le CD, lui-même concurrencé par le DVD que nous connaissons aujourd'hui.

Sans entrer dans une présentation technique poussée, disons que le Blu-ray, ou *laser bleu*, permet de créer des DVD d'une capacité d'environ 25 Go délivrant 120 mn de vidéo haute définition. De ce fait, l'intérêt du Blu-ray sera réel lorsque tout un chacun aura les moyens de s'offrir un caméscope HD (haute définition). Les futurs lecteurs annoncés (qui existent déjà, mais pas en vente public) devraient être compatibles avec la majorité des formats de DVD actuels. Donc, gravez vos DVD, bichonnez leurs menus et autres éléments interactifs, puisqu'il y a une forte probabilité pour que vous puissiez les lire sur votre futur lecteur de disque Blu-ray. (Mais si ! Vous y passerez, comme tout le monde !)

Partant d'une technologie identique, l'harmonisation autour du Bluray connaît quelques chahuts, bien qu'un début d'entente ait semblé un moment se faire jour. En effet, le groupe NEC/Toshiba a lancé un format concurrent, le HD-DVD, capable de stocker jusqu'à 100 Go de données sur deux faces. L'attente dans ce domaine sera la meilleure conseillère, car on voit mal comment deux formats concurrents à un si haut niveau technologique pourraient satisfaire au plus grand nombre. Il faudra bien que l'industrie dégage un standard, pour éviter les écueils des années 80 avec la sortie de plusieurs formats vidéo comme le VHS, le Betamax et le V2000, ces deux derniers ayant été abandonnés au profit du premier nommé. Le consommateur a payé les frais de cette mésentente.

Pour résumer, disons que l'on s'achemine vers un abandon progressif du DVD vidéo tel que nous le connaissons aujourd'hui, pour un nouveau support où la qualité de l'image et du son sera encore meilleure. Notre œil percevra-t-il une différence flagrante ? Pas si sûr ! Au niveau de la technicité où vous en êtes ne retenez que cela.

Sauvegarder ses fichiers : le stockage des données

Revenons au présent qui nous préoccupe après avoir envisagé dans la précédente section l'évolution des DVD du futur. Tout au long de ce premier chapitre, j'ai mis en exergue les points qui plaident en faveur de la gravure des DVD. Nous savons donc qu'il y a deux types d'utilisations principales : la gravure de données et la gravure de DVD vidéo, et une utilisation encore très marginale : la gravure de DVD audio.

Ne confondez pas DVD audio et DVD MP3. Bien que les deux produisent de la musique, les moyens techniques nécessaires à la préparation d'une musique répondant aux spécifications du DVD audio sont plus complexes à réunir. Le DVD audio est capable de diffuser un son sur six canaux dans une fréquence d'échantillonnage pouvant aller jusqu'à 192 kHz. (A titre de comparaison, le CD est bicanal à 44,1 kHz.) Le DVD audio ne peut être lu que par un lecteur compatible, et ce n'est pas le cas de nos lecteurs de DVD vidéo actuels. De son côté, avec un logiciel d'encodage MP3 et de gravure de DVD MP3 (comme Nero Reloaded), vous pourrez mettre l'équivalent de 40 albums sur un seul DVD, que vous lirez sur votre lecteur de DVD s'il est compatible MP3. (Rassurez-vous, ils le sont quasiment tous aujourd'hui.)

Sauvegarder ses fichiers sur un support quelconque hors de l'ordinateur est très important. En informatique, nous ne pouvons pas travailler sans filet. En effet, quoi que vous fassiez, traitement de texte, traitement d'image, de son ou de vidéo, vos comptes et vos loisirs numériques, les pertes de données sont possibles. Dans la mesure où j'explique, à la section "Pérennité du support", un peu plus haut dans ce chapitre, que le DVD est indépendant du lecteur qui y récupère les informations, vos données sont en sécurité loin de votre ordinateur.

Nous verrons au Chapitre 3 qu'il existe des DVD réinscriptibles, c'est-à-dire dont on peut effacer le contenu. Comme la plupart des utilisateurs achètent des ordinateurs prêts à l'emploi, un seul disque dur est présent sur leur machine. Ce disque contient le système d'exploitation (c'est-à-dire Windows ou Mac OS), les programmes (Word, Excel, PowerPoint, etc.) et tous les fichiers de données que vous avez créés avec vos divers logiciels. Si un programme peut se réinstaller en cas de souci avec le disque dur, vos données risquent d'être perdues à tout jamais. Imaginez trois années de comptabilité passant aux oubliettes. Pour éviter une dépression nerveuse, je ne peux que conseiller à tout le monde d'utiliser son graveur de DVD-ROM comme une sorte de disque dur amovible. Vous y effectuerez des copies de vos données, comme cela est expliqué aux Chapitres 9 et 15.

TRUC

Mieux, vous effectuerez des copies de vos DVD. Trois sauvegardes valent mieux qu'une en informatique. Suivez ce conseil et vous ne le regretterez pas.

TRUC

Un disque dur est fragile, car il embarque aussi bien le support de stockage (les disques magnétiques eux-mêmes) que le mécanisme de lecture/écriture. Un dysfonctionnement des têtes vous fera perdre toutes vos données. Vous seriez obligé de passer par une société de récupération des données, chose qui vous coûterait une petite fortune.

TRUC

Voici les arguments qui plaident en faveur d'une sauvegarde de vos données sur DVD :

- Capacité de stockage plus importante. Là où il vous faut six CD, un seul DVD simple couche suffit. (Pour plus de détails sur les différents DVD, consultez le Chapitre 3.)
- Utilisation des DVD réinscriptibles comme des disques durs amovibles sur lesquels vous enregistrez directement vos données depuis le programme dans lequel vous travaillez. (Voir les Chapitres 3 et 9.)
- Copie de données depuis l'Explorateur Windows ou le Finder de Mac OS. (Si vous ne connaissez ni l'un ni l'autre, reportez-vous aux manuels livrés par Microsoft et Apple, ou mieux achetez un livre de la collection *pour les nuls* traitant ce sujet.)
- Possibilité d'effacer vos données et/ou de les remplacer par une version plus récente de votre fichier, comme si le DVD était un disque dur.
- Libérez de l'espace disque dur en déplaçant vos photos numériques, vos fichiers MP3, vos fichiers graphiques, vos vidéos DivX et autres sur plusieurs DVD.
- Un DVD de données n'est pas plus difficile à graver qu'un CD de données. Si vous savez faire l'un vous saurez faire l'autre.

Si vous ne savez faire aucun des deux, vous apprendrez sans problème à y procéder aux Chapitres 9 et 15.

- Sur un DVD non réinscriptible, vous bénéficiez d'un stockage permanent. En effet, à l'inverse d'un disque dur, il vous sera impossible d'effacer accidentellement vos données.
- Vous pouvez échanger vos données avec d'autres ordinateurs équipés d'un lecteur de DVD-ROM.
- Les copies peuvent être stockées en dehors de chez vous, c'est-à-dire chez des amis, des collègues, de la famille, un coffre-fort, pour ne pas perdre des fichiers cruciaux en cas d'incendie, de vol ou de guerre nucléaire totale.
- Effectuez tous les six ou sept ans une nouvelle copie de vos DVD pour éviter la perte de vos données suite à la dégradation potentielle du vernis de protection.
- Aujourd'hui, si l'on sait bien acheter ses DVD, le prix est aussi ridicule que celui d'un CD vierge. (Pour cela, je vous invite à consulter le Chapitre 3.)

Nous venons d'envisager un point extrêmement sensible en informatique de gestion où la pérennité des données impose quasiment trois niveaux de sauvegarde. Toutefois, à ceux qui ne font que quelques lettres de-ci de-là, à ceux dont la comptabilité n'est pas une obsession au point d'en effectuer le suivi dans un logiciel spécifique, le DVD permettra de préserver ce qui est inestimable : les souvenirs.

Préserver ses souvenirs : les DVD vidéo

La mémoire est à la fois collective et individuelle. Elle entretient un lien ténu entre l'individu, la société et son histoire. Ce lien se retrouve également dans les souvenirs de famille qui, à leur façon, participent à cette mémoire collective. Pour chacun, le souvenir est riche, ample, gorgé de joie, et parfois d'amertume. Mais il existe, et pour en conserver les aspects les plus réjouissants, le DVD apparaît comme un support de prédilection.

Le titre de cette section ne doit pas être entendu dans un sens réducteur. En effet, *DVD vidéo* envisage ici tous les DVD dont le contenu peut être diffusé par un lecteur de DVD de salon. Donc, cela ne réduit pas la création d'un DVD vidéo aux seuls possesseurs d'un caméscope. En revanche, l'ordinateur est quasi indispensable.

TRUC

Cependant, nous verrons que, dans le cas des utilisateurs entrant dans la catégorie de ceux qui ne veulent *pas se casser la tête*, il est possible de se passer d'un ordinateur pour se tourner vers la solution d'un enregistreur de DVD de salon.

Ceux d'entre vous qui ont commencé à archiver photos, documents sonores et vidéos sur CD vont pouvoir désormais le faire sur DVD :

- Créez des diaporamas au format DVD vidéo qui seront lisibles sur la majorité des lecteurs de DVD de salon, et sur tous les lecteurs de DVD-ROM.
- Archivez vos cassettes vidéo analogiques et numériques sur DVD vidéo.
- Conservez votre collection de fichiers audio MP3 sur DVD. Ils seront lisibles par la plupart des lecteurs de DVD de salon, et par tous les lecteurs de DVD-ROM.
- Sauvez de la destruction inéluctable tous vos films actuellement sur bande VHS.
- Effectuez des copies privées des meilleurs DVD de votre collection.
- Effectuez tous les six ou sept ans une nouvelle copie de vos DVD pour éviter la perte de vos données suite à la dégradation potentielle du vernis de protection.

Vous voici parvenu à la fin de ce chapitre qui vous a convaincu de la nécessité d'abandonner la plupart des aspects du bon vieux CD pour envisager le DVD sous l'angle du support d'aujourd'hui, à côté duquel vous alliez certainement passer, car pour vous le DVD devait être vidéo ou pas.

A partir de maintenant, c'est-à-dire du Chapitre 2 et jusqu'au Chapitre 6 inclus, nous allons voir les matériels qui s'offrent à vous en matière de gravure de DVD.

Chapitre 2

Choisir un graveur de DVD

Dans ce chapitre :

- Les graveurs de DVD-ROM.
- Les graveurs internes.
- Les graveurs externes USB et FireWire.
- La vitesse de gravure.
- Les modèles de DVD-ROM.
- Les enregistreurs DVD de salon.
- Acheter votre graveur.

Cela va sans dire, mais ça va mieux en le disant, pour graver des DVD, il faut un graveur ou un enregistreur. Le graveur n'est pas, à l'inverse de ce que certains pourraient croire, une unité composée d'un burin et d'un disque dans lequel vous devez tailler à même la masse. Il s'agit d'un appareil assez sophistiqué qui se présente en deux catégories principales déclinées sous plusieurs formes :

- Le graveur de DVD-ROM (Figure 2.1) nécessite un ordinateur.
- Le graveur de DVD de salon (Figure 2.2), que l'on nomme *enregistreur de DVD*, est une unité autonome qui se passe d'ordinateur.

La grande question qui se pose à vous est de savoir lequel des deux acheter. A la lecture de ce chapitre, le choix s'imposera en fonction de ce que vous désirez faire du support DVD. Je dois avouer que, dans bien des cas, la cohabitation d'un graveur de DVD-ROM et d'un lecteur/enregistreur de salon n'établira aucune concurrence entre du DVD vidéo reprenant une structure de dossiers et de données (VIDEO_TS) très particulière, le *V* de *DVD* devient *vidéo*.

Plus qu'un débat théorique, la polyvalence a des implications pratiques que je vous propose de découvrir ici. Voici ce que sait graver un graveur de DVD-ROM :

- DVD de données
- DVD vidéo (dossiers VIDEO_TS ou à partir d'une image disque)
- DVD MP3
- DVD VCD
- DVD SVCD
- DVD audio (dossier AUDIO_TS)
- CD
  - Données
  - Audio
  - MP3
  - Photos
  - DivX
  - VCD
  - SVCD
  - MiniDVD ou cDVD

En revanche, nous verrons qu'un graveur de DVD-ROM ne peut pas graver tous les supports vierges. Après l'achat d'un graveur de DVD informatique ou d'un enregistreur de salon, vous serez obligé d'acheter les DVD vierges qu'il prend en charge. Pour plus d'informations à ce sujet, consultez la section "Avantages et inconvénients des graveurs de DVD-ROM" et le Chapitre 3.

Vous achèterez parfois votre graveur de DVD-ROM en fonction des supports qu'il prend en charge.

Voici ce que sait lire un graveur de DVD-ROM :

- Tous les types de DVD, à l'exception des DVD-RAM pour une grande majorité de graveurs. (Pour plus d'informations sur le DVD-RAM, consultez le Chapitre 3.)
- DVD vidéo (tous les types avec le logiciel adapté)
- CD de données
- VCD, SVCD, miniDVD (cDVD)
- CD audio
- CD MP3

Toutes ces opérations ne peuvent être réalisées qu'avec un programme, logiciel, application (appelez-le comme vous voulez), qui interprète les données à graver et pilote l'opération d'enregistrement du graveur. Un graveur sans logiciel est exactement comme un ordinateur sans système d'exploitation.

Un graveur de DVD-ROM ne peut s'utiliser qu'avec un ordinateur. Pour savoir quel ordinateur utiliser et comment le préparer à la gravure, consultez le Chapitre 4.

Anatomie d'un graveur

Les graveurs se ressemblent presque tous. Cependant, la famille graveurs de DVD-ROM a des filiations diverses, des cousinages consanguins qui peuvent générer à la fois anomalies et confusions. Dans la mesure où vous arrivez dans ce domaine à un moment où les normes sont clairement définies, je pense que le graveur sur lequel se portera votre choix ne vous posera pas de problèmes de gravure particuliers.

Un graveur s'installe et devient normalement immédiatement opérationnel, c'est-à-dire qu'aucun pilote de périphérique n'a besoin d'être installé pour que l'appareil soit reconnu par le BIOS puis par le système d'exploitation de l'ordinateur.

Le *pilote* ou *driver* est un programme qui permet à un périphérique et à un ordinateur de bien s'identifier et de communiquer correctement. Dans la mesure où la plupart des graveurs ont une interface ATAPI (à laquelle se substitue de plus en plus l'interface ATA), les pilotes nécessaires à cette reconnaissance sont installés par le système d'exploitation. Donc, aucun driver supplémentaire n'est requis. En revanche, les fonctionnalités des graveurs peuvent se mettre à jour. En effet, ces matériels disposent d'une mémoire ROM qui contient le firmware (microgiciel ou microprogramme) de l'appareil. Cette mémoire peut être *flashée* (contenu effacé et remplacé par un autre) pour mettre à jour le firmware et corriger certains bugs ou ajouter des fonctionnalités, permettant notamment au graveur d'être utilisé par certains ordinateurs ou certaines applications, mais aussi d'accepter des DVD qu'il refusait jusqu'à présent. Donc, si vous rencontrez des problèmes avec votre graveur de DVD, allez sur le site Web de son fabricant pour télécharger un firmware. Cette procédure est décrite au Chapitre 5.

Commencez par prendre connaissance des deux grandes familles de graveurs de DVD-ROM, puis je répondrai aux questions légitimes que vous vous posez à leur sujet. Pour ne pas embrouiller votre esprit déjà encombré de quelques notions confuses, je vais dire que les graveurs de DVD-ROM se divisent en deux grandes castes :

- Les graveurs internes et les graveurs externes.
- Les graveurs simples couches et les graveurs doubles couches.

"Bien ! Des questions ?... Oui vous, monsieur, qui levez le doigt ! "

Comment identifier un graveur ?

Voilà une bonne question. Non seulement vous la jouez bien, mais je vous remercie de me l'avoir posée. En effet, il suffit de regarder la Figure 2.1 pour immédiatement remarquer qu'un graveur de DVD-ROM ressemble aussi bien à un lecteur de DVD que de CD-ROM.

Cette question de l'identification est d'autant plus importante que vous possédez peut-être sans le savoir un ordinateur équipé d'un graveur. (Attention ! je veux dire ici que c'est du graveur dont vous ignorez éventuellement l'existence, car si vous n'êtes pas certain d'avoir un ordinateur, je crois qu'il faut tout reprendre à la base, et revenir sur ce livre dans quelques mois.) Il serait idiot d'acheter un graveur, puis de l'installer dans une machine qui en est déjà pourvue.

Pour identifier un graveur de DVD-ROM sur PC, suivez ces quelques étapes :

1. **Regardez la façade de votre ordinateur.**

   De deux choses l'une, soit vous y voyez une petite unité assez épaisse beige, noire ou de la couleur de l'ordinateur, soit vous n'en voyez pas. Dans ce second cas, aucun graveur n'est installé sur votre ordinateur. Il faudra en acheter un, aidé en cela par le comparatif établi en fin de section.

   TRUC

   Sincèrement, je serais étonné que votre ordinateur ne soit pas au moins équipé d'un graveur de CD.

2. **Regardez attentivement le tiroir du graveur ou du lecteur.**

   Eh oui ! A cet instant, le mystère plane encore, le suspens est insoutenable !

3. **Si vous y voyez le logo RW et/ou Disc compact comme sur les deux photos de la Figure 2.3, vous possédez un graveur de DVD-ROM.**

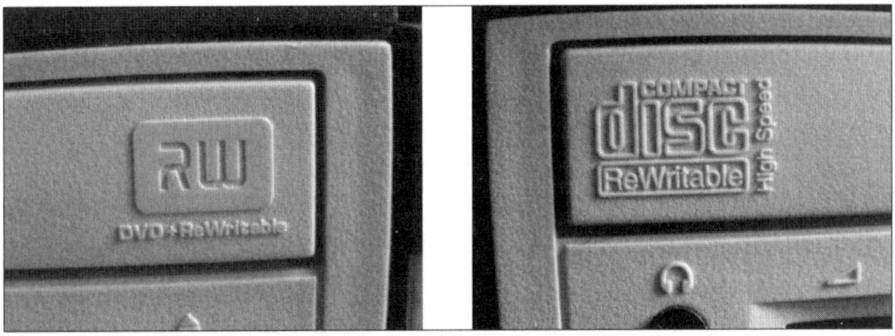

Figure 2.3 : Deux logos qui identifient un graveur de DVD.

Une autre méthode moins intuitive consiste à faire ceci :

1. **Sous Windows XP, cliquez sur Démarrer/Panneau de configuration.**
2. **Dans la boîte de dialogue Panneau de configuration, cliquez sur Performances et maintenance.**
3. **Cliquez sur l'icône Système.**
4. **Dans l'onglet Matériel de la boîte de dialogue Propriétés système, cliquez sur le bouton Gestionnaire de périphériques.**

5. **Dans la liste des périphériques, cliquez sur le signe + situé à gauche de Lecteurs de CD-ROM/DVD-ROM, comme à la Figure 2.4.**

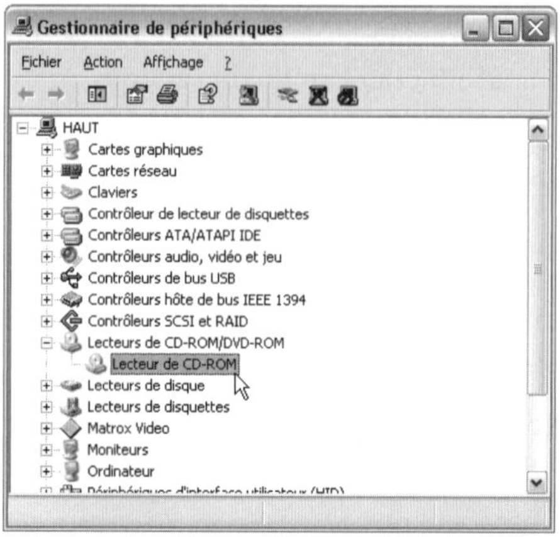

Figure 2.4 : La boîte de dialogue Gestionnaire de périphériques permet d'identifier un graveur de DVD.

6. **Double-cliquez sur Lecteur de CD-ROM.**

   TRUC

   Souvent ce terme générique est remplacé par le nom du constructeur et par celui du modèle de graveur.

7. **Dans la boîte de dialogue Propriétés de lecteur de CD-ROM, cliquez sur l'onglet Détails.**

   Vous y voyez la marque et la mention DVD+RW (ou DVD-RW), comme à la Figure 2.5, signifiant qu'un graveur de DVD est bien présent dans votre machine.

   ATTENTION !

   Si la mention RW n'apparaît pas, vous ne possédez alors qu'un lecteur de DVD-ROM. Il ne peut pas graver. Seuls les graveurs peuvent tirer parti des différents logiciels de gravure, et permettre d'enregistrer des données et des vidéos sur les supports adaptés.

Bien ! Vous savez identifier un graveur de DVD sur PC. Mais qu'en est-il sur Macintosh ? Je dirais que l'identification va quasiment de soi. En effet, à l'achat d'un Macintosh, vous avez le choix ou non de faire installer le SuperDrive d'Apple, c'est-à-dire le graveur de DVD officiel de la marque à la pomme. Lisez votre facture et/ou les caractéristiques de votre machine. S'il est fait référence au SuperDrive, c'est que votre iMac, PowerMac, Mac Mini voire e-Mac est équipé d'un graveur de DVD.

Figure 2.5 : Un graveur de type DVD+R/+RW est installé sur cette machine.

J'aurai l'occasion, tout au long de cet ouvrage, de montrer dans quelle mesure l'option SuperDrive des Mac est importante pour une utilisation souple et efficace d'iDVD. Je peux donc déjà affirmer que, lors de l'achat d'un Mac du genre iMac, Mac Mini et autre ordinateur tout-en-un de chez Apple, mesurez bien votre éventuel refus du SuperDrive. Il sera en effet impossible d'en acquérir un séparément.

Malgré cette assurance contractuelle, voici comment procéder sur Mac pour savoir si un graveur de DVD comme le SuperDrive y est bien installé :

1. **Cliquez sur le menu Pomme.**
2. **Choisissez A propos de ce Mac.**
3. **Dans la boîte de dialogue homonyme, cliquez sur le bouton Plus d'infos...**
4. **Dans la section Matériel, cliquez sur ATA.**
5. **Dans la liste Arbre des périphériques ATA, cliquez sur la flèche de Bus ATA.**
6. **Cliquez sur le nom du graveur.**

   Comme le montre la Figure 2.6, il s'agit de MATSHITA DVD-R UJ-825. (Cette dénomination peut être différente en fonction du modèle de votre Mac et de son ancienneté.)

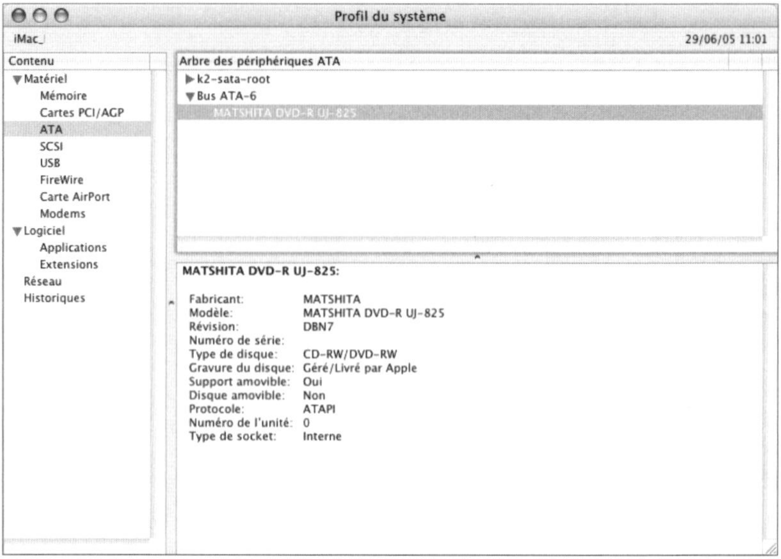

Figure 2.6 : Un iMac équipé d'un SuperDrive d'Apple... pardon de Matsushita !

TRUC

Matshita est une contraction de Matsushita, c'est-à-dire le groupe de la marque Panasonic.

TRUC

La mention DVD-R du SuperDrive ne le limite pas à la gravure de DVD-R/-RW. Non, un programme comme iDVD reconnaît désormais les DVD+R et +RW que j'ai moi-même gravés avec grand succès. (Pour plus d'informations sur les DVD enregistrables, consultez le Chapitre 3.)

Si votre ordinateur PC ou Mac n'est pas équipé d'un graveur en standard, il va falloir en acquérir un. Sur PC, vous avez l'embarras du choix. Comme expliqué ci-dessus, le Mac est un peu plus problématique. Vous pouvez y adjoindre un graveur interne ou externe disposant de pilotes Mac (c'est-à-dire d'un petit programme qui permet au Mac d'identifier le graveur installé). Sur cette plate-forme informatique, les choix sont assez limités.

"D'autres questions ?... Encore vous ? Allez-y !"

Qu'est-ce qu'un graveur interne ?

Comme son nom semble l'indiquer, et je vous suppose plus perspicace qu'idiot, il s'agit d'un graveur qui s'installe dans l'ordinateur.

Lorsque vous achetez un graveur interne, et que vous le déballez de sa boîte, il ressemble à une unité telle que celle représentée à la Figure 2.7. Sinon, une fois installé, vous ne voyez qu'une façade de couleur variable, mais généralement beige ou blanche. (Sauf si vous faites partie de ces originaux qui possèdent une tour transparente.)

Figure 2.7 : Un graveur de DVD interne, mais vu en dehors de l'ordinateur.

L'inconvénient d'un graveur interne est qu'il vous oblige à ouvrir votre ordinateur pour l'installer. Vous devez également configurer des cavaliers en fonction du connecteur sur lequel vous le positionnez, sinon le BIOS de l'ordinateur ne l'identifiera pas et le système d'exploitation ne le reconnaîtra pas. Consultez le Chapitre 5 pour savoir comment installer correctement un graveur interne.

Comme je suppose que BIOS n'évoque rien pour vous, je vous invite à lire un ouvrage de la collection *pour les nuls* uniquement consacré aux ordinateurs.

En fonction des matériels déjà présents dans votre machine (plusieurs disques durs, lecteur de DVD, graveur de CD, etc.), l'installation sera plus ou moins complexe. En revanche, sur PC, Windows XP reconnaîtra le graveur sans qu'il soit nécessaire d'installer le moindre pilote. D'autres problèmes pourront éventuellement survenir avec le logiciel de gravure.

Sur Mac, le problème est différent. Si vous achetez un graveur interne autre que le SuperDrive, vous serez souvent obligé d'acheter le logiciel de gravure Toast qui vous permettra d'exploiter ce graveur. En revanche, pour graver directement depuis les applications de la suite iLife '05 dont fait partie le programme iDVD, vous devrez bidouiller comme cela est expliqué dans la partie de ce livre pleinement consacrée au Macintosh. Je rappelle en effet que ces applications sont conçues pour fonctionner directement avec le SuperDrive d'Apple.

Voici ce que vous devez retenir si vous envisagez l'achat d'un graveur interne :

- Un graveur interne s'installe dans l'ordinateur.
- Un graveur interne coûte de 30 à 50 euros moins cher qu'un graveur externe.
- Souvent vendu en bulk sur Internet, c'est-à-dire sans boîte, le graveur interne est livré sans programme de gravure et sans connectique.
- Un graveur interne n'encombre pas votre bureau déjà submergé de périphériques (imprimante, scanner, moniteur, etc.), puisqu'il est dans la tour de votre ordinateur.
- Vous devez acheter un programme de gravure si aucun n'est fourni avec le graveur.
- Les graveurs vendus en boîte intègrent la connectique.
- Si vous n'avez pas les connaissances suffisantes, et si vous craignez de faire des bêtises, demandez au vendeur de l'installer.
- Certains graveurs internes sont de type mange-disque. Une fente d'insertion et d'éjection remplace le tiroir. C'est le cas du SuperDrive installé sur les iMac et autres Mac Mini.
- Les graveurs internes pour les ordinateurs de bureau ne sont pas les mêmes que ceux des ordinateurs portables.
- Les graveurs internes ont les mêmes fonctionnalités de gravure et de lecture que les graveurs externes.
- Quel que soit le graveur acheté, pensez à mettre régulièrement à jour son firmware. (Voir le Chapitre 5.)
- Les graveurs internes existent en simple et double couche.
- Les graveurs internes supportent différentes vitesses de gravure.
- Les graveurs internes gravent généralement plus vite que les externes.
- Les graveurs internes gèrent différents types de DVD.

TRUC

Ce dernier point est essentiel. Vous ne devez pas acheter un graveur qui ne sait pas graver les DVD qui vous intéressent. Par exemple, si votre graveur ne prend en charge que les DVD+R/+RW, vous serez contraint d'utiliser ces deux supports. Les DVD-R/-RW seront refusés. Pour vous ouvrir une plus large gamme de possibilités sans vous sentir prisonnier d'un type de DVD particulier, optez pour un graveur interne *universel*, ou du moins qui gère les types de DVD les plus répandus, c'est-à-dire les DVD+R/+RW et -R/-RW. Vous en saurez davantage à leur sujet au Chapitre 3.

Qu'est-ce qu'un graveur externe ?

Un graveur externe se distingue d'un graveur interne par le fait qu'il se connecte à l'extérieur de l'ordinateur. Il n'est donc pas nécessaire d'ouvrir la machine pour l'installer, ce qui est un avantage certain pour les débutants en informatique qui voient le PC ou le Mac comme une espèce de bête immonde qui déversera ses entrailles sur la moquette dès qu'on enlèvera son couvercle.

Comme le graveur est externe, il peut se débrancher très facilement et se rebrancher tout aussi aisément sur un autre ordinateur. C'est un avantage appréciable lorsque l'on possède deux ordinateurs, par exemple un Mac et un PC, et que l'on désire utiliser un seul graveur. Dans ce cas, vous vérifierez avant achat que le graveur externe est compatible Windows et Mac OS, c'est-à-dire les systèmes d'exploitation du PC et du Mac.

TRUC

On a souvent tendance à occulter un problème. Le graveur externe prend de la place sur votre bureau. Si vous travaillez dans un espace restreint, il sera sans doute avisé de porter votre choix sur un graveur interne.

La procédure d'installation d'un graveur externe est détaillée au Chapitre 5. Cependant, je peux d'ores et déjà vous indiquer qu'il existe deux types de graveurs externes :

- Les graveurs USB.
- Les graveurs FireWire.

USB

Un graveur USB se connecte sur le port USB de l'ordinateur. Pour des raisons de vitesse et de sécurité de la gravure, il est préférable d'utiliser un graveur répondant à la norme USB 2.0 que vous connecterez à un port USB 2.0 de votre machine. Les graveurs USB récents sont tous en USB 2.0. En revanche, tous les ordinateurs, notamment ceux qui datent de quelques années, n'ont souvent que des ports USB 1.1. Je déconseille fortement leur utilisation. La gravure dure très longtemps, et les risques d'interruption sont bien réels, de quoi perdre quelques DVD vierges pour rien. Le taux de transfert d'un port USB 2.0 est 40 fois supérieur à celui d'un port USB 1.1.

De ce fait, même si un graveur USB 2.0 est compatible USB 1.1, préférez toujours la connexion USB 2.0. Si votre ordinateur est dépourvu de port USB 2.0, vous pouvez lui en ajouter un par le biais d'une carte PCI que vous insérerez dans votre ordinateur. Dans ce cas, vous perdez le bénéfice du graveur externe, car l'installation d'une telle carte impose d'ouvrir l'ordinateur. Autant installer un graveur interne.

Si vous possédez un port USB occupé par un autre périphérique comme une imprimante ou un scanner, vous pouvez éventuellement acheter un hub USB, c'est-à-dire un concentrateur de ports USB qui va multiplier le nombre de ports USB disponibles sur un seul ordinateur. Dans ce cas, inutile d'ouvrir la machine. Vous connecterez le graveur sur un des ports du hub ou sur le port USB que vous avez libéré sur votre machine.

Il existe un nombre très important de graveurs USB sur PC. Ils sont plus confidentiels sur Mac.

Donc, avant d'acheter un graveur USB 2.0, retenez bien les choses suivantes :

- Le graveur USB est idéal pour étendre les possibilités de gravure d'un ordinateur portable équipé de ports USB 2.0.
- Votre ordinateur doit être équipé d'au moins un port USB 2.0 libre.
- En cas d'absence de port USB 2.0, vous devez installer une carte d'extension dans votre ordinateur.
- L'installation d'un graveur USB est bien plus simple que celle d'un graveur interne.
- Un graveur USB coûte plus cher qu'un graveur interne.

- Un graveur USB peut facilement passer d'une machine à une autre.
- Si vous désirez partager le même graveur avec un PC et un Mac, vérifiez sa compatibilité avec les deux systèmes.
- Un graveur USB prend de la place dans votre espace de travail, puisqu'il réside en dehors de l'ordinateur.

FireWire

La norme FireWire a été développée par Apple fin 1995. Elle est également connue sous le nom d'IEEE 1394. A l'origine, elle se destinait au transfert de données à partir de périphériques très gourmands en bande passante. Une de ses premières applications grand public fut la capture d'images vidéo depuis les caméscopes MiniDV, dès la fin de l'année 1999. A cette date, Sony donna une nouvelle appellation au port FireWire : iLink.

Très rapidement, le FireWire s'est vu confier d'autres périphériques dont les scanners et les graveurs de CD et de DVD.

Le graveur FireWire présente les mêmes avantages de mobilité que l'USB. Toutefois, si ce type de connexion est natif sur Mac, il est beaucoup moins présent sur PC. Les cartes mères des ordinateurs fonctionnant sous Windows ne sont pas toujours dotées d'un ou plusieurs ports FireWire. En cas d'absence de ce port, vous vous retrouvez dans la même situation que l'absence d'USB 2.0 : Vous devez installer une carte PCI dans votre ordinateur offrant des ports FireWire. A l'un de ces ports, vous brancherez votre graveur FireWire.

Actuellement, nous utilisons le FireWire 400, c'est-à-dire l'IEEE 1394a-S400, mais sous peu la norme FireWire 800, c'est-à-dire IEEE 1394b-S800 dont le débit est deux fois supérieur au FireWire 400, va faire son apparition.

Le graveur FireWire présente un double intérêt pour le DVD vidéo. D'abord, il met à votre disposition un port auquel vous brancherez votre caméscope. Il sera ainsi facile de capturer les séquences vidéo que vous souhaitez graver sur DVD. Comme il est rare qu'un port FireWire soit seul au monde, vous profiterez du second pour y connecter le graveur FireWire. Ensuite, vous graverez votre DVD depuis une des applications PC présentées au Chapitre 7. Sur Mac, les choses étant moins simples, je vous invite à lire la partie qui lui est consacrée.

Avant d'acheter un graveur FireWire, retenez bien les choses suivantes :

- Votre ordinateur doit être équipé d'au moins un port FireWire libre.
- Le graveur FireWire est idéal pour étendre les possibilités de gravure d'un ordinateur portable équipé d'un port FireWire.
- En cas d'absence de port FireWire, vous devez installer une carte d'extension dans votre ordinateur.
- L'installation d'un graveur FireWire est bien plus simple que celle d'un graveur interne.
- Un graveur FireWire coûte plus cher qu'un graveur interne et USB.
- Un graveur FireWire peut facilement passer d'une machine à une autre.
- Si vous désirez partager le même graveur FireWire avec un PC et un Mac, vérifiez sa compatibilité avec les deux systèmes.
- Un graveur FireWire s'octroie de la place dans votre espace de travail puisqu'il se trouve en dehors de l'ordinateur.

Maintenant que vous connaissez les deux grandes familles de graveurs de DVD-ROM, soit vous êtes pressé d'en acheter un, et je vous invite à passer directement à la section "Acheter votre graveur", soit vous souhaitez en savoir plus sur les graveurs et je vous encourage à lire les sections suivantes. En effet, le choix d'un graveur ne se limite pas à son caractère interne ou externe. D'ailleurs, au fond de la salle, je vois encore un doigt se lever pour une nouvelle question. Lisez plutôt.

Que sont le simple couche et le double couche ?

Ah ! Je sens que ceux qui se sont précipités sur Internet ou chez leur revendeur ont dû affronter une question qui ne se posait encore pas il y a un an :

- Vous désirez un graveur simple couche ou double couche ? demande le vendeur.

- Ben, beuh, non, moi je veux un graveur interne ou externe, répond l'acheteur.

- Oui, mais cela n'a rien à voir. Qu'il soit interne ou externe, le graveur peut également être simple ou double couche !

Voilà, en un petit dialogue, posées les bases d'un nouveau critère à considérer : Interne ou externe, devez-vous acheter un simple ou un double couche ?

Simple couche

Si votre ordinateur datant d'au moins un an est déjà équipé d'un graveur, il y a de grandes chances pour qu'il s'agisse d'un simple couche. En revanche, de plus en plus d'ordinateurs récents sont équipés d'un double couche, notamment les portables.

Les graveurs de DVD simples couches ne savent graver que les DVD simples couches, c'est-à-dire d'une capacité de 4,7 Go, dits DVD 5. Ces DVD sont étudiés au Chapitre 3. Cette restriction est-elle rédhibitoire ? La réponse est "non", puisque bon nombre d'entre nous n'utilisent que des DVD monocouches, et que la perspective du Bluray n'incite guère à changer de graveur ou à en ajouter un à son système informatique pour graver des DVD doubles couches.

Cependant, si vous optez pour un graveur simple couche interne ou externe, voici ce que vous devez garder à l'esprit :

- Les graveurs simples couches existent aussi bien en version interne qu'externe.
- Ils ne peuvent graver que des DVD 5, c'est-à-dire d'une capacité de stockage de 4,7 Go.
- Ils peuvent graver des DVD 5 inscriptibles ou réinscriptibles.
- Vous pouvez y graver 120 mn de vidéo dans une bonne qualité numérique.
- Avec certains logiciels, vous pouvez copier un DVD vidéo double couche sur un DVD 5, en choisissant le contenu que vous désirez conserver et/ou en recompressant certaines données pour conserver l'intégralité dudit contenu. Comme

vous le verrez au Chapitre 10, cela ne se fait pas sans perte de qualité.

- Vous ne pouvez pas graver des DVD 9, c'est-à-dire doubles couches d'une capacité de 8,5 Go.
- Graver des DVD 5 coûte beaucoup moins cher que graver des DVD 9, aussi bien du fait du prix du graveur (notamment quand il est externe) que de celui du support.
- On trouve de moins en moins de graveurs simples couches sur le marché.

Pour identifier votre graveur simple couche, regardez sa façade. Si vous n'y voyez pas les lettres DL (Dual Layer) comme à la Figure 2.8, c'est que vous êtes en présence d'un graveur simple couche.

Figure 2.8 : La façade d'un graveur simple couche.

ATTENTION !

Tous les graveurs ne portent pas de telles mentions sur leur tiroir. Dans ce cas, regardez bien les spécifications techniques indiquées sur la boîte. Si le graveur est double couche, vous le saurez rapidement, car c'est devenu un argument de vente supplémentaire.

TRUC

Je vais vous donner une opinion qui n'engage que moi. Si votre ordinateur ne dispose que d'un graveur simple couche, je ne vois pas l'utilité d'investir dans un double couche, surtout à une époque où le support DVD est en pleine mutation. 4,7 Go suffiront à graver vos données, et si vous devez en stocker une plus grande quantité, il reste moins cher de les graver sur deux DVD 5 que sur un seul DVD 9. De plus, seuls les DVD 5 existent en versions +RW et -RW, c'est-à-dire réenregistrables, et sont idéaux pour faire des essais. Le DVD 9 s'enregistre une fois pour toutes, et en cas d'erreur de gravure vous perdez une galette de 12 cm qui vous aura coûté assez cher. En matière de DVD vidéo, vous ne serez pas déçu tant que vous resterez dans la limite des 120 mn recommandées, sachant qu'en dessous de cette durée la qualité est encore meilleure. En revanche, si vous achetez un nouvel ordinateur ou un graveur séparé, il y a de grandes chances pour qu'il soit de type DVD 9. Je suis prêt à parier que vous ne graverez que des DVD 5.

Double couche

La technologie du double couche étant là, elle a inévitablement envahi le marché des graveurs de DVD. De ce fait, il est maintenant difficile d'acheter autre chose qu'un graveur de DVD-ROM double couche, qu'il soit interne ou externe.

Visuellement, il n'y a pas grand-chose qui distingue un graveur double couche d'un simple couche. Une fois encore, pour l'identifier précisément, soit vous vous en remettez à l'emballage et à la documentation technique de l'appareil, soit vous regardez les différents sigles estampés sur le tiroir du graveur. Ainsi, sur le côté droit de la Figure 2.9, vous voyez inscrit "DVD+R DL", qui signifie que l'on est bien en présence d'un double couche puisque DL signifie Dual Layer, c'est-à-dire double couche.

Figure 2.9 : Le sigle DVD+R DL veut dire double couche.

Cette appellation indique donc que ce graveur gère les DVD 9, c'est-à-dire les supports capables de stocker jusqu'à 8,5 Go de données. Cette prouesse est rendue possible grâce à l'empilement des couches contenant les données. C'est l'intensité du rayon lumineux (ou laser) qui va permettre de graver une couche puis une autre, sachant que la première couche se situe sous la deuxième. (Pour plus de détails techniques, reportez-vous à l'encadré "Fonctionnement d'un graveur double couche", plus loin dans ce chapitre.)

Ce qui importe pour vous, utilisateur, est de savoir que le graveur double couche, supportant les DVD eux-mêmes doubles couches, permettra de graver deux fois plus de données que sur un simple couche, et aussi deux fois plus de vidéo numérique sans détériorer la qualité des images. En matière de DVD vidéo, l'intérêt est de pouvoir copier, à l'identique, votre DVDthèque largement composée de DVD 9, c'est-à-dire doubles couches. Cela évite de recompresser certaines parties du DVD afin de le faire tenir sur un DVD simple couche (DVD 5). Vous conservez ainsi la pleine qualité d'image numérique du DVD vidéo.

Pour profiter des DVD 9, vous devez utiliser des programmes qui sont capables d'indiquer au graveur comment enregistrer des données et de la vidéo sur deux couches. Dans la mesure où les graveurs doubles couches sont de plus en plus répandus, les grands ténors de la gravure permettent de graver sur des DVD 9.

Il est important de souligner que l'utilisation d'un graveur double couche n'impose pas celle des DVD vierges doubles couches. Vous pouvez parfaitement cantonner votre graveur à l'enregistrement de DVD 5. Cela est d'autant plus vrai si vous désirez utiliser votre graveur de DVD comme une unité de stockage amovible (voir le Chapitre 1). Dans ce cas, vous recourrez à des DVD+RW ou –RW (selon les DVD acceptés par le graveur), c'est-à-dire réinscriptibles. Or, aujourd'hui et peut-être temporairement, seuls les DVD 5 peuvent être réenregistrés. Vous devez comprendre que, en plus de son prix, l'impossibilité de réécrire des données sur un DVD 9 ne plaide pas vraiment en sa faveur. Ce handicap est d'autant plus avéré que nous pouvons nous poser des questions sur son avenir avec l'apparition imminente du Blu-ray et de ses 25 Go de capacité de stockage.

Avant de choisir un graveur de DVD double couche, vous devez considérer les points suivants :

- Peut-être n'aurez-vous pas le choix ! Les graveurs doubles couches semblent avoir marqué la mort des simples couches.
- Les graveurs doubles couches existent aussi bien en version interne qu'externe.
- Ils peuvent graver des DVD 5 et 9, c'est-à-dire d'une capacité de stockage respectivement de 4,7 et 8,5 Go.
- Ils peuvent graver des DVD 5 inscriptibles (R) ou réinscriptibles (RW).
- Les DVD 9 ou DL, c'est-à-dire doubles couches, sont à l'heure actuelle uniquement inscriptibles, c'est-à-dire de type +R ou -R.
- Vous pouvez y graver deux fois plus de données et de vidéo dans une excellente qualité numérique.

- Pour graver en double couche, vous devez disposer d'un logiciel de gravure compatible, sinon vous serez restreint au simple couche.
- Graver des DVD 9 coûte beaucoup plus cher que de graver des DVD 5, aussi bien du fait du prix du graveur (notamment quand il est externe) que de celui du support.

Le petit tableau suivant permet de comparer rapidement les deux types de graveurs internes et externes existants :

Graveur	Stockage de données	Vidéo bonne qualité	DVD 5	DVD 9
Simple couche	4,7 Go (4,38 effective)	120 mn	Oui	Non
Double couche	8,7 Go	240 mn	Oui	Oui

J'insiste une fois encore sur le fait que, pour graver des DVD, vous devez adjoindre un programme de gravure à votre appareil. Si vous optez pour un graveur double couche et que vous voulez graver des DVD 9 ou DL, veillez que le logiciel utilisé les prenne en charge. Dans le cas contraire, vous serez limité à la gravure de DVD 5, c'est-à-dire simples couches. Pour en savoir plus sur les logiciels de gravure, consultez les Chapitres 7 et 8.

Sur les ordinateurs Macintosh, il n'est pas toujours facile de savoir si votre graveur SuperDrive est un simple couche ou un double couche. Si vous possédez une station de travail PowerMac G5 équipée d'un SuperDrive 16x, vous pouvez graver sur des doubles couches. En revanche, si vous avez acheté un iMac ou un e-Mac avant la sortie du système d'exploitation OS X Tiger, votre SuperDrive est de type simple couche. Devez-vous tenter de remplacer le SuperDrive simple couche par un double couche ? Vous seul avez la réponse, mais je vous signale malgré tout qu'Apple ne facilite pas les choses. Ainsi, vous ne pourrez visiblement changer un SuperDrive simple couche contre un SuperDrive double couche que sur les PowerMac G5 et les iMac G5. Pour le reste, qu'il s'agisse d'un portable, d'un e-Mac ou d'un Mac Mini, soit vous changez de machine pour obtenir la dernière mouture équipée d'un SuperDrive double couche, soit vous contactez directement votre revendeur pour voir s'il accepterait de procéder à une mise à jour du graveur, soit, enfin, et c'est sans doute la solution la plus économique, vous investissez dans un graveur de DVD externe USB ou FireWire, dont le spécialiste pour Mac est le constructeur LaCie.

NOTE TECHNIQUE

Fonctionnement d'un graveur double couche

La gravure sur DVD, tout comme sur CD, procède d'un stockage des données sur des couches métalliques où règnent en maître des *microcuvettes*, formant une sorte de topographie faite de creux et de plats. Cela permet de représenter les "1" et les "0" constituant les bits des données. Cette variation lumineuse permet ensuite de restituer les informations sur les bits et de reconstituer les données sans problème.

Un DVD double couche est composé de deux couches de colorant organique (respectivement identifiées L0 et L1). Lorsque vous insérez un tel disque dans un graveur de DVD double couche, le laser essaie de détecter un signal ADIP, c'est-à-dire un adressage spécifique lui indiquant qu'il est ou non en présence d'un média à double couche. A partir de cet instant, il est capable de varier l'intensité de son laser pour atteindre l'une ou l'autre de ces couches.

Lors de l'enregistrement des données, le graveur commence toujours par la couche L0, c'est-à-dire celle du dessous. Dès que cette couche L0 est remplie, une zone centrale est ajoutée. Alors, le graveur s'attaque à la seconde couche, c'est-à-dire la couche L1 située au-dessus de la L0 (L pouvant être assimilé au niveau de superposition des couches, 0 étant toujours la couche placée en dessous de toutes les autres), pour définir une zone centrale 1.

La puissance réfléchissante des couches d'enregistrement est quasi identique, c'est-à-dire supérieure à 18 %. En revanche, elle varie de 50 % entre les couches L0 et L1, car la couche d'enregistrement supérieure (c'est-à-dire la seconde) absorbe et renvoie une certaine quantité d'énergie destinée à la première couche (celle du dessous) de manière à "brûler" le colorant organique de la couche L0. Une variation de l'intensité du laser peut permettre de graver la couche L0 (forte puissance) avant la couche L1.

Si un graveur double couche ne peut pas réécrire les données, cela tient uniquement à son support. En effet, la surface des DVD 9 ou DL est recouverte d'une couche de colorant qui ne peut être brûlée qu'une seule fois, alors que sur les DVD réinscriptibles, ce colorant, composé de cristallins, peut changer d'état en fonction de l'intensité lumineuse du laser. Ainsi, dès qu'un laser atteint les 500°, les molécules cristallines deviennent opaques, permettant d'obtenir la topographie de creux et de plats (nos fameuses variations de microcuvettes) où sont enregistrés les bits de données. Il suffit ensuite de chauffer cette couche de colorant à 200° pour faire disparaître cette topographie, et obtenir un DVD de nouveau vierge.

Les choses sont plus complexes avec deux couches superposées, donc très proches l'une de l'autre. L'intensité de chaleur devient difficile à maîtriser. Aussi, pour ne pas détruire les données, faut-il impérativement débuter la gravure avec une forte intensité qui va graver les bits sur la première couche (celle du dessous), pour ensuite réduire la chaleur afin de graver la seconde couche (celle du dessus). Vous voyez la difficulté posée s'il fallait effacer, par exemple, uniquement les données gravées sur la première couche. On porterait sans nul doute atteinte aux données de la seconde couche.

J'ai entendu parler de DVD-RAM !

Le graveur de DVD-RAM, en tant qu'unité ne prenant en charge que les DVD enregistrables de ce type, n'existe quasiment plus. De ce fait, les graveurs de DVD-ROM les plus complets, souvent dits *universels*, peuvent graver et lire ce type particulier de DVD, en plus des DVD+R/+RW et/ou -R/-RW. Dans l'absolu, vous n'avez pas à vous préoccuper de savoir à quoi peut bien servir un DVD-RAM, car pour des raisons de compatibilité, je vous déconseille fortement d'en utiliser. En effet, un DVD vidéo gravé sur un support DVD-RAM ne pourra être lu que dans un lecteur et/ou un enregistreur de salon compatible. L'expérience et le marché des DVD montrent qu'ils sont extrêmement rares, et souvent bien plus coûteux que les autres.

Comme le DVD-RAM est davantage une question de support que de graveur lui-même, je vous propose de consulter le Chapitre 3 pour savoir exactement ce qui distingue le DVD-RAM des autres supports.

Qu'est-ce que 24x, 48x, 2,4x ou encore 16x ?

Ces valeurs suivies de la lettre "x" sont des facteurs multiplicateurs qui permettent de calculer le nombre d'octets qu'un graveur est capable de graver en une seconde, mais aussi qu'il est capable de lire quand on l'utilise en tant que lecteur de CD-ROM ou de DVD-ROM et/ou de DVD vidéo.

Sans entrer dans les détails techniques, et suivant une certaine logique dans l'appréciation de ces valeurs, sachez que plus le facteur multiplicateur est élevé, plus le graveur écrit rapidement les données. Ainsi, un graveur affichant une vitesse de gravure de 4x est quatre fois moins rapide qu'un graveur 16x.

En quelque quatre années, la vitesse d'écriture des graveurs de CD et de DVD a été multipliée dans des proportions invraisemblables. Toutefois, je sens et je sais que, constater cet état de fait, ne vous fait en rien comprendre pourquoi on mesure la vitesse d'écriture et de lecture des périphériques optiques avec un facteur multiplicateur. La réponse est historique. Au début, c'est-à-dire dans les années 90, les premiers graveurs de CD affichaient une vitesse de 1x. Cela signifiait que, pour connaître le nombre d'octets qui pouvaient être gravés en une seconde, il fallait multiplier par 1 la valeur de 150 Ko/s. L'équation est assez simple : 1 x 150 Ko/s = 150 Ko/s. Donc, en une seconde, ces graveurs de CD écrivaient 150 Ko de données. A l'époque, il ne fallait pas moins de 30 minutes pour graver un CD entier d'une capacité de 650 Mo. Au fil des ans, la vitesse a atteint des sommets, au point qu'aujourd'hui un graveur de CD peut graver jusqu'en 52x. Toutefois, cette valeur doit être revue à la baisse dans la mesure où le flux d'écriture n'est pas linéaire. En 52x, c'est-à-dire 52 fois plus vite que la rapidité initiale des premiers graveurs, on table sur une vitesse moyenne de gravure de 40x, ce qui est déjà assez exceptionnel. En effet, 40 x 150 Ko/s = 6 000 Ko/s, soit 6 Mo. Cette réduction de la vitesse tient au fait que le graveur écrit toujours de l'intérieur vers l'extérieur. Or, plus on s'éloigne du centre, plus la circonférence du disque est importante, d'où cette baisse de rendement à mesure qu'on s'en éloigne.

Si je me suis permis de parler de la vitesse des CD, c'est qu'il en va de même pour les DVD. La différence ici est que le facteur multiplicateur ne se base pas sur la même valeur d'origine. Si elle est de 150 Ko/s sur un CD, elle est de 1 385 Ko/s sur un DVD, soit 1,385 Mo. Aujourd'hui, les graveurs de DVD internes ou externes affichent une vitesse de 16x, soit 16 x 1 385 Ko/s = 22 160 Ko/s, c'est-à-dire 22,16 Mo. C'est énorme, mais il ne faut pas oublier qu'à l'inverse d'un CD un DVD contient 4,7 Go de données. A l'origine, la plupart des graveurs ne dépassaient pas les 2,4x. Il fallait énormément de temps pour graver la totalité des 4,7 Go. Pour vous donner un ordre d'idée, la gravure des supports +R et -R demandait environ 58 mn en 1x, deux fois moins de temps en 2,4x, 3,7 fois moins avec un 4x, 7,5 fois moins en 8x, et donc 15 fois moins avec un 16x.

TRUC

Il est important de comprendre que la vitesse affichée sur un graveur est la vitesse maximale à laquelle il est capable de graver un support. Je m'explique. Le support, comme vous le verrez en détail au Chapitre 3, est de nature inscriptible ou réinscriptible pour les DVD simples couches +R/-R et +RW/-RW, et uniquement inscriptible pour les DVD+R/-R doubles couches. Chacun de ces supports ne peut pas être enregistré à la même vitesse. Prenons l'exemple d'un graveur 16x, dernier cri en matière de vitesse. Voici à quelle vitesse il gravera chacun des supports précités :

- DVD+R/+RW, -R/-RW : 16x en écriture
- DVD+RW/-RW : 4x en réécriture
- DVD+R/-R double couche : 4x
- CD-R : 32x
- CD-RW : 24x

Vous risquez, en fonction du modèle choisi, d'obtenir quelques valeurs différentes, même à une vitesse maximale identique. En revanche, quand cette vitesse est plus faible, par exemple 8x, seule la vitesse d'écriture des DVD simples couches et des DVD doubles couches est deux fois moins rapide qu'un 16x. D'où des vitesses respectives de 4 et 2,4x. Pour la réécriture simple couche, en revanche, ces graveurs se limitent à 4x, alors qu'on aurait légitimement pu penser qu'elle tomberait à 2,4x.

Il découle de ces vitesses que vous devez systématiquement acheter des DVD vierges compatibles avec la vitesse de votre graveur. Imaginons que vous disposiez sur votre machine d'un graveur DVD-ROM de 2,4x ou que vous en achetiez un à faible prix,. Il ne pourra pas graver un DVD 4x ou supérieur. En revanche, les fabricants de ces disques optiques ont créé des DVD vierges couvrant toute la plage de vitesses des graveurs. Ainsi, dans notre exemple, il sera possible d'utiliser un DVD 4x s'il est dit compatible de 1x à 4x. Idem pour des supports permettant des vitesses supérieures. En revanche, graver un DVD 4x, 8x ou encore 16x avec un graveur dont la vitesse plafonne à 2,4x vous cantonnera à cette vitesse. C'est le graveur qui conditionne la vitesse de gravure maximale des supports les plus rapides. Vous comprenez alors qu'un DVD affichant une plage de vitesses allant de 1 à 16x ne pourra être gravé en 16x que si le graveur est lui-même capable d'une telle rapidité. Sinon, il le sera à la vitesse maximale supportée par le graveur de DVD-ROM.

En conclusion, lorsque vous achetez un graveur, vous devez considérer les points suivants :

- Son caractère interne ou externe.
- Sa possibilité ou non de graver des médias doubles couches.

- Sa vitesse de gravure.
- Eventuellement, sa compatibilité Mac/PC pour un graveur externe que vous souhaitez utiliser sur les deux plates-formes.

Les graveurs Lightscribe

Le graveur de DVD dit *Lightscribe* est un graveur comme les autres, à cette différence qu'il permet de graver les deux surfaces du disque. Il ne s'agit pourtant pas de graver des DVD doubles faces. Non ! Sur la surface inscriptible du DVD, vous gravez des données, comme avec n'importe quel autre support vierge. Une fois la gravure terminée, vous éjectez le DVD, le retournez, et pouvez alors personnaliser la surface en y "imprimant" un motif. Le laser, qui habituellement grave uniquement des données, est mis à contribution pour brûler la surface des disques optiques. De ce fait, les compositions graphiques, les textes ou les photos mis en page dans un logiciel approprié fourni avec le graveur sont "brûlés" sur la surface visible du disque.

Le Lightscribe évite la fastidieuse et assez longue procédure d'impression d'étiquettes avec un kit et un papier autocollant spécial qui, épaississant très légèrement le DVD, l'empêche de fonctionner correctement dans certains lecteurs.

HP fut le premier fabricant d'ordinateurs a lancé ces graveurs et à les proposer en série sur certains modèles de PC. Aujourd'hui, les graveurs Lightscribe sont fabriqués par la majorité des constructeurs de graveurs.

Pour profiter de la technologie Lightscribe, vous devez utiliser des DVD vierges estampillés Lightscribe, beaucoup plus chers que les autres. Toutefois, si vous faites un rapide calcul, cela n'est pas plus onéreux que d'acheter un kit d'impression CD/DVD, du papier de qualité photo, à quoi s'ajoute le prix des encres de votre imprimante à jets d'encre. La Figure 2.10 montre à quoi ressemble un DVD Lightscribe "sérigraphié" avec cette technologie.

En revanche, ceux qui adorent les impressions couleurs seront déçus, car la technologie Lightscribe ne peut "brûler" des motifs qu'en monochrome. Cela pourrait conduire les utilisateurs à s'orienter vers des DVD dits *imprimables* qui, grâce à un kit fourni avec certaines imprimantes photos, seront directement imprimés en

Figure 2.10 : Un DVD dont la surface imprimable a été gravée par un graveur utilisant la technologie Lightscribe.

couleurs par un périphérique à jets d'encre, et sans recourir au système d'étiquetage qui est loin d'être la panacée.

Pour reconnaître un graveur de DVD Lightscribe, c'est comme le Port-Salut, c'est écrit dessus, comme le montre la Figure 2.11.

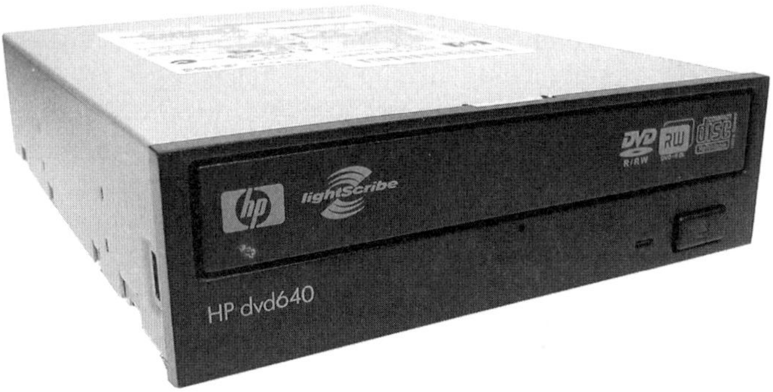

Figure 2.11 : Un graveur de DVD Lightscribe.

Si vous envisagez d'investir dans un graveur à technologie Lightscribe, n'oubliez pas les points suivants :

- Les graveurs Lightscribe sont des graveurs de DVD-ROM comme les autres. Vous y gravez tout ce que vous désirez.

- Ces graveurs existent en versions interne et externe, simple et double couche, bien qu'aujourd'hui, comme pour la majorité des autres graveurs, on ne trouve plus guère que des doubles couches.
- Les graveurs Lightscribe coûtent un peu plus cher que les autres.
- Les graveurs Lightscribe impriment des images sur la surface visible des DVD Lightscribe.
- Pour tirer profit de la technologie Lightscribe, vous devez utiliser des DVD vierges estampillés Lightscribe.
- Les DVD vierges Lightscribe sont un peu plus chers que les autres.

Les particularités du graveur de DVD-ROM à ne pas oublier

Nous approchons progressivement de la synthèse des informations engrangées jusqu'à présent. Vous sentez que la gravure de DVD est un domaine auquel vous ne pouvez pas échapper. Toutefois, l'hésitation est de mise, car, quel que soit l'âge que vous avez, débuter dans un domaine produit toujours un petit pincement au cœur. Vous souhaitez acheter un graveur, mais désirez asseoir votre décision sur du concret. La liste qui suit fait le bilan de ce que l'on peut ou non attendre d'un graveur de DVD-ROM, des problèmes qu'il pose, et des solutions et/ou axes de réflexion qui vont vous conduire à effectuer un choix parmi les quelques graveurs présentés dans la prochaine section. En attendant, voici des points qui restent essentiels à la considération de votre achat :

- **Un graveur de DVD-ROM impose un ordinateur.** Vous n'y échapperez pas si vous désirez sauvegarder vos données, et surtout créer des DVD vidéo aussi alléchants que ceux vendus dans le commerce, avec des menus interactifs, des chapitres, des bonus, j'en passe et des meilleurs, que vous retrouverez avec une joie non dissimulée aux Chapitres 12, 16 et suivants.
- **L'ordinateur peut être un PC ou un Mac.** Les possibilités matérielles sont plus vastes sur PC, mais rien ne vous empêche d'opter pour un Macintosh.

- **Vouloir graver des DVD sur ordinateur ne signifie pas changer d'ordinateur.** Si vous en possédez déjà un, il suffit d'acheter un graveur de DVD-ROM interne, externe, simple couche ou double couche.
- **Un graveur interne exige un connecteur IDE libre dans votre ordinateur, et une ouverture de la bête.** Ce type d'installation en effraie plus d'un, et je trouve cela bien compréhensible.
- **Un graveur externe USB 2.0 ou FireWire exige l'existence de ports disponibles répondant à ces normes.** En revanche, à l'inverse du graveur interne, l'externe est très facile à installer.
- **Un graveur externe encombre votre bureau.**
- **Un graveur de DVD-ROM exige des logiciels pour être exploité.** Vous allez devoir passer du temps à comprendre des notions essentielles à la gravure des données et de la vidéo. Ce livre est fait pour vous y aider.
- **Vérifiez bien les vitesses de gravure.**
- **Un graveur simple couche ne pourra jamais graver un DVD double couche.**
- **Un graveur double couche grave également des simples couches.** Il est important de retenir cela si vous envisagez de graver des disques réinscriptibles qui ne sont que simples couches. Il n'existe en effet pas encore de DVD doubles couches de type RW.
- **Les graveurs de DVD gravent tous les CD-R/RW.**
- **Un graveur de DVD n'est pas un périphérique figé.** J'entends ici qu'il nécessite une veille technique de votre part. Vous devez régulièrement consulter le site Web de son fabricant, pour vous assurer de la présence d'un nouveau firmware susceptible de corriger des bugs rencontrés avec certains programmes et améliorer ses performances.
- **Les graveurs de DVD-ROM à technologie Lightscribe permettent d'imprimer la surface visible du disque pour le personnaliser, évitant ainsi la fastidieuse création et impression**

d'étiquettes autocollantes. Vous devez pour cela utiliser des DVD vierges estampillés Lightscribe.

- **Vous pouvez partager un même graveur externe entre un Mac et un PC s'il est totalement compatible avec les deux plates-formes.** Lisez bien les spécificités techniques, et n'hésitez pas à demander conseil à des revendeurs compétents, ou directement sur le site Web du constructeur du périphérique.

- **Si vous possédez un iMac ou tout autre ordinateur intégré d'Apple, sachez que l'option SuperDrive est quasi indispensable pour profiter pleinement de la suite iLife 05.** Réfléchissez bien avant de refuser l'installation du SuperDrive. Sur certains Mac, dont l'iMac, l'eMac et les portables, il sera impossible d'obtenir l'installation d'un SuperDrive.

- **Il est compliqué d'enregistrer la télévision avec un graveur de DVD-ROM.** En effet, si cela est votre objectif, il sera peut-être avisé de choisir une autre solution, comme l'enregistreur de DVD de salon. Pour enregistrer la télévision de manière à la graver sur DVD, vous devez équiper votre ordinateur d'une carte Tuner (aussi appelée carte TV) interne ou externe (USB), à laquelle il faut brancher l'antenne de télévision. Ensuite, vous devez régler le tuner, exactement comme sur un téléviseur ou un magnétoscope. Il faudra aussi configurer le logiciel de réception et d'affichage de la télévision. Une fois ces réglages effectués et les chaînes correctement captées, vous devez utiliser un programme annexe, souvent livré avec la carte Tuner, pour capturer les émissions sur votre disque dur en pleine qualité numérique. De plus, pour conserver la pleine résolution des images audiovisuelles, donc ne pas perdre de qualité, vous devez investir dans une carte relativement coûteuse. Enfin, pour graver sur DVD les émissions ainsi capturées, il faudra utiliser un logiciel spécifique, souvent livré avec la carte TV. Pour en savoir plus sur une technologie que je ne développerai pas dans cet ouvrage, visitez le site Hauppauge à l'adresse `www.hauppauge.fr`, et regardez les fonctionnalités d'un système comme la WinTV-HVR 1100. Le prix est assez attrayant, car il avoisine les 100 euros, c'est-à-dire bien moins cher qu'un enregistreur de salon. Son grand handicap est une configuration complexe à réaliser pour les débutants et toute personne non aguerrie aux technologies de l'image relayées par un ordinateur.

Nous voici arrivant au terme de l'étude des graveurs des DVD-ROM. Bien qu'assez complexe, tout en essayant de rester simple, cette présentation ne sera pas complète si j'omets d'exposer quelques modèles comparés vous permettant d'orienter votre choix.

Comparatifs de modèles

Les modèles internes, externes, simples couches et doubles couches présentés ici ne sont pas exhaustifs pour deux raisons bien simples :

- Chaque jour de nouveaux appareils sont lancés sur le marché.
- Votre budget vous obligera peut-être à vous diriger vers d'autres modèles plus anciens ou d'occasion.

Le Tableau 2.1 compare des graveurs de tous types en indiquant leur marque et la référence du modèle, les DVD vierges pris en charge et la vitesse de gravure, la vitesse de lecture, le type de connexion, et un prix approximatif.

Ne vous formalisez pas de ne pas trouver dans cette liste le graveur dont vous avez lu tel ou tel essai et/ou vu telle ou telle photo sur Internet, dans un magazine ou qu'un ami vous a recommandé. Lorsque ces pages seront imprimées, d'autres produits, moins chers mais certainement pas plus performants, seront disponibles sur le marché. Envisagez cette liste comme une orientation à prendre en cas de grosse hésitation. Les graveurs listés ici sont réputés et ont fait leurs preuves.

Je pense que nous pouvons maintenant quitter le monde du DVD-ROM et des ses multiples facettes et options, pour rejoindre les préoccupations d'un groupe d'utilisateurs envisagé dans la section "Je ne veux pas me casser la tête sur le DVD", au Chapitre 1. Nous verrons, malgré l'éviction implicite des possesseurs d'un ordinateur, que l'autre grande famille de graveurs de DVD n'est pas exclusive de ceux qui aiment créer des DVD vidéo sophistiqués. En effet, créer des DVD vidéo de toutes pièces avec un ordinateur est un acte créatif très valorisant. Toutefois, dans certaines circonstances, vous comprendrez que lui adjoindre un enregistreur de DVD de salon ne fait aucunement double emploi, par exemple pour enregistrer les émissions et les films diffusés à la télévision.

Tableau 2.1 : Dix modèles de graveurs de DVD-ROM.

Modèle	Support et vitesse de gravure	Vitesse de lecture	Connexion	PC	Mac	Prix
ASUS 1608P	16x +R/-R, 8x +RW, 6x –RW, 6x DL	16x	IDE ATAPI	Oui	Non	70 €
HP DVD640e Lightscribe	16x +R, 8x –R, 4x +RW/-RW, 2,4x DL	16x	USB 2.0 et FireWire	Oui	Non	120 €
LaCie A. Porsche Lightscribe	8x DVD-R, 16x DVD+R, 4x +RW, 4x –RW, 2,4x DL+R	16x	USB 2.0	Oui	Non	140 €
LaCie d2 300920	16x +R –R, 4x +RW –RW, 4x DL	12x	USB 2.0 et FireWire	Oui	Oui	150 €
LG GSA-5163D	16x DVD+R –R, 8x +RW, 6x –RW, 5x DVD-RAM, 16x	16x	USB 2.0 et FireWire	Oui	Non	120 €
Liteon SOHW-1673S	16x +R -R, 8x +RW, 6x –RW, 4x DL	16x	IDE ATAPI	Oui	Non	50 €
NEC ND-3540A	16x DVD-R +R, 8x DVD+RW, 6x DVD-RW, 4x DL -R, 8x DL+R	16x	IDE ATAPI	Oui	Non	52 €
Mac Way Silverburner2 Dvr-109	16x +R/-R, 8x +RW, 6x –RW, 4x DL	16x	USB 2.0	Oui	Oui	90 €
Samsung TS-H552	16x +R, 12x –R, 4x +RW/-RW, 2,4x DL	16x	IDE ATAPI	Oui	Non	50 €
Sony DW-U10A Multiformats	2,4x +R, 4x –R, 2,4x +RW, 2x –RW	8x	IDE ATAPI	Oui	Non	200 €

* DL = Double couche, DVD 9.

* La majorité des prix sont donnés pour des graveurs vendus sur Internet, en bulk, c'est-à-dire sans boîte ni logiciel.

Le graveur de DVD-ROM sait lire !

Même M. de La Palice n'aurait pas dit mieux : "Un graveur, ça grave." D'accord, mais ça lit également. L'intérêt est de savoir ce qu'il peut lire et comment il peut le lire.

En matière de DVD de données, il serait étonnant que votre graveur ne puisse pas lire tous les supports, à l'exception peut-être des DVD-RAM. En revanche, en matière de DVD vidéo, vous savez que les éditeurs ont défini des zones évitant de voir dans un pays des films qui ne seraient pas encore sortis au cinéma. Ainsi, les DVD destinés au marché européen sont des Zones 2, tandis que ceux venant des États-Unis sont des Zones 1.

Le graveur de DVD-ROM, sauf bridage par le firmware (je n'ai encore jamais vu cela, mais qui a tout vu en informatique...), sait lire tous les formats de DVD vidéo. Toutefois, pour lire sur un ordinateur des DVD vidéo, il faut un lecteur logiciel que l'on nomme génériquement *player*. C'est ce lecteur qui va définir la zone. En règle générale, vous ne pouvez modifier la zone de lecture qu'un certain nombre de fois, par exemple 4 ou 5. Une fois arrivé au terme de ces modifications, vous devrez être sûr de la zone d'exploitation de votre graveur pour bien définir les DVD vidéo qu'il pourra lire. Ainsi, comme vous êtes Français, il est préférable d'opter pour la Zone 2. Vous comprenez alors que le logiciel bride le code régional des DVD exactement comme le fait votre lecteur de DVD de salon. Cependant, les adresses Internet expliquant comment *dézoner* un lecteur de salon ne manquent pas. En réalité, c'est le programme de lecture et de décryptage du lecteur que vous modifiez à l'aide d'un code saisi avec votre télécommande. Le graveur de DVD-ROM, lui, n'a pas à être dézoné. C'est au niveau du player qu'il faut agir.

Pour lire les DVD vidéo de toutes les zones, il faudra employer un player multizone.

Les enregistreurs de DVD

La gravure des DVD sur ordinateur a préexisté à toute autre forme de gravure de ce type de média. De facto, le terme *graveur* est resté dans la mémoire de chacun comme l'acte consistant à écrire et, pourquoi pas ? effacer des données ou de la vidéo sur un disque de 12 cm de diamètre. Lors de l'apparition des appareils d'enregistrement autonomes, le terme *graveur* leur a collé à la peau avec force persuasion. Aujourd'hui, et sous le poids des constructeurs, nous devons employer le terme *enregistreur*.

L'*enregistreur*, dont un modèle est représenté à la Figure 2.12, se distingue donc du *graveur* par deux caractéristiques essentielles :

- Il fonctionne de manière autonome, c'est-à-dire sans ordinateur.
- Il remplace un magnétoscope, un lecteur de DVD et de CD.

Figure 2.12 : L'enregistreur de DVD, le remplaçant tout désigné de votre magnétoscope.

Ces deux différences sont fondamentales, et pour mieux en comprendre les implications quotidiennes, et dicter votre choix entre l'achat d'un graveur de DVD-ROM et celui d'un enregistreur de salon, je dois vous en faire découvrir la fonction première.

La fonction d'un enregistreur

Par définition, il est devenu inutile de préciser *enregistreur de salon*. *Enregistreur* est un terme qui souligne l'autonomie de cet appareil. Il s'agit d'un *graveur* indépendant de tout autre matériel pour fonctionner, à cette restriction près que si vous ne lui envoyez pas d'images d'une manière ou d'une autre, il ne sert à rien.

Déjà, vous comprenez que l'enregistreur, envisagé en qualité de périphérique d'enregistrement, ne sait gérer que des images, donc de la vidéo. Exit les données !

Mais un enregistreur de DVD est aussi un lecteur de DVD, et parfois de CD. La technologie étant héritée de l'informatique, il y a avec les enregistreurs autant de problèmes de compatibilité qu'avec les graveurs de DVD-ROM.

Dans les deux petites sections qui vont suivre, vous allez découvrir, sans entrer dans des détails abscons, les fonctions d'enregistrement et de lecture d'un matériel qui mérite davantage le qualificatif de lecteur/enregistreur qu'autre chose.

Les fonctions d'enregistrement

La fonction principale d'un enregistreur, comme son nom l'indique, est d'enregistrer.

Toutefois, comme ce n'est pas un appareil doté d'une autonomie de vie et de pensée, pour enregistrer encore faut-il qu'il ait quelque chose à enregistrer, et un support sur quoi enregistrer.

Côté support, après avoir lu la section consacrée au graveur de DVD-ROM et en attendant de vous précipiter sur le Chapitre 3, sachez qu'un enregistreur de DVD utilise les mêmes médias qu'un graveur de DVD-ROM. (Cela est d'autant plus intéressant pour moi que je fais l'économie d'un chapitre en traitant des supports de gravure dans le seul et unique Chapitre 3, constatation qui valide l'état de fainéantise dans lequel je vautre ma pénible existence.) Cette parenthèse étant fermée, il s'agit de : DVD+R/+RW, -R/-RW, DVD-9 (DL) et DVD-RAM.

Vous vous demandez si l'enregistreur utilise sans distinction tous ces supports, n'est-ce pas ? Eh bien tout dépend de l'enregistreur. Certains ne gèrent que quelques médias, comme les DVD+R/+RW, d'autres sont plus largement ouverts, acceptant par exemple les doubles couches. Nous verrons toutes ces caractéristiques techniques dans la section "Les différents types d'enregistreurs".

Rassuré sur la compatibilité des supports existant entre le graveur et l'enregistreur, vous souhaitez savoir ce qu'enregistre l'enregistreur. Vous possédez, je suppose, un magnétoscope ?! Eh bien l'enregistreur est fait pour le remplacer. Donc, il enregistre la télévision, qu'elle vous parvienne par voie hertzienne depuis une antenne râteau tout à fait classique, par voie hertzienne mais en numérique via un démodulateur TNT, par l'intermédiaire d'un décodeur Canal +, par voie satellitaire ou par le câble. En effet, l'enregistreur dispose d'un tuner permettant de régler les chaînes hertziennes, et d'une entrée péritel autorisant le raccordement de décodeurs, démodulateurs, magnétoscopes, caméscopes et lecteurs de DVD pour enregistrer, en numérique, tous les signaux vidéo que vous voulez bien lui envoyer.

Les *nuls* sont avides de questions, et c'est grâce aux réponses que nous leur donnons qu'ils perdent progressivement ce statut. Donc, je m'attends à celle-ci : "Eh, banane, si j'ai un magnétoscope, pourquoi j'irais dépenser mon argent dans un enregistreur de DVD ?!"... J'entends bien mon ami, et cette question trouve la réponse suivante : "Tout simplement parce que vous enregistrerez sur des disques optiques, donc en numérique, dans une qualité d'image tout à fait exceptionnelle, assez proche de celle que vous admirez sur les DVD loués dans votre vidéoclub préféré. Il serait dommage de disposer d'un ensemble audiovisuel performant et de continuer à enregistrer vos films sur un support VHS périssable, instable, et à la qualité d'image médiocre."

A l'argument ci-dessus s'en ajoutent au moins deux autres :

- Outre la télévision, un enregistreur de DVD dispose de prises permettant de copier directement sur DVD vidéo vos films de famille enregistrés avec votre caméscope numérique MiniDV ou analogique VHS, S-VHS, Hi8 et autres.
- Vous pourrez très facilement copier sur DVD vidéo votre vidéothèque aux cassettes introuvables, en branchant simplement la sortie péritel d'un magnétoscope à l'entrée péritel de l'enregistreur.

La qualité d'un enregistrement dépend de sa durée. Vous avez certainement remarqué que, sur les boîtiers des DVD vierges, est spécifié par exemple DVD+R 4,7 Go, 120 mn Vidéo. Cela pourrait vous laisser croire que deux heures d'images est le maximum que vous puissiez enregistrer sur un DVD vierge de 4,7 Go. Non ! Ces 120 mn correspondent à la durée maximale avant que la qualité d'image gravée ne commence à se dégrader. Cela tient au fait que plus vous désirez enregistrer d'images, plus il faut les compresser pour les faire tenir dans la limite des 4,7 Go. En fonction de l'enregistreur, vous pouvez graver jusqu'à 6 heures de vidéo. (Mais là j'avoue que c'est encore pire que du VHS !) En revanche, avec un enregistreur de salon double couche (voir plus loin dans ce chapitre), la durée maximale respectant une qualité numérique digne de ce nom monte à 240 mn.

Voici les plus gros avantages d'un enregistreur sur un magnétoscope VHS :

- Enregistrement en qualité numérique maximale jusqu'à 120 mn en simple couche et 240 en double couche.

- Qualité d'image supérieure et inaltérable si vous manipulez et entretenez convenablement vos disques.
- Lecture de DVD et d'autres supports comme des CD audio, MP3, DivX, etc.
- Accès aléatoire au contenu des DVD alors qu'il est linéaire sur une cassette vidéo.
- Pérennité du support DVD comparé à la cassette VHS.

Lisant cela, nous serions tous tentés de croire que le lecteur/enregistreur de DVD n'a pas d'inconvénients, comparé à un magnétoscope VHS. Hélas ! si :

- Son prix. Les modèles à disque dur très complet dépassent les 500 euros. Les modèles sans disque dur ne coûtent pas moins de 120 euros sur Internet, et ne profitent pas de la notoriété des grandes marques.
- Il ne remplace pas votre magnétoscope, puisqu'il ne sait pas lire les cassettes VHS.

Pour gagner de la place dans votre meuble audiovisuel, envisagez un lecteur/enregistreur avec magnétoscope intégré.

Les fonctions de lecture

Un enregistreur fait également office de lecteur de DVD. Aujourd'hui, les enregistreurs savent lire la majorité des DVD vidéo. En revanche, ils ne savent pas tous les graver, comme nous le verrons dans la prochaine section.

En tant que lecteur, l'enregistreur présente les mêmes avantages que votre désormais ancestral lecteur de DVD de salon. Les fonctions de lecture incluent souvent une compatibilité avec les CD MP3, les CD audio et, quelquefois, les VCD, SVCD, Divx, miniDVD (ou cDVD) voire MPEG-4.

Côté home cinéma, certains modèles intègrent un décodeur dolby Surround, permettant de raccorder directement les sorties audio à un ampli 5.1 de manière à transformer votre salon en véritable salle de cinéma. D'autres nécessiteront l'ajout d'un décodeur dolby digital AC3 (voire DTS).

Les modèles et les caractéristiques sont tellement nombreux que je ne peux ici que relater les multiples possibilités, fonctionnalités et caractéristiques. Lors du choix de votre appareil, consultez bien les documentations techniques, et, fort de ce que vous aurez appris dans cet ouvrage, n'hésitez pas à poser des questions pertinentes aux vendeurs qui se trouveront en face de vous, de manière à vous assurer que le modèle convoité répond bien à vos désirs.

Cette multiplicité de fonctionnalités impose un développement que j'éloignerai de toute considération trop technique dans la prochaine section.

Les différents types d'enregistreurs

Il existe autant de modèles mélangeant tellement de fonctions que je vais simplement vous indiquer ce que vous pouvez trouver comme enregistreurs, et les technologies qu'ils sont susceptibles d'intégrer. Commençons par en dresser une liste que je détaillerai par la suite. Ainsi, il existe les enregistreurs de salon suivants :

- **Sans disque dur.** Ils fonctionnent identiquement à un magnétoscope.
- **Avec disque dur.** Ils disposent d'un disque dur, généralement de 80 à 250 Go, qui permet un enregistrement de longue durée et/ou de meilleure qualité, ainsi que d'autres choses que vous découvrirez dans quelques lignes.
- **Avec magnétoscope intégré.** Vous disposez du couple enregistreur/lecteur DVD et magnétoscope. Cela permet des copies bilatérales, c'est-à-dire de DVD sur VHS et de VHS sur DVD, et quelques avantages supplémentaires détaillés plus loin dans cette section dont la possibilité de lire vos vieilles cassettes VHS qui, je n'en doute pas, seront bientôt gravées sur DVD par vos soins.
- **Simple couche.** Enregistreur qui ne grave que des DVD 5 inscriptibles et réinscriptibles.

  Si les enregistreurs simples couches n'utilisent que des DVD 5, en revanche ils savent lire les DVD 9, c'est-à-dire doubles couches, exactement comme un lecteur de DVD de salon.

- **Double couche.** Enregistreur qui, en plus des DVD 5, prend en charge la gravure des DVD 9. Attention ! ces DVD doubles couches ne sont pas réinscriptibles. Le contenu vidéo y est gravé une fois pour toutes.

- **Entrée iLink.** Il s'agit d'une prise IEEE 1394 qui permet de raccorder directement votre caméscope MiniDV à l'enregistreur. Ainsi, vous effectuez une copie numérique directe de vos cassettes sur DVD. Tous les enregistreurs n'en sont pas munis. Dans ce cas, vous devez raccorder le caméscope aux entrées analogiques Composite (RCA jaune traditionnelle) ou YC (S-Vidéo) de l'enregistreur. Cette configuration effectue une conversion du signal vidéo analogique en numérique, ce qui peut dégrader légèrement la qualité de l'image quand les convertisseurs ne sont pas de bonne facture.

  Bien que la copie directe de vos films de famille soit séduisante, n'oubliez pas qu'elle se fera sans montage vidéo, brute de chez brute, sans sonorisation ni menus interactifs donnant accès à des bonus et au chapitrage. (Vous en saurez plus sur tous ces sujets au Chapitre 5.)

- **Décodeur Dolby Digital intégré.** Ce décodeur qui amène le son Dolby Surround dans votre appartement n'est pas présent sur tous les enregistreurs. En lecture, le décodeur permet de brancher toutes les sorties son sur un ampli 5.1. En l'absence de décodeur intégré, soit vous passez par un ampli intégrant le décodeur, soit par un décodeur autonome, soit par un système d'enceintes intégrant ledit décodeur.

Les diverses compatibilités dépendent de la fonction de lecture de l'enregistreur. Il est impossible de tout répertorier ici. Toutefois, à titre d'exemple, le lecteur/enregistreur H&B DRHD-120 est doté d'un disque dur de 120 Go, grave les DVD+R/+RW et est compatible VCD, SVCD, MP3, et MPEG 4 3.11, 4.0, 5.0 et XviD, pour un prix d'environ 400 €.

Enregistreur sans disque dur

Avec ce type d'enregistreur de DVD de salon, l'écriture se fait directement sur le DVD vierge. Techniquement, cela signifie que l'appareil effectue un encodage MPEG-2 en temps réel dont la qualité dépend d'un paramétrage prédéfini en fonction, par exemple, de la durée du film. Il n'est donc pas toujours possible de choisir cette qualité par rapport à un minutage précis. La qualité d'enregistrement envisage des durées bien déterminées : 60 mn, 120 mn, 180 mn,

240 mn, etc., jusqu'à une durée maximale de 6 heures. Plus la durée est longue, moins la qualité d'image est bonne. On commence à en ressentir les effets à partir de 180 mn.

Le problème ici est que, si le film dure 121 mn, vous devez opter pour la qualité 180 mn. En d'autres termes, une seule minute fait perdre le bénéfice qualitatif que vous auriez eu en limitant l'enregistrement à 120 mn.

Bien évidemment, les constructeurs tentent de pallier ce problème pour optimiser la qualité de l'image, même lorsque l'on enregistre avec un taux de compression assez élevé.

Avec un enregistreur sans disque dur, vous annihilez la fonction de lecture pendant l'enregistrement. En effet, la gravure se déroule en temps réel, c'est-à-dire sur toute la durée du programme. Si le film dure 90 mn, la gravure dure elle aussi 90 mn.

TRUC

Le plus gros avantage que présente un enregistreur sans disque dur par rapport à un enregistreur avec disque dur est un prix beaucoup plus faible.

Enregistreur avec disque dur

On se pose souvent la question de l'utilité d'un disque dur dans un enregistreur de salon. Ce périphérique de stockage et de capture de la vidéo ouvre en réalité bien d'autres possibilités. Evidemment, les fonctionnalités dépendent du modèle choisi, et plus il y a de possibilités, plus l'enregistreur coûte cher.

Voici quelques arguments qui plaident en faveur d'un enregistreur avec disque dur :

- Possibilité d'enregistrer jusqu'à 16 heures de programmes en pleine qualité DVD ou 32 heures en bonne qualité, là où sur un DVD 5 vous ne pourriez mettre respectivement que 1 et 2 heures de programme.

  TRUC

  C'est un avantage indéniable. Sur un enregistreur sans disque dur, vous pouvez programmer plusieurs plages horaires d'enregistrement. Toutefois, plus vous désirez enregistrer d'heures de programmes, plus vous opterez pour une faible qualité pour que tout puisse tenir sur un seul DVD de 4,7 Go. Ce sera inscrit sur le DVD, et vous ne pourrez plus rien y changer. Avec un système à disque dur, vous pouvez, par exemple, programmer 32 heures de programmes en bonne qualité DVD. Ces 32 heures pourraient être constituées de plusieurs films. Dans ce cas, il sera possible de graver ceux de votre choix sur plusieurs DVD, sans aucune perte de qualité.

- Possibilité d'enregistrer jusqu'à 250 heures de programmes en qualité VHS sur un disque dur de 160 Go, contre 8 heures sur un DVD vierge. (Donc davantage si le disque dur est encore plus conséquent.)
- La copie du contenu du disque dur sur DVD s'échelonne de 2,4x à 19,2x en fonction du modèle.
- Vous avez la possibilité de regarder un DVD pendant que les programmes s'enregistrent sur le disque dur.
- Vous pouvez regarder un enregistrement en cours tout en continuant d'enregistrer le programme.
- Vous pouvez regarder un programme antérieurement enregistré sur le disque dur tout en en enregistrant un autre.

TRUC

Malgré des avantages indéniables sur l'enregistreur sans disque dur, les modèles les plus sophistiqués affichent des prix prohibitifs. Si vous pouvez trouver des modèles sans disque aux alentours de 150 euros, un bon modèle à disque coûte 300 euros, et dès qu'il touche à l'excellence, vous pouvez compter entre 450 et 700 euros.

TRUC

Le Panasonic DMR-E500 dispose d'un disque dur de 400 Go, d'un lecteur de carte mémoire d'appareil photo pour copier vos clichés sur disque dur puis graver un diaporama sur DVD. Il dispose d'une interface Ethernet qui permet sa mise en réseau avec d'autres lecteurs et même un PC, et j'en passe et des meilleurs. Mais ce qui me fait pleurer, c'est son prix : 1 500 euros !

Que les enregistreurs soient avec ou sans disque dur, ils utilisent tous des DVD vierges pour que vous puissiez créer une DVDthèque. Avec un modèle sans disque, vous n'avez pas le choix. Le seul support d'enregistrement est le DVD. Avec un système à disque dur, vous pouvez accumuler les programmes télé jusqu'à saturation, en effacer et/ou en graver sur DVD.

TRUC

Je conseille de graver immédiatement les programmes qui vous sont les plus chers. On ne sait jamais ce qui peut arriver à un disque dur !

Donc, dans tous les cas de figure, le DVD reste le support ultime des enregistreurs. Dans ce domaine, à l'instar des graveurs de DVD-ROM, ils sont de type simple couche ou double couche.

Enregistreur avec magnétoscope

Les enregistreurs équipés d'un magnétoscope disposent, en plus de la fonction d'enregistrement et de lecture des DVD, de celle des cassettes VHS. En règle générale, il est possible d'effectuer des enregistrements bidirectionnels, c'est-à-dire DVD vers VHS et VHS vers DVD. Cette dernière fonction est très pratique pour tous ceux qui veulent transférer sur DVD leur vidéothèque personnelle qui, un jour où l'autre, ne sera plus regardable sur son support magnétique analogique.

Cette hypothèse fort séduisante ne doit pas masquer le fait que, sans passer par un ordinateur, c'est-à-dire un système de capture vidéo suivi d'un montage et éventuellement d'un traitement d'amélioration de l'image et du son, vous obtiendrez une gravure de l'original équivalente à sa qualité initiale. Pensez-y avant de sombrer dans la facilité ! De plus, votre DVD ne profitera d'aucun menu ni chapitrage. (Le chapitrage pourrait être réalisé sur un enregistreur et un DVD réinscriptible, mais dans une interface très austère où le graphisme des vignettes est assez effrayant.)

Je pense que certains d'entre vous y retrouveront leur compte à investir dans un enregistreur intégrant un magnétoscope. En effet, ces dernières années, la technologie n'a cessé de progresser et de lancer sur le marché des lecteurs de DVD toujours plus compatibles avec les nouveaux standards, puis des graveurs qui offrent de plus en plus de possibilités. Il n'est donc pas rare de trouver des foyers où cohabitent dans un entassement invraisemblable : une platine CD audio, un magnétoscope, un lecteur de DVD (parfois même plusieurs) et un enregistreur avec autant de télécommandes qui vont avec. Si vous cassez votre tirelire pour acheter l'enregistreur le plus complet, vous cumulez en un seul appareil les fonctions de quatre matériels. J'y pense : Est-ce que le luxe aujourd'hui ce ne serait pas l'espace ? (Elle est pas mal cette réflexion, et je vous jure que rien ne me l'a inspirée.)

Enregistreur simple couche

Nous pouvons transposer ici ce qui a été dit à propos des graveurs de DVD-ROM ne prenant en charge que les DVD 5. La seule différence essentielle est que si un graveur de DVD-ROM peut enregistrer aussi bien des données que des vidéos dans une arborescence et une structure de dossiers identique à celle des DVD vidéo commerciaux, un enregistreur se limite au DVD vidéo.

En fonction de l'enregistreur simple couche acheté, voici les disques vierges qu'il accepte :

- DVD+R/+RW
- DVD-R/-RW
- DVD-RAM

TRUC

La compatibilité totale ou partielle avec ces supports dépend entièrement du modèle que vous achetez. Lisez bien les documentations ou les fiches techniques que vous trouverez sur les sites des constructeurs.

En lecture, l'enregistreur simple couche accepte quasiment tous les supports gravés, y compris des CD-R contenant des fichiers MP3 (musicaux), JPEG (photos) et plus rarement DivX. Dans ce domaine également, vérifiez toujours ces spécifications avant achat.

Enregistreur double couche

L'enregistreur double couche est identique au simple couche. La différence est que, en plus des formats de DVD simples couches, il prend en charge les DVD 9, c'est-à-dire DL, permettant d'enregistrer davantage de vidéo à qualité équivalente. Ainsi, sur un DVD 5, vous gravez jusqu'à 120 mn de vidéo en bonne qualité DVD contre 240 mn sur un DVD 9.

TRUC

Je rappelle que les DVD 9 ne sont pas réinscriptibles. Par conséquent, pour utiliser un enregistreur comme un véritable magnétoscope, vous utiliserez prioritairement le disque dur s'il en est équipé, et des DVD 5 de type +RW/-RW, voire des DVD-RAM qui eux affichent en double face jusqu'à 9,4 Go de données, soit deux heures de vidéo par face.

Les particularités d'un enregistreur à ne pas oublier

Donc, si vous achetez un lecteur/enregistreur de salon, retenez ceci :

- Envisagez l'appareil comme le remplaçant de votre magnétoscope.
- Il est bien plus facile d'enregistrer des programmes télévisés avec un enregistreur qu'avec un graveur de DVD-ROM.
- L'enregistreur de salon est autonome. Vous n'avez donc pas besoin d'un ordinateur pour l'utiliser.
- Cette autonomie est relative, car il faut le nourrir en images, par antenne hertzienne, caméscope ou magnétoscope, TNT ou encore satellite et câble.
- Un enregistreur coûte beaucoup plus cher qu'un graveur de DVD-ROM.

  Cependant, comme le DVD-ROM nécessite un ordinateur et des logiciels, un enregistreur coûte moins cher qu'un graveur. (J'adore ce genre de paradoxe.)

  Oui, mais l'enregistreur exige un téléviseur et souvent un home cinéma pour en profiter pleinement, auxquels s'ajoute un abonnement à des chaînes cryptées ou à des bouquets du câble et du satellite faisant que l'enregistreur revient bel et bien plus cher qu'un graveur de DVD-ROM + ordinateur + logiciels.
- Les ordinateurs évoluent très vite, vous en changerez au minimum tous les 5 ans. A terme, le graveur de DVD-ROM revient plus cher.
- Vous effectuez des enregistrements en numérique, c'est-à-dire d'une qualité et d'une viabilité largement supérieures à celles du VHS.
- Un enregistreur, à la différence d'un graveur de DVD-ROM, ne peut pas stocker vos données.
- Vous ne pourrez pas faire de l'authoring DVD, c'est-à-dire créer des menus interactifs personnalisés.

- Les fonctions d'édition, comme l'insertion de chapitres, la détermination d'une image de menu, ne sont possibles que sur des supports réinscriptibles +RW, -RW ou RAM, et restent aussi limitées que périlleuses.
- La connexion hertzienne classique n'est recommandée que si vous disposez d'une réception exempte de tout reproche.
- Un enregistreur ne donne le meilleur de lui-même que si vous raccordez un démodulateur TNT, satellite ou câble à sa péritel de type RVB.
- Pour profiter d'un enregistrement de bonne qualité et de longue durée, privilégiez un modèle à disque dur.
- Pour profiter d'une bonne qualité d'enregistrement sur DVD 5, n'excédez pas les 120 mn de vidéo. Le meilleur résultat étant obtenu avec une durée de 60 mn maximum.
- Pour une meilleure qualité de diffusion de vos DVD vidéo, vérifiez que votre téléviseur dispose d'une prise péritel femelle de type RVB. Proscrivez autant que possible les entrées Composite PAL (RCA jaune) et/ou YC (SVHC – sorte de miniDIN).
- Sur des DVD 9, n'excédez pas les 240 mn, le meilleur résultat étant obtenu avec une durée de 120 mn maximum.
- La plupart des enregistreurs, comme les lecteurs de DVD de salon, savent lire les CD-R et les DVD contenant des fichiers JPEG.
- Les enregistreurs reprennent la plupart des fonctions de lecture des lecteurs de DVD de salon et de DVD-ROM.
- Si vous manquez de place, achetez un enregistreur DVD avec magnétoscope intégré.
- Pour en finir une bonne fois pour toutes, le Blu-ray risque de mettre tout le monde d'accord !

Pour en savoir plus sur l'installation et l'utilisation générique d'un enregistreur de DVD, reportez-vous au Chapitre 5.

Enregistreur vs graveur

Ouf ! Je respire ! Pour conclure sur ce sujet... brûlant, je vais tenter de vous faire comprendre en quoi un graveur de DVD-ROM et un enregistreur de salon ne sont pas incompatibles ; je dirais même qu'au contraire ils sont complémentaires. (Voilà que je me mets à faire des rimes.)

- Un graveur de DVD-ROM grave des données, c'est-à-dire les fichiers informatiques que vous créez avec les différents programmes installés dans votre ordinateur.
- Un enregistreur ne peut pas graver des données.
- Un enregistreur ne peut pas graver des CD.
- Un enregistreur enregistre les programmes télé en temps réel. Il remplace en cela votre magnétoscope.
- Un graveur de DVD-ROM peut enregistrer la télé, mais exige une configuration matérielle et logicielle très complexe à mettre en place pour le profane.
- Un enregistreur permet de conserver, sous forme d'un DVD vidéo, l'ensemble de vos cassettes analogiques (VHS, VHS-C, S-VHS, 8 et Hi-8) et numériques (MiniDV, Digital8, MicroMV) sans passer par un ordinateur.
- Avec le logiciel adapté, un graveur de DVD-ROM peut également enregistrer directement sur DVD sans effectuer de capture préalable sur votre disque dur.
- Un graveur de DVD-ROM profite des outils informatiques pour graver des DVD vidéo présentant des chapitres et des menus interactifs, comme sur les supports professionnels achetés ou loués dans le commerce. (On appelle cela de l'*authoring*.)
- Un enregistreur ne permet aucun authoring véritable, mais plutôt une édition sommaire du contenu des DVD réinscriptibles +RW, -RW ou RAM.
- Un graveur de DVD-ROM pourra effectuer une copie de sauvegarde de vos DVD doubles couches sur un simple couche grâce à des programmes qui permettent de sélectionner le contenu du DVD à graver. Il pourra même graver l'intégralité du DVD 9 en recompressant intelligemment

certains contenus comme les bonus pour préserver au maximum la qualité du film. (Cela est expliqué au Chapitre 10.)

Comparatif de modèles

La comparaison de modèles d'enregistreurs de salon m'impose les mêmes mises en garde que pour le graveur de DVD-ROM :

- La liste ne saurait être exhaustive.
- De nouveaux modèles arrivent sans cesse sur le marché.
- Votre budget vous imposera peut-être l'achat d'un enregistreur plus générique que ceux présentés ici.

Le Tableau 2.2 dresse une liste de modèles sans et avec disque dur, indiquant par la même un ordre de prix. Pour les caractéristiques précises de chaque modèle, visitez le site Web du constructeur que je ne manque évidemment pas de vous donner s'il existe.

Que constatons-nous ? Eh bien que les deux catégories d'utilisateurs présumés au Chapitre 1, c'est-à-dire ceux qui veulent se casser la tête et ceux qui ne veulent pas se la casser, peuvent finalement appartenir à la même catégorie en investissant dans un graveur de DVD-ROM et dans un enregistreur autonome de salon. Donc, si vous avez un ordinateur, vous graverez au moins des données sur DVD ou CD, puisque cet appareil accepte ces deux types de supports. De plus, si vous en avez assez, et comment pourrait-il en être autrement, d'enregistrer des émissions de télévision sur un support aussi instable, fragile et médiocre qu'une cassette VHS, tout en sachant qu'il vous sera assez facile d'enregistrer sur DVD le contenu de vos cassettes MiniDV et l'ensemble de votre vidéothèque VHS, vous investirez quelques centaines d'euros dans un enregistreur de salon. Vous ne perdrez également jamais de vue qu'un graveur de DVD-ROM profite des avantages présentés par les logiciels utilisables dans un ordinateur. Il est plus facile d'effectuer des copies de sauvegarde de votre DVDthèque, comme je l'explique au Chapitre 10, avec un graveur qu'avec un enregistreur.

TRUC

Ma conclusion : Achetez les deux ! Sauf si vous n'avez pas d'ordinateur et que vous ne voulez pas en acheter. Toutefois, vous ne m'empêcherez pas de penser que vous, un passionné du numérique sous toutes ses formes, allez passer à côté des fonctionnalités de

Tableau 2.2 : Enregistreurs de DVD.

	Modèles	Disque dur	Support	Magnétoscope	Prix	Site Web
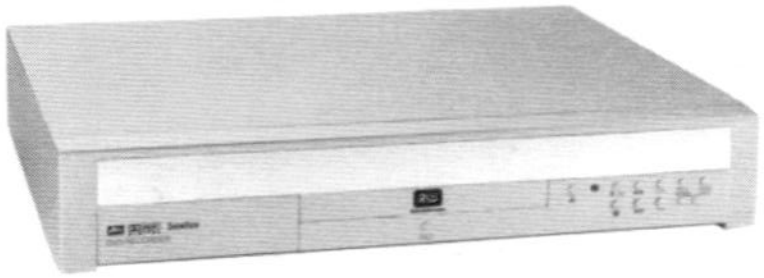	Höher DVDR 18	Non	DVD+R/+RW	Non	120 €	Non communiqué. Infos sur www.fnac.com
	Philips DVDR 610	Non	DVD+R/+RW	Non	240 €	www.consumer .philips.com
	Samsung DVD-VR 300E	Non	DVD-RAM, -RW, -R, VHS	Oui	300 €	
	LG RH-7500	80 Go	Disque dur, DVD-R/+R, +RW/-RW, +R double couche	Non	400 €	http://fr.lge.com
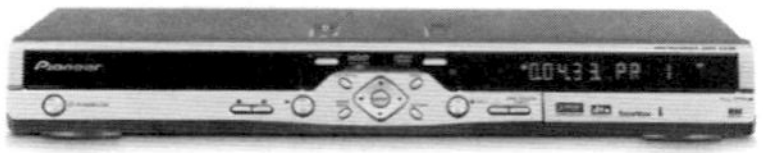	Pioneer DVR-433H	80 Go	Disque dur, DVD-R/-RW, -R	Non	450 €	www.pioneer.fr

double couche

	Modèles	Disque dur	Support	Magnétoscope	Prix	Site Web
	LG RH-7800	160 Go	Disque dur, DVD-R/+R, +RW/-RW, +R double couche	Non	500 €	http://fr.lge.com
	Sony RDR-HX 710	160 Go	Disque dur, DVD-R/+R, +RW/-RW, +R double couche	Non	600 €	http://www.sony.fr/view/ShowProduct.action?product=RDR.HX710&site=odw_fr_FR&category=DVD+Recorder
	Panasonic DMR-EH60	200 Go	Disque dur, DVD-RAM, +R, -R/-RW	Non	750 €	www.panasonic.fr
	JVC DR-MX1	160 Go	Disque dur, DVD-RAM, -R/-RW, VHS	Oui	850 €	
	Panasonic DMR-E500	400 Go	Disque dur, DVD-RAM, DVD-R, lecture de cartes mémoire, réseau	Non	1 500 €	www.panasonic.fr

copie et d'authoring de DVD que propose un ordinateur équipé du bon matériel et des bons logiciels.

Acheter votre graveur

Désormais, vous en connaissez un rayon sur les graveurs ! Et qui dit "rayon" dit magasin, donc achat.

Là encore, je suis assez sectaire, et j'imagine deux attitudes d'achat différentes. Soit vous faites partie de ceux qui privilégient la proximité au détriment du prix, et vous effectuerez votre achat dans un magasin spécialisé, le revendeur de votre quartier ou au rayon informatique d'une grande surface ; soit vous faites partie d'une génération qui ne jure que par Internet, et vous allez vous lancer sur le Web à la recherche des meilleurs sites proposant les produits au meilleur prix.

Comment acheter ? Je n'ai pas de réponse tranchée. Tout dépend de votre sens de l'achat et de la confiance que vous accordez aux produits.

- Un achat sur Internet est toujours moins cher.
- Acheter dans un magasin permet de rapporter immédiatement le produit en cas de problème, et d'obtenir un échange standard immédiat.
- Acheter sur Internet fait peur ! Sachez cependant que les paiements sécurisés par carte bancaire sont très fiables, et que bien souvent vous pouvez payer par chèque.
- Beaucoup de sites marchands proposent un paiement en trois fois sans frais et sans justificatif.
- Dans un magasin, vous pouvez obtenir immédiatement des réponses aux questions que vous vous posez.
- Dans un magasin, vous pouvez éventuellement comparer les modèles.
- Sur Internet, les bonnes affaires se font dans le rayon Déstockage.
- Sur Internet, vous avez 7 jours pour retourner votre commande.

- Certains magasins virtuels offrent une garantie Or qui permet un échange standard du produit en cas de panne dans la première année d'utilisation, ou en cas de casse constatée lors de la livraison.
- Vous pouvez également acheter du matériel d'occasion sur les sites d'enchères comme e-Bay.

Voici quelques adresses Web à visiter :

- `www.rueducommerce.com`
- `www.topachat.com`
- `www.cdiscount.com`
- `www.pixmania.com`
- `www.fnac.com`
- `www.darty.com`
- `www.son-video.com`
- `www.pixeldiscount com`
- `www.multidiscount.com`
- `www.magma.fr`

Cette fois ça y est, l'appareil est commandé. Mais avez-vous pensé aux DVD vierges qui sont pris en charge par votre graveur de DVD-ROM et/ou votre enregistreur de salon. Comment ? Vous êtes un peu perdu dans les DVD +R, -R, +RW, -RW, RAM, Lightscribe, 4x, 8x, 16x, inscriptibles, réinscriptibles, simples couches, s... ARRETEZ ! Je n'en peux plus ! Lisez le petit Chapitre 3 qui met les points sur les "i" de vos questions !

Chapitre 3

Les supports de gravure

Dans ce chapitre :

- Les DVD vierges.
- Acheter ses DVD.
- L'entretien des DVD.
- Le stockage des DVD.

Voici arrivé un moment crucial de la gravure du DVD, que vous y procédiez avec un graveur de DVD-ROM ou un enregistreur, je veux parler du choix du support.

Nous savons que tous les graveurs et enregistreurs affichent des caractéristiques bien spéciales. Les principales d'entre elles sont les types de supports (ou médias) supportés et leur capacité de stockage. De plus en plus de graveurs de DVD-ROM acceptent presque tous les formats, à l'exception des doubles couches, ce qui est loin d'être le cas des enregistreurs.

TRUC

Dans tous les cas de figure, n'oubliez jamais de choisir uniquement les DVD vierges acceptés par votre graveur ou enregistreur. Dans le cas contraire, il ne saura pas les identifier et refusera de les graver.

Face à cette affirmation qu'il ne faut pas prendre à la légère, commençons notre petite exploration de l'univers des DVD vierges par les types de disques existant.

Les différents types de DVD vierges

Il existe tellement de types de DVD vierges que le débutant peut non seulement être dérouté quant au choix à effectuer, mais aussi ne pas très bien comprendre pourquoi il en existe autant. Cette section est destinée à clarifier les choses.

Voici les principales catégories de DVD vierges que nous pouvons distinguer :

- DVD+R
- DVD+RW
- DVD-R
- DVD-RW
- DVD-RAM
- DVD+R DL
- DVD-R DL

A cela s'ajoute deux autres catégories qui reprennent les DVD listés ci-dessus, mais en leur ajoutant la possibilité d'imprimer la surface non enregistrable pour personnaliser le support :

- DVD estampillés Lightscribe.
- DVD dits imprimables.

Sur le marché des DVD préenregistrés, c'est-à-dire de DVD contenant principalement de la vidéo, il existe des DVD-10 et des DVD-18. Leur nomenclature permet aisément d'en déchiffrer les composants. Ainsi, un DVD-10 n'est autre qu'un DVD-5 composé de deux faces enregistrables. Chacune est capable de stocker 4,7 Go de données ou 120 mn de bonne qualité vidéo. Le DVD-18 est un DVD-9 composé lui aussi de deux faces. Le problème de ces DVD est qu'il faut les retourner pour consulter intégralement leur contenu. Ces types de DVD se raréfient. De nombreux éditeurs de DVD préfèrent sortir des produits avec deux DVD-5 ou DVD-9, plutôt qu'un seul DVD-10 ou DVD-18. En effet, comme les deux faces sont enregistrables, ces DVD ne permettent pas de proposer au consommateur des DVD personnalisés. Exit la belle sérigraphie quadrichromique où vous voyez le beau visage de Leonardo Di Caprio. De plus, il faut un œil de lynx pour distinguer la face A de la face B.

Pour mieux comprendre ce qui singularise tous les types de DVD et intégrer de facto ce que sait faire votre graveur ou enregistreur, étudions-les un peu plus en détail.

DVD+RW et DVD+R

Le DVD+RW, où l'acronyme RW signifie ReWritable, est un format enregistrable et effaçable qui se base sur une technologie identique à celle des CD-RW. (Je sais que pour certains cela ne veut pas dire grand-chose, dans la mesure où soit vous n'avez jamais eu de graveur, soit vous n'avez gravé que des CD-R.) Ce support a vu le jour en 2001 sous l'impulsion de firmes aussi puissantes que Philips, Sony, Hewlett-Packard, Dell, Ricoh, Yamaha et j'en passe.

La technologie de gravure à changement de phase permet, grâce à une variation de la puissance du rayon laser du graveur, soit d'écrire des données, soit de les effacer. En fait, le laser agit sur les molécules cristallines du colorant qui repose sur la couche enregistrable du DVD+RW. A une certaine chaleur, les cristallins définissent une structure de creux et de plats identifiant les chaînes de 1 et 0 constituant les fichiers informatiques. Une autre intensité de chaleur va restaurer les cristallins à leur état d'origine, effaçant ainsi tout ou partie des données et rendant le support de nouveau enregistrable.

Les disques DVD+RW sont compatibles avec de nombreux lecteurs de DVD-ROM (dont les graveurs qui, je le rappelle, font également office de lecteurs). Ajoutons à cela qu'il est possible d'utiliser un DVD+RW pour graver un DVD vidéo. Toutefois, tous les lecteurs de DVD de salon et tous les enregistreurs ne sont pas compatibles, c'est-à-dire qu'ils peuvent considérer, à l'insertion d'un DVD+RW, qu'aucun disque n'est présent.

Un DVD+RW peut être enregistré environ 1 000 fois.

Les DVD+R ne peuvent être gravés qu'en mode dit CLV. C'est le seul mode qui assure une parfaite compatibilité avec des graveurs, des lecteurs et des enregistreurs. Ce type de DVD est la variante inscriptible du DVD+RW. C'est-à-dire que vous l'utilisez exactement comme un CD-R soit en le remplissant de 4,7 Go de données en une seule opération de gravure (disque entier), soit en plusieurs (multisession). (Vous comprendrez mieux ces deux types de gravure au Chapitre 9.)

Le mode CLV ou Constant Linear Velocity, *vitesse linéaire constante*, maintient un taux de transfert constant des données sur toute la surface du disque. Ce mode ajuste la vitesse de rotation au diamètre d'écriture du disque. Comme un DVD est gravé de l'intérieur vers l'extérieur, le diamètre va en s'agrandissant. Originellement fixé à une vitesse de 1x, le mode CLV gravait un DVD entier en 60 minutes environ. L'amélioration des performances et surtout des disques vierges a permis de réduire considérablement cette durée. Aujourd'hui, avec des disques +R/-R et des graveurs supportant un CLV de 16x, il faut environ 6 minutes pour graver l'intégralité d'un DVD.

Les DVD+RW et +R peuvent être utilisés pour graver des données ou des DVD vidéo, dans une limite de 4,7 Go de données et de 120 mn en bonne qualité vidéo. Les Figures 3.1 et 3.2 montrent qu'il est très facile d'identifier, à son emballage, un DVD+RW et un DVD+R.

Figure 3.1 : Un DVD+RW.

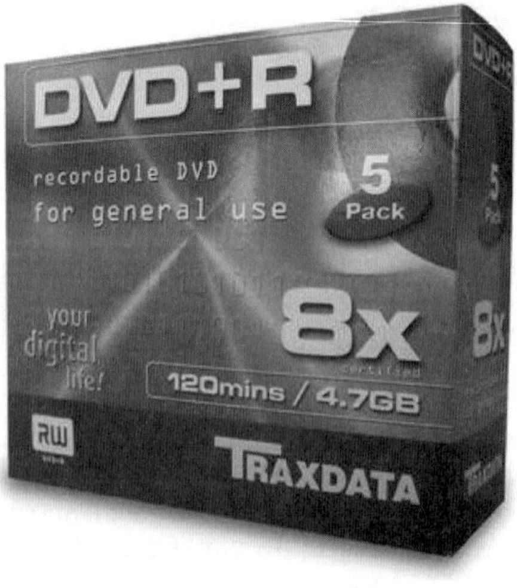

Figure 3.2 : Une boîte de DVD+R.

DVD-R et DVD-RW

Les DVD-R et -RW, qui se prononcent littéralement DVD "moins" R et "moins" RW, sont respectivement inscriptibles et réinscriptibles. Tous deux ont une capacité de 4,7 Go de données et de 120 minutes de bonne qualité vidéo.

En règle générale, vous utilisez l'un ou l'autre de ces DVD vierges exactement comme vous utilisez des +R/+RW. Seules les spécifications techniques de votre graveur de DVD-ROM ou de votre enregistreur de salon vous pousseront à opter pour un format plus qu'un autre.

Tout comme le DVD+RW, le -RW peut être réécrit environ 1 000 fois.

Les DVD+R/+RW et -R/-RW existent également en versions dites General Use et Authoring. La première catégorie est la seule que le grand public trouvera chez ses revendeurs habituels. La seconde catégorie est davantage réservée aux professionnels qui font de l'authoring DVD, c'est-à-dire de la création de DVD vidéo en vue d'un pressage ultérieur pour une diffusion de leur produit à grande échelle. Ces DVD destinés à l'authoring coûtent beaucoup plus cher que ceux destinés au grand public. Les DVD de type General Use ou General Purpose sont destinés à éviter toute copie frauduleuse des DVD commerciaux.

Les DVD-R/-RW sont aussi faciles à identifier que leurs homologues "+", comme le montre la Figure 3.3.

Figure 3.3 : Des DVD vierges -R et -RW.

Le gros avantage, en matière de gravure des données, d'un DVD+RW/-RW est qu'avec le logiciel approprié vous pouvez l'utiliser comme un véritable disque dur amovible, présentant l'avantage, mais aussi l'inconvénient, du support optique :

- Support indépendant du matériel qui écrit et lit les données, permettant une durée de vie plus importante et une sauvegarde très sûre des données.
- Vitesse d'écriture et de lecture lente comparée à un disque dur.

Conclusion : Le DVD-RW ne se substitue pas à un disque dur, mais il l'assiste efficacement en permettant la sauvegarde de vos données sur un support qui ne reste pas dans l'ordinateur, et que vous placez dans un boîtier indépendant, éloigné de tout élément susceptible de corrompre vos fichiers si précieux.

DVD-RAM

Le DVD-RAM est arrivé sur le marché avec une capacité de stockage initiale de 2,58 Go de données, qui fut assez vite portée à 4,7 Go. Aujourd'hui, les DVD-RAM doubles faces peuvent graver un total de 9,4 Go de données.

Ce support utilise une technologie à double changement de phase. Ce qui est très séduisant dans le DVD-RAM, c'est sa rapidité d'accès du fait de l'abandon de la vitesse linéaire de transfert (CLV). Un DVD-RAM peut être réécrit environ 100 000 fois contre 1 000 pour les +RW/-RW, et son espérance de vie est de l'ordre de 30 ans, c'est-à-dire 3 fois plus que ses concurrents DVD+R/+RW et -R/-RW.

Le DVD-RAM n'a pas su s'imposer dans le domaine de la gravure de données grand public. De nombreux graveurs de DVD-ROM n'acceptent pas les DVD-RAM. En revanche, de plus en plus d'enregistreurs de salon haut de gamme privilégient ce support. Mais, parce qu'il y a toujours un "mais" avec le DVD-RAM, une immense majorité de lecteurs de DVD de salon n'accepte pas les DVD-RAM.

Il est aussi facile d'identifier un DVD-RAM vierge que n'importe quel autre média de ce type, comme le montre la Figure 3.4.

Double couche

Le double couche n'est pas, à proprement parler, un format de DVD. C'est davantage une structure de stockage de grande capacité. En

Figure 3.4 : Un DVD-RAM.

effet, à l'heure actuelle, le DVD double couche est de type +R ou -R. A l'inverse de son homologue simple couche, le double couche est composé de deux couches superposées acceptant chacune 4,7 Go de données. Donc, avec un double couche, vous portez la capacité de stockage à environ 8,5 Go de données.

Comme je l'explique au Chapitre 2, c'est l'intensité du rayon laser qui permet de passer d'une couche à une autre. C'est toujours la couche la plus basse, c'est-à-dire L0 ou niveau 0 (exactement comme avec un ascenseur), qui est accessible en premier. C'est un peu le rez-de-chaussée de la gravure. Une fois cette couche remplie, le laser s'attaque à la L1, c'est-à-dire la couche de niveau 1. Cette technologie très complexe, qui joue sur l'intensité du laser, ne permet pas encore de produire des DVD doubles couches dits DL, réinscriptibles. Vous comprenez alors que les données y sont gravées une fois pour toutes comme sur un DVD+R ou DVD-R.

Du fait de cette complexité, les DVD doubles couches sont plus lents à graver que les simples couches et coûtent beaucoup plus cher.

TRUC

Cela va sans dire, mais ça va toujours mieux en le disant, qu'un DVD double couche ne peut être gravé que par un graveur de DVD-ROM double couche et/ou un enregistreur de salon double couche.

Qu'ils soient de type +R DL ou -R DL, les DVD vierges doubles couches sont aussi faciles à repérer que les autres comme en témoignent les Figures 3.5 et 3.6.

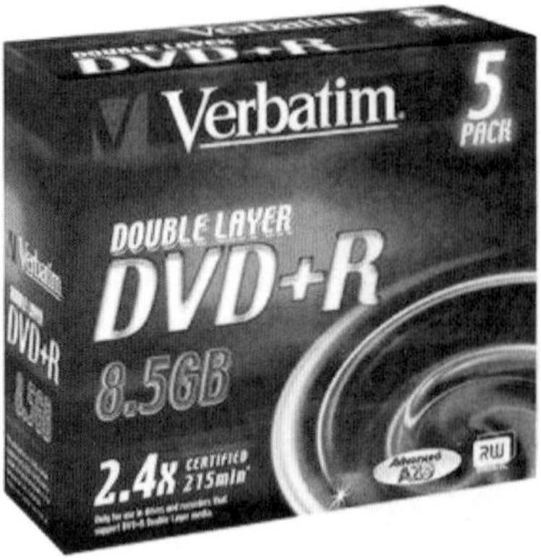

Figure 3.5 : Une boîte de DVD+R DL.

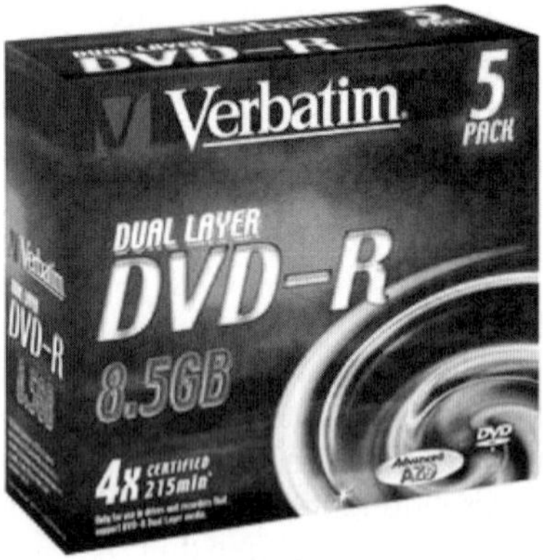

Figure 3.6 : Une boîte de DVD-R DL.

MiniDVD-R et -RW

Il s'agit d'une race à part de support qui n'a rien à voir avec la présentation rapidement faite au Chapitre 2 des miniDVD ou cDVD que l'on peut créer avec un graveur de CD.

TRUC

Pour mémoire, les miniDVD ou cDVD sont des DVD gravés sur des CD. Bien évidemment, comme la capacité d'un CD est 6 fois moins importante que celle d'un DVD simple couche, vous y gravez 6 fois moins de durée vidéo. Donc, sur CD, vous pouvez créer des miniDVD d'une quinzaine de minutes. C'est intéressant, mais pas compatible avec tous les lecteurs et enregistreurs de DVD.

Le miniDVD entendu comme support d'enregistrement se destine principalement aux caméscopes DVD. La grande différence avec les autres est qu'il présente un diamètre de 8 cm au lieu de 12. Résultat, et contrairement à ce que nous laisse croire la publicité Sony où jeunes et moins jeunes filment avec leurs caméscopes puis se précipitent l'un chez le coiffeur, un autre dans un café et un troisième dans une maison, il ne suffit pas de filmer et d'insérer le disque dans un lecteur pour en profiter instantanément. Il faut finaliser le DVD, c'est-à-dire inscrire des données qui vont permettre de le rendre compatible avec d'autres systèmes de lecture de DVD.

Ma conclusion sur ces miniDVD et les caméscopes qui les mettent en œuvre : Evitez-les comme la peste. Ils ne permettent pas d'obtenir une image de meilleure qualité que le MiniDV, et pour créer un beau DVD interactif, la procédure se complique du fait d'une image déjà compressée qu'il faudra capturer sur disque dur puis recompresser. Oubliez ce système, sauf si l'authoring DVD ne vous intéresse pas. Dommage, car vous possédez un ordinateur dont vous ne tirez pas du tout parti.

DVD Lightscribe

Le DVD Lightscribe n'est pas un format de DVD comme le sont les +R, -R, RW, RAM et consorts. Il s'agit simplement de DVD qui peuvent être de tout type, mais dont la face non enregistrable peut être gravée par un graveur de DVD de type Lightscribe. Le laser qui grave habituellement les données ou les DVD vidéo va "brûler" la surface imprimable du support (là où vous écrivez le contenu avec un marqueur spécial) pour y afficher une belle illustration monochrome que vous aurez préalablement préparée.

TRUC

Tout DVD estampillé Lightscribe profite de cette technologie. En revanche, tous les autres ne sauraient en tirer parti.

TRUC

Les DVD Lightscribe ne peuvent être imprimés que par un graveur de DVD Lightscribe. En revanche, les données peuvent y être gravées par n'importe quel graveur de DVD-ROM ou enregistreur de salon.

TRUC

Pour identifier un DVD Lightscribe, il suffit de lire son emballage, comme le montre la Figure 3.7.

Dans la mesure où les textes, graphiques et photos ainsi imprimés sur la surface d'un DVD Lightscribe sont monochromes, c'est-à-dire

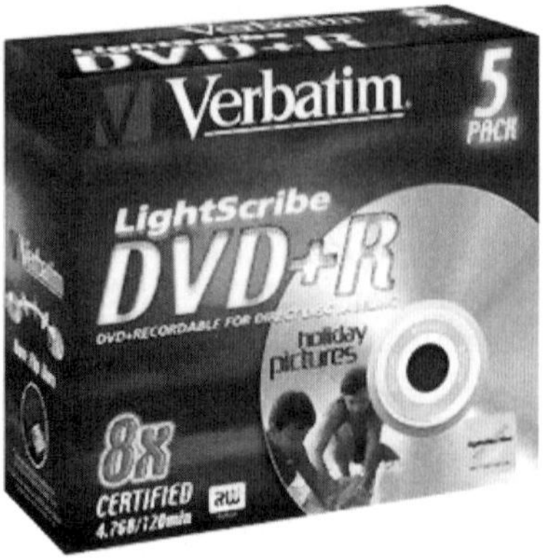

Figure 3.7 : Un DVD dit "Lightscribe" permet de personnaliser sa surface imprimable en utilisant un graveur embarquant cette technologie.

en nuances d'une même teinte, ceux qui désirent de la couleur se tourneront vers les DVD imprimables.

DVD imprimables

A l'instar du DVD Lightscribe, le DVD imprimable n'est pas un format de DVD, mais simplement un type spécial de support dont la face imprimable est recouverte d'une fine couche blanche pouvant être imprimée en millions de couleurs avec une imprimante à jets d'encre.

Pour imprimer ce type de DVD, vous devez posséder soit une imprimante dédiée, soit une imprimante à jets d'encre avec kit d'impression CD/DVD. Il s'agit en fait d'un support plastique sur lequel vous placez le DVD face imprimable visible. Ensuite, vous personnalisez le CD dans un logiciel fourni avec l'imprimante, comme Epson Print CD livré avec l'imprimante Stylus Photo R800 illustrée à la Figure 3.8. Une fois que vous lancez l'impression, le DVD est chargé dans l'imprimante. Vous récupérez alors un superbe DVD personnalisé.

L'avantage du DVD imprimable sur le collage d'étiquettes proposé par de nombreux kits est que vous n'avez aucun calibrage d'imprimante à effectuer pour que l'impression se fasse bien au centre du support. De plus, les étiquettes autocollantes épaississent le DVD qui risque de ne pas être lu dans certains lecteurs de DVD de salon, certains enregistreurs, et même quelques lecteurs de DVD-ROM.

Pour identifier un DVD imprimable, il suffit de bien lire l'emballage. En général, l'indication est en anglais. Donc, si vous lisez "Injek Printable", comme à la Figure 3.9, ou encore "Photo Printable", c'est

Figure 3.8 : Personnalisez efficacement vos DVD avec des supports imprimables.

que vous êtes bel et bien en présence d'un DVD dont vous pouvez imprimer la surface en millions de couleurs avec une imprimante à jets d'encre proposant un kit de chargement des DVD (ou des CD).

Figure 3.9 : Un boîte de DVD imprimables.

ATTENTION !

Attention de ne pas vous tromper de sens ! Placez le DVD dans l'imprimante de telle manière que soit imprimée la surface dite imprimable, et pas la surface de gravure ! Sinon, vous n'aurez plus qu'à mettre le DVD à la poubelle.

Et la vitesse ?

La vitesse est également un critère fondamental. C'est le pendant de la vitesse de gravure du graveur lui-même. En d'autres termes, non seulement vous devez acheter un DVD vierge dont le type est pris en charge par votre graveur, mais également dont la vitesse maximale de gravure est aussi prise en charge par l'appareil.

Dans ce domaine, il faut faire preuve de beaucoup de sérieux. En effet, de plus en plus de DVD vierges affichant de hautes vitesses de gravure, comme les récents 16x, ne permettront une gravure 16x que si le graveur est dit 16x. Se pose alors une question cruciale : "Mon graveur 4x peut-il les graver ?" La réponse est : "Oui, si le DVD vierge est compatible 4x !" Dans le cas contraire, le graveur refusera d'enregistrer quoi que ce soit sur le DVD 16x. Vous devez bien comprendre que tout est question de compatibilité entre les graveurs et les supports. De plus en plus de DVD vierges de constructeurs reconnus couvrent toutes les vitesses allant de 1x à 16x. Ces DVD profitent d'une compatibilité absolue avec tous les graveurs de DVD-ROM existants. Le problème est que les vitesses ne sont pas toujours faciles à identifier. En effet, les boîtes et les boîtiers mettent bien en avant la vitesse maximale. Quid si votre graveur est un 4 ou 8x, et que vous envisagez d'acheter des 16x ? Lisez bien l'emballage, allez sur les sites des constructeurs, et méfiez-vous des vendeurs qui, malheureusement, ne connaissent que très rarement les DVD qu'ils vous proposent.

Quoi qu'il en soit, pour graver un DVD à la vitesse maximale de gravure qu'il supporte, il faut que votre graveur affiche cette vitesse. C'est le graveur et lui uniquement qui conditionne cette vitesse de gravure. Ce n'est pas en insérant un DVD vierge 8x dans un graveur 4x que vous pourrez graver le disque en 8x. Non ! Vous le graverez en 4x mais à condition qu'il soit compatible avec cette vitesse.

Avec les enregistreurs, il est préférable d'utiliser des DVD vierges compatibles 2,4x. Au-delà, vous gravez à vos risques et périls.

Vous comprenez alors qu'on achète un DVD vierge en fonction du graveur que l'on possède. En revanche, si l'on a déjà acheté inconsciemment des dizaines de DVD vierges, il faut investir dans le graveur qui les prendra en charge.

Voici quelques hypothèses de choix assez simples :

- Un DVD+R, 16x simple couche, ne pourra être gravé à pleine vitesse qu'avec un graveur de DVD acceptant les disques +R, affichant une vitesse de gravure de 16x, et simple couche. Dans cette hypothèse, c'est la vitesse de 16x qui est la plus problématique. Pour les autres critères, seuls les vieux graveurs de DVD-ROM peuvent poser problème.

- Un DVD+RW, 8x (simple couche par défaut), ne pourra être gravé à pleine vitesse que par un graveur d'une vitesse de gravure d'au moins 8x. Si votre graveur est un 2,4x ou un 4x, il faut vous assurer de la compatibilité du support avec des vitesses inférieures.
- Un DVD-RAM ne pourra être gravé par un graveur de DVD-ROM que s'il est compatible avec les supports de ce type.

Réflexion sur les compatibilités et les choix

Face à autant de types de supports, vous pouvez légitimement craindre de vous tromper. Toutefois, au-delà du problème potentiel des compatibilités, se pose celui du choix réel à effectuer qui conditionnera pour quelques années l'usage, donc l'achat, de tel support plutôt que de tel autre.

Il est très difficile de vous dire d'opter pour un graveur ou un enregistreur de tel type plutôt que de tel autre. Je dirais même qu'il faut choisir d'abord le graveur pour lequel vous achèterez les bons DVD. Mais j'ai également envie de vous dire méfiez-vous des incompatibilités, et choisissez alors le graveur en fonction du support le plus compatible ou, en d'autres termes, le plus répandu.

D'emblée, je dirais à ceux qui désirent la polyvalence d'écarter des supports, donc incidemment des graveurs, enfermés dans un système. De ce fait, vous éviterez les graveurs et les enregistreurs purement DVD-RAM. En effet, ils ne sont pas lisibles par la plus grande majorité des lecteurs autonomes et des DVD-ROM. Optez pour le DVD-RAM uniquement si tout votre environnement informatique et vidéo tourne autour de ce support. J'ai du mal à croire que ce soit le cas.

TRUC

En plus, si vous enregistrez un film sur DVD-RAM avec votre enregistreur de salon, vous risquez de ne pas pouvoir le prêter à vos amis dont le lecteur de DVD de salon ou de DVD-ROM sera certainement incompatible.

De leur côté, les DVD-R/-RW sont fortement implémentés dans l'univers du PC et du Macintosh. Jusqu'à une récente époque, c'est-à-dire avant la sortie de iLife '05, un programme comme iDVD n'acceptait que les DVD-R/-RW. Il accepte désormais de graver sur support +R/+RW. Le DVD-R jouit d'une bonne pénétration sur le marché des lecteurs de DVD de salon, et la plupart des graveurs de DVD-ROM le prennent en charge. Lorsque ce type de DVD est réinscriptible (-RW), il devient en informatique un excellent support de sauvegarde des données et de tests de gravure des DVD vidéo. Si vous l'utilisez avec votre enregistreur de salon, le DVD-RW se substitue parfaitement à vos cassettes VHS.

Sachez qu'à l'inverse des DVD-R le -RW manque de compatibilité avec de nombreux lecteurs et enregistreurs de DVD. Pour vous en convaincre, reportez-vous au Chapitre 2.

Le DVD+R/+RW s'est fait la plus belle part du marché. Sous l'impulsion de Philips, ces deux supports se sont fortement implantés en Europe. De facto, ils sont compatibles avec presque tous les lecteurs, enregistreurs et graveurs de DVD-ROM. Ils sont idéaux pour la sauvegarde des données et la gravure de DVD vidéo avec ou sans authoring.

Tous les DVD vierges ne permettent pas de faire des DVD vidéo.

Notons enfin que les anciens lecteurs de DVD ne prennent pas en charge les DVD enregistrés par des graveurs de DVD-ROM et/ou des enregistreurs de salon.

Récapitulons

Pour bien vous mettre en tête les divers formats et variantes existants, voici un petit tableau récapitulatif :

Tableau 3.1 : Les DVD vierges.

Type de DVD	Ecriture/Réécriture	Capacité en données	Capacité en vidéo	Notes
DVD+R	Ecriture	4,7 Go	120 mn en bonne qualité	DVD 5 quand ils sont DVD vidéo
DVD+RW	Ecriture/Réécriture 1 000x	4,7 Go	120 mn en bonne qualité	DVD 5 quand ils sont DVD vidéo
DVD-R	Ecriture	4,7 Go	120 mn en bonne qualité	DVD 5 quand ils sont DVD vidéo
DVD-RW	Ecriture/Réécriture 1 000x	4,7 Go	120 mn en bonne qualité	DVD 5 quand ils sont DVD vidéo

Type de DVD	Ecriture/Réécriture	Capacité en données	Capacité en vidéo	Notes
DVD-RAM	Ecriture/Réécriture 100 000x	4,7 Go et 9,4 Go en double face	120 mn par face	Faible compatibilité avec les lecteurs
DVD-R DL	Ecriture	9,4 Go	240 mn	Graveur double couche obligatoire DVD 9 quand ils sont DVD vidéo

Stop ! Je ne détaille pas davantage ce tableau, car les autres supports comme le miniDVD, le Lightscribe et l'imprimable dépendent d'autres périphériques qui n'ont plus rien à voir avec la gravure proprement dite, ainsi que les DVD 10 et DVD 18 qui sont des DVD à deux faces que vous n'utiliserez jamais. En tant qu'utilisateur, concentrez-vous sur les supports de ce tableau. Ensuite, vous déciderez lesquels acheter.

TECHNIQUE

Capacité et durée vidéo des DVD

Sans que l'on puisse parler d'antinomie, il peut y avoir une certaine confusion entre l'évaluation de la capacité de stockage d'un DVD vierge et sa faculté à enregistrer une certaine durée de contenu vidéo.

A l'inverse d'une cassette VHS ou d'un support MiniDV, la durée d'enregistrement d'un DVD n'est pas fixée à l'avance. Les cassettes VHS par exemple existent dans des durées variables dont les plus connues répondent aux dénominations E-120 pour deux heures d'enregistrement, E-180 pour 3 heures et E-240 pour 4 heures. Ces mesures ne correspondent pas à une capacité à faire varier la durée quelle que soit la cassette achetée. Non ! Pour enregistrer 120 minutes, il faut au moins une cassette E-120. Ainsi, il est impossible de faire tenir 180 minutes sur une cassette qui ne peut en enregistrer que 120. (Quoique nous verrons dans quelques secondes qu'il y a des exceptions.)

Le DVD vierge ne saurait imposer une durée quelconque d'enregistrement vidéo, puisqu'il n'enregistre pas en fonction du déroulement d'une certaine longueur de bande, mais par l'application d'un algorithme de compression qui, en réduisant considérablement ou non la taille de chaque image, va permettre d'enregistrer une durée plus ou moins longue au regard de la capacité du disque exprimée en gigaoctets. Par conséquent, que vous créiez un DVD vidéo avec un graveur de DVD-

ROM et les logiciels appropriés, ou avec un enregistreur de salon équipé ou non d'un disque dur, vous allez préalablement définir le taux de cette compression pour permettre de graver sur le disque tout le contenu vidéo souhaité. Mais, à qualité égale, le DVD est un peu comme une bouteille d'eau. On ne peut pas faire entrer deux litres dans une seule bouteille (sauf si sa contenance est de deux litres, évidemment). Ainsi, vous ne pouvez pas enregistrer 180 minutes de vidéo à un taux de compression *x* ou *y* quand celui-ci est prévu pour en compresser 120. Pour faire tenir 180 minutes sur un DVD de 4,7 Go de capacité, c'est-à-dire de type +R/+RW ou -R/-RW, voire RAM, vous allez augmenter la compression des images. Au bout du compte, vous pourrez enregistrer entre 121 et 180 minutes, mais dans une moins bonne qualité que celle proposée pour un enregistrement entre 61 et 120 minutes. En effet, sur un disque de 4,7 Go de données, on obtient la pleine qualité DVD si et seulement si on se limite à 60 mn de vidéo. Pour en revenir à l'exception envisagée dans le premier paragraphe de cet encadré, je dirais que sur un DVD vous opérez un peu comme avec un magnétoscope permettant des enregistrements longue durée. Ces appareils vont permettre d'enregistrer, par exemple, 360 minutes de vidéo sur une cassette E-180 en ralentissant le défilement de la bande. Dans ce cas, vous perdez en qualité d'image. Comme sur un DVD la vitesse de rotation n'affecte que celle de la gravure, et dans la mesure où l'on manipule des données numériques, le seul moyen d'enregistrer une durée plus longue consiste à compresser davantage les données en question.

Quelle est la limite ? Dans l'absolu, il pourrait ne pas y en avoir. Toutefois, la limite est celle de la visibilité de l'image et de son contenu. Ainsi, lorsque vous poussez la compression au maximum proposé par les logiciels ou les enregistreurs, vous pouvez aller jusqu'à 8 heures de programmes sur un disque aussi petit que 4,7 Go. Dans ce cas, l'encodage sort de la norme du DVD pour entrer dans celle du VCD. Pour les férus de techniques, cela signifie que nous passons d'un encodage MPEG-2 à un encodage MPEG-1. La définition des images est très mauvaise, c'est-à-dire pire qu'en VHS, le défilement est légèrement saccadé, et il n'y a plus de synchronisation entre le son et l'image. C'est cela qui explique, en matière d'enregistreur, l'existence d'appareils à disque dur qui, au regard de leur immense capacité, permettent d'enregistrer 8 heures voire plus de vidéo en bonne qualité DVD.

D'ailleurs, tout au long de ce livre, j'emploie souvent l'expression "bonne qualité DVD". Je me réfère en effet à la durée admise comme étant *excellente* par les constructeurs de DVD vierges. Il s'agit en réalité de la seconde qualité que nous sommes en droit d'attendre d'une vidéo enregistrée sur un DVD 5. Il faut en revanche savoir qu'à taux de compression égal la qualité varie en fonction du matériel et des logiciels utilisés. Nous verrons, au Chapitre 12, que cet encodage des images est meilleur quand il est pris en charge par un matériel plutôt que par un logiciel. On parle souvent d'encodage en temps réel ou d'encodage matériel d'un côté, et d'encodage logiciel de l'autre.

Pour conclure sur ce sujet, sachez que, lorsque vous lisez sur un emballage de DVD l'indication 120 mn Video, 4,7 Go Data, vous pouvez dans tous les cas graver jusqu'à 4,7 Go de données. En revanche, 120 mn indique la durée d'enregistrement vidéo où votre œil aura du mal à percevoir des défauts dans l'image (et pourtant il y en a). Dans tous les cas, cela ne veut certainement pas dire que vous ne pouvez pas enregistrer au-delà de cette durée indiquée. Tout est une question de compression, définie sous la forme d'un débit binaire. Vous souhaitez en savoir plus ? Allez au Chapitre 12.

Acheter ses DVD

L'achat de DVD peut tourner au cauchemar si l'on part bille en tête sans aucune idée des notions que je me suis forcé, à grand renfort de rhumatismes aux doigts, à écrire dans une langue aussi simple que possible, et avec l'humour dévastateur que l'on me connaît.

Lorsque l'on s'apprête fébrilement à acheter ses premiers DVD, deux questions surgissent à l'esprit :

- Comment acheter le bon DVD... maman ?!
- Où acheter ? et surtout au meilleur prix !

Pour éviter quelques écueils, les deux sections qui suivent vont rappeler une énième fois ce à quoi il faut veiller, et vous donner quelques adresses et conseils pour acheter vos DVD.

Comment ne pas se tromper

Qui ne se trompe jamais ? Personne... tout est philosophie. Cependant, le DVD tient autant de la philosophie que du record du plus gros mangeur de boudin... et peut-être même moins. Pour ne pas se tromper dans un secteur hypertechnologique, quelques points sont à conserver en mémoire. Or, si la mémoire d'un ordinateur parfaitement fonctionnel est sans faille, il n'en va pas de même pour votre petit cerveau d'être humain qui connaît ce que la machine ignore : des états d'âme.

Pour acheter les DVD qui vont avec votre graveur, vérifiez les points suivants :

- **Les DVD sont pris en charge par le graveur.** En matière de DVD-ROM, il s'agit généralement de DVD+R/+RW et -R/-RW, plus rarement de DVD-RAM.

  N'achetez jamais un type de DVD qui n'est pas spécifié sur l'emballage de votre graveur ou dans son manuel d'utilisation. En cas de doute, visitez le site Web du fabricant de votre graveur.

- **La vitesse est essentielle.** Ce n'est pas parce que votre graveur prend en charge les DVD+R ou autres qu'il peut graver tous les DVD de ce type. Que voulez-vous, ce serait bien trop simple ! Achetez toujours un DVD vierge dont la vitesse minimale de gravure est prise en charge par votre graveur. Ainsi, si la vitesse minimale de gravure de votre DVD est 16x, il ne pourra jamais être gravé par un graveur 2,4, 4 ou 8x.

  Toutefois, de nombreux DVD sont compatibles 1x à 16x, ce qui signifie que vous pouvez sans crainte les utiliser dans des graveurs n'atteignant pas cette fameuse vitesse de 16x. Dans ce cas, le disque sera gravé plus lentement. Par exemple, si vous utilisez un 16x compatible 8x, il sera gravé en 8x par votre graveur 8x, c'est-à-dire qu'il faudra deux fois plus de temps pour le remplir intégralement.

  Ce qui est dit ici pour le 16x vaut bien entendu pour le 4 et le 8x.

- **Le type de DVD est inscrit sur l'emballage.** C'est comme le Port-Salut... c'est écrit dessus. Donc, si vous achetez un DVD-R alors qu'il vous fallait un +R, prenez rendez-vous chez l'ophtalmo !

- **L'estampillage DL signifie Dual-Layer.** Comprenez double couche, c'est-à-dire des DVD d'une capacité de stockage de 8,5 Go.

  Ce type de DVD ne peut être gravé que par un graveur double couche. Les DVD doubles couches ne sont toujours pas réinscriptibles au moment où j'écris ces lignes (mais on en parle).

- **Il n'existe pas de DVD pour Mac ou pour PC.** Bien sûr que non ! Le DVD est indépendant du système informatique sur lequel vous souhaitez le graver.

- **Certains DVD n'acceptent pas de données vidéo.** Je veux dire ici que, sur certains DVD, vous ne parviendrez pas à graver la structure très particulière d'un DVD vidéo. Pour ne pas vous faire surprendre, achetez toujours des DVD vierges où il est spécifié Data et Video (en anglais dans le texte). Si vous ne voyez que Data, attendez-vous à ne pas pouvoir en faire des DVD vidéo. Le comble est que parfois, malgré l'absence de spécification, vous parviendrez quand même à structurer un DVD vidéo.

- **Veillez que le programme de gravure reconnaisse les DVD.** C'est un problème qui ne devrait plus se poser. Si j'en parle c'est que mon esprit est tordu. Toutefois, à la grande époque du SuperDrive d'Apple (donc pour les ordinateurs Macintosh), ce graveur était réputé -R/-RW, tout simplement parce que l'application phare de gravure grand public qu'est iDVD sur Mac se refusait à reconnaître d'autres supports. La version 5 de cette application supporte désormais les DVD+R/+RW.

- **Seul l'estampillage RW indique que le DVD est réinscriptible.** Un DVD+RW ou -RW peut être effacé. Cela permet de l'utiliser comme un complément au disque dur, et comme une cassette vidéo avec un enregistreur de salon.

- **Les DVD vierges peuvent enregistrer des données et des DVD vidéo.** Oui, mais seulement s'il est spécifié sur l'emballage Data et Video. Sinon, vous risquez des déconvenues. (Pour plus d'informations sur l'aspect vidéo des DVD, lisez l'encadré "Capacité et durée vidéo", un peu plus haut dans ce chapitre.)

  Les DVD qui refusent ou entraînent un bug de gravure de données purement vidéo sont généralement des supports sans marque vendus en bundle ou en spindle par 50 ou 100 à des prix défiant toute concurrence.

- **N'achetez pas des miniDVD.** Ces DVD particuliers se destinent aux caméscopes DVD. Ils leur permettent d'enregistrer environ 30 mn de vidéo au format MPEG-II. (Ce format est présenté au Chapitre 12.)

- **Les DVD dits Lightscribe sont des DVD presque comme les autres.** Oui, difficile de se tromper. Ainsi, vous pouvez trouver tous les types de DVD, du + au – en passant par les DL.

La seule différence est que la surface imprimable du DVD est revêtue d'une couche spéciale permettant au laser du graveur d'y inscrire du texte, d'y faire un dessin ou d'y représenter une photo, le tout en monochrome.

Pour profiter de la technologie Lightscribe, il faut un graveur Lightscribe.

- **Les DVD imprimables sont des DVD presque comme les autres.** Oui, difficile de se tromper là aussi. Vous pouvez trouver tous les types de DVD, du + au – en passant par les DL. La seule différence est que la surface imprimable du DVD est revêtue d'une couche spéciale permettant une impression jet d'encre en millions de couleurs (qualité photo si vous préférez).

Pour profiter pleinement d'un DVD imprimable, veillez que votre imprimante à jets d'encre soit dotée d'un kit de chargement du DVD à imprimer.

J'ai essayé d'imprimer la surface d'un DVD non estampillé imprimable. L'encre ne sèche pas. Dès que vous prenez en main le DVD, vous vous en mettez plein les doigts, même plusieurs jours après l'impression.

- **Les spindles.** Certains DVD sont vendus par 100 à des prix très avantageux. Ils sont livrés sans boîtier et sans aucune inscription. C'est à vous de savoir les gérer ! Certaines marques font parfois des spindles, mais cela reste très rare.

Les magasins vendant des spindles sont rares. Ce type de conditionnement est surtout disponible sur Internet.

- **Les cakeboxes ou cloches.** Il s'agit là aussi d'un conditionnement dans des boîtes individuelles. Tous les DVD sont empilés dans une boîte en plastique robuste au couvercle vissé. La quantité disponible en cakebox est généralement de 10 ou 25 unités, et plus rarement de 50. Les DVD de marques sont plus faciles à trouver en cakebox qu'en spindle.

Vous trouverez des cakeboxes dans les magasins spécialisés et les grandes surfaces, ainsi que sur Internet.

L'inconvénient des spindles et des cakeboxes est que vous n'avez ni boîtier cristal ni boîtier DVD pour les stocker après gravure. Cela pose un problème de maintenance, d'entretien et de sécurisation de vos DVD gravés. Il faudra impérativement acheter des boîtiers vides. Ce surcoût n'est pas négligeable. Faites l'addition qui s'impose avant de vous décider.

Et les marques ?

Il y a un grand débat qui consiste à savoir s'il faut impérativement acheter des DVD de marque ou non.

C'est peut-être préférable lorsque l'on débute. En effet, ces DVD vierges sont garantis zéro défaut par le constructeur ; les marques les plus répandus étant Philips, Verbatim, Traxdata, Sony, TDK, etc.

Sur certains sites Web, les DVD de marques ne sont pas beaucoup plus chers que les autres. Le seul problème est qu'il est difficile d'en trouver par spindle de 100 ou plus. Toutefois, comme je ne pense pas que vous produisiez autant de DVD, vous pouvez les acheter par boîtes de 5 ou 10, voire en cakebox comme cela est expliqué dans la précédente section. Les DVD bon marché sont principalement vendus en spindles.

TRUC

Le DVD c'est comme le CD. Il faut tester différents supports pour s'orienter une bonne fois pour toutes. Certes, avec les marques, vous courez moins de risques. Toutefois, vous n'en courez pas plus avec des DVD sans marque que vous aurez testés sur votre graveur.

Fort de ces informations données à profusion, nous allons voir où vous pouvez acheter vos DVD, et surtout où faire d'excellentes affaires, sans courir de risque.

Où acheter ?

L'informatique a ceci de particulier que l'on peut tout acheter dans un magasin spécialisé physiquement identifié dans votre secteur géographique ou dans une boutique virtuelle qui peut se situer à l'autre bout du monde. Comme je l'ai expliqué pour les graveurs, la situation du lieu d'achat peut avoir une importance considérable, bien que les DVD fassent partie de la catégorie des consommables, et que pour cette raison l'utilisateur n'y prête pas une attention particulière. Toutefois, avant d'acheter n'importe quoi n'importe où, je tiens à rappeler quelques points essentiels :

- La proximité d'achat permet de ramener immédiatement les DVD en cas d'erreur de votre part. Par exemple, vous avez acheté des DVD+R alors que votre graveur ou votre enregistreur n'accepte que les DVD-R.
- Acheter sur Internet, comme nous le verrons dans quelques lignes, coûte beaucoup moins cher que d'acheter dans un magasin. En revanche, en cas d'erreur ou d'incompatibilité, la procédure d'échange est un peu plus complexe et surtout plus onéreuse.
- Ce n'est pas parce que vous achetez des consommables qu'ils ne peuvent pas être échangés en cas d'erreur ou d'incompatibilité avérée. Où que vous achetiez, demandez systématiquement avant de passer à la caisse la possibilité de ramener ou de renvoyer le produit. Si on vous la refuse, allez faire votre achat ailleurs.

  En revanche, de nombreux magasins refuseront de reprendre les DVD qui ont été ouverts. N'en prenez pas ombrage, c'est une attitude compréhensible.
- Si vous craignez de vous tromper, rendez-vous au magasin avec le manuel d'utilisation du graveur.

  Les fabricants de graveurs de DVD-ROM, pour proposer des tarifs toujours plus attractifs, ne livrent que très rarement une version papier du guide en question. Le manuel est présent sur le CD-ROM d'installation du logiciel de gravure sous forme d'un fichier électronique PDF. Il suffit d'installer Adobe Reader (généralement présent sur le CD-ROM) et de double-cliquer sur l'icône du fichier. Recherchez la rubrique consacrée aux médias pris en charge en gravure, et imprimez les pages correspondantes.
- Si vous comptez acheter sur Internet, téléphonez à un conseiller ou envoyez un e-mail au support technique pour vous assurer de la compatibilité des DVD que vous envisagez d'acheter avec votre graveur ou votre enregistreur.

Avec tout ceci en tête et de multiples précautions, je ne pense pas que vous achetiez les mauvais DVD. Toutefois, de manière à vous montrer qu'il n'y a pas que la réalité dans l'existence, je vais vous indiquer quelques adresses Web où la virtualité des lieux n'empêche pas d'acheter des DVD vierges moins chers.

Si vous craignez d'effectuer votre première commande de DVD sur le Net, commencez avec votre revendeur habituel. Ensuite, lorsque vous serez aguerri aux techniques de gravure et que vous saurez quels produits correspondent bien à votre graveur et/ou enregistreur, il n'y aura plus aucune raison d'hésiter à acheter sur Internet.

- **CDRolinge 24.** Voici le site d'une société dont le siège est au Luxembourg. Allez le visiter à l'adresse `www.jaydisc-1x1.com/france/`. Pour moi, c'est le nirvana du CD et du DVD. Cliquez sur les liens de gauche pour consulter les DVD disponibles. Ce n'est pas un site où vous achetez à l'unité. Vous faites vos achats sous forme de boîtes, de cakeboxes ou de spindles. A titre d'exemple, si vous recherchez des DVD de marques, vous trouverez des DVD+RW Philips en cakebox de 10 unités pour la modique somme de 8,50 euros ; c'est-à-dire 0,85 centime l'unité, soit 5,60 francs pièce. Même avec les frais de port et la taxe à l'import, ce DVD vierge ne vous coûtera pas plus de 1 euro. Donc, plus vous en commandez, moins cela vous revient cher. Vous trouverez également des DVD+R Sony en cakebox de 100 unités pour 34,99 euros, soit 0,35 centime l'unité, ou, pour ceux qui comprennent mieux les francs, 2,30 francs. Personnellement, je commande dans ce magasin. Les délais sont impeccablement respectés, et la facture sans surprise. Il suffit de comparer les prix avec ceux pratiqués directement en France dans certains magasins pour trouver immédiatement où est votre intérêt. De plus, en cas de doute sur la compatibilité, vous pouvez poser vos questions par mail. L'intérêt sur un tel site est de commander une grosse quantité de DVD.

  Vous pouvez acheter des DVD à l'unité dans votre magasin habituel. Toutefois, dès que vous êtes certain du type et de la marque qui conviennent à votre graveur, enregistreur et à vos travaux, arrêtez de payer hors de prix ce que l'on trouve à moindre coût à l'étranger.

- **Nierle Media Group.** Cette fois, petit voyage en Allemagne. Nierle est un site équivalant à CDRolinge 24. Vous le visiterez à l'adresse `www.nierle.de`. Le site fonctionne de manière identique, avec les liens vers les produits sur le côté gauche. Les prix sont sensiblement les mêmes que sur CDRolinge. Par exemple, une cakebox de 25 DVD+R Memorex imprimables est vendue 7,99 euros, soit 0,48 centime pièce ou 2,09 francs. Le paiement s'effectue dans un espace sécurisé ou mieux par virement bancaire. Petite note amusante : pour les Allemands, la traduction de cakebox est "cloche"... c'est-y pas mignon ?

- **GTL Medien.** Toujours dans le même ordre d'idée que les deux précédents, ce site, de par la nature de sa conception, n'inspire pas tellement confiance. A vous de juger. Vous le découvrirez à l'adresse `www.gtl-medien.fr/`.
- **CD Folie.** Société allemande dont la succursale française se situe à Schoeneck dans le département de la Moselle. J'avoue que, là aussi, les prix sont assez bluffants ! Rendez-vous sur le site `www.maxdisc24.com/default.htm`. Vous pouvez y payer par carte bancaire, virement ou chèque.

Nous venons de voir les principaux sites Web où vous pouvez faire de bonnes voire de très bonnes affaires. Toutefois, je connais d'irréductibles Français qui se méfient des différences de prix aussi flagrantes. Que puis-je contre cette méfiance qui procède d'une intime conviction ? Pas grand-chose ! Pour ceux-là, voici quelques adresses plus classiques. Si vous pouvez vous déplacer, c'est mieux, mais si vous vivez dans une campagne éloignée de tout centre commercial, ou encore dans un village perdu où l'on écoute encore des disques vinyliques en 78 tours avec un pavillon gigantesque, je pense qu'Internet est votre meilleur allié en matière d'achat de DVD vierges. Donc, vous pouvez également visiter les sites suivants :

- **Darty** à `www.darty.com`.
- **Surcouf** à `www.surcouf.fr`.
- **Rue-Mongallet** à `www.rue-hardware.com`.
- **Carrefour** à `www.carrefour-multimedia.com`.
- **Rue du commerce** à `www.rueducommerce.fr`.
- **Top Achat** à `www.topachat.com`.
- **Cdiscount** à `www.cdiscount.com`.

Je reste certain que vous en trouverez bien d'autres. Toutefois, j'insiste sur le fait que les sites de la première liste permettent d'acheter des DVD à des prix tout à fait exceptionnels. A vous de juger si l'achat sur Internet n'est qu'une utopie sécuritaire ou si l'on peut y aller franco.

Quelle que soit votre méthode d'achat, un jour ou l'autre vous aurez des DVD vierges sous la main. Et puis, un jour, ces DVD seront gravés. Sorti de sa boîte, le DVD devient un média qui n'est pas aussi résistant qu'on voudrait bien nous le faire croire. Pour cette raison, le DVD nécessite le respect de certaines conditions de stockage et un entretien régulier.

Stockage et entretien des DVD

Avec vos DVD, gardez les mêmes habitudes qu'avec vos CD, sauf si elles sont mauvaises. En effet, pour beaucoup de personnes, l'adjectif "numérique" est synonyme de longévité et d'inaltérabilité. C'est une idée reçue totalement fausse.

Faites ce petit test : Gravez un DVD, puis donnez un grand coup de ciseaux sur sa surface enregistrable. Ensuite, insérez le média dans un lecteur ou un graveur de DVD-ROM voire un enregistreur... eh oui ! Il ne fonctionne plus. Bien évidemment, en adulte responsable, je vous vois mal, sauf sadomasochisme exacerbé, planter un coup de quoi que ce soit dans vos disques. En revanche, je verrais bien certaines têtes blondes y procéder avec force envie et satisfaction.

Prendre soin des DVD est essentiel à leur longévité. Ce soin concerne aussi bien les conditions de stockage du support que sa manipulation. Voici quelques points essentiels qui, si vous les suivez scrupuleusement, garantiront une conservation de vos DVD et une pérennité des données qu'ils contiennent :

- Ne laissez pas vos DVD à la portée d'enfants irresponsables. (Tous les enfants sont irresponsables !)

  Vous ne me croyez pas ? Regardez la surface des DVD de leur Playstation et vous comprendrez ce que je veux dire ! (A se demander s'ils ne s'amusent pas au lancer du disque sur une piste en béton armé !)

- Ne stockez jamais les DVD hors de leur boîtier ou de leur cakebox.

  Pour les cakeboxes, cela concerne uniquement les DVD encore non utilisés. En effet, une fois gravé, il est préférable de stocker le DVD dans un boîtier cristal (identique à celui des CD) ou dans un boîtier de DVD vidéo.

- Même dans un boîtier, le DVD peut être fragilisé si vous le laissez à proximité d'une source de chaleur.
- N'exposez jamais un DVD à l'action directe ou indirecte des rayons du soleil.
- N'écrivez jamais sur la surface imprimable d'un DVD avec un stylo-bille, un feutre ou tout autre crayon susceptible d'attaquer la face enregistrable du disque.

TRUC

Si vous désirez vraiment personnaliser un DVD, optez pour un graveur embarquant la technologie Lightscribe ou pour des DVD imprimables. (Voir au Chapitre 2 et un peu plus haut dans le présent chapitre.)

- Achetez des marqueurs spécialement conçus pour écrire sur les DVD et les CD.
- Evitez les traces de doigts, la poussière et les débris.
- Dès que vous sortez un DVD d'un graveur ou d'un enregistreur, c'est pour le mettre dans son boîtier et surtout pas le laisser traîner sur une table ou votre bureau. C'est en effet le meilleur moyen de le rayer ou de laisser des poussières s' y coller.
- Tout disque sale doit être nettoyé avec un kit d'entretien spécifique et/ou une étoffe sans aspérité.
- La meilleure manière de pérenniser vos données consiste à faire systématiquement une copie de vos DVD quels qu'ils soient, comme je l'explique au Chapitre 10. Vous n'utiliserez jamais la copie (ou l'original, comme vous voulez).
- Evitez de laisser un DVD dans un lecteur ou un graveur. On ne sait jamais ce qui peut arriver. (Par exemple, effacer un RW par inadvertance et perdre toutes ses précieuses données.)

Voilà mes chers amis, nous en avons terminé avec l'étude des supports où vous graverez vos données, enregistrerez vos films ou bien encore créerez de magnifiques DVD vidéo comme ceux achetés dans le commerce.

Les lecteurs qui ont décidé de cantonner leur expérience de la gravure du DVD à celle de l'enregistrement de films télédiffusés peuvent directement passer à l'installation et à l'utilisation des enregistreurs de salon telles qu'elles sont magnifiquement expliquées au Chapitre 5 (si je ne me lance pas de fleurs, qui va le faire ? Mon éditeur ? Pas sûr...).

En revanche, les lecteurs qui ont décidé une bonne fois pour toutes, ou qui hésitent encore, d'entrer dans le monde prisé et reconnu de ceux qui se lancent dans l'asservissement d'un ordinateur à la gravure de données et à la création de véritables DVD vidéo vont se ruer sur le Chapitre 4, qui envisage l'un des éléments essentiels qui se trouve au centre de leur environnement de gravure : l'*ordinateur*.

Chapitre 4
L'ordinateur

Dans ce chapitre :

- Quel ordinateur pour graver des DVD ?
- Les PC.
- Les considérations essentielles.
- Les Mac.

Un ordinateur, chacun sait ce que c'est. Pourtant, savez-vous que des scientifiques se sont posé la question de savoir si un ordinateur était masculin ou féminin. Deux groupes d'experts, constitués d'hommes d'un côté et de femmes de l'autre, sont arrivés à la conclusion suivante :

- Groupe d'experts constitué d'hommes : l'ordinateur est de type féminin, cela ne fait aucun doute. En effet, personne sauf son créateur ne comprend sa logique interne. Le langage qu'il utilise pour communiquer avec ses pareils est incompréhensible. La plus petite erreur est stockée en mémoire pour être ressortie au moment le plus inopportun. Dès que vous vous intéressez à un ordinateur, vous dépensez la moitié de votre salaire en accessoires.

- Groupe d'experts constitué de femmes : l'ordinateur est masculin sans l'ombre d'un doute. En effet, pour mettre un ordinateur en marche, il faut l'allumer. Il a plein d'informations mais aucune imagination. Il est supposé vous aider, vous assister, vous seconder, mais, dans la majorité des cas, il est LE problème. Dès que vous approfondissez ses capacités, vous réalisez que, si vous aviez attendu un peu, vous auriez eu un modèle plus performant.

Ces deux analyses sont sans concession, même si j'ai plutôt tendance à me rallier à la seconde. Pour éviter que la gravure effectuée à l'aide d'un ordinateur ne devienne le vrai problème de cette tâche, nous allons voir quel ordinateur est capable de la prendre facilement en charge, et ensuite comment préparer cet être sensible à la gravure... sans bavure.

Quel ordinateur pour graver des DVD

De *trois* choses l'une : soit vous disposez d'un ordinateur avec graveur, soit d'un ordinateur sans graveur, soit vous n'avez pas d'ordinateur. Je n'ose pas envisager l'hypothèse où vous avez un graveur sans ordinateur.

Cela dit, c'est peut-être l'occasion de faire le moins de bêtises possible. Lorsque l'on a déjà le graveur, il suffit d'en lire les spécificités techniques pour identifier assez facilement l'ordinateur à acheter. Par exemple, vous avez peut-être acheté un graveur externe qui n'est compatible qu'avec le système d'exploitation Windows. De facto, le monde du Mac vous est interdit. Brancher le graveur au port USB de l'ordinateur à la pomme ne permettra pas à Mac OS de reconnaître un périphérique qui ne lui est pas destiné.

Dans l'univers informatique, nous devons donc distinguer deux familles d'ordinateurs et trois types d'utilisateurs :

- **Les ordinateurs fonctionnant sous Windows.** Ils sont dits PC, *Personal Computer*, que certains finissent un jour par appeler *Petit Con*, eu égard aux messages aussi surprenants et simplificateurs que *Erreur inconnue* ou la très fameuse *Cette erreur n'aurait pas dû se produire...* et je vous jure que je ne mens pas ! Ces ordinateurs sont propulsés par des processeurs Intel ou AMD.

- **Les ordinateurs fonctionnant sous Mac OS.** Ils sont fabriqués par la société Apple et répondent au joli sobriquet de Mac. Quand on entend : – Qu'est-ce que tu as comme ordinateur ? – J'ai un Mac ! – Ah !!! (d'admiration) – Et toi ?... (un silence) – Euh, ben moi, j'ai un PC. – Bah !!!. Chacun aura compris que le Mac jouit d'une énorme réputation de stabilité, de confort et de beauté, tandis que le PC apparaît comme l'ordinateur du pauvre.

  NOTE TECHNIQUE

  Sachez cependant qu'Apple, après avoir laissé tombé Motorola pour IBM, s'apprête à faire de même avec cette dernière pour confier la réalisation de ses processeurs à

Intel... l'ennemi PC par excellence. Alors ? Le Mac bientôt au niveau du PC... qui sait ? Il est rare dans notre société de consommation effrénée que le nivellement se fasse par le haut.

- **Les utilisateurs qui ont un ordinateur avec graveur.** Ce sera le cas de tous ceux qui ont acheté un produit de marque neuf, ou qui ont fait assembler une machine chez le revendeur du quartier. Ce sera également le cas des acheteurs d'un Mac, sauf s'ils ont commis l'erreur d'acheter une machine équipée d'un simple combo, c'est-à-dire d'un lecteur/graveur de CD. Une petite anecdote personnelle vous montrera, dans la section "Les Macintosh", que chez Apple on ne rigole pas avec ceux qui commettent des erreurs.

- **Les utilisateurs qui ont un ordinateur sans graveur.** Ou bien qui n'ont pas le bon graveur, par exemple un graveur de CD alors qu'ils veulent graver des DVD. Ou encore pas de graveur du tout, parce qu'à l'époque ils n'en avaient pas les moyens ou n'en voyaient pas l'utilité. Mais voilà, il n'y a que les imbéciles qui ne changent pas d'avis.

- **Les utilisateurs qui n'ont rien !** Ben là, il faut tout prendre à zéro. L'ordinateur sera inévitablement équipé d'un graveur, ou ils lui en ajouteront un après coup.

Tout au long de ce chapitre, relativement court, nous allons nous intéresser à ceux qui n'ont pas d'ordinateur, ou bien qui en ont un mais sans graveur, et qui se demandent s'ils peuvent en ajouter un à leur machine.

Comme le monde se divise en deux catégories, les PCistes et les Macintoshiens, commençons par voir s'il est préférable d'investir dans un Mac ou un PC lorsque l'on envisage de graver des DVD.

Un Mac ou un PC ?

Mac ou PC, deux univers informatiques différents. Il faut immédiatement comprendre que si vous optez pour l'un aucun logiciel de gravure (ou autre) ne sera compatible avec les deux plates-formes, et peu de graveurs le seront également.

Traditionnellement, le PC est réservé au grand public, c'est-à-dire à vous. En effet, historiquement, le Macintosh s'est implanté dans les studios graphiques, les agences de pub, les studios vidéo, les studios d'enregistrement de musique ; en un mot : partout où la création artistique règne en maître.

Face à une telle constatation, et dans la mesure où Apple a revu sa politique commerciale en sortant des ordinateurs destinés au grand public, à grand renfort d'applications permettant de retoucher ses photos, de gérer ses fichiers MP3, d'enregistrer des vidéos que l'on grave sur DVD, le Mac n'est plus tout à fait réservé à une élite. Toutefois, son prix est assez prohibitif, comme nous aurons l'occasion de le voir.

Pour mieux apprécier ce qui distingue le Mac du PC, dressons une petite liste d'avantages et d'inconvénients des deux systèmes :

- Apple ne propose des ordinateurs équipés d'un graveur que si ce dernier remplit les caractéristiques techniques de la gravure. En d'autres termes, si vous achetez un Mac avec un graveur de DVD Superdrive, c'est que vous n'aurez pas de problème pour graver vos données et vos DVD vidéo.

- Un PC de marque, par exemple HP, Sony, etc., sera probablement équipé d'un graveur. Ce qui est moins drôle, c'est que vous n'aurez peut-être pas d'applications, c'est-à-dire de programme de gravure. Il faudra en ajouter un à votre machine.

- A équipement égal, voire légèrement inférieur, un Macintosh coûte plus cher qu'un PC. On peut même dire quasiment deux fois plus cher. Par exemple, le fameux iMac affiche 1 498,99 euros au compteur pour profiter d'un SuperDrive et d'un écran 17 pouces (dans lequel se trouve d'ailleurs tout l'ordinateur). Pour la version 20 pouces avec un processeur plus puissant, il faudra sortir du porte-monnaie 1 799 euros ! Vous avez quasiment deux PC pour le prix d'un Mac.

- Le Mac, et plus exactement Mac OS X (Panther ou Tiger), propose des applications avancées qui permettent de faire de l'authoring DVD avec deux programmes phares de la suite iLife que sont iMovie et iDVD. (Nous en parlons plus en détail au Chapitre 8.)

- Sur PC, vous n'avez aucun logiciel livré avec Windows qui autorise la gravure de DVD. Il y a bien Windows Movie Maker, le programme de montage virtuel. Si ses fonctionnalités sont correctes, il ne permet malheureusement pas de créer des DVD. Conclusion : Vous devrez acheter un programme de gravure. Parfois, ce programme sera livré en version limitée avec votre graveur.

- Le Mac, sauf à acheter un PowerMac hors de prix, n'est pas très évolutif. Ainsi, les iMac, eMac et Mac Mini sont des machines figées dans leur temps. Sur certaines, changer le graveur interne ou en ajouter un sont quasiment impossibles.
- Le PC est principalement vendu dans une tour. Cette tour est quasiment vide. Elle renferme les organes vitaux du PC, dont la carte mère sur laquelle vous pouvez ajouter de nombreux périphériques internes. Un PC est bien plus facile à faire évoluer qu'un Mac. Même le dernier des imbéciles saura ajouter de la mémoire. Comment ? Vous n'y êtes jamais arrivé ? Je vous présente toutes mes excuses.
- Les logiciels de gravure ne sont pas légion sur Mac.
- Sur PC, vous n'aurez que l'embarras du choix, ce qui est parfois un handicap. Heureusement, vous avez entre les mains l'ouvrage qu'il vous faut.
- En matière de DVD vidéo, la plupart des Mac modernes n'imposent pas l'achat de périphériques supplémentaires. Un Mac est équipé de plusieurs ports FireWire pour capturer la vidéo que l'on gravera plus tard avec iDVD.
- Tous les PC sont loin d'être équipés de ports FireWire. Et même si c'est le cas, seule l'application Windows Movie Maker permet de capturer la vidéo. Il faudra un autre système pour graver les DVD. (Nous verrons tout cela dans la section consacrée au PC.)
- Un Mac est plus stable qu'un PC, c'est-à-dire que l'ordinateur se bloque très rarement à cause d'une application ou de tout autre problème que personne, mis à part les concepteurs des systèmes d'exploitation (et encore je me le demande), n'est capable d'expliquer.
- Un PC est bien plus instable qu'un Mac, malgré Windows XP qui a nettement amélioré les choses. La gravure restant une tâche sensible, le PC ressemble de plus en plus à la Sécurité sociale. Une structure sur laquelle on compte de moins en moins. Rassurez-vous, je fais le mauvais esprit, car depuis que

j'utilise un PC, c'est-à-dire 1990, j'avoue que cette satanée machine m'a fait et me fait encore pester.

Cette petite comparaison étant terminée, voyons un peu plus en détail ce à quoi vous devez faire attention lorsque vous vous équipez en informatique dans l'intention de faire du DVD, et surtout du DVD vidéo.

Les PC

Le PC est un ordinateur domestique destiné au grand public. Il embarque aujourd'hui des technologies avancées, des processeurs, des mémoires et des disques durs d'une telle capacité et d'une telle rapidité que l'on peut parfaitement graver tous les types de DVD sur ces machines.

Quels choix s'offrent au consommateur ? Ils sont assez restreints. Le plus grand dilemme est de savoir quel type de processeur choisir, puisque les ordinateurs PC peuvent être équipés de deux unités de calcul différentes qui se déclinent en plusieurs versions :

- **Processeurs Intel.** Sans doute le plus connu, à cause de la petite musique de ses publicités qui ne cesse de tourner dans nos cerveaux si asservis à la force de vente des sociétés commerciales. Intel décline ses produits en plusieurs versions et plusieurs vitesses :

  - **Pentium.** Pour le moment, il s'agit du processeur grand public haut de gamme qui équipe la plupart des ordinateurs de bureau et un grand nombre d'ordinateurs portables. Les vitesses sont variables et imposées. Pour simplifier, je dirais que la vitesse d'un processeur va de 1,6 GHz à 3,6 GHz. Il s'agit de processeurs dits 32 bits qui marquent la fin d'une époque, puisque dans très peu de temps tous les ordinateurs PC vont enfin passer à une architecture 64 bits. (Voir le petit encadré consacré à ce sujet, un peu plus loin dans ce chapitre.)

  - **Celeron.** Version allégée du Pentium. Produit à moindre coût, un Celeron est un processeur moins rapide qu'un Pentium à fréquence équivalente. Il équipe principalement les stations peu coûteuses, permettant aux personnes disposant d'un petit budget de ne pas être laissées sur la touche, et d'acquérir malgré leurs revenus modestes un ordinateur. La vitesse des Celeron s'échelonne de 1,x à 3,2 GHz.

- **Processeurs AMD.** Concurrent unique d'Intel, AMD propose deux types de processeurs répondant tout comme ceux d'Intel à un souci de performances et de budget :

  - **Athlon.** Les processeurs Athlon n'ont rien à envier aux Pentium en matière de performances et de prix. C'est peut-être même le contraire. A cadence égale, un Athlon se révèle plus rapide qu'un Pentium. En revanche, c'est un processeur un peu moins stable, c'est-à-dire qu'il risque de provoquer certains blocages intempestifs d'applications pouvant aller jusqu'à planter le PC. Sachez que cela arrive aussi avec des ordinateurs équipés de Pentium. La cadence des Athlon est équivalente à celle des Pentium, et leurs prix est très légèrement inférieur à ceux pratiqués par Intel.

    Les processeurs Athlon se prêtent mieux à l'overclocking que les processeurs Pentium. L'*overclocking* est une technique qui consiste à paramétrer la carte mère de telle sorte que le processeur soit utilisé à une cadence supérieure à celle qu'il affiche d'ordinaire. En effet, les processeurs ont un seuil de tolérance permettant ce tour de force. Toutefois, il faut être conscient qu'overclocker un processeur le fait chauffer davantage, et provoque encore plus de bugs que lorsqu'on l'utilise à sa cadence normale. L'overclocking est principalement utilisé sur les PC destinés aux jeux.

  - **Sempron.** Réponse d'ADM au Celeron d'Intel. Le Sempron est d'ailleurs légèrement plus rapide que son concurrent à cadence équivalente. Son objectif est d'équiper des PC d'entrée de gamme pour permettre, là encore, aux plus petits budgets d'en profiter.

Alors, lequel choisir ? Je n'ai pas de réponse, même si la chose la plus importante lorsque l'on envisage d'acheter un ordinateur pour la gravure est d'obtenir un environnement informatique aussi stable que possible. Toutefois, votre budget est le juge de paix absolu. Ce n'est pas parce que vous ne pouvez acheter qu'un ordinateur équipé d'un Celeron ou d'un Sempron que la gravure vous est interdite. Cela est d'autant plus vrai si vous possédez déjà l'ordinateur. Vous n'allez pas en changer simplement parce que vous souhaitez y ajouter un graveur.

Les points essentiels

Plus que de vous indiquer d'acheter un Pentium, un Athlon ou autre, je vais dresser la liste de ce qu'il est important d'avoir dans un ordinateur que l'on destine à la gravure :

- **Un processeur rapide.** J'entends ici qu'il faut éviter les machines cadencées sous la barre des 1 GHz. Si vous désirez utiliser un graveur externe de type USB ou FireWire, il est préférable que l'ordinateur soit cadencé à 2 GHz minimum. Si ce n'est pas le cas, cela ne signifie pas que la gravure est interdite, mais qu'elle risque d'être un peu plus délicate.

- **512 Mo de mémoire RAM.** C'est une partie négligée par les acheteurs. Pourquoi ? Tout simplement parce que pour vendre un ordinateur prêt à l'emploi équipé de 256 Mo de RAM, on ne va pas dire à l'acheteur qu'il serait bien d'ajouter une barrette supplémentaire. Cependant, la gravure, mais aussi tout ce qui tourne autour de la gestion des DVD vidéo, c'est-à-dire capture, encodage et enfin gravure, exige beaucoup de ressources système. Si votre ordinateur tourne sous Windows XP, ce que je vous conseille, ce système d'exploitation va déjà s'octroyer une bonne partie de cette mémoire. A cela s'ajoute celle prise par le logiciel de gravure, sans oublier tous les petits programmes qui fonctionnent en tâche de fond, à votre insu.

- **Un second disque dur.** Voici LE domaine qui m'exaspère par-dessus tout ! Rares, trop rares, sont les ordinateurs livrés avec deux disques durs, alors qu'on n'hésite pas à vendre des systèmes équipés d'un graveur de DVD et d'un lecteur de CD, bien que le graveur fasse office de lecteur. En revanche, cela ne pose problème à personne de vendre un ordinateur équipé d'un seul disque dur d'une capacité souvent gigantesque. C'est la plus grosse des erreurs. En effet, un seul disque dur signifie que dessus seront installés le système d'exploitation, c'est-à-dire Windows, toutes les applications, c'est-à-dire vos programmes de gravure, vos applications bureautiques comme Word, etc., et vos données. Or, les données ne sont jamais autant en danger que lorsqu'elles cohabitent avec le système d'exploitation et les programmes. En effet, s'il arrive malheur à Windows ou au disque dur, vous risquez de tout perdre. Adieu vos photos numériques, vos vidéos, vos musiques MP3 ! Vous devez impérativement stocker vos données, donc tout ce que vous graverez, sur un disque dur dédié. Il faut en ajouter un en interne (UltraDMA ou Serial ATA) ou en externe, par le biais d'une prise USB voire FireWire.

Le second disque dur est d'autant plus utile lorsque vous envisagez de faire des DVD vidéo avec authoring. En effet, il vous faudra alors capturer, c'est-à-dire enregistrer sur disque dur, vos films VHS ou familiaux. Or, cette capture exige une place conséquente et un disque dur rapide. Optez pour des disques de type UltraDMA 100/133 ou Serial ATA avec une mémoire cache d'au moins 2 Mo, l'idéal étant 8 Mo, affichant une vitesse de rotation d'au moins 7 200 tours par minute. Ces disques ne coûtent pas très cher. Ce serait dommage de prendre des risques à tous les niveaux pour une centaine d'euros. De plus, si vous ne savez pas installer et formater un disque dur pour le rendre opérationnel, votre revendeur se fera une joie de le faire pour vous.

J'insiste lourdement sur le fait que le numérique n'est pas gage de la pérennité de vos données. Il faut systématiquement deux sauvegardes de vos données sensibles. Puisque vous avez ou allez investir dans un graveur, vous effectuerez cette sauvegarde supplémentaire sur des DVD de données.

- **Un port USB 2.0 ou FireWire libre.** Les graveurs externes se connectent soit sur un port USB 2.0, soit sur un port FireWire. Il serait étonnant que votre PC ne soit pas équipé de plusieurs ports USB. Dans ce cas, il sera facile d'y installer un graveur de DVD à cette norme. En revanche, le port FireWire, s'il est de moins en moins rare sur les nouveaux PC, reste exceptionnel sur beaucoup. Il faut alors ajouter un périphérique de type PCI permettant à l'ordinateur de bénéficier de ce type d'interface. Comme nous le verrons au Chapitre 6, le DVD vidéo exige souvent l'ajout d'un périphérique de capture équipé d'au moins un port FireWire.

Il arrive que l'USB 2.0 ne soit pas activé sur la carte mère. De ce fait, lorsque vous branchez le graveur au port USB de l'ordinateur, il n'est pas identifié ! Pour le moment, retenez qu'il suffit d'une simple activation de l'USB 2.0 dans le BIOS de la carte mère pour rendre ce port actif. Cette procédure est expliquée au Chapitre 5.

Portable ou ordinateur de bureau ?

Faut-il graver avec un portable ou un ordinateur de bureau ? Lorsque l'on voit la configuration des ordinateurs portables, qui sont désormais équipés pour la plupart de graveurs de DVD, on serait tenté de croire que la gravure est possible sur ce type de machine. Et elle l'est ! Toutefois, il faut y apporter notre bémol.

Tout d'abord, pouvoir graver sur un portable est essentiel dans la mesure où cet appareil ne dispose généralement que d'un seul disque dur. Ce disque contient le système d'exploitation, les applications et les données. Bien qu'atteignant une taille conséquente, sa dimension de 2,5 pouces ne permet pas encore d'atteindre des capacités aussi importantes que sur un PC de bureau. Donc, avec un portable, vous vous retrouvez dans une configuration de disque aussi dangereuse qu'avec un ordinateur de bureau équipé d'un seul disque dur. Il est impératif de sauvegarder vos données les plus sensibles sur DVD ou CD.

Là où le portable pose problème, c'est lorsque l'on cherche à l'utiliser comme un ordinateur de bureau. Combien ai-je vu de personnes, fascinées par le design, les performances et le faible encombrement, opter pour un portable et se retrouver rapidement envahies de périphériques externes, au point de travailler dans un espace aussi encombré sinon plus que celui occupé par un ordinateur de bureau. Eh oui, au portable utilisé à la maison vous allez sans doute adjoindre une imprimante, un scanner, un disque dur externe, des haut-parleurs performants et peut-être même un graveur externe de meilleure facture que celui installé en standard dans la machine. Bref, vous utiliserez un portable sans profiter de ce pour quoi il est fait : la mobilité.

Enfin, en matière de DVD vidéo, je vous ai déjà dit qu'il faudra s'équiper pour la capture, et notamment disposer d'un disque dur assez rapide. Or, la plupart des portables ont un disque dur dont la vitesse de rotation est de 5 400 tours. Cela risque d'être très juste pour capturer des vidéos en pleine résolution à la cadence de 25 images par seconde, et que vous encoderez ensuite pour créer un vrai DVD vidéo. De plus, l'écran se limite souvent à une diagonale de 15 pouces, et les performances des circuits graphiques limitent les résolutions d'affichage à du 1 024 x 768. Or, en vidéo, il est souhaitable d'aller au-delà. Sincèrement, si votre objectif est le DVD vidéo, abandonnez l'idée du portable.

Pour moi, le portable est un complément à l'ordinateur de bureau, mais certainement pas un PC capable de s'y substituer à 100 %.

- **Un connecteur IDE libre.** Indispensable pour connecter un graveur interne. Si votre graveur est équipé d'un connecteur Serial ATA, vous le branchez avec grande simplicité sur le connecteur idoine de votre carte mère. Attention ! toutes les cartes mères n'embarquent pas un contrôleur de disque Serial ATA, alors qu'elles sont toutes équipées d'un contrôleur IDE.

Et l'architecture 64 bits ?

L'architecture 64 bits est une révolution dans le domaine de la micro-informatique. Dès à présent, nous pouvons affirmer que les prochains ordinateurs en profiteront, et que nous serons obligés de remplacer nos vieilles machines pour profiter des changements fondamentaux qui s'annoncent sur les PC. Tout cela devrait enfin aboutir à l'ordinateur de loisirs que l'on nous promet depuis pas mal d'années, sans jamais avoir vraiment réussi à le proposer concrètement.

Il existe déjà des ordinateurs embarquant une architecture 64 bits (celle des PC actuels étant de 32 bits). Le problème est que pour le moment aucun matériel ni aucun logiciel n'est capable d'en tirer parti, à l'exception de certaines applications vidéo haute définition, ce qui laisse présager malgré tout l'avènement de la HD (haute définition) dans la vidéonumérique de tout un chacun d'ici quelques années, et peut-être même quelques mois.

Une des évolutions majeures du 64 bits est le développement d'une nouvelle interface PCI dite PCIe (ou Express), qui va remplacer en matière graphique l'ancestrale AGP qui atteint ses dix années de bons et loyaux services. Cette interface permettra de transférer d'énormes volumes de données, ce qui laisse penser à juste titre que tôt ou tard elle remplacera également les connecteurs PCI 32 bits actuels. Pour les vieux de la vieille de l'informatique, le PCIe sera au PCI ce que le PCI lui-même fut à l'ISA. On trouva pendant quelques années des cartes mères mixant slots PCI et ISA, jusqu'à la disparition totale de ce dernier et des périphériques qui allaient avec. Dans ce cas, il est évident que les périphériques PCI actuels deviendront incompatibles avec les connecteurs PCIe. En revanche, dans le domaine qui nous intéresse de la gravure de DVD, nous migrerons assez vite vers la vidéo haute définition gravée sur des supports idoines par des graveurs tout aussi différents.

Comme les nouveaux jeux de composants vont améliorer les accès au disque, les fichiers multimédias volumineux comme la vidéo numérique vont en tirer largement profit.

Devez-vous acheter un ordinateur 64 bits pour mettre déjà un pied dans le futur ? Non ! Ce serait prématuré, car nous ne savons pas encore comment les compatibilités vont s'effectuer. Il semblerait que toutes les applications 32 bits actuelles fonctionneront dans une architecture 64 bits. Toutefois, méfions-nous du conditionnel en informatique. Depuis presque vingt années que je suis tombé dedans, on a vu des choses pas très orthodoxes de la part des constructeurs.

- **Windows XP.** Je préconise ce système d'exploitation Windows plutôt que tout autre. D'abord, parce que c'est le plus stable des systèmes d'exploitation que Microsoft propose pour l'instant au grand public. Vous utiliserez sans distinction Windows XP Familial ou Professionnel. Bien entendu, si votre ordinateur est équipé d'une version plus ancienne comme 98 SE ou Millénium, vous pourrez graver. En revanche, migrer vers XP vous fera énormément gagner en stabilité, en efficacité et en sécurité.

En ce qui concerne le graveur, je ne peux que vous renvoyer au Chapitre 2 de cet ouvrage.

Les Macintosh

Chez Apple, le problème n'est pas tout à fait le même que sur PC. En revanche, tout ce qui a été dit dans la section "Les points essentiels" vaut pour le Mac à quelques exceptions près.

Sur un Macintosh, tout est paré pour la gravure d'un DVD à partir du moment où vous achetez un ordinateur intégrant le SuperDrive d'Apple. En effet, vous y trouverez notamment un programme appelé iDVD totalement dédié à la création et à la gravure de DVD vidéo.

Le problème sur Mac est de choisir le bon ordinateur dès l'achat, car les évolutions sont très difficiles, voire impossibles. Voici une petite anecdote personnelle : Il y a quelques mois, j'ai investi dans un iMac. Il s'agissait de la génération des iMac précédant la sortie du nouveau système d'exploitation OS X Tiger. Son superbe design intègre tout l'ordinateur dans un écran plat d'une épaisseur de 5 cm. A l'époque, j'avais opté pour le modèle Combo, c'est-à-dire équipé d'un simple lecteur/graveur de CD. Mon objectif était d'ajouter ultérieurement un graveur de DVD externe qui pourrait fonctionner aussi bien sur mon iMac que sur mon PC. Ayant effectué l'achat sur Apple Store, je ne me suis pas méfié de l'absence de certaines informations. Et puis, je me suis rendu compte qu'il était impossible, sauf bricolage bricolo pas trop rigolo, de graver directement des DVD vidéo depuis iDVD si on ne possédait pas le graveur SuperDrive d'Apple. Je me mets donc en quête dudit graveur interne, et vais jusqu'à téléphoner à Apple pour comprendre pourquoi il m'est impossible d'en trouver un. Je demande alors comment faire pour changer le lecteur/graveur de CD de mon iMac en un SuperDrive. La réponse ne fut pas longue à tomber : "Monsieur, il faut changer votre iMac pour le modèle au-dessus intégrant le SuperDrive ! On vient chercher votre machine !"

Ce qui fut fait, car mon achat ne datait pas plus d'une semaine. Voilà l'exemple du type de problème appelien. Dès l'achat, il ne faut pas se tromper !

Pour plus de souplesse dans l'évolution de la machine, orientez-vous vers une tour, c'est-à-dire les récents PowerMac G5. Ils sont équipés d'un SuperDrive double couche. En revanche, si votre ancien PowerMac ne dispose pas d'un graveur de DVD, il est facile d'en installer un qui soit compatible. Les boutiques spécialisées dans les périphériques Mac en vendent. Allez par exemple faire un tour sur `www.macway.com`.

Pour les petits budgets, Apple vient de sortir le Mac Mini. Sachez que vous pouvez le demander avec option SuperDrive, car en standard il ne grave pas les DVD. Mac Mini signifie-t-il aussi petit budget que cela ? Pas si sur ! Car vanté et vendu au prix de 499 euros, vous devez ajouter à la facture :

- Le clavier et la souris.
- Un moniteur !
- Le SuperDrive.
- Porter de préférence la mémoire de 256 Mo à 512 Mo.
- Acheter un second disque dur externe (ben oui, il n'y a plus de place en interne !).

Au bout du compte, lorsque l'on sait que ce petit cube ne pourra pas évoluer à l'image d'un portable, le Mac Mini me semble être plus une grosse opération publicitaire et snobinarde qu'autre chose. Donc, si vous optez pour un Mac, faites bien attention avant achat.

Sachez également que les programmes de gravure sont peu nombreux sur Mac. Cela dit, ils sont si complets qu'on se demande pourquoi il y en aurait besoin d'autres. En revanche, ils sont bien plus chers que l'équivalent sur PC.

Enfin, force est de constater que, grâce à une politique très limitée de développement d'applications tierces, Apple réussit à produire des machines bien plus stables qu'un PC. De plus, si vous limitez votre gravure au transfert de bandes vidéo numériques sur DVD, n'importe quel Mac équipé d'un SuperDrive est déjà prêt à l'emploi. Vous n'avez rien à configurer !

En conclusion de ce mince chapitre sur les ordinateurs, je dirais que son manque d'épaisseur tient au fait qu'aujourd'hui les ordinateurs sont assez rapides pour prendre en charge sans problème les opérations de gravure, d'autant que de nombreux graveurs et logiciels gèrent ce qui fut longtemps un problème : la saturation de la mémoire tampon, ou le vidage de cette mémoire qui entraînait souvent une interruption du processus de gravure. Nous verrons tout cela plus en détail à partir de la troisième partie du livre.

Ce qui importe maintenant que vous avez peut-être acheté le graveur de DVD-ROM ou de salon qui aiguise aussi bien votre curiosité que votre anxiété est de savoir comment l'installer et l'utiliser. Le Chapitre 5 vous explique la procédure d'installation des graveurs et des enregistreurs et l'utilisation de ces derniers nommés. En effet, la mise en œuvre réelle d'un graveur de DVD-ROM relève des Chapitres 9 et suivants de ce livre.

Chapitre 5

Installer et utiliser un graveur et un enregistreur de DVD

Dans ce chapitre :

- Installer un graveur de DVD-ROM interne.
- Installer un graveur de DVD-ROM externe.
- Installer un enregistreur de salon.
- Configurer un enregistreur de salon.
- Enregistrer sur DVD.

La structure d'un ouvrage cherche toujours, ou du moins souvent, à organiser le propos de l'auteur d'une manière logique et incontestable. Toutefois, des sujets comme celui traité par cet ouvrage imposent parfois quelques entorses à une règle cartésienne fort bien établie dans nos campagnes françaises. Ainsi, dans ce chapitre, si j'explique l'installation des graveurs de DVD-ROM et des enregistreurs de salon, je ne vais en revanche limiter mon étude qu'à l'utilisation des enregistreurs.

L'intitulé de ce cinquième chapitre suppose trois choses :

- Vous avez acheté un graveur de DVD-ROM.
- Et/ou un enregistreur de salon.
- Vous avez décidé de les installer vous-même.

Je reconnais bien, dans le dernier point, la témérité d'un *nul* qui emporte chaque fois mon admiration.

Installer un graveur de DVD-ROM

Au Chapitre 2, vous avez appris que le DVD-ROM existait sous deux formes :

- **Interne.** Il nécessite d'ouvrir l'ordinateur pour y connecter et y visser le graveur.
- **Externe.** Il se connecte à un port USB 2.0 ou FireWire, en toute simplicité, évitant d'ouvrir le PC.

Dans cette section, je vais cibler une installation interne sur PC. En effet, et dans la mesure des conseils distillés au précédent chapitre, vous aurez compris qu'à l'achat d'un Mac il est préférable de choisir l'option SuperDrive, car par la suite les choses se compliquent. En revanche, la procédure décrite ici pour installer un graveur externe USB ou FireWire sur PC est identique sur Mac.

Le choix d'un graveur interne ou externe ne dépend plus aujourd'hui des performances des ordinateurs. Avec les ports USB et FireWire, le taux de transfert des données est tel que vous ne prenez aucun risque pour graver vos DVD. Comme cela est expliqué au Chapitre 2, vous choisirez un graveur interne si vous n'avez pas de ports USB ou FireWire libres (et encore plus si votre machine n'en possède pas, ce qui serait vraiment étonnant), ou encore si votre bureau est tellement encombré que l'ajout d'un graveur externe s'avère impossible. En revanche, vous opterez pour un graveur externe si aucune des conditions précédentes n'est remplie, et/ou si vous avez peur d'ouvrir votre PC pour y insérer un graveur, ou bien encore s'il n'y a plus de port IDE ou Serial ATA de disponible dans la machine.

Je suis resté un grand enfant. Lorsque je mange un biscuit au chocolat, je commence toujours par le biscuit lui-même pour terminer par le meilleur : le chocolat. Je sais que cela peut paraître étrange, mais dans les autres secteurs de l'existence, je préfère également commencer par les choses les plus pénibles, pour finir par celles qui sont les plus agréables. Donc, lorsque j'explique l'installation d'un graveur de DVD-ROM, je commence par envisager celle d'un matériel interne.

Interne

Un graveur interne, comme celui représenté à la Figure 5.1, prend place dans votre ordinateur. Il se connecte à un port IDE ou Serial ATA en fonction du modèle que vous avez choisi.

Figure 5.1 : Un graveur de DVD-ROM interne.

Sachez que les graveurs internes les plus répandus et les meilleur marché sont de type IDE. Même si votre ordinateur est équipé de connecteurs et de contrôleurs Serial ATA, en néophyte que vous êtes, je vous conseille de ne pas mélanger, dans une même machine, des périphériques IDE et Serial ATA. Par exemple, j'ai connu une expérience assez négative en connectant sur le port secondaire IDE deux disques durs. Ensuite, j'en ai rajouté un troisième sur le port Serial ATA secondaire. Si le disque dur Serial ATA fonctionnait parfaitement bien, le disque dur IDE connaissait des ralentissements insupportables. Il m'a fallu choisir entre les deux !

Le graveur interne se présente donc sous la forme d'une grosse boîte qui prend place dans une baie 5,25 pouces de votre ordinateur. Ce type de baie se trouve en façade de la machine. Sur la Figure 5.2, vous voyez une baie 5,25 dont on a enlevé le cache de protection.

Voici comment installer un graveur de DVD-ROM interne :

1. **Si votre ordinateur est allumé, quittez proprement Windows en cliquant sur le bouton Démarrer/Arrêter l'ordinateur/Arrêter.**

   Bien évidemment, si votre ordinateur est déjà éteint, ne l'allumez pas pour suivre la procédure ci-dessus.

2. **L'ordinateur étant éteint, débranchez-le de la prise secteur murale.**

   En effet, dès qu'on ouvre un ordinateur, il est préférable de couper toute source électrique. Un dommage de ce type risque d'avoir des conséquences irréversibles sur votre machine.

Figure 5.2 : Une baie 5,25 prête à recevoir un graveur de DVD-ROM.

3. **Retirez le couvercle de la tour.**

   Il existe presque autant de manières de retirer un couvercle qu'il existe de formes de tour. En règle générale, vous devez dévisser deux petits écrous situés à l'arrière de l'ordinateur. Ensuite, vous faites glisser la paroi vers l'arrière pour dégager les pattes de fixation. Il ne reste plus qu'à tirer cette paroi vers vous, et à l'entreposer dans un endroit sûr.

4. **Placez les vis ou les écrous dans un bol.**

   Je sens quelques ricanements dans l'assistance. Toutefois, si vous saviez le nombre de personnes qui ignorent ce qu'elles ont fait des vis en question, vous ririez beaucoup moins.

5. **Sur la carte mère de l'ordinateur, repérez soit une nappe IDE avec un connecteur libre (Figure 5.3), soit un connecteur IDE vide sur la carte mère.**

   Il s'agira probablement du port IDE secondaire, sauf s'il dispose déjà d'un lecteur de CD-ROM.

   En règle générale, si un connecteur IDE de la carte mère est libre, il s'agit de celui du port secondaire. Le disque dur

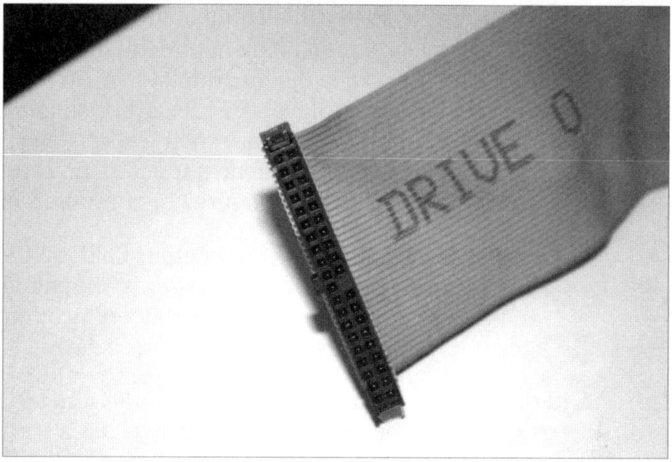

Figure 5.3 : Nappe IDE avec un connecteur libre.

principal C, sauf manque de logique extrême de la part de l'assembleur, est branché à la nappe IDE du port primaire. (Nous verrons comment installer un graveur en *esclave* d'un disque dur.)

6. **Avant de brancher la nappe IDE au graveur, vous devez configurer ses cavaliers.**

TRUC

Les cavaliers des périphériques sont à l'homme ce que le hors-jeu est au football pour les femmes, c'est-à-dire qu'elles n'y comprennent souvent rien. Je vais être obligé de donner une petite information technique qui, malheureusement, s'adresse à tous. Pour qu'une carte mère d'un ordinateur identifie tous les périphériques qui y sont installés, elle doit connaître leur adresse. C'est un peu comme le facteur qui doit connaître la vôtre pour vous remettre votre courrier. Donc, qu'il s'agisse d'un disque dur, d'un lecteur de CD, de DVD ou d'un graveur, il faut indiquer son adresse à la carte mère. Cette indication s'effectue en plaçant des cavaliers que l'on appelle aussi *jumpers*. Sur un graveur de DVD, trois positions sont possibles : Master (M), c'est-à-dire maître, Slave (SL), c'est-à-dire esclave, et Cable Select (CS), c'est-à-dire sélection par câble. Voici comment bien choisir la position du cavalier :

- Placez le cavalier sur le minuscule connecteur M, si votre graveur est seul sur la nappe IDE, ou s'il est relié à un autre périphérique, par exemple un disque dur, qui est configuré en esclave (SL).

- Placez le cavalier sur le connecteur SL, si vous mettez votre graveur sur la même nappe IDE que votre disque dur. Dans ce cas, le disque dur est le maître (Master) et le graveur l'esclave (Slave). Ce rapport de domination doit être scrupuleusement respecté. En effet, deux périphériques appartenant à la même nappe IDE ne seront pas reconnus si vous les configurez tous les deux en maître.
- Placez le cavalier sur le connecteur CSEL ou CS, si vous désirez que ce soit la position du graveur sur la nappe qui détermine automatiquement l'identification du périphérique en tant que maître ou esclave.

L'identification des positions n'est pas toujours facile, car les lettres sont souvent estampées dans le châssis métallique du graveur. Parfois, comme à la Figure 5.4, une indication assez claire permet d'identifier la configuration des cavaliers.

Figure 5.4 : Ce schéma montre sur quels connecteurs doit se placer le cavalier pour définir la position du graveur sur la nappe IDE.

Autant que faire se peut, placez le graveur seul sur la nappe IDE, donc sur le contrôleur IDE secondaire, puisque le primaire est occupé par le disque dur C contenant votre système d'exploitation et vos applications.

Toutefois, comme le chaînage de périphériques le plus rencontré est de mettre le graveur en esclave du disque C, poursuivez à l'étape 7 pour voir comment procéder.

7. **Comme je place le graveur en esclave d'un disque dur, je positionne le cavalier sur SL, comme le montre la Figure 5.5.**

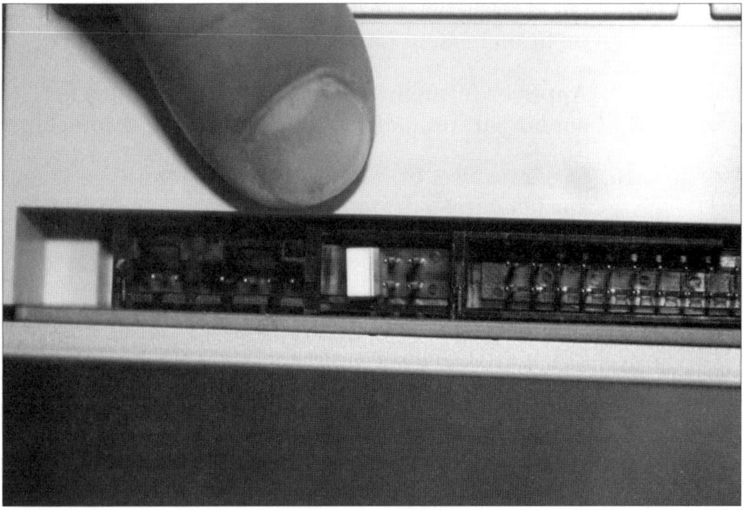

Figure 5.5 : Plaçant le graveur en esclave d'un disque dur, le cavalier doit être positionné sur SL.

8. **Raccordez le second connecteur femelle de la nappe IDE au connecteur idoine mâle du graveur, comme à la Figure 5.6.**

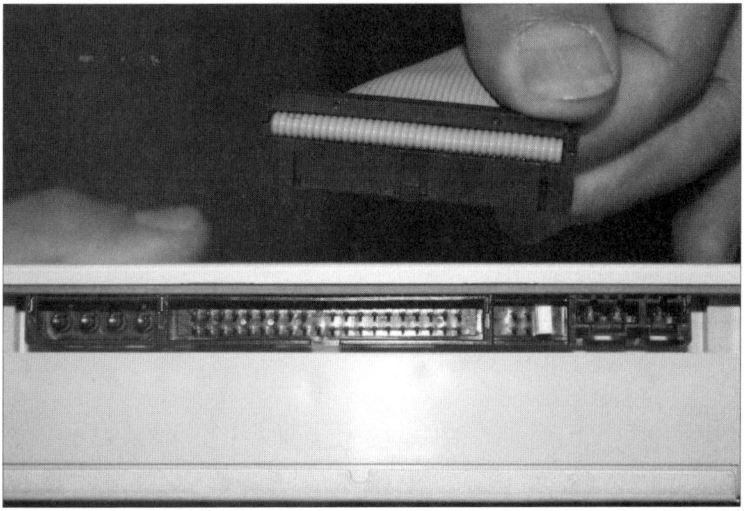

Figure 5.6 : Le connecteur femelle de la nappe IDE se branche sur le connecteur mâle du graveur.

Alignez bien les petites broches de manière à ne pas les tordre. Normalement, un détrompeur évite de brancher la nappe dans le mauvais sens. Le fil rouge correspond à la broche 1 du connecteur IDE, qui est assez difficile à identifier sur le périphérique. Repérez-vous au détrompeur qui assure un branchement parfait sans risque de torsion des broches.

9. **Appuyez fermement de manière que toutes les broches soient parfaitement enfoncées dans le connecteur femelle.**
10. **Si nécessaire, branchez l'autre extrémité de la nappe IDE sur le contrôleur de la carte mère.**

    Ne suivez cette étape que si vous connectez le graveur sur le second port IDE, ou si vous avez été obligé de le déconnecter du port IDE primaire pour faciliter le branchement de votre graveur à la nappe.

11. **Faites glisser le graveur dans la baie 5,25 de manière que la façade permette un accès facile au bouton d'éjection.**
12. **Vissez le graveur sur le châssis de la tour en utilisant les vis fournies.**
13. **Branchez un connecteur d'alimentation électrique à l'arrière du graveur, comme le montre la Figure 5.7.**

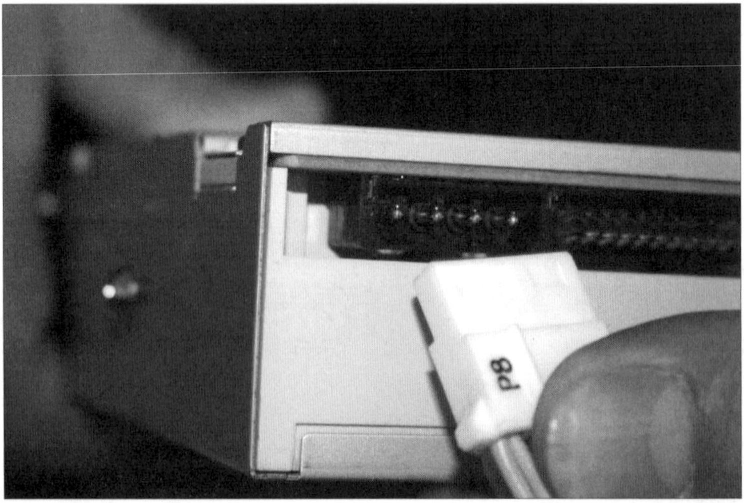

Figure 5.7 : Il faut alimenter le graveur en électricité.

Là aussi, un détrompeur évite toute connexion hasardeuse.

14. **Ne replacez surtout pas le couvercle !**

    En effet, bien que ce ne soit pas conseillé de le faire, je vous invite à ne refermer l'ordinateur que lorsque vous êtes certain que le graveur est reconnu par votre machine, et qu'il est ainsi parfaitement fonctionnel.

15. **Branchez la prise d'alimentation secteur.**

16. **Appuyez sur le bouton Marche/Arrêt (ou Power) de votre ordinateur.**

    Le PC démarre. Au bout de quelques secondes, le BIOS doit afficher une ligne de texte identifiant le graveur. Si ce n'est pas le cas, attendez d'être sous Windows pour vérifier la prise en charge du graveur.

    Si Windows ne détecte pas automatiquement le graveur, c'est que vous avez mal configuré les cavaliers, soit du disque dur, soit du graveur, et peut-être même des deux.

17. **Sous Windows, votre graveur s'affiche dans le Poste de travail, comme le montre la Figure 5.8.**

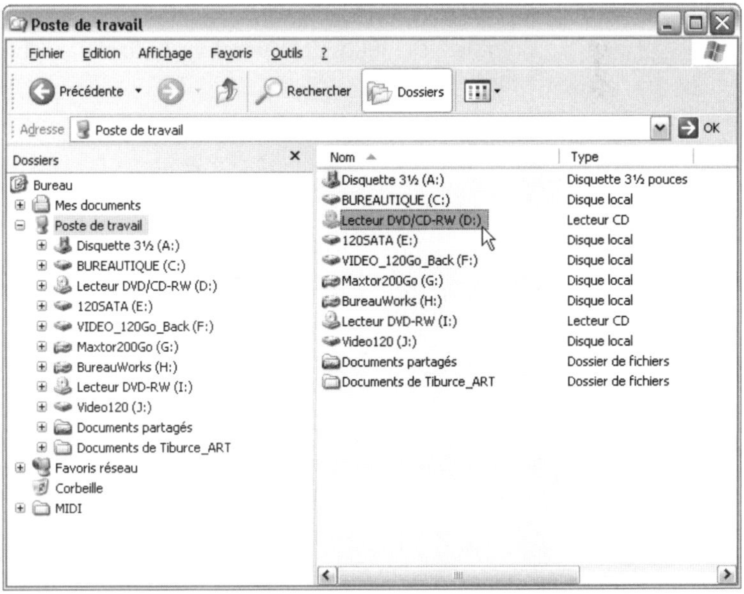

Figure 5.8 : Le Poste de travail confirme la présence du graveur.

Si cette vérification ne suffit pas, effectuez-en une autre, en suivant ces quelques étapes :

17a. Cliquez sur Démarrer/Panneau de configuration.

17b. Cliquez sur Performances et maintenance.

17c. Cliquez sur Système.

17d. Dans la boîte de dialogue Propriétés système, cliquez sur le bouton Gestionnaire de périphériques.

17e. Cliquez sur le signe "+" situé à gauche de Lecteurs de CD-ROM/DVD-ROM.

En fonction du graveur installé, cette rubrique peut afficher la marque de l'appareil.

17f. Double-cliquez sur le nom du périphérique affiché.

Il peut s'agir de Lecteur de CD-ROM ou de la marque de votre graveur.

17g. Enfin, dans la boîte de dialogue Propriétés, cliquez sur l'onglet Détails.

Comme le montre la Figure 5.9, vous obtenez des informations sur la marque du graveur, ici un Nec, le modèle, comme ND-1000A, et la version du firmware, en l'occurrence 1.01.

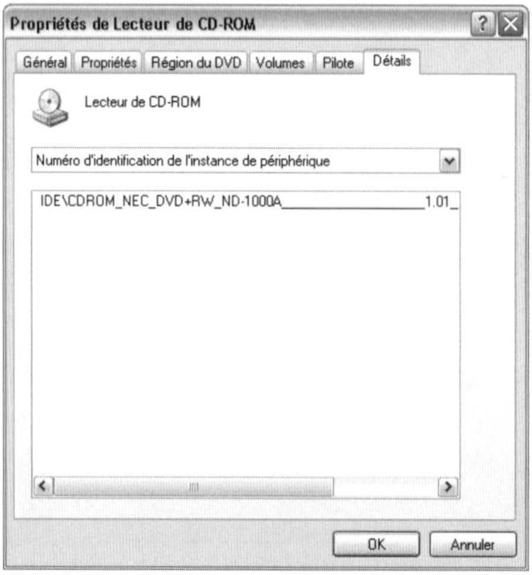

Figure 5.9 : La boîte de dialogue des propriétés est le meilleur endroit pour être certain que votre graveur est correctement installé.

18. **Comme vous n'avez pas encore de logiciel de gravure, insérez un CD de données dans le graveur pour tester sa reconnaissance, et son fonctionnement en tant que lecteur.**

19. **Utilisez l'Explorateur Windows pour parcourir le contenu du CD, et double-cliquez sur quelques fichiers à ouvrir.**

Si tout fonctionne sans problème, bug ou ralentissement exagéré du système, c'est que le graveur est opérationnel. Son utilisation en tant que graveur passe par l'installation d'un programme. Pour cela, je vous renvoie à la section "Installer un logiciel de gravure", au Chapitre 7.

En revanche, et malgré le fait que votre graveur soit certainement flambant neuf, je vous conseille d'aller vérifier sur le site de son constructeur la présence éventuelle d'un nouveau firmware. Pour cela, suivez la procédure expliquée à la section "Mise à jour du firmware", un peu plus loin dans ce chapitre. (Si vous ne savez plus ce qu'est un firmware, reportez-vous à la section "Anatomie d'un graveur", au Chapitre 2.)

Si, à la lecture de cette section, la mise en œuvre d'un graveur interne vous fait peur, optez pour un graveur externe.

Externe

Un graveur externe s'installe à l'extérieur de l'ordinateur. Comme il s'agit d'un périphérique assez volumineux, il est préférable de ne pas travailler sur un bureau trop encombré.

Les graveurs externes existent majoritairement en version USB 2.0. Il y a quelques unités FireWire qui possèdent également une connexion USB. Dans cette section, je me rallie au plus grand nombre en expliquant comment installer un graveur USB 2.0 semblable à celui illustré à la Figure 5.10.

TRUC

Sachez que l'installation d'un graveur FireWire diffère très peu de celle d'un graveur USB. Il suffit de le brancher à une prise FireWire (IEEE-1394) au lieu d'USB 2.0.

Pour installer un graveur USB externe :

1. **L'installation d'un graveur de DVD USB (ou FireWire) peut se faire à chaud, c'est-à-dire sans éteindre l'ordinateur.**

Figure 5.10 : Un graveur externe USB.

2. **Déballez le graveur.**

   En effet, certains ont essayé d'installer un graveur sans le déballer, ils n'ont toujours pas fini.

3. **Vérifiez que vous disposez des éléments suivants :**

   - Un graveur !
   - Un cordon USB.
   - Un transformateur avec sa prise électrique pour le secteur.

4. **A l'arrière de l'appareil, repérez la prise USB.**

   Elle est identifiée par le pictogramme ci-contre. Toutefois, sur certains graveurs, vous lirez USB en toutes lettres à côté de la prise.

   Normalement, la prise USB qui se connecte à l'appareil est de type carré, comme le montre la Figure 5.11.

5. **Enfoncez la prise USB carrée femelle dans la prise mâle du graveur.**

   Ne forcez pas ! Un détrompeur évite toute mauvaise connexion. Si la prise ne s'enfiche pas facilement, c'est que vous vous trompez de sens.

Figure 5.11 : Connectez la bonne extrémité du câble USB à la prise du graveur.

6. Branchez la prise DIN mâle du transformateur dans la prise DC In du graveur, comme à la Figure 5.12.

Figure 5.12 : Pour alimenter le graveur en électricité, raccordez-y le transformateur.

Ne forcez pas ! Un détrompeur évite toute mauvaise connexion. Si la prise ne s'enfiche pas facilement, c'est que vous vous trompez de sens.

7. **Placez le graveur sur un support stable, comme votre bureau ou le dessus de votre tour (s'il est bien plat).**

8. **Branchez la prise secteur du transformateur à une prise murale.**

9. **A l'arrière du graveur, basculez le cas échéant le bouton Power sur On (c'est-à-dire actif ou marche).**

10. **Raccordez la prise USB plate à un des ports USB de votre ordinateur, comme à la Figure 5.13.**

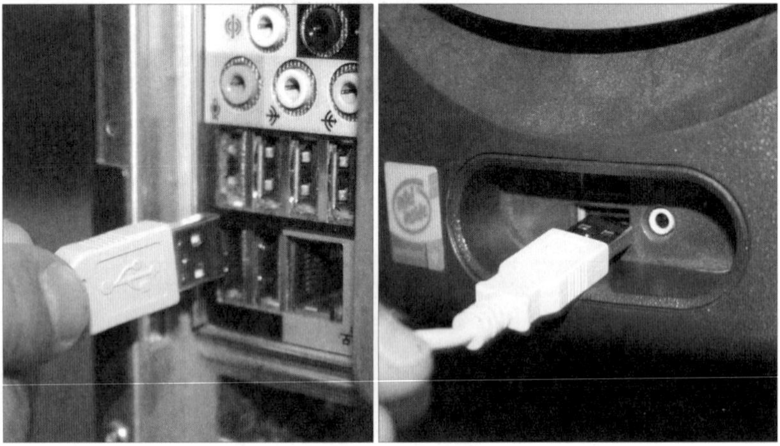

Figure 5.13 : Connexion du graveur au port USB de l'ordinateur (à gauche face arrière, à droite face avant).

Windows détecte automatiquement la présence du périphérique USB et le rend opérationnel.

Si vous avez un doute, ouvrez le Panneau de configuration de Windows et cliquez sur Système. Dans la boîte de dialogue Propriétés système, cliquez sur l'onglet Matériel, puis sur le bouton Gestionnaire de périphériques. Cliquez sur le signe "+" de la rubrique Lecteurs de CD-ROM/DVD-ROM, puis double-cliquez sur le périphérique affiché juste en dessous. L'onglet Général de la boîte de dialogue Propriétés identifie votre graveur (sans forcément en afficher la marque), et surtout spécifie que le périphérique fonctionne correctement, comme le montre la Figure 5.14.

Figure 5.14 : Windows confirme ainsi la bonne installation du graveur USB.

Il ne vous reste plus qu'à tester le graveur en installant un programme de... gravure. Sinon, en attendant, testez ses capacités de lecture en insérant un CD ou un DVD de données, voire un DVD vidéo.

En revanche, si le graveur n'est pas détecté et installé par Windows, cela tient au fait que le BIOS de la carte mère n'a pas su identifier l'appareil. Cela s'explique certainement par le fait que le BIOS n'a pas activé la fonction USB 2.0 du contrôleur USB. Il faut y procéder comme suit :

1. **Redémarrez votre ordinateur en cliquant sur Démarrer/Arrêter l'ordinateur/Redémarrer.**

   Windows se ferme plus ou moins lentement, et l'ordinateur redémarre.

2. **Dès que les premières lignes sur fond noir apparaissent (séquence d'initialisation), appuyez sur la touche Suppr (ou une des 12 touches de fonction) pour accéder au BIOS.**

3. **Au démarrage de l'ordinateur, la page principale du BIOS apparaît.**

   Elle est assez austère, avec ses couleurs généralement blanche, noire et bleue. Il serait étonnant que votre BIOS soit en français.

4. A l'aide des touches du pavé directionnel, activez le menu Advanced, comme à la Figure 5.15.

Figure 5.15 : Accédez au menu Advanced du BIOS.

5. Dans le menu Advanced, activez la rubrique USB Configuration en vous plaçant dessus à l'aide des touches du pavé directionnel. Appuyez sur Entrée (Figure 5.16).

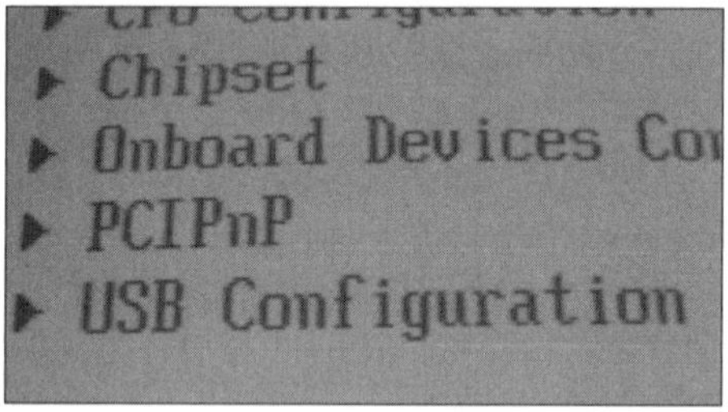

Figure 5.16 : La configuration USB se déroule dans cette rubrique.

6. Activez l'option USB 2.0 Controller Mode, comme à la Figure 5.17, et appuyez sur Entrée pour afficher un menu de sélection.

Figure 5.17 : Cette option permet de sélectionner le mode USB à activer.

7. Dans le menu, allez sur l'option HiSpeed, comme à la Figure 5.18, et validez en appuyant sur Entrée.

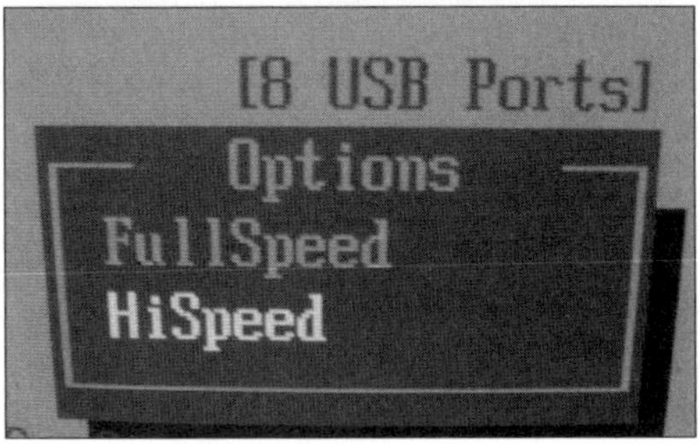

Figure 5.18 : L'option HiSpeed active l'USB 2.0.

8. **Affichez le contenu du menu Exit, et choisissez Exit & Save Changes comme à la Figure 5.19 pour entériner l'activation. Appuyez sur Entrée.**

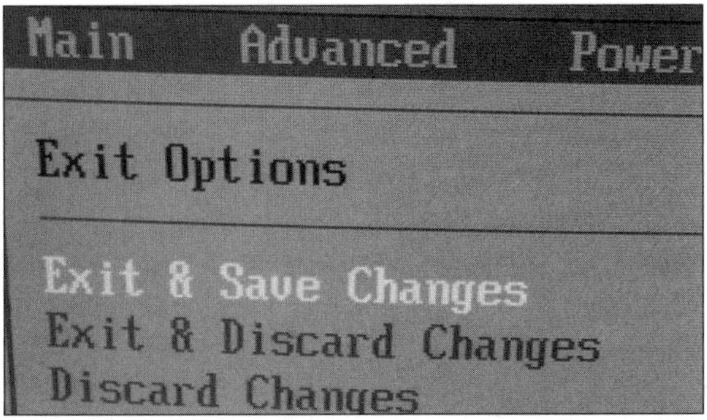

Figure 5.19 : Enregistrez vos modifications dans le BIOS.

9. **Dans la boîte de dialogue de confirmation des modifications, laissez l'option OK par défaut et appuyez sur Entrée.**

   L'ordinateur redémarre. Dès que vous arrivez sous Windows, débranchez la prise USB du graveur et rebranchez-la immédiatement. La procédure d'identification s'effectue en quelques secondes. Votre graveur est alors prêt !

Malheureusement, tous les ordinateurs ne sont pas équipés d'un BIOS identique. De ce fait, il se peut que la procédure ci-dessus varie selon le BIOS embarqué dans votre machine. Cependant, les étapes d'activation de l'USB 2.0 sont quasi identiques. Vous devriez facilement vous y retrouver.

Pour installer un graveur externe sur Mac, vérifiez, au moment de l'achat, qu'il est bien compatible Mac OS X. Sinon, vous ne pourrez pas l'utiliser. Peu de graveurs sont compatibles Mac et PC, voire uniquement Mac. Pour en trouver facilement sur Internet, visitez les sites suivants :

- `www.lacie.com/fr`.
- `www.macway.com`.
- `http://fr.shopping.com`.
- `www3.fnac.com`.
- `www.lesprix.net`.

Sur Mac, à la différence des PC non vendus prêts à l'emploi, l'USB 2.0 est actif ! Vous n'avez pas à vous en soucier.

Demi-pensionnaire

Cela ne renvoie à aucun type de DVD-ROM existant, mais je n'ai pas pu résister à interne... externe et demi-pensionnaire... humour !

Mise à jour du firmware

Bien que vous veniez d'acheter un graveur de DVD-ROM flambant neuf, et que vous pensiez qu'il est doté des toutes dernières fonctionnalités de sa catégorie, je vous invite malgré tout à vérifier immédiatement si le constructeur n'a pas déjà mis en téléchargement sur son site une mise à jour du firmware.

Le *firmware* est un petit programme résidant dans une mémoire ROM, c'est-à-dire une petite puce dont on ne peut lire que les informations. Toutefois, l'évolution des ROM en EPROM permet aujourd'hui d'en effacer le contenu pour le remplacer par un autre. C'est par un programme spécial que l'on va pouvoir mettre à jour le contenu de cette mémoire. Donc, si elle contient le firmware d'un matériel, vous mettrez à jour ce firmware. Cette mise à jour s'appelle *flashage*. Le programme firmware permet de contrôler certains matériels comme les cartes mères et les graveurs. Cela va corriger des bugs et/ou ajouter de nouvelles fonctionnalités.

Comme le firmware est exclusif du matériel que vous avez acheté, la procédure de mise à jour varie d'un constructeur à un autre. Dans tous les cas, il faut se connecter au site Web du fabricant pour télécharger le petit programme qui va flasher l'EPROM du graveur contenant le firmware. Voici comment mettre à jour le firmware d'un graveur Plextor :

1. **Connectez-vous au site du fabricant, en l'occurrence Plextor.**

   Il est préférable de visiter le site américain ou anglais des constructeurs. En effet, rares sont les sites des succursales françaises qui permettent de télécharger les firmwares. Quand elles proposent ce service, c'est généralement pour vous renvoyer vers la page anglo-saxonne du constructeur. Essayez le site de votre fabricant, vous verrez bien si le service de mise à jour du firmware est en français.

   Pour cet exemple, je me suis connecté au site `www.plextor-europe.com`.

2. **Sur le site, cherchez un lien de type Support technique, Technical Services ou encore Download (téléchargement).**

   Chez Plextor, il faut cliquer sur le lien Technical Services.

3. **Dans la page de support, cherchez un lien de type Download ou Firmware, voire Driver.**

   Comme le montre la Figure 5.20, Plextor met à la disposition de ses clients un lien Download.

4. **Dans la page de téléchargement qui s'affiche, cherchez une rubrique Firmware. Là, choisissez DVD Recorders, c'est-à-dire graveurs de DVD.**

   La Figure 5.21 montre un tel lien sur la page de téléchargement du constructeur Plextor.

5. **Dans la liste des firmwares, choisissez votre modèle de graveur.**

   Par exemple, sur la Figure 5.22, je veux mettre à jour le firmware du modèle PX-708A2/UF2.

7. **Cliquez sur Enregistrer pour stocker le fichier sur votre disque dur.**

   Indiquez le dossier dans lequel vous désirez stocker le fichier et cliquez sur Enregistrer.

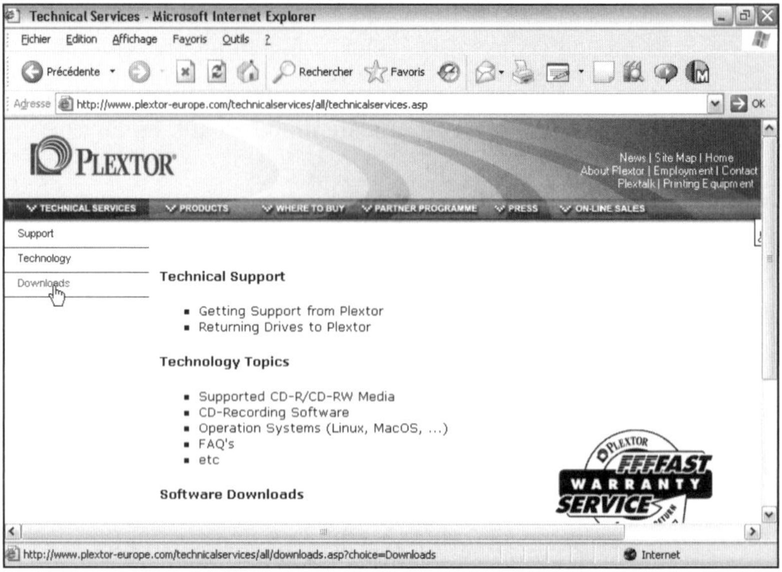

Figure 5.20 : Le lien qui vous emmène vers les firmwares.

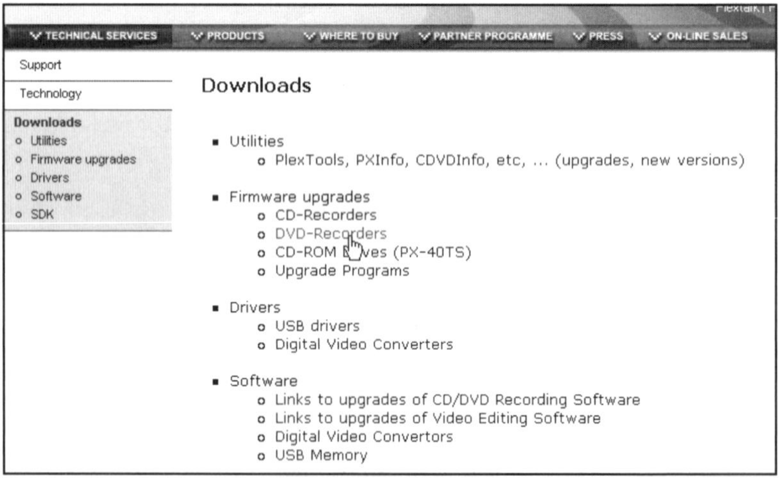

Figure 5.21 : Accès aux firmwares des graveurs.

6. **Cliquez sur la version du firmware à utiliser.**

   Une boîte de dialogue s'affiche, représentée à la Figure 5.23.

8. **Ouvrez le dossier où se trouve désormais le fichier et double-cliquez dessus.**

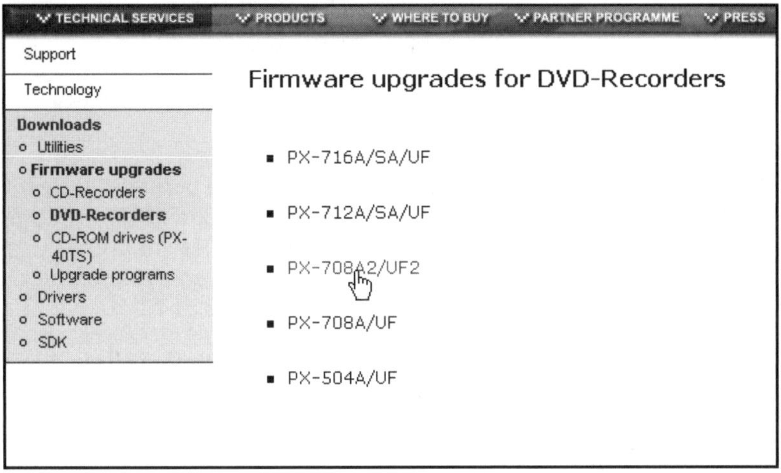

Figure 5.22 : Sélectionnez le modèle de graveur dont vous désirez mettre à jour le firmware.

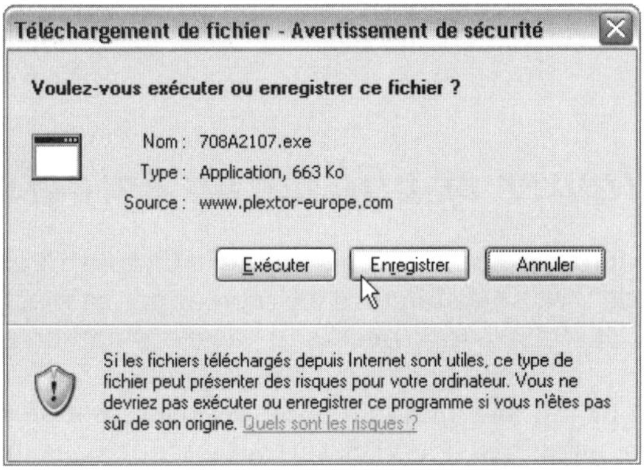

Figure 5.23 : Téléchargez le firmware.

Suivez les instructions qui s'affichent à l'écran. Au bout de quelques secondes, le firmware est mis à jour.

Pour valider cette mise à jour, vous pouvez être invité à débrancher puis rebrancher la prise USB du graveur, ou à redémarrer l'ordinateur dans le cas d'un graveur interne.

Si le site du constructeur ne propose pas de firmwares pour votre modèle, cela peut venir des raisons suivantes :

- L'appareil est trop récent. Il embarque donc la dernière version disponible.

- L'appareil est trop ancien. Le constructeur n'assure plus le suivi de mise à jour du firmware.
- Il n'existe et n'existera sans doute aucun firmware pour votre graveur.

TRUC

Certains constructeurs comme Samsung permettent de télécharger un logiciel de mise à jour automatique. Lorsque vous l'exécutez, il vérifie tous les appareils Samsung installés sur votre PC, puis vous indique si des mises à jour quelconques sont disponibles, dont celle du firmware.

Ainsi se termine l'installation d'un graveur de DVD-ROM. Dans la mesure où son utilisation dépend du logiciel de gravure que vous allez employer, je vous invite à consulter les chapitres qui constituent la deuxième et la troisième partie de cet ouvrage.

Si vous n'avez pas de graveur de DVD-ROM, ou si en plus d'un tel graveur vous avez investi dans un enregistreur de salon, lisez la prochaine section pour savoir comment l'installer, le configurer et l'utiliser.

Installer, configurer et utiliser un enregistreur

Je rappelle à ceux qui auraient omis de lire le Chapitre 2 qu'un enregistreur de DVD se distingue d'un graveur par sa fonction et son installation. L'enregistreur ne nécessite pas d'ordinateur, puisque son rôle est essentiellement d'enregistrer les programmes télévisés. En ce sens, et de par sa fonction unique, l'enregistreur se substitue aisément à un magnétoscope VHS, surtout lorsque vous utilisez des disques réinscriptibles de type DVD-RW/+RW ou DVD-RAM, selon les formats acceptés par l'appareil.

L'installation, la configuration et l'utilisation d'un enregistreur ne varient pas fondamentalement de celles d'un magnétoscope. Par conséquent, voici ce qu'il vous faut pour effectuer tous ces paramétrages :

- **Une réception télévisuelle.** Elle peut être de type hertzien traditionnel, c'est-à-dire véhiculée par une antenne analogique classique. Cela ne nécessite donc aucun investissement supplémentaire. Mais elle peut être aussi de type satellitaire, TNT ou câble. Dans ce cas, nous verrons qu'il suffit d'utiliser l'entrée péritel de l'enregistreur pour effectuer des gravures de qualité.

Il est recommandé, pour bénéficier de la qualité numérique optimale d'un enregistrement sur DVD, d'utiliser la TNT, le satellite ou le câble. Dans cette configuration, l'antenne est spécifique, et vous branchez directement le démodulateur numérique à l'entrée péritel de l'appareil. (Nous verrons cela en détail dans quelques instants.)

- **Un téléviseur.** La vidéo n'est jamais aussi belle que sur grand écran. Ce serait dommage de réaliser des enregistrements numériques sans profiter de cette qualité sur une diagonale d'au moins 55 cm. Si vous avez les moyens, investissez dans un écran Plasma d'au moins 102 cm.
- **Prises péritels RVB.** Il est recommandé, tout comme pour un lecteur de DVD de salon, de raccorder la sortie péritel d'un enregistreur à l'entrée péritel RVB de votre téléviseur.

Il s'agit en réalité de l'entrée péritel qui renvoie l'image sur le *canal* RVB du téléviseur. Tous les postes de télévision n'en possèdent pas. Dans ce cas, l'image n'est pas aussi précise. Il suffit d'afficher un film sous-titré pour s'en convaincre. Le texte n'est pas tout à fait net.

Lorsque vous achetez un enregistreur numérique, vérifiez toujours qu'il dispose de deux prises péritels. L'une servira à la réception des images par le biais d'un démodulateur (aussi appelé décodeur) numérique de type satellitaire, TNT ou câble ; l'autre permettra de contrôler la qualité avant et pendant l'enregistrement et de profiter des fonctions de lecture de l'enregistreur. En l'absence d'une entrée péritel, vous ne pourrez enregistrer que par l'entrée antenne hertzienne qui, comme son nom l'indique (ou pas, d'ailleurs, quand j'y pense), envoie un signal analogique instable où l'image est de moins bonne qualité qu'en numérique.

Passons maintenant aux choses sérieuses. Dans les sections qui vont suivre, nous allons étudier une installation, une configuration et une utilisation génériques d'un enregistreur. Il se peut donc, selon le modèle d'appareil que vous utilisez, que ces procédures varient légèrement. Toutefois, les grands principes restent les mêmes quel que soit votre enregistreur.

Installer

L'installation d'un enregistreur, je le rappelle, est sensiblement identique à celle d'un magnétoscope. Cependant, avant d'y procéder, voici quelques préparatifs :

- **Déballez l'appareil et vérifiez bien son contenu.** Le mode d'emploi énumère les éléments que vous devez trouver dans la boîte de l'enregistreur. Il s'agit en général de ceci :

  1. Une télécommande.

  La télécommande est le périphérique indispensable à la configuration de votre enregistreur. En effet, à la différence des magnétoscopes, la plupart des enregistreurs ne disposent pas des boutons de configuration nécessaires en façade. Il faut impérativement utiliser la télécommande.

  2. Des piles AA, c'est-à-dire LR 03, ou AAA LR 06 pour la télécommande.
  3. Un câble RF, c'est-à-dire antenne.
  4. Des câbles audiovisuels vidéo et audio, de type composite, YC et cinch (RCA).
  5. Une prise péritel. (Parfois, aussi surprenant que cela puisse paraître, la prise péritel n'est pas fournie.)
  6. Le manuel d'utilisation.

- **Vérifiez que vous disposez d'une prise péritel libre sur le téléviseur.** Si votre téléviseur est déjà occupé par une console de jeu, un magnétoscope, un décodeur numérique et un lecteur de DVD, je ne pense pas qu'il reste une quelconque prise péritel de libre. Dans ce cas, vous devez acheter un doubleur de prises péritels, c'est-à-dire un boîtier comportant plusieurs prises péritels femelles.

  Je recommande ici un bloc de péritels alimentés en électricité, c'est-à-dire dont le signal est amplifié. C'est le seul moyen de respecter les contraintes des différents signaux vidéo émanant d'une console de jeux et d'autres appareils audiovisuels. Avec un bloc péritel non alimenté, il arrive souvent que les appareils entrent en conflit. Vous pouvez également opter pour un bloc permettant de sélectionner, à l'aide de différents boutons, la sortie péritel à activer.

Pour une qualité d'image optimale, réservez toujours une des entrées péritels de votre téléviseur à la sortie péritel TV de votre enregistreur.

- **Vérifiez que vous avez une prise secteur libre.** En effet, pour fonctionner, un enregistreur de DVD doit être raccordé au courant électrique, comme n'importe quel autre appareil de ce type. Le cas échéant, investissez dans une multiprise.

  Comme un enregistreur fait office de magnétoscope, il est important qu'il soit en permanence raccordé à une prise secteur pour maintenir son calendrier et l'heure en cours. Ses fonctions d'enregistrement programmées l'exigent.

- **Vérifiez que votre meuble audiovisuel permet d'installer correctement l'enregistreur.** L'enregistreur doit être mis en place sur une surface plane, à l'abri de sources de chaleur. De plus, comme cet appareil chauffe beaucoup, veillez qu'il y ait suffisamment d'espace pour son aération. La durée de vie de votre enregistreur en dépend.

Connexion au téléviseur

La connexion au téléviseur se fait de plusieurs manières. En effet, l'enregistreur peut enregistrer un signal vidéo provenant d'une antenne externe de deux manières :

- La prise antenne hertzienne.
- La prise sortie péritel du démodulateur ou décodeur numérique.

Antenne

Pour raccorder l'antenne hertzienne à l'enregistreur :

1. **A l'arrière de l'appareil, repérez les deux prises d'entrée et de sortie antenne.**

   Illustrées à la Figure 5.24, ces prises permettent de faire entrer le signal hertzien, donc les images télévisées provenant de l'antenne collective ou de votre antenne individuelle, dans l'enregistreur. Toutefois, pour ne pas vous priver de télévision lorsque vous n'enregistrez pas, il faut que le signal puisse ressortir du tuner de l'enregistreur pour aller vers l'entrée antenne du téléviseur.

Figure 5.24 : Raccordez votre câble antenne à l'entrée antenne (en haut) de l'enregistreur. Raccordez le câble de sortie antenne à la prise inférieure de l'enregistreur, puis connectez l'autre extrémité à l'entrée antenne de la télévision.

2. **Raccordez le câble de votre antenne à la prise d'entrée antenne de l'enregistreur.**

   En règle générale, il s'agit de la prise supérieure.

3. **Dans la prise inférieure, c'est-à-dire la prise de sortie antenne de l'enregistreur, branchez le câble antenne que vous relierez ensuite à l'entrée antenne du téléviseur.**

   Ainsi, la boucle est bouclée. Les canaux télévisés vont tous arriver simultanément dans le tuner de l'enregistreur. Une fois ce tuner réglé, comme cela est expliqué dans la section "Réglage du tuner", un peu plus loin dans ce chapitre, l'enregistreur vous permettra de sélectionner la chaîne de télévision à enregistrer.

Le fait de relier la sortie antenne de l'enregistreur à l'entrée antenne du téléviseur va vous permettre de regarder la télévision comme si l'enregistreur n'existait pas. Cela permet donc de regarder une chaîne pendant que vous en enregistrez une autre, comme vous le faisiez avec votre magnétoscope.

Prises péritels

La connexion par prise péritel envisage deux hypothèses :

1. Vous utilisez l'enregistreur comme lecteur de DVD.
2. Vous utilisez l'enregistreur pour enregistrer la télévision depuis un démodulateur numérique de type TNT, satellite ou câble.

Il serait assez paradoxal de ne pas utiliser l'enregistreur également comme un lecteur. Les meubles audiovisuels et les prises péritels d'un téléviseur ne sont pas extensibles à l'infini. Investir dans un enregistreur, c'est aussi l'utiliser comme lecteur de DVD. Cette affirmation est d'autant plus avérée lorsque l'enregistreur est équipé d'un disque dur permettant d'enregistrer des heures et des heures de programmes dans une très bonne qualité numérique. Dans ce cas, il faut pouvoir afficher les images au meilleur de leur qualité. Le seul moyen de le faire est de raccorder directement la sortie péritel de l'enregistreur à l'entrée péritel RVB du téléviseur (s'il en a une, bien évidemment).

Pour enregistrer à partir d'un démodulateur numérique :

1. **Branchez la sortie péritel du démodulateur/décodeur à l'entrée péritel AV In (ou dénomination équivalente) de l'enregistreur.**

   Un décodeur dispose généralement de deux sorties péritels. Ces sorties sont systématiquement de type femelle. L'une est destinée au téléviseur, l'autre à un enregistreur de DVD ou de VHS (c'est-à-dire un magnétoscope).

2. **Branchez la sortie péritel de l'enregistreur AV Out (ou dénomination équivalente par exemple TV) à l'entrée péritel (RVB si possible) du téléviseur.**

   Ainsi, la boucle est bouclée. La chaîne sélectionnée sur le décodeur/démodulateur envoie son signal vidéo vers la sortie péritel. Ce signal entre dans l'enregistreur, et peut être immédiatement enregistré sur disque dur ou sur DVD vierge. Le signal ressort par la sortie péritel de l'enregistreur pour entrer dans l'entrée péritel du téléviseur qui va afficher les images sur le canal correspondant à la prise péritel.

TRUC

Si vous manquez de prises péritels sur votre téléviseur, vous pouvez parfaitement brancher la sortie péritel du décodeur/ démodulateur ou adaptateur TNT sur l'entrée péritel de l'enregistreur. Ensuite, pour lire les DVD ou contrôler le signal vidéo qui passe par l'entrée péritel de l'enregistreur, vous devez brancher sa sortie péritel au téléviseur. Dans ce cas, pour regarder les chaînes du satellite, de la TNT ou du câble, vous allumerez systématiquement l'enregistreur. (Je répète que c'est une solution à n'utiliser que si vous êtes à cours d'entrées péritels sur votre téléviseur.)

Et si je reçois la télévision par ma connexion ADSL ?

La réception de la télévision par ADSL se fait par le biais d'un *modem* assez particulier qui embarque l'électronique nécessaire à la transmission d'un signal vidéo qui peut être affiché sur une télévision. Ce principe même, à mon sens, va à l'encontre de celui de la télévision par Internet. Pourquoi ? Parce que l'on ne choisit pas sa chaîne sur un site Web. On reste prisonnier des chaînes existantes sur des bouquets satellitaires, TNT ou câble.

Si je me permets cette digression, c'est pour faire comprendre qu'à partir du moment où l'ADSL octroie une partie de sa bande passante à la télévision, et que pour l'afficher sur son téléviseur il faut connecter une prise péritel sortant du *modem* ADSL et entrant dans le téléviseur, la connectique ne diffère pas de celle exposée dans la section "Prises péritels", un peu plus haut dans ce chapitre.

Donc, pour enregistrer la télévision par ADSL avec un enregistreur de DVD de salon, connectez un câble péritel entre la sortie péritel du *modem* et l'entrée péritel de l'enregistreur. Ensuite, comme vu dans la section précitée, il suffit de raccorder un câble péritel entre la sortie péritel de l'enregistreur et l'entrée péritel du téléviseur. L'enregistrement s'effectue alors selon les procédures décrites dans la section "Utiliser", plus loin dans ce chapitre.

Lorsque vous recevez la télévision à l'aide d'un démodulateur/ décodeur satellite, câble ou TNT, les chaînes sont mémorisées dans le décodeur lui-même. Il n'y a absolument rien à faire au niveau de l'enregistreur. Il ne fait que capter un signal qu'il dirige ensuite vers le téléviseur par le biais d'un câble péritel reliant la sortie de l'enregistreur à l'entrée du téléviseur.

En revanche, lorsque vous recevez la télévision analogique hertzienne, il faut savoir que toutes les chaînes, c'est-à-dire tous les canaux, arrivent simultanément. C'est un tuner intégré au téléviseur qui permet d'indiquer le canal (donc la chaîne) à afficher. Eh bien, lorsque cette antenne est raccordée à l'entrée antenne de l'enregistreur, il faut régler son tuner pour qu'il affiche et enregistre les émissions de la bonne chaîne. C'est ce qu'explique la prochaine section.

Réglage du tuner

Le réglage du tuner est une opération indispensable lorsque vous ne recevez la télévision que par voie hertzienne, c'est-à-dire directement depuis l'antenne collective ou individuelle posée sur le toit de l'immeuble ou de la maison. Bien que ce soit la pire réception que vous puissiez donner en pâture à votre enregistreur, je ne peux pas éluder le fait qu'elle existe.

Le tuner va permettre de trouver les canaux hertziens de manière à sélectionner les chaînes directement sur l'enregistreur. Pour procéder à ce réglage, vous avez besoin de la télécommande.

N'oubliez pas de mettre des piles dans la télécommande. On a connu des oublis encore plus bêtes que celui-là.

Ce réglage du tuner ne peut se faire que si la sortie péritel de l'enregistreur est raccordée à l'entrée péritel du téléviseur.

Tous les enregistreurs ne fonctionnent pas de la même manière. Les options de réglage peuvent légèrement varier, mais la procédure générique reste la même.

Une fois les connexions péritels établies et la télécommande opérationnelle, conformez-vous à ce qui suit :

1. **Allumez l'enregistreur en appuyant sur son bouton Power ou sur celui de la télécommande.**

   Si l'enregistreur ne s'allume pas, c'est que vous ne l'avez pas branché sur la prise secteur.

Si tout est correct, l'enregistreur affiche un écran de bienvenue relativement neutre, comme celui de la Figure 5.25.

Figure 5.25 : Ecran test du bon affichage de l'enregistreur.

Si rien ne s'affiche, vérifiez que les prises péritels sont bien enfichées, ou que vous n'avez pas branché l'entrée péritel de l'enregistreur sur l'entrée péritel de la télé. En branchement vidéo ou audio, on part toujours de la sortie pour aller vers l'entrée.

2. **Appuyez sur le bouton Setup (ou Réglages) de votre télécommande.**

   Vous accédez à un menu d'installation, comme le montre la Figure 5.26.

Figure 5.26 : Menu d'installation d'un enregistreur.

La dénomination de ce bouton varie d'un appareil à un autre, certains constructeurs faisant l'effort de traduire les boîtiers des télécommandes, d'autres non.

3. **Commencez par sélectionner la langue si elle n'est pas en français. Appuyez sur le bouton Enter (ou Entrer) de la télécommande.**

Tout au long des procédures de réglage, vous vous déplacerez à l'aide des touches directionnelles de la télécommande.

4. **Dans le sous-menu Langue, choisissez la langue par défaut des affichages OSD (ce qui apparaît à l'écran comme le menu d'installation), de Menu DVD, de l'Audio et des Sous-titres.**

5. **Validez en appuyant sur Enter (ou équivalent).**

Soit cette action vous ramène au menu d'installation principal, soit vous êtes obligé d'y revenir à l'aide des touches directionnelles de la télécommande.

6. **Dans le menu d'installation, choisissez Installation, comme à la Figure 5.27.**

Figure 5.27 : Le menu Installation permet de régler le tuner.

7. **Dans le sous-menu d'installation, choisissez la fonction de recherche automatique des canaux.**

Comme le montre la Figure 5.28, cette fonction peut porter un nom peu évocateur.

8. **Appuyez sur la touche Enter pour lancer la recherche.**

Figure 5.28 : Lancement de la recherche automatique des canaux.

Le tuner de l'enregistreur va alors mémoriser et numéroter les canaux successivement trouvés. Généralement, la syntonisation est de bonne qualité, c'est-à-dire que la réception du canal est réglée au mieux par l'enregistreur. En revanche, il y a de grandes chances pour que l'ordre des chaînes ne soit pas respecté. Vous pouvez ainsi avoir France 3 à la place de France 2, etc. Vous pouvez réorganiser correctement les chaînes comme expliqué à l'étape 9.

9. **Revenez au sous-menu Installation, et choisissez Edit Canaux (ou la commande équivalente sur votre enregistreur).**

   La liste des chaînes mémorisées apparaît.

10. **Avec les touches directionnelles de la télécommande, sélectionnez le canal que vous voulez permuter.**

11. **Appuyez sur la touche Channel – ou Channel + de la télécommande pour déplacer le canal au numéro de programme que vous désirez mémoriser.**

    Sur certains enregistreurs, vous commencez par sélectionner la chaîne à déplacer, puis vous sélectionnez la chaîne qui va permuter avec celle préalablement choisie. Vous appuyez sur Enter (ou autre touche) pour effectuer la permutation des positions des deux canaux.

12. **Une fois le tuner réglé, appuyez sur la touche Setup pour quitter le programme d'installation.**

    Voilà, l'enregistreur est prêt à enregistrer la télévision hertzienne comme le faisait votre bon vieux magnétoscope.

De nombreux autres réglages sont possibles, comme l'affectation des sorties audio. Cependant, les spécificités dans ce domaine sont telles que je vous encourage vivement à lire le manuel d'installation fourni avec votre appareil.

Dans ces quelques sections, nous avons vu comment préparer un enregistreur à l'enregistrement de la télévision hertzienne, par satellite, TNT, câble, voire ADSL. Toutefois, les enregistreurs de salon peuvent enregistrer d'autres sources vidéo, comme cela est expliqué dans la prochaine section.

Les autres connexions vidéo

Les enregistreurs de salon disposent de connexions vidéo supplémentaires, généralement accessibles en façade de l'appareil :

- **iLink.** Cette connexion vidéo équipe la quasi-totalité des enregistreurs, même bas de gamme. Elle permet de raccorder directement un caméscope numérique à l'enregistreur par le biais de sa sortie DV. Ainsi, vous pouvez enregistrer le contenu de vos cassettes en temps réel sur DVD ou sur le disque dur de l'enregistreur. La qualité d'image ne souffre aucune perte de par cette connexion, dans la mesure où le lien numérique est préservé. Il n'y a pas, comme avec les connexions analogiques, une conversion du signal analogique en numérique. Seul le niveau de compression MPEG-2 altérera l'image en fonction du nombre d'heures que vous désirez graver sur un DVD.

  En connexion iLink, le son et l'image passent par le même câble. Aucune configuration n'est donc nécessaire.

- **Composite PAL.** Il s'agit d'une prise RCA jaune femelle destinée à recevoir une prise RCA mâle. Cela permet de faire passer un signal vidéo analogique provenant par exemple d'un caméscope analogique VHS ou VHS-C. L'utilisateur pourra là aussi recopier sur DVD ses vidéos familiales analogiques, c'est-à-dire passer d'un support magnétique très fragile à un support optique bien plus fiable.

- **YC ou S-VHS.** Il s'agit également d'une connexion vidéo analogique, mais délivrant un signal de bien meilleure qualité que le composite. Bien évidemment, seuls les appareils enregistrant la vidéo à ce format en sont munis. Ce qui a été dit pour le composite PAL vaut également pour le S-VHS (ou YC, puisque ce sont deux dénominations pour identifier un même format).

TRUC

Enregistrer une source analogique sur DVD n'en améliore pas la qualité. En revanche, à l'inverse d'une copie VHS, cela ne la détériore pas.

La préparation d'un enregistreur n'est que la phase préliminaire à son utilisation que je vous invite à découvrir dès à présent.

Utiliser

L'utilisation d'un enregistreur est identique à celle d'un magnétoscope. Ici, le DVD vierge et/ou le disque dur intégré remplacent la bande. L'enregistrement se fait en qualité numérique, ce qui laisse loin derrière les images VHS.

Avec un enregistreur vous pouvez :

- Enregistrer en direct.
- Programmer un enregistrement.
- Effacer des DVD-RW/+RW ou RAM en fonction du support accepté par l'appareil.
- Enregistrer d'autres sources vidéo en sélectionnant la bonne entrée.

Enregistrement direct

L'enregistrement direct est le plus simple des enregistrements. Il consiste à insérer un DVD vierge dans l'enregistreur, et à lancer l'enregistrement pour qu'il démarre immédiatement.

Voici les opérations à effectuer pour exécuter un enregistrement direct :

1. **Allumez le téléviseur.**
2. **Allumez l'enregistreur.**

   Normalement, comme la sortie péritel de l'enregistreur est connectée à une des entrées péritels de la télévision, cette dernière bascule sur le bon canal et affiche l'écran de bienvenue de l'enregistreur.

3. **Avec la télécommande de l'enregistreur, choisissez le canal diffusant l'émission à enregistrer immédiatement.**

   Si vous enregistrez une chaîne diffusant sur le réseau hertzien, c'est-à-dire à partir de l'antenne collective ou individuelle de votre habitation, vous devez simplement appuyer sur la touche numérotée de la télécommande correspondant à la chaîne. Ainsi, pour ARTE, vous appuierez sur la touche 5. Cela à condition que vous ayez bien assigné ARTE au canal 5 de l'enregistreur.

   TRUC

   Si vous n'avez pas encore procédé au réglage du tuner et à l'assignation des numéros de canaux (chaînes), reportez-vous à la section "Réglage du tuner", un peu plus haut dans ce chapitre.

   Si vous enregistrez une émission du câble, du satellite ou de la TNT, vous aurez préalablement raccordé la sortie péritel du démodulateur à l'entrée péritel de l'enregistreur. Si ce n'est pas fait, reportez-vous à la section "Prises péritels", un peu plus haut dans ce chapitre.

   TRUC

   Vous devez donc activer l'entrée péritel en appuyant autant de fois qu'il le faut sur le bouton Source de la télécommande. Dès que vous voyez s'afficher le mot PERITEL ou SCART à l'écran, c'est bon ! D'ailleurs, si le décodeur est allumé, les images s'affichent instantanément sur le téléviseur.

4. **Insérez un DVD vierge dans l'enregistreur.**

   TRUC

   Si vous insérez un DVD+RW ou -RW, l'enregistreur va le formater pour le rendre conforme à la norme des DVD vidéo. Cela ne prend que quelques minutes, comme expliqué à la section "Effacer un DVD réenregistrable", en fin de chapitre.

   Un écran affiche généralement l'icône montrant l'écran de bienvenue. Cela indique que le support est vide. Sur le côté droit ou en dessous, sont répertoriées les durées d'enregistrement possibles en fonction des diverses qualités.

5. **Appuyez sur la touche Source pour sélectionner de nouveau la bonne entrée vidéo, en l'occurrence SCART ou PERITEL.**

6. **Appuyez sur le bouton Quality (ou Qualité) de la télécommande pour sélectionner une qualité d'enregistrement basée sur sa durée.**

Vous avez généralement le choix entre les qualités suivantes (dont la dénomination varie en fonction de l'enregistreur) :

- **HQ.** Haute qualité qui limite l'enregistrement à une heure sur un DVD vierge.
- **SP.** Qualité standard. C'est à elle que font référence les DVD vierges quand ils affichent 4,7 Go Data, 120 mn video. Vous pouvez enregistrer 2 heures en bonne qualité numérique.
- **LP.** Longue durée qui permet d'enregistrer 3 heures dans une qualité tout à fait correcte.
- **EP.** Durée prolongée qui autorise jusqu'à 4 heures d'enregistrement. A cette durée, l'image commence à manquer de définition, surtout quand les couleurs sont riches et nombreuses. Un léger flou affecte les images.
- **SLP.** Super-longue durée. C'est le pire que l'on puisse proposer ! L'image est très mal définie, encodée en MPEG-1. Le son n'est plus synchrone avec l'image.

Enregistrer des émissions qui durent longtemps sur DVD se fait au détriment de la qualité des images. Cela n'est pas grave lorsque vous êtes certain que vous ne garderez pas l'émission. En revanche, pour un film, cela peut être plus embêtant. C'est dans ce genre de circonstances que les enregistreurs avec disque dur rendent le plus grand des services. Car, si l'émission vous intéresse, ou si plusieurs épisodes d'une série sont diffusés à la suite les uns des autres, vous pouvez les enregistrer en bonne qualité DVD, et les graver ultérieurement sur plusieurs disques sans altérer la qualité.

7. **Une fois la qualité choisie, appuyez sur le bouton REC.**

   Le disque s'initialise l'espace de deux, trois ou quatre secondes, et l'enregistrement démarre.

Avec les enregistreurs à disque dur, la qualité est souvent adaptée automatiquement en fonction de la durée de votre enregistrement. Toutefois, lorsque vous lancez l'enregistrement direct, vous ne savez pas toujours pour combien de temps, ou du moins, si vous le savez, vous n'avez pas programmé cette durée. Sachez qu'avec la fonction OTR de certains enregistreurs, vous pouvez indiquer la durée à partir de laquelle l'enregistrement doit se terminer. Si vous effectuez cet enregistrement sur le disque dur de l'enregistreur, il calibrera la qualité en fonction de l'espace disque disponible et de la durée spécifiée. La fonction OTR peut également être utilisée lorsque vous enregistrez sur DVD vierge. Les enregistreurs haut de gamme sauront également définir la qualité, eu égard aux 4,7 Go d'espace disponible sur le disque et à la durée spécifiée.

Enregistrement programmé

Si vous n'êtes pas comme ma mère, c'est-à-dire que vous savez programmer votre magnétoscope, vous savez également programmer votre enregistreur de DVD.

Voici la méthode générique de programmation qui peut varier d'un appareil à un autre :

1. **Allumez le téléviseur.**

   Eh oui ! La programmation nécessite souvent l'affichage des informations à l'écran pour bien spécifier les différentes options.

2. **Allumez l'enregistreur.**

   Son écran de bienvenue apparaît.

3. **Appuyez sur la touche Setup (ou équivalente) de votre télécommande.**

4. **Dans le menu d'installation, choisissez Horaire (ou Programmation), comme à la Figure 5.29.**

Figure 5.29 : Sur cet enregistreur, la programmation passe par le menu Horaire.

5. **Dans le nouvel écran qui affiche le nombre de programmations possibles, sélectionnez la première et appuyez sur Enter.**

6. **Dans la rubrique Fréquence, indiquez la date à laquelle doit s'effectuer l'enregistrement.**

   C'est également dans cette rubrique que vous pouvez spécifier si l'enregistrement doit régulièrement se lancer tous les jours, toutes semaines ou tous les mois, au même jour et à la même heure.

7. **Dans la rubrique Démarrage (ou Début), indiquez l'heure à laquelle commence l'émission à enregistrer.**

8. **Dans la rubrique Longueur (ou Fin), indiquez soit la durée totale de l'émission, soit l'heure à laquelle elle se termine.**

   Ici, tout dépend de votre enregistreur.

9. **Dans la rubrique Source, indiquez d'où proviennent les images.**

   Si vous effectuez un enregistrement par l'entrée antenne, indiquez le numéro de la chaîne en appuyant sur le pavé numérique de la télécommande.

   Si vous effectuez un enregistrement à partir d'une chaîne de la TNT, du satellite ou du câble, appuyez sur les flèches du pavé directionnel pour afficher SCART ou PERITEL.

10. **Dans la rubrique Vitesse, indiquez la qualité de l'enregistrement.**

    Si votre enregistreur le permet, il adaptera automatiquement cette vitesse, c'est-à-dire l'encodage qui affecte la qualité de l'image, en fonction de l'espace disponible sur le disque dur ou sur le DVD vierge.

    Sinon, choisissez la qualité selon les critères spécifiés dans la section "Enregistrement direct", un peu plus haut dans ce chapitre.

11. **Appuyez sur Enter (ou Entrer) pour valider la programmation.**

12. **Quittez le menu d'enregistrement en appuyant sur Setup.**

13. **Eteignez l'enregistreur.**

    L'affichage LCD en façade de l'enregistreur présente l'icône d'une petite horloge. La programmation est donc réussie.

Il est possible d'arrêter l'enregistrement en cours. Il suffit souvent d'appuyer sur le bouton Power ou Marche/Arrêt du graveur, ou encore de maintenir enfoncée la touche Stop de la télécommande pendant trois secondes. Pour savoir comment procéder, consultez la documentation livrée avec votre enregistreur.

Effacer un DVD réenregistrable

Lorsque l'on possède un enregistreur sans disque dur, ou si l'on souhaite vraiment utiliser son enregistreur comme un magnétoscope, il faut enregistrer sur DVD+RW, -RW ou RAM, selon les supports acceptés par l'appareil.

Cependant, il faut bien différencier le fonctionnement d'un magnétoscope de celui d'un enregistreur de DVD. Avec un magnétoscope, il suffit de réenregistrer une cassette pour en effacer le contenu. Cela est rendu possible par une tête d'effacement située quelques millimètres avant la tête d'enregistrement. Donc, c'est systématiquement une bande vierge qui est enregistrée. Avec un DVD réinscriptible déjà enregistré, il ne suffit pas de regraver dessus pour en effacer le contenu. Non ! Vous devez effacer le contenu avant d'enregistrer.

La procédure d'effacement est assez simple à réaliser. Voici de nouveau une méthode générique pour y procéder :

1. **Allumez votre téléviseur.**

2. **Allumez l'enregistreur.**

3. **Insérez le DVD+RW, -RW ou RAM à effacer.**

4. **Appuyez sur le bouton Setup (ou équivalent) de la télécommande.**

5. **Dans le menu d'installation, sélectionnez Enreg. et validez avec la touche Enter.**

6. **Dans le sous-menu illustré à la Figure 5.30, choisissez Effa. DVD+RW.**

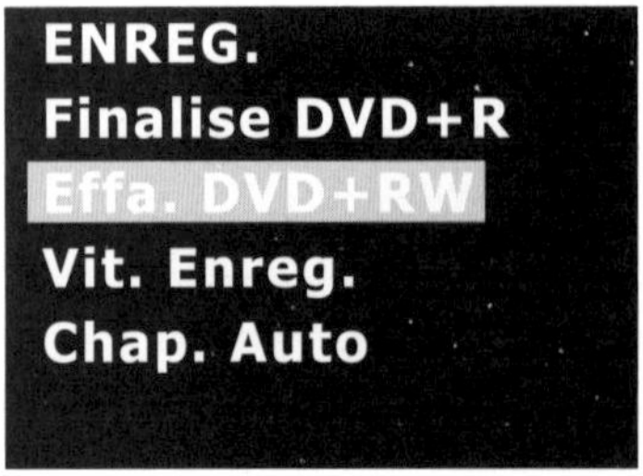

Figure 5.30 : Effacement d'un DVD réinscriptible.

Cette appellation varie selon les fonctionnalités de votre enregistreur et les DVD réinscriptibles qu'il prend en charge.

7. **Appuyez sur Enter pour lancer l'effacement.**

   La procédure ne dure que quelques secondes.

Le DVD réinscriptible, de nouveau vierge, peut tout à fait servir à un nouvel enregistrement.

Il existe de nombreuses autres fonctionnalités qui ne sauraient toutes être couvertes par cet ouvrage. Cela est d'autant plus vrai que de nouveaux modèles d'enregistreurs voient régulièrement le jour. Cependant, même les meilleurs enregistreurs ne sauraient remplacer les graveurs de DVD-ROM et les logiciels qui leur sont associés pour créer de vrais DVD vidéo aux menus interactifs comme ceux que vous achetez dans le commerce.

L'enregistreur est un appareil extraordinaire qui va remplacer efficacement et qualitativement votre magnétoscope. Il va également se substituer à votre lecteur de DVD, dans la mesure où ces enregistreurs embarquent parfois des décodeurs Dolby Surround et/ou DTS qui vont transformer votre salon en un petit cinéma de quartier. Malgré ces qualités indéniables, n'attendez pas de miracles de votre enregistreur. Les quelques fonctions d'édition des DVD réinscriptibles sont ridicules comparées à ce que permet un ordinateur équipé des bons matériels et exécutant les bons logiciels.

Entrez dans le monde du DVD vidéo en vous attaquant à la lecture du Chapitre 6.

Chapitre 6

DVD vidéo : Les matériels supplémentaires

Dans ce chapitre :

- Pourquoi des matériels additionnels ?
- Les cartes d'acquisition.
- Les boîtiers externes.
- Des produits phares.

Le DVD vidéo est une race un peu particulière de disque. C'est d'ailleurs la plus intéressante à étudier. Ici, je ne veux pas parler des simples DVD vidéo que vous gravez avec un enregistreur de salon, mais des DVD plus sophistiqués que vous créez avec un ordinateur et un graveur de DVD-ROM.

Cependant, pour obtenir des DVD vidéo identiques à ceux que vous achetez ou louez dans le commerce, quelques investissements supplémentaires sont indispensables. Ce nouveau chapitre explique les tenants et les aboutissants du DVD vidéo, montre la différence entre une carte et un boîtier d'acquisition, et enfin présente quelques produits phares, sorte de guide d'achat non exhaustif.

Pourquoi des matériels additionnels ?

Jusqu'à présent, nous avons vu en quoi consistait globalement la gravure des DVD. D'un côté, il y a un matériel prêt à l'emploi, identique à un magnétoscope : l'enregistreur de salon ; de l'autre, il y a le graveur de DVD-ROM qui prend place dans un ordinateur. Le couple ordinateur-graveur permet de graver des données, c'est-à-dire d'effectuer des sauvegardes de vos fichiers les plus sensibles. Mais il permet aussi l'utilisation d'un ensemble de matériels qui vont porter la création des DVD à un niveau supérieur, celui du DVD vidéo.

En quoi consiste le DVD vidéo ? Il s'agit de graver sur DVD non pas des données informatiques pures, mais la structure standardisée d'une vidéo compressée dans des proportions et un format permettant de la graver sur un DVD répondant aux exigences du DVD vidéo. Ces exigences assurent sa compatibilité avec la quasi-totalité des lecteurs de DVD de salon. Cependant, pour en arriver là, vous devez comprendre des principes essentiels.

En règle générale, l'utilisateur souhaite graver, sous forme de DVD vidéo, ses films de vacances ou d'anciennes cassettes VHS pour fixer ses vidéos préférées sur un support stable et durable. Pour y parvenir, il faut transférer le contenu de ces cassettes sur le disque dur de l'ordinateur. L'ordinateur et le disque dur deviennent une sorte de magnétoscope numérique sur lequel vous faites la copie de vos vidéos, quelle qu'en soit l'origine. Ainsi, vous pouvez graver sous forme de DVD vidéo les sources suivantes :

- Le contenu de vos cassettes numériques MiniDV.
- Le contenu de vos cassettes numériques MicroMV.
- Le contenu de vos cassettes numériques Digital8.
- Le contenu de vos cassettes analogiques VHS-C, S-VHS C, 8 et Hi-8.
- Le contenu de vos cassettes analogiques VHS, S-VHS (ou tout ancien système analogique du moment que vous disposez du lecteur compatible, par exemple un ancestral V2000 de Philips).

La liste ci-dessus amène une constatation qui a une immense importance. Je vous parle de cassettes **numériques** d'un côté et **analogiques** de l'autre. C'est une différence de taille, car on ne transfère pas du tout de la même manière les images numériques et les images analogiques.

Pour enregistrer sur votre disque dur des images numériques issues d'un caméscope MiniDV par exemple, vous devez raccorder l'appareil à une prise FireWire, c'est-à-dire IEEE 1394 ou encore iLink (tout ceci identifiant la même prise). Cette prise est identique à celle où vous connectez un graveur de DVD externe de type FireWire. Comme cela est expliqué aux Chapitres 3, 4 et 5, tous les ordinateurs

PC actuels ne sont pas systématiquement équipés d'une telle prise, tandis que tous les Macintosh le sont. En conclusion, sur PC vous serez sans doute obligé d'investir dans une carte FireWire, alors que sur Macintosh vous disposez d'une machine prête à tirer parti de votre matériel vidéo.

La Figure 6.1 montre la connexion d'un câble FireWire à la prise DV d'un caméscope.

Figure 6.1 : L'enregistrement du contenu d'une cassette numérique passe par la connexion préalable d'un câble FireWire dont l'autre extrémité se branche à la prise idoine de l'ordinateur.

La présence d'une prise FireWire ne suffit pas toujours. Encore faut-il posséder un logiciel qui va *piloter* le caméscope et enregistrer le contenu des cassettes sur votre disque dur. Ce logiciel se nomme *programme d'acquisition* (ou de capture). Il fait généralement partie d'un ensemble plus complet qui permet de faire du montage virtuel, puis d'encoder votre film et de le graver sur DVD. Si vous possédez un ordinateur PC ou Mac équipé d'une prise IEEE 1394, vous disposez aussi d'un programme de capture et de montage virtuel. Il se nomme Windows Movie Maker 2.0 sur PC et iMovie HD sur Mac. Sans entrer dans les détails, puisque les logiciels sont traités dans la deuxième partie de ce livre, je dirai simplement que ces programmes vont transférer le contenu de vos cassettes numériques sur votre disque dur, et mettre à votre disposition des outils de montage vidéo virtuel qui vont donner à vos films un caractère résolument professionnel.

Sur Mac, iMovie est parfaitement interfacé avec un autre programme très important d'authoring DVD : iDVD 5. Pour rester simple, je dirai que vous préparez votre film dans iMovie, y ajoutez des marques de chapitres, et ensuite envoyez le tout dans iDVD pour effectuer la phase de création de menus, de chapitrage, d'encodage et de gravure. Pour en savoir plus à ce sujet, consultez le Chapitre 8.

Sur PC, Windows Movie Maker 2.0 n'est interfacé avec aucun logiciel d'authoring DVD et de gravure. Il faut faudra passer par une autre solution présentée au Chapitre 7.

A partir du moment où un port FireWire est disponible sur votre machine, le simple raccordement de la sortie MiniDV du caméscope à l'entrée IEEE 1394 de l'ordinateur permet au logiciel de capture d'identifier le caméscope. Ensuite, à l'aide de boutons de commandes dudit logiciel, vous naviguez dans le contenu de la bande sans jamais toucher au caméscope. Lorsque vous lancez la procédure d'acquisition, c'est-à-dire d'enregistrement du contenu d'une cassette sur votre disque dur, vous capturez simultanément les images et le son. Ces deux signaux transitent par la prise FireWire du caméscope et de l'ordinateur.

Si votre ordinateur n'est pas équipé d'une prise FireWire, comme c'est souvent le cas sur PC (bien que de plus en plus de cartes mères intègrent un port FireWire), vous devez investir soit dans une carte FireWire simple, soit dans un système d'acquisition interne ou externe comme cela est expliqué dans les deux prochaines sections.

Maintenant, si votre objectif est de créer un DVD vidéo à partir d'anciennes bandes analogiques enregistrées avec un caméscope analogique ou un magnétoscope VHS voire S-VHS, la prise FireWire ne saurait suffire à votre bonheur. En effet, dans cette hypothèse, la source vidéo est analogique. Or, une prise IEEE 1394 n'identifie que des signaux numériques. Pour pouvoir enregistrer sur disque dur des signaux vidéo analogiques, vous devez impérativement passer par une carte ou un boîtier d'acquisition externe, comme je l'explique dans les deux prochaines sections.

Pour conclure, voici quelques points à garder en mémoire si vous désirez faire des DVD vidéo de qualité avec un ordinateur :

- Votre ordinateur doit être équipé d'une prise FireWire (ou IEEE 1394 ou iLink) pour capturer le contenu de vos cassettes numériques. Le pictogramme ci-contre identifie ce port.

- Votre caméscope numérique doit disposer d'une sortie DV, c'est-à-dire d'une petite prise IEEE 1394, comme à la Figure 6.1. (Ce serait un comble que votre matériel n'en dispose pas.)
- Si votre ordinateur n'a pas de port FireWire, vous devez lui en ajouter un par le biais d'une carte FireWire ou d'une carte d'acquisition.
- Pour créer un DVD vidéo à partir de sources analogiques, comme des caméscopes VHS-C ou des magnétoscopes VHS, vous devez investir dans une carte ou un boîtier d'acquisition disposant d'entrées analogiques vidéo et audio.
- C'est un logiciel spécifique dit de capture ou d'acquisition qui permet d'enregistrer le contenu d'une cassette sur votre disque dur.
- C'est un programme spécifique qui permettra d'encoder les images ou votre montage vidéo de manière à graver le tout sur DVD au format des DVD vidéo.
- C'est un programme d'authoring DVD qui permet de créer des menus et des liens vers des chapitres du film.

Dans les prochaines sections, nous allons voir comment équiper convenablement un ordinateur PC de manière à en faire une véritable station de capture, de montage vidéo et de création de DVD.

Les cartes d'acquisition

Ces cartes intéressent les utilisateurs qui :

- Disposent d'un ordinateur sans port FireWire.
- Souhaitent transférer le contenu de leurs bandes VHS (ou autres bandes analogiques) sur le disque dur de leur ordinateur pour créer un DVD vidéo.
- Disposent d'un ordinateur avec port FireWire, mais ont besoin de capturer le contenu de bandes vidéo analogiques (VHS, S-VHS et toute autre déclinaison de supports vidéo analogiques).

- Utilisent un ancien caméscope analogique, c'est-à-dire non estampillé MiniDV, DV ou MicroMV.

Comme leur nom l'indique, ces cartes s'installent dans l'ordinateur. Elles prennent la forme d'une carte d'extension PCI (voir la Figure 6.2) et présentent diverses fonctionnalités :

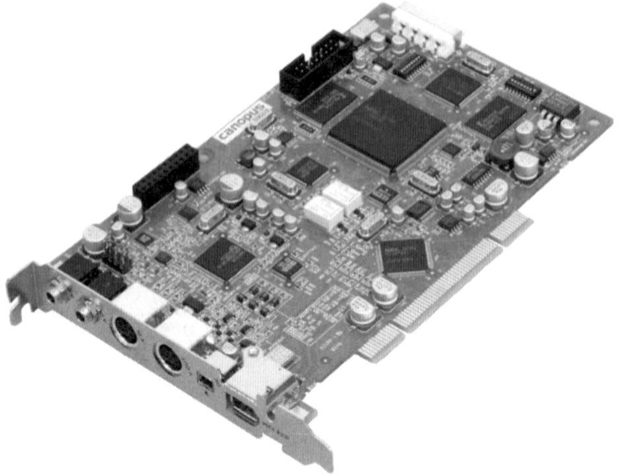

Figure 6.2 : Une carte d'acquisition interne type.

- **Carte d'extension FireWire.** Il s'agit d'une carte PCI, c'est-à-dire s'installant sur un slot d'extension PCI de votre ordinateur. Sa simplicité se caractérise par le fait qu'elle met à votre disposition plusieurs ports FireWire (en général deux). Elle se contente donc d'assurer le transfert de vos données vidéo vers le disque dur. Généralement livrées avec un petit logiciel de capture et/ou de montage, elles font reposer toute l'opération d'acquisition vidéo sur les épaules du processeur.

  Avec ces cartes d'entrée de gamme coûtant à peine plus de 30 euros, vous ne pouvez pas capturer, c'est-à-dire transférer sur votre disque dur, le contenu de vos cassettes analogiques VHS, Hi-8, etc. En effet, ces cartes FireWire n'ont pas de prises vidéo analogiques composites (RCA jaune) et/ou S-VHS (miniDIN noire).

- **Cartes DV et analogiques.** Il s'agit de cartes plus sophistiquées, beaucoup plus chères, mais qui ouvrent de larges horizons puisqu'elles permettent aussi bien de capturer le contenu de bandes numériques qu'analogiques. Elles sont généralement équipées d'une prise FireWire installée directement sur la carte, et sont dotées d'un petit boîtier regroupant toutes les entrées/sorties analogiques. Vous comprenez qu'avec ce genre de cartes vous n'avez plus aucune limite. Vous capturerez aussi bien le contenu de vos cassettes numériques en y connectant le caméscope MiniDV, Digital8 ou MicroMV. Ces cartes coûtent beaucoup plus cher que les cartes d'extension FireWire. En effet, la prise en charge d'un signal vidéo et audio analogique impose une conversion d'un grand flux de données en numérique. Cette conversion est prise en charge par les convertisseurs de la carte. Ils convertissent des images analogiques en images numériques de manière à les traiter avec un ordinateur, pour aboutir à la gravure d'un DVD vidéo comme l'explique les Chapitres 11 et 12.

TRUC

A noter que certaines cartes embarquent toutes les connexions sur l'arrière, ce qui n'est guère accessible et vous oblige à vous tortiller dans tous les sens pour atteindre les diverses prises FireWire et analogiques.

TRUC

Même lorsque vous ne pensez travailler qu'avec le contenu de vos cassettes numériques, c'est-à-dire en connectant votre caméscope MiniDV à une prise FireWire de l'ordinateur, vous gagnerez à investir dans une carte d'acquisition pure et dure plutôt que dans une simple carte d'extension FireWire. En effet, la plupart des cartes d'acquisition disposent d'une puce qui prend en charge la phase de capture des images, soulageant ainsi le processeur. De ce fait, elles garantissent une capture vidéo sans perte d'images, ce qui assure une acquisition exacte du contenu de la bande vidéo. Le contenu ainsi numérisé sera identique à votre cassette. Le montage virtuel éventuel, puis la gravure du DVD vidéo se feront dans les meilleures conditions.

TRUC

Généralement, les cartes d'acquisition proposant des entrées et des sorties analogiques vidéo et audio sont livrées avec une suite logicielle assez complète. Elle comprend souvent, en un seul programme, de quoi transférer le contenu de votre bande vidéo sur le disque dur, d'effectuer un montage (phase totalement facultative), puis d'encoder les images dans un format qui permettra de graver immédiatement après un DVD vidéo.

TRUC

Il existe des systèmes très performants dits *en temps réel*. Leurs avantages sont indéniables. Vous capturez sans aucun risque de perte d'images. Ensuite, vous effectuez le montage virtuel dans un logiciel haut de gamme comme Premiere Pro 1.5 livré avec la carte. Enfin, vous réalisez l'encodage MPEG 2, c'est-à-dire le format des images des DVD, en temps réel. En d'autres termes, si votre vidéo dure 90 minutes, l'encodage demandera 90 minutes. On parle d'encodage *matériel*. Avec un encodage *logiciel*, vous passerez 3 à 4 fois plus de temps, avec des risques de détérioration de certaines images, ou l'obtention d'une qualité DVD vidéo moindre. L'inconvénient de ces systèmes sophistiqués : leur prix. Pas moins de 1 200 euros !

D'autres systèmes d'acquisition cohabitent facilement avec des périphériques FireWire, des caméscopes ou des magnétoscopes analogiques. Il s'agit des boîtiers d'acquisition que je vous invite à découvrir dans la prochaine section.

Les boîtiers d'acquisition externes

Je sens que, depuis le Chapitre 5, le concept d'*externalisation* (pardon pour ce néologisme) sonne à vos oreilles comme une facilité d'installation du matériel. J'entends d'ici votre commentaire : "Comme c'est externe, je ne vais pas me casser la tête à ouvrir mon ordinateur pour y installer une carte d'acquisition."

Vous avez à la fois tort et raison. D'abord, précisons que tout (ou presque) de ce qui a été dit au sujet des cartes internes vaut pour les boîtiers externes. C'est-à-dire qu'ils permettent de transférer le contenu d'une bande vidéo numérique (par exemple MiniDV) et/ou analogique (comme le VHS) sur votre disque dur, afin de créer un DVD vidéo avec le logiciel approprié. En revanche, là où il ne faut pas se tromper, c'est sur les connexions offertes par le boîtier, et notamment celle qui permet de le raccorder à l'ordinateur. Il existe deux types de boîtiers externes :

- **USB.** Il s'agit de boîtiers qui se connectent à l'ordinateur par un port USB 2.0. Généralement, ils ne disposent pas d'un connecteur FireWire. Donc, avec ce type de boîtier externe, vous êtes condamné à l'acquisition de vos sources analogiques, que ce soit un caméscope ou un magnétoscope VHS. Le logiciel fourni encode généralement les images vidéo au moment de la capture. Vous disposez donc d'un format MPEG 2 natif qui risque de poser problème ultérieurement si la durée capturée ne peut pas tenir sur un seul DVD 5. Il faudra encoder ce qui a déjà été encodé. Il en résulte une moins bonne qualité d'image.

- **FireWire.** Ce type de boîtier se raccorde au PC par le biais d'un port FireWire ou IEEE 1394. Si vous avez été attentif, une question doit vous brûler les lèvres : "Pourquoi aurais-je besoin d'un boîtier de capture externe FireWire, puisque mon ordinateur propose ce port où je peux directement connecter mon caméscope MiniDV ?" – Cette question est judicieuse ! Oui, le port FireWire de votre ordinateur permet de connecter directement un caméscope numérique, mais pas un caméscope analogique ou un magnétoscope VHS. Ces appareils analogiques ont besoin d'un boîtier externe proposant des connecteurs analogiques de type Composite (RCA jaune) et/ ou S-VHS (YC), plus deux RCA audio (rouge et blanc). La Figure 6.3 montre un boîtier d'acquisition FireWire avec ses connexions DV, vidéo et audio analogiques.

Figure 6.3 : Un boîtier d'acquisition externe de type FireWire.

TRUC

Vous comprenez qu'avec ce type de boîtier vous capturez aussi bien une source numérique (MiniDV par exemple) qu'une source analogique (VHS pour ne pas la nommer).

Pour conclure, il faudrait que je vous conseille. Déontologiquement parlant, je ne peux pas. En revanche, je peux vous aider à bien cerner vos besoins. Ensuite, vous ferez vos emplettes en utilisant la section "Quelques produits phares" comme point de repère des matériels à envisager sérieusement pour transférer le contenu de vos multiples cassettes vidéo sur un DVD vidéo lisible par la majorité des appareils de salon. Donc, pour bien choisir entre une carte d'acquisition, un boîtier externe de type FireWire ou USB, retenez ces quelques points :

- Une carte s'installe dans l'ordinateur. Il faut donc l'ouvrir, repérer un slot PCI vide, insérer la carte, refermer la machine, redémarrer, installer les pilotes. Pas simple !
- La carte interne est la seule solution si votre ordinateur n'est pas équipé d'un port FireWire.
- Une carte uniquement FireWire ne pourra jamais permettre la capture du contenu de vos bandes analogiques VHS, S-VHS, VHS-C, Hi-8, etc.
- Un boîtier externe s'installe sans ouvrir l'ordinateur sur un port USB ou FireWire.
- Un boîtier externe USB ne permet pas la capture de sources vidéo numériques. Ici, seul l'analogique est retenu. En fonction du logiciel, il se peut que vous ne puissiez capturer qu'en MPEG 1 et/ou 2, mais pas en pleine qualité DV.
- Un boîtier externe FireWire propose généralement des connecteurs pour transférer le contenu de vos cassettes numériques et analogiques. Ses convertisseurs AN, c'est-à-dire Analogique vers Numérique, transforment les images analogiques en données numériques exploitables par l'ordinateur.
- Lorsque l'on parle de *transfert* du contenu d'une bande vidéo, cela entend bien sûr que vous devez insérer la cassette dans un caméscope ou un magnétoscope, lui-même relié à la carte ou au boîtier d'acquisition.
- Ce n'est pas la carte ou le boîtier d'acquisition qui permet de créer un DVD vidéo, mais un logiciel spécialisé dans ce domaine (voir le Chapitre 7).
- Les boîtiers d'acquisition externes augmentent les possibilités de montage vidéo des ordinateurs portables. (Même si je déconseille de faire de la vidéo sur ces machines aux capacités de stockage limitées, au disque dur unique et relativement lent, et au processeur moins rapide que sur une machine de bureau à puissance équivalente.)

Quelques produits phares

Il existe un nombre impressionnant de solutions vidéo pour grand public. Dans la plupart des cas, même si vous ne souhaitez pas faire de montage virtuel, soit parce que vous ignorez de quoi il retourne, soit parce que cela vous effraie, vous disposerez d'un logiciel permettant de capturer vos images, de les monter, de les encoder et de les graver sur un DVD vidéo. (Pour les logiciels, je vous renvoie aux Chapitres 7 et 8 ; pour le montage virtuel, je vous conseille la lecture de *La vidéo numérique pour les nuls*, parue aux Editions First Interactive.)

Voici quelques produits internes ou externes (et je ne vous referai pas le coup du *demi-pensionnaire*) qui peuvent susciter un intérêt :

- **Cameo Convert 800 de Terractec.** Illustré à la Figure 6.3, ce boîtier externe de type FireWire est une solution complète d'acquisition numérique et analogique. Le Cameo Convert 800 est livré avec le programme VideoStudio 8, suite logicielle de capture, de montage, d'encodage et de gravure de DVD vidéo. Prix : environ 80 €. Pour en savoir plus sur ce produit, connectez-vous au site `http://fr.terratec.net/`.
- **Grabster AV 400.** Illustré à la Figure 6.4, ce boîtier externe de type USB 2.0 (compatible 1.1) est idéal pour ceux qui disposent déjà d'une connexion FireWire sur leur ordinateur, et qui souhaitent simplement lui ajouter des fonctionnalités de capture analogique pour graver sur DVD le contenu de toutes leurs bandes analogiques. Ce boîtier au joli design propose un connecteur Composite (RCA jaune), un YC (S-VHS mini DIN) et deux RCA audio (rouge et blanc). Cerise sur le gâteau : Son constructeur fournit une prise péritel se terminant par des prises Composite, YC et RCA Audio pour raccorder facilement un magnétoscope au boîtier. Prix : environ 120 €. Pour en savoir plus sur ce produit, connectez-vous au site `http://fr.terratec.net`.
- **Pinnacle Studio MovieBox DV.** Illustré à la Figure 6.5, la MovieBox version FireWire dessinée par Porsche propose toutes les connexions numériques et analogiques nécessaires au transfert de vos bandes sur DVD vidéo. Livrée avec un excellent logiciel de capture, de montage, d'encodage et de gravure, à savoir Studio 9 (et sous peu Studio 10), vous travaillez sans contrainte dans un environnement convivial. Prix : environ 175 € . La MovieBox existe également en USB, mais sans capture numérique possible, et la capture analogique se limite au MPEG. Prix : environ 70 €. Pour en savoir plus sur ces produits, connectez-vous au site `http://pinnaclesys.com/PublicSite/fr/Home/`.

Figure 6.4 : Le boîtier externe Grabster AV 400 de Terratec.

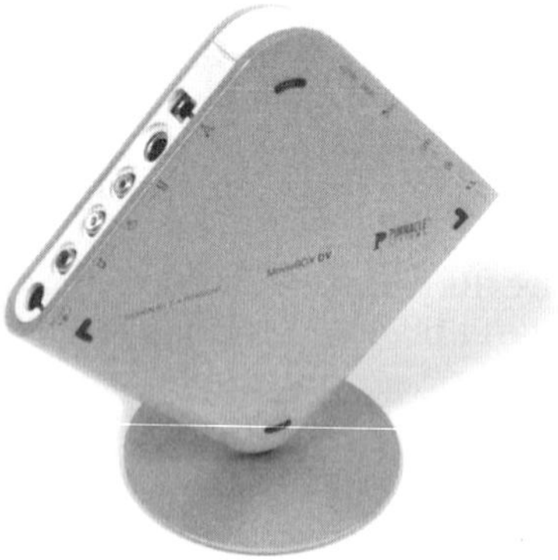

Figure 6.5 : La très belle MovieBox DV dessinée par Porsche.

- **Pinnacle Studio DV version 9** (et bientôt 10). Il s'agit cette fois d'une carte PCI qui ajoute un port FireWire à votre PC. Qui dit port FireWire dit uniquement capture de vos vidéos numériques MiniDV, Digital8 ou MicroMV. Vous devrez vous tourner vers une autre solution pour capturer vos bandes VHS (ou toute autre bande analogique). La carte Studio DV est livrée avec le logiciel Studio 9 (qui va être remplacé par la version 10) qui permet de capturer, de monter, d'encoder et de graver des DVD vidéo. Prix : environ 75 €. Pour en savoir plus sur ces produits, connectez-vous au site `http://pinnaclesys.com/PublicSite/fr/Home/`.

- **Pinnacle Studio AV/DV version 9** (et bientôt 10). Produit identique au précédent, mais qui dispose en plus des entrées et des sorties analogiques. Livré avec le programme Studio 9 (bientôt disponible en version 10), vous pourrez transférer sur DVD vidéo absolument toutes vos cassettes numériques et analogiques. Prix : environ 110 €. Pour en savoir plus sur ces produits, connectez-vous au site `http://pinnaclesys.com/PublicSite/fr/Home/`.

- **Dazzle DV Clip.** Simple carte d'extension FireWire au format PCI, vous l'installez sur un port idoine de votre PC. Comme pour toute connexion FireWire, seule la capture numérique est autorisée. Cette carte est livrée avec le programme Pinnacle Studio QuickStart qui permet de capturer, de monter, d'encoder et de graver sur DVD. Prix : environ 35 €. Pour en savoir plus sur ces produits, connectez-vous au site `http://pinnaclesys.com/PublicSite/fr/Home/`.

- **Dazzle Digital Video Creator 150.** Voici un ensemble externe USB ultrapuissant, car doté d'un processeur d'encodage DVD qui convertit automatiquement les vidéos au format MPEG-2, c'est-à-dire le format d'images des DVD vidéo. Livré avec le logiciel Pinnacle Studio QuickStart, vous pouvez capturer vos vidéos analogiques, les monter et les graver sur DVD vidéo. Prix : environ 120 €. Pour en savoir plus sur ces produits, connectez-vous au site `http://pinnaclesys.com/PublicSite/fr/Home/`.

- **Plextor PX TV402U.** Boîtier externe USB destiné uniquement à la capture de vidéos analogiques. L'originalité de ce boîtier est un encodage direct au format DivX, mais aussi MPEG-1, 2 et 4, le tout en temps réel grâce à une prise en charge matérielle de cette tâche assurant une grande qualité d'image. Livré avec le programme WinDVD Creator d'Intervideo, vous capturez, montez et gravez vos films sur DVD vidéo. Prix : environ 175 €. Pour en savoir plus sur ces produits, connectez-vous au site `http://www.plextor-europe.com/`.

- **Matrox RT.X 100 Xtreme Pro.** Carte PCI avec boîtier externe de connexions analogiques. Il s'agit d'un produit destiné aux semi-professionnels, livré avec une suite logicielle impressionnante. Avec les outils Matrox, vous capturez vos vidéos numériques et analogiques en toute sérénité. Ou bien vous passez par le logiciel Premiere Pro. Ce dernier permet d'effectuer le montage virtuel de vos films, mais surtout d'utiliser l'encodeur matériel en temps réel de la carte Matrox pour obtenir un fichier vidéo de très grande qualité MPEG-2. Ce fichier, au format .m2v, sera gravé sur DVD avec l'application Adobe Encore DVD, présentée au Chapitre 14. Prix : environ 1 200 €. Pour en savoir plus sur ces produits, connectez-vous au site `http://matrox.com/video/fr/home.cfm`.

Lorsque vous envisagez l'achat d'une carte ou d'un boîtier d'acquisition externe, vérifiez toujours leur compatibilité avec votre ordinateur. Ainsi, tous les produits ne sont pas compatibles PC et Macintosh. La majorité est même l'exclusivité des systèmes fonctionnant sous Windows, c'est-à-dire les PC.

Voici donc quelques produits spécifiquement Mac. Toutefois, vérifiez bien leur compatibilité avec votre ordinateur. De nombreux matériels sont incompatibles avec les iMac ou les eMac. En revanche, la majorité est compatible avec les PowerMac :

- ADS Pyro Basic DV, pour Mac et PC au prix de 30 €.
- ADS Pyro A/V Link, pour Mac et PC au prix de 180 €.
- La carte Decklink HD Plus pour environ 1 500 €.
- La carte Decklink Standard Definition pour environ 300 $.

Nous en avons terminé avec la partie consacrée aux matériels dans toute leur splendeur. A partir du moment où vous aurez choisi votre ordinateur, votre graveur, déterminé si vous désirez graver des DVD de données et/ou vidéo, vous entrerez dans l'immense univers des logiciels de gravure. Parfois, un programme est fourni avec le graveur, et presque toujours avec une carte d'acquisition offrant des possibilités de capture analogique. Toutefois, le programme livré ne sera peut-être pas à la hauteur de vos espérances. Pour tout savoir sur les logiciels de gravure, passez à cette fameuse deuxième partie.

Deuxième partie

Les logiciels de gravure de DVD

"Je sais pas ce que t'en penses, mais maintenant
à chaque fois que je duplique un DVD
j'ai l'impression d'être espionné".

Dans cette partie...

Pour graver des DVD, il faut un graveur de DVD-ROM ou un enregistreur de salon. Les possesseurs de ce dernier appareil n'ont pas à prêter une attention particulière à cette partie, sauf si, bien entendu, ils possèdent un ordinateur équipé d'un graveur. Dans ce cas, ils s'intéresseront sans nul doute aux fonctionnalités avancées que procure l'utilisation d'un logiciel adapté, soit pour graver des données (sauvegarder ses fichiers), soit pour créer de véritables DVD vidéo compatibles avec la majorité des DVD de salon. Le logiciel est donc au cœur même du graveur de DVD-ROM, donc de ce que vous allez pouvoir en tirer. Comme ces programmes ne sont pas identiques sur Mac et PC, les Chapitres 7 et 8 les présentent en détail, expliquant ce que vous pouvez attendre de chacun d'eux.

Chapitre 7

Les logiciels PC

Dans ce chapitre :

- Les logiciels de gravure de données.
- Les logiciels de création de DVD vidéo.
- Les logiciels de copie de DVD.
- Le DVD audio

Tout au long de la lecture assidue de cet ouvrage, vous avez acquis un certain nombre de connaissances. Vous savez qu'il existe deux types principaux de graveurs : les graveurs de DVD-ROM, qui nécessitent l'utilisation d'un ordinateur, et les enregistreurs de salon dont l'activité principale est de remplacer votre ancestral magnétoscope VHS.

Ce chapitre n'intéresse que les utilisateurs d'un graveur de DVD-ROM qui désirent sauvegarder, sur DVD, des données sensibles et/ou qui envisagent de créer des DVD vidéo semblables à ceux vendus ou loués dans le commerce. Ces utilisateurs comprennent ou vont comprendre instantanément que, pour y parvenir, quatre conditions doivent être remplies :

- Posséder un ordinateur, en l'occurrence PC (voir le Chapitre 4).
- Posséder un graveur de DVD-ROM interne ou externe (voir le Chapitre 2).
- Posséder une carte ou un boîtier d'acquisition pour créer des DVD vidéo (voir le Chapitre 6).
- Utiliser un logiciel de gravure adapté à la fonction de gravure désirée (ce qu'explique le présent chapitre).

Fort des matériels et des logiciels nécessaires, vous serez capable de mener à bien l'ensemble des procédures que nous étudierons à partir du Chapitre 9.

TRUC

Je sais bien que des domaines aussi techniques que la gravure des DVD perturbent beaucoup l'esprit. Au moment où le néophyte lit tel ou tel chapitre, tout lui semble limpide. Mais, au petit matin d'une nuit de sommeil très agitée, ce lecteur méritant commence à mélanger toutes les notions, principes et concepts étudiés au fil des jours. Par conséquent, il est utile de rappeler ce que va permettre de faire un logiciel de gravure :

- **Graver des données.** Il s'agit ici de stocker des fichiers sensibles (ou non) sur un support optique, c'est-à-dire un DVD-ROM (DVD+R, -R, +RW, -RW, voire RAM, en simple ou double couche), de manière à disposer d'une sauvegarde indépendante de tout matériel en permettant la lecture.
- **Graver des DVD vidéo.** Plutôt que d'accumuler les films de famille sur des cassettes MiniDV, Digital8, MicroMV, VHS et consorts, vous allez pouvoir créer de véritables DVD vidéo lisibles par la grande majorité des lecteurs de DVD de salon. Le préalable facultatif à cette gravure sera le montage virtuel de vos films, et la création de menus interactifs, l'établissement d'un chapitrage et l'implémentation de multiples bonus. Tout un monde créatif vous ouvre ses bras si vous désirez pousser plus loin votre expérience du DVD.
- **Graver des DVD audio.** Domaine plus complexe que nous n'aborderons que très succinctement, le DVD audio ne prend pas encore l'ampleur que l'on attendait. Il s'agit d'un nouveau format audio délivrant, en numérique, un son aussi bon et chaleureux que celui de nos anciens vinyles, mais sans les problèmes inhérents à ce support si fragile. Le DVD audio est une avancée technique majeure, une évolution fondamentale du CD audio. Le gros problème est que deux formats concurrentiels se côtoient : le SACD de Sony et le DVD-A... des autres.

TRUC

Toutefois, la musique plus que la vidéo souffre de formats concurrentiels légèrement antinomiques. D'un côté, on prône une grande qualité audio, dépassant les espérances des audiophiles les plus convaincus ; de l'autre, on bassine les utilisateurs avec les formats compressés MP3, WMA et autres OGG, c'est-à-dire des musiques ultracompressées qui perdent, qu'on le veuille ou non, en qualité audio. J'ai vraiment du mal à ne pas me dire qu'on prend le consommateur... ben justement que pour un con-sommateur !

Puisque j'évoque le MP3, nous verrons qu'il est possible de créer des DVD MP3 lisibles sur les lecteurs de DVD ou les enregistreurs de salon. Au regard de la capacité d'un DVD vierge par rapport à celle d'un CD, vous mettrez 6 fois plus de fichiers MP3 dans une structure de disque écoutable sur votre matériel audio.

Vous ne pouvez pas lire un DVD MP3 dans un lecteur de CD compatible MP3. Ces lecteurs n'acceptent que des supports CD-R, et plus rarement CD-RW.

- **Copier des DVD.** Voici une activité qui échappe à beaucoup d'utilisateurs. La copie de DVD envisagée dans cet ouvrage ne saurait encourager ou susciter la copie illégale de films loués dans le commerce. Non ! Il faut bien que tout le monde gagne son bifteck ! Il s'agit ici d'attirer l'attention du lecteur sur les possibilités de double sauvegarde de ses données, et de l'exercice du droit à la copie privée de sa propre DVDthèque. Nous verrons que des programmes facilitent cette copie en autorisant la copie de DVD 9, c'est-à-dire double couche, sur des DVD 5, c'est-à-dire simple couche, mais aussi la réorganisation du contenu du DVD en sélectionnant, par exemple, les éléments du film à conserver (sous-titres, bonus, film lui-même, etc.).

Commençons notre tour d'horizon des programmes en évoquant leurs possibilités. C'est en définissant ces familles que vous parviendrez à savoir vers quelle application vous tourner pour réaliser vos projets.

Les logiciels de gravure de données

Il y a environ 8 ans, la gravure de CD atteignait le grand public, et elle demandait l'étude de livres complexes pour graver des disques sans échec. Aujourd'hui, les choses ont énormément évolué, et pour rater une gravure j'ai presque envie de dire qu'il faut le faire exprès.

Les programmes de gravure de CD ou de DVD sont quasiment identiques, je veux dire ici que si un programme grave des CD, il y a de fortes chances pour qu'il grave aussi des DVD. Réciproquement, un programme dit de gravure de DVD permettra probablement de graver des CD fidèles à cet adage du "qui peut le plus peut le moins".

Les avantages de la gravure de données sur DVD

Pour ceux qui n'auraient pas bien suivi nos diverses pérégrinations, je répète ce qu'il faut entendre par *gravure de données* : La copie pure et simple de fichiers informatiques. Ah ?! Vous ne comprenez pas très bien ! Pour mieux apprécier cette notion, oubliez la vidéo, nous y reviendrons plus tard. Partons d'une hypothèse toute aussi simple que répandue : Vous utilisez probablement un logiciel de traitement de texte comme Word. Lorsque vous y écrivez une lettre, un roman, un scénario et, pourquoi pas ? vos mémoires, vous enregistrez le document chaque fois que vous y effectuez une modification importante. En effet, ne pas enregistrer signifie que vous perdez tout ce qui a été écrit entre le moment où vous ouvrez le document dans Word et l'instant où vous quittez le programme. Lorsque vous enregistrez ledit document, vous effectuez la copie du fichier Word sur votre disque dur. Il suffit d'ailleurs de parcourir le disque dur pour y retrouver le fichier Word en question. Ce fichier, seule copie de votre œuvre, est en danger. En effet, personne n'est à l'abri d'une mauvaise manipulation. Vous risquez donc d'effacer le fichier par inadvertance. Vous perdez ainsi des heures d'un travail acharné, et n'avez plus que vos yeux pour pleurer. De plus, même si vous êtes particulièrement vigilant, personne n'est à l'abri d'une panne d'un disque dur. Croyez bien qu'en matière d'informatique il ne faut jamais, je dis bien JAMAIS, penser que ça n'arrive qu'aux autres (petits prétentieux, va !).

Par conséquent, pour éviter une crise de nerfs, ou pour ne pas vous en prendre à votre fillette qui, mettant le nez dans vos affaires, n'a rien trouvé de mieux que de balancer votre fichier dans la Corbeille de Windows, vous devez sauvegarder vos données sur un autre support. Certes, il en existe plusieurs, comme la disquette, un second disque dur, un disque dur amovible ou encore une clef USB. Face à de telles alternatives, pourquoi s'enquiquiner à installer un graveur, installer un programme de gravure de données et ensuite graver les fichiers sur DVD ? Eh bien, pour les raisons suivantes :

- Les supports magnétiques comme les disquettes sont limités à une capacité de stockage de 1,44 Mo. La disquette suffit pour du texte, mais dès que vous souhaitez sauvegarder, par exemple, vos photos numériques prises avec un appareil photo numérique de 4 mégapixels, une seule photo ne peut pas tenir sur une disquette. De plus, la disquette est fragile. Elle se démagnétise au fil du temps, rendant inaccessibles les fichiers sauvegardés. En d'autres termes, ils sont perdus.

- Si un second disque dur offre une grande capacité de stockage, son installation peut tourner à la catastrophe pour plusieurs raisons :
  - Il faut ouvrir l'ordinateur.
  - Il faut savoir connecter le disque et le configurer en maître, en esclave ou en disque seul.
  - Il faut savoir jusqu'à quelle capacité votre carte mère est capable de gérer un disque dur. En effet, ce n'est pas parce que vous achetez un disque dur de 350 Go que votre carte mère l'identifiera comme un support de stockage de 350 Go. Il se peut qu'elle n'y voie qu'un disque de 160 Go, le reste étant occulté. Renseignez-vous auprès du support technique de votre ordinateur.
  - Rien ne dit que personne ne va effacer le contenu de votre disque dur !
  - Un disque dur arrive un jour ou l'autre à saturation. On ne peut pas cumuler à l'infini des disques dans et hors de l'ordinateur.
  - Un disque dur tombe en panne. Ce n'est pas très fréquent, mais c'est le risque encouru avec tout système stockant des données et embarquant le mécanisme d'écriture et de lecture.
- La clé USB a une capacité de stockage encore trop limitée. Comparativement, elle revient bien plus cher que des DVD vierges. De plus, il s'agit également d'un support résistant mais pas éternel. Alimentée en électricité par le port USB, la clé est à la fois un système d'écriture et de lecture. Si elle tombe en panne, vous perdez vos données.

Donc, face à ces problèmes potentiels, vous comprenez la nécessité de recourir au graveur de DVD et au logiciel approprié pour stocker vos données. Bien que vous puissiez le faire sur CD-R/RW, le DVD vierge multiplie la capacité de stockage par 6 pour un DVD+R/-R ou

+RW/-RW, voire RAM, et par quasiment 12 si vous optez pour un DVD double couche en utilisant un logiciel de gravure gérant ces supports spécifiques.

Les fichiers photos numériques, musicaux et vidéo, de plus en plus utilisés par le grand public, prennent une place considérable. Il va de soi que privilégier leur sauvegarde sur DVD est une décision très sage, limitant le nombre de disques à gérer, puisque, au pire, vous avez besoin de six fois moins de DVD que de CD.

TRUC

De prime abord, les logiciels de gravure de données n'ont pas grand-chose à voir avec les autres programmes que vous avez l'habitude d'utiliser. Par exemple, la Figure 7.1 montre l'interface très particulière de Nero. Vous constatez que tout y est fait pour que l'utilisateur visualise les fonctions. Ainsi, sur la Figure 7.1, vous voyez que Créer un DVD de données est actif. Il suffit de cliquer dessus pour lancer la procédure permettant de sauvegarder les fichiers informatiques de votre choix sur un DVD.

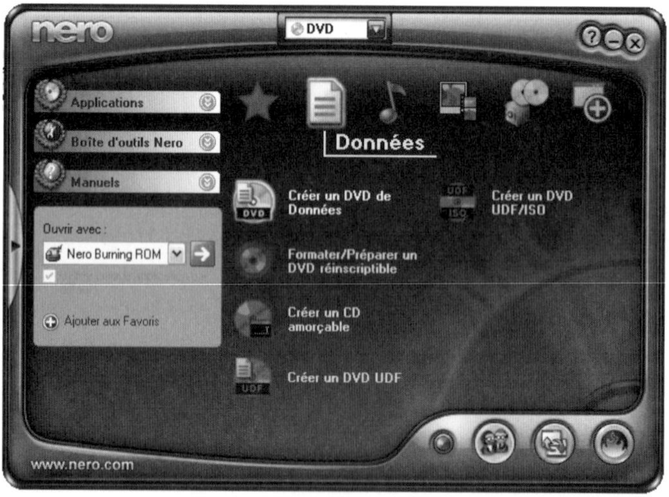

Figure 7.1 : L'interface de Nero, le programme de gravure le plus complet du moment.

Donc, utiliser un programme de gravure de données sur DVD présente les avantages suivants :

- Fixer les fichiers informatiques sur un support durable.
- Les DVD+R/-R ne peuvent pas s'effacer. Vous êtes alors certain d'une préservation ad vitam aeternam (ou presque) de vos données.

- Au regard du prix des DVD vierges (voir le Chapitre 3), vous n'hésiterez pas à utiliser votre logiciel de gravure pour multiplier les copies de sauvegarde.

  J'ai un ami qui copie ses données sur des DVD qu'il garde chez lui. Il effectue deux copies de ses DVD qu'il envoie respectivement à sa fille et à sa sœur. Il est alors certain qu'au moindre problème (vol, incendie, destruction de ses disques) il pourra récupérer au moins un des deux autres DVD pour en refaire des copies ! (Vous ne saviez pas que l'informatique rend complètement parano ?!)

- Les logiciels de gravure de données sont généralement livrés avec un utilitaire permettant d'utiliser les DVD+RW/-RW (c'est-à-dire réenregistrables) comme un disque dur. Ainsi, la Figure 7.2 montre l'utilitaire en question du logiciel Pinnacle Instant CD/DVD. Il suffit d'insérer un DVD réinscriptible dans le graveur, et de glisser-déposer les fichiers à sauvegarder depuis l'Explorateur Windows jusqu'à cet utilitaire. On parle ici de *gravure à la volée*. Voilà ! ce n'est pas plus compliqué que cela.

Figure 7.2 : De nombreux programmes de gravure de données permettent d'utiliser les DVD réinscriptibles comme des disques durs amovibles.

Un programme comme Nero est livré avec InCD qui ne fonctionne pas tout à fait comme Pinnacle Instant CD/DVD. Il suffit soit de glisser-déposer un fichier depuis l'Explorateur Windows sur l'icône du graveur, soit plus simplement d'invoquer la commande Enregistrer sous du programme dans lequel vous travaillez, puis de choisir le graveur de DVD comme destination de l'enregistrement pour sauvegarder le fichier sur un DVD réinscriptible. On appelle cela *écriture par paquet*. Sur un programme comme Roxio Easy Media Creator, cette fonction se nomme Drag-To-Disc. (Toutes les procédures de gravure des données sont expliquées au Chapitre 9.)

Pour lire et/ou récupérer les fichiers informatiques gravés sur un DVD, vous devez insérer ce disque dans un lecteur ou un graveur de DVD.

Les principes de la gravure des données

La procédure de gravure des données sur DVD est étudiée au Chapitre 9, en montrant comment les choses se déroulent dans les logiciels les plus répandus et réputés du moment. Toutefois, avant d'entrer dans le vif de ce sujet-là, voyons les quelques principes qui régissent la gravure des données sur DVD, et ce que vous pouvez réaliser avec un logiciel assumant cette tâche.

Les DVD pris en charge

En règle générale, le logiciel de gravure de données est capable de prendre en charge tous les DVD vierges acceptés par votre graveur. Intrinsèquement, un logiciel est capable de tout graver. Seul le graveur s'érige en limite potentielle aux capacités du logiciel. Ainsi, il sera impossible de graver des données sur un DVD double couche si votre graveur n'accepte pas ce support, et ce même si votre logiciel prend en charge la gravure des doubles couches. Lisez bien les spécificités du logiciel avant d'acheter des DVD vierges qu'il ne prend peut-être pas en charge.

Un programme comme Nero prend en charge les supports suivants :

- DVD+R/+RW
- DVD-R/-RW
- DVD-RAM
- DVD+R DL (double couche)
- DVD-R DL (double couche)

Vous constatez qu'il accepte absolument tout ce qui existe sur le marché du DVD vierge. Mais, je le répète, cette polyvalence peut se trouver limiter par votre graveur. Ainsi, si votre graveur n'accepte que les DVD+R/+RW, vous ne pourrez pas y graver des -R/-RW. Donc, soyez vigilant ! Lisez attentivement les spécificités techniques du graveur, surtout avant de l'acheter, comme cela est largement précisé au Chapitre 2.

Les DVD utilisent le système de fichiers UDF (Universal Disc Format). Cependant, les données peuvent également être lues via un système de données ISO 9660, également inclus sur le DVD. De ce fait, tous les lecteurs de DVD-ROM peuvent lire tous les DVD de données.

La multisession

Je vais faire tomber un mythe qui envahit l'esprit des utilisateurs qui croient que, pour graver un DVD, il faut suffisamment de données afin de le remplir intégralement. Sinon, vous perdez un espace disque que vous ne récupérerez jamais. En d'autres termes, puisque sur un DVD on peut enregistrer jusqu'à 4,7 Go de données, il faut disposer de cette quantité sur votre disque dur avant de graver le DVD. Si vous n'avez qu'un seul gigaoctet, vous perdez les 3 Go restants. C'est FAUX !

Heureusement, les logiciels de gravure de DVD autorisent ce que l'on appelle la *multisession*. Il s'agit d'une technique qui permet d'enregistrer des données sur ce que l'on nomme une *session*, et de laisser le disque ouvert à d'autres *sessions*. De la sorte, vous remplissez le DVD au fur et à mesure de vos besoins. Dès que la capacité maximale est atteinte, c'est-à-dire 4,7 Go pour un DVD 5, vous ne pouvez plus ajouter de sessions.

Pour graver en multisession, c'est-à-dire permettre l'ajout de données après une ou plusieurs sessions de gravure successives, vous devez être vigilant. Au moment de la gravure, le logiciel, constatant que la capacité maximale du disque n'est pas atteinte, propose la multisession par défaut. Si ce n'est pas le cas, vous devez activer une option qui ne va pas fermer le disque après gravure, c'est-à-dire le rendre inutilisable pour y graver d'autres données. Ainsi, la Figure 7.3 montre une telle option dans le programme Nero. Cette commande peut porter un autre nom selon le logiciel utilisé. Toutefois, en règle générale, le terme *multisession* y apparaît clairement. Vous savez alors qu'après votre opération de gravure il sera possible d'ajouter de nouvelles données sur ce disque jusqu'à ce que sa capacité de stockage soit atteinte.

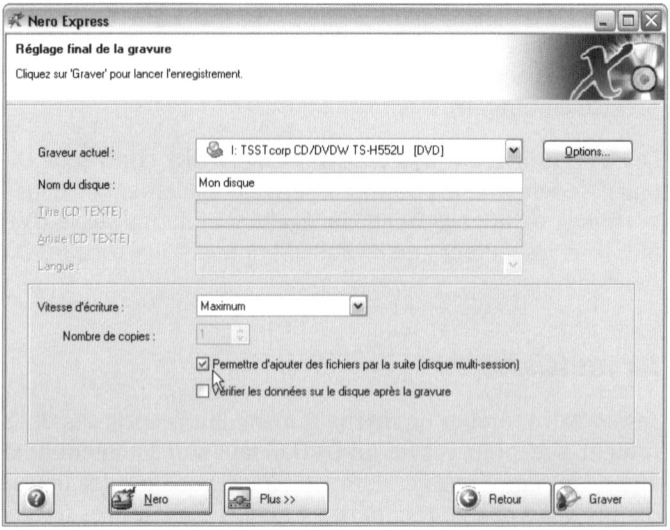

Figure 7.3 : Créer un DVD multisession.

TRUC

Pour assurer une plus grande compatibilité du DVD multisession avec d'autres ordinateurs, il est recommandé de finaliser le disque lors de la gravure de la dernière session. Pour cela, décochez l'option permettant d'ajouter une nouvelle session.

TRUC

Il n'est pas toujours évident de savoir à quel moment *fermer* un disque multisession. Par conséquent, de nombreux logiciels permettent d'y procéder ultérieurement à la gravure d'une session. Par exemple, dans Nero, il suffit d'insérer le DVD dans le graveur, puis de cliquer sur l'icône d'affichage d'informations du disque. La boîte de dialogue Infos Disque apparaît. Dans le coin inférieur gauche, vous cliquez sur Options DVD-R. Là, exécutez la commande Fermer le disque, comme à la Figure 7.4. Immédiatement, un message vous avertit de l'impossibilité d'ajouter de nouvelles données sur ce disque, comme l'illustre la Figure 7.5. Vous n'aurez plus d'excuse si vous fermez un DVD accidentellement, d'autant que cette procédure sera étudiée en détail au Chapitre 9.

L'image ISO

Un logiciel de gravure de données est capable de générer l'image ISO d'un DVD. Cette image est une copie conforme de la structure du DVD. Elle prend la forme d'un fichier portant l'extension .iso que

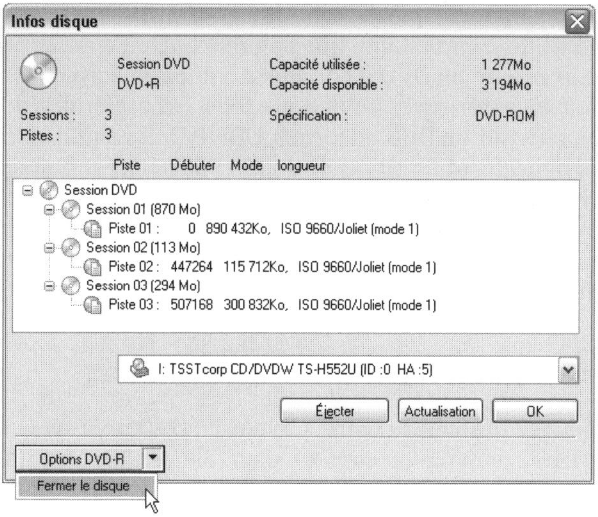

Figure 7.4 : Fermer un DVD de données multisession avec Nero.

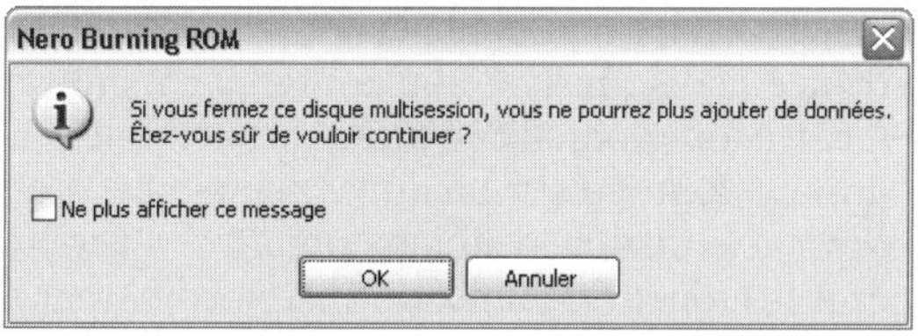

Figure 7.5 : Un message explique l'opération et demande confirmation.

vous pourrez graver sur un DVD vierge. Vous obtiendrez ainsi une copie très précise du contenu du DVD initial.

TRUC

Je recommande la création d'une image ISO non pas pour copier vos DVD de données, mais les DVD contenant vos programmes. Il est essentiel, dans ce domaine également, de faire une copie privée de vos logiciels d'origine.

NOTE TECHNIQUE

Ne confondez pas image ISO et système de fichiers ISO. Lorsque vous gravez un DVD, le programme utilise généralement le système de fichier UDF. Le DVD est alors uniquement compatible avec les normes UDF. Pour disposer d'un disque de données *universel*, vous pouvez le graver à la fois dans le format de fichier UDF et ISO. En fait, l'UDF est une structure de fichiers qui regroupe tous les formats du CD, aussi bien les données, que la vidéo, l'audio ou un mélange des trois. Cette structure de fichiers assure une compatibilité du

DVD avec n'importe quel lecteur. De facto, l'UDF libère le DVD des problèmes de compatibilité que l'on rencontrait avec le CD. Toutefois, pour rendre un DVD de données compatible avec les versions de Windows antérieures à Windows 98, il est préférable de graver vos données sur un DVD au format UDF/ISO. Il s'agit d'un système de fichiers hybride, utilisant l'UDF et l'ISO 9660. Il n'est donc pas impératif aujourd'hui de graver les DVD de données au format hybride UDF/ISO, car les possesseurs d'ordinateurs sont presque tous passés à Windows XP... alors, Windows 95, imaginez où cela peut bien en être !

La sauvegarde intégrale

Vous pouvez profiter de votre graveur de DVD pour effectuer une sauvegarde complète du contenu d'un disque dur. La plupart des programmes de gravure de données proposent cette fonction. Par exemple, Nero inclut l'application BackItUp, Roxio Easy Media Creator met à votre disposition l'utilitaire Backup MyPC Deluxe, tandis que Pinnacle Instant CD/DVD parle d'InstantBackup.

Le principe consiste à faire une copie exacte du contenu d'un disque dur, en l'occurrence le disque système contenant Windows et vos applications. A cette fonctionnalité s'ajoute également celle de pouvoir restaurer ce contenu sur un autre disque dur. Cela est fondamental lorsque le disque système connaît des problèmes. Vous pouvez récupérer les fonctionnalités de votre ordinateur sans être obligé de tout réinstaller.

TRUC

Il est rare, malheureusement, qu'un seul programme remplisse toutes les tâches que vous attendez de lui. Ainsi, tel programme s'avère très performant dans la sauvegarde des données, la création rapide de DVD MP3, de DVD vidéo sans authoring, etc. Le plus complet en la matière étant sans nul doute, sur PC, Nero Reloaded. Toutefois, aussi complet qu'il puisse être, Nero s'avère parfois incapable d'effectuer une copie de sauvegarde d'un DVD vidéo enregistré avec un enregistreur de salon. Il détecte souvent des erreurs, et interrompt la procédure de création d'une image du disque. Dans ce cas, vous devez passer par d'autres programmes comme DVD Copy 3, DVD Shrink ou DVD Decrypter, ces deux derniers étant gratuits. Dans le même ordre d'idées, Nero ne permettra pas non plus de sélectionner, donc d'éliminer certaines parties du contenu d'un DVD dont vous désirez faire une copie de sauvegarde. Dans ce domaine, DVD Shrink excelle.

Nous avons vu, dans les grandes lignes, ce que vous pouviez attendre d'un programme de gravure de données sur DVD. Leur mise en œuvre, comme le démontre le Chapitre 9 est relativement simple, guidé que vous êtes par bon nombre d'assistants.

Parmi les meilleurs logiciels de gravure de données citons :

- Nero Reloaded
- Roxio Easy Media Creator
- Pinnacle Instant CD/DVD

L'important est de comprendre que l'on ne grave pas du tout des données comme de la vidéo, tel que l'explique l'encadré "Vidéo : données ou... vidéo ?", plus loin dans ce chapitre. Dans la prochaine section, je mets l'accent sur les logiciels de création de DVD vidéo.

Logiciels de création de DVD vidéo

La création de DVD vidéo est certainement ce qui intéresse le plus les utilisateurs aujourd'hui pour deux raisons principales :

- Il est très agréable de transférer ses films de famille, ses photos et autres images sur un DVD que l'on va pouvoir lire avec un lecteur de DVD de salon.
- Il est indispensable de sauvegarder sa vidéothèque VHS sur DVD afin de la conserver dans l'état qui est le sien, mais avec l'assurance qu'elle ne se dégradera pas davantage.

Comme nous l'avons vu dans le précédent chapitre, le DVD vidéo nécessite l'utilisation de matériels supplémentaires : une carte ou un boîtier d'acquisition. C'est grâce à cet appareil que l'on va pouvoir transférer sur un disque dur le contenu d'une bande vidéo numérique (MiniDV, Digital8 et MicroMV) ou analogique (notamment VHS, mais aussi Hi8, 8, VHS-C, SVHS-C). Ce transfert, qui se nomme *capture* ou *acquisition*, va générer un fichier vidéo informatique contenant toutes les caractéristiques de la vidéo d'origine. Ce fichier étant de facto numérique, il pourra être manipulé de deux manières :

- Soit en tant que fichier informatique pur, c'est-à-dire un fichier de données que vous pourrez alors sauvegarder avec un des programmes et les techniques expliquées dans la précédente section.

- Soit en le convertissant dans un format approprié, de manière à le graver sur un DVD qui reprend la structure spécifique des DVD vidéo vendus ou loués dans le commerce.

Vidéo : données ou... vidéo ?

L'appréciation de la vidéo en tant que donnée informatique ou pur produit vidéographique n'est pas toujours facile à comprendre. Mon intention est de clarifier les choses, mais il y a des acquis qui me sont une seconde nature, et qui brandissent pour vous le drapeau de la plus nouvelle des découvertes.

Quand la vidéo est sur son support d'origine, c'est-à-dire une cassette ou bande numérique de type MiniDV (ou autre) ou analogique de type VHS (principalement), c'est de la vidéo, point final. Personne ne se soucie jamais de savoir comment les images sont enregistrées sur la bande.

Quand vous capturez la vidéo, c'est-à-dire la transférez de cette fameuse bande sur votre disque dur, elle devient d'abord et avant toute autre chose un fichier de données à l'instar d'un fichier de traitement de texte que vous auriez créé dans Word. La différence avec un fichier textuel est que le fichier vidéo porte une autre extension (généralement .avi sur PC et .mov sur Mac), qu'il est bien plus volumineux et qu'il faut un programme spécial pour le lire. Ce fichier de données peut parfaitement être gravé sur un ou plusieurs DVD vierges à des fins de sauvegarde. C'est-à-dire que vous effectuez une copie du fichier. Le gros problème est qu'un fichier vidéo qui conserve les mêmes caractéristiques que la bande vidéo d'origine pèse très lourd. Il faut compter, en pleine qualité DV (donc numérique), 250 Mo par minute. Donc, 1 h 30 de film occupe environ 20 Go d'espace disque. Il faut 5 DVD simples couches pour sauvegarder ce fichier en plusieurs parties, puisque chaque DVD ne saurait contenir plus de 4,7 Go de données. Si vous utilisez des doubles couches, vous pouvez diviser ces quantités par deux. Ainsi, sauvegardé sur DVD, le fichier vidéo ne pourra pas être lu par un lecteur de DVD de salon. En effet, le DVD n'a pas la structure des DVD vidéo.

Pour que le fichier soit gravé sur un DVD sous forme de DVD vidéo, il doit :

- Etre encodé en MPEG-2 (format vidéo du DVD).
- Etre gravé par un logiciel capable de créer la structure d'un DVD vidéo.

Une fois que l'encodage est réalisé et la gravure effectuée, le fichier vidéo de données pur est devenu un DVD vidéo que vous lirez dans n'importe quel lecteur ou enregistreur de salon compatible.

NOTE TECHNIQUE

La structure d'un DVD vidéo est complexe. Les fichiers qu'il contient appartiennent à une hiérarchie bien spécifique qui conditionne l'état vidéo du DVD. La structure part d'un dossier principal appelé VIDEO_TS (Video Title Set, c'est-à-dire *jeu de titre vidéo*). Ce dossier contient les fichiers vidéo du DVD. Pour fonctionner sur les lecteurs ou les enregistreurs de salon, le répertoire VIDEO_TS contient des éléments indispensables. Il s'agit d'un gestionnaire vidéo ou *VGM* qui délivre la vidéo d'introduction, le menu des titres et le chapitrage, ainsi que tout autre menu structurant et définissant la lecture du DVD. Le dossier contient aussi un ou plusieurs VTS contenant l'ensemble des titres présents sur le DVD. Ces titres sont en fait des films. Ils sont composés de VOBS (Video Object Block Sets *–jeux de blocs d'objets vidéo*) qui sont l'armature principale du DVD vidéo. Ces objets vidéo contiennent un ensemble de données d'images et de sons au format MPEG-2. Ajoutez à cela un fichier VTSI qui contient toutes les informations de navigation, ainsi qu'une copie de sauvegarde de ce fichier.

La création d'un DVD vidéo peut se faire avec ou sans authoring préalable. Mais qu'est-ce que l'*authoring* ? Il s'agit d'une phase créative où vous créez des menus, insérez des chapitres, en un mot où vous définissez le look de votre futur DVD vidéo.

Sans authoring

Tous les logiciels de création de DVD vidéo permettent de concevoir un DVD sans authoring. Dans ce cas, vous occultez la phase de chapitrage et de création des menus pour passer directement à l'encodage et à la gravure, comme cela est expliqué au Chapitre 12.

De plus en plus de programmes permettent également la gravure directe d'un film sur DVD, c'est-à-dire sans passer par la phase préalable de la capture et de l'encodage. Tout se déroule en tâche de fond pour l'utilisateur. C'est un peu comme si vous aviez un enregistreur de salon mais dans votre PC.

Les meilleurs logiciels de gravure directe sont :

- WinDVD Creator 2 Platinium d'Intervideo.
- Nero 6 Reloaded d'Ahead.

TRUC

Bien évidemment, rien ne vous empêche de capturer le film sur votre disque dur et de le graver avec un logiciel disposant de fonctions d'authoring, comme cela est expliqué dans la prochaine section. Vous disposerez ainsi d'un fichier vidéo informatique que vous aurez le loisir de manipuler avec tous les programmes prenant en charge les fichiers vidéo.

Avec authoring

L'authoring est le nec plus ultra de la création de DVD vidéo. Le principe en est simple, et se déroule selon les étapes suivantes :

1. **Capturez le contenu de la bande vidéo sur votre disque dur.**

   En fait, vous transférez votre vidéo numérique ou analogique sur disque dur de manière à obtenir un fichier de données vidéo.

   La capture s'effectue généralement avec le module d'acquisition vidéo du logiciel qui va encoder et graver.

2. **Vous importez le fichier vidéo dans la table de montage virtuel du logiciel.**

3. **Vous exécutez les tâches de définition des chapitres.**

4. **Vous créez les menus avec des boutons, des images, des liens renvoyant à d'autres menus, etc.**

5. **Vous testez le DVD depuis votre disque dur comme s'il était gravé sur disque optique.**

   Cette phase est essentielle pour s'assurer du bon fonctionnement de tous les boutons et autres liens, c'est-à-dire que la navigation dans le DVD est parfaite.

6. **Vous définissez le niveau d'encodage MPEG-2 de la vidéo.**

   Les programmes calculent généralement ce niveau en fonction de la durée du film, du nombre de menus et du DVD vierge utilisé (simple ou double couche).

7. **Vous lancez l'encodage.**

   Cette phase de rendu du film prend du temps quand vous n'utilisez pas des systèmes professionnels travaillant en temps réel.

8. **A la demande du programme, vous insérez un DVD vierge dans votre graveur.**

   La gravure commence. Sa durée dépend de la vitesse du graveur et de celle supportée par le DVD vierge.

9. **Une fois la gravure terminée, vous éjectez le DVD et l'insérez dans votre lecteur de salon.**

   Magique !

La liste des logiciels autorisant l'authoring, l'encodage et la gravure pourrait être longue. Toutefois, il m'a fallu effectuer un choix non exhaustif que je vous soumets :

- Pinnacle Studio 9 et 10.
- Adobe Premiere Elements.
- Roxio Easy Media Creator 7.5.
- Ulead DVD Movie Factory 4 Disc Creator.
- Intervideo WinDVD Creator Platinium.
- Nero Reloaded.
- MyDVD Studio.

Pour un travail semi-professionnel voire professionnel :

- Roxio DVDit.
- Adobe Encore DVD.

Les logiciels de copie de DVD

La copie des DVD est traitée au Chapitre 10. Loin de moi l'idée de vous encourager à copier des DVD vidéo qui ne vous appartiennent pas. En revanche, malgré la robustesse du support, il est avisé de se garantir contre toute mauvaise surprise. Si certains films achetés dans le commerce sont assez faciles à retrouver en cas de destruction du vôtre, d'autres, beaucoup plus rares, risquent de vous faire pleurer toutes les larmes de votre corps si jamais un petit bambin armé d'une paire de ciseaux (parents indignes et inconscients !) s'amuse à graver "Maman je t'aime" sur la face enregistrée d'un film de Jean-Luc Godard dont il n'existait que dix exemplaires sur DVD au monde.

Lorsque j'envisage la copie des DVD, j'envisage en réalité deux choses :

- La copie d'un DVD de données pour profiter d'une double sauvegarde.
- La copie privée, soyons bien clair là-dessus, soit des DVD achetés dans le commerce, soit des DVD vidéo que vous avez enregistrés avec votre enregistreur de salon.

La copie de DVD de données

Cette copie va permettre de conserver vos données sur deux DVD. L'un sera le DVD d'origine et l'autre la copie. Sur ce principe assez simple à comprendre, vous pouvez bien entendu faire des dizaines et des dizaines de copies si vous n'avez vraiment pas confiance dans le support robuste et indépendant de tout matériel de lecture qu'est un DVD.

En règle générale, vous effectuerez cette copie une fois le DVD d'origine entièrement rempli. La méthode la plus simple consiste alors à utiliser votre programme de gravure de données, comme Nero, et à lancer la fonction Copier DVD, comme à la Figure 7.6. Suivez alors les instructions qui s'affichent à l'écran et que vous retrouverez au Chapitre 9.

Si vous utilisez un autre programme que Nero, la procédure est sensiblement la même. Seul le nom de la commande à exécuter peut porter un autre nom.

Le programme crée une image ISO temporaire du DVD, c'est-à-dire que la première phase consiste à lire le contenu du DVD pour en copier la structure précise. La seconde phase, quant à elle, implique l'insertion d'un DVD vierge sur lequel le logiciel va copier le contenu de l'image ISO, c'est-à-dire exactement le même DVD que celui qui a été lu lors de la première phase.

La copie de DVD vidéo

La copie de DVD vidéo est un sujet assez sensible au regard du respect des droits d'auteur qui souvent entrent en conflit avec le

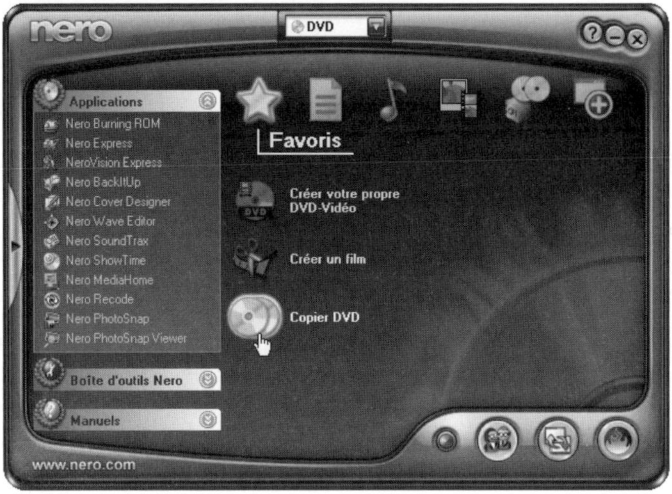

Figure 7.6 : Copier un DVD de données n'est pas plus difficile que cela avec Nero.

droit à la copie privée qui existe en France. Cette confusion tient au fait que les utilisateurs ne comprennent pas très bien cette notion. Les seules choses que vous ayez le droit de faire en matière de DVD vidéo sont :

- Effectuer une seule copie privée d'un DVD vidéo acheté dans le commerce.

  Ne copiez jamais un DVD loué, emprunté, c'est-à-dire dont vous ne possédez pas le droit légal d'usage.

- Effectuer autant de copies des DVD vidéo dont vous êtes l'auteur du contenu. En effet, vous faites ce que vous voulez de vos films de famille !

- Effectuer autant de copies que vous le souhaitez de films enregistrés avec votre enregistreur de salon, à partir du moment où vous ne vendez pas les copies, ne les louez pas ou ne les donnez pas.

Personnellement, j'enregistre toujours mes DVD vidéo sur un support réinscriptible de type DVD+RW. Ainsi, je peux vérifier qu'aucun problème n'est survenu pendant la diffusion du film, et que mon décodeur satellite a parfaitement fait son travail, ou bien que l'enregistreur de salon a rempli la fonction que j'attends de lui. En effet, si le film connaît des problèmes techniques, ou tout simplement s'il ne me plaît pas, je peux très facilement effacer le contenu du DVD+RW (voir le Chapitre 5) pour y enregistrer ultérieurement un autre film. Ensuite, si le film est parfait à tout point de vue et que je souhaite le conserver à tout jamais, je vais copier le DVD+RW (DVD vidéo qui est sur un support réinscriptible) sur un DVD inscriptible. Je suis sûr que personne ne pourra l'effacer par inadvertance. De même, mes films étant précieux, je ferai une seconde copie qui restera en lieu sûr et ne sera jamais regardée.

En matière de copie de DVD vidéo, il existe des logiciels plus ou moins sophistiqués. Généralement, les programmes de gravure des données savent aussi créer des DVD vidéo, et copier des DVD vidéo existants. Toutefois, on a pu constater quelques problèmes avec des programmes comme Nero, Roxio, Pinnacle, etc., qui ont du mal à effectuer la copie d'un DVD vidéo réenregistrable (+RW/-RW ou RAM), ne parvenant pas à lire parfaitement la structure purement numérique du support.

La copie de DVD vidéo, que ce soit en sauvegarde de vos films achetés dans le commerce ou de ceux que vous enregistrez avec votre enregistreur de salon, permet, en fonction du logiciel, d'effectuer des choses aussi étonnantes que celles-ci :

- Copier un DVD 5 sur un DVD+R/+RW, -R/-RW ou RAM, c'est-à-dire sur un support acceptant au maximum 4,7 Go de données. (Là, j'avoue que c'est la moindre des choses et que d'étonnement il n'y a point !)
- Plus fort : Copier le contenu d'un DVD 9, c'est-à-dire double couche, sur un DVD 5, c'est-à-dire simple couche. Cela est rendu possible par une compression intelligente du contenu du DVD 9 qui est telle qu'il vous sera difficile de constater une perte de qualité d'image. (Il y en a une quand même, faut pas exagérer non plus.)
- Encore plus fort : Sélectionner ce que vous allez conserver du DVD vidéo. Par exemple, un DVD propose souvent plusieurs langues et sous-titres, des menus, des bonus, etc. Avec le logiciel approprié, vous entrez dans cette structure du disque et vous choisissez ce que vous allez conserver. Vous éliminerez les bandes-annonces, les langues autres que le français ou l'anglais, les sous-titrages en néerlandais, et j'en passe et des meilleurs que vous découvrirez avec une certaine excitation au Chapitre 10.

Il existe des programmes comme CloneDVD 2 d'Elaborate Bytes, Nero (module Nero Recode), DVD Shrink et DVD Decrypter (qui présentent l'avantage d'être gratuits) dont la fonction unique est de copier le contenu d'un DVD vidéo en autorisant sa restructuration. Ainsi, sur la Figure 7.7, vous voyez le programme DVD Decrypter qui a uniquement sélectionné les fichiers du film d'un DVD vidéo. Il va en créer une image ISO que vous graverez ensuite sur un DVD vierge au format DVD vidéo. Vous êtes alors certain de retrouver exactement le même film que celui du DVD d'origine. Toutes ces manipulations sont expliquées au Chapitre 10.

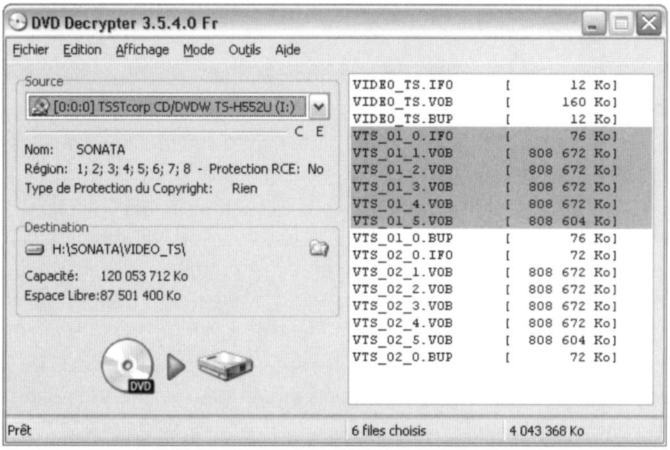

Figure 7.7 : DVD Decrypter est sans doute le logiciel de copie de DVD le plus fiable, capable de rectifier un grand nombre d'erreurs que les autres programmes ne savent pas prendre en charge.

Le DVD audio

Le DVD audio ne sera pas traité dans cet ouvrage pour la simple raison qu'il demande un matériel particulier pour créer des fichiers audio répondant au format de ce type de DVD, et que pour le lire il faut également un équipement spécial, puisqu'une platine CD de salon ne saurait accepter ce support.

Si on nous a assez vite parlé du DVD audio, force est de constater que ce support pédale dans la semoule faute de trouver un public audiophile suffisant. Nul doute que cela viendra, mais il semble que le consommateur se satisfasse très bien de l'actuel CD et, pire, du MP3.

Toutefois, un ouvrage traitant de la gravure des DVD ne peut pas entièrement occulter le DVD audio. Voici donc un encadré dont la lecture n'est pas indispensable. Toutefois, il vous permet de savoir ce qu'est un DVD audio et ce que l'on est en droit d'en attendre.

Le concept même du DVD est apparu en 1996. A l'époque, personne ne parlait encore de DVD audio. Il fallut attendre l'année 1999 pour que le groupe de travail du Forum du DVD s'entende sur les spécifications finales du DVD audio. Toutefois, au-delà de la qualité musicale présentée par ces disques, l'industrie souhaitait une protection accrue contre la copie. Toute ces contraintes aboutirent à un nouveau retard dans le lancement de ce qui devait, à terme, sonner le glas du CD audio.

De ce fait, en 2001, on comptait environ 200 titres sur DVD audio, et en 2005 les chiffres n'ont pas grimpé en flèche.

Le DVD audio est un format totalement indépendant du DVD vidéo. De part sa structure, il pourrait cependant être lu dans un lecteur de DVD vidéo, mais il est tout à fait possible de produire des DVD audio uniquement compatibles avec des lecteurs de ce type de support. Cela tient au fait que, sur un DVD, toute la partie audio est contenue dans un répertoire appelé AUDIO_TS qu'un lecteur de DVD vidéo ne consulte jamais. Pour être certain de lire à la fois des DVD vidéo et des DVD audio, il faut investir dans une nouvelle race d'appareil qui répond au joli sobriquet de VCAP, Video-Capable Audio Players ou *lecteurs audio compatibles vidéo*. Le plus étrange dans tout cela est qu'il est techniquement facile de produire des DVD audio pouvant être lus par tous les lecteurs de DVD vidéo. Il suffit d'inclure une version Dolby Digital du contenu purement audio dans la zone purement vidéo d'un DVD vidéo.

Pour lire convenablement un DVD audio, les choses sont loin d'être simples. Ce support permettant de délivrer un son multicanal de très haute qualité, il serait dommage de ne pas pouvoir en profiter. Or, ce serait le cas si vous raccordiez un lecteur de DVD audio à un simple amplificateur stéréo. De plus, l'idéal est de rester dans un schéma d'écoute purement numérique, c'est-à-dire d'éviter les conversions numérique/analogique qui altèrent toujours la qualité du signal audio. Pour éviter cela, de nouveaux amplificateurs proposent des connexions FireWire (IEEE 1394) permettant de conserver la pleine résolution numérique du DVD audio.

Le DVD audio souffre d'un autre handicap. Il lui vient de Sony et Philips qui ont développé un support concurrent et incompatible appelé SACD (Super Audio CD). La majorité des disques SACD sont mixés en stéréophonie, donc sans offrir une diffusion multicanal. Heureusement, si aucun format ne l'emporte sur l'autre, il existe des lecteurs permettant de lire aussi bien les disques SACD que les DVD audio. Si cette tendance se développe, le consommateur ne se verra pas prisonnier d'un standard dont il est toujours difficile de sortir. (En effet, on pourrait par exemple imaginer que les artistes ayant signé chez Sony Music ne sortent qu'en SACD et pas en DVD audio.)

La complexité ne s'arrête pas là. Il faut savoir que de nombreux émetteurs à 6 entrées analogiques sont incapables de gérer convenablement les basses fréquences. En revanche, les appareils disposant de décodeurs Dolby Digital ou DTS gèrent ces basses de manière interne. Cependant, les 6 sorties analogiques passent directement dans l'ampli. De ce fait, toute configuration audio qui ne repose pas sur un ensemble de haut-parleurs prenant en charge les cinq canaux Surround ne reproduira jamais parfaitement les basses fréquences. Donc, pour profiter aussi bien de votre lecteur de DVD audio ou de SACD, vous avez besoin d'un récepteur avec 6 sorties audio analogiques. Ces sorties s'appuieront sur 5 haut-parleurs et un caisson de basses, sauf si votre récepteur est capable de gérer les basses directement sur des sorties analogiques.

Vous constatez que si l'on connaît bien le DVD vidéo, le DVD audio reste encore assez mystérieux pour le grand public, tant au niveau de sa création que de sa diffusion, des titres disponibles et du matériel nécessaire.

Chapitre 8

Les logiciels Mac

Dans ce chapitre :

- Les logiciels de gravure de données.
- Les logiciels de création de DVD vidéo.
- Les logiciels de copie de DVD.

Sur Macintosh, le discours va être nettement plus succinct que sur PC. Toutefois, quelques redites vont s'imposer pour ceux qui, possédant un Mac, ne vont pas s'amuser à lire le Chapitre 7. (Tant pis pour ceux qui hésitent encore entre les deux plates-formes informatiques. La révision de certaines notions ne leur fera pas de mal.)

Les systèmes développés par la marque à la pomme sont excessivement fermés. Cela tient à une politique très despotique d'Apple qui cherche avant toute chose la stabilité de ses machines. Nous ne pouvons que nous incliner devant cette stratégie qui porte ses fruits car, il faut l'avouer, un Macintosh plante bien moins souvent qu'un PC. (Je connais même d'irréductibles utilisateurs qui prétendent n'avoir jamais bloqué leur Mac !) La conséquence négative de cette politique est que vous trouverez peu, mais alors très peu, de logiciels de gravure, et les petits bidouilleurs n'auront pas grand-chose à se mettre sous la dent. (Ça tombe bien, car il semblerait que, dans ce domaine, nous ayons affaire à une population anorexique.)

Ce chapitre n'intéresse que les utilisateurs d'un graveur de DVD-ROM qui désirent sauvegarder des données sensibles sur DVD et/ou qui envisagent de créer des DVD vidéo semblables à ceux vendus ou loués dans le commerce. Ces utilisateurs comprennent ou vont comprendre instantanément que, pour y parvenir, quatre conditions doivent être remplies :

- Posséder un ordinateur, en l'occurrence un Mac (voir le Chapitre 4).
- Posséder un graveur de DVD-ROM interne ou externe (voir le Chapitre 2). Nous savons que chez Apple le choix est limité. Pour éviter bien des problèmes, achetez immédiatement une machine embarquant le SuperDrive dont la dernière évolution prend en charge les DVD doubles couches. Si vraiment vous désirez un graveur externe, allez faire un tour chez LaCie à `www.lacie.com/fr`, et surtout vérifiez bien que le matériel convoité est compatible avec votre Mac.
- Posséder une carte ou un boîtier d'acquisition pour créer des DVD vidéo (voir le Chapitre 6). Sur Mac, le boîtier n'intéresse que les utilisateurs désireux de capturer leurs vidéos analogiques, c'est-à-dire la bonne vieille VHS. En effet, tous les PowerMac, iMac, eMac et Mac Mini, voire les PowerBook, ont une ou plusieurs prises FireWire permettant la capture de toute source numérique. Votre caméscope MiniDV est à la fête !
- Utiliser un logiciel de gravure adapté à la fonction de gravure désirée (ce qu'explique le présent chapitre). Là, il faut avouer que le PC est plus dans la lignée du choix démocratique que le Mac, qui apparaît un peu comme un revendicateur de l'uniformisation où la pluralité n'a pas, par conséquent, peu ou prou droit de citer.

Fort des matériels et des logiciels nécessaires (j'ai quand même une vague impression de répétition), vous serez capable de mener à bien l'ensemble des procédures que nous étudierons à partir du Chapitre 15.

Tout comme sur PC, un logiciel de gravure va vous permettre de :

- **Graver des données.** Il s'agit ici de stocker des fichiers sensibles (ou non) sur un support optique, c'est-à-dire un DVD-ROM (DVD+R, -R, +RW, -RW en simple ou double couche, mais, d'après les caractéristiques techniques du SuperDrive, point de DVD-RAM, et pas davantage avec les graveurs externes LaCie) de manière à disposer d'une sauvegarde indépendante de tout matériel en permettant la lecture.
- **Graver des DVD vidéo.** Plutôt que d'accumuler les films de famille sur des cassettes MiniDV, Digital8, MicroMV, VHS et

consorts, vous allez pouvoir créer de véritables DVD vidéo lisibles par la grande majorité des lecteurs de DVD de salon. Le préalable facultatif à cette gravure sera le montage virtuel de vos films, la création de menus interactifs, l'établissement d'un chapitrage et l'implémentation de multiples bonus. Tout un monde créatif vous ouvre ses bras si vous désirez pousser plus loin votre expérience du DVD.

- **Copier des DVD.** Voici une activité qui échappe à beaucoup d'utilisateurs. La copie de DVD envisagée dans cet ouvrage ne saurait encourager ou susciter la copie illégale de films loués dans le commerce. Non ! Il faut bien que tout le monde gagne son bifteck ! Il s'agit ici d'attirer l'attention du lecteur sur les possibilités de double sauvegarde de ses données et de l'exercice du droit à la copie privée de sa propre DVDthèque. Nous verrons que des programmes facilitent cette copie en autorisant la copie de DVD 9, c'est-à-dire doubles couches, sur des DVD 5, c'est-à-dire simples couches, mais aussi la réorganisation du contenu du DVD en sélectionnant, par exemple, les éléments du film à conserver (sous-titres, bonus, film lui-même, etc.).

Commençons notre tour d'horizon des programmes en évoquant leurs possibilités.

Les logiciels de gravure de données

Les programmes de gravure de CD ou de DVD sont quasiment identiques, je veux dire ici que si un programme grave des CD, il y a de fortes chances pour qu'il grave aussi des DVD. Réciproquement, un programme dit de gravure de DVD permettra probablement de graver des CD fidèles à cet adage du "qui peut le plus peut le moins".

Les avantages de la gravure de données sur DVD

La gravure de données est la copie pure et simple de fichiers informatiques. Isolé sur un disque dur, ce fichier, seule copie de votre œuvre, est en danger. En effet, personne n'est à l'abri d'une mauvaise manipulation. Vous risquez donc d'effacer le fichier par inadvertance. Vous perdez ainsi des heures d'un travail acharné, et n'avez plus que vos yeux pour pleurer. De plus, même si vous êtes particulièrement vigilant, personne n'est à l'abri d'une panne d'un disque dur.

TRUC

Croyez bien qu'en matière d'informatique il ne faut jamais, je dis bien JAMAIS, penser que ça n'arrive qu'aux autres (petits prétentieux, va !).

Malgré les autres supports existants, voici quelques petits éléments à bien estimer :

- Les nouveaux Mac grand public que sont les iMac, Mac Mini et l'ancien eMac n'ont pas de lecteur de disquettes. Vous ne pouvez donc plus compter sur ce support.
- Vous pouvez installer un second disque dur. Ce n'est pas un luxe sur les trois machines précitées. Toutefois, comme je ne vous sens guère bricoleur, vous opterez pour un périphérique externe.
- Rien ne dit que personne ne va effacer le contenu de votre disque dur !
- Un disque dur arrive un jour ou l'autre à saturation. On ne peut pas cumuler à l'infini des disques dans et hors de l'ordinateur.
- Un disque dur tombe en panne. Ce n'est pas très fréquent, mais c'est le risque encouru avec tout système stockant des données et embarquant le mécanisme d'écriture et de lecture.
- Vous pouvez choisir une clé USB. Cependant, sa capacité de stockage est encore trop limitée. Comparativement, elle revient bien plus cher que des DVD vierges. De plus, il s'agit également d'un support résistant mais pas éternel. Alimentée en électricité par le port USB, la clé est à la fois un système d'écriture et de lecture. Si elle tombe en panne, vous perdez vos données.

TRUC

Les fichiers photos numériques, musicaux et vidéo, de plus en plus utilisés par le grand public, prennent une place considérable. Il va de soi que privilégier leur sauvegarde sur DVD est une décision très sage, limitant le nombre de disques à gérer, puisque, au pire, vous avez besoin de six fois moins de DVD que de CD.

Donc, utiliser un programme de gravure de données sur DVD présente les avantages suivants :

- Fixer les fichiers informatiques sur un support durable.
- Les DVD+R/-R ne peuvent pas s'effacer. Vous êtes alors certain d'une préservation ad vitam aeternam (ou presque) de vos données.
- Au regard du prix des DVD vierges (voir le Chapitre 3), vous n'hésiterez pas à utiliser votre logiciel de gravure pour multiplier les copies de sauvegarde.
- Les logiciels de gravure de données sont généralement livrés avec un utilitaire permettant d'employer les DVD+RW/-RW (c'est-à-dire réenregistrables) comme un disque dur.

Pour lire et/ou récupérer les fichiers informatiques gravés sur un DVD, vous devez insérer ce disque dans un lecteur ou un graveur de DVD.

Les principes de la gravure des données

La procédure de gravure des données sur DVD avec un Mac est étudiée au Chapitre 15, en montrant comment les choses se déroulent dans le logiciel le plus répandu et réputé du moment, mais aussi avec les fonctionnalités de Mac OS X.

Les DVD pris en charge

En règle générale, le logiciel de gravure de données est capable de prendre en charge tous les DVD vierges acceptés par votre graveur. Intrinsèquement, un logiciel est capable de tout graver. Seul le graveur s'érige en limite potentielle aux capacités du logiciel. Ainsi, il sera impossible de graver des données sur un DVD double couche si votre graveur n'accepte pas ce support, et ce même si votre logiciel prend en charge la gravure des doubles couches. Lisez bien les spécificités du logiciel avant d'acheter des DVD vierges qu'il ne prend peut-être pas en charge.

Le SuperDrive d'Apple prend en charge les supports suivants :

- DVD+R/+RW
- DVD-R/-RW
- DVD+R DL (double couche)

- DVD-R DL (double couche)

La multisession

Je ne vais pas faire tomber un mythe qui envahit l'esprit des utilisateurs qui croient que, pour graver un DVD, il faut suffisamment de données afin de le remplir intégralement. Sinon, vous perdez un espace disque que vous ne récupérerez jamais. En d'autres termes, puisque sur un DVD on peut enregistrer jusqu'à 4,7 Go de données, il faut disposer de cette quantité sur votre disque dur avant de graver le DVD. Si vous n'avez qu'un seul gigaoctet, vous perdez les 3 Go restants. C'est parfois vrai sur Mac !

Certains programmes comme Dragon Burn 4 ne permettent le DVD multisession que sur des supports de type DVD+RW. Nous le verrons au Chapitre 16.

L'image ISO

Un logiciel de gravure de données est capable de générer l'image ISO d'un DVD. Cette image est une copie conforme de la structure du DVD. Elle prend la forme d'un fichier portant l'extension .iso et plus généralement .cdr sur Mac, que vous pourrez graver sur un DVD vierge. Vous obtiendrez ainsi une copie très précise du contenu du DVD initial. Cette opération peut être réalisée avec les fonctionnalités de Mac OS X, sans passer par un autre logiciel de gravure, comme nous le verrons au Chapitre 15.

TRUC

Je recommande la création d'une image ISO non pas pour copier vos DVD de données, mais les DVD contenant vos programmes. Il est essentiel, dans ce domaine également, de faire une copie privée de vos logiciels d'origine.

Les logiciels de création de DVD vidéo

La création de DVD vidéo est certainement ce qui intéresse le plus les utilisateurs aujourd'hui pour deux raisons principales :

- Il est très agréable de transférer ses films de famille, ses photos et autres images sur un DVD que l'on va pouvoir lire avec un lecteur de DVD de salon.

- Il est indispensable de sauvegarder sa vidéothèque VHS sur DVD afin de la conserver dans l'état qui est le sien, mais avec l'assurance qu'elle ne se dégradera pas davantage.

Nous avons vu qu'un Macintosh est généralement prêt à la création de DVD vidéo. En effet, Mac OS X est livré en standard avec deux applications qui prennent en charge cette tâche du début à la fin. Il s'agit de :

- **iMovie HD** pour la capture d'une source vidéo numérique, c'est-à-dire provenant d'un caméscope MiniDV par exemple.
- **iDVD** le logiciel d'authoring et d'encodage DVD qui fonctionne main dans la main avec iMovie.

Fort de ces deux logiciels intégrés, on se demande où il faudrait aller chercher de quoi faire mieux. L'utilisateur qui allume son Mac a immédiatement tout ce qu'il faut pour créer des DVD vidéo aux menus interactifs particulièrement attrayants.

Cependant, comme cela est expliqué au Chapitre 6, le DVD vidéo nécessite l'utilisation de matériels supplémentaires : une carte ou un boîtier d'acquisition. C'est grâce à cet appareil que l'on va pouvoir transférer sur un disque dur le contenu d'une bande vidéo numérique (MiniDV, Digital 8 et MicroMV), ou analogique (notammenent VHS, mais aussi Hi8, 8, VHS-C, SVHS-C). Sur un Mac grand public, seule la vidéo analogique pose problème. En effet, un iMac, eMac ou encore Mac Mini ne dispose d'aucune entrée analogique. Il va falloir adjoindre à votre machine un matériel supplémentaire comme l'excellent ADS PYRO A/V Link qui va doter votre Mac des entrées qui lui manquent. Ce transfert, qui se nomme *capture* ou *acquisition*, va générer un fichier vidéo informatique contenant toutes les caractéristiques de la vidéo d'origine. Ce fichier étant de facto numérique, il pourra être manipulé de deux manières :

- Soit en tant que fichier informatique pur, c'est-à-dire un fichier de données que vous pourrez alors sauvegarder avec un des programmes et les techniques expliquées dans la précédente section.
- Soit en le convertissant dans un format approprié de manière à le graver sur un DVD qui reprend la structure spécifique des DVD vidéo vendus ou loués dans le commerce.

Exactement comme cela est expliqué dans le chapitre consacré aux logiciels disponibles sur PC, iMovie permet la gravure directe d'une source numérique sur DVD vidéo grâce à une fonction appelée One Step DVD. Cela transforme un peu le Mac en un enregistreur de salon.

A côté de ces logiciels, il existe aussi sur Mac de la bidouille (si on en a vraiment envie). Elle concerne la copie de DVD vidéo davantage que de DVD de données qui, elle, s'en remet à des logiciels plus standard, voire aux fonctionnalités de gravure de Mac OS X.

Les logiciels de copie de DVD

La copie des DVD sur Mac est traitée dans la cinquième partie. Loin de moi l'idée de vous encourager à copier des DVD vidéo qui ne vous appartiennent pas. En revanche, malgré la robustesse du support, il est avisé de se garantir contre toute mauvaise surprise. Si certains films achetés dans le commerce sont assez faciles à retrouver en cas de destruction du vôtre, d'autres, beaucoup plus rares, risquent de vous faire pleurer toutes les larmes de votre corps si jamais un petit bambin armé d'une paire de ciseaux (parents indignes et inconscients !), s'amuse à graver "Maman je t'aime" sur la face enregistrée d'un film de Robert Bresson dont on a perdu toutes les copies.

Lorsque j'envisage la copie des DVD, j'envisage en réalité deux choses :

- La copie d'un DVD de données pour profiter d'une double sauvegarde.
- La copie privée, et soyons bien clair là-dessus, soit des DVD achetés dans le commerce, soit des DVD vidéo que vous avez enregistrés avec votre enregistreur de salon.

La copie de DVD de données

Cette copie va permettre de conserver vos données sur deux DVD. L'un sera le DVD d'origine et l'autre la copie. Sur ce principe assez simple à comprendre, vous pouvez bien entendu faire des dizaines et des dizaines de copies si vous n'avez vraiment pas confiance dans le support robuste et indépendant de tout matériel de lecture qu'est un DVD.

En règle générale, vous effectuerez cette copie une fois le DVD d'origine entièrement rempli. La méthode la plus simple consiste alors à utiliser un programme de gravure de données comme Toast ou DragonBurn, ou encore la fonction interne de Mac OS qui passe par l'utilitaire de disque illustré à la Figure 8.1. (Vous en saurez davantage au Chapitre 15.)

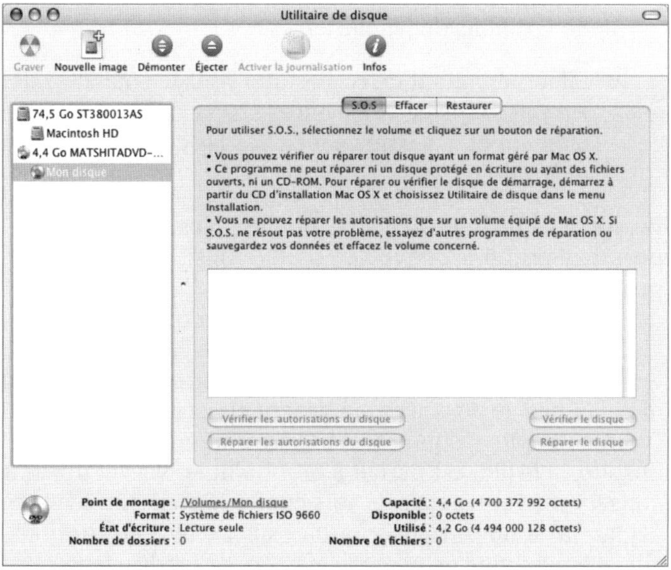

Figure 8.1 : Même sans logiciel de gravure, vous pouvez copier un DVD de données et vidéo avec Mac OS X.

Le programme crée une image ISO temporaire du DVD qui porte l'extension .cdr (bien qu'il s'agisse d'un DVD), c'est-à-dire que la première phase consiste à lire le contenu du DVD pour en copier la structure précise. La seconde phase, quant à elle, implique l'insertion d'un DVD vierge sur lequel le logiciel va copier le contenu de l'image ISO, c'est-à-dire exactement le même DVD que celui qui a été lu lors de la première phase.

La copie de DVD vidéo

La copie de DVD vidéo est un sujet assez sensible au regard du respect des droits d'auteur qui souvent entrent en conflit avec le droit à la copie privée qui existe en France. Cette confusion tient au fait que les utilisateurs ne comprennent pas très bien cette notion. Les seules choses que vous ayez le droit de faire en matière de DVD vidéo sont :

- Effectuer une seule copie privée d'un DVD vidéo acheté dans le commerce.

  Ne copiez jamais un DVD loué ou emprunté, c'est-à-dire dont vous ne possédez pas le droit légal d'usage.

- Effectuer autant de copies des DVD vidéo dont vous êtes l'auteur du contenu. En effet, vous faites ce que vous voulez de vos films de famille !

- Effectuer autant de copies que vous le souhaitez de films enregistrés avec votre enregistreur de salon, à partir du moment où vous ne vendez pas les copies, ne les louez pas ou ne les donnez pas.

Personnellement, j'enregistre toujours mes DVD vidéo sur un support réinscriptible de type DVD+RW. Ainsi, je peux vérifier qu'aucun problème n'est survenu pendant la diffusion du film, et que mon décodeur satellite a parfaitement fait son travail, ou bien que l'enregistreur de salon a rempli la fonction que j'attends de lui. En effet, si le film connaît des problèmes techniques, ou tout simplement s'il ne me plaît pas, je peux très facilement effacer le contenu du DVD+RW (voir le Chapitre 5) pour y enregistrer ultérieurement un autre film. Ensuite, si le film est parfait à tout point de vue, et que je souhaite le conserver à tout jamais, je vais copier le DVD+RW (DVD vidéo qui est sur un support réinscriptible) sur un DVD inscriptible. Je suis sûr que personne ne pourra l'effacer par inadvertance. De même, mes films étant précieux, je ferai une seconde copie qui restera en lieu sûr et ne sera jamais regardée.

En matière de copie de DVD vidéo, il existe des logiciels plus ou moins sophistiqués. Généralement, les programmes de gravure de données savent aussi créer des DVD vidéo et copier des DVD vidéo existants.

En fonction du logiciel utilisé, vous pouvez espérer effectuer les copies suivantes :

- Un DVD 5 sur un DVD+R/+RW, -R/-RW, c'est-à-dire sur un support acceptant au maximum 4,7 Go de données.

- Plus fort : Copier le contenu d'un DVD 9, c'est-à-dire double couche, sur un DVD 5, c'est-à-dire simple couche. Cela est rendu possible par une compression intelligente du contenu du DVD 9 dont la précision est telle qu'il vous sera difficile de constater une perte de qualité d'image. (Il y en a une quand même, faut pas exagérer non plus.)

- Encore plus fort : Sélectionner ce que vous allez conserver du DVD vidéo. Par exemple, un DVD propose souvent plusieurs langues et sous-titres, des menus, des bonus, etc. Avec le logiciel approprié, vous entrez dans cette structure du disque et vous choisissez ce que vous allez conserver. Vous éliminerez les bandes-annonces, les langues autres que le français ou l'anglais, les sous-titrages en néerlandais, et j'en passe et des meilleurs que vous découvrirez avec une certaine excitation au Chapitre 16.

Pour conclure avec les logiciels Mac, comparons avec ce que l'on nous propose sur PC. C'est assez maigre ! Voici les logiciels que nous étudierons plus en moins en détail dans ce livre, et qui sont la fine fleur de l'armada Macintosh en matière de gravure de données, d'authoring DVD et de création de DVD vidéo :

- iDVD 5.
- Toast 6 Titanium.
- DragonBurn v4.
- Popcorn.
- Fast DVD Copy.
- DVD Remaster.
- Mac The Ripper.
- DVD Imager.

Et pour les amateurs avertis et les professionnels confirmés :

- Apple DVD Studio Pro 4.

Bien ! Nous quittons enfin la grande vague théorique sur laquelle nous surfons depuis pas mal de feuillets pour enfin nous reposer sur la plage de sable fin où nous allons passer des vacances studieuses à graver des données, des DVD vidéo et nos noms sur les cocotiers... C'est vous dire le programme qui vous attend !

Troisième partie

Graver des DVD sur PC

"Flagrant délit de copie illicite de DVD patron ! De plus ils tentaient de faire disparaître les preuves".

Dans cette partie...

La gravure de DVD sur PC s'envisage ici au travers de quatre chapitres bien garnis pour votre plus grand plaisir. Au Chapitre 9, vous apprendrez ce qu'est la gravure, et vous vous formerez à la gravure de DVD de données avec les applications Nero 6 Reloaded, Roxio Easy Media Creator 7.5, ainsi qu'avec un utilitaire gratuit nommé CD BurnerXP Pro.Le Chapitre 10 vous plonge dans l'univers de la copie et de la restructuration des DVD vidéo. Vous y procéderez notamment avec Clone DVD 2 et les deux superlogiciels gratuits que sont DVD Decrypter et DVD Shrink. Le Chapitre 11 vous explique comment graver directement le contenu de vos cassettes MiniDV sur un DVD vidéo compatible avec la majorité des lecteurs de DVD de salon. Enfin, au Chapitre 12, vous apprendrez à graver le contenu de vos cassettes vidéo analogiques et numériques, sans phase de création de menus (authoring), sur DVD, en utilisant les fonctions de Nero et de Roxio en la matière.

Chapitre 9

Graver des données

Dans ce chapitre :

- Les principes de la gravure.
- Installer un logiciel de gravure.
- Nero 6 Reloaded.
- Roxio Easy Media Creator 7.5.
- Graver avec des programmes gratuits.

La gravure des données a été pendant longtemps l'exercice unique des utilisateurs d'un graveur de CD-ROM. (Eh oui, moi qui vous parle, j'ai vu naître le graveur de DVD-ROM et de CD-ROM !) Pour cette raison, beaucoup de débutants ou de personnes aguerries aux techniques informatiques gardent le réflexe de graver leurs données sur CD. Le DVD est ancré dans les esprits comme le support exclusif d'un contenu vidéo diffusé par un lecteur idoine et contemplé sur un écran de télévision. Ce serait faire injure au DVD que de le cantonner à cette noble tâche certes, mais qui enlève tout son sens à la lettre V de DVD, c'est-à-dire *Versatile*, que l'on comprend mieux en français sous l'acception de "polyvalence".

Donc, sur un DVD vierge, vous pouvez graver des données, c'est-à-dire sauvegarder vos fichiers sensibles, en profitant d'une capacité de stockage bien plus importante que sur un CD.

Tout au long de ce chapitre, vous allez comprendre les grands principes qui régissent la gravure de données sur DVD, voir la procédure générique d'installation d'un programme de gravure, et enfin passer à l'action en testant les programmes payants ou gratuits les plus répandus, reconnus et convoités dans ce domaine.

Les grands principes de la gravure de données

Assener des principes ne doit pas être entendu comme un interminable étalage de technicité à laquelle le profane ne comprend jamais rien. Ce que le débutant souhaite est graver le plus simplement du monde, sans erreur, tout en ayant bien compris ce qu'il doit attendre de la gravure des données sur DVD, et en quoi elle est tout aussi importante que de le faire sur CD.

Je l'ai évoqué à plusieurs reprises, mais, s'il n'y avait qu'un principe à retenir, ce serait celui-ci : Vous gravez des données pour effectuer des copies de sauvegarde de vos fichiers purement informatiques.

En matière de DVD, tout ce qui n'est pas gravé sous forme de DVD vidéo est un DVD de données. Par conséquent, un DVD de données ne peut être lu que par un lecteur et/ou un graveur de DVD-ROM. C'est une extension logique, implacable, des possibilités de stockage d'un ordinateur.

Le support DVD présente l'avantage d'être indépendant du matériel qui le grave. Cela signifie que, si le graveur tombe en panne, vous ne perdez pas les données antérieurement gravées sur un DVD. Inversement, ce qui est stocké sur un disque dur est radicalement perdu lorsque le disque en question connaît un dysfonctionnement.

Globalement parlant, la gravure d'un DVD ne diffère pas de celle d'un CD. Si vous avez déjà gravé des données sur CD, vous saurez graver des données sur DVD.

Les avantages du DVD sur le CD

Beaucoup d'utilisateurs ont au moins gravé une fois un CD. Se retrouvant avec un graveur de DVD, deux attitudes se dessinent :

- Soit l'utilisateur pense que le graveur de DVD ne peut graver que des DVD, et il panique à l'idée de changer de support.
- Soit l'utilisateur sait qu'un graveur de DVD peut également graver des CD, et il se demande pourquoi changer un support qu'il maîtrise parfaitement.

Dans les deux cas, le DVD est mal perçu. Pourtant, en matière de données, il présente des avantages incontestables sur le CD :

- Un DVD se grave comme un CD, à partir du moment où vous utilisez un logiciel de gravure qui reconnaît votre graveur et qui gère les DVD vierges. (Ils le font presque tous, et en tout cas ceux étudiés dans ce chapitre.)
- Un DVD vierge peut contenir 4,7 Go de données en simple couche et 8,5 Go sur un double couche, contre 650 à 900 Mo pour un CD.
- Le prix des DVD n'est plus aussi élevé qu'auparavant, surtout si vous les achetez en suivant les conseils donnés au Chapitre 3, "Les supports de gravure".
- La capacité de stockage d'un DVD réinscriptible (4,7 Go) permet plus facilement de l'utiliser comme un disque dur amovible que les malheureux 650 Mo d'un CD.
- En plus de pouvoir graver des données, la plupart des DVD vierges permettent de créer des DVD vidéo de grande qualité.

Que vous utilisiez un graveur interne ou externe, la procédure de gravure reste la même.

Un DVD de données ne peut être lu que par un lecteur et/ou un graveur de DVD. Il ne le sera jamais par un lecteur/graveur de CD, ni par un enregistreur de DVD de salon.

Tout cela pour vous dire que, si vous possédez un graveur de DVD-ROM, c'est pour enfin graver vos données sur DVD. J'espère que vous l'avez bien compris !

Lorsque la décision est prise de graver vos données sur DVD, il y a un autre grand principe à retenir : Préparez votre ordinateur à la gravure.

Préparer votre ordinateur à la gravure

Si le Chapitre 4 présente les ordinateurs capables de prendre en charge une gravure, et malgré la puissance indéniable des machines actuelles, l'enregistrement de vos données sur DVD n'est pas toujours une réussite. Si certaines précautions ne sont pas prises, vous risquez de ruiner vos sessions de gravure. Ce n'est pas grave lorsque vous utilisez des DVD+RW/-RW, mais c'est plus embêtant lorsque vous gravez des DVD+R/-R dont vous ne pouvez pas effacer le contenu en cas d'échec, et qui s'avèrent souvent inutilisables car la table des matières du contenu du DVD n'a pas pu être faite par le logiciel de gravure.

Je reconnais que les problèmes de gravure son rares. Ils étaient liés autrefois à ceci :

- La faible puissance des processeurs.
- La capacité limitée de la mémoire RAM embarquée dans un ordinateur.
- Les temps d'accès disque trop longs.
- Une mauvaise gestion de la mémoire tampon des graveurs.

  TRUC

  Cette mémoire stockait temporairement les données avant qu'elles soient gravées. Or, il arrivait parfois que l'ordinateur ne puisse maintenir un flux de données constant qui alimentait cette mémoire. Faute de données, le graveur interrompait l'opération de gravure. Nous en étions quitte, à l'époque, pour un CD à mettre à la poubelle. Aujourd'hui, les logiciels et les graveurs gèrent la potentielle sous-alimentation des tampons (ou *buffers*) pour garantir l'exécution d'une gravure dans les meilleures conditions possibles.

Malgré les améliorations techniques, deux précautions valent mieux qu'une. Avant de graver des données sur DVD, prenez conscience que la session de gravure peut durer assez longtemps, surtout si vous remplissez le disque en une seule fois. 4,7 Go de données ce n'est pas 650 Mo ! Voici ce que je vous invite à faire régulièrement lorsque vous gravez des données sur DVD (et même sur CD) :

- **Stockez vos données sur un autre disque dur que le disque système.** Je rappelle que le disque dit "système" est celui qui contient Windows et vos applications.
- **Défragmentez votre disque dur.** C'est la régularité du transfert des données du disque dur au graveur qui assure le succès des enregistrements. Malgré la performance des systèmes de sous-alimentation ou de saturation du buffer (mémoire tampon du graveur), personne n'est jamais assez prudent, surtout lorsque l'ordinateur n'est pas très performant. Un disque dur, c'est un immense gruyère. Cela tient au fait que les données n'y sont pas stockées de manière séquentielle, donc continue, mais de façon aléatoire. Ainsi, un fichier de 15 Mo par exemple risque d'être réparti à divers endroits

des plateaux du disque dur. On parle de *fragmentation*. Pour restituer la totalité du fichier, les têtes de lecture du disque dur ne cessent d'aller et venir pour collecter tous les octets constituant le fichier. Or, plus une tête de lecture se déplace, moins elle envoie rapidement les données au graveur. La défragmentation va regrouper autant que faire se peut les fichiers en une séquence de données plus rapide d'accès. La tête de lecture parcourant alors la surface du disque de manière linéaire va très rapidement alimenter la mémoire tampon du graveur en données. Sous Windows XP, défragmentez régulièrement votre disque dur. Il suffit pour cela de cliquer sur Démarrer/Tous les programmes/Accessoires/Outils système/Défragmenteur de disque. Vous accédez à une interface semblable à celle représentée à la Figure 9.1. Là, cliquez sur le bouton Analyser. Attendez quelques minutes. Si le disque a besoin d'être défragmenté, un message vous y invite. Dans ce cas, cliquez sur le bouton Défragmenter. Ne faites plus rien. Il est en effet déconseillé d'effectuer des opérations de lecture et d'écriture sur un disque dur en cours de défragmentation. La défragmentation prend généralement beaucoup de temps.

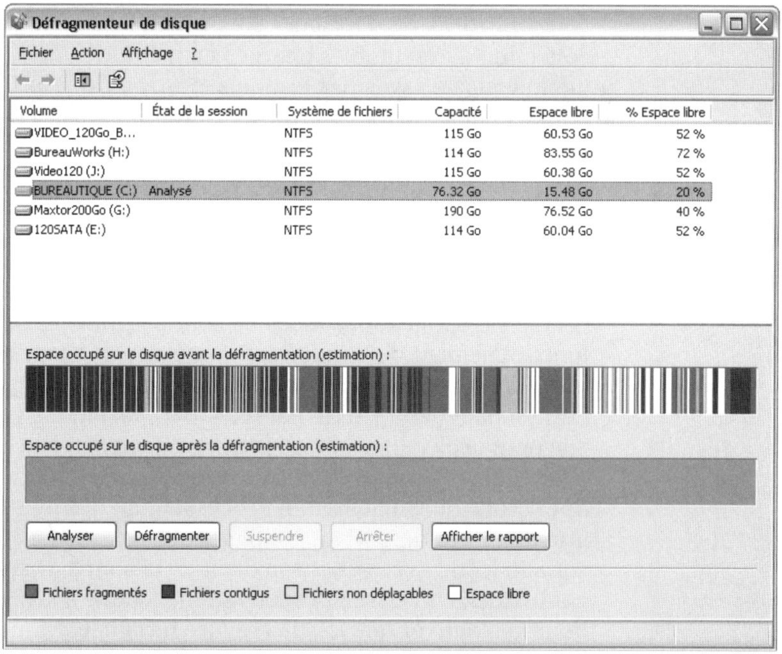

Figure 9.1 : La défragmentation multiplie les chances de réussite de votre gravure.

Il existe des utilitaires de défragmentation plus rapides et plus puissants que celui de Windows, comme Norton SystemWorks 2005 que vous pouvez découvrir à l'adresse www.symantec.com/region/fr/product/nsw_fonctions.html.

Si votre disque dur est formaté en FAT32, il aura plus tendance à se fragmenter qu'un disque dur dont le système de fichiers est NTFS. Cela tient tout simplement à la capacité de stockage de chaque cluster du disque dur. Comme ils sont plus petits dans un système de fichiers NTFS, le disque dur les remplit plus facilement, évitant de disloquer les données à droite et à gauche. L'opération de défragmentation est moins fréquente que dans un système de fichiers FAT32. Si vous utilisez un ancien système d'exploitation comme Windows 95, vous risquez d'être en FAT16 où la fragmentation est un problème encore pire qu'en FAT32.

- **Désactivez les programmes qui tournent en tâche de fond.** Si vous saviez le nombre d'applications et de services qui s'exécutent au démarrage de Windows, vous seriez impressionné. Vous ne me croyez pas ? Alors, appuyez simultanément sur les trois touches suivantes : Ctrl+Alt+Suppr. Vous accédez au Gestionnaire des tâches de Windows. Cliquez sur l'onglet Processus. La Figure 9.2 montre l'impressionnante collection d'exécutables chargés en mémoire. Bien évidemment, vous ne savez pas lesquels interrompre, car il faut une bonne connaissance de ces outils pour identifier ceux dont on peut terminer le processus sans planter Windows. Pour éviter cette mésaventure, fermez immédiatement ce Gestionnaires des tâches.

  Maintenant, jetez un œil dans la zone de notification située à droite de la Barre des tâches. Vous y voyez toute une série d'icônes d'applications. Elles ne sont pas indispensables au fonctionnement de Windows. Par mesure de sécurité, je vous invite à désactiver votre connexion Internet, surtout si vous êtes en haut débit (ADSL par exemple). En effet, à votre insu, elle peut déclencher une connexion à Internet, lancer des programmes comme Outlook, c'est-à-dire effectuer des opérations qui sollicitent le processeur au détriment de la gravure. Pour désactiver simplement la connexion, cliquez sur son icône avec le bouton droit de la souris. Dans le menu contextuel, choisissez Désactivation, comme à la Figure 9.3. Pour la réactiver une fois la gravure terminée, cliquez sur Démarrer/Connexions/<nom de votre connexion>.

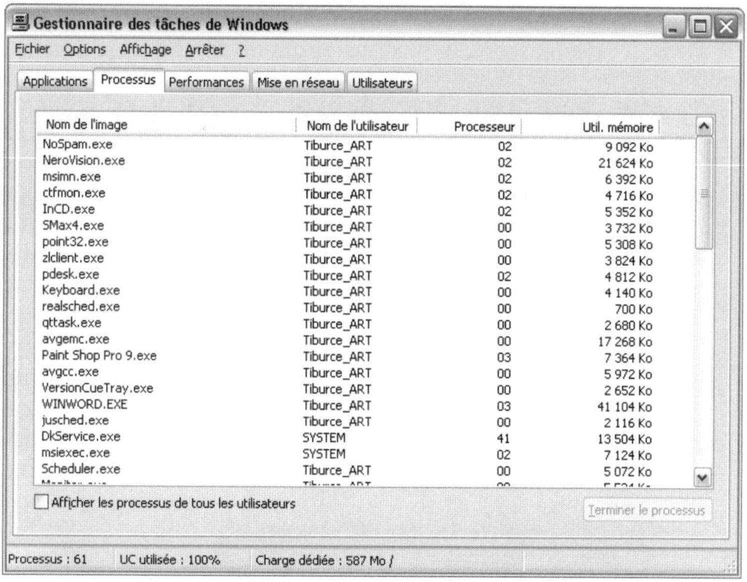

Figure 9.2 : Le Gestionnaire des tâches de Windows permet de connaître tous les processus en cours.

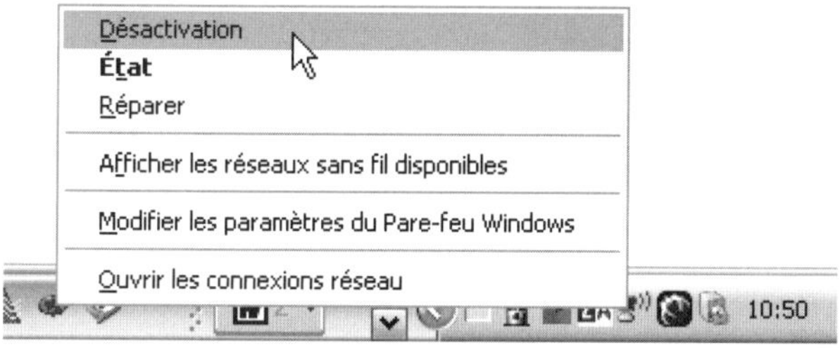

Figure 9.3 : Désactivez la connexion Internet pour éviter des démarrages intempestifs d'applications durant la gravure.

ATTENTION !

Ne fermez jamais votre logiciel pare-feu et/ou antivirus avant d'avoir effectuer la déconnexion Internet. Sinon, vous exposez votre ordinateur à tous les virus, adwares et autres spywares qui sont là pour vous pourrir la vie.

TRUC

Si la déconnexion logicielle de votre connexion Internet vous semble trop complexe, voici une solution plus simple : Débranchez le câble USB qui relie votre modem à votre ordinateur. Pour rétablir la connexion, rebranchez-le ! (Il est rare que le modem ne réinitialise pas la connexion haut débit. Si c'est le cas, vous devrez alors vous soumettre à la séquence Démarrer/Connexions/<nom de votre connexion>.)

- **Désactivez l'écran de veille.** L'écran de veille est le gadget qui se met en route lorsque vous ne touchez ni au clavier ni à la souris pendant un certain laps de temps. En général, une animation, un diaporama, ou toute autre chose qui ne sert plus à rien aujourd'hui, remplace l'austère application qui s'affiche sur votre écran. Bien que la chose soit rare, le déclenchement de l'écran de veille peut perturber la session de gravure. Pour le désactiver sous Windows XP, cliquez sur un emplacement vide du bureau avec le bouton droit de la souris. Dans le menu contextuel, choisissez Propriétés. Dans la boîte de dialogue Propriétés d'affichage, cliquez sur l'onglet Ecran de veille. Dans la liste homonyme, choisissez Aucun, comme à la Figure 9.4. Validez par un clic sur le bouton OK.

Figure 9.4 : Il est préférable de désactiver l'écran de veille.

- **Désactivez tous les modes de gestion de l'alimentation.** Ces modes de gestion prennent souvent le relais de l'écran de veille. C'est-à-dire qu'au bout d'un certain laps de temps sans toucher à votre PC, le moniteur peut se mettre en veille, les disques durs s'arrêter, l'ordinateur passer en mise en veille, voire pire, basculer en veille prolongée. Pour éviter cela, ouvrez de nouveau la boîte de dialogue Propriétés d'affichage, et cliquez sur son onglet Ecran de veille. Là, cliquez sur le bouton Gestion de l'alimentation. Pour désactiver absolument tous les modes de gestion en une seule opération, ouvrez la liste Modes de gestion de l'alimentation et choisissez Présentation, comme à la Figure 9.5. Validez par un clic sur OK.

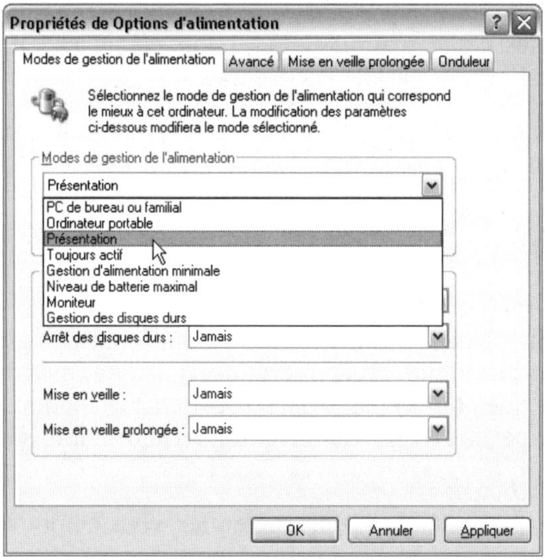

Figure 9.5 : Il est tout aussi préférable de désactiver tous les modes de gestion de l'alimentation.

- **Ne faites rien pendant la gravure.** La gravure sollicite beaucoup les ressources de votre système, que ce soit le processeur, le disque dur, la mémoire, etc. Ne venez pas le surcharger de tâches supplémentaires en écoutant le dernier MP3 du concerto pour castagnettes en exécutant le Lecteur Windows Media. Non ! Ne faites rien ! Profitez de la session de gravure pour quitter cette maudite machine et courir vers une autre : celle qui fait ce délicieux breuvage appelé cappuccino !

Voilà ! Avec ces quelques précautions de base, il n'y a aucune raison pour que votre expérience de la gravure de données sur DVD se transforme en catastrophe.

TRUC

Tout ce qui vient d'être dit sur la préparation d'un ordinateur à la gravure de données vaut pour la préparation d'un ordinateur à la gravure d'un DVD vidéo. Qu'on se le dise !

Les différents modes de gravure

Il y a une normalisation de la gravure des DVD en ce sens que le format de fichier a été standardisé assez rapidement. Je ne vais donc pas m'étendre sur l'histoire de la gravure qui a multiplié les ISO, les UDF et les UDF/ISO, autant d'acronymes qui sonnent à vos oreilles bien plus confusément que lorsque votre belle-mère dit du mal de vous. (Tiens, je remarque que belle-mère marche dans les deux sens, c'est-à-dire aussi bien pour vous messieurs que pour vous mesdames. Chacun appréciera ou non, même les belles-mères qui, elles aussi, en ont parfois encore une.)

Je vais vous expliquer ici les trois principaux modes de gravure de données, c'est-à-dire *disque entier*, *multisession*, et *à la volée*.

Disque entier

Graver un DVD en mode Disque entier (mode appelé différemment en fonction du logiciel) est une opération qui consiste à graver la totalité du disque en une seule opération. A la différence du mode multisession, que nous verrons dans la prochaine section, le mode disque entier permet de graver davantage d'informations sur le disque.

ATTENTION !

Lorsque vous gravez en mode disque entier, vous ne pouvez plus ajouter d'autres données. Pour cette raison, il est recommandé d'utiliser cette méthode uniquement pour la copie intégrale d'un DVD de données déjà entièrement rempli.

TRUC

En réalité, le mode disque entier ne signifie pas graver la totalité du disque, c'est-à-dire le remplir à hauteur de sa capacité maximale. Vous pouvez très bien, sur un DVD inscriptible de 4,7 Go, ne graver qu'un ou deux gigas et opter pour le mode disque entier. Dans ce cas, à la fin de la gravure, le programme *ferme* le disque. Il ne sera plus possible d'y ajouter d'autres données. Vous voyez que, dans cet exemple, le disque est considéré comme entier alors qu'on n'a utilisé que la moitié de sa capacité de stockage.

Multisession

C'est le mode que je conseille lorsque l'on veut créer un DVD de données, mais que l'on n'a pas assez de fichiers pour remplir les 4,7 ou les 8,5 Go de données. Dans ce mode, le disque n'est pas fermé, c'est-à-dire qu'après votre session de gravure vous pourrez en effectuer plusieurs autres au jour de votre choix, jusqu'à ce que la capacité totale du disque soit atteinte.

En fait, chaque session est gravée sur une piste du DVD distincte des autres. C'est pour cette raison qu'il est possible d'en débuter une autre lorsque l'on en a déjà gravé une, et ainsi de pouvoir remplir progressivement le DVD au rythme de ses besoins. Par conséquent, lorsque vous gravez un DVD en multisession, vous devez toujours veiller à ne pas activer l'option dite de *finalisation du disque*. Cette option ferme le disque, empêchant toute nouvelle gravure. Vous ne finaliserez le DVD multisession qu'au jour de la gravure de la toute dernière session, c'est-à-dire à un moment où vous êtes certain que la capacité maximale de stockage du disque est atteinte. Finaliser un disque constitue sa structure définitive, le rendant compatible avec tous les lecteurs de DVD-ROM.

Il existe deux types de DVD multisessions :

- Les DVD multisessions de fichiers liés que l'on utilise principalement pour des sauvegardes sur plusieurs DVD. Par exemple, sauvegarder la totalité d'un disque dur système sur DVD exige plusieurs disques, car vous aurez plusieurs dizaines de gigaoctets de données à préserver. L'aspect liaison des fichiers permet de récupérer, donc restaurer, la sauvegarde de manière séquentielle et logique. Sans quoi les fichiers seraient restaurés n'importe où et n'importe comment, empêchant le bon fonctionnement du système.

- Les DVD multisessions de fichiers indépendants. C'est le mode multisession le plus utilisé dans la mesure où il permet, à votre gré, d'ajouter des données sur un DVD contenant déjà une ou plusieurs sessions. Par exemple, si vous consacrez un DVD vierge à la sauvegarde de vos photos numériques qui, en informatique, ne sont rien d'autres que des données (c'est-à-dire des fichiers), vous pourrez d'abord y graver le contenu de votre carte mémoire actuelle contenant par exemple 100 photos, et quelques semaines plus tard y ajouter 50 ou 150 autres photos, et ainsi de suite, jusqu'à atteindre la capacité totale du disque.

TRUC

Pour graver en multisession, il n'est pas nécessaire d'utiliser un DVD+RW ou -RW réinscriptible. Au contraire, la multisession a été créée pour permettre d'ajouter des données sur un DVD+R ou -R, c'est-à-dire qui n'est pas, par nature, réenregistrable, mais qui contient déjà des données gravées en multisession.

A la volée (ou par paquets)

La gravure par paquets, dite *à la volée* ou *écriture par paquets*, n'est jamais directement prise en charge par le logiciel de gravure lui-même. Ce programme vous livre un utilitaire dont l'appellation varie. Par exemple, Nero le nomme InCD, Roxio lui donne le nom de Drag-to-Disc, et Pinnacle Instant CD/DVD opte pour *Instant Write*.

L'idée de ces utilitaires est de *formater* un disque réinscriptible de manière à l'utiliser comme un petit disque dur ou une grosse disquette. A partir de cet instant, voici comment vous pouvez y enregistrer des données :

- Inutile d'exécuter votre programme de gravure ou l'utilitaire d'écriture par paquets.
- L'utilitaire d'écriture par paquets est opérationnel au démarrage de Windows. Vous ne vous en rendez pas toujours compte. Parfois, une icône est visible directement sur le bureau ou dans la zone de notification de la Barre des tâches. Parfois, vous ne le savez qu'en cliquant sur l'icône du graveur de DVD dans l'Explorateur Windows avec le bouton droit de la souris. Dans le menu contextuel, vous trouvez des options de formatage ou d'effacement du DVD inséré.
- Pour graver des données, glissez-déposez-les directement depuis l'Explorateur Windows sur l'icône de votre graveur. Bien entendu, un DVD réinscriptible formaté doit préalablement être inséré dans le graveur.
- Glissez-déposez les données sur l'icône de l'utilitaire affiché sur le bureau de Windows.
- Depuis l'application où vous travaillez, cliquez sur Fichier/Enregistrer sous. Dans la boîte de dialogue qui apparaît, localisez votre graveur et cliquez sur le bouton Enregistrer. A partir de cet instant, dès que vous appuierez sur le raccourci Ctrl+S ou invoquerez simplement la commande Enregistrer, les dernières modifications apportées au fichier seront gravées sur le DVD. Il joue exactement le rôle d'une disquette ou d'un disque dur.

TRUC

Il faut être vigilant avec les programmes d'écriture à la volée, car tous ne sont pas compatibles les uns avec les autres. Ainsi, tel DVD+RW/-RW gravé à la volée avec un programme bien précis ne pourra plus l'être avec un autre programme du même type s'il vous venait l'idée de vouloir en changer.

TRUC

Evitez l'accumulation des programmes qui ont chacun leur utilitaire d'écriture par paquets (voir la précédente section). En effet, ils cohabitent généralement mal. Vous vous retrouvez alors avec des programmes de gravure qui tardent à s'exécuter, détectent des erreurs là où il n'y en a pas, et rendent très difficiles l'accès et le choix de l'utilitaire qui va prendre en charge l'écriture à la volée des données. Si vous constatez ce genre de problème, désinstallez sinon la totalité de l'un des logiciels, du moins son utilitaire d'écriture par paquets.

Il n'est pas facile de résumer en quelques sections toutes les possibilités de gravure des logiciels dédiés à cette tâche. Vous les découvrirez au fur et à mesure de la lecture des chapitres suivants de ce livre. En revanche, avant de pouvoir utiliser un logiciel de gravure, vous devez procéder à son installation. C'est ce que je vous propose de découvrir dans la prochaine section.

Installer un programme de gravure

Dans l'absolu, l'installation d'un programme de gravure n'est pas plus complexe que celle de toute autre application.

Pour illustrer cette procédure, nous allons nous baser sur le légendaire et presque incontournable Nero 6 Reloaded. Toutefois, toute installation a un préalable : Acheter le logiciel dont vous avez besoin.

Demandez le programme !

Vous êtes de petits veinards. En effet, face à la concurrence acharnée que se livrent de nombreux éditeurs de logiciels de gravure, vous pourrez quasiment tous les tester en téléchargeant une version d'évaluation.

Généralement, cette version est limitée dans le temps, c'est-à-dire qu'elle sera fonctionnelle pendant une certaine durée au-delà de laquelle un message vous invitera à acheter le produit complet, c'est-à-dire un numéro de série et une licence d'exploitation.

Pour profiter de cette opportunité d'essai, il est préférable de disposer d'une connexion Internet haut débit. En effet, les applications sont de plus en plus complexes et sophistiquées, ce qui se traduit par un volume de fichiers considérable.

Voyons ainsi comment se procurer la version de démonstration, dite aussi *version d'évaluation*, du programme Nero Reloaded :

1. **Connectez-vous au site Web** `www.nero.com/fr`.

   Vous arrivez sur une page sensiblement équivalente à celle illustrée à la Figure 9.6. (Sensiblement, en effet, car j'ignore quand vous vous connecterez et ce que l'éditeur Ahead aura fait de sa page d'accueil française à ce moment-là.)

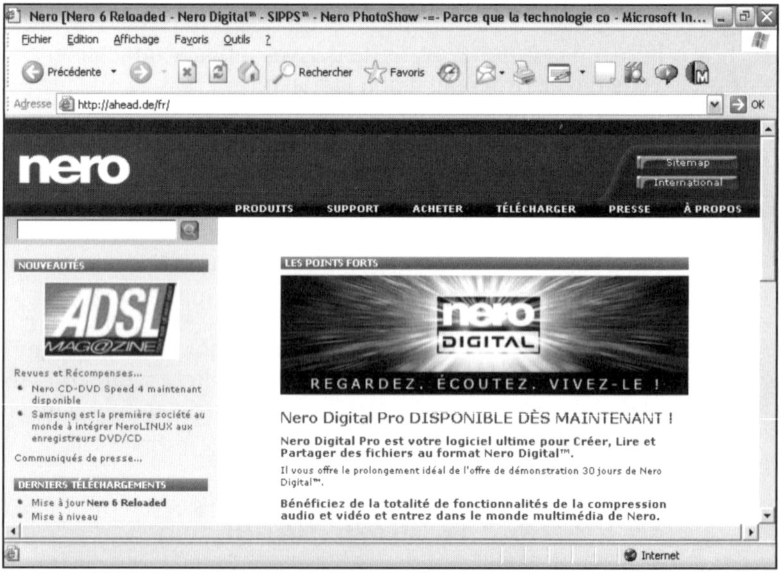

Figure 9.6 : La page d'accueil de Nero.

2. **Cliquez sur le bouton (ou lien) Télécharger.**

3. **Dans la nouvelle page qui s'affiche, cliquez sur Versions de démonstration, puis sur Version de démonstration Nero 6 Reloaded, comme à la Figure 9.7.**

4. **Cliquez sur le gros bouton Télécharger illustré à la Figure 9.8.**

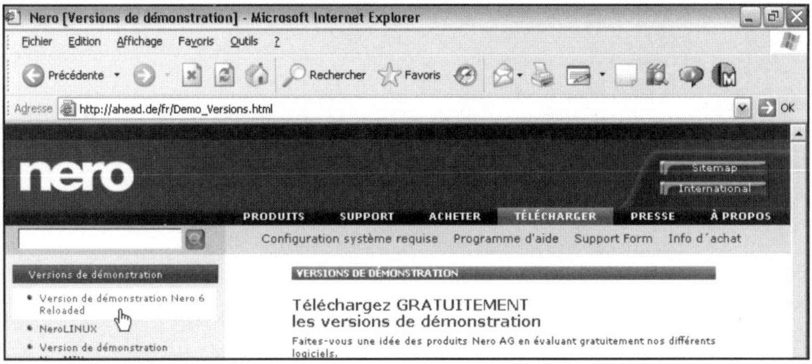

Figure 9.7 : Cliquez sur ce lien pour accéder à la page des télécharge-ments.

Figure 9.8 : Cliquez sur le bouton pour télécharger les différents packs de Nero.

5. **Comme Nero Reloaded est constitué de trois packs logiciels distincts, téléchargez chacun d'eux en cliquant sur le bouton Télécharger correspondant à chaque pack.**

   A chaque fois, vous êtes renvoyé à une nouvelle page vous demandant de sélectionner le serveur de téléchargement. Laissez l'option par défaut (Allemagne), et cliquez sur TELECHARGER.

6. **Dans la boîte de dialogue Téléchargement de fichier, cliquez sur Enregistrer, comme à la Figure 9.9.**

7. **Dans la boîte de dialogue Enregistrer sous, sélectionnez le disque dur où vous désirez télécharger le fichier. Ensuite, précisez le dossier où vous allez le télécharger.**

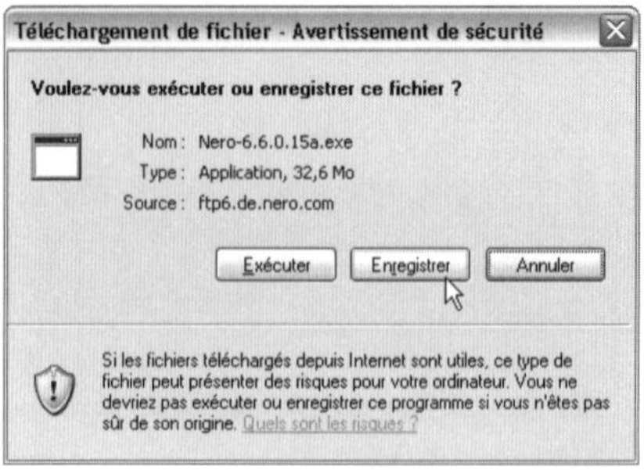

Figure 9.9 : Enregistrez sur disque dur le fichier à télécharger.

TRUC

Je recommande de créer un dossier que vous nommerez Nero 6 Reloaded Demo, dans lequel vous téléchargerez les trois packs de programmes.

8. **Cliquez sur le bouton Enregistrer.**

   Comme l'application pèse plus de 30 Mo, il vous faudra patienter si vous ne disposez pas d'une connexion à très haute vitesse.

9. **Répétez ces opérations pour les deux autres packs.**

   TRUC

   Pensez à télécharger tous les packs dans le même dossier, c'est-à-dire Nero 6 Reloaded Demo si vous avez suivi mes conseils.

10. **Une fois tous les packs téléchargés, revenez à la page illustrée à la Figure 9.8.**

11. **Cliquez sur le lien Patchs de langue, puis sur Patch de langue Nero 6, comme à la Figure 9.10.**

Figure 9.10 : Francisez Nero !

En effet, ces patchs de langue vont vous permettre d'utiliser Nero en français.

12. **Faites défiler le contenu de la page Web des patchs de langue pour localiser `français`. Cliquez sur ce lien !**

13. **Téléchargez les quatre patchs de langue correspondant aux quatre modules principaux de Nero.**

    Pensez à télécharger tous les packs dans le même dossier, c'est-à-dire Nero 6 Reloaded Demo si vous avez suivi mes conseils.

En fonction du logiciel et de la logique de son éditeur, la procédure de téléchargement est plus ou moins longue et complexe. Laissez-vous guider sur le site Web de téléchargement.

Une fois tous les packs et patchs téléchargés, il ne vous reste plus qu'à installer Nero.

Testez et approuvez... ou pas !

L'installation de Nero est assez simple. Une fois les différents modules (ou packs) téléchargés, conformez-vous aux instructions suivantes :

1. **Pour éviter toute erreur dans l'installation, il est recommandé de désactiver votre antivirus.**

   Dans ce cas, il est conseillé de ne pas surfer sur le Web, de ne rien télécharger et de ne pas récupérer vos e-mails.

2. **Ouvrez l'Explorateur Windows.**

3. **Parcourez votre ou vos disques durs pour localiser le dossier Nero 6 Reloaded Demo que je vous ai invité à créer dans la précédente section.**

4. **Double-cliquez sur le fichier Nero-6.6.0.15a.exe.**

   Cette action lance l'installation de l'application principale Nero 6 Reloaded.

5. **Suivez les instructions qui s'affichent à l'écran.**

Si vous n'êtes pas un spécialiste de l'installation de logiciels, acceptez à chaque étape les options par défaut.

6. **Arrivé en fin d'installation, cliquez sur le bouton Terminer.**

7. **Vous pouvez dès maintenant appliquer le patch français en double-cliquant sur le fichier Nero-6.6.0.15a_fra.exe.**

8. **Répétez ces opérations pour les autres packs téléchargés.**

En fin d'installation, Windows peut vous demander de redémarrer votre ordinateur. Dans ce cas, cliquez sur Démarrer/Arrêter l'ordinateur/Redémarrer. Une fois revenu sous Windows, vous disposez d'une version de démonstration de Nero entièrement opérationnelle.

Si, à l'usage, Nero semble bien convenir à vos différents travaux de gravure, vous pourrez très facilement l'acheter via Internet et votre carte bancaire internationale. Il suffit, sur le site Nero, de cliquer sur le lien Nero 6 Reloaded de la section ACHETEZ MAINTENANT. Laissez-vous guider. Au final, il vous en coûtera 59,99 € pour télécharger le produit, ou 10 € de plus pour le recevoir sur CD dans une belle boîte qui va vous embarrasser ! Une fois l'ensemble des modules téléchargé (vous pouvez télécharger un peu plus de choses qu'en version d'évaluation, notamment tous les fichiers d'aide à l'utilisation de cette gigantesque usine à gaz qu'est Nero Reloaded), vous recevrez un e-mail indiquant votre numéro de série. Conservez-le soigneusement !

Que vous ayez téléchargé la version de démonstration ou acheté une version complète, je vous conseille de graver tous ces fichiers sur DVD ! Cela tombe à pic puisque vous venez d'installer votre premier logiciel de gravure.

Nero 6 Reloaded : la gravure grave !

Nero 6 est souvent cité en exemple comme étant le meilleur des logiciels de gravure de données. D'une manière plus générale, on peut avouer que l'évolution de Nero au fil des années en fait un ensemble logiciel tout à fait exceptionnel qui comblera, sans prise de tête excessive, les besoins des débutants en matière de gravure de DVD et de CD.

Comme cet ouvrage n'est pas un livre consacré au logiciel Nero, ne vous attendez surtout pas à ce que j'en étudie tous les aspects.

Le présent chapitre se consacrant à la gravure des données, nous allons voir plusieurs manières d'y procéder dans Nero. Vous allez tout simplement graver sur DVD les différents packs et patchs téléchargés dans la précédente section.

TRUC

Je ne vous oblige pas à graver ces données. Si vous préférez, gravez les centaines de photos numériques qui sont stockées sur l'unique disque dur de votre machine qui commence à arriver à saturation.

TRUC

Pour éviter toute désillusion, effectuez une première session de gravure en utilisant un DVD réinscriptible de type +RW ou -RW, selon le support pris en charge par votre graveur (voir les Chapitres 2 et 3). Néanmoins, si vous êtes sûr de vous, insérez un DVD-R ou +R, sachant que, si vous ratez l'opération de gravure, le DVD risque d'être inutilisable, car vous ne pourrez pas en effacer le contenu.

Gravure multisession

Toute opération de gravure nécessite les éléments suivants :

- Un ordinateur opérationnel fonctionnant si possible sous Windows XP.
- Un logiciel de gravure, comme la présente version de démonstration de Nero.
- Un graveur de DVD interne ou externe.
- Des DVD vierges inscriptibles ou réinscriptibles. Comme il s'agit sans doute de votre première gravure de DVD, utilisez un DVD vierge.

Pour graver des données en multisession, c'est-à-dire selon une technologie permettant d'ajouter ultérieurement des données sur votre DVD, conformez-vous aux étapes suivantes :

1. **Insérez un DVD vierge dans votre graveur.**

   Cette action peut ouvrir la fenêtre du choix d'exécution d'une tâche dans laquelle vous retrouvez affichés certains modules de Nero. Pour ne pas faire n'importe quoi, cliquez sur Annuler et fermez ainsi cette boîte de dialogue. Ensuite, procédez comme à l'étape 2.

2. Double-cliquez sur l'icône du raccourci Nero StartSmart installée sur le bureau et/ou dans la Barre de lancement rapide de Windows XP.

Une sorte de guide d'activité où les tâches exécutables foisonnent s'ouvre, comme le montre la Figure 9.11.

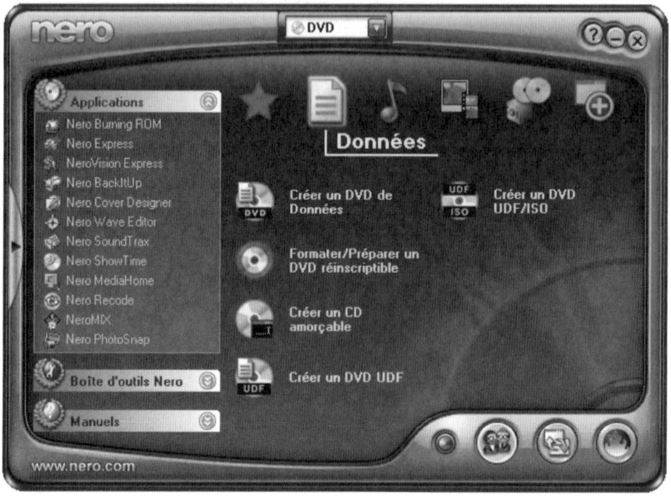

Figure 9.11 : Le centre d'activité Nero StartSmart permet de sélectionner la tâche à effectuer.

3. Dans la liste située en haut et au centre de la fenêtre, sélectionnez DVD.

Si vous utilisez un DVD+RW ou -RW contenant des données qui ne vous servent à rien, commencez par l'effacer. Placez le pointeur de la souris sur l'icône Extras, puis cliquez sur Effacer le DVD, comme à la Figure 9.12. Dans la boîte de dialogue Effacer le disque réinscriptible, laissez les options par défaut et cliquez sur Effacer. La procédure d'effacement rapide ne prend guère plus de 30 secondes. Le graveur éjecte le DVD. Réinsérez-le pour poursuivre la session de gravure.

4. Placez le pointeur de la souris sur l'icône Données, puis sur l'icône Créer un DVD de données, comme le montre la Figure 9.13.

Pour graver dans une interface simple, veillez à sélectionner Nero Express dans la liste Ouvrir avec.

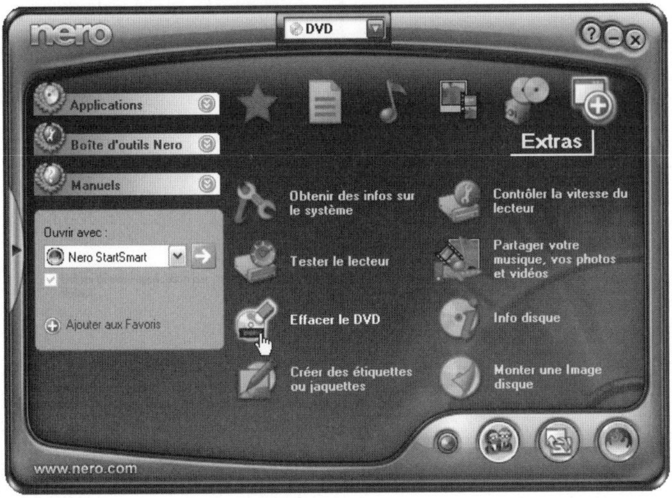

Figure 9.12 : Il est très facile d'effacer le contenu d'un DVD réinscriptible.

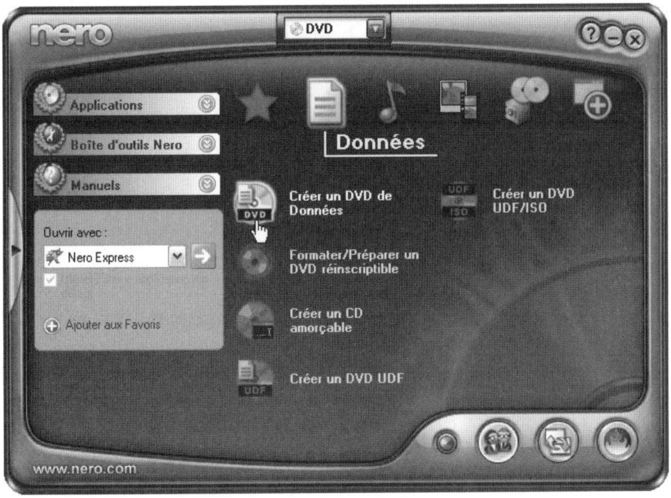

Figure 9.13 : Quoi de plus logique que ce choix pour graver des données sur DVD.

5. **Cliquez sur l'icône sélectionnée.**

   Vous accédez à la fenêtre Nero Express de gravure des données illustrée à la Figure 9.14.

6. **Pour sélectionner les données à graver, cliquez sur le bouton Ajouter.**

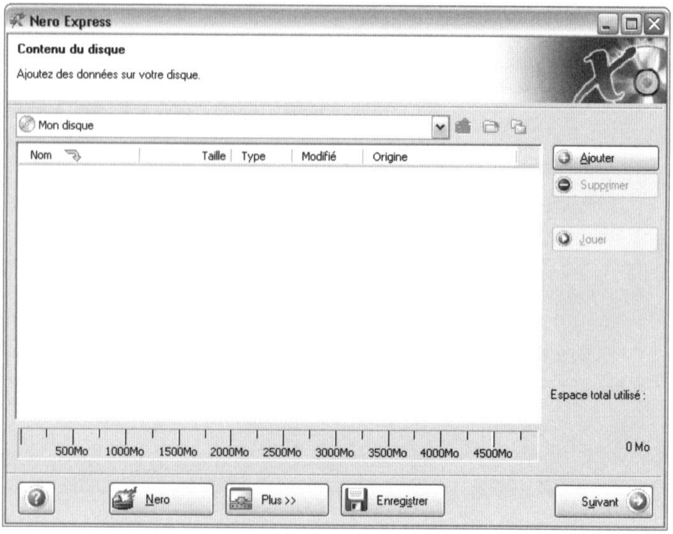

Figure 9.14 : Graver des données avec le module Nero Express est un jeu d'enfant.

Vous ouvrez ainsi la boîte de dialogue Choisissez les fichiers et répertoires.

7. **Dans la liste Emplacement, localisez le disque dur et le dossier contenant les fichiers à graver.**

   Pour rester fidèle à notre exemple, vous devez ouvrir le dossier Nero 6 Reloaded Demo. (Sauf si vous préférez graver des fichiers personnels.)

8. **Sélectionnez tous les fichiers en appuyant sur le Ctrl+A.**

9. **Cliquez sur le bouton Ajouter, comme à la Figure 9.15.**

   La boîte de dialogue Choisissez les fichiers et répertoires reste ouverte pour vous permettre de sélectionner d'autres données à graver. Pour y procéder, répétez la procédure depuis l'étape 7.

10. **Dès que vous n'avez plus de données à ajouter, cliquez sur le bouton Terminé.**

    L'ensemble des données à graver s'affiche dans la fenêtre Nero Express, comme le montre la Figure 9.16.

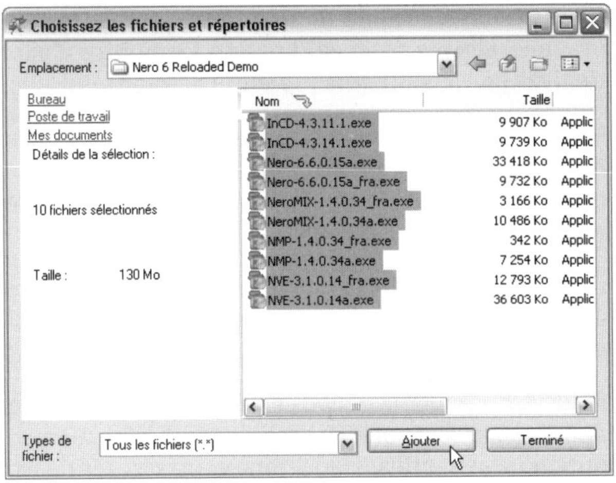

Figure 9.15 : Ajoutez les données à graver.

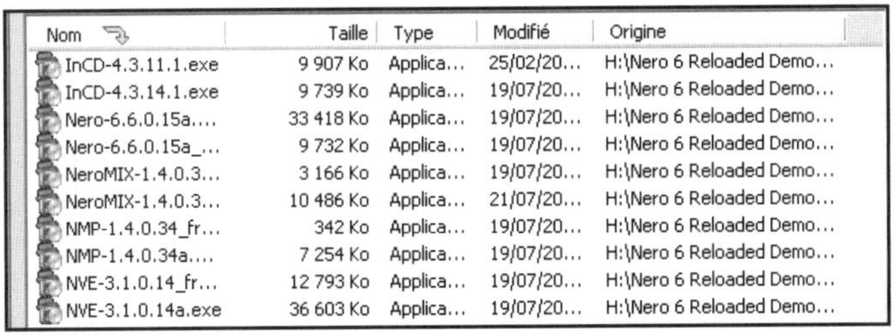

Figure 9.16 : Nero Express récapitule l'ensemble des données à graver.

Dans la partie inférieure de la fenêtre, une jauge bleue permet de savoir la quantité d'espace que vont occuper les données sur le DVD, et par la même l'espace encore disponible sur le disque.

11. **Cliquez sur le bouton Suivant.**

    Vous accédez à la fenêtre Réglage final de la gravure.

12. **Dans la liste Graveur actuel, vérifiez que votre graveur est bien sélectionné.**

    Sauf si vous multipliez les graveurs sur votre ordinateur, il y a peu de risque qu'un autre graveur que le vôtre soit affiché dans cette liste.

13. **Pour permettre l'ajout de données après cette session de gravure, activez (cochez) l'option Permettre d'ajouter des fichiers par la suite (disque multi-session).**

    On vous l'a dit et répété ! Quand vous ne gravez pas la totalité du disque, c'est-à-dire les 4,7 Go de données, créez toujours un DVD multisession, sinon vous perdrez tout l'espace disque restant.

    Dans notre exemple, la quantité de données gravées est égale à 130 Mo. Si vous n'activez pas cette option, vous perdez plus de 4 Go d'espace disque.

    Pour vos premières gravures, cochez la case Vérifier les données sur le disque après gravure. Ultérieurement, cette option ne sera utilisée que pour vous assurer de l'intégrité de données ultrasensibles avant de les effacer de votre disque dur.

14. **Cliquez sur le bouton Graver.**

    Vous ne pouvez plus revenir en arrière. La procédure est lancée, irrémédiable.

    Cependant, si avant d'en arriver au bouton Gravure vous hésitez sur une option ou désirez ajouter d'autres données, cliquez sur le bouton Retour autant de fois que nécessaire pour parvenir à l'écran contenant les options à confirmer et/ou à modifier.

    Comme le montre la Figure 9.17, vous suivez l'évolution de la gravure grâce à une barre de progression.

15. **Une fois la gravure terminée, la vérification des données commence.**

    La réussite de la vérification est confirmée par le message représenté à la Figure 9.18.

16. **Cliquez sur OK pour fermer le message.**

17. **Cliquez sur Suivant.**

    Le graveur éjecte le disque. Sortez-le et refermez le tiroir. La fenêtre de Nero Express s'affiche. Vous pouvez y démarrer une nouvelle tâche, comme créer la jaquette du DVD.

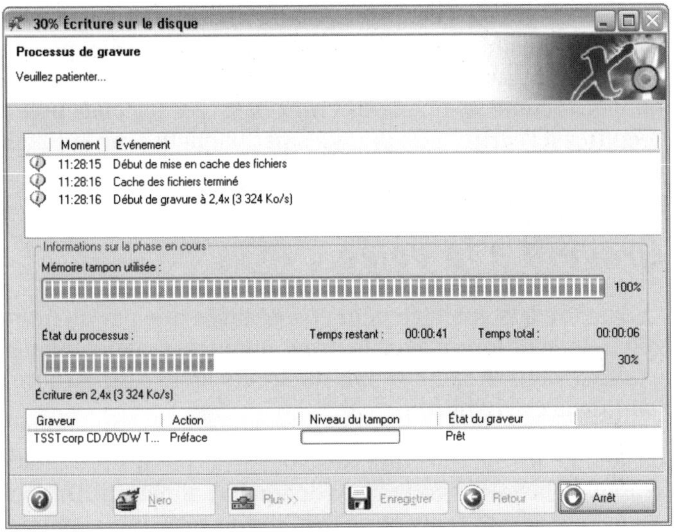

Figure 9.17 : Gravure en cours ! Suivez sa progression !

Figure 9.18 : Vérification réussie !

18. Pour sortir de Nero Express, cliquez sur le bouton Quitter.

Le programme vous demande alors si vous désirez enregistrer le projet. Cela n'est utile que si vous souhaitez graver de nouveau les mêmes données, ce qui est rarement le cas. Vous ferez plus tard une copie de votre DVD de données quand il sera entièrement rempli. Pour effectuer cette tâche, je vous renvoie à la section "Copier un DVD de données", plus loin dans ce chapitre.

Vous voici revenu dans Nero StartSmart. Quittez-le en cliquant sur son bouton de fermeture X.

Vous venez de graver votre premier DVD de données. Pour accéder aux fichiers, insérez le disque dans votre lecteur et/ou votre graveur de DVD, et ouvrez son contenu à l'aide de l'Explorateur Windows.

Ce type de gravure est principalement destiné à l'archivage de vos données sensibles. Procédez-y régulièrement. Néanmoins, pour conserver systématiquement des données en cours de modification ou des documents que vous créez dans vos logiciels préférés, recourez à l'écriture de données par paquets avec l'utilitaire InCD de Nero.

Gravure à la volée

La gravure à la volée ne peut être réalisée que par un utilitaire généralement fourni avec le programme de gravure, comme cela est expliqué dans la section "Les différents modes de gravure", plus haut dans ce chapitre.

La société Ahead qui édite Nero propose son propre utilitaire de gravure à la volée (gravure par paquets) appelé InCD. Vous devez donc installer InCD avant de profiter de cette fonction qui, je le rappelle, permet de graver des données sans passer par Nero 6 Reloaded. Vous utiliserez alors l'Explorateur Windows ou encore l'application où vous êtes en train de modifier un document.

Voici comment graver à la volée :

1. **Insérez un DVD+RW ou -RW dans votre graveur.**

   Ce DVD doit être vierge, car s'il ne l'est pas vous perdrez toutes ses données dans la mesure où le disque réinscriptible doit être formaté pour être compatible avec InCD. C'est exactement le même principe que pour une disquette ou un disque dur.

2. **Cliquez sur Démarrer/Poste de travail.**
3. **Dans la fenêtre du Poste de travail, cliquez sur l'icône du graveur de DVD-ROM avec le bouton droit de la souris.**
4. **Dans le menu contextuel, choisissez InCD Formater, comme le montre la Figure 9.19.**
5. **Dans la boîte de dialogue Formater, activez l'option Formater et donnez un nom au DVD.**

6. **Cliquez sur le bouton Commencer.**

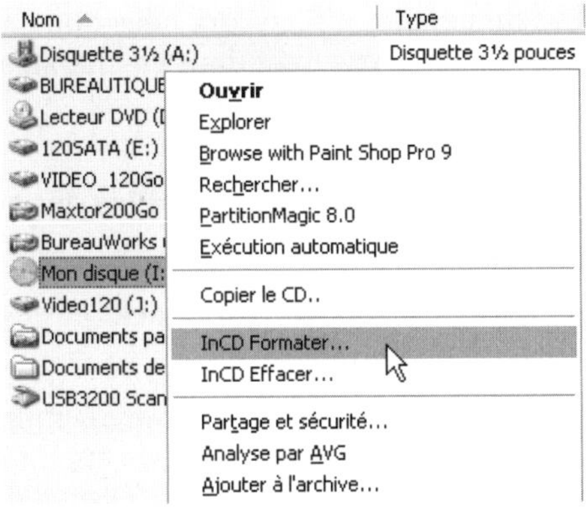

Figure 9.19 : Formatez le DVD réinscriptible pour le rendre compatible avec la gravure par paquets d'InCD.

Si le DVD contient des données, un message vous alerte de leur destruction. Réfléchissez bien avant d'agir. Si vous êtes sûr de vous, cliquez sur Oui.

La durée du formatage est variable. Vous en suivez la progression grâce à une jauge verte, comme le montre la Figure 9.20.

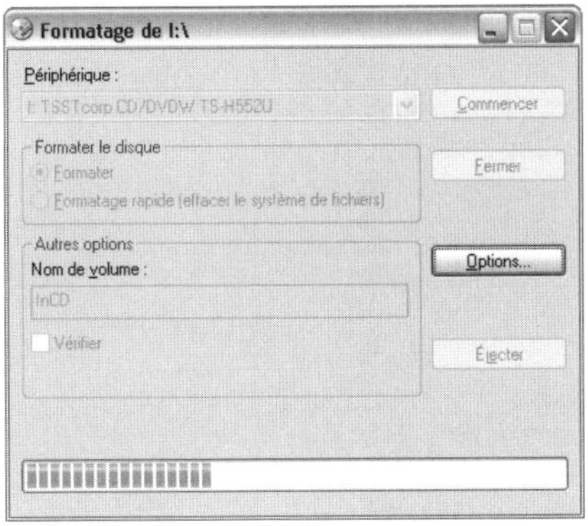

Figure 9.20 : Formatage en cours.

7. **Une fois le formatage terminé, un message vous en avertit. Cliquez sur son bouton OK pour le fermer.**

8. **Cliquez sur le bouton Fermer de la boîte de dialogue Formater.**

   Votre DVD réinscriptible est maintenant prêt à être utilisé comme un petit disque dur amovible ou une énorme disquette.

Nous allons graver exactement les mêmes données que dans la section "Gravure multisession", plus haut dans ce chapitre :

1. **Ouvrez l'Explorateur Windows.**
2. **Affichez le contenu du dossier contenant les données que vous désirez graver.**

   Il s'agit en l'occurrence des fichiers des packs et des patchs de la version de démonstration de Nero.

3. **Sélectionnez tous les fichiers en appuyant sur Ctrl+A.**

   Une autre méthode consiste à cliquer sur le premier fichier pour le sélectionner, à maintenir la touche Maj enfoncée, puis à cliquer sur le dernier fichier. Toutes les données sont alors sélectionnées.

4. **Dans le volet d'exploration de l'explorateur, cliquez sur l'icône Copier les éléments sélectionnés.**
5. **Dans la boîte de dialogue du même nom, sélectionnez votre graveur de DVD-ROM, puis cliquez sur le bouton Copier, comme à la Figure 9.21.**

Figure 9.21 : Démarrez la copie des fichiers sur le DVD réinscriptible au format InCD.

Comme le montre la Figure 9.22, une boîte de dialogue permet de suivre la progression de la copie.

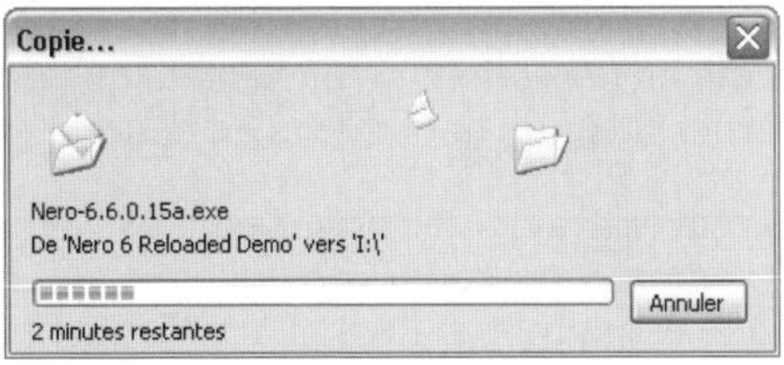

Figure 9.22 : Copie en cours.

6. **Vérifiez que les fichiers sont bien copiés en affichant le contenu du graveur de DVD-ROM dans l'Explorateur Windows.**

   Pas de problème ! Les fichiers sont bien là. Désormais, vous pouvez insérer ce DVD à chaque nouvelle session de travail sous Windows de manière à sauvegarder vos fichiers quotidiens sur votre disque dur et sur ce DVD.

Une autre méthode consiste à enregistrer directement le document en cours d'élaboration sur le DVD au format InCD, depuis l'application elle-même :

1. **Dans l'application où vous travaillez, par exemple Word, Excel, PowerPoint, Paint Shop Pro, Photoshop et j'en passe, cliquez sur Fichier/Enregistrer sous.**

2. **Dans la liste Enregistrer dans, sélectionnez le graveur de DVD-ROM.**

   Il s'agit en réalité du nom que vous avez assigné au DVD lors du formatage. En effet, grâce à InCD, ce DVD est considéré par Windows comme un support de stockage amovible.

3. **Cliquez sur le bouton Enregistrer.**

   TRUC

   En fait, vous utilisez le DVD comme si vous sauvegardiez le fichier sur un disque dur, chose que vous avez normalement l'habitude de faire.

   TRUC

   L'enregistrement sur support optique est toujours un peu plus long que sur disque dur. Mais ce délai d'attente est tout à fait supportable.

4. **Ouvrez l'Explorateur Windows et affichez le contenu du DVD pour constater que votre fichier est bien présent.**

Vous venez de réussir avec brio un enregistrement à la volée qui permet, à tous ceux qui ne possèdent qu'un seul disque dur, de réaliser des sauvegardes de leurs documents en cours d'utilisation.

Maintenant que vous savez graver des données dans Nero 6 Reloaded, voyons comment y procéder dans une autre suite logicielle très complète et complexe, Roxio Easy Media Creator 7.5.

Graver un DVD MP3 avec Nero

Il est un peu surprenant de voir, dans un chapitre consacré à la gravure de données, un encadré traitant du MP3 et des DVD. Toutefois, vous verrez que je ne suis pas aussi fou que j'en ai l'air.

En effet, le MP3 c'est un peu comme la vidéo, que l'on considère comme une donnée tant qu'elle n'est pas gravée sur un DVD sous forme de DVD vidéo. Eh bien ! des fichiers MP3 pourront être sauvegardés sous forme de données en exécutant les procédures des sections précédant cet encadré, mais aussi sous forme de disque MP3 qui sera lisible dans n'importe quel lecteur de DVD de salon compatible avec ce format musical.

Comme cet ouvrage ne traite pas des DVD audio, du fait des explications données dans l'encadré "Le DVD audio" du Chapitre 7, je vais vous indiquer ici comment créer un DVD MP3 qui ne requiert aucun des équipements nécessaires à la création et à l'écoute des DVD audio.

Bien évidemment, pour créer un DVD MP3, vous devez disposer de fichiers MP3 sur votre ordinateur. Procurez-vous-les sur des sites de vente de musique en ligne. Ensuite, procédez comme ci-dessous pour graver ce fameux DVD MP3. (Quel changement pour vous qui étiez habitué à créer de vulgaires CD MP3 !)

1. Démarrez Nero StartSmart.
2. Placez le pointeur de la souris sur l'icône Audio.
3. Cliquez sur l'icône Créer un DVD MP3.

   Cette action ouvre Nero Express (voir les procédures des précédentes sections).
4. Cliquez sur le bouton Ajouter.

   Cela va permettre de sélectionner vos fichiers MP3 présents sur un de vos disques durs.
5. Dans la boîte de dialogue Choisissez les fichiers et répertoires, localisez le dossier contenant vos morceaux MP3.

6. Sélectionnez tous les titres MP3 à inclure, puis cliquez sur Ajouter.
7. Répétez les étapes 5 et 6 pour ajouter d'autres fichiers MP3 localisés dans d'autres dossiers.
8. Cliquez sur Terminer pour passer à la phase de gravure.
9. Dans Nero Express, cliquez sur Suivant.

   Un message vous alerte que vous allez créer un DVD MP3 multisession qui risque d'être incompatible avec certains lecteurs. Comme vous ne pouvez pas préjuger de cette compatibilité, je vous invite à créer un DVD MP3 sur un DVD réinscriptible. En cas de problème, il sera toujours possible de l'effacer.

   TRUC Cependant, si vous décidez de remplir le DVD de fichiers MP3, vous pouvez décocher l'option Permettre d'ajouter des fichiers par la suite (disque multisession). Vous créerez ainsi un DVD entier qui sera compatible avec tous les lecteurs de DVD de salon supportant le format MP3.
10. Lancez la création du DVD MP3 en cliquant sur le bouton Graver.

    Il n'y a plus qu'à patienter.

Une fois l'opération menée à bien, le disque s'éjecte. Prenez-le, insérez-le dans votre lecteur de DVD de salon, et voyez si le disque est reconnu. S'il ne l'est pas, vous aurez toujours le loisir d'écouter ce disque DVD MP3 multisession avec votre graveur et/ou lecteur de DVD-ROM.

Graver avec Roxio Easy Media Creator 7.5

Roxio Easy Media Creator 7.5, s'il vous plaît, est la dernière évolution d'un logiciel complet en perpétuelle mutation, à l'instar de Nero 6. D'ailleurs, ces deux suites sont souvent comparées et, à peu de choses près, elles permettent de réaliser exactement les mêmes tâches.

Donc, que vous optiez pour l'un ou l'autre, je pense que vous ne serez pas déçu.

TRUC A un niveau qui n'est pas fondamental, mais il est utile de le souligner, l'installation et la mise à jour de Roxio Easy Media Creator sont bien plus simples à réaliser que celles de Nero 6 Reloaded. Le fait que ce dernier soit architecturé autour de multiples packs de programmes qui enrichissent ses fonctionnalités, passer d'une évolution à une autre exige une belle maîtrise du téléchargement, et surtout du décryptage des fonctions ajoutées dans chaque pack. La mise à jour de Roxio est plus simple. Il suffit de télécharger le fichier de mise à jour, un point c'est tout.

Roxio Easy Media Creator 7.5 permet de graver des données, de l'audio et de la vidéo, aussi bien sur DVD que sur CD. Comme nous traitons du DVD dans ce livre, et plus particulièrement des données dans cette section, nous allons limiter notre propos et nos procédures, savez-vous à quoi : à la gravure des données sur DVD avec Roxio Easy Media Creator. Je savais qu'en lisant ce livre vous seriez époustouflé par mes scoops !

Tout comme dans Nero, entendez le terme *données* dans un sens large. Il s'agit non seulement de fichiers purement informatiques comme des feuilles de calcul Excel, des documents Word, des présentations PowerPoint, mais aussi de photos numériques et, pourquoi pas ? de vos fichiers audio MP3. A partir du moment où vous ne les structurez pas sur un disque répondant aux spécificités du fameux laser rouge des DVD vidéo, c'est-à-dire que vous ne cherchez pas à créer un tel DVD mais plutôt à sauvegarder des éléments que vous jugez cruciaux, vous constituez un DVD de données.

Est-il utile de le rappeler, mais les données gravées sur DVD peuvent l'être de trois manières :

- **En une seule fois.** C'est le sacro-saint principe Benoît XVI priez pour nous du DVD-R ou +R qui sera gravé une fois pour toutes. En d'autres termes, s'il s'agit d'un DVD simple couche d'une capacité de 4,7 Go, soit en réalité 4,38 Go, même si vous n'y gravez qu'un fichier de 1 Ko, le disque ne sera plus gravable. Vous consulterez votre fichier de 1 Ko, mais ne pourrez plus remplir les quelque 4,79999 Go de données restant disponibles sur un disque qui, lui, ne l'est plus. Donc, ne créez un disque entier que si vous êtes certain de disposer de suffisamment de données, notamment à hauteur de 4,38 Go, pour le remplir entièrement.

- **En multisession.** La gravure multisession est celle que vous pratiquerez le plus, surtout avec le DVD qui se remplit bien moins rapidement que le CD. Avec la multisession, le DVD grave des sessions de plusieurs centaines de mégaoctets ou de 1 ou 2 Go. Comme il reste de la place disponible sur le disque, vous pourrez le remplir au rythme de production de vos données. Chaque nouvelle gravure ajoute une session, et il en va ainsi jusqu'au remplissage total du disque. Pour plus d'informations sur la multisession, reportez-vous à la section "Les grands principes de la gravure", en début de chapitre.

- **A la volée (ou par paquets).** Là, vous utilisez le DVD comme un disque dur. Vous y sauvegardez vos données soit par glisser-déposer depuis l'Explorateur Windows, soit directement depuis l'application où vous êtes en train de travailler en invoquant simplement la commande Enregistrer sous.

Dans cette section de gravure des données avec Roxio Easy Media Creator 7.5, nous allons envisager la gravure multisession et la gravure à la volée. Cela suppose bien évidemment que vous possédiez Roxio Easy Media Creator.

Un petit avertissement ne fait jamais de mal, d'autant que l'on sait à quel point cela vous fait gagner en longévité, en force et en ubiquité car, que ce soit un homme ou une femme, ces deux êtres avertis en valent deux ! Alors, sachez que Nero 6 Reloaded et Roxio Easy Media Creator ne font pas bon ménage sur tous les PC du monde. Souvent leur présence entraîne des blocages, généralement chez Roxio. Par expérience, j'ai pu remarquer que deux modules ne se supportent pas. Il s'agit d'InCD pour Nero et de Drag-to-Disc pour Roxio. Ils représentent les deux utilitaires de gravure à la volée qui, malheureusement, ne partagent pas du tout la même manière de gérer l'événement. Voici deux petites astuces pour permettre une cohabitation plus facile des deux applications :

- Lors de l'installation de Roxio, si Nero est déjà présent sur votre machine, refusez le démarrage automatique de Drag-to-Disc.

- Si vous désirez profiter pleinement d'Easy Media Creator, et donc de Drag-to-Disc, je vous conseille de désactiver InCD. Comment ? Rien de plus simple :

  1. Appuyez sur la combinaison de touches Ctrl+Alt+Suppr.

  2. Dans le Gestionnaire des tâches de Windows qui apparaît, cliquez sur l'onglet Processus, comme à la Figure 9.23.

  3. Cliquez sur l'en-tête de la colonne Nom de l'image pour classer les différents processus par ordre alphabétique.

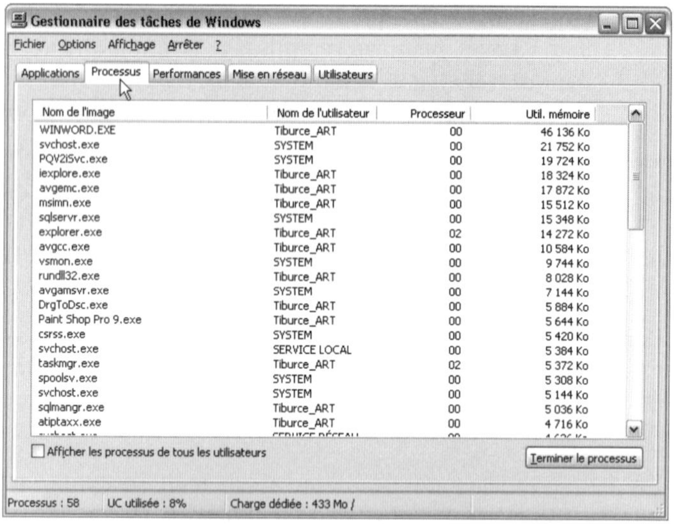

Figure 9.23 : Réglez d'éventuels problèmes de compatibilité dans le Gestionnaire des tâches de Windows.

4. Faites défiler le contenu de la liste, et cliquez sur InCD.exe.

5. Cliquez sur Terminer le processus, comme à la Figure 9.24.

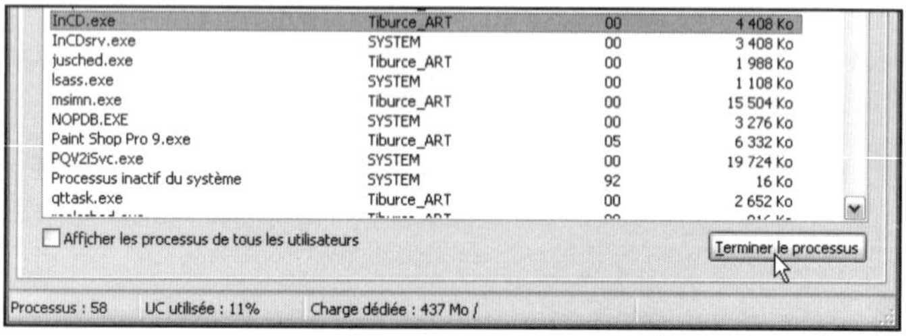

Figure 9.24 : Stoppez l'utilisation d'InCD.

6. Dans le message d'avertissement qui apparaît, cliquez sur Oui.

7. Répétez cette opération avec l'exécutable InCDsrv.exe.

TRUC

N'ayez crainte, au prochain démarrage de votre ordinateur, InCD se chargera de nouveau et sera pleinement opérationnel.

Avant de graver, vous devez démarrer Roxio Easy Media Creator 7.5. Pour cela, double-cliquez sur le raccourci qui a été installé par le programme sur votre bureau. Vous accédez à l'écran de bienvenue qui, comme pour tout logiciel aux multiples fonctionnalités, aurait plutôt tendance à vous faire tourner les talons pour vaquer à quelques occupations plus manuelles, mais dont vous maîtrisez parfaitement les techniques. Quoi qu'il en soit, ne vous laissez pas dérouter par l'interface illustrée à la Figure 9.25, pour la simple et bonne raison que je vais tout vous expliquer. (Je sais, beaucoup de femmes me trouvent absolument adorable, demandez à leurs maris !)

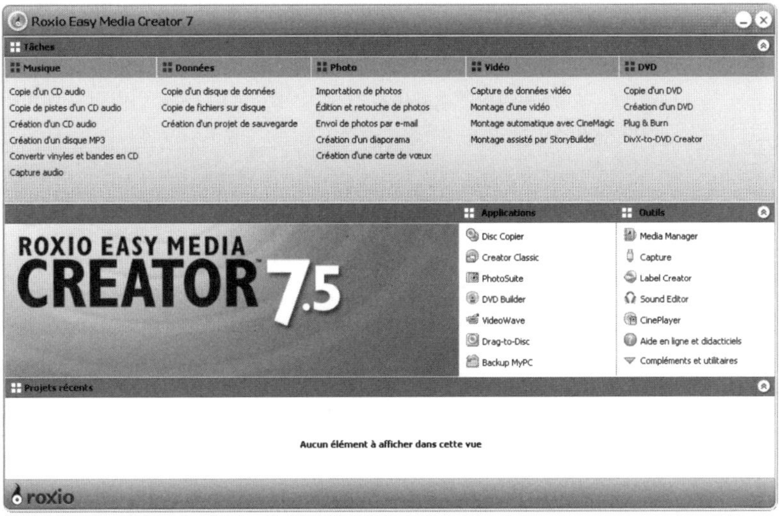

Figure 9.25 : Il paraît que les programmes facilitent la vie informatique…

Gravure multisession

Toute opération de gravure nécessite les éléments suivants :

- Un ordinateur opérationnel fonctionnant si possible sous Windows XP.
- Un logiciel de gravure, comme la présente version de Roxio Easy Media Creator.
- Un graveur de DVD interne ou externe.
- Des DVD vierges inscriptibles ou réinscriptibles. Comme il s'agit sans doute de votre première gravure de DVD, utilisez un DVD réinscriptible.

L'interface de bienvenue assez chargée d'Easy Media Creator n'en demeure pas moins assez logique si vous vous posez la bonne question. Mais voilà, justement, qu'est-ce que la bonne question ? C'est celle qui trouve la réponse juste ! Bien, je ne vous sens guère avancé. Dans des programmes comme Roxio Easy Media Creator 7.5, vous accomplissez des, des... des tâches (exactement ce que vous êtes, mais sans accent circonflexe !). Or, la tâche qui est la nature même de ce chapitre en général et de cette section en particulier est : la gravure d'un DVD de données.

Cependant, vous êtes suffisamment observateur pour vous rendre compte que Roxio Easy Media Creator ne propose aucune tâche de gravure de données sur DVD. Alors, voici exactement ce que vous allez faire :

1. **Insérez un DVD vierge dans votre graveur.**

   Cette action peut ouvrir la fenêtre du choix d'exécution d'une tâche dans laquelle vous retrouvez affichés certains modules de Roxio. Pour ne pas faire n'importe quoi, cliquez sur Annuler et fermez ainsi cette boîte de dialogue. Ensuite, procédez comme à l'étape 2.

2. **Dans la colonne Données de la section Tâches de l'écran de bienvenue, cliquez sur Copie de fichiers du disque.**

   Dans Roxio Easy Media Creator, le terme *disque* doit être entendu dans toutes ses acceptions, et pour nous celle du DVD.

   Ce clic, vigoureux, téméraire et un tantinet mutin, met Roxio dans tous ses états. Il va lancer le chargement du module de gravure des données qui apparaît sous vos yeux ébahis, dans une forme identique à celle de la Figure 9.26.

3. **Comme vous désirez graver des données sur DVD, et qu'il est essentiel d'apprécier la capacité du disque utilisé, cliquez sur la liste Capacité du disque, située dans la partie inférieure de l'interface.**

   Comme le montre la Figure 9.27, vous avez deux choix de DVD :

   - DVD 4.7 Go, pour graver des données sur un DVD 5 de type +R, -R, +RW, -RW.

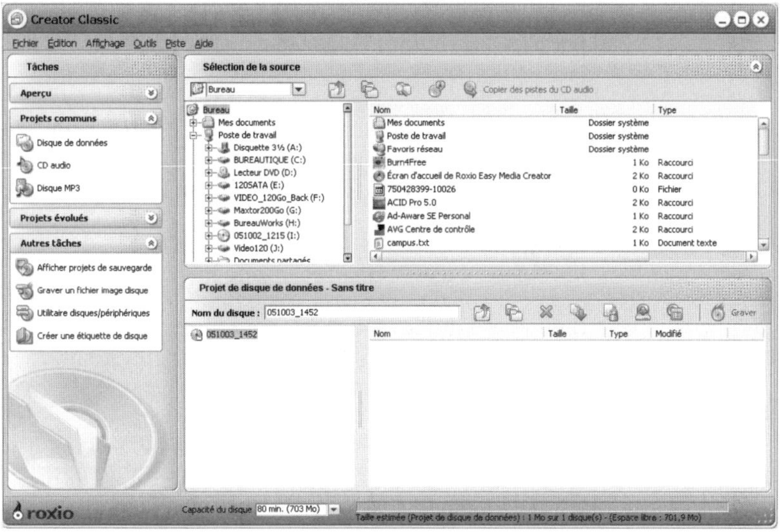

Figure 9.26 : Creator Classic, le module de gravure des données de Roxio.

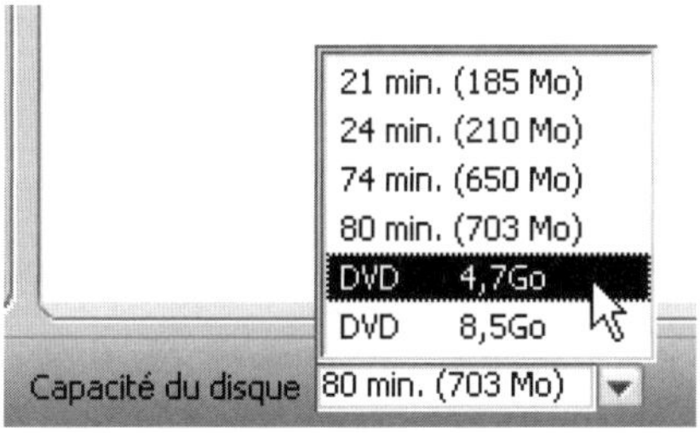

Figure 9.27 : Sélectionnez le type de DVD sur lequel vous allez graver les données en multisession.

- DVD 8,5 Go, pour graver des données sur un DVD 9, c'est-à-dire double couche.

4. **Pour les besoins de notre exemple, et comme il y a fort peu de chance pour que vous utilisiez des doubles couches, optez pour DVD 4,7 Go.**

   La sélection des données à graver et leur insertion dans Roxio Easy Media Creator 7.5 n'est ni plus ni moins qu'une variante de l'Explorateur Windows. Si vous savez utiliser ce dernier, la gravure de données dans Roxio ne vous posera aucun problème !

La partie supérieure de Creator Classic permet de naviguer parmi vos lecteurs et dossiers pour localiser les fichiers à graver sur DVD.

5. **Dans la partie supérieure gauche de la section Sélection de la source, cliquez sur l'icône du disque dur qui contient les données à graver (ou du moins une partie).**

6. **Ensuite, dans le volet de droite, ouvrez le dossier contenant les fichiers à sélectionner pour la gravure.**

   Bien évidemment, pour graver l'intégralité des fichiers d'un dossier, inutile de l'ouvrir, vous allez simplement ajouter ce dossier à la sélection des données à graver.

7. **Pour ajouter un dossier complet (qui peut être un sous-dossier d'un dossier), accédez-y en double-cliquant sur les divers dossiers qui vont vous permettre d'accéder à ce dossier particulier.**

   Ainsi, sur la Figure 9.28, j'ai accédé, suite à plusieurs doubles-clics, à un dossier renfermant des fichiers photo JPEG dont je sais vouloir sauvegarder tout le contenu.

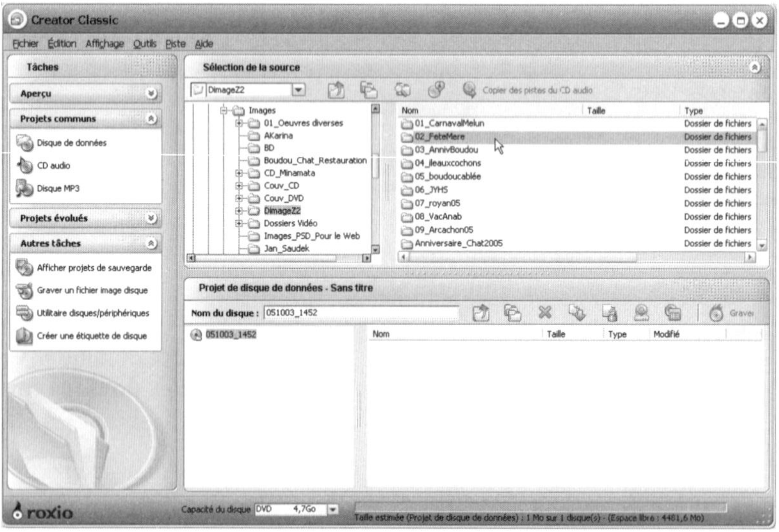

Figure 9.28 : Un dossier prêt à être ajouté à la sélection des données à graver.

8. **Pour ajouter ce dossier à la sélection des données à graver, soit vous cliquez sur l'icône ci-contre de la section Projet de**

disque de données, soit vous glissez-déposez le dossier depuis la section Sélection source jusqu'au volet Projet de disque de données.

Dans les deux cas, le dossier apparaît dans la liste des éléments à graver sur DVD.

9. **Pour ajouter d'autres données, provenant même d'un autre disque dur et d'un autre dossier, ouvrez le lecteur stockant les éléments, et ajoutez-les en répétant la procédure ci-dessus.**

   Ainsi, pour ajouter simplement des fichiers à la sélection des données à graver, sélectionnez-les dans le dossier qui les stocke et glissez-déposez-les dans le volet Projet de disque de données, ou cliquez sur l'icône vue précédemment, comme le montre la Figure 9.29.

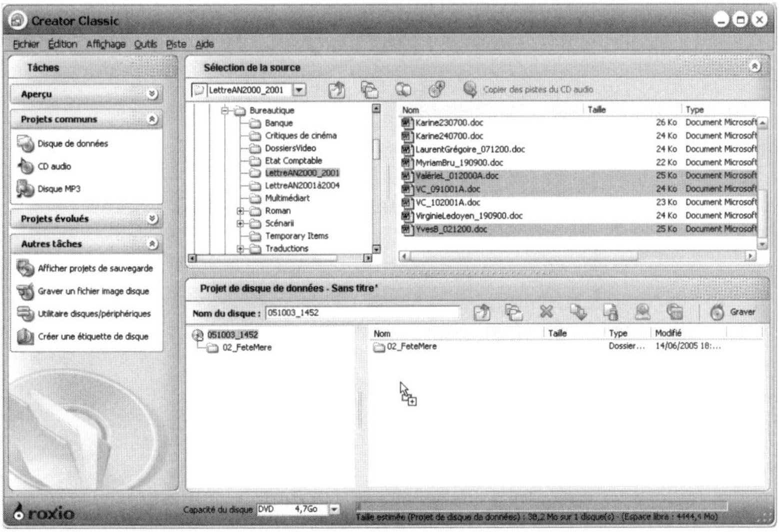

Figure 9.29 : Ajout de fichiers individuels, par glisser-déposer, de données à graver.

10. **L'interface de Creator Classic montre bien les fichiers qui seront sauvegardés sur DVD.**

    Dans la partie inférieure de l'interface, vous notez la présence d'une barre d'estimation. Elle vous montre la quantité d'espace qui sera occupée par le DVD après gravure. Cela permet également de vous assurer que la capacité de stockage du disque n'est pas dépassée.

TRUC

Bien évidemment, avec cette technique, vous ajoutez autant de fichiers que vous le désirez, en surveillant la barre de capacité pour ne pas dépasser la limite des 4,7 Go autorisés par un DVD simple couche.

11. Si vous avez ajouté accidentellement un fichier ou un dossier que vous ne désirez pas graver, sélectionnez-le dans la section Projet de disque de données, et cliquez sur le bouton de suppression illustré ci-contre. Cela n'efface pas le fichier de votre disque dur, mais l'enlève simplement du projet de gravure. Ainsi, il ne sera pas gravé.

12. Dès que vous n'avez plus de données à ajouter, cliquez sur le bouton Graver.

Vous accédez à la fenêtre Suivi de la gravure, illustrée à la Figure 9.30.

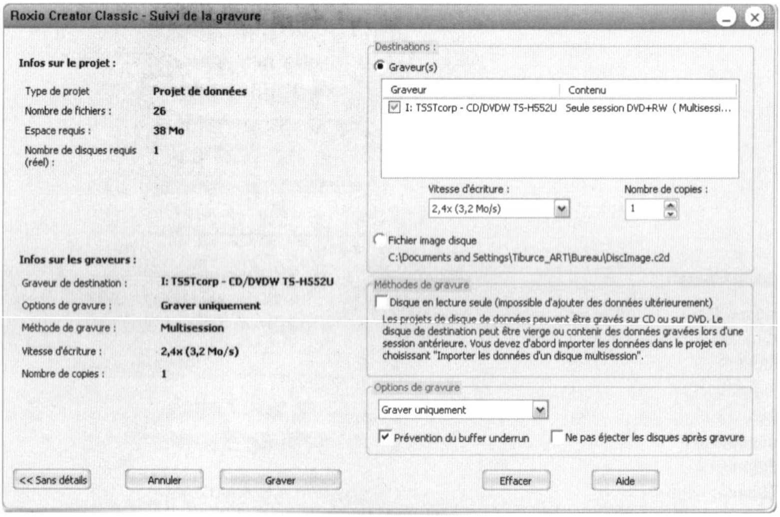

Figure 9.30 : Récapitulatif des options de gravure.

Roxio Easy Media Creator 7.5 résume le contenu de votre projet et communique de nombreuses informations sur l'opération de gravure, dont notre fameuse multisession.

Sur la Figure 9.30, vous constatez que la section Infos sur le projet indique la gravure d'une quantité, somme toute modeste, de données puisqu'elle se limite à 38 Mo.

Dans la section Infos sur les graveurs, apparaît le nom du graveur dans lequel Roxio Easy Media Creator a identifié la présence d'un DVD vierge, ou d'un DVD réinscriptible contenant ou non des données.

Mais, ce qui nous importe le plus ici, c'est la mention **Méthode de gravure : Multisession**. Par défaut, Roxio Easy Media Creator considère que vous désirez graver en multisession. Pourquoi ? Parce que les concepteurs du logiciel savent très bien que le débutant ne pense jamais que l'on peut commettre l'erreur de graver une infime quantité de données, et de se retrouver ainsi avec un disque inutilisable en gravure, car il a été ce que l'on appelle *fermé*.

Par conséquent, pour ne pas graver en multisession, il faut vraiment y mettre du sien. En effet, vous devez cocher la case Disque en lecture seule (impossible d'ajouter des données ultérieurement) de la section Méthodes de gravure. Comme ce n'est pas votre intention, vous pouvez passer à la fameuse phase de gravure, sans toucher aux autres options par défaut.

13. **Cliquez sur le bouton Graver.**

    Si Roxio Easy Media Creator détecte un disque de type RW, c'est-à-dire réinscriptible, contenant des données, il affiche un message d'alerte identique à celui de la Figure 9.31.

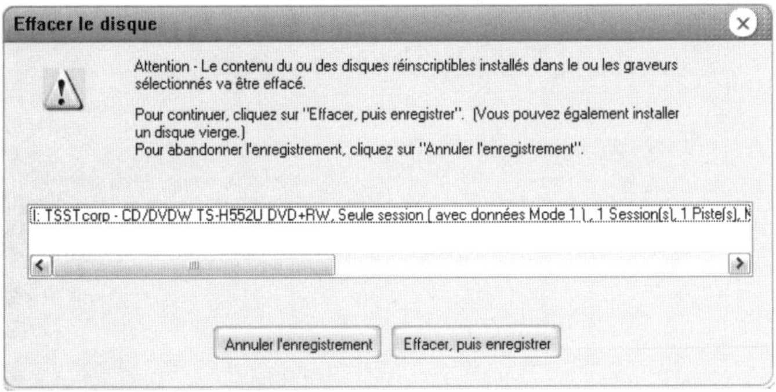

Figure 9.31 : Ce DVD n'est pas vierge ! Faut-il l'effacer pour y graver les nouvelles données ?

Là, soyez sûr de votre fait ! Si vous êtes persuadé que le contenu du disque à graver est sans aucune importance, cliquez sur le bouton Effacer, puis enregistrer. Sinon, cliquez sur Annuler l'enregistrement, éjectez le DVD, insérez-en un vierge de type RW ou R, et relancez la gravure.

14. **Je pars du principe que ce DVD+RW ne contient pas de données utiles. Donc, je clique sur Effacer, puis enregistrer.**

    La procédure d'effacement se fait instantanément sans que vous vous en rendiez compte, suivie de celle de la gravure.

    Une fois la gravure terminée avec succès, Creator Classic éjecte le disque.

15. **Il ne reste plus qu'à cliquer sur le bouton Fermer de la boîte de dialogue.**

    Vous êtes inquiet et c'est bien normal, vous débutez en gravure de DVD, alors qu'est-ce que vous connaissez de la vie, hein ? Ben oui, pas grand-chose !

    Assurez-vous que le disque est bien gravé en multisession.

16. **Insérez de nouveau le DVD gravé avec vos données dans le graveur de DVD-ROM.**

17. **Dans le menu Outils de Creator Classic, cliquez sur Utilitaire disques/périphériques (ou appuyez sur Ctrl+D).**

18. **Comme le montre la boîte de dialogue Informations sur périphériques et disques de la Figure 9.32, le DVD contient bien la session que vous venez de graver.**

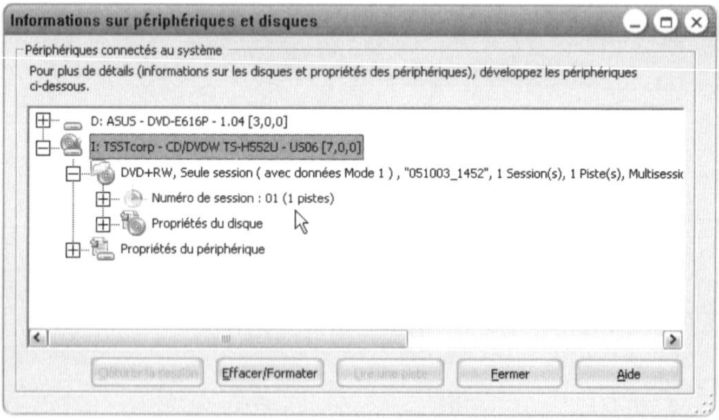

Figure 9.32 : La session est bien gravée.

Vous venez de graver votre premier DVD de données en multisession avec Creator Classic de la suite Roxio Easy Media Creator 7.5.

Ce type de gravure est principalement destiné à l'archivage de vos données sensibles. Procédez-y régulièrement. Néanmoins, pour conserver systématiquement des données en cours de modification, ou des documents que vous créez dans vos logiciels préférés, recourez à l'écriture de données par paquets avec l'utilitaire Drag-to-Disc de Roxio.

Gravure à la volée

La gravure à la volée ne peut être réalisée que par un utilitaire généralement fourni avec le programme de gravure, comme cela est expliqué dans la section "Les différents modes de gravure" plus haut dans ce chapitre.

Roxio propose son propre utilitaire de gravure à la volée (gravure par paquets) appelé Drag-to-Disc. Vous devez donc l'installer avant de profiter de cette fonction qui, je le rappelle, permet de graver des données sans passer par Creator Classic. Vous utiliserez alors l'Explorateur Windows, ou encore l'application où vous êtes en train de modifier un document.

Voici comment graver à la volée :

1. **Insérez un DVD+RW ou -RW dans votre graveur.**

   Ce DVD doit être vierge car, s'il ne l'est pas, vous perdrez toutes ses données dans la mesure où le disque réinscriptible doit être formaté pour être compatible avec Drag-to-Disc. C'est exactement le même principe que pour une disquette ou un disque dur.

   TRUC

   De deux choses l'une, soit vous avez demandé à afficher Drag-to-Disc sur le bureau de Windows à chaque démarrage du système d'exploitation, soit vous ne l'avez pas demandé. Dans ce cas, comment faire ?

2. **Dans l'écran de bienvenue de Roxio Easy Media Creator 7.5, cliquez sur Drag-to-Disc de la colonne Applications.**

   Cependant, pour utiliser un DVD+RW/-RW comme une sorte de disque dur amovible, vous devez le rendre compatible avec les fonctionnalités d'écriture par paquets de Drag-to-Disc. Voici comment faire.

3. **Si ce n'est déjà fait, insérez un DVD réinscriptible dans votre graveur.**

4. **Dans la petite interface de Drag-to-Disc, cliquez sur l'icône du menu et, dans le menu qui s'ouvre, choisissez Formater le disque, comme à la Figure 9.33.**

Figure 9.33 : Formatez le DVD réinscriptible pour le rendre compatible avec la gravure par paquets de Drag-to-Disc.

5. **Dans la boîte de dialogue Options de formatage, choisissez Format rapide ou Format intégral, et donnez un nom au DVD, comme à la Figure 9.34.**

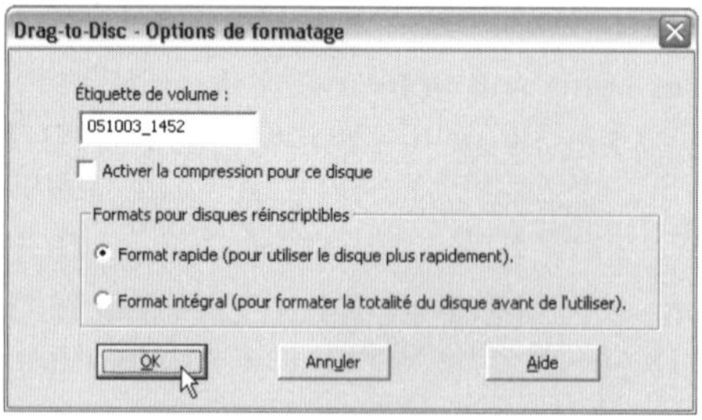

Figure 9.34 : Formater un DVD+RW avec Drag-to-Disc.

6. **Cliquez sur le bouton OK.**

Drag-to-Disc prépare le disque. Il vous invite à patienter.

7. **Une fois le formatage terminé, un message vous en avertit. Cliquez sur son bouton OK pour le fermer.**

8. **Cliquez sur le bouton Fermer de la boîte de dialogue Formater.**

   Votre DVD réinscriptible est maintenant prêt à être utilisé comme un petit disque dur amovible ou une énorme disquette.

Nous allons graver exactement les mêmes données que dans la section "Gravure multisession", plus haut dans ce chapitre :

1. **Ouvrez l'Explorateur Windows.**

2. **Affichez le contenu du dossier contenant les données que vous désirez graver.**

   Il s'agit en l'occurrence d'un dossier 02_FeteMere contenant des photos JPEG et de quelques documents Word.

3. **Depuis l'Explorateur Windows, glissez-déposez le dossier sur l'icône Drag-to-Disc du bureau, comme à la Figure 9.35.**

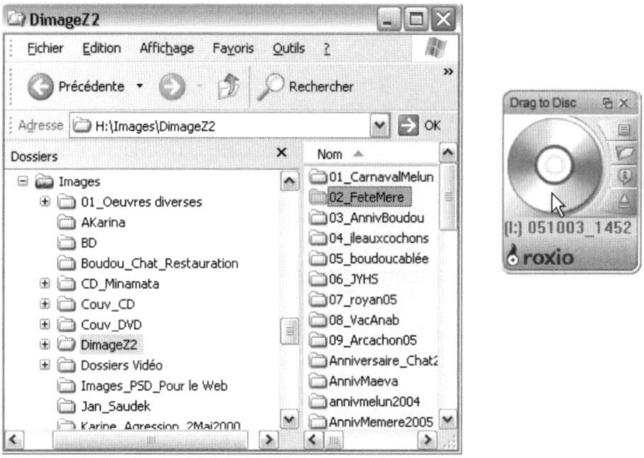

Figure 9.35 : Copiez facilement vos données comme sur un disque dur.

La copie s'effectue exactement comme lorsque vous glissez-déposez un fichier d'un disque dur à un autre ou d'un dossier à un autre.

4. **Vérifiez que les fichiers sont bien copiés en affichant le contenu du graveur de DVD-ROM dans l'Explorateur Windows.**

   Pas de problème ! Les fichiers sont bien là. Désormais, vous pouvez insérer ce DVD à chaque nouvelle session de travail sous Windows, de manière à sauvegarder vos fichiers quotidiens sur votre disque dur et sur ce DVD.

Une autre méthode consiste à enregistrer directement le document en cours d'élaboration sur le DVD au format Drag-to-Disc, depuis l'application elle-même :

1. **Dans l'application où vous travaillez, par exemple Word, Excel, PowerPoint, Paint Shop Pro, Photoshop et j'en passe, cliquez sur Fichier/Enregistrer sous.**

2. **Dans la liste Enregistrer dans, sélectionnez le graveur de DVD-ROM.**

   Il s'agit en réalité du nom que vous avez assigné au DVD lors du formatage. En effet, grâce à Drag-to-Disc, ce DVD est considéré par Windows comme un support de stockage amovible.

3. **Cliquez sur le bouton Enregistrer.**

   En fait, vous utilisez le DVD comme si vous sauvegardiez le fichier sur un disque dur ou une gigantesque disquette, chose que vous avez normalement l'habitude de faire.

   L'enregistrement sur support optique est toujours un peu plus long que sur disque dur. Mais ce délai d'attente est tout à fait supportable.

4. **Ouvrez l'Explorateur Windows et affichez le contenu du DVD pour constater que votre fichier est bien présent.**

Vous venez de réussir avec brio un enregistrement à la volée qui permet, à tous ceux qui ne possèdent qu'un seul disque dur, de réaliser des sauvegardes de leurs documents en cours d'utilisation. Et je n'insisterai jamais assez sur cette nécessité. Les données informatiques stockées sur disque dur sont fragilisées par la nature même du support. Un disque dur peut tomber en panne. En revanche, un disque DVD ne peut pas tomber en panne (avez-vous vu un CD audio tomber en panne). Non ! En revanche, si le lecteur ou le graveur de DVD tombe en panne, vos données sauvegardées sur disque optique n'en subissent aucune conséquence. Il suffit d'installer un nouveau lecteur et/ou graveur pour accéder à vos données, voire en graver de nouvelles sur un disque multisession ou formaté pour une écriture par paquets.

Maintenant que vous savez graver des données avec Roxio Easy Media Creator 7.5, voyons comment mettre à profit un logiciel gratuit, performant et assez complet dans la gravure de données : CD BurnerXP Pro.

Graver avec un logiciel gratuit : CD BurnerXP Pro

Jusqu'à présent, nous avons étudié la gravure de données avec des programmes que peuvent s'offrir les plus riches d'entre nous. (Vous n'avez pas honte de graver des données quand tant d'enfants de par le monde meurent de faim ?! Je sens que cela, déjà, fait beaucoup moins rire !) Si je partage avec vous cette même honte, je ne peux en revanche extraire de ma pensée les utilisateurs qui n'ont pas les moyens d'investir entre 50 et 400 euros dans un programme de gravure. Pour eux, et je dis bien pour eux seuls, laissant les nantis de notre monde sans pitié dépenser leur argent égoïstement, je vais étudier la gravure de données réalisée avec un logiciel gratuit, simple et performant, dont l'interface est malheureusement en anglais : CD BurnerXP Pro.

Comme ce programme est gratuit, je vous invite à vous le procurer immédiatement.

Télécharger gratuitement, le plaisir à l'état pur

Graveurs de tous pays unissons-nous pour profiter des derniers soubresauts d'un Internet encore gratuit. Pour télécharger l'application qui va réaliser des gravures de données sur DVD, conformez-vous aux étapes suivantes :

1. **Etablissez une connexion à Internet.**

   Elle est automatique avec ADSL, et se fait manuellement avec une connexion bas débit en lançant votre navigateur Web habituel qui, pour le profane, est bien souvent Internet Explorer.

2. **Surfez jusqu'au site** `www.01net.com`.

   Il s'agit d'un site où l'on trouve de nombreux logiciels freeware et shareware. Les premiers sont gratuits et encouragent à rétribuer leurs auteurs sans aucune obligation de satisfaire à cette requête ; les seconds exigent l'achat d'une licence d'utilisation après un certain nombre de lancements du programme.

3. **Dans le vaste champ Rechercher situé en haut de la page d'accueil, saisissez CD BurnerXP Pro et cliquez sur OK, comme à la Figure 9.36.**

Figure 9.36 : Trouvez rapidement le programme dont vous avez besoin.

4. **Sur la page suivante, cliquez sur le lien CD BurnerXP Pro.**

5. **Ensuite, lisez le descriptif du programme si cela vous passionne, et cliquez sur l'énorme bouton Télécharger, comme à la Figure 9.37.**

6. **Dans la boîte de dialogue Téléchargement de fichier, cliquez sur le bouton Enregistrer.**

7. **Profitez de la boîte de dialogue Enregistrer sous pour localiser le disque dur et le dossier dans lequel vous allez télécharger le logiciel, et cliquez sur Enregistrer.**

   Une fenêtre permet de suivre la progression du téléchargement.

8. **Un message indique la fin du téléchargement. Cliquez sur son bouton Ouvrir le dossier.**

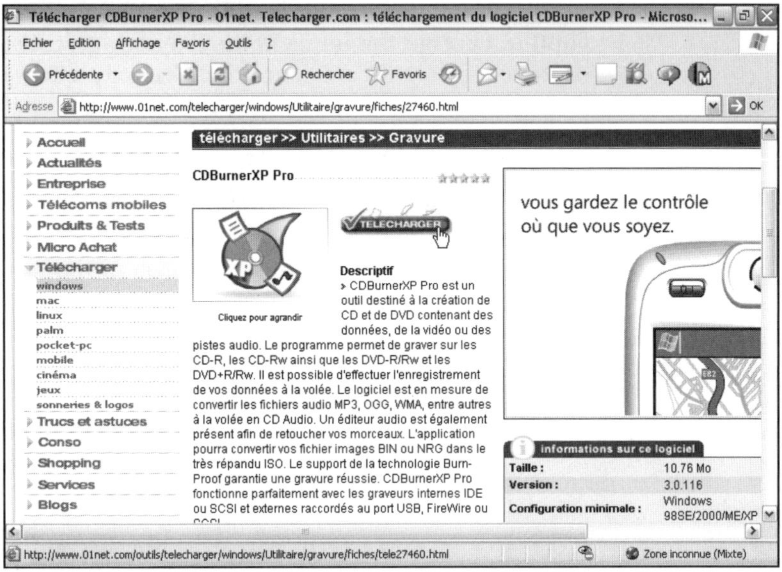

Figure 9.37 : Téléchargez le programme !

Vous accédez à une fenêtre de l'Explorateur Windows. Elle affiche un fichier reprenant le nom du programme téléchargé, mais portant l'extension `.zip`. Vous avez affaire à un fichier compressé qu'il faut décompresser pour obtenir le ou les fichiers d'installation. Vous pouvez normalement y procéder avec l'utilitaire de décompression de Windows XP.

TRUC

Si la décompression échoue, téléchargez le logiciel Winzip, installez-le le plus simplement du monde, et procédez comme suit :

9. **Cliquez sur le nom du fichier avec le bouton droit de la souris.**

10. **Dans le menu contextuel, choisissez Extraire ici ou Winzip/ Extraire ici, ou encore Ouvrir avec/Dossier compressé.**

11. **Double-cliquez sur le fichier Setup.exe.**

    L'installation commence.

12. **Suivez les instructions, et avancez dans la procédure d'installation en cliquant sur les boutons Next ou Suivant.**

13. **A un moment de l'installation de CD BurnerXP Pro, activez l'option I accept the terms in the licence agreement (J'accepte les termes de la licence d'utilisation), et cliquez sur Next.**

    Ne modifiez aucune option par défaut, et cliquez toujours sur Next.

14. **Une fois l'installation terminée, activez l'option Launch CDBrunerXP Pro 3 et cliquez sur Finish (terminer), comme à la Figure 9.38.**

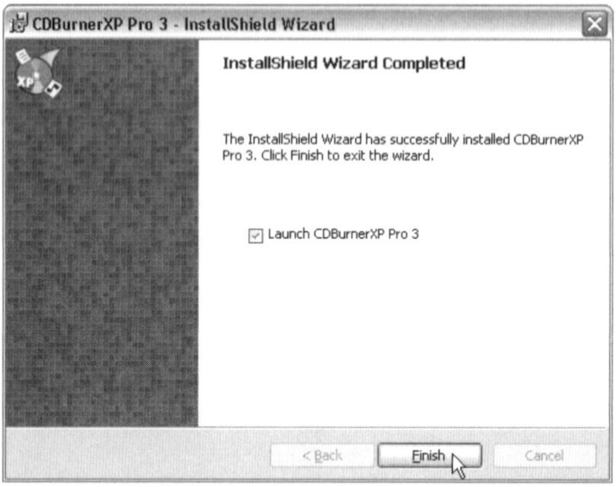

Figure 9.38 : Terminez l'installation et lancez le programme pour l'utiliser immédiatement.

CD BurnerXP Pro à l'oeuvre

Bien qu'il porte le titre de CD, ce logiciel est capable de graver des données sur des DVD vierges.

1. **Au démarrage de BurnerXP Pro, un écran d'accueil vous propose de créer une nouvelle compilation.**

   Comme ici vous désirez graver des données sur un DVD, cliquez sur la tâche Create a new Data-CD/RW, Data-DVD/RW, etc., comme à la Figure 9.39.

   Je ne saurais trop vous recommander, pour une première utilisation de ce programme d'insérer un DVD réinscriptible dans votre graveur, c'est-à-dire de type +RW ou -RW.

2. **L'interface de gravure apparaît.**

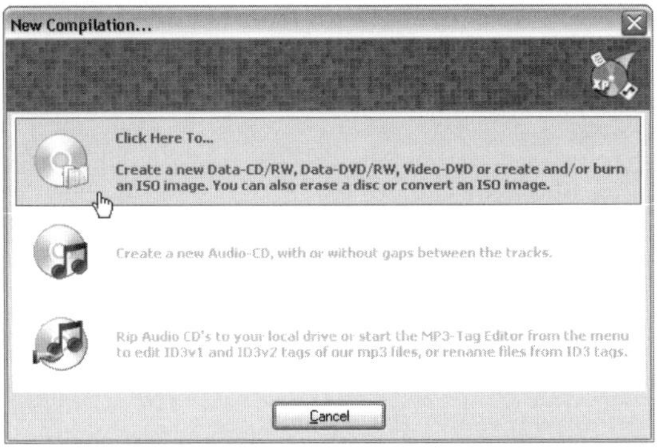

Figure 9.39 : Commencez ici votre session de gravure de DVD.

Si le DVD inséré contient déjà une session, un message vous demande ou non de poursuivre la gravure sur ce DVD. Pour pouvoir accéder aux données déjà gravées, je vous invite à cliquer sur le bouton Continue Disc (Multi Session).

TRUC

Pour éviter toute prise de tête lors d'une première gravure, insérez un DVD vierge ou bien effacez le contenu du DVD RW en suivant ces quelques étapes.

1a. Cliquez sur l'icône Erase disc (effacer le disque).

2a. Dans la boîte de dialogue qui apparaît, un message en anglais vous avertit que toutes les données présentes vont être supprimées du disque.

Si vous n'êtes pas sûr de ne plus avoir besoin de ces données, éjectez le disque et insérez-en un autre, vierge de préférence.

3a. Si vous êtes sûr de vous, cliquez sur le bouton Erase, comme à la Figure 9.40.

4a. Si un nouveau message d'avertissement apparaît, cliquez sur Oui sans chercher à comprendre.

En moins de temps qu'il n'enfaut pour le dire, le DVD est de nouveau vierge.

TRUC

Bien entendu, les précédentes étapes ne sont pas nécessaires lorsque vous utilisez un disque inscriptible (DVD+R ou -R).

3. Dans la partie gauche de l'interface de gravure, naviguez jusqu'au dossier contenant les fichiers à graver.

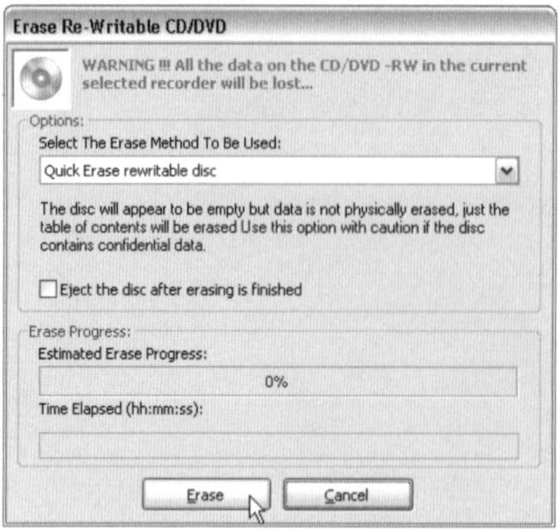

Figure 9.40 : Effacer le contenu d'un DVD réinscriptible.

Cette section fonctionne comme l'Explorateur Windows. Vous localisez le disque dur et le dossier contenant les données à graver, par exemple des photos numériques.

4. **Dans la partie supérieure droite, ouvrez le dossier contenant les données.**

5. **Sélectionnez toutes les données que vous désirez graver.**

   La multisélection s'opère avec l'utilisation simultanée de la touche Maj et/ou Ctrl et de la souris.

En revanche, si vous désirez graver tout le contenu d'un dossier, inutile de l'ouvrir préalablement. Ajoutez simplement le dossier à la compilation de gravure.

6. **Une fois le dossier ou les données sélectionnées, cliquez sur le bouton Add, ou glissez-déposez-les dans la partie inférieure droite.**

   Répétez cette opération pour ajouter d'autres données stockées sur d'autres disques durs et/ou dossiers.

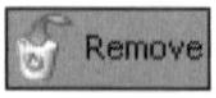

7. **Pour supprimer des données ajoutées par erreur, et avant gravure, sélectionnez-les dans la partie inférieure droite, et cliquez sur le bouton Remove.**

8. **Une fois toutes les données réunies dans cette compilation, cliquez sur la petite flèche du bouton Burn.**

9. **Sauf si vous remplissez totalement le disque, choisissez l'option Burn and leave disc open to be able to add more data later, comme le montre la Figure 9.41.**

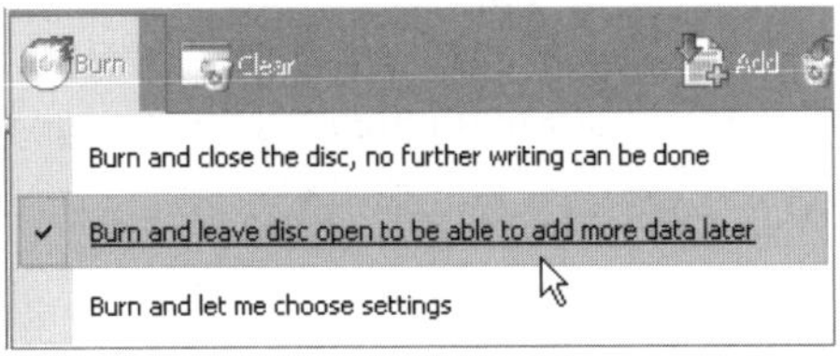

Figure 9.41 : Créez un DVD de données multisession.

En d'autres termes, vous créez un disque multisession.

TRUC

Si le principe de la multisession ne vous dit rien, consultez la section "Les grands principes de gravure", en début de chapitre.

10. **Cliquez sur le bouton Burn (graver).**

Comme le montre la Figure 9.42, vous suivez la progression de la gravure.

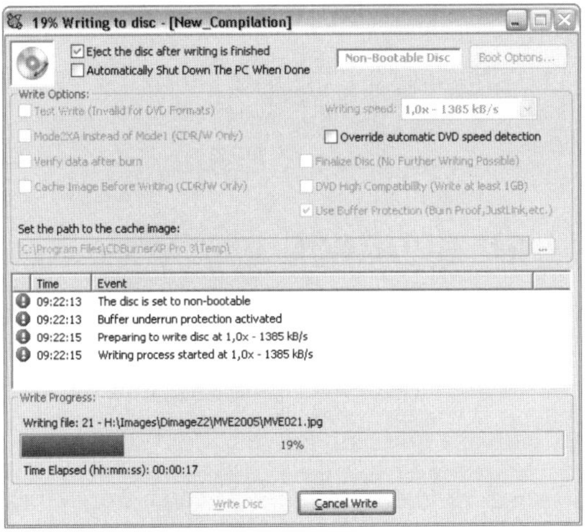

Figure 9.42 : La gravure est en cours !

11. **Une fois la gravure terminée, cliquez sur le bouton Done (fini).**

Le graveur éjecte le disque.

12. Insérez le disque pour vérifier que les données sont gravées et accessibles.

TRUC

Un logiciel aussi simple et performant que CD BurnerXP Pro comblera les besoins de tous ceux qui désirent graver facilement leurs données sur DVD. En revanche, la gravure de DVD vidéo n'est possible que si vous disposez préalablement d'une image ISO de votre DVD vidéo. C'est cette image qui sera gravée sur DVD. Ce domaine sera abordé au Chapitre 10.

Je suppose que vous avez bien compris les principes et la technique de gravure de données sur DVD. Vous verrez que, très rapidement, vos DVD se rempliront à la vitesse de la lumière. Ce sera la preuve que vous aurez compris une chose essentielle en informatique : Faites des sauvegardes !

Mais justement ! Vous sauvegardez vos données soit par un système de gravure classique, soit à la volée avec la technique de gravure par paquets. Vous vous sentez à l'abri de tout car vos données reposent en paix sur un DVD placé en lieu sûr. Mais que se passera-t-il s'il arrive quelque chose de fâcheux à ce DVD ? Et bien ! vous aurez perdu vos données ! Au prix actuel des DVD vierges, quand on sait les acheter judicieusement, il est recommandé de faire systématiquement une copie de vos DVD de données dès qu'ils sont remplis.

La plupart des programmes de gravure réputés disposent d'une telle fonction. Nous allons voir comment procéder avec le célébrissime Nero 6 Reloaded.

Copier un DVD de données

La copie d'un DVD peut se faire de deux manières. Ces méthodes sont conditionnées par la coexistence ou non de deux matériels dans votre ordinateur :

- Vous ne disposez que d'un graveur de DVD.
- Vous disposez de deux graveurs de DVD (dont l'un peut être externe).
- Vous disposez d'un lecteur de DVD et d'un graveur de DVD interne ou externe.

Copier avec un seul graveur

A l'inverse de ce que l'on pourrait croire, c'est une hypothèse assez peu fréquente. En effet, de nombreux ordinateurs vendus dans les grandes surfaces ou les magasins spécialisés embarquent un graveur de DVD et un lecteur de DVD.

Pour le moment, envisageons simplement l'hypothèse de l'utilisateur qui dispose, en interne, d'un seul graveur de DVD, ou d'un graveur de DVD externe et d'un lecteur de CD (qui, comme chacun sait, ne peut pas lire de DVD).

Avec un seul graveur pour effectuer une copie de sauvegarde d'un DVD de données – et nous le verrons plus tard un DVD vidéo –, le graveur va faire office de lecteur. En effet, il va préalablement lire le contenu du DVD et en enregistrer une image ISO dans un fichier temporaire. Ensuite, le programme de gravure vous invitera à insérer un DVD vierge dans le graveur pour l'utiliser, cette fois, en tant qu'enregistreur. L'image ISO temporaire est alors gravée sur le DVD vierge. Votre copie est réalisée.

Mettons en pratique toute cette théorie :

1. **Dans votre graveur, insérez le DVD de données à copier.**
2. **Cliquez sur l'icône Nero StartSmart.**
3. **Dans la fenêtre de Nero StartSmart, veillez à sélectionner DVD dans la liste située en haut et au centre.**

4. **Placez le pointeur de la souris sur l'icône Favoris.**
5. **Placez le pointeur de la souris sur Copier un DVD, et sélectionnez Nero Express dans la liste Ouvrir avec, comme à la Figure 9.43.**
6. **Cliquez sur Copier un DVD.**

   La fenêtre Nero Express apparaît, comme à la Figure 9.44. Elle vous guide dans la procédure de copie.

7. **Dans la liste Lecteur source, choisissez votre graveur de DVD.**

   Si vous ne possédez qu'un graveur, vous n'aurez pas d'autre choix. Je rappelle que le lecteur source est celui dans lequel vous avez inséré le DVD de données à copier.

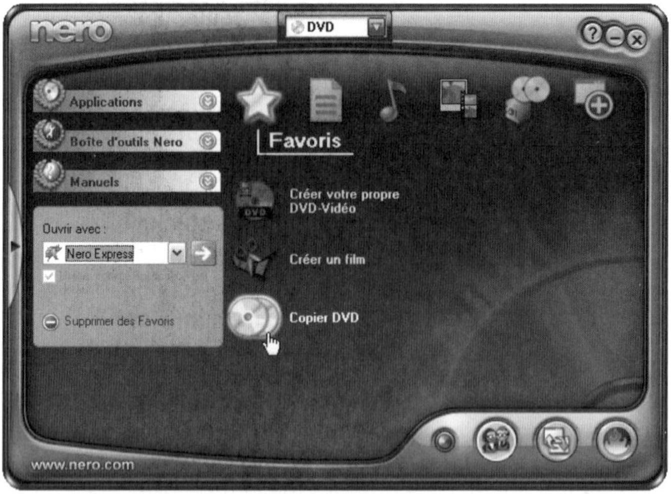

Figure 9.43 : Copier un DVD de données.

Figure 9.44 : Copiez le DVD en suivant le guide de Nero Express.

8. **Dans la liste Unité de destination, choisissez votre graveur.**

TRUC

Vous constatez que dans cette liste figure l'option Image Recorder DVD. Elle ne doit être utilisée que pour créer une image ISO du disque. Oubliez-la pour le moment, car votre objectif est d'utiliser votre graveur en tant que lecteur et graveur de DVD permettant de réaliser une copie de votre disque.

9. **Dans la liste Vitesse d'écriture, choisissez Maximum si vous ne connaissez pas la vitesse de lecture et de gravure du graveur ni celle du DVD vierge.**

10. **Cliquez sur le bouton Copier.**

    La première phase commence. Il s'agit de lire le contenu du DVD pour en faire une image temporaire qui sera par la suite gravée sur un DVD vierge.

    Veuillez patienter !

11. **Une fois la copie terminée, c'est-à-dire l'image ISO temporaire créée, Nero Express vous invite à insérer un DVD vierge, comme le montre la Figure 9.45.**

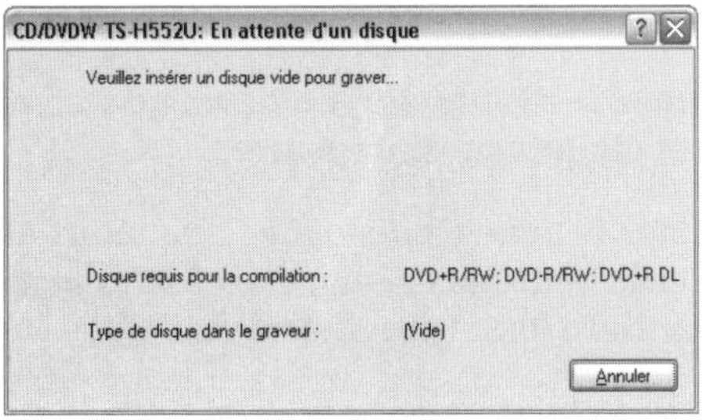

Figure 9.45 : Insérez votre DVD vierge pour obtenir une copie conforme du DVD de données d'origine.

Si le disque inséré n'est pas vierge, comme cela peut être le cas d'un DVD+RW ou -RW, Nero vous avertit que poursuivre l'opération va effacer le contenu de ce disque. Si vous êtes sûr de vous, cliquez sur Oui, sinon cliquez sur Non et insérez un disque vierge de type +R, +RW, -R ou -RW, voire RAM.

Il se peut que Nero refuse de créer l'image prétextant qu'il n'y a pas assez d'espace libre sur votre disque dur. Ah ! Je ris en mon for intérieur, car je vous ai dit et répété qu'il fallait un second disque dur consacré à la gravure ! Comment ? Vous en avez un ! Bien, je vois où est le problème. Nero a pour ordre de créer l'image sur le disque système C: qui est probablement très encombré (trop même). Voici comment sélectionner un autre disque dur et/ou dossier disposant d'assez d'espace :

a. Dans la fenêtre de Nero, cliquez sur le bouton Plus.

La boîte de dialogue Paramètres étendus s'affiche, comme le montre la Figure 9.46.

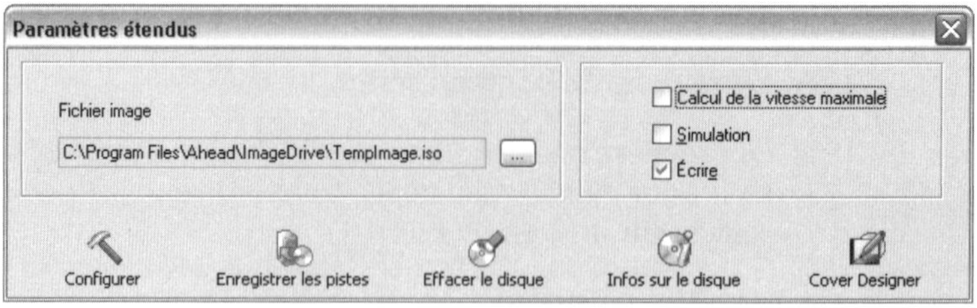

Figure 9.46 : Cette boîte de dialogue permet de configurer les DVD et Nero.

b. Dans la section Fichier image, cliquez sur le bouton de droite.

Cela va permettre de sélectionner un autre disque dur et/ ou un autre dossier dans la boîte de dialogue Enregistrer sous.

c. Sélectionnez le disque dur, créez ou non un nouveau dossier, et cliquez sur Enregistrer.

Revenu dans la boîte de dialogue Paramètres étendus, vous notez le nouveau chemin d'accès des images ISO créées par Nero lors de la copie d'un DVD.

d. Cliquez sur le bouton de fermeture de la boîte de dialogue.

12. La copie commence.

Suivez sa progression, comme à la Figure 9.47. Il est conseillé de ne pas travailler, surfer sur Internet, écouter de la musique sur votre ordinateur ou encore jouer pendant la copie. Allez boire un café !

La durée de la copie dépend de la vitesse maximale du graveur et de celle supportée par le DVD vierge.

13. Cliquez sur le bouton OK du message indiquant le succès de la gravure.

14. Dans Nero Express, cliquez sur Suivant.

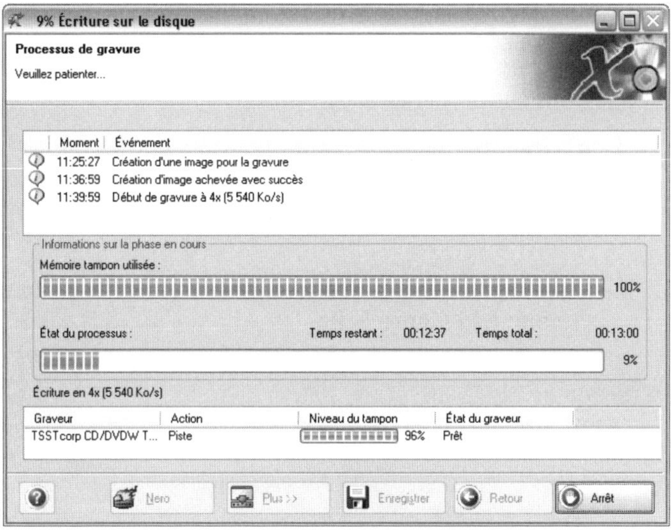

Figure 9.47 : Suivez la progression de la copie du DVD.

Cette action éjecte le disque et affiche la fenêtre d'accueil de Nero Express.

15. **Cliquez sur le bouton Quitter.**

16. **Insérez la copie dans le graveur/lecteur pour vous assurer que toutes les données copiées sont bien là.**

A côté de ce type de copie, les heureux possesseurs d'un lecteur de DVD ou de deux graveurs de DVD vont pouvoir réaliser des copies de DVD à DVD sans créer d'image ISO préalable.

Copier de DVD à DVD

La copie de DVD à DVD envisage une hypothèse bien simple, mais requiert deux appareils :

- Un graveur de DVD.
- Un lecteur de DVD (ou bien un second graveur).

TRUC

Le grand avantage de la copie de DVD à DVD est que vous ne perdez pas de temps à créer des images disques temporaires (ISO). En d'autres termes, vous divisez le temps de gravure par deux, dans la mesure où le lecteur va envoyer directement les données au graveur.

C'est de la gravure en temps réel, conditionnée par la vitesse de lecture du lecteur et d'enregistreur du graveur.

Voici comment procéder avec Nero :

1. **Répétez les étapes 1 à 6 de la précédente section.**

   Remplacez l'étape 7 et suivantes à partir de l'étape 2 ci-dessous.

2. **Dans la liste Lecteur source, sélectionnez le lecteur de DVD, comme à la Figure 9.48.**

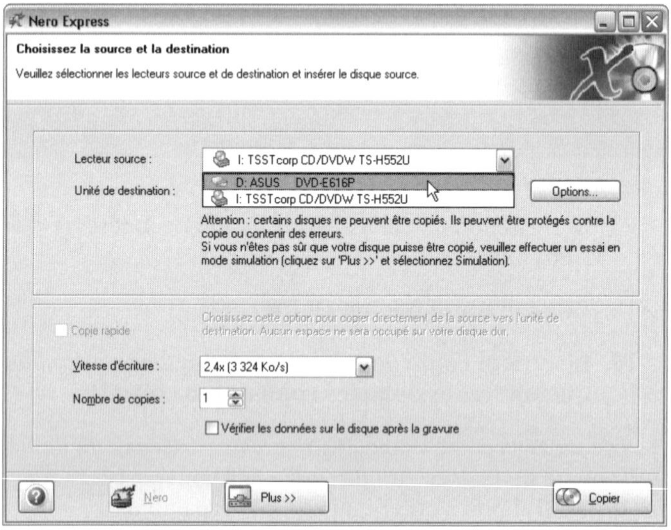

Figure 9.48 : Choisissez le lecteur ou le graveur qui va lire le DVD de données.

   Bien évidemment, un second graveur jouera parfaitement le rôle de lecteur.

3. **Insérez le DVD de données dans le lecteur et le DVD vierge dans le graveur.**

4. **Cochez l'option Copie rapide.**

   Cette fonction permet d'effectuer la copie de DVD à DVD.

5. **Cliquez sur Copier.**

   La copie directe d'un DVD sur l'autre commence. Patientez !

6. **Cliquez sur le bouton OK du message indiquant la réussite de la gravure.**

7. **Dans Nero Express, cliquez sur Suivant.**

   Cette action éjecte les deux disques, celui du lecteur et celui du graveur.

8. **Récupérez le disque source, et insérez de nouveau la copie pour vérifier qu'elle contient bien toutes les données.**

9. **Cliquez sur le bouton Quitter de Nero Express.**

10. **Cliquez sur le bouton de fermeture de Nero StartSmart.**

ATTENTION !

Ce type de gravure, plus que tout autre, impose de ne pas utiliser du tout votre ordinateur durant la copie. En effet, un lecteur/graveur de DVD lit les données bien moins vite qu'un disque dur. Par conséquent, la création d'une image ISO préalable permet une gravure plus fiable. Je vous accorde qu'elle demande plus de temps, mais en gagnerez-vous si jamais la copie de DVD à DVD échoue systématiquement ?

TRUC

Je conseille toujours d'effectuer une copie de DVD à DVD en gravant sur un DVD de type +RW ou -RW, c'est-à-dire réinscriptible. Vous pourrez l'effacer et le réutiliser en cas de souci lors de cette copie rapide.

Nous en avons terminé avec la gravure des DVD de données. Dans l'ensemble, elle ne diffère pas de la gravure de CD de données. Par conséquent, si vous savez faire l'une, vous savez faire l'autre.

Aujourd'hui, le DVD intéresse surtout le grand public dans son acception vidéographique. Le chapitre suivant va vous introduire dans ce monde fabuleux, en vous apprenant comment effectuer des copies de sauvegarde de vos DVD achetés dans le commerce, mais aussi comment ne récupérer sur ces mêmes DVD que les parties qui vous intéressent comme le film principal, sans sous-titres ni menus, et encore moins de versions multilingues.

Chapitre 10

Copier et restructurer des DVD vidéo

Dans ce chapitre :

- Simple copie d'un DVD vidéo.
- Restructuration du contenu d'un DVD vidéo.

Ce chapitre aborde un sujet essentiel qui est souvent à l'origine du passage d'un graveur de CD-ROM à celui de DVD-ROM : le DVD vidéo. Il ne s'agit plus ici de la simple copie de données sur un DVD inscriptible ou réinscriptible, mais de la copie privée (ou de sauvegarde) de DVD achetés dans le commerce dans un magasin réel ou virtuel. Ce DVD contient généralement un film et des bonus.

Fidèle à la légitime paranoïa dont je fais preuve en matière informatique, même lorsqu'il s'agit d'un support optique plus fiable qu'un support magnétique, je considère qu'il faut impérativement faire une copie de sauvegarde de ses films achetés, souvent assez cher, dans le commerce, et dont certains risquent de ne jamais être réédités. Voici quelques éléments qui plaident en faveur d'une telle copie :

- Le droit à la copie privée est une réalité juridique. (Voir toutefois les limites d'exercice de ce droit dans la section "Les principes et les limites de la copie des DVD", un peu plus loin dans ce chapitre.)
- Une mauvaise manipulation peut détériorer un DVD au point de le rendre inutilisable. Si vous avez une copie de sauvegarde, elle remplacera l'original abîmé.
- Vous n'êtes ni à l'abri d'un vol, ni d'un incendie, ni d'un tsunami (ah ! celle-là, j'aurais peut-être pu m'en passer). Il est donc judicieux d'effectuer une copie de sauvegarde de vos

DVD les plus précieux et de la stocker dans un lieu sûr, hors de votre domicile.

- Malgré la pérennité du support, le DVD s'use. Un jour ou l'autre vous risquez de ne plus pouvoir le lire. Le DVD en question ne sera peut-être plus disponible dans le commerce. Faites-en une copie tous les 10 ans.

Différence entre un DVD de données et un DVD vidéo

Cette différence peut se réduire à cette constatation pratique fort simple : Un DVD de données contient des fichiers informatiques de toute nature, traitement de texte, vidéo, audio, etc., alors qu'un DVD vidéo contient également des données, mais structurées d'une telle façon qu'elles sont lisibles sur un lecteur et/ou un enregistreur de salon. De son côté, le contenu d'un DVD de données, plus communément appelé DVD-ROM, n'est accessible que par un graveur et/ou un lecteur de DVD-ROM, c'est-à-dire un lecteur informatique. Donc, sans ordinateur, vous ne pouvez pas utiliser le contenu d'un DVD de données.

NOTE TECHNIQUE

Dans un DVD vidéo, les fichiers qu'il contient appartiennent à une hiérarchie très particulière qui donne au DVD sa qualité vidéographique. Dans un DVD vidéo, vous trouvez un dossier principal appelé *VIDEO_TS* qui signifie Video Title Set, c'est-à-dire *jeu de titre vidéo.* Il contient les fichiers vidéo du DVD. Pour fonctionner sur les lecteurs ou les enregistreurs de salon, le répertoire VIDEO_TS contient un gestionnaire vidéo ou VGM qui délivre la vidéo d'introduction, le menu de titres et de chapitrage, ainsi que tout autre menu permettant, entre autres, de naviguer dans le contenu du DVD. Le dossier contient aussi un ou plusieurs VTS contenant l'ensemble des titres présents sur le DVD. Ces titres sont en fait des films. Ils sont composés de VOBS (Video Object Block Sets – *jeux de blocs d'objets vidéo*) qui sont l'armature principale du DVD vidéo. Ces objets vidéo contiennent un ensemble de données d'images et de sons au format MPEG-2. Ajoutez à cela un fichier VTSI qui contient toutes les informations de navigation, c'est-à-dire les réactions du DVD lorsque l'utilisateur appuie sur telle ou telle touche de sa télécommande, ainsi qu'une copie de sauvegarde de ce fichier.

Pour résumer, nous dirons que le DVD vidéo est celui qui remplace vos cassettes VHS, et que le DVD de données est celui sur lequel vous stockez vos précieux fichiers de travail auxquels vous ne pouvez accéder que par un lecteur de DVD-ROM.

En revanche, vous utiliserez les mêmes DVD vierges pour créer ou copier vos DVD de données et vos DVD vidéo.

- Les DVD sont comme les CD, ils ne supportent ni la chaleur ni l'exposition aux rayons du soleil. Comme les hydrater ou leur appliquer une protection solaire ne sert à rien, il est préférable d'effectuer une copie de sauvegarde de vos DVD vidéo.

TRUC

Ce qui est dit ici pour les DVD vidéo achetés dans le commerce vaut pour les DVD personnels que vous créerez en suivant les techniques décrites à partir du Chapitre 12.

Les principes et les limites de la copie des DVD

Cette section va pointer le doigt sur deux réflexions majeures qui contredisent des dispositions juridiques mises à mal par l'avènement progressif et aujourd'hui envahissant, voire exclusif, des médias numériques dont fait partie le DVD vidéo.

Les copies permises avec un ordinateur

Je joue avec les mots et je m'en amuse. Un ordinateur ne pourra jamais légiférer en matière de copie. Lorsque je parle de permission dans ce titre de section, j'envisage la permission technique, c'est-à-dire ce que sait faire aujourd'hui le trio ordinateur-graveur-logiciel. Dans la prochaine section, vous comprendrez mieux où commence et où s'arrête la copie des DVD.

L'avantage d'un graveur de DVD-ROM sur un enregistreur de salon est que vous pouvez personnaliser vos copies. Voici ce qu'il est possible de réaliser avec un ordinateur, un graveur de DVD-ROM et les logiciels adaptés :

- Copier l'intégralité d'un DVD 5 sur un DVD vierge de 4,7 Go.
- Copier l'intégralité d'un DVD 9 (c'est-à-dire double couche) sur un DVD vierge de 4,7 Go, c'est-à-dire simple couche.
- Sélectionner le contenu du DVD vidéo que vous désirez graver sur un DVD vierge tout en conservant les spécificités techniques du DVD vidéo.
- Changer la zone de votre DVD vidéo.
- Créer un DVD vidéo à partir de plusieurs autres DVD.

Toutes ces opérations sont prises en charge par les logiciels. Néanmoins, tous les logiciels ne sont pas aussi virtuoses les uns que les autres pour créer des copies de vos DVD. Ainsi, si la copie intégrale d'un DVD 5 sur un DVD vierge de 4,7 Go ne pose pas souvent problème, la copie restructurée ou encore la copie compressée d'un DVD 9 sur un DVD 5 sont souvent l'apanage de programmes spécifiques. Vous verrez cela tout au long de ce chapitre.

Je pense que si vous avez compris le principe même de la copie, c'est-à-dire créer une copie conforme ou restructurée d'un DVD vidéo, il est indispensable de préciser les règles qui viennent en partie contredire un droit. Je vais tenter d'être le moins juridique possible, de façon à bien vous faire comprendre que, si le droit à la copie privée existe en France, il ne peut plus s'exercer dans n'importe quelles conditions, au grand dam des utilisateurs et des associations de consommateurs.

Les copies permises par le droit à la copie privée

En France, et dans d'autres pays, il existe ou existait ce que l'on appelle le *droit à la copie privée*. Dans ses grandes lignes, il s'agit d'un droit reconnu à l'acheteur d'un disque, d'une vidéo ou d'un DVD d'en réaliser une copie privée, c'est-à-dire ne sortant pas du cercle familial. Ce droit paraît d'autant plus légitime que les supports analogiques comme les cassettes audio et vidéo VHS s'abîment au fil des ans, et qu'il est essentiel de pouvoir en conserver une copie sur un support bien plus stable qu'est le support optique magistralement incarné par le DVD.

Bon, la chose est entendue. Vous pouvez réaliser une copie privée des produits artistiques dont vous avez acquis la "propriété" en les achetant dans le commerce.

Cependant, la technologie est ce qu'elle est, les sociétés d'édition de CD et de DVD sont ce qu'elles sont, c'est-à-dire des entreprises devant réaliser des profits, donc des personnes morales qui n'ont rien de philanthropique. Il a tout naturellement découlé de cette absence de philanthropie une volonté de protéger leurs produits commerciaux contre la copie. Louable en soi, cette protection a créé, comme souvent en droit, une contradiction : Comment exercer son droit à la copie privée si des systèmes interdisent ladite copie ? Ben oui, même le plus idiot des imbéciles y aurait pensé ! Alors, les associations de consommateurs et quelques utilisateurs mécontents de voir leur droit bafoué sont montés au créneau. Ils ont attaqué en justice les sociétés empêchant, par un système numérique, la copie privée de DVD achetés dans le commerce. Cette copie repose sur les dispositions de l'article L 122-5 du Code de la propriété intellectuelle qui dit en substance que "lorsque l'œuvre a été divulguée, l'auteur ne peut interdire les copies ou les reproductions strictement réservées à l'usage privée des copistes et non destinées à une utilisation collective". En d'autres termes, cet article permet les copies de sauvegarde que je prône en matière de support optique donc de DVD vidéo.

Malheureusement pour tous ces défenseurs d'un droit ancestral, la justice ne leur a pas donné raison. En effet, d'un côté il y a ce que l'auteur de l'œuvre ne peut pas interdire, c'est-à-dire la copie privée, et de l'autre il y a les intérêts des producteurs et des éditeurs de l'œuvre qui peuvent tout faire pour empêcher cette copie. Alors qu'avez-vous le droit de faire et de ne pas faire à votre niveau :

- Vous pouvez faire une copie privée d'un DVD vidéo non protégé contre la copie. En effet, l'absence d'un système de protection contre la copie reconnaît implicitement le droit de copier l'œuvre.
- Vous devez restreindre la copie à une fonction de sauvegarde privée que vous ne vendrez pas, ne louerez pas et ne prêterez pas.
- Vous ne pouvez pas copier un DVD vidéo commercial loué ou prêté.
- Vous pouvez copier les DVD vidéo enregistrés à la télévision avec un enregistreur de salon ou un système de réception télévisée installé sur votre ordinateur. On se retrouve ici dans le cadre de la cassette VHS. Si vous avez un magnétoscope, c'est bel et bien pour enregistrer des films ou des émissions passant sur le satellite, le câble, la TNT ou la télé hertzienne. Donc, si vous disposez d'un enregistreur de salon, vous enregistrez ce que vous voulez à condition que l'utilisation de cet enregistrement soit restreinte au cadre familial.
- Vous pouvez copier les DVD vidéo contenant vos films de famille. C'est à vous, alors faites-en ce que bon vous semble !

La cohabitation d'un droit à la copie privée et l'intérêt commercial des sociétés de production disposant de moyens techniques pour protéger leurs supports contre la copie, validé en cela par les tribunaux, vient de transformer un droit en une exception. Vous pouvez copier ce qui n'est pas spécifiquement protégé. Dès l'instant où, sur un DVD et une cassette VHS, un système de protection existe, et dont mention en est faite sur le boîtier, vous ne pourrez pas exercer votre droit à la copie privée, et encore moins le faire valoir en justice.

Il va de soi que toute copie illégale, c'est-à-dire toute tentative de copier un support protégé, vous expose à des sanctions. Cela va de la simple amende à la prison ferme, surtout si vous en faites commerce. De même, vous ne pouvez pas copier un DVD vidéo loué, même s'il n'est pas protégé contre cette copie.

Vous savez que nul n'est censé ignorer la loi. Par conséquent, toutes les techniques décrites ci-après ne pourront s'appliquer que sur les DVD vidéo commerciaux non protégés contre la copie. Vous ne pourrez exercer votre droit à la copie privée que sur ces supports. D'ailleurs, vous constaterez que de nombreux logiciels identifient la protection, et stoppent net la procédure de copie que vous aviez engagée.

Copie de sauvegarde de vos DVD vidéo

Allez, la vie est belle, même si le législateur et les tribunaux vous empêchent, légitimement, de jouer aux apprentis sorciers numériques comme nous l'avons vu dans la précédente section.

Malgré les possibilités offertes par un ordinateur et ses logiciels pour copier des DVD, ne sortez jamais, je dis bien jamais, de la légalité. D'ailleurs, pour éviter toute tentation, de nombreux programmes de copie identifient la protection et vous avertissent que la copie est impossible.

Les sections qui vont suivre expliquent comment copier l'intégralité d'un DVD vidéo sur un DVD vierge. Nous allons appuyer nos exemples sur les programmes suivants :

- Nero 6 Reloaded.
- Roxio Easy Media Creator 7.5.
- Clone DVD 2.

- DVD Shrink.
- DVD Decrypter.

A tout seigneur, tout honneur, commençons notre périple avec Nero 6 Reloaded.

Nero 6 Reloaded : Copier un DVD 5 ou un DVD 9

En matière de copie de sauvegarde d'un DVD 5, c'est-à-dire simple couche, la procédure proposée par Nero 6 n'est pas plus complexe que celle consistant à copier un DVD de données. En revanche, nous verrons que copier un DVD 9 (c'est-à-dire double couche) sur un DVD vierge de 4,7 Go est une autre entreprise.

TRUC

Nero 6 Reloaded n'autorise que la copie des DVD non protégés.

Copier un DVD 5

Dans cet exercice, vous allez apprendre à copier tout le contenu d'un DVD 5 (simple couche) sur un DVD vierge simple couche. Voici comment procéder :

1. **Insérez le DVD vidéo dans votre graveur de DVD-ROM.**

   Si l'exécution automatique de Windows XP est activée, il se peut que la lecture du DVD commence directement. Stoppez-la et fermez le logiciel de lecture de DVD.

   De même, si la boîte de dialogue de choix de l'action à réaliser à l'insertion du DVD apparaît, cliquez sur son bouton Annuler.

2. **Double-cliquez sur le raccourci Nero StartSmart du bureau, ou cliquez sur l'icône du même nom dans la barre de Lancement rapide de Windows XP.**

3. **Dans la liste située en haut de la fenêtre de Nero StartSmart, sélectionnez DVD.**

4. **Placez le pointeur de la souris sur l'icône du projecteur, puis cliquez sur Copier DVD, comme le montre la Figure 10.1.**

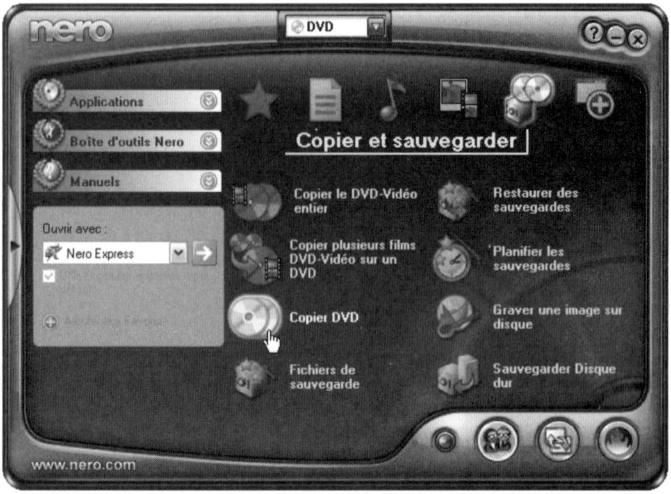

Figure 10.1 : Lancez la procédure de copie d'un DVD vidéo.

Dans la liste Ouvrir avec située sur la gauche, choisissez Nero Express.

5. **Dans les listes Lecteur source et Unité de destination de Nero Express, choisissez votre graveur, comme à la Figure 10.2.**

Figure 10.2 : Le graveur fait également office de lecteur.

Pour cet exercice, nous allons utiliser le graveur comme le lecteur et graveur de DVD.

6. **Pour laisser le programme définir la vitesse de lecture et de gravure, sélectionnez Maximum dans la liste Vitesse d'écriture.**

   Comme vous n'allez faire qu'une seule copie, veillez que la valeur 1 soit affichée dans le champ Nombre de copies.

7. **Cliquez sur le bouton Copier.**

   Nero bascule vers la fenêtre Processus de gravure. Il commence à lire le contenu du DVD vidéo pour en créer une image temporaire sur votre disque dur. La durée de l'opération varie selon les performances de lecture de votre graveur. Comme le montre la Figure 10.3, une barre de progression permet de suivre l'évolution de la lecture.

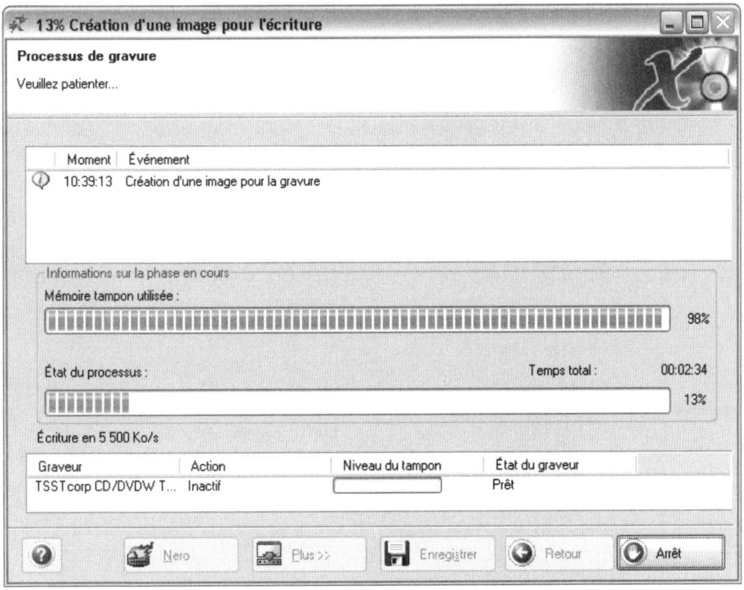

Figure 10.3 : Création de l'image disque en cours. Patience !

8. **Une fois la copie terminée, c'est-à-dire l'image créée, Nero vous invite à insérer un DVD vierge.**

S'il n'est pas vierge, le programme vous avertit que son contenu va être effacé. Acceptez en toute connaissance de cause. Sinon, éjectez le DVD pour en insérer un vierge.

TRUC

La copie peut se faire indifféremment sur un DVD+R/-R ou +RW/-RW. La seule différence est que, sur un +R/-R, vous ne pouvez plus effacer le film. C'est sans doute le support le plus logique lorsque l'on veut effectuer une copie de sauvegarde de sa DVDthèque.

9. **La gravure débute automatiquement.**

   Nero copie l'image disque, c'est-à-dire la structure exacte du DVD vidéo sauvegardé. Comme le montre la Figure 10.4, une jauge de progression permet de suivre l'évolution de la gravure.

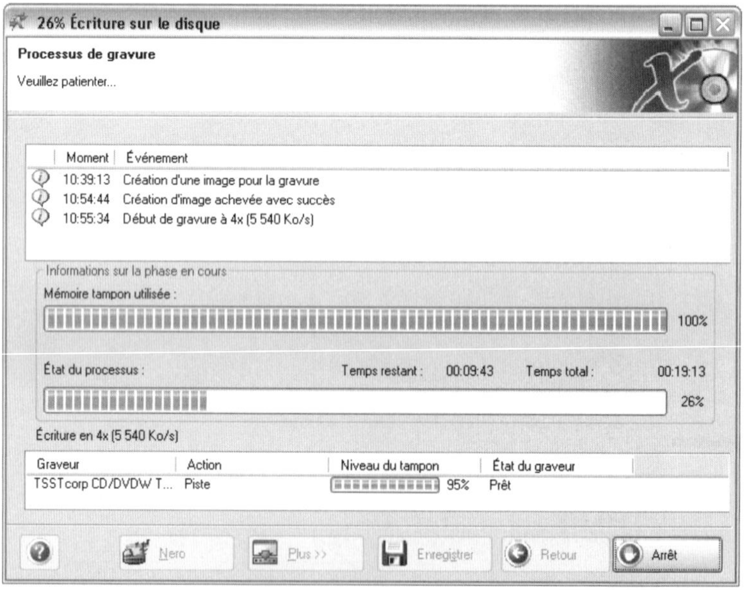

Figure 10.4 : La gravure est en cours.

TRUC

La durée de la gravure est conditionnée par la vitesse maximale du graveur et la vitesse maximale supportée par le DVD vierge.

10. **Le succès de la copie est confirmé par un message illustré à la Figure 10.5. Cliquez sur OK.**

Figure 10.5 : La copie est réussie. Bravo !

11. **Revenu dans Nero Express, cliquez sur le bouton Suivant.**

    Nero éjecte la copie du DVD.

12. **Cliquez sur Quitter.**

    Nero Express se ferme, et vous revenez dans Nero StartSmart.

Retirez la copie du DVD, fermez le graveur et insérez votre copie dans un lecteur de salon. Vous constatez que la copie est en tout point identique à l'original.

TRUC

A partir de cet instant, vous avez deux possibilités :

- Placez l'original dans un lieu sûr et utilisez uniquement la copie.
- Placez la copie dans un lieu sûr et utilisez uniquement l'original.

Vous constatez que la copie d'un DVD de données ne varie pas de celle d'un DVD de données. Vous pourriez même effectuer une copie de DVD à DVD, ou d'après une image ISO. Cet aspect de la copie d'un DVD sera étudié dans une section spéciale, un peu plus loin dans ce chapitre.

Maintenant que vous savez copier avec brio un DVD 5 sur un DVD de 4,7 Go, voyons comment graver un DVD 9, c'est-à-dire double couche, sur ce même type de DVD.

Copier un DVD 9

Un DVD 9 est un DVD double couche, c'est-à-dire qui peut contenir jusqu'à 8,5 Go de données (ou de vidéo), soit le double d'un DVD 5 dont la capacité est limitée à 4,7 Go.

Avec Nero 6 Reloaded, vous pouvez copier l'intégralité d'un DVD 9 sur un DVD 5. La prouesse semble impossible, surtout lorsque l'on sait que la perte de qualité engendrée par une compression supérieure des images est quasi indécelable. Voyons comment faire :

Extérieurement, rien ne distingue un DVD 9 d'un DVD 5. Il faut lire la jaquette. Soit vous verrez inscrit DVD 9, soit vous verrez le logo DVD sur lequel ou sous lequel est écrit 9. Vous savez donc que vous avez affaire à un DVD double couche.

1. **Insérez le DVD 9 vidéo dans votre graveur de DVD-ROM.**

   Si l'exécution automatique de Windows XP est activée, il se peut que la lecture du DVD commence directement. Stoppez-la et fermez le logiciel de lecture de DVD.

   De même, si la boîte de dialogue de choix de l'action à réaliser à l'insertion du DVD apparaît, cliquez sur son bouton Annuler.

2. **Double-cliquez sur le raccourci Nero StartSmart du bureau, ou cliquez sur l'icône du même nom dans la barre Lancement rapide de Windows XP.**

3. **Dans la liste située en haut de la fenêtre de Nero StartSmart, sélectionnez DVD.**

4. **Placez le pointeur de la souris sur l'icône du projecteur, puis cliquez sur Copier le DVD vidéo entier, comme le montre la Figure 10.6.**

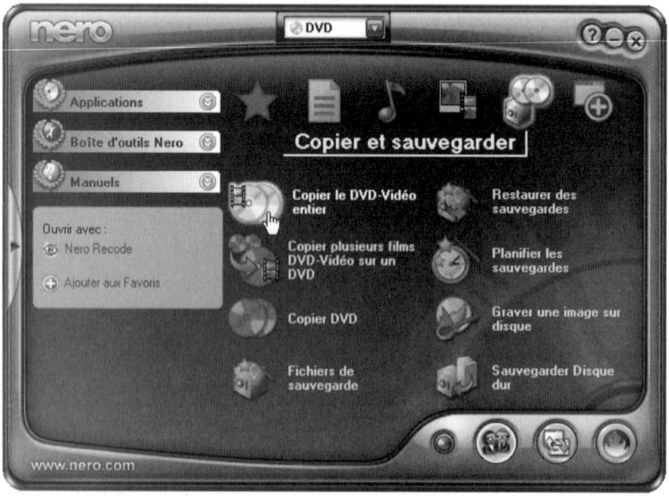

Figure 10.6 : Lancez la procédure de copie d'un DVD vidéo double couche.

Vous constatez que la liste Ouvrir avec impose le choix du module qui va être utilisé. Il s'agit de Nero Recode.

5. **Nero lance le module Nero Recode, illustré à la Figure 10.7.**

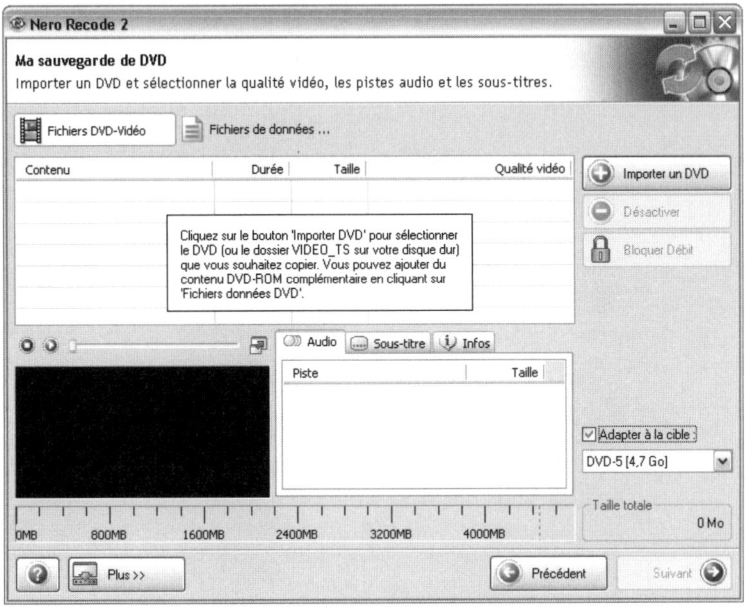

Figure 10.7 : Nero Recode permet d'adapter le contenu d'un DVD 9 à un DVD 5.

6. **Cliquez sur le bouton Importer un DVD.**

7. **Dans la boîte de dialogue Rechercher un dossier, localisez le dossier VIDEO_TS du DVD.**

TRUC

Comme le DVD est déjà inséré, Nero Recode sélectionne le bon dossier.

8. **Cliquez sur OK.**

Nero Recode lance l'analyse du contenu du DVD, comme le montre la Figure 10.8. Elle ne dure que quelques minutes.

Une fois l'analyse terminée, Nero Recode affiche la structure du DVD 9 et définit des taux de compression par défaut, comme le montre la Figure 10.9. Vous constatez que, pour faire tenir la totalité du DVD 9 sur un DVD 5, Nero Recode compresse les éléments en appliquant le meilleur pourcentage au film.

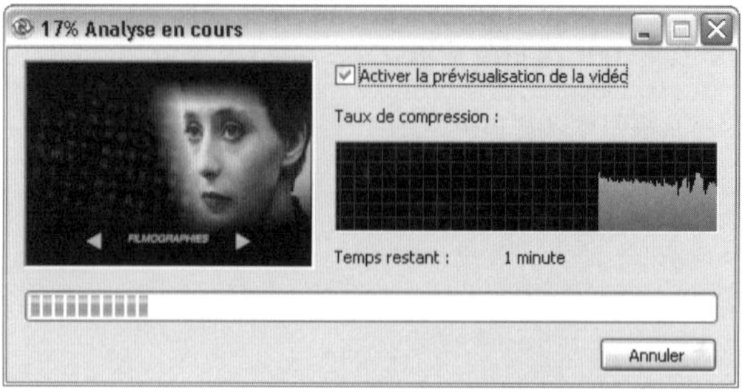

Figure 10.8 : Analyse du DVD 9 en cours.

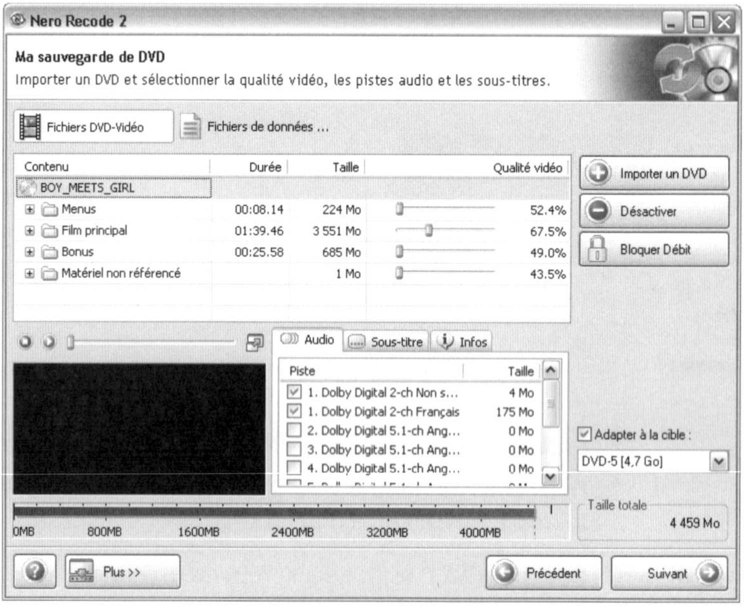

Figure 10.9 : Nero Recode montre la structure du DVD 9.

9. **Le cas échéant, faites varier les curseurs pour augmenter ou diminuer le pourcentage des divers éléments.**

   Plus la valeur est faible, plus les images sont compressées, et moins leur qualité est bonne. Comme vous débutez, je vous conseille de laisser les valeurs par défaut de Nero.

10. **Cochez l'option Adapter à la cible, et choisissez DVD 5 [4,7 Go] dans la liste.**

    En effet, ici nous désirons copier un DVD 9 sur un DVD 5.

11. **Cliquez sur le bouton Suivant.**

    Vous accédez à la fenêtre Paramètres de gravure de Nero Recode illustrée à la Figure 10.10.

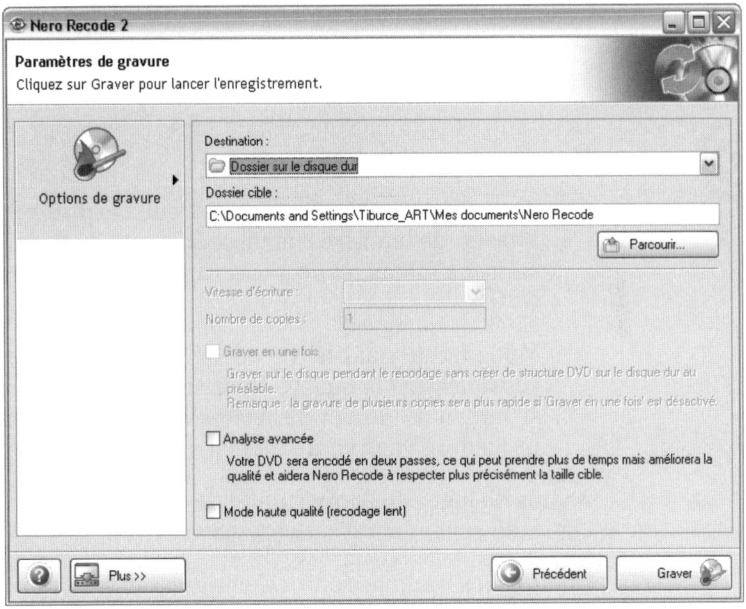

Figure 10.10 : Définissez ici les paramètres de la gravure.

12. **Dans la liste Destination, choisissez votre graveur.**

    Nous voulons faire comme pour la copie d'un DVD 5, c'est-à-dire de graveur à graveur.

13. **Si nécessaire, cliquez sur le bouton Parcourir pour sélectionner le dossier de votre disque dur où sera créée l'image disque qui sera ensuite gravée sur le DVD.**

    Nero Recode propose un dossier de votre disque dur C:. Si vous avez bien lu cet ouvrage, vous connaissez mon aversion pour l'utilisation de ce disque dur en matière de stockage de données, qu'elles soient définitives ou temporaires. Je vous encourage à sélectionner un autre disque dur !

14. **Dans la boîte de dialogue Rechercher un dossier, sélectionnez un autre disque dur (et éventuellement un dossier), et cliquez sur OK.**

Vous pouvez profiter de l'occasion pour créer un dossier dans lequel vous stockerez systématiquement les images disque créées par Nero. Il suffit pour cela de cliquer sur le bouton Créer un nouveau dossier. Saisissez alors le nom du dossier, comme "Nero Recode Temp", et appuyez sur la touche Entrée.

15. **Dans la liste Vitesse d'écriture, choisissez Maximum, et laissez le Nombre de copies à 1.**

Deux autres options sont disponibles : Analyse avancée et Mode haute qualité (recodage lent) :

- **Analyse avancée** effectue un encodage du DVD 9 en deux phases, de manière à améliorer la qualité de la compression et à mieux respecter la capacité de stockage du DVD 5.

- **Mode haute qualité (recodage lent)** permet d'améliorer sensiblement la qualité de l'encodage. Cette amélioration se fait au détriment de la vitesse, c'est-à-dire que la procédure va prendre réellement beaucoup de temps.

A vous de juger de l'opportunité de ces options. Je vous conseille cependant d'activer Analyse avancée.

16. **Une fois les options définies, cliquez sur le bouton Graver, comme à la Figure 10.11.**

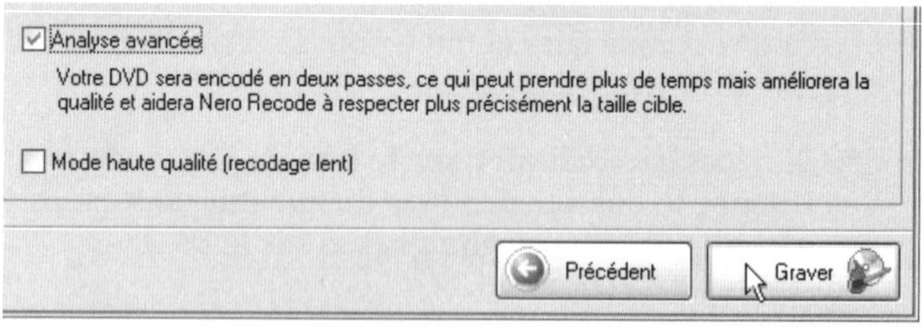

Figure 10.11 : Les paramètres de gravure étant définis, lancez la procédure !

L'analyse et l'encodage, c'est-à-dire le surplus de compression, s'effectuent dans la fenêtre Encodage et gravure, comme le montre la Figure 10.12. Une barre de progression permet de suivre l'évolution des trois tâches de cette copie particulière, c'est-à-dire l'analyse, l'encodage, puis la gravure.

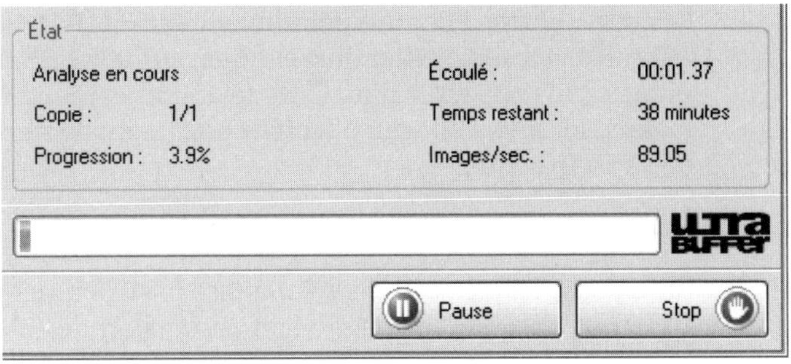

Figure 10.12 : Patience ! Nero analyse et encode.

La procédure d'analyse étant assez longue, si vous avez besoin d'utiliser momentanément votre ordinateur pour une autre tâche, cliquez sur le bouton Pause. Une fois la tâche terminée, poursuivez l'analyse en cliquant sur le bouton Reprendre qui s'est substitué au bouton Pause.

Pour encoder le DVD 9, Nero met plus d'une heure. Cette durée est variable, car vous ne pouvez pas savoir si l'intégralité du DVD 9 contient des données vidéo.

Une fois l'analyse et l'encodage terminés, le plus long travail est fait. En effet, la durée de la gravure ne dépend que de la vitesse maximale du graveur et du DVD vierge utilisé.

17. **Une fois la copie terminée, c'est-à-dire l'image créée, Nero vous invite à insérer un DVD vierge, comme le montre la Figure 10.13.**

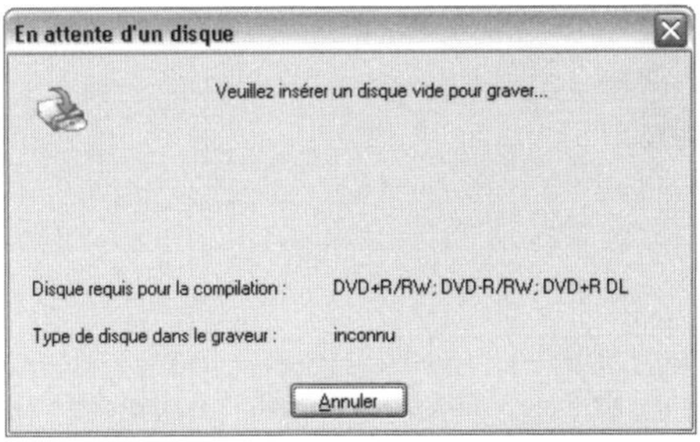

Figure 10.13 : Insérez un DVD 5 de type +R/+RW ou -R/-RW.

S'il n'est pas vierge, le programme vous avertit que son contenu va être effacé. Acceptez en toute connaissance de cause. Sinon, éjectez le DVD pour en insérer un vierge.

La copie peut se faire indifféremment sur un DVD+R/-R ou +RW/-RW. La seule différence est que, sur un +R/-R, vous ne pouvez plus effacer le film. C'est sans doute le support le plus logique lorsque l'on veut effectuer une copie de sauvegarde de sa DVDthèque.

18. La gravure débute automatiquement.

Nero copie l'image disque, c'est-à-dire la structure exacte du DVD 9 compressé, sauvegardé, et automatiquement restructuré en DVD 5 de manière à tenir sur un DVD de 4,7 Go de capacité de stockage. Comme le montre la Figure 10.14, une jauge de progression permet de suivre l'évolution de la gravure.

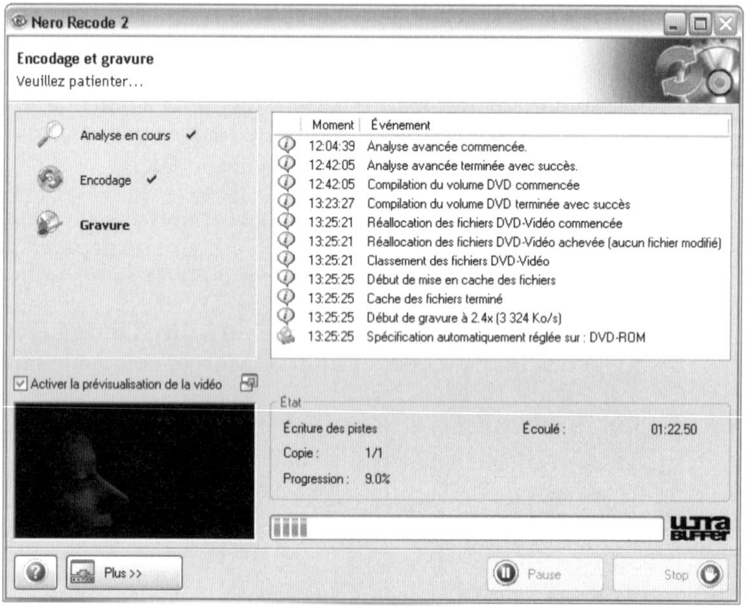

Figure 10.14 : La gravure sur un DVD 5 est en cours.

La durée de la gravure est conditionnée par la vitesse maximale du graveur et la vitesse maximale supportée par le DVD vierge.

19. Une fois la gravure terminée avec succès, Nero Recode éjecte le DVD. Il affiche un message invitant à enregistrer le journal de la gravure. Cliquez sur Non.

20. **Dans Nero Recode, cliquez sur le bouton Suivant.**

21. **Fermez Nero Recode par un clic sur le bouton Quitter, comme à la Figure 10.15.**

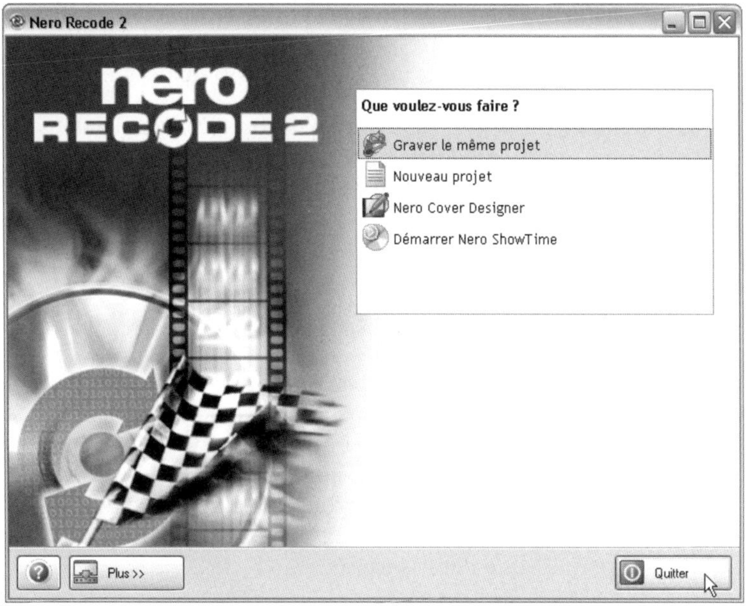

Figure 10.15 : Vous en avez fini avec Nero Recode.

Nero Recode se ferme, et vous revenez dans Nero StartSmart.

Retirez la copie du DVD, fermez le graveur et insérez votre copie dans un lecteur de salon. Vous constatez que la copie est en tout point identique à l'original. Vous disposez, sur un DVD 5, de tout le contenu d'un DVD 9.

TRUC

Je pense que vous allez être très surpris de la qualité du DVD. Ce principe est idéal pour tous ceux qui veulent effectuer une copie de sauvegarde de leurs DVD 9, mais n'ont pas de graveur de DVD double couche et/ou les moyens de s'offrir des DVD vierges doubles couches.

TRUC

A partir de cet instant, vous avez deux possibilités :

- Placez l'original dans un lieu sûr et utilisez uniquement la copie.

- Placez la copie dans un lieu sûr et utilisez uniquement l'original.

TRUC

Bien entendu, si vous possédez un graveur double couche, rien ne vous empêche de copier un DVD 9 sur un DVD+R DL ou -R DL. Dans ce cas, comme aucune analyse et compression supplémentaires ne sont nécessaires, cette procédure est la même que celle qui consiste à copier un DVD 5 sur un DVD de 4,7 Go de données.

Voyons comment les choses se déroulent avec d'autres logiciels, notamment Roxio Easy Media Creator 7.5, une suite de gravure, de montage virtuel et d'authoring vidéo très complète et complexe.

Roxio Easy Media Creator 7.5 : Copier un DVD 5 ou un DVD 9

En matière de copie de sauvegarde d'un DVD 5, c'est-à-dire simple couche, la procédure proposée par Roxio n'est pas plus complexe que celle consistant à copier un DVD de données. Par conséquent, elle n'est guère plus difficile que celle étudiée avec le programme Nero. En revanche, nous verrons que copier un DVD 9 est une opération qui reste à la portée de tous, car elle est bien moins compliquée que dans Nero.

TRUC

Roxio Easy Media Creator 7.5 n'autorise que la copie des DVD non protégés.

Copier un DVD 5

Dans cet exercice, vous allez apprendre à copier tout le contenu d'un DVD 5 (simple couche) sur un DVD vierge simple couche.

Voici comment procéder si vous possédez un lecteur et un graveur de DVD :

1. **Dans le lecteur de DVD, insérez le DVD vidéo que vous désirez copier.**

   Si l'exécution automatique de Windows XP est activée, il se peut que la lecture du DVD commence directement. Stoppez-la et fermez le logiciel de lecture de DVD. De même, fermez toute fenêtre vous demandant quelle action accomplir avec ce DVD.

2. **Dans le graveur de DVD, insérez un DVD vierge de type +R, -R ou +RW, -RW.**

   Si le disque réinscriptible contient des données, Roxio Easy Media Creator vous préviendra de leur effacement imminent. Agissez donc en connaissance de cause. Nous verrons cela un peu plus tard.

3. **Double-cliquez sur l'icône de démarrage de Roxio Easy Media Creator installée sur le bureau de Windows.**

4. **Dans l'écran d'accueil ou de bienvenue, c'est selon vos humeurs et vos envies, repérez la colonne DVD, et cliquez sur le lien Copie d'un DVD, comme à la Figure 10.16.**

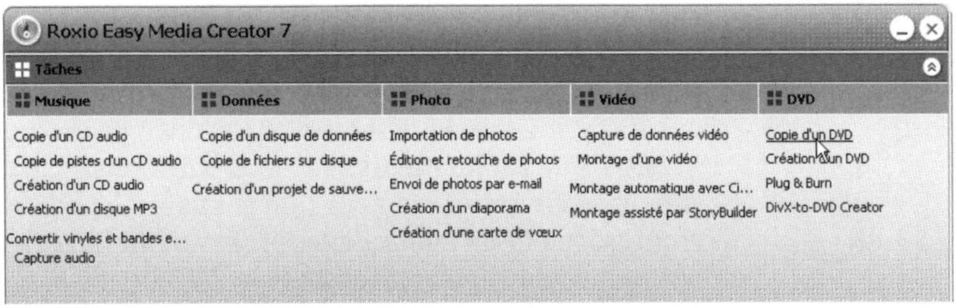

Figure 10.16 : Pour copier un DVD 5.

Roxio Easy Media Creator peut repérer la présence d'un graveur externe USB. Bizarrement, l'information qu'il donne est parfois erronée. Par exemple, il va identifier en tant que périphérique USB 1.1 un graveur USB 2.0, ce qui, en matière de vitesse et de fiabilité de la gravure, n'est pas tout à fait pareil. Ce problème d'identification fait que Roxio vous demande de ne pas graver à une vitesse supérieure à 4x. Cette considération est vraiment à prendre avec des pincettes. Cliquez sur OK pour quitter le message.

La fenêtre Roxio Disc Copier apparaît en mode Simple, comme le montre la Figure 10.17.

5. **Vérifiez-y les deux points suivants :**

   1. La liste Lecteur affiche bien le nom du lecteur de DVD dans lequel vous avez inséré le disque à copier.

   2. La liste Graveur affiche bien le nom du graveur dans lequel se trouve le DVD vierge (ou non) sur lequel vous allez effectuer la copie.

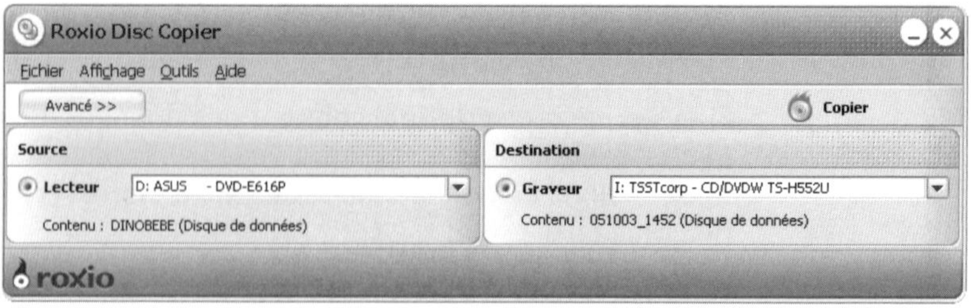

Figure 10.17 : Plus simple, tu meurs !

A partir du moment où vous lancez Disc Copier après avoir inséré les DVD, Roxio identifie automatiquement le bon lecteur et le bon graveur.

6. **Cliquez sur le bouton Copier.**

   Disc Copier commence à analyser les disques insérés, et plus particulièrement le DVD vierge. Comme le montre la Figure 10.18, il vient de détecter la présence de données sur le DVD+RW que j'ai inséré dans le graveur. Comme je suis l'auteur de ce livre, je sais ce que je fais. De plus, c'est une situation que nous avons rencontrée au Chapitre 9. Alors, dans la mesure où le contenu de ce DVD ne me sert plus à rien, je vais cliquer sur le bouton Effacer, puis enregistrer. De votre côté, soyez sûr du disque réinscriptible inséré dans le graveur. Au moindre doute, éjectez-le et insérez-en un autre. Pour ne pas commettre d'impair, remplacez-le par un DVD-R ou +R vierge, c'est-à-dire inscriptible. Vous êtes alors sûr de ne pas en effacer les données puisqu'il n'en contient pas.

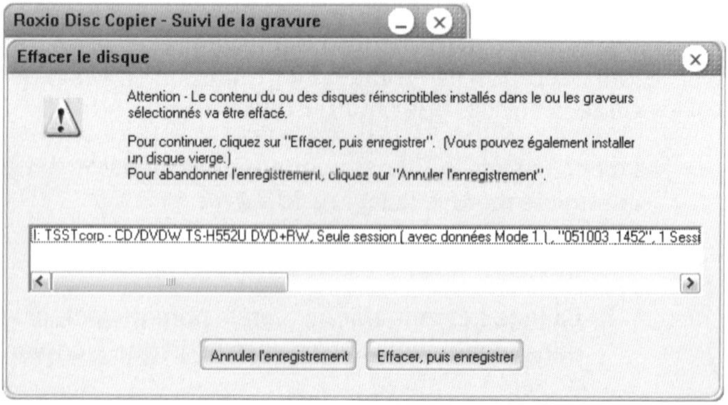

Figure 10.18 : Roxio Disc Copier vous alerte de l'effacement d'un DVD réinscriptible.

7. **Le cas échant, Disc Copier lance l'effacement du DVD, puis passe à la phase de gravure.**

   Vous suivez l'évolution de la procédure dans la fenêtre Suivi de la gravure, illustrée à la Figure 10.19.

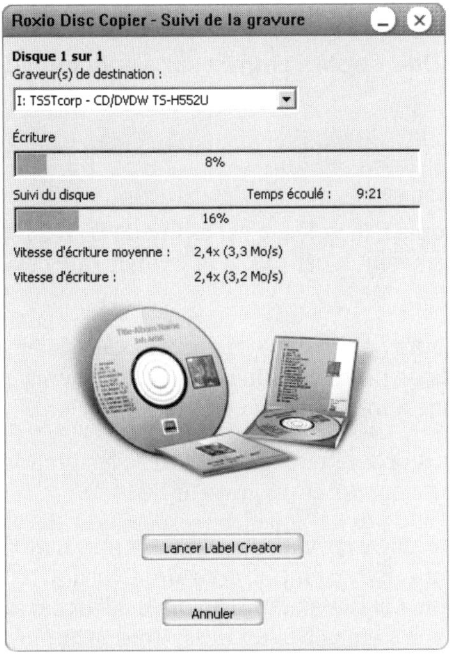

Figure 10.19 : La copie est en cours.

   Le Suivi de la gravure ne donne que des indications sommaires. Vous y voyez la vitesse à laquelle se déroule la copie. Comme vous le savez depuis la lecture des Chapitres 2 et 3, cette vitesse est conditionnée par celle du DVD vierge et du graveur. Donc, en fonction de ces deux paramètres, elle va durer… un certain temps. Comptez une bonne trentaine de minutes si vous utilisez un DVD 2,4x, quand le DVD est plein à craquer, c'est-à-dire que ses 4,7 Go de capacité de stockage n'ont plus un octet de libre.

8. **Une fois la copie accomplie, Disc Copier ne vous en prévient pas par moult messages plus délirants les uns que les autres. Non ! Seule la mention Terminé s'affiche au-dessus de la première barre de progression.**

9. **Cliquez sur le bouton Fermer de la boîte de dialogue Suivi de la gravure.**

   Disc Copier éjecte le DVD que vous venez de graver. Prenez-le, insérez-le dans un lecteur de salon, et voyez si son contenu est la copie conforme du DVD vidéo d'origine. Il n'y a pas de raison qu'il en soit autrement.

10. **Pour quitter Disc Copier, cliquez sur son bouton de fermeture X.**

    Vous revenez dans l'écran d'accueil de Roxio Easy Media Creator 7.5.

L'hypothèse de la copie à la volée, c'est-à-dire de DVD à DVD, ou plutôt de lecteur à graveur, n'est pas si marginale que cela dans la mesure où :

- Peu d'utilisateurs pensent qu'un graveur fait également office de lecteur. (Ils ne pourront plus cacher leur lacune derrière cette ignorance après avoir lu ce livre.)
- La majorité des ordinateurs achetés dans les grandes surfaces embarquent un lecteur et un graveur de DVD.

En revanche, il existe une certaine couche de la population qui ne possède qu'un graveur. Par exemple, ceux dont l'ordinateur était équipé d'un lecteur de CD-ROM et qui, apeurés à l'idée d'installer un graveur de DVD dans les entrailles du monstre, se sont décidés pour un graveur USB, donc externe.

Voici comment copier un DVD simple couche si vous ne possédez qu'un graveur, donc pas de lecteur :

1. **Insérez le DVD vidéo dans votre graveur de DVD-ROM.**

   Si l'exécution automatique de Windows XP est activée, il se peut que la lecture du DVD commence directement. Stoppez-la et fermez le logiciel de lecture de DVD.

   De même, si la boîte de dialogue de choix de l'action à réaliser à l'insertion du DVD apparaît, cliquez sur son bouton Annuler.

2. **Si ce n'est déjà fait, double-cliquez sur le raccourci Ecran d'accueil de Roxio présent sur le bureau de Windows.**

3. **Dans la colonne DVD, cliquez sur Copie d'un DVD.**

Roxio Disc Copier apparaît.

4. **Insérez le DVD vidéo à copier dans le graveur.**

   Cette fois, les listes Lecteur et Graveur de Disc Copier affichent le nom du même périphérique, c'est-à-dire celui de votre graveur.

5. **Comme vous désirez copier l'intégralité du DVD, laissez la fenêtre Roxio Disc Copier dans sa présentation la plus simple, et cliquez sur le bouton Copier.**

   Cette fois, comme vous n'effectuez pas une copie d'un lecteur vers le graveur, la structure du DVD vidéo va être copiée sur votre disque dur, sous forme d'un fichier temporaire que l'on appelle *image*. C'est par la suite que cette image, copie conforme du DVD, sera gravée sur le disque vierge.

   TRUC

   La copie d'un DVD est relativement rapide, car le graveur utilise cette fois les possibilités de gravure les plus élevées. En effet, son support de destination est le disque dur de votre ordinateur et non pas un DVD dont la vitesse ne dépassera jamais les 16x (pour le moment).

   TRUC

   Toutefois, pour garantir une copie optimale, Disc Copier se limite, en lecture, à la vitesse maximale de gravure du disque et du graveur lui-même.

   Patientez pendant toute la durée de la constitution de l'image ISO du DVD qui sera ensuite gravée sur un support vierge. Cette opération se nomme *mise en cache*. Le *cache* est un terme employé pour définir un espace de mémoire temporaire. Donc, lorsque la copie d'un DVD est entièrement réalisée par un graveur, celui-ci utilise le disque dur comme mémoire de stockage temporaire, donc comme cache.

6. **Une fois la copie réalisée, Disc Copier éjecte le DVD et vous invite à insérer un DVD vierge, comme le montre la Figure 10.20.**

7. **Insérez le DVD vierge dans votre graveur.**

   Roxio Disc Copier en identifie la vitesse de gravure et le type (+R, -R, +RX ou -RW, voire double couche).

8. **Cliquez sur le bouton Continuer l'enregistrement.**

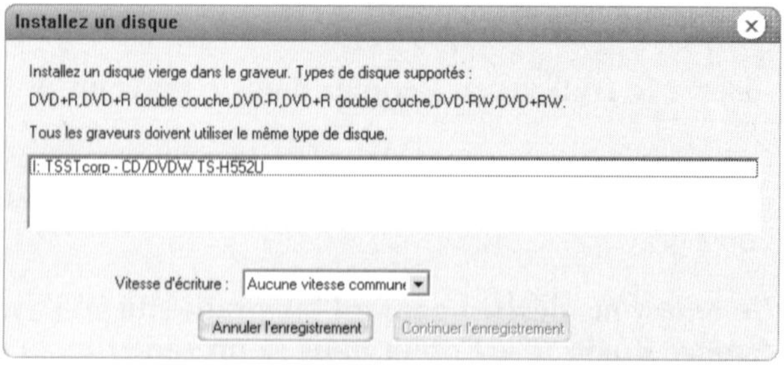

Figure 10.20 : Insérez un DVD vierge à la demande de Disc Copier.

Voilà ! La fenêtre Suivi de la gravure apparaît, et la copie commence, exactement comme lors d'une copie réalisée de lecteur à graveur.

9. **Une fois la gravure accomplie, le mot Terminé apparaît au-dessus de la première barre de progression.**

10. **Cliquez sur le bouton Fermer.**

    Roxio Disc Copier éjecte le disque. Insérez-le dans un lecteur de DVD de salon et vous constaterez qu'il est identique à celui que vous avez copié.

Maintenant que vous savez copier avec brio un DVD 5 sur un DVD de 4,7 Go, grâce à l'utilitaire Disc Copier de Roxio Easy Media Creator 7.5, voyons comment graver un DVD 9, c'est-à-dire double couche, sur ce même type de DVD.

Copier un DVD 9

Un DVD 9, est-il besoin de le rappeler, est un DVD double couche, c'est-à-dire qui peut contenir jusqu'à 8,5 Go de données (ou de vidéo), soit le double d'un DVD 5 dont la capacité est limitée à 4,7 Go.

Avec Disc Copier de Roxio Easy Media Creator 7.5, vous pouvez copier l'intégralité d'un DVD 9 sur un DVD 5. La prouesse semble impossible, surtout lorsque l'on sait que la perte de qualité engendrée par une compression supérieure des images est quasi indécelable. Voyons comment faire :

TRUC

Je rappelle qu'à le regarder comme cela, un DVD 9 ne diffère pas d'un DVD 5. Il faut lire la jaquette. Soit vous verrez inscrit DVD 9, soit vous verrez le logo DVD sur lequel ou sous lequel est écrit 9. Vous savez donc que vous avez affaire à un DVD double couche.

Cette fois, nous partons du principe que vous allez copier le DVD 9 sur un DVD 5 à partir d'un seul et même graveur de DVD.

1. **Insérez le DVD 9 vidéo dans votre graveur de DVD-ROM.**

   Si l'exécution automatique de Windows XP est activée, il se peut que la lecture du DVD commence directement. Stoppez-la et fermez le logiciel de lecture de DVD.

   De même, si la boîte de dialogue de choix de l'action à réaliser à l'insertion du DVD apparaît, cliquez sur son bouton Annuler.

2. **Double-cliquez sur le raccourci Ecran d'accueil de Roxio installé sur votre bureau.**

3. **Dans la colonne DVD, cliquez sur le lien Copie d'un DVD.**

   Force est de constater que, jusqu'à présent, il n'y a absolument rien que vous n'ayez déjà fait depuis que nous travaillons avec Roxio Easy Media Creator 7.5 et son module Disc Copier.

   Dans la mesure où vous désirez conserver l'intégralité du DVD 9 à copier sur un DVD 5, conservez l'affichage simple de Disc Copier.

   Nous basculerons en interface avancée lorsque vous souhaiterez sélectionner ce que vous voulez garder ou non du contenu du DVD.

4. **Cliquez sur le bouton Copier.**

   Le message illustré à la Figure 10.21 vous avertit que le DVD que vous désirez copier dépasse la capacité de stockage d'un DVD 5, et vous demande par conséquent si vous désirez compresser les données vidéo. Vous avez tout intérêt à répondre Oui.

5. **Cliquez sur Oui.**

   Roxio Disc Copier vous donne une seconde chance en vous permettant de sélectionner le type de disque cible. Si vous déroulez la liste comme à la Figure 10.22, vous constatez que vous avez le choix entre DVD-R/DVD+R et DVD+R double

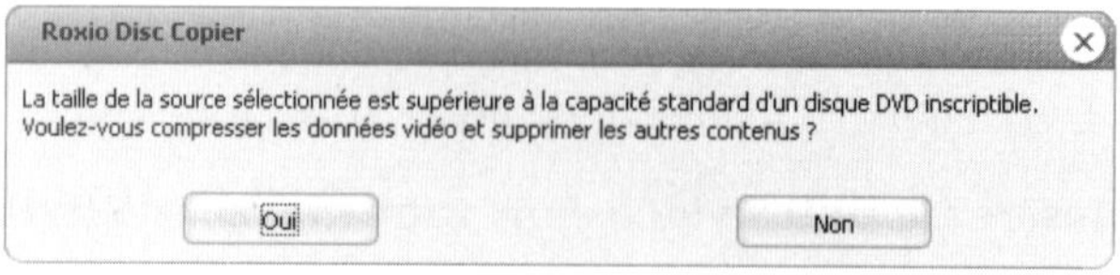

Figure 10.21 : Vous le saviez qu'on ne peut pas faire tenir deux litres dans une bouteille d'un litre !

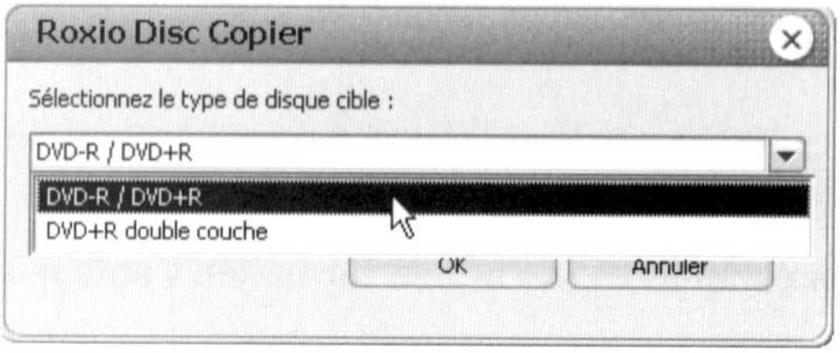

Figure 10.22 : Choisissez la cible.

couche. Pour les besoins de notre démonstration, choisissez DVD-R/DVD+R, c'est-à-dire un DVD 5.

TRUC

Bien qu'ils n'apparaissent pas dans la liste, vous pouvez utiliser des DVD-RW et +RW.

TRUC

Si vous aviez choisi un DVD+R double couche, vous auriez purement et simplement effectué la copie d'un DVD 9 sur un DVD 9, donc vous n'auriez pas pu apprécier les capacités de Roxio Easy Media Creator 7.5 à copier le contenu d'un DVD 9 sur un DVD 5.

6. **Une fois la cible DVD-R/DVD+R choisie, cliquez sur OK.**

   La boîte de dialogue Suivi de la gravure apparaît. Elle lance dans un premier temps le transcodage de la vidéo, c'est-à-dire une compression qui va permettre de réduire les données vidéo d'une quantité suffisante pour les faire tenir sur un DVD 5.

   La durée de ce transcodage dépend de la quantité de données enregistrées sur chaque couche du DVD. Cela peut aller de 30 minutes à plus d'une heure. La Figure 10.23 montre l'aspect de la fenêtre Suivi de la gravure pendant le transcodage vidéo.

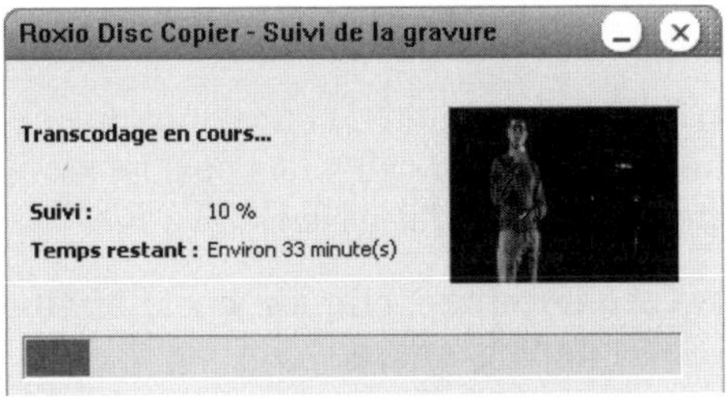

Figure 10.23 : La compression du DVD 9 est indispensable.

7. **Une fois le transcodage terminé, Disc Copier éjecte le DVD vidéo et vous invite à insérer un DVD vierge comme vous l'avez fait pour la copie d'un DVD 5 sur un DVD 5.**

8. **Insérez le DVD vierge dans le graveur et cliquez sur le bouton Continuer l'enregistrement, comme à la Figure 10.24.**

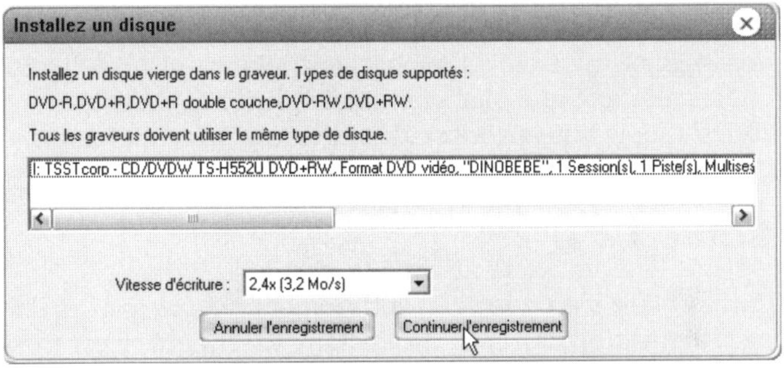

Figure 10.24 : La copie va commencer.

Si vous insérez un DVD RW contenant des données, Disc Copier vous avertit qu'il va les effacer. Procédez donc en toute connaissance de cause. Si vous êtes sûr de votre coup, cliquez sur Effacer, puis enregistrer. Sinon, cliquez sur Annuler l'enregistrement, et remplacez le DVD contenant des données (ou une vidéo) par un disque vierge.

Une fois la copie lancée, il n'y a plus qu'à attendre. Elle ne durera pas plus longtemps qu'une copie de DVD 5 à DVD 5, dans la mesure où tout le travail de compression supplémentaire a déjà été réalisé pendant la phase de transcodage.

9. **Suivez l'évolution de la gravure dans la fenêtre Suivi de la gravure.**

Comme cela n'a rien de passionnant, allez faire un tour.

TRUC

Je rappelle qu'il est déconseillé de faire quoi que ce soit pendant la gravure d'un DVD. Ne jouez pas, ne surfez pas sur le Web, ne tchatez pas sur MSN ! NE FAITES RIEN !

10. **Une fois la gravure terminée, cliquez sur le bouton Fermer de la fenêtre Suivi de la gravure.**

    Disc Copier éjecte le DVD. Insérez-le dans un lecteur de DVD de salon. Un DVD de 4,7 Go de capacité de stockage contient l'intégralité d'un DVD double couche. Vous êtes baba !

TRUC

Vous serez d'autant plus estomaqué que la qualité est assez bonne malgré une compression qui peut être supérieure à 60 %. Nous verrons plus loin dans ce chapitre que Roxio Easy Media Creator 7.5 permet également de restructurer un DVD 9 en choisissant les éléments à conserver et ceux à éliminer de la copie.

Cependant, à côté des usines à gaz que sont Nero et Roxio, il existe des logiciels plus ciblés qui permettent eux aussi d'effectuer des copies, et dans une plus grande simplicité. C'est le cas de Clone DVD 2 que je vous propose de découvrir immédiatement.

Clone DVD 2

Clone DVD 2 est un logiciel entièrement dévolu à la copie et à la restructuration des DVD vidéo. Par conséquent, vous n'essaierez même pas de graver des données avec ce programme. Pour vous faire une idée sur le fonctionnement de cet utilitaire fort intéressant, je vous invite à en télécharger une version limitée à 21 jours d'évaluation à l'adresse suivante : `www.slysoft.com/fr/download.html`. Si, au bout des 21 jours, vous êtes entièrement satisfait du produit, achetez une clé d'enregistrement pour environ 40 $, ce qui nous fait approximativement 33 €. Vous effectuerez cet achat à l'adresse suivante : `www.slysoft.com/fr/purchase.html`.

Voici les principales caractéristiques de Clone DVD 2 :

- La copie du film principal, des bonus et/ou le menu original sur un DVD enregistrable, réenregistrable ou sur votre disque dur.
- Une prévisualisation vidéo qui permet de mieux choisir le contenu du DVD à conserver et à éliminer.

- La possibilité de conserver le menu original du DVD vidéo.
- L'ajustement de la qualité de compression vidéo, notamment pour adapter le contenu sélectionné au support de destination.
- La possibilité de découper les chapitres.
- Une utilisation simple et intuitive dans une interface très originale.
- La possibilité de supprimer la brève coupure marquée par le passage d'une couche à l'autre d'un DVD 9.
- Compatibilité assurée avec la majorité des lecteurs de DVD et des logiciels de lecture de DVD.
- Accepte les supports de type DVD+R/+RW et DVD-R/-RW.
- Mise à jour simple et automatique par connexion Internet.

Une fois la version d'évaluation installée, lancez le programme en double-cliquant sur l'icône du raccourci qui trône sur le bureau de Windows. Vous arrivez dans une interface très originale, comme le montre la Figure 10.25. Voyons, dans les prochaines sections, comment copier l'intégralité d'un DVD 5 et d'un DVD 9 avec Clone DVD 2. (5, 9 et 2, c'est peut-être l'ordre d'arrivée du prochain tiercé !)

Soucieux de ne pas contrevenir à la loi, Clone DVD 2 ne permet ni la copie ni la restructuration de DVD protégés contre la copie. Qu'on se le dise ! (Pour mémoire, reportez-vous à la section "Les principes et les limites de la copie des DVD", un peu plus haut dans ce chapitre.)

Copier un DVD 5

Dans cet exercice, vous allez apprendre à copier tout le contenu d'un DVD 5 (simple couche) sur un DVD vierge simple couche. Voici comment procéder :

1. **Insérez le DVD vidéo dans votre graveur de DVD-ROM.**

   Si l'exécution automatique de Windows XP est activée, il se peut que la lecture du DVD commence directement. Stoppez-la et fermez le logiciel de lecture de DVD.

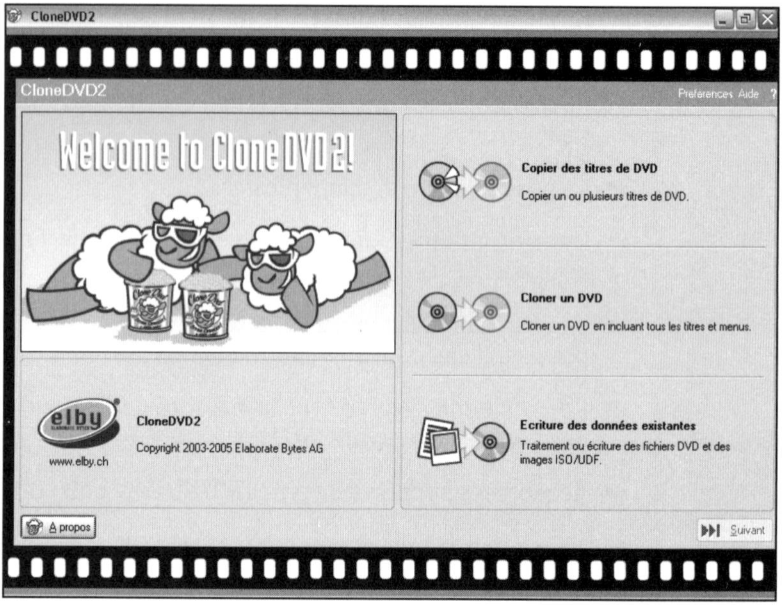

Figure 10.25 : Une interface pas comme les autres.

De même, si la boîte de dialogue de choix de l'action à réaliser à l'insertion du DVD apparaît, cliquez sur son bouton Annuler.

2. **Cliquez sur le bouton Cloner un DVD de Clone DVD 2, comme à la Figure 10.26.**

Figure 10.26 : Quoi de plus logique que cette action pour copier l'intégralité d'un DVD.

Cette action affiche la fenêtre Configuration de titre.

3. **Indiquez à Clone DVD où sont localisés les fichiers du DVD vidéo, en cliquant sur le bouton situé dans le coin supérieur droit de l'interface.**

Très rapidement, Clone DVD analyse le contenu de tous les lecteurs et/ou graveurs de DVD installés sur votre machine. Ensuite, il ouvre la boîte de dialogue Rechercher un dossier où il sélectionne par défaut le dossier VIDEO_TS du lecteur ou du graveur dans lequel est inséré le DVD vidéo à copier. Comme le montre la Figure 10.27, il ne vous reste plus qu'à cliquer sur OK.

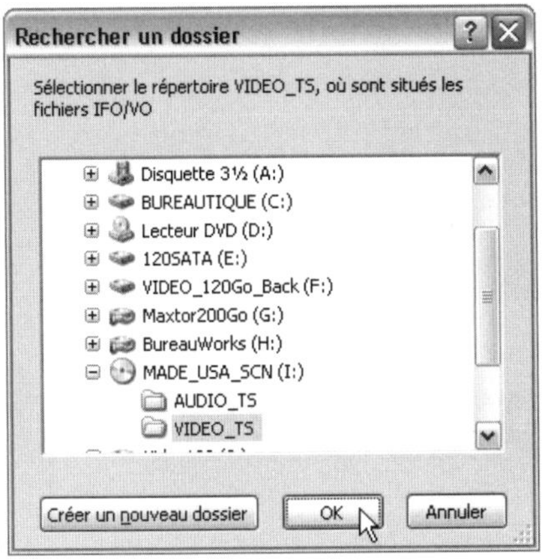

Figure 10.27 : Clone DVD 2 localise le dossier contenant les fichiers vidéo.

Comme le montre la Figure 10.28, le contenu du DVD est détaillé dans la partie droite de la fenêtre, et une prévisualisation accélérée est diffusée dans la partie gauche.

4. **Pour copier la totalité du DVD, ne touchez à aucun paramètre et cliquez sur le bouton Suivant.**

   La fenêtre Paramètres audio et sous-titres apparaît.

5. **Dans la nouvelle fenêtre, ne modifiez rien, et cliquez sur Suivant.**

   Vous voici dans la fenêtre Méthode de sortie.

6. **Comme nous allons faire une copie à partir du graveur, cliquez sur le bouton Graveur de DVD situé dans la partie droite de la fenêtre.**

   Les deux autres options sont :

   - **Fichiers DVD** qui permet d'effectuer l'extraction (ou *rippage*) du contenu du dossier VIDEO_TS. Cette option

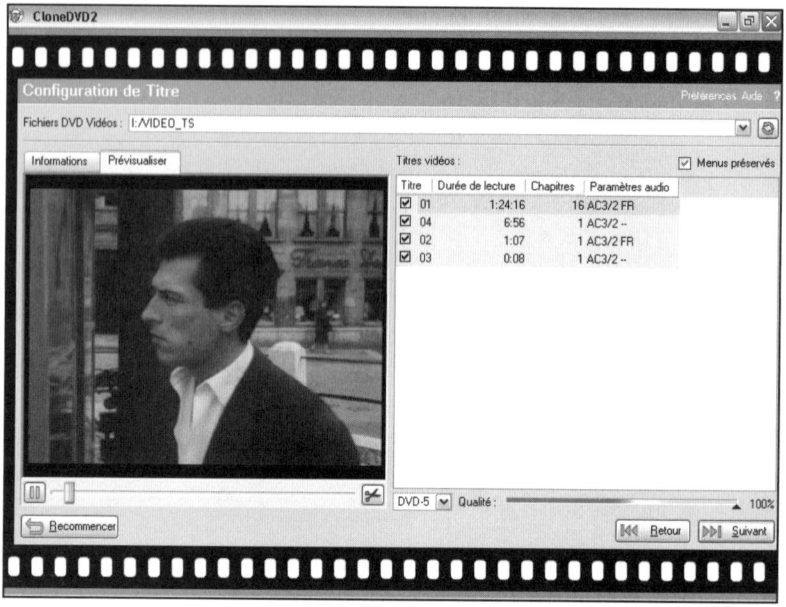

Figure 10.28 : Le contenu du DVD est identifié, et le film principal diffusé en accéléré.

intéresse les utilisateurs avancés, c'est-à-dire quelqu'un que vous deviendrez sans doute après la lecture de ce livre.

- **Image ISO/UDF** crée une image informatique qui est la copie conforme du DVD. Ce type d'option fait l'objet d'une section spécifique que vous trouverez plus loin dans ce chapitre sous l'intitulé "Copier un DVD d'après une image ISO".

La partie gauche résume la configuration du DVD titre par titre.

7. **Dans la liste Vitesse préférée, choisissez Maximale.**

8. **Dans la liste Options Répertoire temporaire pour les fichiers vidéo, cliquez sur le bouton représenté ci-contre, et sélectionnez le disque dur que vous consacrez à la vidéo.**

Si vous n'avez qu'un seul disque dur, laissez le répertoire sélectionné par défaut.

TRUC

Je rappelle que la copie d'un DVD de graveur à graveur impose la création d'une image temporaire du DVD qui sera gravée sur un support vierge. Une fois la gravure terminée, l'image préalablement générée est supprimée.

La Figure 10.29 montre une fenêtre Méthode de sortie typique d'une copie à l'identique d'un DVD 5.

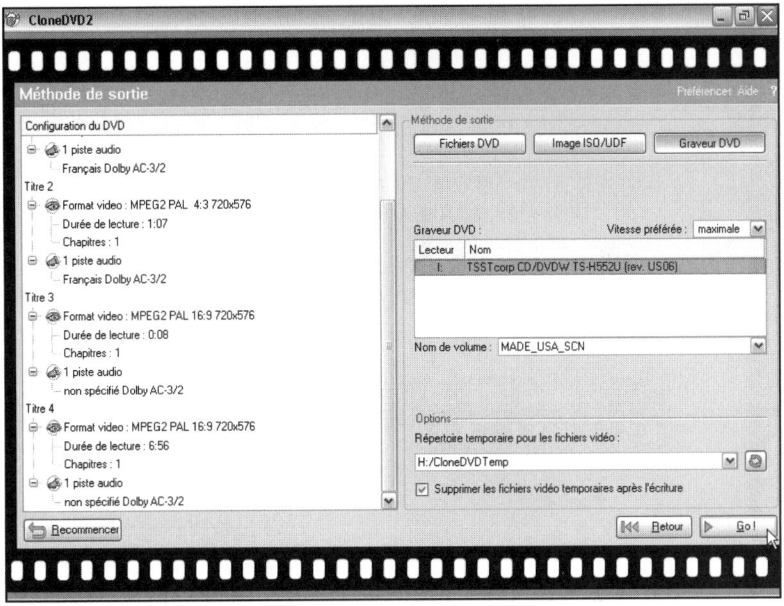

Figure 10.29 : Les paramètres de copie d'un DVD 5.

9. Lancez la procédure de copie et de gravure en cliquant sur le bouton Go !.

La fenêtre Ecriture sur média (ré)enregistrable apparaît. Une barre de progression permet de suivre l'évolution de la création de l'image temporaire, tandis qu'une zone de prévisualisation diffuse les images du DVD en accéléré, comme le montre la Figure 10.30. A cet instant de la procédure, il est conseillé de laisser travailler Clone DVD en vaquant à d'autres occupations.

Une fois la copie terminée, Clone DVD éjecte le DVD vidéo et affiche un message vous demandant d'insérer un DVD vierge (ou non d'ailleurs) dans le graveur. Exécutez-vous !

Si le DVD n'est pas vierge, et qu'il est de type réinscriptible, c'est-à-dire +RW ou -RW, Clone DVD vous le fait remarquer.

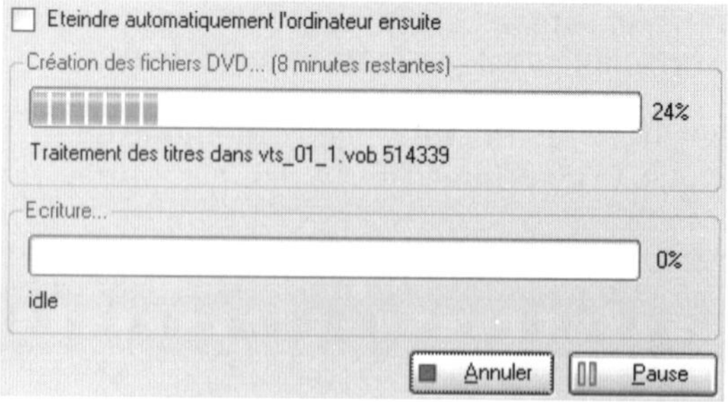

Figure 10.30 : La copie commence par la création d'une image temporaire du DVD. Patience !

Si vous êtes sûr de vous, cliquez sur le bouton Ecraser les données. Sinon, cliquez sur Annuler et insérez un DVD vierge.

Une fois le DVD vierge inséré, l'écriture commence. Vous en suivez l'évolution grâce à la barre de progression Ecriture, comme le montre la Figure 10.31.

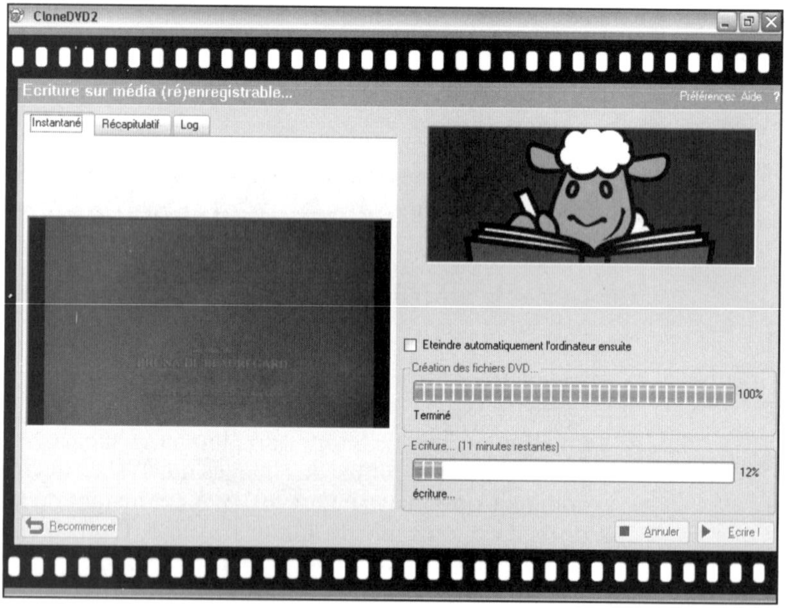

Figure 10.31 : L'écriture, c'est-à-dire la copie, est en cours sur le DVD vierge.

TRUC

La copie peut se faire indifféremment sur un DVD+R/-R ou +RW/-RW. La seule différence est que sur un +R/-R vous ne pouvez plus effacer le film. C'est sans doute le support le plus logique lorsque l'on veut effectuer une copie de sauvegarde de sa DVDthèque.

La durée de la gravure est conditionnée par la vitesse maximale du graveur et la vitesse maximale supportée par le DVD vierge. Soit vous allez boire un café, soit vous passez votre temps à regarder le petit mouton qui ne cesse d'écrire sur un joli cahier rouge (vous allez voir, c'est passionnant !).

10. **Le succès de la copie est confirmé par un message illustré à la Figure 10.32, et par une petite musique assez drôle (que vous ne pouvez pas entendre sur cette illustration !). Cliquez sur Ejection.**

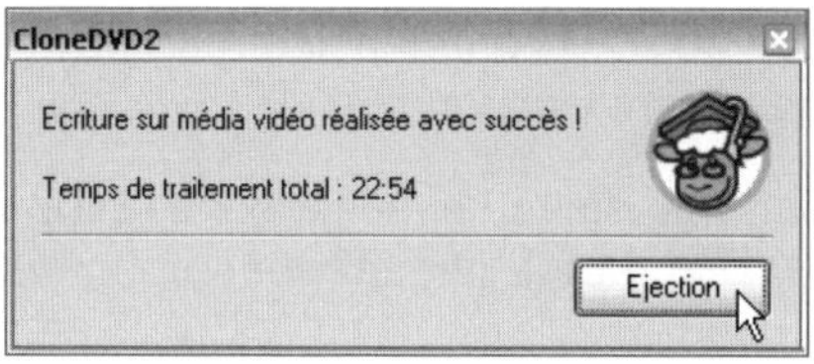

Figure 10.32 : La copie est réussie. Bravo !

11. **Revenu dans Clone DVD 2, cliquez sur son bouton de fermeture afin de quitter le programme.**

Retirez la copie du DVD, fermez le graveur et insérez votre copie dans un lecteur de salon. Vous constatez que la copie est en tout point identique à l'original.

A partir de cet instant, vous avez deux possibilités :

- Placez l'original dans un lieu sûr et utilisez uniquement la copie.
- Placez la copie dans un lieu sûr et utilisez uniquement l'original.

Maintenant que vous savez copier avec brio un DVD 5 sur un DVD de 4,7 Go avec Clone DVD 2, voyons comment graver un DVD 9, c'est-à-dire double couche, sur ce même type de DVD, toujours en utilisant ce même logiciel.

Copier un DVD 9

Un DVD 9 est un DVD double couche, c'est-à-dire qu'il peut contenir jusqu'à 8,5 Go de données (ou de vidéo), soit le double d'un DVD 5 dont la capacité est limitée à 4,7 Go.

Avec Clone DVD 2, vous pouvez copier l'intégralité d'un DVD 9 sur un DVD 5, tout en conservant une excellente qualité d'image. Voyons comment procéder :

Extérieurement, rien ne distingue un DVD 9 d'un DVD 5. Il faut lire la jaquette. Soit vous verrez inscrit DVD 9, soit vous verrez le logo DVD sur lequel ou sous lequel est écrit 9. Vous savez donc que vous avez affaire à un DVD double couche.

1. **Insérez le DVD 9 vidéo dans votre graveur de DVD-ROM.**

   Si l'exécution automatique de Windows XP est activée, il se peut que la lecture du DVD commence directement. Stoppez-la et fermez le logiciel de lecture de DVD.

   De même, si la boîte de dialogue de choix de l'action à réaliser à l'insertion du DVD apparaît, cliquez sur son bouton Annuler.

2. **Double-cliquez sur le raccourci Clone DVD2 du bureau.**

3. **Dans la fenêtre du programme, cliquez sur le bouton Cloner un DVD.**

4. **Dans la fenêtre Configuration de Titre, cliquez sur le bouton représenté ci-contre pour localiser le dossier VIDEO_TS du DVD vidéo.**

   Clone DVD2 ouvre la boîte de dialogue Rechercher un dossier et sélectionne automatiquement le dossier VIDEO_TS du DVD vidéo inséré dans votre graveur. Il vous suffit de cliquer sur OK.

   Le contenu du DVD s'affiche dans la partie droite de l'interface, et une prévisualisation accélérée du film s'affiche dans la partie gauche.

5. **Dans la liste située en bas de la fenêtre, sélectionnez DVD 5.**

   Vous indiquez ainsi au programme que vous allez copier le DVD 9 sur un DVD 5. Vous constatez que la barre Qualité affiche un pourcentage. Il correspond au pourcentage global de compression à appliquer au DVD pour qu'il puisse tenir sur un DVD 5.

6. **Cliquez sur Suivant sans modifier la moindre option.**

Vous passez à la fenêtre Paramètres audio et sous-titres. Là, Clone DVD analyse très rapidement le DVD 9, et affiche un pourcentage de compression (Qualité) plus juste que précédemment.

7. **Cliquez sur Suivant sans modifier les options.**

8. **Dans la fenêtre Méthode de sortie, faites ce qui suit :**

   - Cliquez sur le bouton Graveur DVD, puisque nous effectuons une copie de graveur à graveur.
   - Dans la liste Vitesse préférée, choisissez Maximale.
   - Choisissez, si possible, dans la liste Répertoire temporaire pour les fichiers vidéo, le disque dur consacré à la vidéo. Si nécessaire, cliquez sur le bouton situé à droite de cette liste, et opérez votre choix dans la boîte de dialogue Rechercher un dossier.

9. **Cliquez sur Go !.**

   Clone DVD2 lance l'analyse du contenu du DVD, puis son traitement, c'est-à-dire l'application du taux de compression nécessaire à la copie d'un DVD 9 sur un support de 4,7 Go. Cette phase demande plus d'une heure. (Cette fois, vous pouvez admirer un mouton se gavant de pop-corn.)

   Une fois le traitement terminé, Clone DVD vous invite à insérer un DVD vierge (ou non) dans le graveur, exactement comme lorsque vous copiez un DVD 5 (voir la précédente section).

10. **A la demande du programme, insérez un DVD vierge dans votre graveur.**

    Clone DVD2 identifie le support et lance la gravure.

    TRUC

    S'il s'agit d'un DVD réinscriptible dont vous êtes certain de ne pas vouloir conserver les données, cliquez sur le bouton Ecraser les données.

    La gravure commence. Sa durée dépend de la vitesse de votre graveur et de celle supportée par le disque.

11. **Une fois la gravure terminée, cliquez sur le bouton Ejection du message qui vous en avertit.**

Insérez le DVD dans un lecteur de DVD de salon, et constatez la qualité de copie d'un DVD 9 sur un DVD 5 malgré la compression supplémentaire appliquée à son contenu.

12. **Pour quitter Clone DVD2, cliquez sur son bouton de fermeture.**

TRUC

Bien entendu, si vous possédez un graveur double couche, rien ne vous empêche de copier un DVD 9 sur un DVD+R DL ou -R DL. Dans ce cas, comme aucune analyse et compression supplémentaires ne sont nécessaires, cette procédure est la même que celle qui consiste à copier un DVD 5 sur un DVD de 4,7 Go de données.

Vous constatez, qu'il s'agisse de copier des DVD 5 ou 9, que Clone DVD2 est un logiciel bon marché et performant. Dans la mesure où il refuse tout DVD vidéo ayant la moindre protection contre la copie, vous êtes toujours certain d'user en toute légalité de votre droit à la copie privée.

Restructurer le contenu d'un DVD vidéo

La *restructuration* d'un DVD vidéo est un procédé simple à comprendre. De nombreux DVD vidéo achetés dans le commerce sont de type DVD 9, c'est-à-dire double couche, dont nous avons vu comment réaliser une copie de sauvegarde au début de ce chapitre. La copie réalisée sur un DVD 5 reprenait l'intégralité du contenu du DVD. Passer d'un DVD 9 à un DVD 5 oblige les logiciels à exécuter cette tâche de compresser un peu plus les images MPEG-2 constituant les divers éléments du disque. Bien qu'elle soit légère, la perte de qualité n'en est pas moi réelle. De ce fait, par choix esthétique ou plus simplement par volonté délibérée, nous allons voir qu'il est possible de sélectionner le contenu d'un DVD vidéo dont l'on désire effectuer une copie de sauvegarde. Ainsi, vous pouvez :

- Eliminer les autres langues.
- Eliminer les sous-titrages.
- Ne conserver que le film.
- Garder uniquement les bonus.
- Supprimer les menus.
- Changer la zone du disque.

TRUC : Tous les programmes étudiés dans cet ouvrage ne permettent pas une telle restructuration du disque, et encore moins de modifier la zone de diffusion initiale du DVD vidéo.

Tout au long des sections qui suivent, nous allons voir comment procéder à ces choix du contenu vidéo à conserver en utilisant trois logiciels commerciaux, c'est-à-dire payants :

- Nero 6 Reloaded.
- Roxio Easy Media Creator 7.5.
- Clone DVD2.

Ainsi que deux logiciels gratuits qui fonctionnent souvent main dans la main :

- DVD Shrink.
- DVD Decrypter.

Nero Recode : l'arme secrète de Nero 6 Reloaded

Pour restructurer un DVD vidéo avec Nero 6 Reloaded, vous allez utiliser le module Nero Recode qui vous a permis de copier un DVD 9 à la section "Nero 6 Reloaded : Copier un DVD 5 ou un DVD 9", au début de ce chapitre.

1. **Double-cliquez sur l'icône Nero StartSmart de votre bureau.**
2. **Dans la section Applications du programme, cliquez sur Nero Recode (Figure 10.33).**

   Dans l'interface Nero Recode 2, deux options vous intéressent :

   - **Recoder le film principal sur DVD.** Nero Recode identifie le fichier du DVD vidéo contenant le film principal. Il ne va copier que ce film sur votre DVD vierge, éliminant tous les autres éléments. C'est la solution la plus simple lorsque vous désirez limiter la copie de sauvegarde au film. Dans ce cas, l'encodage sera exceptionnel, car bien souvent le film seul peut tenir sans compression supplémentaire sur un DVD de 4,7 Go.

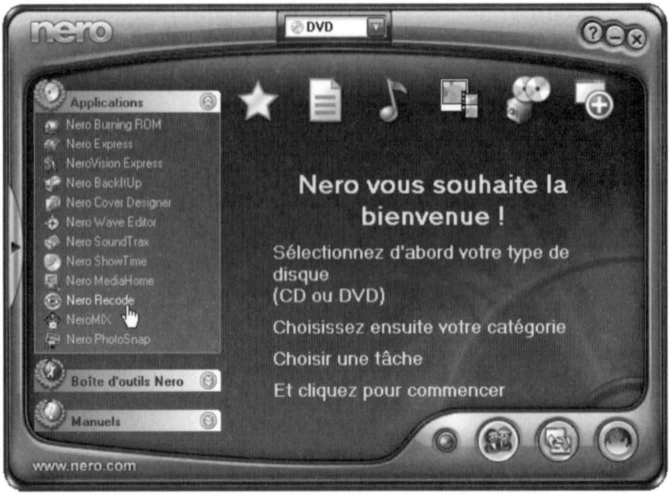

Figure 10.33 : Nero Recode permet de sélectionner le contenu d'un DVD vidéo.

- **Recréer un DVD.** C'est vous qui décidez du contenu à conserver ou non. Après tout, rien ne dit que vous souhaitiez limiter votre sauvegarde au film principal. Peut-être même souhaitez-vous ne conserver que la version originale sous-titrée du film ! C'est cette option que nous allons utiliser.

3. **Comme le montre la Figure 10.34, cliquez sur Recréer un DVD.**

   Vous accédez à l'interface Ma propre compilation DVD de Nero Recode.

4. **Insérez dans votre graveur le DVD vidéo dont vous désirez sélectionner le contenu à sauvegarder.**

   Fermez toutes les fenêtres d'exécution automatique, voire le programme de lecture d'un DVD vidéo qui peut se mettre en marche lors de l'insertion.

5. **Dans Nero Recode, cliquez sur le bouton Importer des titres (Figure 10.35).**

   Comme Nero Recode identifie le lecteur ou le graveur de DVD dans lequel le disque a été inséré, il ouvre la fenêtre Importer un titre qui, comme le montre la Figure 10.36, affiche la structure du DVD vidéo, c'est-à-dire son contenu clairement identifié.

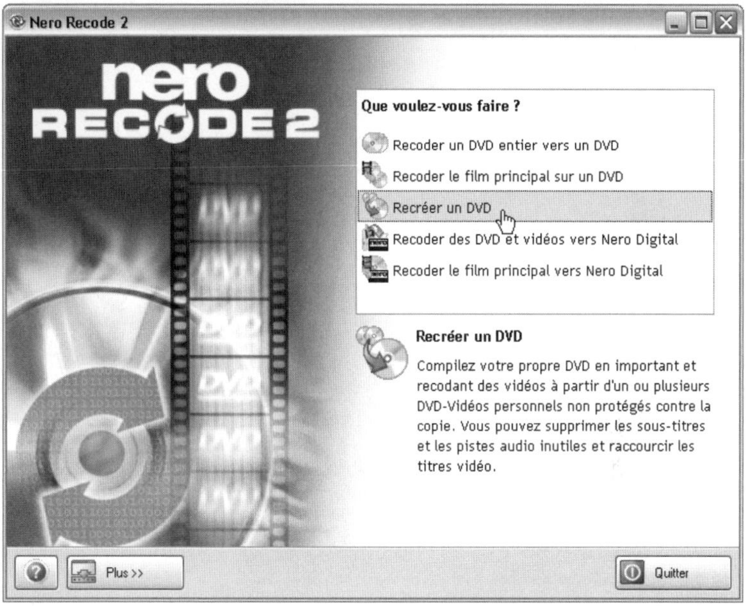

Figure 10.34 : Définissez vous-même le contenu du DVD.

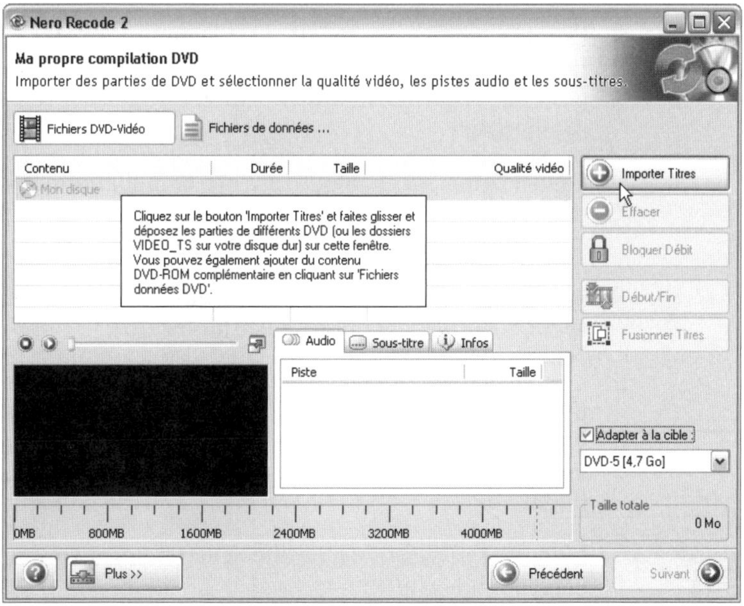

Figure 10.35 : Importez le contenu du DVD vidéo.

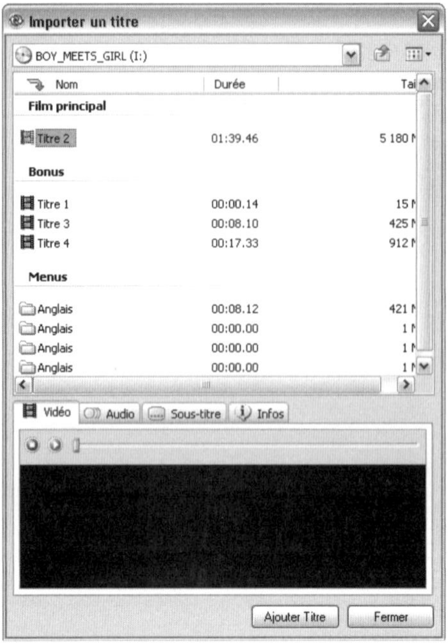

Figure 10.36 : Le contenu du DVD est bien identifié.

6. **Cliquez sur le premier élément à ajouter à votre compilation, par exemple Titre 2 dans la section Film principal, pour sauvegarder le film. Ensuite, cliquez sur le bouton Ajouter titre.**

   Le film principal est ajouté à votre compilation. La boîte de dialogue Importer un titre reste ouverte pour vous permettre de sélectionner d'autres éléments, comme à l'étape 7.

7. **Ajoutez au moins un des bonus, en le sélectionnant dans la section Bonus, et cliquez sur Ajouter titre.**

   Comme il n'est pas facile de connaître le contenu des bonus, utilisez la partie inférieure de la boîte de dialogue pour le visualiser. Il suffit de cliquer sur le bouton de lecture pour voir ce que contient tel et tel bonus préalablement sélectionné dans la section Bonus de la boîte de dialogue.

   TRUC

   Le Titre 1 de la section Bonus, généralement très court, correspond souvent à la vidéo d'introduction du DVD qui s'affiche juste avant le menu principal.

8. **Le cas échéant, vous pouvez ajouter un ou plusieurs menus en double-cliquant sur le dossier d'un menu afin d'en apprécier le contenu.**

   TRUC

   Il faut savoir que, dans un DVD vidéo, on appelle également *menu* les pages de texte, c'est-à-dire tout ce qui peut appartenir à un bonus composé d'images fixes et de pages liées les unes aux autres par un bouton Suivant (ou une icône) permettant de tourner les pages en appuyant sur le bouton Lecture ou Enter de la télécommande de votre lecteur de DVD de salon. Inclure les menus n'est pas essentiel. En effet, Nero Recode peut composer un DVD avec les titres sélectionnés. Pour passer d'un titre à l'autre, il suffira d'appuyer sur le bouton Titre suivant de la télécommande. Sans menu, le DVD vidéo démarrera directement par la lecture du film.

9. **Une fois les éléments sélectionnés, cliquez sur le bouton Fermer.**

   Vous voici revenu dans la fenêtre Ma propre compilation DVD.

10. **Cliquez sur l'onglet Sous-titre. S'il y a une piste de sous-titre que vous ne désirez pas conserver, décochez-la comme à la Figure 10.37.**

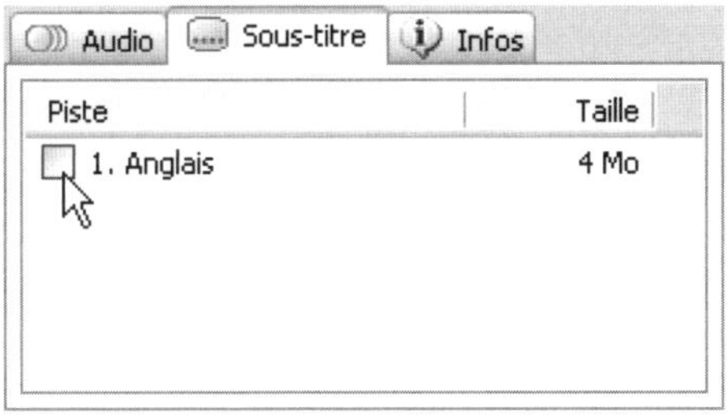

Figure 10.37 : Supprimer la piste de sous-titre est un gain de place qui profite à la qualité de l'encodage.

11. **Dans la section Adapter à la cible, veillez que l'option soit cochée, et à sélectionner DVD-5 (4,7 Go) dans la liste.**

12. **Comme Nero Recode définit le pourcentage de compression, modifiez-le en glissant les curseurs Qualité vidéo.**

En effet, le film principal mérite la meilleure qualité vidéo qui soit. Vous pouvez donc augmenter son pourcentage. Celui des autres titres ajoutés s'adaptera en conséquence. Ainsi, à la Figure 10.38, pour moi le bonus est un témoignage. Je vais donc fixer sa qualité à 60 %, ce qui fixe celle du film à 80.5 %.

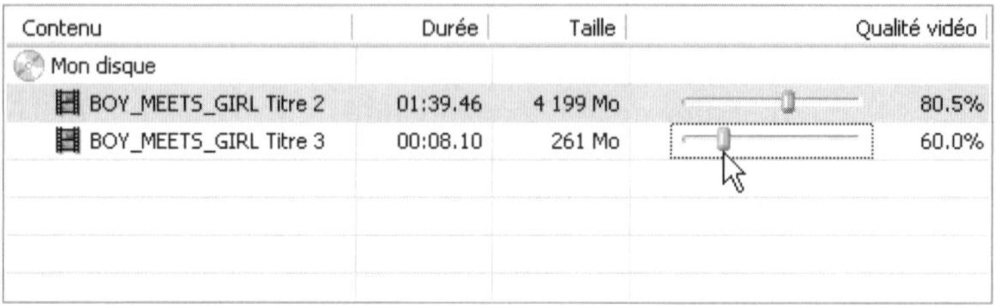

Figure 10.38 : Modifiez la répartition des pourcentages de qualité.

13. **Si vous avez inclus par erreur un élément du DVD, ou si vous changez d'avis, sélectionnez-le dans la colonne Contenu, et cliquez sur Effacer.**

14. **Cliquez sur Suivant.**

    A partir de cet instant, vous pouvez reprendre la procédure décrite à l'étape 11 de la sous-section "Copier un DVD 9" de la section "Nero 6 Reloaded : Copier un DVD 5 ou un DVD 9", en début de chapitre. Cela vous conduira jusqu'à l'encodage et la gravure du DVD vidéo dont vous avez sélectionné le contenu.

    La durée de l'opération dépend du nombre d'éléments conservés, donc du niveau de compression à réaliser.

Vous voyez qu'en décomposant précisément le contenu du DVD vidéo, Nero Recode vous permet de nombreuses sélections conduisant à la création d'un DVD vidéo personnalisé. En d'autres termes, vous sauvegardez exactement ce que vous désirez.

Etudions comment les opérations se déroulent dans un logiciel concurrent de Nero : Roxio Easy Media Creator 7.5.

Roxio Disc Copier : La restructuration élémentaire

Si vous avez lu la précédente section consacrée à Nero, vous savez que la restructuration d'un DVD consiste en fait à choisir ce que l'on va conserver du DVD à copier.

Les fonctionnalités de Roxio Disc Copier sont assez simples à mettre en œuvre. Voyez plutôt :

1. **Double-cliquez sur l'icône Ecran d'accueil de Roxio... présente sur votre bureau.**

2. **Dans l'écran d'accueil du programme, cliquez sur Copie d'un DVD.**

   Roxio Disc Copier apparaît tel que vous le connaissez depuis que vous lisez ce chapitre.

3. **Dans votre graveur, insérez un DVD 9 ou un DVD 5 vidéo dont vous désirez sélectionner les éléments à conserver.**

   En effet, les DVD vidéo contiennent des bonus et de nombreux menus dont vous pouvez éventuellement vous passer quand c'est la pérennité du film qui vous intéresse et rien d'autre. En d'autres termes, vous ne voulez conserver que le film.

4. **Cette fois, dans l'interface Simple de Disc Copier, cliquez sur le bouton Avancé, comme à la Figure 10.39.**

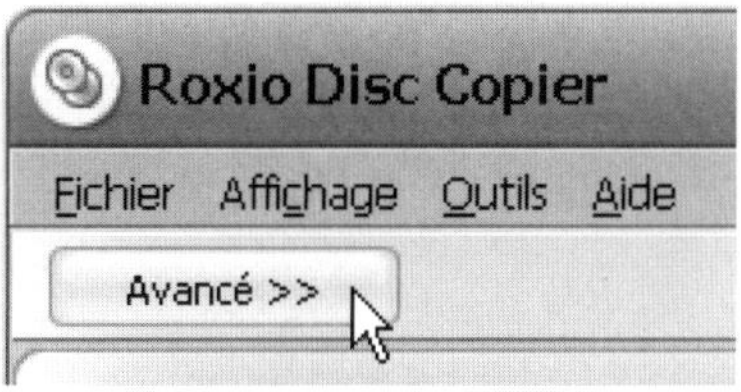

Figure 10.39 : Il faut basculer vers l'interface avancée pour sélectionner les éléments à conserver.

   Comme le montre la Figure 10.40, vous accédez à un nouveau volet sur lequel vous allez porter votre attention.

5. **Cliquez sur le bouton Options.**

   Vous accédez à la fenêtre DVD Vidéo – Options, représentée à la Figure 10.41.

   Dans la partie inférieure de la boîte de dialogue, vous notez la présence de la section vidéo. L'option Copier tous les films et tous les bonus (contenu vidéo intégral) est sélectionnée.

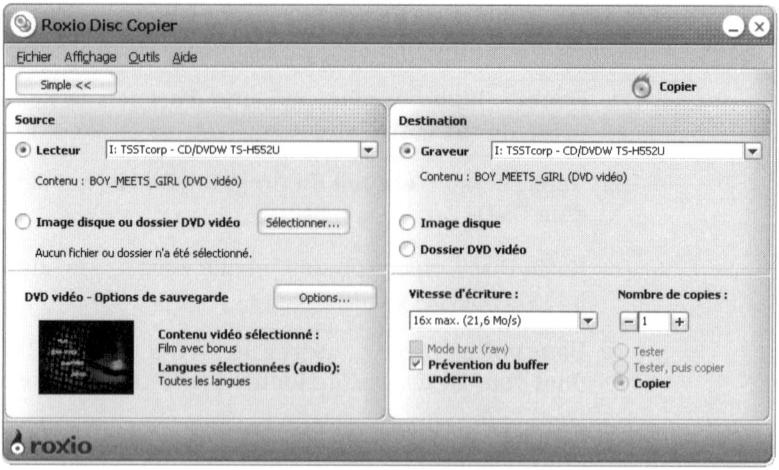

Figure 10.40 : L'interface avancée de Disc Copier permet de structurer votre DVD.

Figure 10.41 : Les options vidéo permettent de choisir ce que vous voulez copier.

Or, vous ne désirez copier que le film principal. Donc, passez à l'étape 6.

6. **Dans la section Vidéo, activez l'option Copier un seul film, comme à la Figure 10.42.**

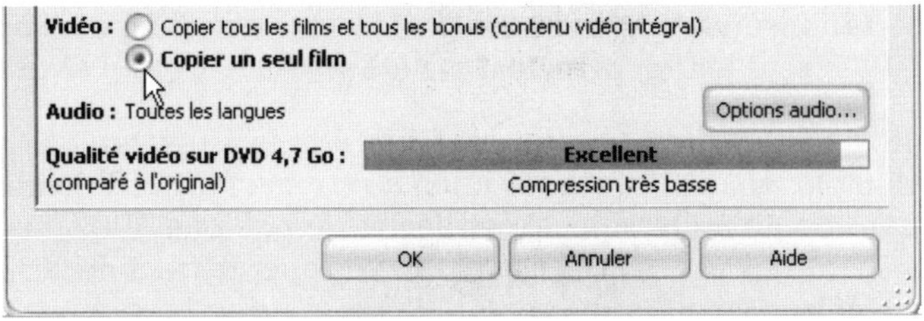

Figure 10.42 : Sélection du film principal.

Cette simple action sélectionne uniquement le film principal du DVD vidéo. Vous n'avez malheureusement pas la possibilité de sélectionner un des bonus qui vous intéresserait.

7. **Cliquez sur Options audio pour désactiver les langues à ne pas utiliser.**

   Ainsi, si vous préférez la version française du film, ne conservez que celle-ci.

8. **Cliquez sur OK.**

9. **Revenu dans la fenêtre principale de Disc Copier, vérifiez que le graveur de destination est bien celui dans lequel vous insérerez le DVD vierge, puis cliquez sur Copier.**

10. **Un message vous indique que la capacité du film dépasse celle du DVD simple couche, et qu'une compression va être appliquée. Cliquez sur Oui.**

11. **Dans la liste Sélectionnez le disque cible, choisissez le support DVD-R/DVD+R, et cliquez sur OK.**

    Le transcodage commence.

    A la fin de cette compression du film pour lui permettre de tenir sur un disque de 4,7 Go de données, Disc Copier éjecte le DVD vidéo et vous invite à insérer un DVD vierge.

12. **Insérez un DVD+R/+RW ou -R/-RW, et cliquez sur OK pour lancer la gravure.**

    Vous en suivez l'évolution dans la fenêtre Suivi de la gravure.

13. **Une fois la gravure accomplie, cliquez sur le bouton Fermer.**

    Disc Copier éjecte le DVD.

14. **Insérez le DVD dans votre lecteur de salon, et constatez que seul le film principal y a été gravé.**

Roxio Easy Media Creator est loin d'être le programme le plus complet en matière de sélection du contenu d'un DVD vidéo. Il est sans doute préférable de privilégier Nero, Clone DVD2, mais surtout DVD Shrink et DVD Decrypter qui vous permettent de faire quasiment tout ce que vous voulez.

Clone DVD2 : Suivez le guide !

Vous connaissez Clone DVD pour l'avoir étudié dans la section qui porte son nom au début du chapitre, et qui explique comment copier des DVD 5 et 9 avec cette application entièrement consacrée aux DVD vidéo.

Appréciez la manière dont on peut restructurer un DVD dans ce logiciel :

1. **Insérez le DVD vidéo dont vous désirez sauvegarder certaines parties.**

   Là encore, fermez les fenêtres d'exécution automatique qui peuvent s'ouvrir, ainsi que celle du logiciel de lecture de DVD vidéo.

2. **Sur le bureau de Windows, double-cliquez sur l'icône Clone DVD2.**

3. **Dans l'écran de bienvenue de Clone DVD2, cliquez sur le bouton Copier des titres de DVD. (Figure 10.43.)**

4. **Pour localiser le contenu du DVD, cliquez sur le bouton ci-contre de la fenêtre Configuration de titre.**

   Cette action ouvre la boîte de dialogue Rechercher un dossier qui affiche normalement le dossier VIDEO_TS du disque inséré dans votre graveur. Si ce n'est pas le cas, cliquez sur l'icône du lecteur ou du graveur de DVD où est inséré le disque, puis sur le dossier VIDEO_TS afin de le sélectionner.

5. **Dans la boîte de dialogue Rechercher un dossier, cliquez sur OK.**

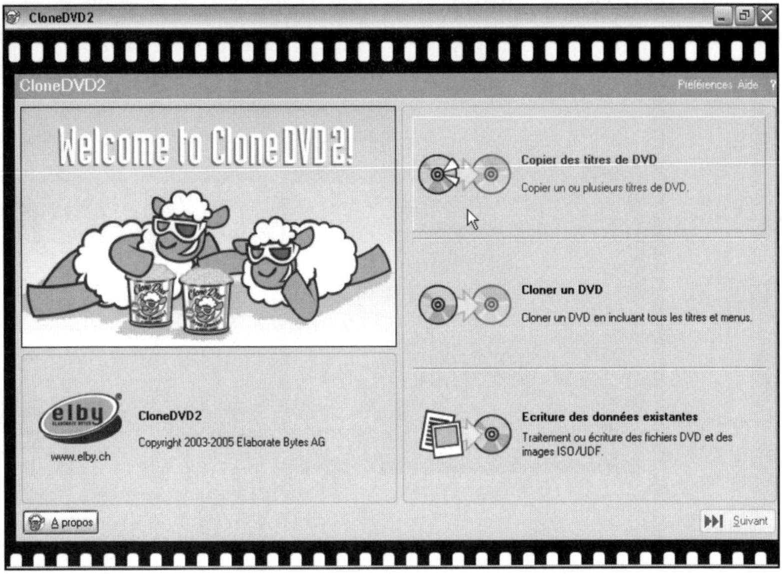

Figure 10.43 : Restructurer un DVD avec Clone DVD2.

Vous revenez dans la fenêtre Configuration de titre. Par défaut, Clone DVD2 ne sélectionne que le film principal.

6. **Dans la liste située à droite de Qualité, choisissez DVD-5.**

7. **Cochez les cases des autres titres à ajouter à la compilation.**

   Chaque fois que vous sélectionnez un titre, il se diffuse en accéléré dans la fenêtre inférieure gauche de l'interface. Ainsi, vous constatez sur la Figure 10.44 que j'ai sélectionné le titre 02 (film principal) et le titre 03 (un des bonus).

   Vous constatez que la barre Qualité indique le niveau de compression qui sera appliqué pour faire tenir la sélection sur un DVD 5.

8. **Si vous désirez conserver les menus du DVD, activez l'option Menus préservés.**

9. **Cliquez sur le bouton Suivant.**

10. **Dans la fenêtre Paramètres audio et sous-titres, choisissez ou non de conserver les éventuels sous-titres étrangers.**

Figure 10.44 : Cochez les titres à inclure dans le DVD.

Par exemple, sur la Figure 10.45, j'ai choisi d'éliminer le sous-titrage anglais.

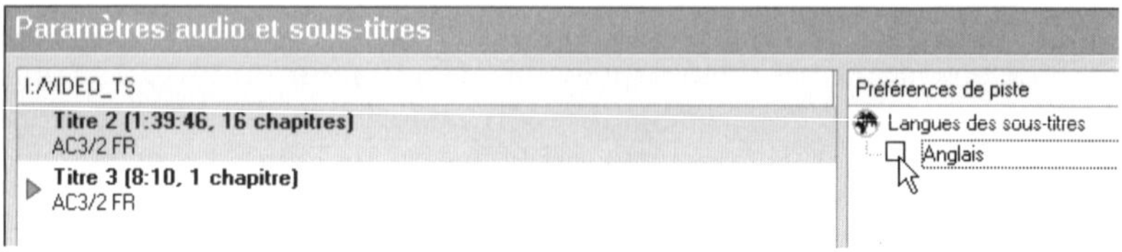

Figure 10.45 : Conservez ou non les pistes de sous-titrage.

11. **Cliquez sur Suivant.**

A partir de cet instant, reportez-vous à l'étape 8 de la sous-section "Copier un DVD 9" de la section "Clone DVD2", plus haut dans ce chapitre.

La phase d'analyse et d'encodage démarre. Elle se terminera par la gravure de votre compilation de sauvegarde sur un DVD vierge.

Nous venons d'apprécier la facilité avec laquelle vous pouvez compiler vos DVD vidéo pour spécifier le contenu dont vous souhaitez effectuer une copie de sauvegarde au titre de l'exercice de votre droit à la copie privée.

Sachez que ce n'est pas parce que vous sélectionnez le contenu du DVD, que vous le restructurez, que cela ouvre le droit à la copie de DVD protégé. D'ailleurs, des logiciels comme Nero, Roxio Easy Media Creator 7.5 ou Clone DVD2 refuseront de compiler un DVD dont le contenu est protégé. Si vous avez des doutes sur l'exercice du droit à la copie privée, reportez-vous à la section "Les principes et les limites de la copie des DVD", au début de ce chapitre.

Bien que des programmes comme Nero 6 Reloaded, Roxio Easy Media Creator et Clone DVD permettent de choisir le contenu à préserver, ils s'avèrent parfois incapables d'analyser, donc de compiler, des DVD vidéo enregistrés avec un enregistreur de salon. Dans ce domaine, et dans les autres évidemment, il existe deux logiciels gratuits qui font merveille : DVD Shrink et DVD Decrypter.

DVD Shrink et DVD Decrypter : La restructuration gratuite !

Pour profiter de DVD Shrink et de DVD Decrypter, vous devez les télécharger. Ensuite, nous verrons comment utiliser ces deux logiciels individuellement et conjointement quand le besoin s'en fait sentir. En règle générale, DVD Decrypter analyse absolument tous les DVD, tandis que DVD Shrink rencontre quelquefois de petits problèmes.

Télécharger/Installer DVD Shrink et DVD Decrypter

Voici comment vous procurer rapidement ces deux utilitaires :

1. **Connectez-vous au site** `www.01Net.com`**.**

2. **Dans le champ Rechercher, tapez** DVD Shrink **et cliquez sur OK (Figure 10.46).**

3. **Faites défiler le contenu de la fenêtre d'Internet Explorer (ou de votre navigateur habituel) jusqu'à la section Les téléchargements pour DVD Shrink.**

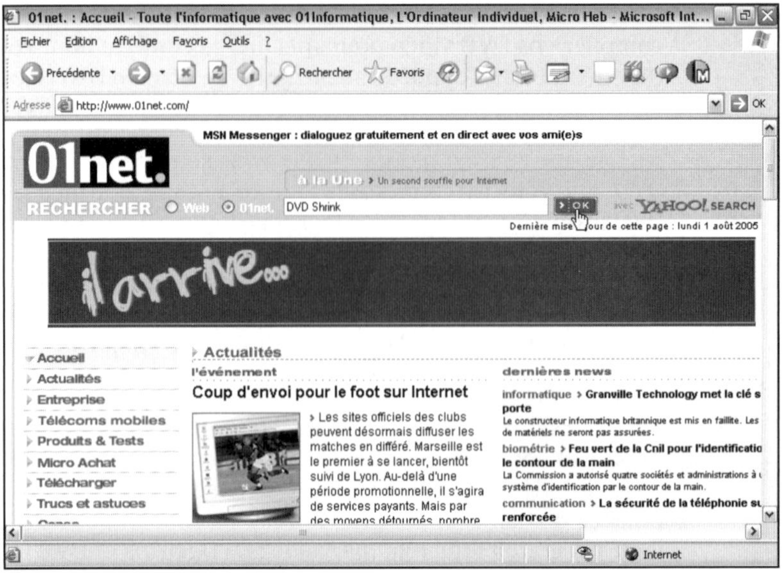

Figure 10.46 : Cherchez DVD Shrink !

4. **Cliquez sur le lien DVD Shrink v 3.2.0.16, comme à la Figure 10.47.**

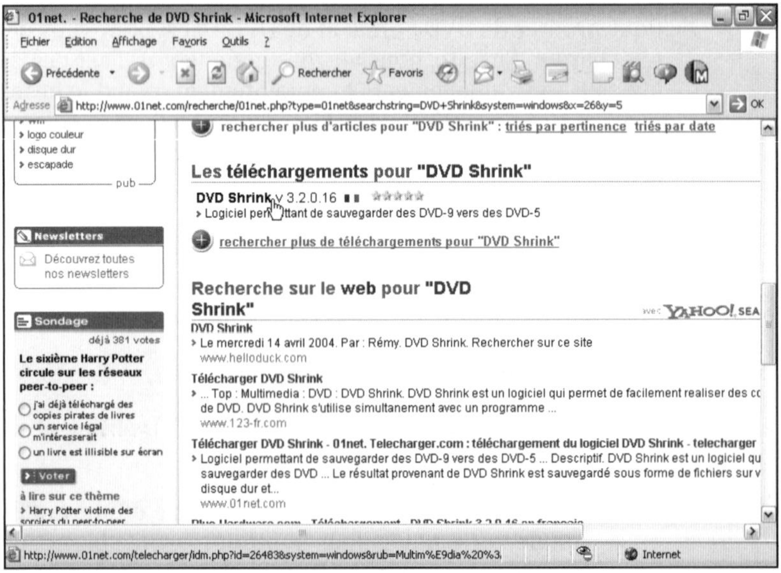

Figure 10.47 : Lien qui conduit au téléchargement de DVD Shrink.

5. **Cliquez sur le bouton Télécharger (Figure 10.48).**

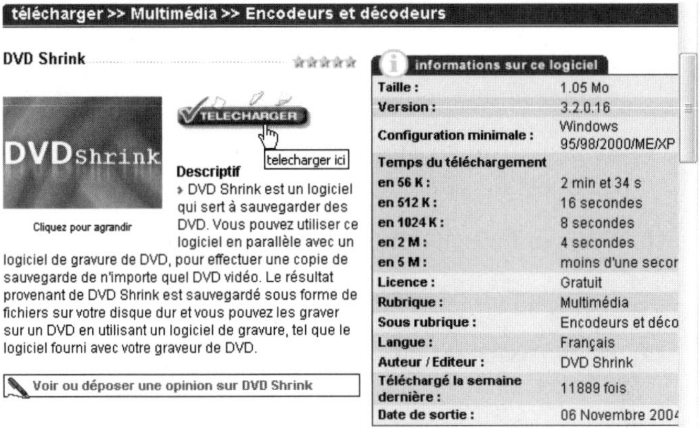

Figure 10.48 : C'est un peu long, mais vous n'êtes pas loin.

6. **Dans la boîte de dialogue Téléchargement de fichier, cliquez sur le bouton Enregistrer (Figure 10.49).**

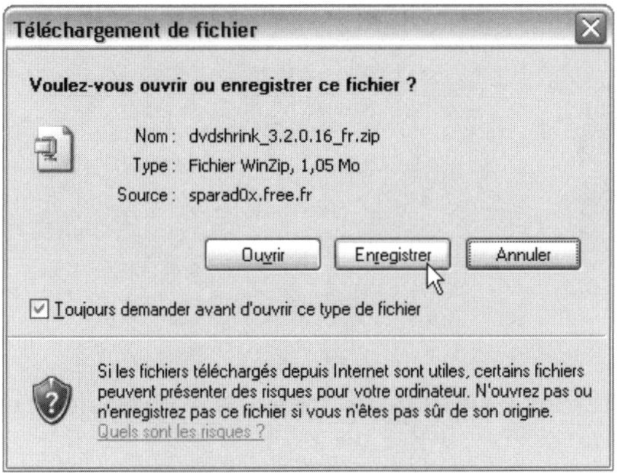

Figure 10.49 : Enregistrez le fichier sur votre disque dur.

7. **Dans la boîte de dialogue Enregistrer sous, sélectionnez le disque dur et le dossier de stockage de ce fichier à télécharger, puis cliquez sur Enregistrer.**

   C'est parti !

8. **Ouvrez le dossier où vous venez de télécharger le programme.**

Comme le programme est compressé au format zip, vous devez le décompresser soit avec WinZip, soit avec l'utilitaire fourni par Windows XP.

9. **Une fois le fichier décompressé, double-cliquez sur le fichier obtenu pour lancer l'installation.**

   En l'occurrence, et au moment où ce livre est écrit, le fichier en question se nomme `dvdshrink23setup.exe`.

10. **Dans la boîte de dialogue qui apparaît, cliquez sur Exécuter.**

    Cette action démarre l'installation.

11. **Dans l'assistant d'installation, cliquez sur le bouton Suivant (Figure 10.50).**

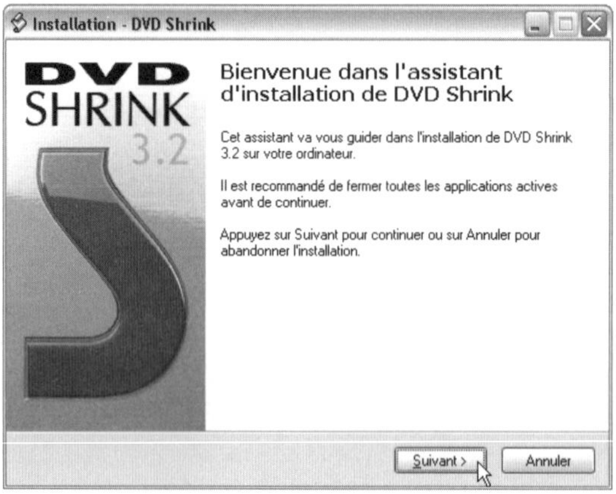

Figure 10.50 : Installez DVD Shrink !

12. **Acceptez les termes de la licence d'utilisation, et cliquez sur Suivant.**

13. **Laissez le dossier d'installation par défaut, et cliquez sur Suivant.**

14. **Laissez DVD Shrink créer un raccourci du programme dans le menu Démarrer, et cliquez sur Suivant.**

15. **Laissez DVD Shrink placer un raccourci sur le Bureau de Windows, et cliquez sur Suivant.**

    Il sera plus rapide d'exécuter ce programme.

16. **Enfin, cliquez sur le bouton Installer.**

    En moins de temps qu'il n'en faut pour le dire, DVD Shrink est installé.

    Vous pouvez laisser l'option Lancer DVD Shrink pour qu'il démarre dès que vous cliquerez sur le bouton Terminer.

17. **Finissez-en en cliquant sur Terminer.**

TRUC

Pour télécharger DVD Decrypter en français :

1. **Connectez-vous au site** `www.trad-fr.com/dvddec.htm`.

2. **Une fois sur le site, cliquez sur le bouton Télécharger, comme à la Figure 10.51.**

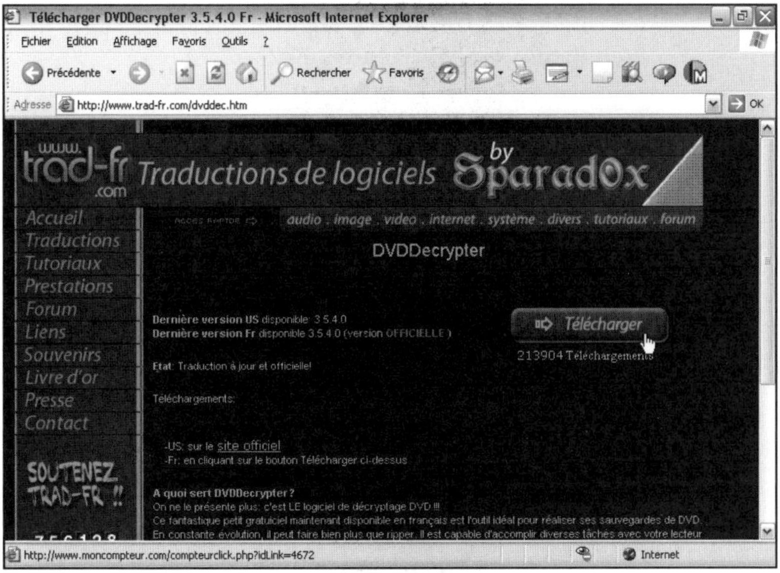

Figure 10.51 : Téléchargez DVD Decrypter version française.

3. **Ensuite, suivez la même procédure que pour DVD Shrink.**

   La grande différence est que le fichier n'est pas compressé au format ZIP.

4. **Une fois le téléchargement terminé, installez DVD Decrypter en double-cliquant sur le fichier** `DVDDecrypter_3.5.4.0_Fr.exe`.

Laissez-vous guider, ce n'est pas bien compliqué.

5. **A la fin de l'installation, vous devrez redémarrer votre ordinateur.**

"Remanier" avec DVD Shrink

DVD Shrink étant installé sur votre ordinateur, voyons comment choisir le contenu du DVD vidéo que vous allez sauvegarder.

1. **Insérez dans votre graveur le DVD vidéo dont vous souhaitez choisir les éléments à sauvegarder.**

2. **Double-cliquez sur l'icône du bureau pour exécuter DVD Shrink.**

3. **Dans l'interface de DVD Shrink, cliquez sur le bouton Remaniement (Figure 10.52).**

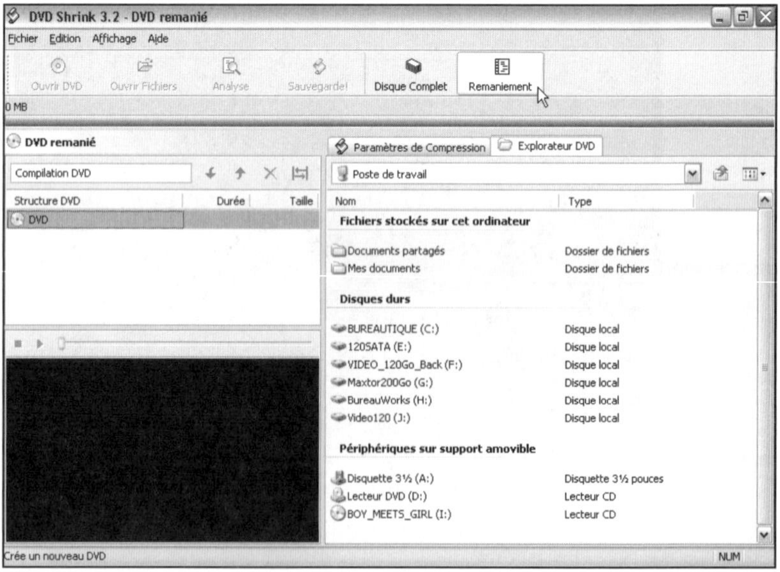

Figure 10.52 : Dans DVD Shrink, vous remaniez !

4. **Dans la section Périphériques sur support amovible de l'onglet Explorateur DVD, double-cliquez sur le graveur contenant le DVD à restructurer (Figure 10.53).**

Figure 10.53 : Indiquez à DVD Shrink où se trouve le DVD vidéo.

Comme le montre la Figure 10.54, le contenu du DVD s'affiche dans l'onglet Explorateur DVD : Menus, Film principal et Bonus.

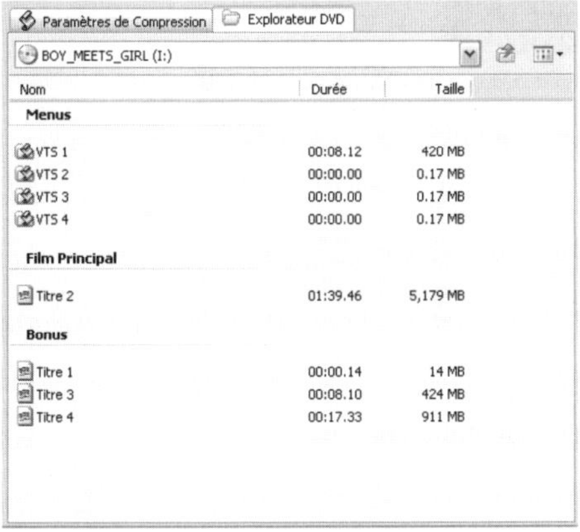

Figure 10.54 : Le contenu du DVD est détaillé ici.

TRUC

Pour vérifier le contenu d'un élément, cliquez dessus pour le sélectionner, puis sur le bouton de lecture de la zone située dans le coin inférieur gauche de l'interface. Vous constatez que la vidéo est diffusée à l'envers. Aucune importance, elle sera bien à l'endroit une fois le DVD gravé.

5. **Pour constituer votre DVD, glissez-déposez les éléments depuis l'Explorateur DVD jusqu'à la zone de gauche Structure DVD.**

Par exemple, glissez-déposez le Titre 2 du Film Principal, comme à la Figure 10.55. DVD Shrink analyse son contenu.

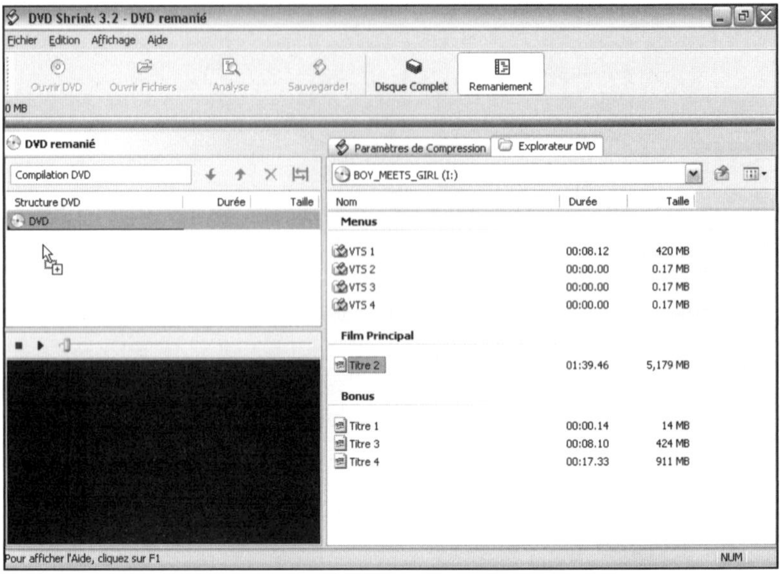

Figure 10.55 : Composez le DVD par glisser-déposer.

6. **Procédez identiquement pour ajouter d'autres éléments.**

Lorsque vous remaniez un DVD avec DVD Shrink, vous perdez la fonctionnalité des boutons des menus. Le menu devient une simple vidéo, c'est-à-dire un titre supplémentaire.

7. **Une fois le DVD structuré à votre convenance, cliquez sur l'onglet Paramètres de compression.**

   C'est sous cet onglet que vous pouvez définir la compression vidéo, et conserver ou non les sous-titres.

8. **Commençons par supprimer les sous-titres en décochant la case de la section Sous-Titre, comme le montre la Figure 10.56.**

9. **Modifiez, si besoin, la compression de chaque élément.**

   Vous constatez que DVD Shrink applique une compression automatique pour les titres importés. Cependant, il se peut que vous souhaitiez préserver la qualité du film davantage que celle du bonus. Pour cela, poursuivez à l'étape 10.

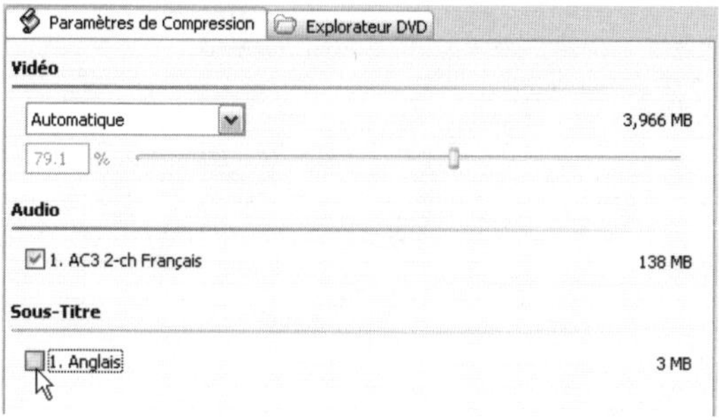

Figure 10.56 : Supprimez les sous-titres !

10. **Dans la zone Structure DVD (à gauche), cliquez sur le titre correspondant au film principal.**

    Dans mon exemple, il s'agit du Titre 2, comme le montre la Figure 10.57.

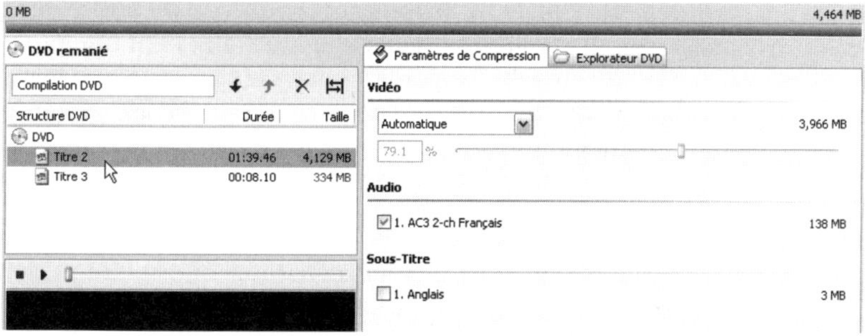

Figure 10.57 : Sélectionnez le titre du film principal pour améliorer sa qualité.

Pendant toute cette opération, surveillez bien le comportement de la grosse barre verte. Elle indique actuellement qu'avec la compression automatique tous les éléments tiendront sans problème sur un DVD 5.

11. **Déroulez la liste Vidéo, et sélectionnez Ratio personnalisé (Figure 10.58).**

    Le curseur de pourcentage devient accessible.

12. **Faites glisser le curseur de pourcentage vers la droite pour augmenter la qualité de l'image.**

    En effet, le pourcentage n'indique pas la compression, mais la qualité préservée. A 100 %, aucune compression n'est appliquée, alors qu'à 50 % il faut compresser deux fois plus les images.

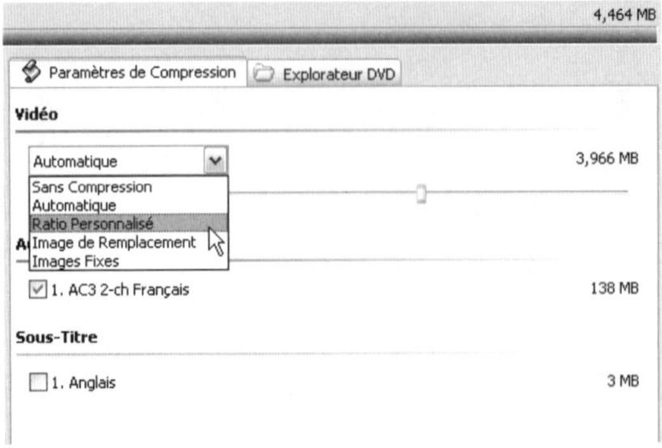

Figure 10.58 : Le Ratio personnalisé permet de définir le pourcentage de compression.

Pendant cette opération, observez la barre verte et la Taille du Titre 3 (ou autre). Plus vous déplacez le curseur vers la droite, plus la Taille des autres titres diminue. Toutefois, DVD Shrink se refuse à compresser sous un certain seuil qui est d'environ 47 %. Si vous accordez trop de pourcentage au film principal, la barre verte diminue, affichant une portion rouge. Vous êtes en danger. En effet, cela indique que le niveau du taux de compression ne permet plus de faire tenir les éléments sur le DVD vierge. Vous devez donc compenser, en faisant glisser le curseur vers la gauche jusqu'à ce que la barre verte couvre de nouveau toute la largeur de l'interface.

Sur la Figure 10.59, vous constatez que le film principal conservera 80,8 % de sa qualité originale, réduisant quasiment de moitié celle du bonus.

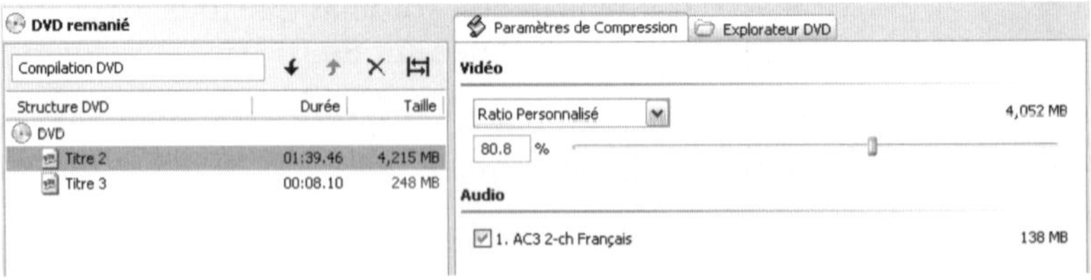

Figure 10.59 : Améliorer la qualité d'un élément se fait au détriment de celle des autres.

13. **Pour encoder et graver, cliquez sur le bouton Sauvegarde !.**

14. **Dans la boîte de dialogue Sauvegarde du DVD, déroulez la liste Sélectionnez le périphérique.**

Comme le montre la Figure 10.60, cette liste contient un certain nombre de sorties possibles :

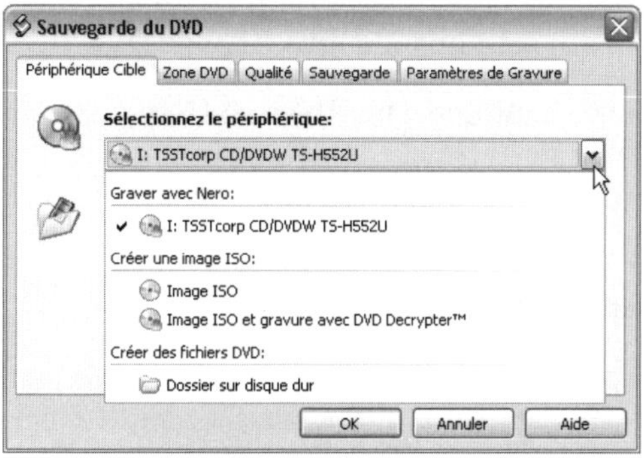

Figure 10.60 : Choisissez comment va être gravée cette compilation.

- **Graver avec Nero** permet d'utiliser votre graveur pour graver le DVD. Cette option n'est présente que si Nero est installé sur votre ordinateur. DVD Shrink utilisera Nero en toute transparence pour graver le DVD.

- **Image ISO** génère le DVD sous forme d'un image ISO que vous pourrez graver avec un logiciel prenant en charge ce format.

- **Image ISO et gravure avec DVD Decrypter** permet de créer une image ISO de votre compilation qui sera gravée directement avec DVD Decrypter ! Génial puisque vous possédez maintenant ce petit programme ! D'autant plus génial si vous ne possédez pas Nero et que, par conséquent, la première option n'est pas présente dans cette liste.

- **Dossier sur disque dur** est une option plus complexe à manipuler pour le débutant. En effet, elle va créer des dossiers VIDEO_TS et Audio_TS que vous pourrez graver ultérieurement avec un logiciel capable de graver des DVD vidéo à partir de ces dossiers. Si vous optez pour cette option, ne décochez surtout pas Créer les sous-dossiers VIDEO_TS et Audio_TS.

TRUC

Je vais jouer le jeu de la gratuité jusqu'au bout, et considérer que vous ne possédez pas Nero mais DVD Decrypter (mais si, vous l'avez téléchargé !).

15. **Choisissez Image ISO et gravure avec DVD Decrypter.**

16. **Dans Sélectionnez le fichier image de destination, choisissez le disque dur et le dossier où DVD Shrink doit créer l'image ISO qui sera ensuite gravée avec DVD Decrypter.**

    Comme à mon habitude, j'insiste sur le fait qu'il faut réserver un disque dur à vos travaux vidéo en tout genre. Par exemple, sur un de mes disques durs, j'ai créé un dossier DVD Shrink Temp où je stocke les images ISO que je grave ultérieurement.

17. **Cliquez sur l'onglet Zone DVD.**

    Il vous est possible de définir la zone d'exploitation du DVD. Si, comme à la Figure 10.61, vous laissez Multi Zone, le DVD sera compatible avec tous les lecteurs de DVD. En France, nous ne pouvons normalement lire que des DVD de la zone 2. Si vous désirez restreindre la lecture de votre copie à la zone 2, décochez Multi Zone et ne laissez coché que Zone 2.

Figure 10.61 : Définissez la zone d'exploitation du DVD.

18. **Cliquez sur l'onglet Qualité.**

    Vous pouvez activer les deux options de cet onglet pour améliorer la qualité de l'encodage. Toutefois, l'opération va être bien plus longue. Malgré cela, si vous devez en choisir une, c'est la première.

    Ne vous préoccupez pas des deux autres onglets.

19. **Maintenant que tout est défini, cliquez sur OK.**

    Comme le montre la Figure 10.62, l'analyse du DVD remanié commence.

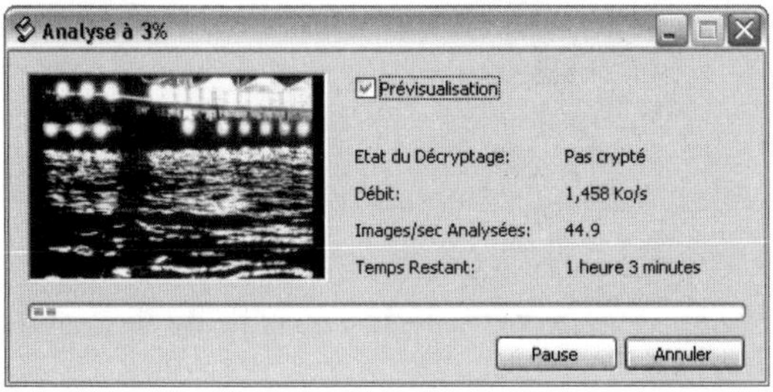

Figure 10.62 : Analyse en cours. Patience !

Une fois cette analyse terminée, DVD Shrink encode les données en application des pourcentages spécifiés à l'étape 12 de la précédente procédure. Cette fois encore, il vous faudra patienter longtemps. Ce temps sera d'autant plus important que le niveau de compression est élevé.

Dès que l'encodage prend fin, DVD Decrypter s'ouvre automatiquement. Le problème est qu'il n'affiche aucun message vous invitant à faire quoi que ce soit. Heureusement, je suis là !

20. **Ejectez le DVD vidéo qui vient d'être remanié avec DVD Shrink.**

21. **Insérez un DVD vierge dans votre graveur.**

    Dès que DVD Decrypter note la présence d'un disque vierge, le bouton Lancer la gravure, illustré à la Figure 10.63, devient actif.

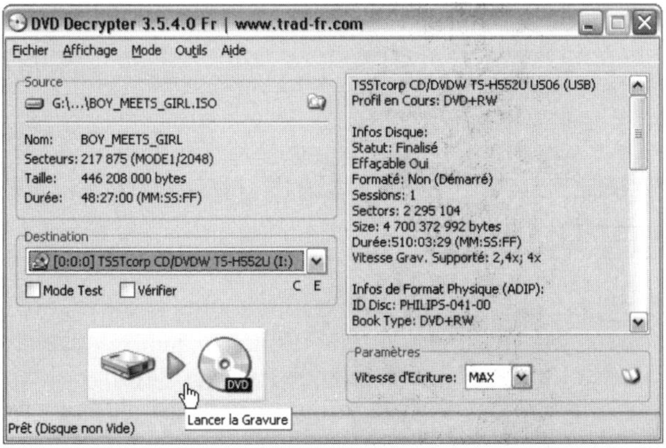

Figure 10.63 : La gravure va pouvoir commencer.

22. **Cliquez sur le bouton en question.**

    La gravure du DVD vidéo à partir de l'image ISO créée avec DVD Shrink commence. Elle va donner naissance à un DVD vidéo compatible avec la majorité des lecteurs de DVD de salon.

23. **Un message vous avertit de la réussite de la gravure (Figure 10.64).**

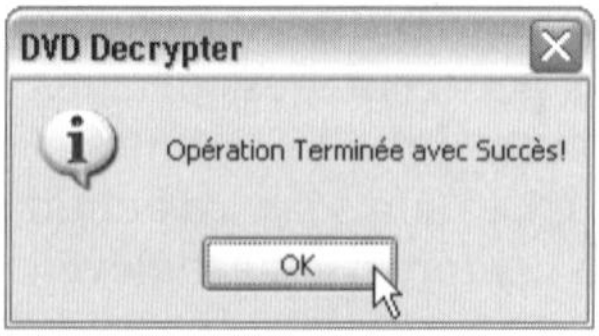

Figure 10.64 : Décidément, vous m'épatez !

24. **Cliquez sur OK.**

25. **Cliquez sur le bouton de fermeture de DVD Decrypter.**

26. **Ejectez le DVD et insérez-le dans un lecteur de salon.**

Aussi étonnant que cela puisse paraître… ça marche ! Vous êtes génial. Pourquoi vous arrêter en si bon chemin alors que vous pouvez aussi apprendre à utiliser DVD Decrypter autrement que comme un simple programme de gravure.

Si vous aviez voulu effectuer la copie complète d'un DVD avec DVD Shrink, vous auriez simplement cliqué sur le bouton Disque complet. DVD Shrink se charge du reste tout en vous laissant la possibilité de varier les pourcentages de qualité, comme cela est expliqué à l'étape 12 de cette procédure.

Décrypter avec DVD Decrypter et structurer avec DVD Shrink

DVD Decrypter est le logiciel de copie le plus performant. En effet, et c'est mon expérience personnelle qui parle, j'enregistre souvent sur DVD+RW des films avec mon enregistreur de salon. Cela me permet de savoir si le film est correctement enregistré, s'il n'y a pas eu d'interruption d'image, etc. Ensuite, si je juge le film suffisamment intéressant pour le conserver, je le copie sur un DVD+R. Et c'est là que des programmes comme Nero, Roxio Easy Media Creator, Clone DVD2 et DVD Shrink montrent leur limite. Parfois, ils ne parviennent pas à trouver le dossier VIDEO_TS qui, c'est un comble, s'affiche clairement lorsque vous ouvrez le contenu du DVD avec l'Explorateur Windows. C'est dans ce genre de circonstance que DVD Decrypter bat tous les autres programmes à plate couture.

Une fois le contenu du disque décrypté, vous recourrez à DVD Shrink, donc à la procédure de la précédente section, pour remanier (restructurer) le DVD.

Voyons comment travaille cet outil extraordinaire :

1. **Insérez un DVD dans votre graveur.**

DVD Decrypter Fr

2. **Démarrez DVD Decrypter en double-cliquant sur son raccourci présent sur le bureau de Windows.**

3. **Cliquez sur le Mode/Fichier (Figure 10.65).**

   Ce mode va permettre d'extraire, sur votre disque dur, le contenu DVD sous forme de fichiers VOB, IFO, BUP, etc.

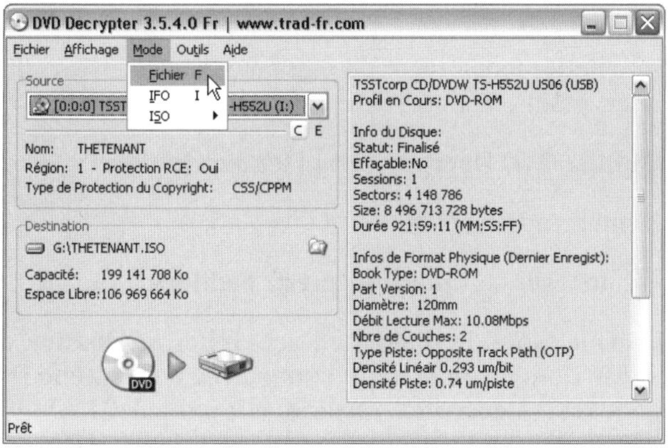

Figure 10.65 : Basculez DVD Decrypter en mode Fichier.

4. **Sélectionnez le disque dur et le dossier de stockage des fichiers décryptés en cliquant sur le bouton Rechercher un fichier de la section Destination.**

5. **Dans la boîte de dialogue Enregistrer sous, localisez le disque dur et le dossier en question, puis cliquez sur OK.**

Le contenu du DVD apparaît dans la partie droite de l'interface.

6. **Cliquez sur le bouton Lancer le décryptage (Figure 10.66).**

   Le décryptage commence. Sa durée varie en fonction du contenu du DVD et surtout s'il s'agit d'un simple ou d'un double couche.

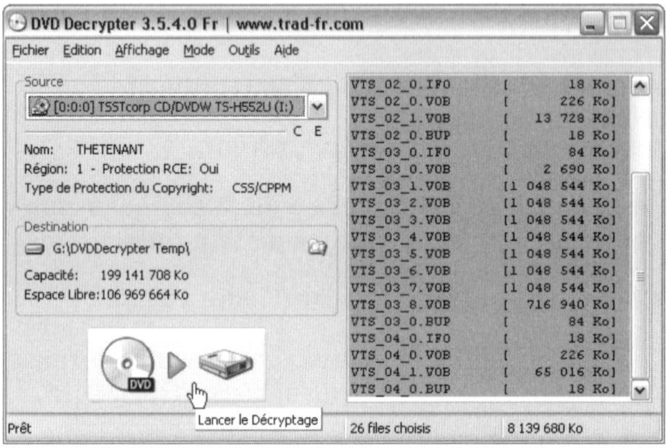

Figure 10.66 : Lancez le décryptage du DVD vidéo.

Une petite musique et un message vous avertissent que le décryptage s'est correctement déroulé.

7. **Quittez DVD Decrypter via Fichier/Quitter.**

8. **Démarrez DVD Shrink.**

9. **Cliquez sur son bouton Ouvrir Fichiers.**

10. **Dans la boîte de dialogue Rechercher un dossier, cliquez sur le dossier dans lequel vous avez décrypté le DVD vidéo avec DVD Decrypter. Ensuite, cliquez sur OK.**

    DVD Shrink identifie immédiatement les fichiers du DVD et en analyse le contenu en moins de deux minutes.

    Une fois l'analyse terminée, DVD Shrink affiche la structure du DVD vidéo, comme le montre la Figure 10.67.

11. **Reportez-vous à la section consacrée à DVD Shrink pour restructurer le DVD et le graver de nouveau avec DVD Decrypter.**

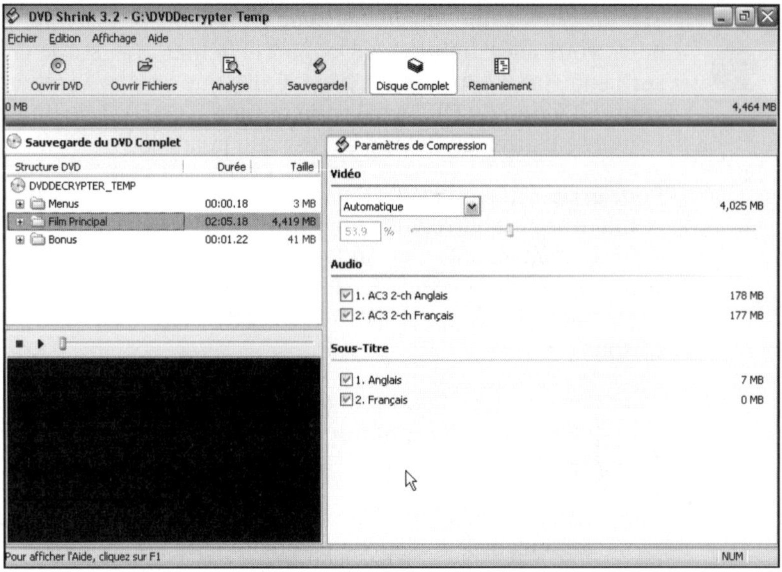

Figure 10.67 : DVD Shrink recrée la structure du DVD vidéo décrypté avec DVD Decrypter.

Voilà, nous en avons terminé avec le remaniement ou la restructuration des DVD, que ce soit avec Nero, Clone DVD2, DVD Shrink ou DVD Decrypter. Vous avez pu apprécier combien ces deux derniers programmes gratuits fonctionnent main dans la main.

TRUC

Lorsque vous rencontrez des problèmes pour extraire ou créer une image ISO avec DVD Shrink, rippez les fichiers du DVD avec DVD Decrypter, puis effectuer la remaniement avec DVD Shrink.

Copier un DVD d'après une image ISO

C'est ce que vous effectuez lorsque vous procédez à une copie en utilisant le graveur comme lecteur. Donc, sans le savoir, vous commencez par créer une image ISO temporaire qui sera par la suite gravée sur un DVD vierge.

NOTE TECHNIQUE

Une image ISO est une extraction précise de la structure d'un DVD. Il s'agit d'un fichier portant l'extension .iso qui est l'équivalent du DVD. Au lieu d'être gravé, le contenu est simplement repris dans un fichier particulier. Pour pouvoir graver ce fichier de telle manière qu'il reproduise exactement le DVD, vous devez utiliser un logiciel capable de graver un DVD à partir d'une image ISO.

Si vous gravez une image ISO avec un logiciel de gravure de données, vous allez simplement copier le fichier `.iso` sur le DVD. Elle sera en l'état inexploitable, c'est-à-dire que vous n'accéderez pas au contenu vidéo du DVD, mais au contenu d'un DVD de données dans lequel se trouve un fichier qui est une image ISO.

Pour graver une image ISO, il faut d'abord la créer. Les plus malins et talentueux d'entre vous me diront : "Pourquoi perdre du temps à créer une image ISO d'un DVD vidéo pour ensuite la graver sur un support vierge alors que les fonctions de copie des programmes permettent de copier un DVD sans cette étape préalable ?" Voici mes raisons :

- Une image ISO est stockée sur votre disque dur sous forme d'un fichier informatique compatible avec tous les ordinateurs.
- L'image ISO d'un DVD vidéo peut être créée même par un logiciel qui ne dispose pas de fonction de copie de graveur à graveur.
- L'image ISO peut être gravée par un programme de gravure qui n'est pas typiquement destiné au DVD vidéo.
- Une image ISO ainsi stockée sur disque dur peut être gravée une infinité de fois, ce qui n'est pas le cas d'une copie de DVD à DVD où l'image ISO temporaire (que vous ne voyez donc jamais) doit être refaite pour chaque copie.
- Créer une image ISO permet également de sauvegarder un DVD vidéo sous forme de fichier informatique. Ce fichier pourra être sauvegardé sur DVD comme n'importe quel autre type de données. Pour en faire ultérieurement un DVD vidéo, il suffira de copier le fichier ISO sur votre disque dur, et d'utiliser un programme de gravure d'une image ISO pour obtenir de nouveau un DVD vidéo lisible dans un lecteur de DVD de salon.
- Une image ISO peut être gravée sur un DVD par n'importe quel utilitaire prenant en charge ce format de fichier.

Vous comprenez qu'une image ISO permet de copier un DVD vidéo à l'identique, donc d'obtenir un disque lisible dans votre lecteur et/ou graveur de salon, mais constitue aussi une version purement informatique de votre DVD vidéo que vous pourrez sauvegarder sous forme de données comme cela est expliqué au Chapitre 9.

Pour illustrer la création et la gravure d'une image ISO d'un DVD vidéo, je vais m'appuyer sur le logiciel Roxio Easy Media Creator 7.5 que vous connaissez depuis le Chapitre 9. Sachez que cette procédure est identique avec tous les programmes de gravure permettant de créer et de graver des images ISO.

De nombreux programmes génèrent leur propre fichier ISO en modifiant son extension. Ainsi, Nero crée un fichier `.nrg`. Certains programmes sont alors incapables d'identifier ce fichier comme étant une image ISO. Dans ce cas, vous pouvez tenter de renommer le fichier en changeant `.nrg` par `.iso`. Toutefois, cela ne fonctionne pas à 100 %. Il est dans ce cas préférable d'utiliser les fonctions de conversion de certains programmes comme le très simple et gratuit CD BurnerXP Pro qui est capable de convertir une image nrg en image ISO.

Créer une image ISO

Il est presque stupide de dire que l'on va créer l'image ISO d'un DVD vidéo. En effet, dans l'absolu, l'image ISO se fiche bien du contenu du disque. Tout ce qu'elle fait, c'est reproduire à l'identique la structure informatique du DVD. S'il contient des données, comme des programmes, ou des vidéos, comme les DVD vidéo, l'image ISO sera un fichier informatique, point final. Ce n'est qu'au moment de la gravure que ce fichier va créer la structure du disque nécessaire à son utilisation. Ainsi, si vous gravez l'image ISO, faites-le à partir d'un DVD vidéo, le disque obtenu sera identique au DVD vidéo qui aura servi à créer l'image ISO. Il sera donc utilisable dans un lecteur de DVD.

Pour créer, avec Roxio Easy Media Creator 7.5, une image ISO quel que soit le contenu du DVD :

1. **Démarrez Roxio Easy Media Creator, en double-cliquant sur son raccourci installé sur le bureau de Windows.**

2. **Dans l'écran d'accueil, cliquez sur Copie d'un DVD de la colonne DVD.**

3. **Insérez le DVD vidéo dans votre lecteur.**

   Fermez les différentes fenêtres que Windows pourrait ouvrir suite à l'exécution automatique du DVD.

4. **Dans la fenêtre de Disc Copier, cliquez si nécessaire sur le bouton Avancé.**

   Vous accédez ainsi aux options supplémentaires de copie, illustrées à la Figure 10.68.

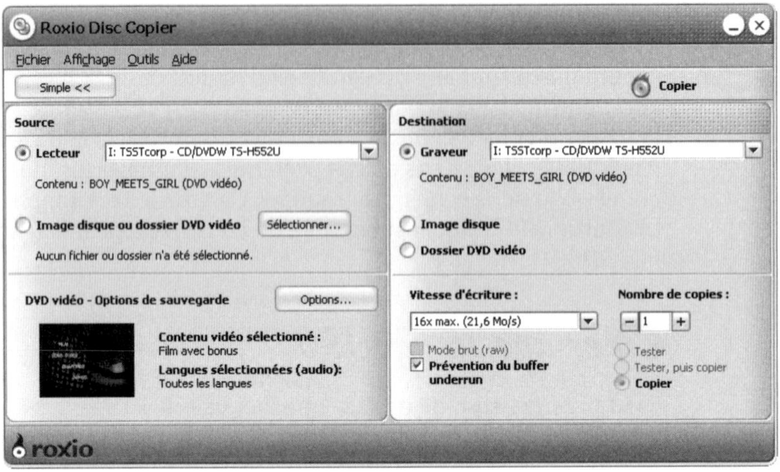

Figure 10.68 : Les options avancées vont permettre de créer une image ISO.

5. **Dans la partie droite de l'interface, activez l'option Image disque, comme le montre la Figure 10.69.**

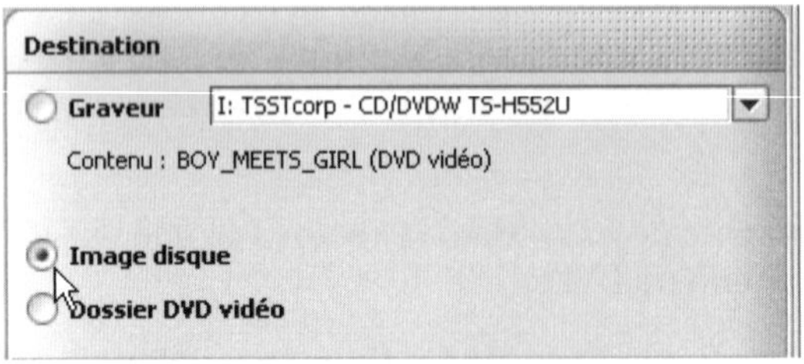

Figure 10.69 : Optez pour la création d'un image disque.

6. **Cliquez sur le bouton Enregistrer sous situé dans le coin supérieur gauche.**

   Cette action ouvre la boîte de dialogue Enregistrer sous.

7. **Dans la liste Type de fichier, vérifiez qu'Images disque ISO (*.iso) est bien sélectionné, comme à la Figure 10.70, sinon sélectionnez cette option.**

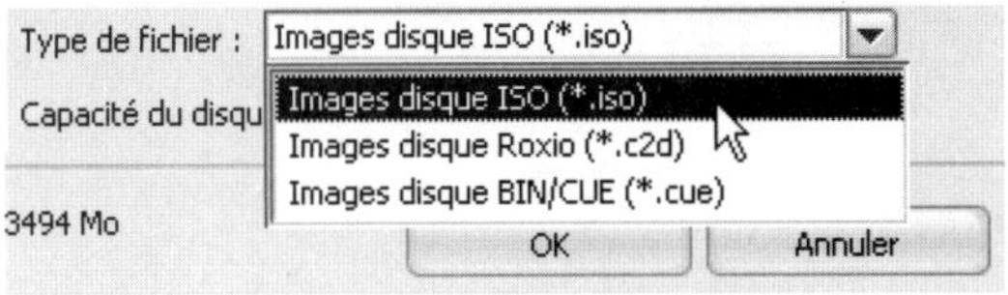

Figure 10.70 : Choisissez la création d'un fichier Image disque ISO.

8. **Si vous le jugez nécessaire, changez le nom attribué par défaut au futur fichier ISO.**

   L'option Capacité du disque cible permet de définir, notamment pour les DVD vidéo, si un transcodage préalable du contenu est nécessaire. En effet, le DVD dont vous souhaitez créer l'image est peut être un DVD double couche. Donc, si vous choisissez un disque simple couche, le transcodage sera préalablement fait à la création de l'image ISO. En revanche, si la capacité du disque source est identique à celle du disque cible, il n'y aura aucune phase de compression préalable.

9. **Dans la partie gauche de la fenêtre, sélectionnez le disque dur et le dossier de stockage du fichier ISO.**

10. **Cliquez sur OK.**

    La création de l'image ISO commence, comme le montre la fenêtre Suivi de la gravure illustrée à la Figure 10.71. Dans cette phase, il faut aussi pas mal de patience, car la création de l'image ISO, même d'un DVD 5, est assez longue.

Une fois l'image ISO créée, vous pouvez la graver avec n'importe quelle application capable de prendre en charge ce format d'image. Dans la prochaine section, nous allons graver cette image avec… eh bien Nero, pour changer un peu.

TRUC

Sachez que la procédure décrite dans la prochaine section varie peu d'un logiciel à l'autre. Les principes restent les mêmes.

Graver l'image ISO pour reconstituer la copie conforme du DVD

Dans cette section, nous allons voir comment utiliser l'image ISO pour créer un disque qui sera la copie conforme du DVD à partir duquel vous avez créé l'image. S'agissant d'un DVD vidéo, la gravure

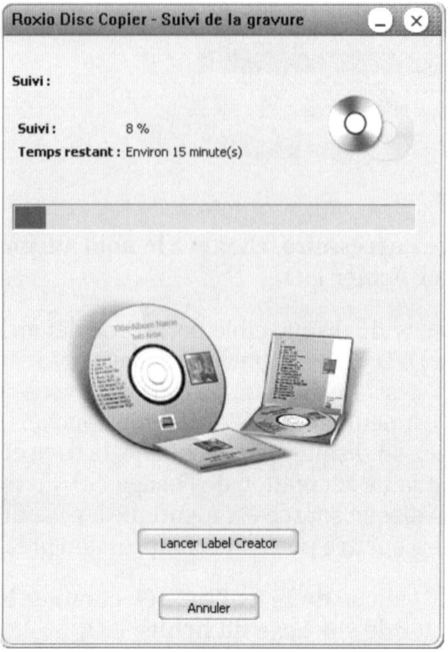

Figure 10.71 : L'image ISO en cours de création.

expliquée ici va permettre d'obtenir un DVD vidéo compatible avec les lecteurs et graveurs de DVD de salon. S'agissant d'un DVD de données, comme celui d'un programme par exemple, vous obtiendrez la copie conforme du contenu de ce DVD.

Voici la procédure à suivre avec Nero. Elle ne diffère pas beaucoup lorsque vous utilisez un autre programme prenant en charge la gravure des images ISO :

Nero StartSmart

1. **Démarrez Nero StartSmart.**
2. **Dans l'interface de Nero StartSmart, placez le pointeur de la souris sur l'icône ornée de deux disques qui se nomme Copier et sauvegarder.**
3. **Cliquez sur Graver une image sur disque, comme le montre la Figure 10.72.**

   Cela ouvre Nero Burning ROM et surtout la boîte de dialogue Ouvrir.

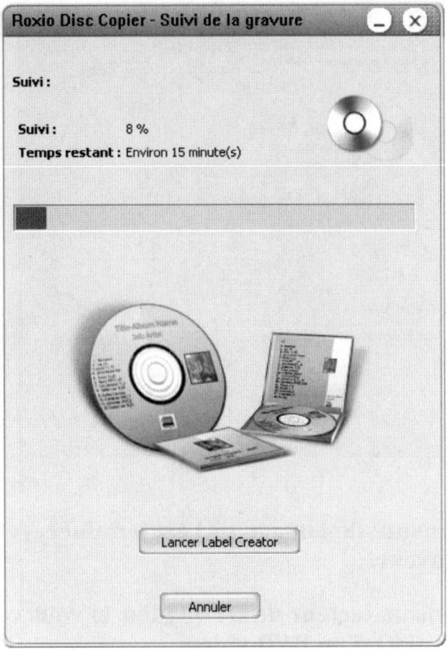

Figure 10.72 : Gravez sur DVD l'image disque créée avec Roxio.

4. **Dans la boîte de dialogue Ouvrir, parcourez vos lecteurs pour localiser le dossier dans lequel vous avez stocké l'image ISO.**

5. **Sélectionnez-la et cliquez sur Ouvrir.**

6. **La boîte de dialogue Graver la compilation apparaît.**

7. **Insérez un DVD vierge dans le graveur.**

8. **Dans la boîte de dialogue Graver la compilation, laissez les options telles qu'elles apparaissent sur la Figure 10.73, et cliquez sur Graver.**

   Et c'est parti ! Il s'agit somme toute d'une gravure assez ordinaire qui se déroule sous vos yeux. La grande différence est que le fichier ISO ne va pas être copié comme un vulgaire fichier de données, mais va écrire la structure du DVD qui a servi à la créer. Par conséquent, si vous avez créé l'image ISO d'un DVD vidéo, c'est le DVD vidéo qui sera gravé.

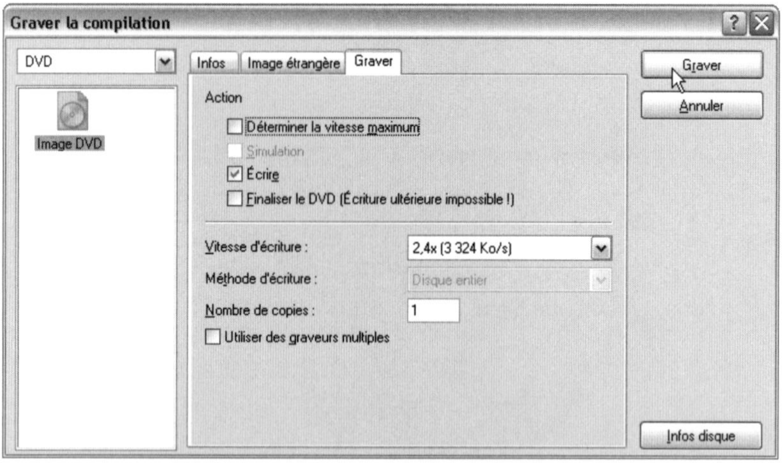

Figure 10.73 : Gravez l'image ISO.

9. **Dès que la gravure de l'image ISO est terminée, retirez le disque du graveur.**

10. **Insérez-le dans un lecteur de DVD vidéo, si vous venez de graver l'image ISO d'un DVD vidéo.**

    Il est alors assez extraordinaire de constater que le disque est purement et simplement un DVD répondant aux spécificités du DVD vidéo. Pourtant c'est normal, puisque le disque source était un DVD vidéo.

11. **Insérez le disque dans un lecteur de DVD-ROM, si vous avez gravé l'image ISO d'un DVD de données tel qu'un programme.**

    A l'insertion, le DVD se comporte exactement comme le disque d'origine. Par exemple, si vous avez gravé l'image ISO d'un programme, eh bien il va démarrer automatiquement, vous proposant par exemple son installation.

Le prochain chapitre va s'intéresser à la gravure directe d'une vidéo sur un DVD, c'est-à-dire sans passer par une phase préalable de transfert du contenu d'une cassette MiniDV sur le disque dur. Vous utilisez votre graveur de DVD presque comme un enregistreur de salon.

Chapitre 11

Gravure directe de vidéo sur DVD

Dans ce chapitre :

- Les principes de la gravure directe.
- Gravure directe avec Nero 6 Reloaded.
- Gravure directe avec Plug & Burn de Roxio Easy Media Creator 7.5.

Jusqu'à présent, nous avons vu comment graver des DVD contenant déjà des informations. Ces informations peuvent prendre la forme de données informatiques pures, c'est-à-dire de fichiers de documents créés dans des programmes comme Word, Excel, ou encore contenant des photos numériques, des fichiers MP3, etc., ou prendre la forme d'un DVD vidéo dont les dossiers et les fichiers sont structurés de telle manière que le disque peut être lu dans un lecteur et/ou un enregistreur de DVD de salon.

Ce nouveau chapitre pousse plus loin votre expérience du DVD vidéo. Ici, vous allez apprendre à graver directement le contenu d'une cassette MiniDV, Digital 8 ou encore MicroMV sur un DVD vierge. L'intérêt est que vous n'êtes pas obligé de copier préalablement le contenu de ces cassettes sur votre disque dur. Non ! Votre graveur de DVD-ROM joue le rôle d'un enregistreur de salon auquel vous auriez connecté un caméscope MiniDV, Digital 8 ou MicroMV.

Les principes de la gravure directe

La gravure directe sur DVD vidéo est une opération qui implique l'utilisation d'un matériel de capture vidéo comme ceux présentés au Chapitre 6, "DVD vidéo : Les matériels supplémentaires".

A partir d'une source vidéo numérique, comme votre caméscope MiniDV, vous allez graver le contenu d'une cassette sur un DVD vierge inséré dans votre graveur de DVD-ROM. Comme je l'ai déjà dit, le graveur joue le rôle d'un enregistreur de salon.

Pour effectuer ce type de gravure, vous devez disposer des matériels suivants :

- Une carte d'acquisition vidéo disposant d'une entrée FireWire, c'est-à-dire IEEE 1394 compatible OHCI. Toutes les cartes d'acquisition présentant une entrée FireWire sont compatibles OHCI. Toutefois, pour vous en assurer, essayez ceci :

  1. **Cliquez sur Démarrer/Panneau de configuration.**
  2. **Dans la boîte de dialogue qui apparaît, cliquez sur Performances et maintenance.**
  3. **Dans la nouvelle fenêtre qui s'ouvre, cliquez sur Système.**
  4. **Dans la boîte de dialogue Propriétés système, cliquez sur l'onglet Matériel, puis sur le bouton Gestionnaire de périphériques.**
  5. **Dans la boîte de dialogue Gestionnaire de périphériques, repérez la rubrique Contrôleurs hôte de bus IEEE 1394, comme à la Figure 11.1.**

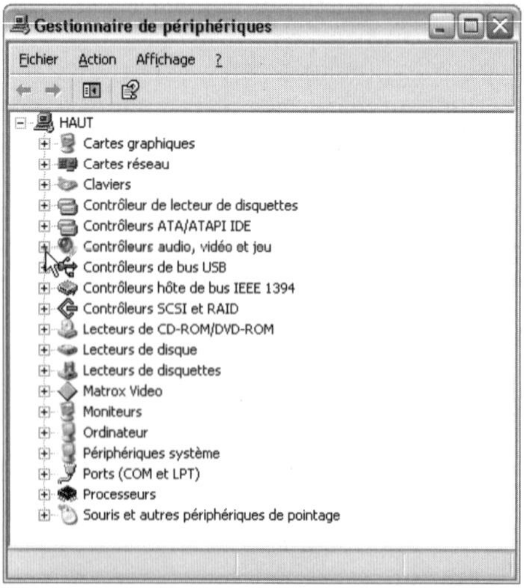

Figure 11.1 : Vous trouverez ici les caractéristiques de votre port FireWire.

6. **Cliquez sur le signe "+".**

   Lisez l'intitulé complet du contrôleur. Sur la Figure 11.2, vous constatez que celui qui est installé sur mon ordinateur est bel et bien identifié en tant que contrôleur compatible OHCI.

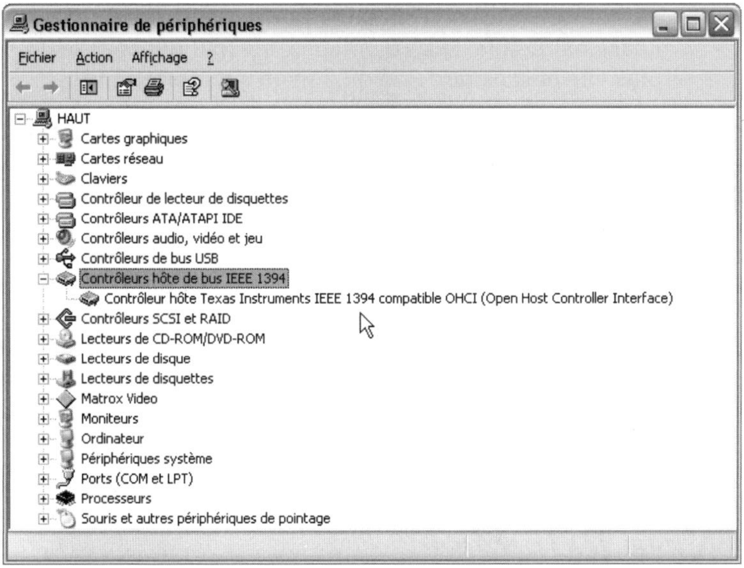

Figure 11.2 : Un contrôleur IEEE 1394 compatible OHCI.

- Un caméscope numérique de type MiniDV, Digital 8 ou MicroMV.
- Un câble FireWire pour connecter la sortie DV du caméscope au port IEEE 1394 de la carte d'acquisition vidéo.
- Un programme de capture prenant en charge la gravure directe sur DVD comme NeroVision Express, qui fait partie de la suite logicielle Nero 6 Reloaded, ou Plug & Burn, qui appartient à la suite Roxio Easy Media Creator 7.5.

TRUC

Beaucoup ne verront pas immédiatement l'utilité de procéder à une telle gravure. En effet, dans la mesure où vous disposez d'un enregistrement numérique sur cassette MiniDV, pourquoi en graver le contenu sur DVD ? Tout simplement pour archiver ! N'oubliez pas qu'une cassette MiniDV, Digital 8 ou MicroMV enregistre dans un format numérique, certes, mais reste une cassette magnétique. Dans ce domaine, elle n'est guère plus fiable qu'une cassette VHS. Elle est sensible aux champs magnétiques, finit par se démagnétiser naturellement au bout d'une dizaine d'années, s'use prématurément plus vous la regardez, etc. Je sais d'ailleurs que beaucoup d'utilisateurs conscients de ce problème ont fait des copies de leurs cassettes MiniDV (ou autre format numérique) sur des cassettes VHS. En effet, quitte à abîmer une bande autant que ce soit une copie. Là, ce que je vous propose, c'est d'effectuer une copie sur un support optique quasi inaltérable, le DVD vidéo, et surtout qui peut se dupliquer bien plus vite et sans perte de qualité qu'une cassette VHS.

La gravure directe doit être perçue comme une opération d'archivage de vos cassettes numériques. Les utilisateurs qui souhaitent effectuer un montage de leurs films de famille, de vacances ou de fiction devront passer par une phase préalable d'acquisition de leur vidéo sur le disque dur de l'ordinateur. En d'autres termes, ils transféreront le contenu de leurs cassettes sur le disque dur. C'est à partir de cette copie sur disque dur qu'ils pourront effectuer un montage virtuel et créer les menus nécessaires à la réalisation d'un DVD vidéo de qualité. Toutes ces opérations sont expliquées aux Chapitres 12 et 13.

NeroVision Express : la gravure directe de Nero Reloaded

NeroVision Express, fourni avec la suite logicielle Nero 6 Reloaded, est un programme très performant qui s'adresse au grand public soucieux de ne pas trop se casser la tête avec la vidéo, son montage et sa gravure sur DVD.

Voici ce que sait faire cette application :

- Capturer une source vidéo numérique connectée au port IEEE 1394 (FireWire) de votre carte d'acquisition ou de votre ordinateur.
- Retoucher vos vidéos avec une grande facilité et beaucoup de souplesse.
- Créer des chapitres automatiquement ou manuellement pour l'authoring de vos futurs DVD vidéo.
- Créer des DVD vidéo avec menus personnalisés.

... Et de multiples autres choses qui dépassent le cadre de ce chapitre.

TRUC

Pour mener à bien les procédures de ce chapitre, je suppose que vous disposez de tous les matériels et logiciels nécessaires. A partir du moment où ces conditions sont remplies, nous pouvons entrer dans le vif du sujet :

1. **Connectez votre caméscope MiniDV, Digital 8 ou MicroMV à la prise IEEE 1394 de votre carte d'acquisition.**

   TRUC

   Cette connexion peut se faire "à chaud", c'est-à-dire sans éteindre l'ordinateur. C'est l'un des gros avantages des ports FireWire et USB.

2. **Allumez votre caméscope.**

   Comme le montre la Figure 11.3, le caméscope est automatiquement identifié. Cela confirme que la connexion et la communication sont établies entre l'appareil et l'ordinateur.

Figure 11.3 : Dès l'allumage, le caméscope est identifié par Windows XP.

3. **Insérez dans le caméscope la cassette à copier sur DVD vidéo, et basculez le caméscope en mode VCR ou VTR, c'est-à-dire "magnétoscope" (ou lecture vidéo).**

4. **Insérez un DVD+RW ou -RW dans votre graveur de DVD-ROM.**

5. **Double-cliquez sur le raccourci Nero StartSmart installé sur le bureau de Windows.**

6. **Dans la liste supérieure, choisissez DVD.**

7. **Dans la section Applications, cliquez sur NeroVision Express, comme à la Figure 11.4.**

Figure 11.4 : Utilisez NeroVision Express.

8. **Dans l'interface du programme, cliquez sur la commande Enregistrer directement sur DVD (Figure 11.5).**

Figure 11.5 : Pour enregistrer directement sur un DVD.

9. **Dans la nouvelle fenêtre qui apparaît, vérifiez les points suivants :**

   • La liste Périphérique de capture affiche bien votre caméscope. Si ce n'est pas le cas, cliquez sur la liste et choisissez votre périphérique. S'il n'est pas affiché, vérifiez la connexion IEEE 1394. Si rien ne fonctionne, consultez la documentation de votre carte d'acquisition ou de votre carte FireWire pour être certain que le contrôleur est compatible OHCI.

   • Dans la partie inférieure de la zone Détails, vérifiez que Mode vidéo est bien PAL [25.00 fps], c'est-à-dire 25 images par seconde ; que Format d'image est bien 4:3 [Taille : 720 x 576 pixels] ; et que Format audio est Dolby Digital [AC-3] 2.0. Si vous ne voyez pas ces informations, ou si votre caméscope contient une cassette enregistrée en 16:9, cliquez sur le bouton Configurer et définissez de nouvelles options dans les onglets Général et DVD+VR.

TRUC

Avec la majorité des caméscopes, vous pouvez utiliser les boutons de commande de NeroVision Express pour rembobiner la bande, effectuer une avance rapide et lire le contenu de la cassette. Cela permet de vous positionner à l'endroit de la bande où vous désirez commencer la gravure directe sur DVD. Si les boutons en question ne sont pas disponibles, utilisez ceux de votre caméscope.

10. **Cliquez sur le bouton Plus.**

11. **Dans la liste Créer un menu sur disque, choisissez Ne Pas créer de menu.**

TRUC

En effet, dans ce chapitre, je veux simplement montrer comment archiver une cassette vidéo (en tout ou partie). Si vous laissez l'option par défaut Menu titre et chapitre, à la lecture du DVD vidéo obtenu vous vous retrouverez avec un menu aléatoire qui n'aura aucun rapport avec les sujets filmés. Pour personnaliser un DVD avec Nero 6 Reloaded, je vous renvoie à l'encadré DVD VR et au Chapitre 12.

12. **Pour vous préparer convenablement à l'enregistrement direct, cliquez sur le bouton Enregistrer (Figure 11.6).**

Cette action initialise tous les matériels afin de graver en toute synchronisation.

Si le disque présent dans le graveur n'est pas vide et qu'il est de type DVD+RW ou -RW, NeroVision Express vous invite à l'effacer. Si vous êtes sûr de vous, cliquez sur Oui, sinon cliquez sur Non et insérez un autre disque.

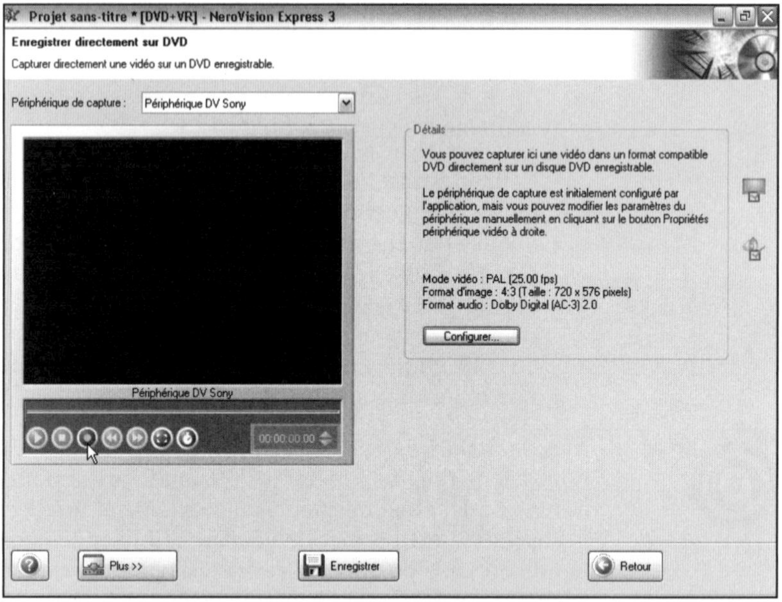

Figure 11.6 : Cliquer sur ce bouton prépare la gravure directe sur DVD.

13. Une fois l'initialisation des périphériques terminée, c'est-à-dire du graveur, du caméscope et de la carte d'acquisition, cliquez sur le bouton Début afin de lancer l'enregistrement (Figure 11.7).

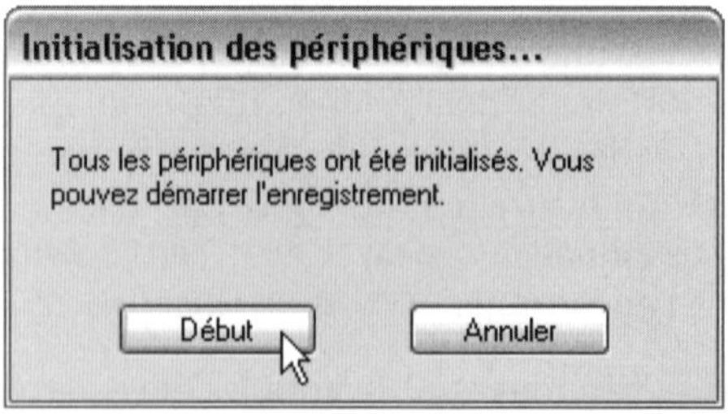

Figure 11.7 : Démarrez l'enregistrement en cliquant sur le bouton Début.

14. Si le caméscope ne démarre pas automatiquement, appuyez sur son bouton de lecture.

DVD VR

DVD VR, qui signifie Video Recording ou *enregistrement vidéo*, est un format de DVD compatible avec la plupart des lecteurs de DVD de salon, il permet de modifier à tout moment son contenu dans un logiciel comme NeroVision Express ou DVD Builder.

Pour réaliser cette prouesse technique, vous devez enregistrer vos vidéos sur un DVD+RW ou -RW, c'est-à-dire réinscriptible. Pour bien vous faire comprendre l'intérêt du DVD VR, prenons une hypothèse très simple qui est la suite assez logique de la procédure étudiée dans la section "NeroVision Express : la gravure directe de Nero Reloaded" : Vous avez enregistré en direct 20 minutes de vidéo contenues sur une cassette MiniDV. Quelques jours plus tard, vous décidez d'enrichir ces 20 minutes de 30 minutes de vidéo tirées d'une autre cassette MiniDV. Avec la fonction d'ajout de contenu vidéo à un disque partiellement enregistré, vous allez graver en direct ces 30 minutes supplémentaires. Une fois l'enregistrement réalisé, vous allez pouvoir ajouter un menu, des chapitres, des boutons, c'est-à-dire effectuer un véritable authoring DVD dont traite la quatrième partie de ce livre. Une fois l'authoring terminé, NeroVision Express rend le disque compatible avec les lecteurs de DVD de salon. Comme le disque est loin d'être plein, puisque 20 + 30 donnent 50 minutes, vous pourrez, un jour ou l'autre, rajouter des vidéos, en refaire le montage et procéder à un authoring. NeroVision Express recompile tous les éléments de manière à rendre le disque compatible avec les lecteurs de salon.

Le DVD VR est donc un DVD+RW ou -RW qui reste perpétuellement modifiable. C'est votre pellicule numérique !

Le transfert des images commence. A tout moment, vous pouvez appuyer sur le bouton Stop de NeroVision Express, ce qui permet de n'enregistrer qu'une partie de la cassette.

En bas de la fenêtre du programme, des informations permettent de suivre l'évolution de la gravure directe. Vous appréciez l'espace occupé sur le DVD, le temps de lecture restant pour un autre enregistrement et le temps écoulé, c'est-à-dire la durée actuelle de l'enregistrement en cours.

15. **Dès que l'enregistrement est terminé, Nero traite les échantillons mis en tampon.**

    La durée de cette phase dépend de celle du contenu vidéo enregistré sur le DVD.

16. **Une fois ce traitement terminé, NeroVision Express rend le disque compatible DVD vidéo de manière à pouvoir le lire dans un lecteur de salon.**

17. **Le succès de l'opération se solde par l'affichage d'un message. A la proposition d'enregistrement du fichier journal, cliquez sur Non.**

18. **Ejectez le DVD et insérez-le dans un lecteur ou un enregistreur de salon.**

    Eh oui, vous êtes bluffé !

ATTENTION !

Pendant l'opération d'enregistrement direct sur DVD, il est indispensable de ne pas utiliser votre ordinateur. Sinon, vous encourez des sautes d'images et des ruptures de son. De même, il est fortement recommandé de désactiver les écrans de veille et toutes les mises en veille de votre ordinateur.

TRUC

Le disque que vous venez de créer peut ne pas être entièrement rempli. Dans ce cas, vous y ajouterez ultérieurement d'autres contenus vidéo. Pour cela, il suffit d'insérer le DVD dans votre graveur, de lancer NeroVision Express et de choisir l'option Enregistrer d'autres vidéos, comme à la Figure 11.8. Il vous suffit alors de répéter la procédure ci-dessus.

Gravure directe avec Plug & Burn de Roxio Easy Media Creator 7.5

Roxio Easy Media Creator 7.5 ne veut pas être en reste par rapport à Nero. De ce fait, il propose un utilitaire appelé Plug & Burn qui va permettre de graver directement sur DVD le contenu d'une cassette MiniDV (par exemple) sans passer par la phase préalable de capture des images sur votre disque dur.

TRUC

Ce type de copie est idéal pour effectuer un archivage du contenu de vos cassettes. Toutefois, comme cette fonction ne permet aucun montage, sa limite est très vite atteinte. Vous disposez certes d'un film sur DVD, mais sans aucune interface digne de ce nom, et surtout avec l'intégralité de la bande à visionner, ce qui, tout le monde le sait, est particulièrement fastidieux.

Cette application Plug & Burn fait exactement les mêmes choses que NeroVision Express. Je ne vais pas vous faire l'injure de les répéter.

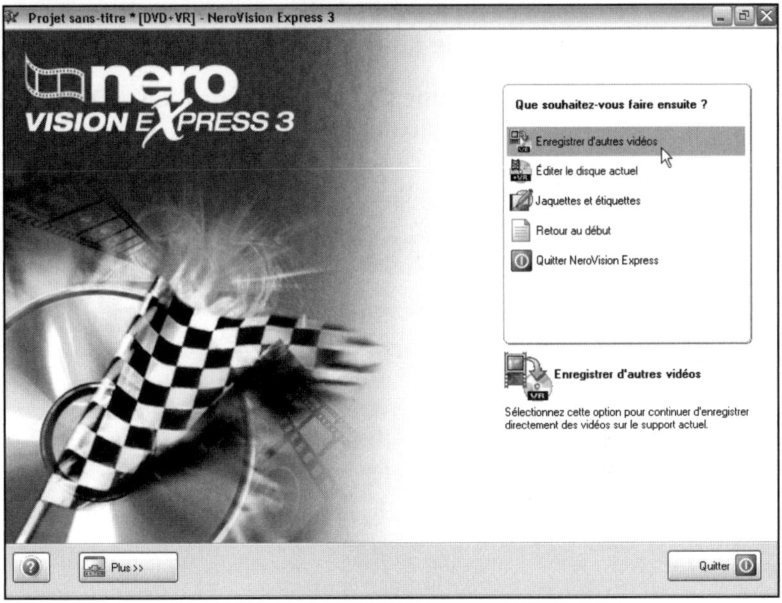

Figure 11.8 : Si le DVD n'est pas plein, vous pouvez y ajouter d'autres vidéos.

Rafraîchissez-vous la mémoire en remontant de quelques pages dans cet ouvrage.

Voici comment utiliser la fonction Plug & Burn de Roxio Easy Media Creator 7.5 :

1. **Connectez votre caméscope MiniDV, Digital 8 ou MicroMV à la prise IEEE 1394 de votre carte d'acquisition.**

   TRUC

   Cette connexion peut se faire "à chaud", c'est-à-dire sans éteindre l'ordinateur. C'est l'un des gros avantages des ports FireWire et USB.

2. **Allumez votre caméscope.**

3. **Insérez dans le caméscope la cassette à copier sur DVD vidéo, et basculez le caméscope en mode VCR ou VTR, c'est-à-dire "magnétoscope" (ou lecture vidéo).**

4. **Insérez un DVD+RW ou -RW dans votre graveur de DVD-ROM.**

   TRUC

   Rien ne vous empêche d'insérer un disque inscriptible de type -R ou +R.

5. **Double-cliquez sur le raccourci Ecran d'accueil Roxio... installé sur le bureau de Windows.**

6. **Dans la colonne DVD, cliquez sur Plug & Burn, comme le montre la Figure 11.9.**

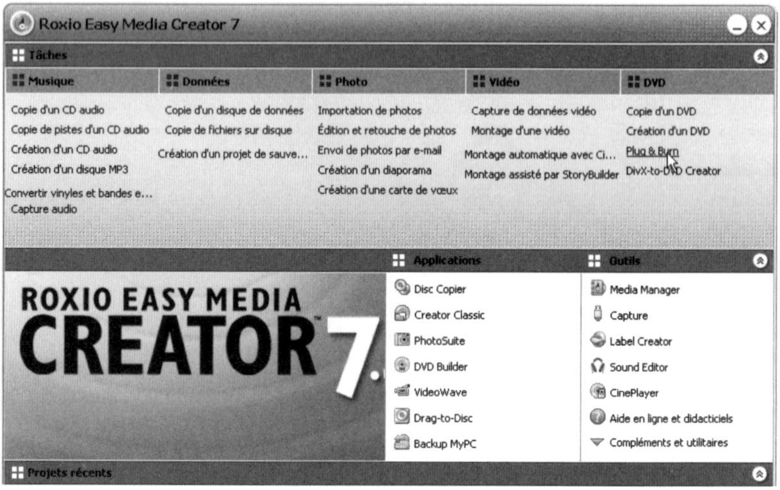

Figure 11.9 : Pour effectuer un enregistrement direct sur DVD.

Roxio Easy Media Creator ouvre l'application DVD Builder et affiche la boîte de dialogue Plug & Burn. Si vous avez inséré dans le graveur un DVD réinscriptible contenant des données, cliquez sur le bouton Effacer le disque. Au bout de quelques secondes, le disque est vierge. Cliquez sur OK.

ATTENTION !

N'effectuez cette opération que si vous êtes certain de ne pas avoir besoin des données contenues sur le DVD. Sinon, éjectez le disque et remplacez-le par un DVD bel et bien vierge.

7. **Dans la boîte de dialogue Plug & Burn, vérifiez que le graveur sélectionné est bien celui dans lequel vous avez inséré le DVD, et cliquez sur OK.**

L'interface de capture et de gravure directes sur bande de Plug & Burn apparaît. Comme le montre la Figure 11.10, le caméscope est identifié comme étant en mode Caméra. De ce fait, les boutons de transport situés sous la zone d'affichage sont actifs. Ils vont permettre de piloter le caméscope sans que vous touchiez aux boutons de votre appareil.

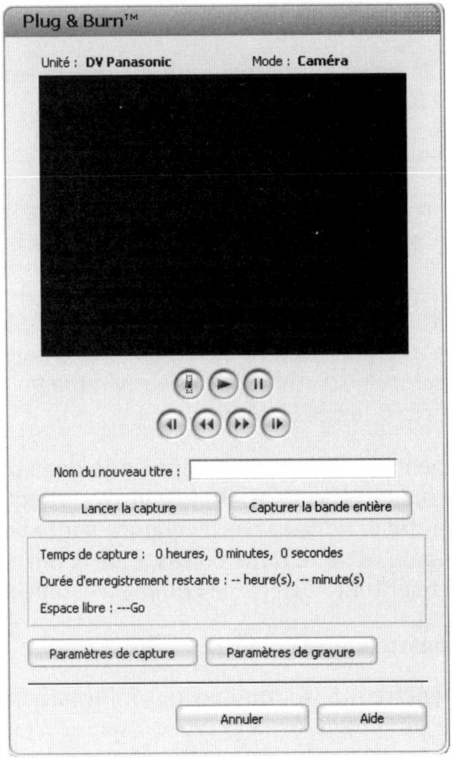

Figure 11.10 : Plug & Burn prêt à travailler.

8. **Cliquez sur le bouton Paramètres de capture pour définir la qualité vidéo et audio.**

   Pour ne pas être déçu de cette copie directe sur DVD, je vous conseille de laisser les paramètres suivants par défaut :

   - Qualité vidéo : Optimale.
   - Format Audio : Dolby Digital AC-3.

9. **Une fois les paramètres définis, cliquez sur Terminé.**

10. **Cliquez sur le bouton Paramètres de gravure, et choisissez l'option DVD vidéo.**

    TRUC

    Dans cette boîte de dialogue, vous constatez la présence d'une autre option, DVD+VR. Pour en savoir plus à son sujet, consultez l'encadré "DVD VR", un peu plus haut dans ce chapitre.

11. **Cliquez sur le bouton OK.**

12. **Revenu dans la boîte de dialogue Plug & Burn, saisissez un nom dans le champ Nom du nouveau titre.**

    Appelez-le comme bon vous semble.

13. **Ensuite, lancez la capture, en cliquant soit sur le bouton Lancer la capture, soit sur le bouton Capturer la bande entière.**

    Lancer la capture va graver sur DVD le contenu de la cassette à la position actuelle de la tête de lecture sur la bande. Ainsi, si la tête de lecture se trouve 5 minutes avant la fin du film, vous ne graverez que ces 5 minutes.

    Bien évidemment, quelle que soit la position de la tête de lecture sur la bande, si vous souhaitez graver directement sur DVD vidéo la totalité de la cassette, cliquez sur le bouton Capturer la bande entière. Dans ce cas, Plug & Burn rembobine la cassette et tout se déroule comme à l'étape suivante.

14. **La capture démarre.**

    En bas de la fenêtre du programme, des informations permettent de suivre l'évolution de la gravure directe. Vous appréciez l'espace occupé sur le DVD, le temps de lecture restant pour un autre enregistrement et le temps écoulé, c'est-à-dire la durée actuelle de l'enregistrement en cours.

    Même si vous avez choisi de graver directement la totalité de la bande, vous pouvez interrompre l'opération à tout moment en cliquant sur le bouton Arrêter la capture. Dans ce cas, Plug & Burn crée un DVD vidéo à partir des images enregistrées jusqu'à cette action.

15. **Dès que l'enregistrement est terminé, Plug & Burn traite les échantillons mis en tampon.**

    La durée de cette phase dépend de celle du contenu vidéo enregistré sur le DVD.

16. **Quittez la fenêtre de Plug & Burn par un clic sur le bouton Fermer.**

17. **La fenêtre Etat de la gravure permet de suivre la progression de la gravure sur DVD des images enregistrées.**

18. Une fois la gravure terminée, cliquez sur le bouton OK de la fenêtre Etat de la gravure.

DVD Builder vous propose alors de commencer un nouveau projet. Si vous ne désirez plus effectuer de gravure directe, voire créer un type de DVD comme nous allons le voir dans le prochain chapitre, cliquez sur le bouton de fermeture (X) de cette boîte de dialogue.

19. Fermez DVD Builder.

20. Ejectez le DVD et insérez-le dans un lecteur ou un enregistreur de salon.

Eh oui, vous êtes bluffé, tout comme vous l'avez été par NeroVision Express.

Vous constatez que DVD Builder a ajouté, par défaut, un menu. Bien évidemment, il aurait pu être personnalisé. Mais cette fonction n'était pas le sujet de ce chapitre. Par conséquent, sélectionnez l'unique titre du menu, et appuyez sur la touche lecture de votre lecteur de DVD... la magie opère.

En deux procédures très simples, vous avez apprécié la manière de graver directement sur DVD tout ou partie du contenu d'une cassette vidéo. Toutefois, l'idée de gravure directe est un peu faussée par le fait que les images sont d'abord mises en cache, c'est-à-dire temporairement capturées sur votre disque dur, puis gravées sous la forme d'un DVD vidéo.

Au Chapitre 12, nous allons voir comment graver des DVD vidéo en suivant les étapes traditionnelles de la création de ces disques, c'est-à-dire la capture sur disque dur d'un fichier vidéo, puis son encodage au format MPEG-2, et enfin sa gravure sous forme de DVD vidéo. Le Chapitre 12 n'envisage pas l'authoring que nous traiterons à partir du Chapitre 13, et en utilisant des programmes vraiment dédiés à cette tâche.

Chapitre 12

Graver des DVD vidéo sans authoring

Dans ce chapitre :

- Quelles vidéos graver ?
- L'acquisition vidéo.
- L'encodage MPEG-2.
- Graver avec Nero 6 Reloaded.
- Graver avec Roxio Easy Media Creator 7.5.

Pour comprendre la gravure de DVD vidéo sans authoring, encore faut-il comprendre ce qu'est l'*authoring* ou plutôt ce qu'il n'est pas. Je me demande même s'il ne faudrait pas totalement ignorer cette notion pour s'appliquer à présenter ici les principes qui dictent les explications et les procédures de ce chapitre. Oui, finalement, c'est exactement ce que je vais faire, l'authoring étant développé dans la quatrième partie de ce livre.

Jusqu'à présent, vous n'avez fait que copier des DVD vidéo pour sauvegarder vos précieux films achetés dans le commerce ou enregistrés à la télévision avec un enregistreur de salon. Or, je pense qu'aussi jeune ou vieux que vous puissiez être, il y a chez vous une grande quantité d'images stockées sur différents supports fragiles qu'il serait peut-être judicieux de préserver sur un disque optique dont la stabilité n'est plus à démontrer.

Graver des DVD vidéo sans authoring consiste à transférer sur un disque de 4,7 ou 8,5 Go des contenus vidéo qui vous tiennent à cœur. C'est-à-dire que, sans vous prendre la tête outre mesure avec des techniques qui, malgré leur sophistication, restent à la portée de toute personne capable de se gaver de sandwichs et de soda chez un clown horrible que je ne nommerai pas, vous allez apprendre ici à capturer des vidéos, à les encoder et à les graver.

Capturer, me dites-vous ? Encoder, renchérissez-vous ? Cher auteur, je ne vois pas très bien ce que tu veux me dire ! En revanche, graver, ça, je comprends ! Vous voyez bien, répond l'auteur, que votre cas n'est pas désespéré.

Quelles vidéos graver ?

Vous voici entrant fébrilement dans un domaine qui attire pourtant de nombreux utilisateurs d'un ordinateur. Cette machine, dotée de logiciels et de matériels adaptés, est capable de vous ouvrir des horizons éternels (diantre !). Mais oui ! Pauvre créature, tu vas t'arroger les droits du créateur, et te mettre définitivement en rapport avec l'avenir.

Vous n'allez pas passer toute votre existence à copier des DVD existants. Si ?! Non ! Réfléchissez une minute, ce qui devrait être à la portée du commun des mortels. De cette réflexion soutenue l'espace de soixante secondes, il va en résulter la prise de conscience suivante :

- Vous possédez un caméscope numérique ou analogique, avec lequel vous tournez des films de famille, des vidéos de vacances et peut-être même des documentaires et des courts-métrages de fiction.
- Vous possédez un magnétoscope VHS (eh ! à moi on ne me la fait pas, hein !) avec lequel vous avez passé ces vingt dernières années à empiler des bandes vidéo devenues plus ou moins rares, mais dont la fragilité au temps n'est plus à démontrer.

Donc, vous disposez à la maison d'un ensemble de bandes vidéo magnétiques numériques et/ou analogiques dont le support, par nature, va se détériorer au fil des années et des lectures. Il serait dommage que, dans dix ans, ce magnifique film de vos enfants, souvenir inestimable, ne soit plus qu'une vieille cassette VHS au mécanisme bruyant et instable, aux images décolorées, parasitées, incapables de s'aligner correctement sur les têtes de lecture de votre magnétoscope ou caméscope. Alors, il ne vous restera plus que le souvenir d'un souvenir se projetant sur l'écran blanc de votre mémoire défaillante. Moi, je veux vous éviter cela ! (Je sais, je suis un garçon ambitieux qui ne cherche qu'à se faire valoir auprès de gens aussi doués en informatique que je le suis en physique nucléaire.)

A cet argument sentimental, s'en ajoute un second. Si vous êtes comme moi, vous faites partie de ces cinéphiles qui ont réussi à acheter ou à enregistrer à la télévision, sur bande VHS, des films d'une grande rareté. Nul doute qu'au regard de la direction prise par la télévision, ces films ne repasseront jamais et que, sans habiter Paris pour y fréquenter la Cinémathèque, vous ne verrez plus jamais ces chefs-d'œuvre du septième art. Avant que l'inévitable ne se produise, je vous invite à apprendre à transférer ces films introuvables sur un DVD vidéo qui ne s'altérera pas.

Il existe deux manières de préserver ses souvenirs :

- En enregistrant le contenu de vos cassettes vidéo sur un DVD vierge sans créer la structure de navigation que l'on connaît davantage sous le nom de *menus* et de *chapitres*. En d'autres termes, vous le faites sans authoring, sujet du présent chapitre.
- En enregistrant le contenu de ces mêmes cassettes, mais en poussant plus loin vos investigations par la création d'un système de menus, de chapitres et de bonus tel qu'on en trouve sur les DVD vidéo achetés ou loués dans le commerce. En d'autres termes, vous faites de l'authoring, sujet traité dans la quatrième partie de ce livre.

Nous allons donc concentrer notre propos sur une copie ou un transfert pur et simple du contenu de vos cassettes personnelles sur DVD. L'intérêt étant d'obtenir un disque que vous pourrez lire avec la majorité des lecteurs et/ou enregistreurs de DVD de salon. A ce niveau d'utilisation de l'ordinateur et de ses logiciels, vous considérez le DVD comme un support d'archivage. C'est pourquoi je parlais, en début de section, d'une mise en rapport avec l'avenir. Autant vos cassettes numériques ou analogiques finiront par ne plus être lisibles, autant le DVD permettra aux générations à venir d'accéder à votre mémoire. Vous continuerez à vivre même après la mort, grâce à la perpétration de votre mémoire audiovisuelle.

TRUC

Ceci dit en passant, vous allez quand même en profiter de votre vivant. Beaucoup d'utilisateurs, conscients de la fragilité d'un support VHS pour ne pas le nommer, hésitent à regarder les précieux films qui font la fierté de leur vidéothèque. En fait, c'est un peu comme un excellent vin dont on montre la bouteille et que l'on ne boit jamais. Si vous transférez le contenu de cette cassette sur un DVD vidéo (dont rien ne vous empêche de faire par la suite une autre copie de sauvegarde), vous n'hésiterez plus à regarder ce film et à le partager avec d'autres.

Ce qui vaut pour une vidéothèque VHS vaut également pour l'ensemble des films de famille que vous avez tournés avec un caméscope numérique de type MiniDV, Digital 8 ou MicroMV, ou un caméscope analogique de type VHS, VHS-C, S-VHS, S-VHS C, Hi-8 ou 8 (et peut-être même que j'en oublie). Ces supports présentent les inconvénients suivants :

- Il s'agit toujours d'une bande vidéo magnétique, même pour les caméscopes numériques. Elle souffre donc des mêmes problèmes que vos cassettes VHS enregistrées avec un magnétoscope : usure à la lecture, fragilité du mécanisme, détérioration possible de la bande, sensibilité extrême aux conditions de stockage (température, rayons du soleil, etc.), sensibilité aux sources magnétiques, et enfin démagnétisation naturelle au bout d'un certain nombre d'années. Conclusion : un jour plus ou moins proche, le contenu enregistré est perdu.

- Les films de famille, de vacances, de mariage, d'anniversaire, de fiançailles, de rupture, de constats d'adultères, et tout ce que l'on peut imaginer, sont rarement regardés. Pourquoi ? Parce qu'il est pénible de brancher le caméscope sur la télévision, et surtout de faire endurer aux autres des heures et des heures de films présentées dans la chronologie des scènes tournées, qui transforment une projection, à l'origine sympathique, en un calvaire à côté duquel le chemin de croix du Christ ressemble à un simple bizutage. Dès que vos films sont sur un DVD vidéo, il est plus facile et sans risque pour les images d'effectuer des avances rapides. De plus, si vous tentez les expériences de la quatrième partie de cet ouvrage, vous obtiendrez un DVD chapitré, avec des menus, des bonus, c'est-à-dire une véritable petite œuvre absolument plaisante à regarder et à faire partager.

Bon, la chose est dite, entendue, intégrée, et même digérée. Je vous sens tout excité à l'idée de copier vos films personnels sur DVD vidéo. Toutefois, cette entreprise n'est pas aussi simple à réaliser que la copie de sauvegarde des DVD achetés dans le commerce ou enregistrés avec un enregistreur de salon.

Avez-vous en mémoire les explications du Chapitre 6. Si votre réponse est "non", je vous invite à le consulter immédiatement. En effet, pour enregistrer sur DVD vidéo le contenu d'une cassette VHS ou d'une bande numérique, vous devez préalablement stocker les images sur le disque dur de votre ordinateur. Ensuite, il sera nécessaire de les encoder au format d'images des DVD vidéo de manière à obtenir un fichier vidéo qui servira à la création de ce fameux DVD.

Ainsi, le succès de cette entreprise dépend de ceci :

- Vous devez disposer d'un système d'acquisition vidéo tel que ceux présentés au Chapitre 6, "DVD vidéo : les matériels supplémentaires".
- Vous devez utiliser un logiciel capable d'encoder (voir plus loin dans ce chapitre) les images VHS, MiniDV et autres, pour obtenir un fichier vidéo compatible avec la création d'un DVD vidéo.
- Bien évidemment, votre ordinateur est équipé d'un graveur de DVD. (Non ?! Ah ! ben va falloir aller en acheter un alors !)

Les deux prochaines sections expliquent ce que sont l'acquisition et l'encodage.

Acquisition vidéo : le préalable incontournable

Comme je le laissais entendre dans l'introduction de ce chapitre et la première section, pour conserver sur un support optique comme le DVD vos films analogiques ou numériques, il faut transférer les images de vos cassettes sur le disque dur de l'ordinateur.

Je capture, j'acquiers, j'enregistre ou je copie ?

Le terme *acquisition* peut se satisfaire de tous ces synonymes. La chose à bien assimiler est qu'il faut impérativement transférer le contenu de vos diverses cassettes sur le disque dur de l'ordinateur afin de pouvoir préparer les images à leur gravure sur DVD.

Donc, l'acquisition est une procédure de capture, d'enregistrement, de copie du contenu d'une cassette analogique ou numérique sur le disque dur de votre PC ou de votre Mac. Cette acquisition nécessite la mise en œuvre d'un matériel présenté au Chapitre 6. Persuadé que vous retournerez à ce chapitre si votre mémoire est défaillante, je vais me contenter ici d'un simple rappel :

- L'acquisition se fait par l'intermédiaire d'une carte d'acquisition, d'un boîtier d'acquisition, voire d'une simple carte dotée de ports FireWire.
- L'acquisition d'une vidéo numérique, c'est-à-dire issue d'un caméscope MiniDV, Digital8 ou MicroMV, nécessite l'utilisation d'une carte et/ou d'un boîtier d'acquisition équipé d'une prise DV plus connue sous le nom de prise FireWire ou IEEE 1394, voire iLink.
- L'acquisition d'une vidéo analogique, c'est-à-dire provenant d'un magnétoscope VHS ou S-VHS, d'un caméscope VHS, S-VHS, VHS-C, S-VHS C, Hi-8 ou 8, impose l'utilisation d'une carte ou d'un boîtier d'acquisition disposant d'entrées vidéo et audio analogiques.

Pour bien comprendre la distinction qui existe entre ces divers matériels de transfert, je vous invite à lire le Chapitre 6.

L'acquisition analogique est la plus complexe à réaliser. En effet, comme le support vidéo n'est pas numérique, il ne peut en l'état être utilisé par l'ordinateur. Un ordinateur ne comprend qu'un seul vocabulaire : le numérique. Donc, pour pouvoir enregistrer sur DVD vidéo le contenu d'une bande vidéo analogique, il faut utiliser une carte et/ou un boîtier d'acquisition qui va convertir le signal vidéo analogique en un signal vidéo numérique dont chaque image sera enregistrée sur le disque dur de l'ordinateur. Il en résulte un fichier vidéo relativement volumineux, copie conforme numérique de vos images analogiques. A partir de cet instant, l'ordinateur est capable de comprendre ces images et de les traiter par l'intermédiaire d'un logiciel d'encodage et de gravure.

Les formats d'acquisition

L'opération de capture ou d'acquisition se fait par l'intermédiaire d'une carte ou d'un boîtier. Pour que l'ordinateur tire profit de ce boîtier, il faut qu'un logiciel dit de capture ou d'acquisition établisse la communication entre la carte ou le boîtier et l'ordinateur.

Le logiciel de capture permet à l'ordinateur de se transformer en un véritable magnétoscope numérique sur lequel vous allez copier le contenu de vos cassettes numériques ou analogiques. Ces logiciels de capture permettent d'acquérir la vidéo sous plusieurs formats de fichier. Comme il existe d'excellents ouvrages consacrés à la vidéo numérique dont, pour ne pas le nommer, *La vidéo numérique pour les nuls*, je vous y renvoie si vous souhaitez approfondir vos connaissances en la matière. Sinon, voici ce qu'il faut retenir sur les formats d'acquisition lorsque l'on désire enregistrer sur DVD vidéo le contenu de bandes analogiques ou numériques :

- Les logiciels de capture permettent de sélectionner un format d'acquisition. En général, ils vous guident dans ce choix. Si vous indiquez que votre objectif est de graver un DVD vidéo, le programme vous proposera un format qui ne dégrade pas l'image.
- Que vous capturiez des images analogiques ou numériques, essayez toujours de sélectionner un format d'acquisition utilisant un *codec* DV. Vous êtes alors certain de capturer en pleine qualité numérique, c'est-à-dire sans compression supplémentaire des images, compression qui altère toujours un peu la qualité.
- Il est fortement déconseillé de capturer vos vidéos dans un format compressé comme le MPEG-2. (Voir la prochaine section.)

  Cependant, en fonction du matériel utilisé, vous n'avez pas toujours le choix. Ainsi, la majorité des boîtiers d'acquisition externes USB ne disposent pas d'entrée numérique. Ils sont donc destinés à la capture d'une source analogique. Par défaut, leur programme de capture impose une acquisition avec encodage MPEG-2 lorsque vous désirez graver le film sur DVD vidéo. En effet, le MPEG-2 est le seul format de fichier vidéo qui peut servir à la création d'un DVD vidéo. Une valeur d'encodage est souvent définie par défaut pour préserver une excellente qualité DVD. Dans la mesure où vous ne contrôlez pas cette valeur, les images risquent d'être encodées une seconde fois au moment de la gravure. Il est alors difficile pour vous d'apprécier, a priori, la qualité des images. Vous ne le verrez qu'une fois le DVD gravé et inséré dans un lecteur de DVD de salon.

- Il est préférable d'encoder après la capture. Les meilleurs programmes le permettent, offrant la possibilité de choisir entre un encodage VBR, c'est-à-dire à débit variable, ou CBR, c'est-à-dire à débit constant. (Vous en saurez davantage à ce sujet dans la prochaine section.)

Pour capturer au bon format, il faut comprendre la notion d'*encodage*, sa raison d'être et sa maîtrise.

Les grands principes de l'encodage

L'*encodage* est une opération qui consiste à convertir un fichier vidéo numérique stocké sur votre disque dur en un format compatible avec les DVD vidéo.

Il existe différents types d'encodage en fonction de la destination de la vidéo capturée. Par exemple, certaines vidéos peuvent être encodées en DivX si l'on veut créer un film DivX gravé sur un CD-ROM. Pour préserver le mieux possible la qualité initiale de vos images destinées à un enregistrement sur DVD vidéo, vous allez appliquer un encodage MPEG-2.

L'encodage est nécessaire, car la vidéo numérique (ou analogique devenue numérique par l'acquisition) s'octroie énormément d'espace sur le disque dur de l'ordinateur. Pour vous donner un ordre d'idée, 90 minutes de vidéo occupent environ 20 Go d'espace disque. Or, un DVD ne peut contenir que 4,7 Go en simple couche et 8,5 Go en double couche. Pour passer de 20 Go à 4,7, il faut fortement compresser les images. Comme les algorithmes de compression MPEG-2 sont excellents, l'image ne subit quasiment aucune détérioration visible à l'œil nu.

La qualité de l'encodage dépend de ce que l'on appelle le *débit binaire*, c'est-à-dire la quantité de données que délivrera le fichier MPEG-2 en une seconde. Lorsque la vidéo MPEG-2 doit être de très haute qualité, on applique un débit binaire de l'ordre de 9 000 Kbits/s (kilobits par seconde). Cette valeur d'encodage ne permettra pas d'enregistrer plus de 60 minutes de vidéo sur un DVD 5, c'est-à-dire 4,7 Go de données. Vous comprenez alors que plus vous allez réduire ce débit binaire, plus vous allez augmenter le minutage gravé sur le DVD, mais plus vous allez altérer la qualité de la vidéo. Toutefois, il existe un seuil de tolérance en dessous duquel il est difficile de percevoir la perte de qualité. Si, lors de l'encodage, vous fixez un débit binaire de 6 000 Kbits/s, vous enregistrez environ

95 minutes de vidéo sur DVD dans une excellente qualité. On peut dire que la dégradation est sensible et exponentielle au-delà de 120 minutes, c'est-à-dire une durée qui impose un débit binaire d'environ 4 500 Kbits/s.

TRUC

Ces mesures, très théoriques pour le profane, ne doivent pas vous inquiéter. La plupart des logiciels vous assistent dans le choix du débit binaire à appliquer. Nombre d'entre eux ont même une fonction Automatique qui applique le débit adéquat relativement à la durée du film et à la capacité de votre DVD vierge.

L'encodage peut être matériel ou logiciel, CBR ou VBR, autant de notions à développer dans les quelques sections qui suivent.

Encodage matériel ou logiciel

L'encodage MPEG-2, c'est-à-dire l'opération qui consiste à transformer une vidéo capturée sur votre disque dur en un fichier compatible avec la création d'un DVD, peut être pris en charge par un matériel ou par un logiciel.

Par définition, lorsque l'encodage est logiciel, il est entièrement pris en charge par un programme. Le programme applique lui-même les algorithmes de compression des images, sollicitant ainsi énormément votre processeur. Bien que fiable, l'encodage par logiciel souffre de plusieurs inconvénients. D'abord, l'analyse et la compression de chaque image prennent beaucoup de temps. Cette durée est d'autant plus longue que le débit binaire choisi est faible, c'est-à-dire que la compression est importante. Ensuite, la qualité de l'encodage, malgré le choix d'un débit binaire adapté, n'est pas toujours à la hauteur de vos espérances. La qualité de la vidéo obtenue souffre de quelques imperfections.

En revanche, il existe des cartes et des boîtiers d'acquisition qui permettent un encodage matériel en temps réel. Kézako ? Les produits haut de gamme, c'est-à-dire coûtant très cher, vont permettre d'encoder la vidéo à partir d'un logiciel spécifique qui va utiliser des fonctions d'encodage de la carte elle-même. Ainsi, une puce, sorte de processeur de la carte, va assister et contrôler l'encodage de manière à obtenir une qualité d'image optimale eu égard au débit binaire sélectionné. De plus, l'encodage s'effectue en temps réel quelle que soit la valeur du débit binaire. Donc, si votre film dure 90 mn, l'encodage durera lui aussi 90 mn.

Avec les boîtiers d'acquisition externes embarquant un matériel d'encodage, la compression se fait lors de la capture. Je vous le déconseille, car il faudrait à l'avance connaître la durée exacte de votre futur DVD vidéo. Or, c'est rarement le cas. Souvent, vous ajouterez d'autres films à votre DVD, et rapidement vous effectuerez de l'authoring qui vous poussera à rajouter de la matière vidéo, car on y accède très facilement par le système de navigation mis en place grâce à l'authoring.

Sauf à dépenser des sommes astronomiques dans un système d'encodage matériel en temps réel après acquisition, je pense que votre système effectuera un encodage logiciel.

Vous pouvez recourir à des applications externes pour encoder vos fichiers capturés. Toutefois, cela ne paraît guère judicieux lorsque l'on sait que les programmes proposant un module de capture proposent aussi un module d'encodage. Inutile de vous disperser de logiciel en logiciel. Par exemple, si vous utilisez Nero 6 Reloaded, capturez vos vidéos numériques avec ce programme, et encodez-les également avec.

CBR ou VBR

Qu'est-ce que c'est que ces acronymes barbares ? Il s'agit en fait de deux méthodes d'encodage MPEG-2, indépendantes du débit binaire sélectionné.

CBR signifie Constant Bit Rate, *débit binaire constant*. Lorsque vous choisissez cette méthode d'encodage, le débit binaire sélectionné est le même tout au long de l'encodage. Par exemple, si vous effectuez un encodage avec un débit binaire de 6 000 Kbits/s en CBR, ce débit sera égal sur toute la durée de l'encodage, donc du film.

L'encodage en CBR a un effet pervers. Vous décidez en effet que le débit binaire doit être égal sur tout le fichier encodé. Mais l'analyse des images à encoder n'est pas aussi simple que cela. Imaginez, dans une vidéo, une succession de photographies, donc des images sans mouvement, suivie d'une séquence où il y a énormément d'action. Comme il faut constamment assurer le même débit binaire, il se peut que les images en mouvement présentent des artefacts de compression (blocs de couleurs MPEG ou *blockies*) si le débit binaire est faible. En conclusion, il faut utiliser le CBR, débit binaire constant, que si l'on applique un débit binaire très élevé, de l'ordre de

6 000 Kbits/s. Dès que vous tombez sous les 6 000 Kbits/s, le VBR est fortement recommandé.

VBR signifie Variable Bit Rate, *débit binaire variable*. Ici, le débit varie en fonction de la complexité des images à traiter. Ainsi, lorsque les images présentent beaucoup de mouvement, le débit binaire est très élevé, de manière à maintenir la qualité de l'image. En revanche, sur des plans fixes sans beaucoup de mouvement, le débit appliqué est faible. Le débit binaire que vous sélectionnez avant d'effectuer l'encodage est utilisé comme taux moyen de transfert des données pour la compression des images. Ce taux moyen est maintenu sur toute la durée de l'encodage grâce à une variation intelligente et adaptée du débit binaire.

Autant que faire se peut, et dans la limite des possibilités de votre programme d'encodage, choisissez le VBR plutôt que le CBR.

Je ne rentrerai pas davantage dans l'étude de l'acquisition et de l'encodage. Vous devez retenir les points suivants :

- Pour transférer vos cassettes analogiques (VHS) ou numériques (MiniDV), vous avez besoin d'une carte et/ou d'un boîtier d'acquisition (Chapitre 6).
- Vous devez utiliser un programme d'acquisition (ou de capture) pour enregistrer les images provenant de votre matériel vidéo sur le disque dur de l'ordinateur.
- Vous devez capturer dans le meilleur format vidéo proposé par votre programme de capture. Choisissez de préférence un format AVI DV plutôt que MPEG-2.
- Vous devez convertir les fichiers DV (c'est-à-dire transférés sur votre ordinateur) en fichiers compatibles avec les DVD vidéo, c'est-à-dire le format MPEG-2.
- La conversion MPEG-2 s'appelle *encodage*. Il est de type matériel ou logiciel, et peut s'effectuer en CBR (débit binaire constant) ou VBR (débit binaire variable). Pour obtenir une meilleure qualité d'image lorsque le débit binaire est inférieur à 6 000 Kbits/s, choisissez toujours la méthode d'encodage MPEG-2 VBR.
- Certains boîtiers d'acquisition ne permettent de capturer la vidéo qu'en la compressant directement en MPEG-2.

- Sans conversion MPEG-2 pendant ou après l'acquisition vidéo, vous ne pouvez pas graver votre film sur un disque optique sous forme de DVD vidéo.

Alors, pour en arriver à la phase d'encodage, puis de gravure sans authoring, c'est-à-dire sans intégration de menus, chapitres et autres fioritures, vous devez préparer l'acquisition, chose que je vous invite à découvrir dans la prochaines section.

Les préparatifs à l'acquisition

Cela n'a l'air de rien, quand on le lit comme ça, de transférer le contenu de cassettes vidéo sur le disque dur de l'ordinateur afin de le graver sur un DVD vidéo. Pourtant, cela nécessite une préparation minutieuse, d'autant plus complexe et attentionnée quand il s'agit d'effectuer la capture du contenu de vos bandes analogiques.

Dans cette section, nous allons voir comment préparer votre ordinateur à l'acquisition numérique, c'est-à-dire de vos cassettes MiniDV, Digital8 et MicroMV, et à l'acquisition analogique, c'est-à-dire tout ce qui couvre le secteur de la cassette VHS et ses variantes.

L'acquisition numérique

L'acquisition vidéo numérique est la plus simple à réaliser. Pour la mener à bien, il faut :

- Un caméscope numérique de type MiniDV, Digital8 ou MicroMV.
- Une carte ou un boîtier d'acquisition vidéo disposant d'une prise DV (Digital Video ou vidéo numérique).
- Un cordon IEEE 1394 avec une petite prise à une extrémité (pour le caméscope) et une grosse prise de l'autre (pour la carte d'acquisition).
- Un logiciel de capture pour transférer les images vidéo numériques arrivant dans la carte ou le boîtier d'acquisition sur le disque dur de l'ordinateur.

Avec ces matériels, voici comment effectuer les différents branchements de manière à enregistrer, sur le disque dur de votre ordinateur, les images lues par le caméscope :

1. **Branchez la petite prise du cordon FireWire dans l'entrée/ sortie DV du caméscope, comme le montre la Figure 12.1.**

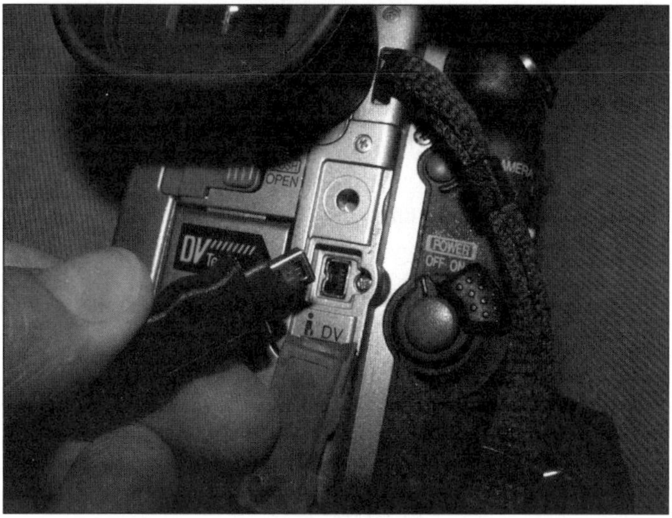

Figure 12.1 : Branchement du cordon FireWire à l'entrée/ sortie DV du caméscope.

2. **Branchez l'autre extrémité du cordon à la prise IEEE 1394 de la carte ou du boîtier d'acquisition, comme à la Figure 12.2.**

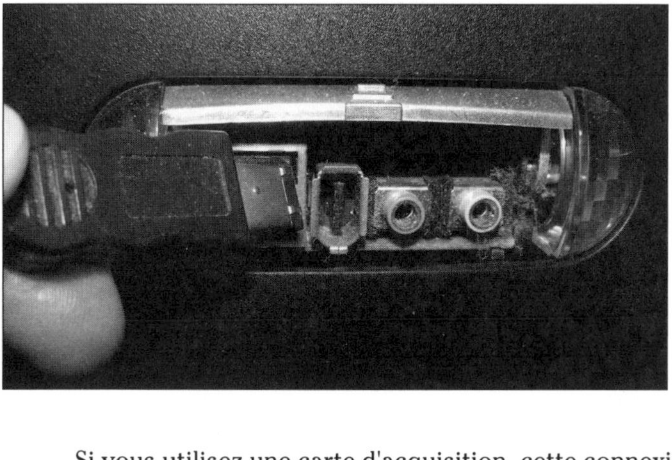

Figure 12.2 : Branchement à la prise FireWire du périphérique d'acquisition.

Si vous utilisez une carte d'acquisition, cette connexion n'est pas toujours facile à réaliser, car la prise FireWire se trouve souvent sur la carte elle-même. Vous devez donc accéder au panneau arrière de votre ordinateur pour y brancher la prise. D'autres systèmes de capture facilitent cette connexion grâce à un boîtier branché à la carte et qui repose sur votre bureau, ou encore qui s'insère en façade de l'ordinateur. Dans ce cas, le raccordement à la prise IEEE 1394 se fait sans gymnastique acrobatique.

Une fois ses deux branchements réalisés, le plus gros du travail est fait.

3. **Allumez votre caméscope et basculez-le en mode magnétoscope.**

   Il suffit soit d'appuyer sur un bouton qui permet de passer du mode caméra au mode VTR ou VCR, c'est-à-dire magnétoscope ou lecture ; soit de positionner correctement un petit bouton-levier qui passe en un coup de pouce du mode caméra au mode lecture.

   Dès que le caméscope est allumé, Windows XP l'identifie par un petit message qui s'affiche dans la zone de notification, comme à la Figure 12.3.

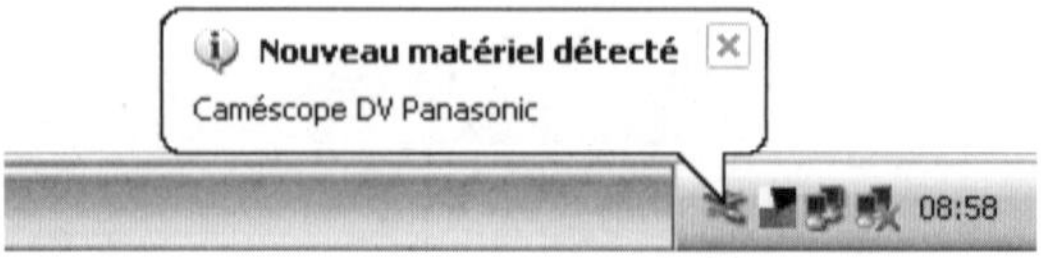

Figure 12.3 : Un caméscope numérique identifié par Windows XP.

Il suffit maintenant de démarrer votre programme de capture. Il m'est difficile de présumer du vôtre. Par conséquent, tout au long de ce livre, j'envisage les solutions de capture et de gravure les plus répandues et qui risquent d'être livrées avec votre matériel vidéo. Par conséquent, les réglages et la phase d'acquisition, suivis de la gravure sur DVD, sont traités dans les deux dernières sections de ce livre et au Chapitre 13.

Si l'acquisition numérique est relativement simple à réaliser, cela tient au fait que le caméscope envoie directement un signal vidéo numérique à la carte d'acquisition qui, elle-même, sait parfaitement bien capturer ce type de signal. Ainsi, vous ne sortez pas de l'univers numérique. La capture se fera, sans aucune perte de qualité d'image et de son, depuis un support numérique (votre bande MiniDV, par exemple) sur un autre support numérique, à savoir votre disque dur.

En revanche, dès qu'il faut capturer de la vidéo analogique, comme le contenu d'une cassette VHS, la procédure est un peu plus complexe.

L'acquisition analogique

L'acquisition analogique exige une préparation plus attentive, car il faut effectuer plusieurs types de connexion. Toutefois, avant d'en arriver là, comprenez bien pourquoi la capture analogique demande davantage de travail.

La vidéo analogique n'est pas, par nature, numérique. Cela signifie que les images analogiques enregistrées sur un support tel qu'une cassette VHS, S-VHS et toute autre déclinaison plus compacte de ce média provenant de caméscopes analogiques ne sont pas en l'état compréhensibles pour un ordinateur et ses logiciels. Pour que ces images analogiques deviennent utilisables par un ordinateur, il faut préalablement les convertir en numérique. C'est le rôle joué par une carte ou un boîtier disposant d'entrées analogiques.

Pour effectuer une acquisition analogique, vous devez réunir les matériels suivants :

- Un magnétoscope ou un caméscope analogique utilisant des cassettes VHS, S-VHS, Hi-8 ou 8.
- Une carte ou un boîtier d'acquisition vidéo disposant d'entrées audio et vidéo analogiques.
- Les cordons audio et vidéo, voire une prise péritel spéciale permettant de connecter l'appareil vidéo analogique à la carte ou au boîtier d'acquisition.
- Un logiciel de capture pour transférer, sur le disque dur de l'ordinateur, les images analogiques converties en images numériques par la carte ou le boîtier d'acquisition.

Les entrées analogiques de tels appareils de capture sont assez faciles à identifier :

- Une prise vidéo analogique jaune, dite *entrée vidéo composite*. C'est par une telle prise que l'ordinateur recevra les images vidéo analogiques préalablement converties en numérique par le boîtier ou la carte d'acquisition.

- Une prise vidéo analogique noire, dite *entrée S-Vidéo* (ou YC, ou encore S-VHS, voire Ushiden). Cette prise permet de transférer à l'ordinateur le signal vidéo provenant de magnétoscopes ou caméscopes S-VHS ou encore Hi-8.

  NOTE TECHNIQUE

  Les S-VHS, YC, S-Video ou Hi-8 sont des systèmes d'enregistrement dont la qualité est environ deux fois supérieure à celle de la vidéo VHS. Ces matériels restent rares. Toutefois, quelques utilisateurs de caméscopes des années 90 peuvent avoir un matériel S-VHS disposant d'une sortie vidéo S-Vidéo. Il faut impérativement utiliser cette entrée du boîtier d'acquisition pour conserver la qualité S-VHS.

- Deux prises audio rouge et blanche pour transférer le son analogique VHS stéréo ou mono en même temps que les images.

  TRUC

  A la différence de la vidéo numérique qui transfère par un seul câble le son et l'image, la vidéo analogique traite ces deux signaux séparément. Il faut donc systématiquement raccorder trois cordons, un pour l'image et deux pour le son, pour transférer convenablement toutes les informations audio et vidéo contenues sur une cassette analogique.

Voici une procédure très classique de branchement d'un magnétoscope VHS à une carte ou un boîtier d'acquisition analogique :

1. **Branchez une prise péritel spéciale à l'arrière du magnétoscope.**

   Il s'agit d'un cordon péritel dont l'une des extrémités est une péritel standard, tandis que l'autre extrémité du cordon présente une ou plusieurs prises mâles dites RCA. La jaune transmet la vidéo, la blanche et la rouge transmettent le son.

2. **Branchez la prise mâle RCA jaune, c'est-à-dire vidéo composite, dans la prise idoine femelle du boîtier.**

3. **Branchez les prises mâles RCA audio rouge et jaune dans les entrées audio idoines du boîtier d'acquisition.**

Si vous ne procédez pas exactement à ces branchements, soit vous capturerez l'image sans le son, soit le son sans l'image.

Le branchement d'un caméscope analogique est souvent plus simple à effectuer, car l'appareil dispose des mêmes prises analogiques femelles que le boîtier d'acquisition. Dans ce cas, vous n'utilisez pas une prise péritel spéciale, mais le cordon livré avec votre caméscope. Il est équipé uniquement de deux jeux de prises RCA : jaune (vidéo), et rouge et blanche (audio). Les prises du caméscope permettent à l'image et au son de sortir de l'appareil. Donc, en branchant les autres prises mâles aux prises femelles du boîtier, comme cela est expliqué ci-dessus, vous êtes prêt à capturer le contenu de vos cassettes VHS.

Si vous possédez un magnétoscope ou un caméscope S-VHS, branchez la prise mâle vidéo noire S-Vidéo dans la prise femelle S-Vidéo du boîtier. N'oubliez pas que cela n'est utile que si vous avez enregistré vos images sur une cassette S-VHS de manière à préserver la qualité vidéo de ce support.

Bien souvent, la capture analogique exige l'utilisation d'un système de montage virtuel dont le module de capture reconnaît le boîtier d'acquisition analogique. Des logiciels comme Windows Movie Maker sur PC ou iMovie sur Mac n'identifient que les appareils numériques. Vous verrez qu'il en va souvent de même pour des logiciels comme Nero et Roxio Easy Media Creator. La détection du périphérique numérique ne pose pas de problème, tandis que celle de votre boîtier d'acquisition analogique est souvent impossible. Le programme ne le voit pas. Ce n'est pas bien grave, car généralement une carte ou un boîtier d'acquisition analogique est fourni avec un logiciel de montage virtuel qui permet également la capture de vos sources vidéo analogiques.

Gravure sans authoring avec Nero 6 Reloaded

Au Chapitre 11, nous avons utilisé le module NeroVision Express de la suite Nero 6 Reloaded pour effectuer la gravure directe du contenu d'une cassette vidéo numérique sur un DVD. Ce type de gravure évite la phase préalable d'acquisition sur disque dur qui est le sujet du présent chapitre. Nous allons maintenant voir comment effectuer l'acquisition vidéo numérique sur disque dur avec le module NeroVision Express et comment en graver le contenu sur un DVD vidéo, sans effectuer la moindre opération d'authoring ni de montage vidéo virtuel.

Je rappelle que l'*authoring* est une opération qui consiste à définir des chapitres dans un film capturé sur votre disque dur, puis à créer différents menus qui permettent de naviguer rapidement dans le DVD vidéo.

Acquisition numérique avec NeroVision Express 3

Pour réaliser une acquisition vidéo numérique avec NeroVision Express, vous devez préalablement vérifier les points suivants :

- Votre caméscope numérique est raccordé à votre carte ou à votre boîtier d'acquisition par l'intermédiaire d'un câble DV, c'est-à-dire un cordon qui assure la bonne liaison FireWire ou IEEE 1394 entre les deux appareils.
- Une cassette numérique de type MiniDV, Digital8 ou encore MicroMV est insérée dans le caméscope.
- Le caméscope est sous tension et reconnu par Windows XP.
- Le caméscope est en mode lecture, c'est-à-dire magnétoscope, VTR ou VCR.

Si vous doutez de la reconnaissance de votre caméscope par Windows XP, effectuez ces quelques étapes :

1. **Ouvrez le Poste de travail.**
2. **Dans la liste de tous les lecteurs installés sur votre ordinateur, doit figurer l'icône d'un caméscope portant le nom de votre appareil, comme à la Figure 12.4.**

Si votre caméscope ne figure pas dans la liste des lecteurs, vous devez vérifier toutes vos connexions, la mise sous tension de l'appareil et l'éventuelle obligation (mais qui véritablement me surprendrait) d'installer des pilotes propres à votre matériel. En effet, les pilotes ne sont généralement nécessaires que pour connecter un caméscope à un port USB de l'ordinateur.

Si vous avez le choix entre connecter votre caméscope à un port USB 2.0 à ou un port IEEE 1394 (FireWire), utilisez toujours la seconde solution. La connexion USB entraîne souvent la capture préalable au format MPEG-2, ce qui ne permet pas de connaître précisément le niveau d'encodage et sa qualité au moment de la

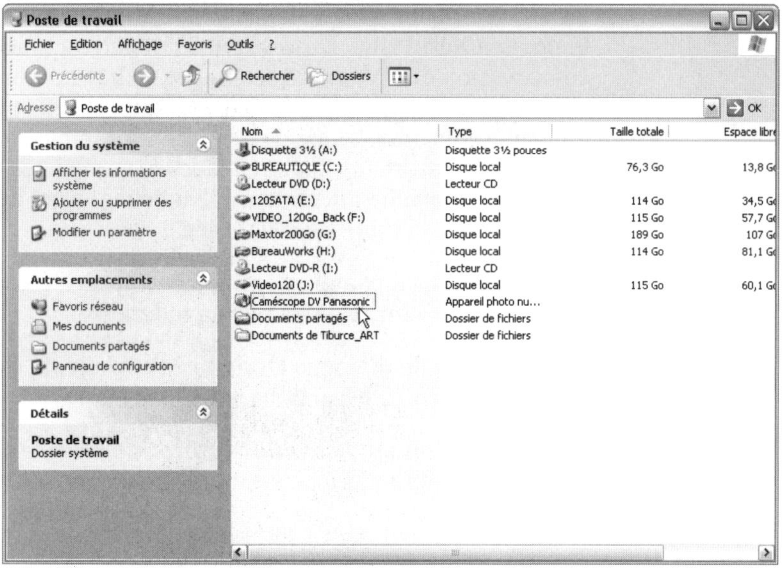

Figure 12.4 : Le caméscope numérique est bien identifié par Windows XP.

compilation du contenu vidéo devant être gravé sur DVD. Privilégiez toujours la capture en pleine qualité DV, c'est-à-dire une capture sans altération des images filmées avec votre caméscope.

Pour réaliser l'acquisition vidéo :

1. **Double-cliquez sur l'icône Nero StartSmart.**
2. **Dans la liste supérieure de la fenêtre, sélectionnez DVD.**
3. **Dans la liste Applications située à gauche de l'interface, cliquez sur NeroVision Express.**
4. **Dans l'écran d'accueil du programme, cliquez sur Capturer une vidéo sur le disque dur.**

   Vous accédez à la fenêtre Capture vidéo. Si une astuce s'affiche, prenez-en ou non connaissance, puis cliquez sur son bouton de fermeture.

5. **Dans la liste Périphérique de capture, vérifiez que votre caméscope est bien sélectionné.**
6. **Dans la liste Sélectionner un modèle de capture, veillez à choisir DV.**

DV signifie Digital Video ou *vidéo numérique*. Ce choix va imposer à NeroVision Express l'utilisation d'un système de compression dit DV qui, en réalité, ne va pas du tout compresser l'image, mais simplement la capturer telle qu'elle sort du caméscope numérique. Vous obtiendrez ainsi une copie de qualité équivalant aux images filmées avec votre caméscope. Préserver la qualité initiale d'une bande vidéo est primordial en matière de gravure de DVD vidéo.

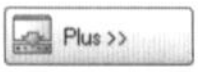

7. **Ne touchez pas aux autres options de capture DV, et cliquez sur le bouton Plus situé en bas de la fenêtre.**

8. **Dans la boîte de dialogue Options de réglage de NeroVision Express, effectuez les actions suivantes :**

   - Cochez l'option Activer la lecture audio sur le périphérique de capture. Cela permet d'entendre le son pendant la capture.

   - Décochez Détecter les scènes pendant la capture. En effet, cette option sert principalement à ceux qui veulent effectuer un montage vidéo généralement suivi d'un chapitrage et de la création de menus interactifs pour le DVD vidéo. Or, dans ce chapitre, nous envisageons la capture sans authoring. Détecter des scènes scinderait virtuellement votre vidéo en plusieurs petites vidéos qu'il faudrait assembler de manière chronologique. J'imagine déjà les perturbations que cela entraînerait dans votre cerveau déjà saturé par une concentration qui repousse les limites que vous pensiez être à jamais fixées dans votre organisme.

   - Si vous avez installé sur votre ordinateur une carte de capture vidéo, ou si votre carte graphique permet d'effectuer une capture analogique, asservissez-la à NeroVision Express en activant l'option Afficher les périphériques Video for Windows de Microsoft.

   - Dans la section Fichier de capture, cliquez sur le bouton orné de trois points pour indiquer sur quel disque dur et dans quel dossier les images capturées vont être stockées. Je suis moi-même assommé de vous le répéter. Vous constatez que Nero impose un chemin par défaut. Il s'agit d'un dossier du disque dur C:, c'est-à-dire le lecteur ou sont installés Windows et tous vos programmes. Il ne faut pas capturer sur ce disque dur ! Utilisez un disque dur entièrement consacré à la vidéo et aux DVD ! Dans la boîte de dialogue Choisir un emplacement pour vos fichiers capturés, déroulez la liste Enregistrer dans. Sélectionnez le disque dur approprié, et cliquez éventuellement sur l'icône Créer un nouveau dossier de manière à localiser facilement l'emplacement de la capture. Nommez ce dossier, par exemple "Nero Temp" où Temp signifie temporaire. Vous saurez ainsi que les fichiers contenus dans ce dossier pourront être supprimés une fois le DVD gravé. Dans le champ Nom du fichier, indiquez le nom de votre capture. Assignez un nom en rapport avec le contenu de la cassette comme Vacance05, Anniversaire05, etc., et cliquez sur Enregistrer.

9. **Une fois les réglages effectués, cliquez sur le bouton de fermeture de la boîte de dialogue.**

10. **Sous le moniteur de NeroVision Express (Figure 12.5), un ensemble de boutons permet de contrôler le caméscope. Utilisez-les pour lancer la lecture de la bande, rembobiner, etc. Voici une rapide présentation de leurs fonctions :**

Figure 12.5 : Les contrôles de NeroVision Express.

Diffuser. Lance la lecture de la cassette.

Stopper. Arrête la lecture de la cassette.

Enregistrer. Démarre la capture vidéo.

Rembobiner. Permet de revenir au début de la cassette ou de remonter de quelques minutes dans le déroulement du film.

Avance rapide. Permet d'avancer dans le contenu de la cassette.

Plein écran. Affiche la vidéo sur toute la surface de votre moniteur informatique.

Minuterie. Permet de spécifier l'heure à laquelle la capture doit commencer et s'arrêter. Ainsi, le travail s'effectue en votre absence.

ATTENTION !

Il m'a été donné d'observer avec certains caméscopes, ou sur certains ordinateurs équipés de plusieurs systèmes de capture matériels et logiciels, un blocage de NeroVision Express lorsque l'on utilise ces boutons de contrôle. Dans ce cas, oubliez-les, et n'utilisez que les touches de votre caméscope ou de sa télécommande pour naviguer dans la bande. En revanche, vous ne pourrez lancer la capture qu'en cliquant sur le bouton Enregistrer de NeroVision Express.

11. **Cliquez sur le bouton Rembobiner ou Avance rapide pour vous positionner à l'endroit de la cassette où vous désirez commencer la capture des images.**

12. **Dès que vous êtes prêt à capturer, cliquez sur le bouton Enregistrer.**

    La capture vidéo démarre. Le fichier est enregistré dans le dossier du disque dur défini à l'étape 8. Capturez tout ou partie du contenu de la cassette.

    Vous constatez que la partie inférieure du moniteur de contrôle indique le nombre d'images capturées, le nombre d'images perdues, et la durée de capture qu'il reste sur votre disque dur (Figure 12.6).

13. **Pour arrêter la capture, cliquez sur le bouton Stopper.**

Voilà ! Vous venez d'effectuer une capture vidéo numérique avec NeroVision Express. Le fichier vidéo ainsi obtenu sera gravé sur DVD vidéo, comme cela est expliqué un peu plus loin dans la section "Gravure sur DVD vidéo". Mais avant cela, voyons comment NeroVision Express peut effectuer l'acquisition d'une vidéo analogique, par exemple provenant de votre magnétoscope VHS.

Figure 12.6 : La capture et ses informations.

Acquisition analogique avec NeroVision Express 3

L'acquisition analogique avec NeroVision Express est un peu moins simple à réaliser du fait d'une incompatibilité de certains matériels de capture analogique.

TRUC

D'une manière générale, les incompatibilités ne sont pas dramatiques, car rares sont les systèmes de capture analogique qui ne soient pas livrés avec un programme de capture, de montage virtuel et de gravure de DVD vidéo. Je pense notamment aux systèmes Pinnacle MovieBox dont les pilotes sont rarement compatibles avec d'autres logiciels de capture que les fameux programmes Studio 9 Plus, 10 et 10 Plus.

Toutefois, lorsque votre carte ou boîtier d'acquisition analogique est reconnu par NeroVision Express, voici comment procéder :

1. **Dans l'écran d'accueil de NeroVision Express, cliquez sur Capturer une vidéo sur le disque dur.**

2. **Fermez l'astuce qui s'affiche.**

3. **Cliquez sur le bouton Plus, et cochez l'option Afficher les périphériques Video for Windows Microsoft.**

C'est à cette seule condition que votre carte ou boîtier de capture analogique sera éventuellement identifié par Nero.

4. **Décochez Détecter les scènes pendant la capture.**

   Pour les mêmes raisons qu'en vidéo numérique (voir la précédente section).

5. **Cliquez sur le bouton de la zone Fichier de capture, afin d'indiquer un autre disque dur que le disque dur C: comme lecteur d'enregistrement de la vidéo capturée.**

   Bien évidemment, si vous n'avez qu'un seul disque dur (bande d'inconscients !) ne touchez pas à cette option.

6. **Fermez la boîte de dialogue Options de réglages de NeroVision Express.**

7. **Dans la liste Périphérique de capture, sélectionnez non pas votre caméscope numérique, mais la carte ou le boîtier d'acquisition analogique, comme le montre la Figure 12.7.**

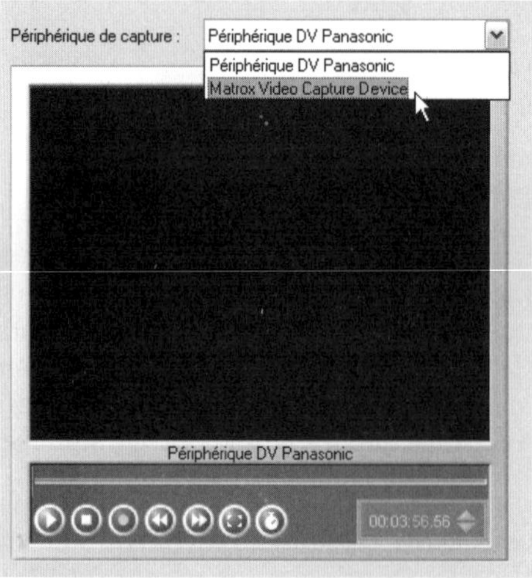

Figure 12.7 : La capture analogique se fait avec une carte ou un boîtier d'acquisition analogique.

TRUC

Seul ce périphérique de capture sera présent dans cette liste, si aucun caméscope numérique sous tension n'est raccordé à l'ordinateur par le biais d'un cordon FireWire.

8. **Allumez votre appareil analogique, par exemple votre magnétoscope.**

Si vous ne savez plus comment réaliser les connexions analogiques au boîtier d'acquisition, reportez-vous à la section "Les préparatifs à l'acquisition", plus haut dans ce chapitre.

9. **Comme il est impossible de piloter avec un logiciel de capture un magnétoscope analogique (absence de communication numérique oblige), utilisez la télécommande de votre magnétoscope pour repérer l'endroit à partir duquel vous souhaitez effectuer la capture.**

   Le moniteur doit afficher les images lues par le magnétoscope. Si ce n'est pas le cas, il y a de grandes chances pour que votre caméscope numérique soit connecté à la prise FireWire de la carte ou du boîtier d'acquisition et qu'il soit sous tension. Eteignez-le ! Les images analogiques s'affichent.

10. **Définissez les options de capture :**

    10a Dans la liste Sélectionner un modèle de capture, choisissez Personnaliser.

    10b La liste Type de fichier doit normalement proposer AVI. (Si vous avez plusieurs options, choisissez celle-ci.)

    10c Pour conserver une qualité d'image analogique optimale, choisissez un compresseur DV Compresseur vidéo et le compresseur PCM dans la liste Compresseur audio.

11. **Une fois l'endroit repéré et les options correctement définies, lancez la capture en cliquant sur le bouton Enregistrer.**

    Les images sont capturées en excellente qualité dans le dossier du disque dur que vous avez spécifié à l'étape 5.

12. **Dès que vous arrivez en fin de bande ou que vous atteignez la fin des séquences à capturer, cliquez sur le bouton Stopper.**

Voilà, vous savez effectuer une capture numérique et analogique avec NeroVision Express ! En procédant ainsi, vous obtenez des fichiers AVI de qualité DV qui vont tous se graver de la même manière sur un DVD vidéo.

Gravure d'une capture sur DVD vidéo

Nous avançons à grands pas dans la réalisation de notre DVD vidéo sans authoring préalable. La seule conséquence de cette absence d'authoring est que le film se lancera dès insertion du DVD dans votre lecteur de salon.

Pour bien comprendre comment se déroulent les événements, voici un petit rappel de ce qu'il s'est passé :

1. Vous avez capturé sur votre disque dur le contenu d'une cassette vidéo numérique ou analogique.

2. Il résulte de cette capture un fichier vidéo au format AVI de qualité DV.

3. Ce fichier doit maintenant être encodé en MPEG-2 pour être gravé sur un DVD reprenant la structure spécifique des DVD vidéo.

Voici comment en arriver là avec NeroVision Express :

1. **Démarrez NeroVision Express.**

2. **Dans son écran d'accueil, placez le pointeur de la souris sur Créer un DVD, et cliquez sur DVD vidéo, comme à la Figure 12.8.**

3. **Dans la fenêtre du projet de DVD, cliquez sur Ajouter des fichiers vidéo.**

   En effet, comme vous avez déjà capturé les fichiers, vous n'allez pas recommencer. Importez le fichier vidéo à graver sur DVD.

4. **Dans la boîte de dialogue Ouvrir, naviguez jusqu'au disque dur et au dossier contenant le fichier vidéo capturé.**

5. **Sélectionnez ce fichier en cliquant dessus, et importez-le par un clic sur le bouton Ouvrir.**

   Comme le montre la Figure 12.9, le fichier apparaît. En bas de la fenêtre, une barre bleue indique l'espace occupé par cette vidéo sur le futur DVD.

6. **Profitez-en pour ajouter d'autres vidéos capturées en suivant les étapes 3 à 5.**

Figure 12.8 : Quoi de plus logique pour graver un DVD vidéo !

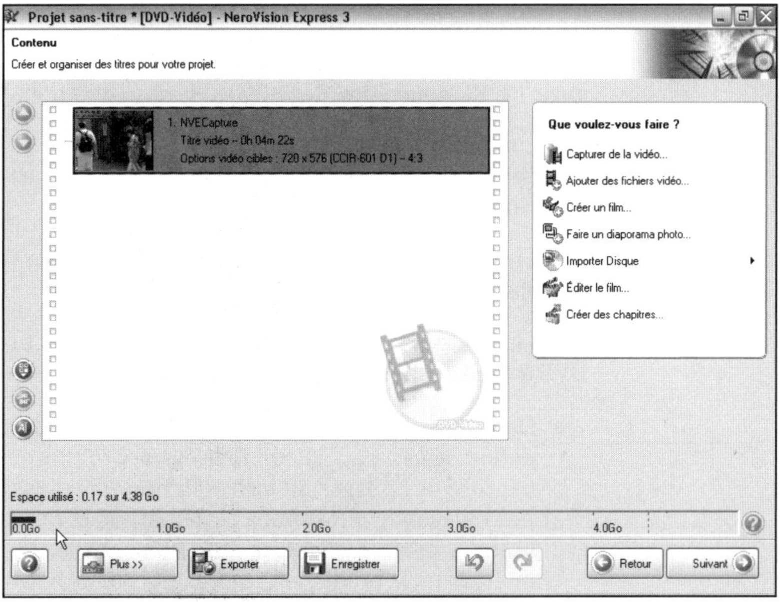

Figure 12.9 : Le fichier capturé est intégré à la structure de votre DVD vidéo.

7. **Une fois toutes vos vidéos capturées importées dans NeroVision Express, cliquez sur Suivant.**

   Vous accédez à la page de création de menu, donc d'authoring. Comme vous ne désirez pas y procéder, suivez les instructions de l'étape 8.

8. **Dans la liste Menu à utiliser, choisissez Ne pas créer de menu.**

9. **Cliquez sur Suivant.**

   Vous passez à l'étape Prévisualiser. Ici, Nero analyse le projet du DVD. Il prend en compte le fait que vous ne désirez pas de menus, et définit l'enchaînement des diverses vidéos capturées que vous avez ajoutées à ce projet.

   Vous pouvez tester le futur DVD avec les boutons de la télécommande virtuelle affichée dans la partie droite de la fenêtre. Toutefois, cela ne vous sert pas à grand-chose, car cette télécommande est surtout utile pour tester les menus, sous-menus, chapitres, etc.

10. **Cliquez sur Suivant.**

11. **Dans la fenêtre Options de gravure illustrée à la Figure 12.10, vous allez définir les paramètres d'encodage MPEG-2.**

12. **Pour accéder aux paramètres d'encodage, cliquez sur le bouton Plus.**

13. **Dans la boîte de dialogue Options et réglages de NeroVision Express, cliquez sur le bouton Options vidéo.**

14. **Dans la boîte de dialogue Options vidéo, cliquez sur l'onglet DVD-Vidéo, et fixez les paramètres suivants :**

    - Dans la section Format d'images, laissez Automatique par défaut. Ainsi, NeroVision Express détermine si vous avez capturé des images au format 4:3 ou 16:9. Les caméscopes et les magnétoscopes 16:9 sont assez rares auprès du grand public. Je pense que toutes vos vidéos sont en 4:3, mais, dans le doute, laissez un spécialiste, c'est-à-dire Nero, le déterminer à votre place.

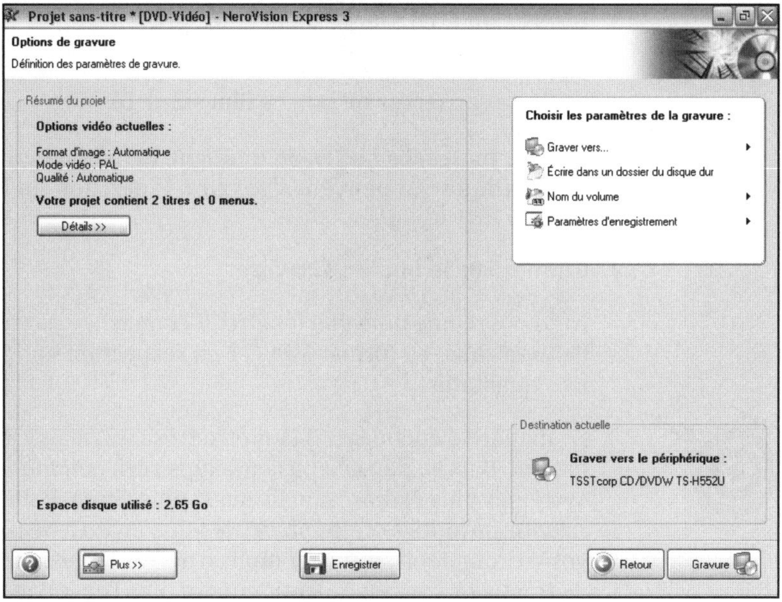

Figure 12.10 : L'encodage MPEG-2 détermine la qualité du DVD vidéo.

- Dans la liste Paramètres de qualité, choisissez Qualité Maxi. Nero détermine le débit binaire, c'est-à-dire la qualité de l'encodage en fonction de la durée du film, de manière à le faire tenir sur un DVD de 4,7 Go de données.

- Dans la liste Mode d'encodage, choisissez Haute qualité (2 passes VBR). Pour en savoir plus sur l'encodage VBR ou Variable Bit Rate, reportez-vous à la section "CBR ou VBR", en début de chapitre.

15. Ne touchez pas aux autres options et cliquez sur OK.

Un message vous demande si vous désirez faire de ces paramètres les nouveaux paramètres par défaut. Je vous invite à cliquer sur Oui.

16. Fermez la boîte de dialogue Options de réglages de NeroVision Express.

17. Dans la section Destination actuelle, vérifiez que figure le nom de votre graveur de DVD.

Si ce n'est pas le cas, placez le pointeur de la souris sur Graver avec, et cliquez sur le nom du graveur en question.

18. **Insérez un DVD vierge dans votre graveur.**

    Il sera de type inscriptible ou réinscriptible, en fonction du désir de conserver ou non ce film sur le DVD.

19. **Fermez toutes les boîtes de dialogue ou fenêtres d'exécution automatique qui peuvent s'ouvrir à l'insertion du DVD vierge.**

20. **Cliquez sur le bouton Gravure.**

    Nero ouvre une nouvelle fenêtre. Il commence par encoder les fichiers vidéo au format MPEG-2 en respectant vos paramètres qualitatifs.

En matière d'encodage, il faut être très très, mais alors très patient. Il ne se déroule pas en temps réel, comme avec des systèmes plus élaborés, mais aussi plus chers. Pour ne pas ralentir davantage cette phase, je vous invite à ne pas utiliser votre ordinateur pour accomplir d'autres tâches plus distractives, car cela ralentit encore plus l'encodage.

Une fois l'encodage terminé, la phase de gravure commence immédiatement. Attendez encore.

21. **En fin de gravure, un message vous indique que la gravure est réussie, et vous demande si vous voulez enregistrer le fichier journal. Cliquez sur Non.**

22. **Insérez le DVD dans un lecteur de salon.**

    Le DVD est reconnu, lu, admiré... bravo !

Gravure sans authoring avec DVD Builder de Roxio Easy Media Creator 7.5

Au Chapitre 11, nous avons utilisé le module Plug & Burn de la suite Roxio Easy Media Creator pour effectuer la gravure directe du contenu d'une cassette vidéo numérique sur un DVD. Comme vous le savez, il s'agit d'une sorte de leurre, car la gravure ne s'effectue pas en temps réel. Elle passe par une phase de mise en mémoire tampon (cache) des images capturées depuis un caméscope. Par la suite, le programme utilise ces données pour graver le DVD vidéo.

En revanche, une fois la gravure réalisée, les images contenues dans la mémoire cache sont effacées.

Si ce type de gravure évite la phase préalable d'acquisition sur disque dur qui est le sujet du présent chapitre, il ne permet de réaliser qu'une seule copie directe sur DVD, et surtout empêche toute procédure de montage virtuelle, d'authoring et de gravure.

La suite de ce chapitre, donc la présente section, explique comment réaliser une gravure sans authoring DVD, exactement comme cela a été détaillé dans la précédente section avec l'utilitaire NeroVision Express de Nero 6 Reloaded. Cette fois, la suite logicielle utilisée se nomme Roxio Easy Media Creator 7.5, et l'utilitaire asservi à la capture et à la gravure porte le nom de DVD Builder, littéralement "constructeur de DVD".

TRUC

Dans cette nouvelle section, je ne vais pas rappeler bon nombre de principes développés précédemment. Je pense qu'en lecteur soucieux d'augmenter perpétuellement son savoir, vous aurez dévoré toutes les pages de ce chapitre. Par conséquent, l'absence d'explication technique dans ce qui va suivre s'explique par le fait que je vous en ai parlé maintes et maintes fois, et que cela commence à fatiguer tout le monde, moi pour commencer. (Mais qu'est-ce que c'est que cet auteur bougon, ours mal léché, et qui en plus semble avare de ses mots, de son temps, et de ses compliments...)

Acquisition numérique avec DVD Builder

Pour réaliser une acquisition vidéo numérique avec DVD Builder, vous devez préalablement vérifier les points suivants (... et qui en plus ne tient pas ses promesses puisqu'il nous répète quelque chose qu'il nous a déjà dit !) :

- Votre caméscope numérique est raccordé à votre carte ou à votre boîtier d'acquisition par l'intermédiaire d'un câble DV, c'est-à-dire un cordon qui assure la bonne liaison FireWire ou IEEE 1394 entre les deux appareils.
- Une cassette numérique de type MiniDV, Digital8 ou encore MicroMV est insérée dans le caméscope.
- Le caméscope est sous tension et reconnu par Windows XP.
- Le caméscope est en mode lecture, c'est-à-dire magnétoscope, VTR ou VCR.

TRUC

Si vous doutez de la reconnaissance de votre caméscope par Windows XP, effectuez les étapes indiquées à la section "Acquisition numérique avec NeroVision Express", plus haut dans ce chapitre.

Voici comment réaliser l'acquisition vidéo avec DVD Builder :

1. **Double-cliquez sur l'icône Ecran d'accueil Roxio...**
2. **Pour lancer DVD Builder :**
   - Soit vous cliquez sur le lien Création d'un DVD de la colonne DVD ;
   - Soit vous cliquez sur le lien DVD Builder de la colonne Applications.
3. **Soyons fous et cliquons sur DVD Builder de la colonne Applications.**

   DVD Builder commence par ouvrir la fenêtre d'un mini-assistant qui vous permet de sélectionner le type de projet à créer.
4. **Dans la boîte de dialogue Type de projet, laissez DVD activé (ou sélectionnez-le s'il ne l'est pas par défaut), et cliquez sur OK.**

   TRUC

   Si vous désirez qu'à l'ouverture de DVD Builder le programme propose toujours le même type de projet, cochez l'option Définir comme valeur par défaut pour les nouveaux projets.
5. **L'interface de DVD Builder apparaît comme à la Figure 12.11.**

   La fenêtre de DVD Builder se compose de trois parties principales :
   - **Panneau des tâches d'édition.** C'est ici que vous choisissez le travail à réaliser avec le programme. Nous y reviendrons à l'étape 6.
   - **L'Editeur de menu.** Il permet de modifier ou de créer des menus. C'est le module d'authoring de DVD Builder. Dans la mesure où nous consacrons deux chapitres à l'authoring sur PC en utilisant des programmes bien meilleurs dans ce domaine que DVD Builder, nous ne l'utiliserons pas.

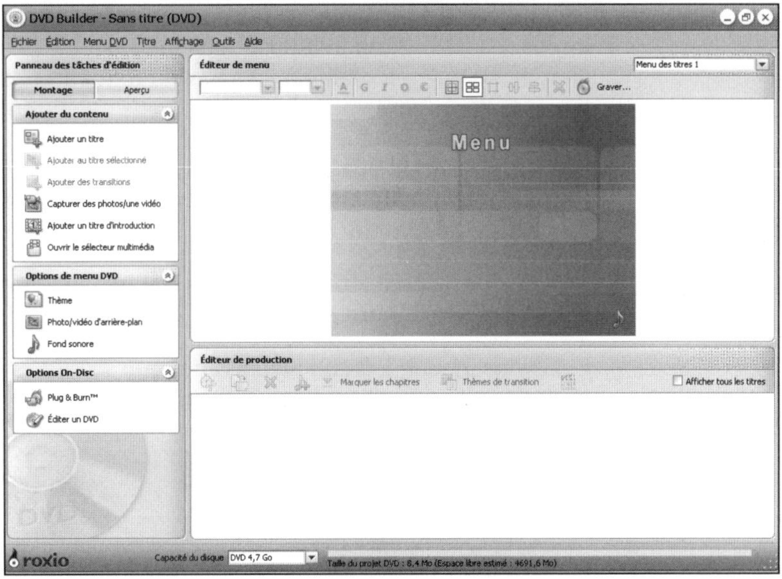

Figure 12.11 : DVD Builder permet de créer des DVD vidéo avec ou sans authoring.

- **L'Editeur de production.** Sa tâche essentielle est de regrouper diverses vidéos capturées sur votre disque dur de manière à les compiler sur un seul et unique DVD vidéo.

6. **Dans le panneau des tâches d'édition, cliquez sur Capturer des photos/une vidéo de la section Ajouter du contenu.**

   Cela ouvre la fenêtre Capture qui liste tous les périphériques de capture vidéo et photo détectés sur votre machine.

   Ne vous laissez pas impressionner par le nom des périphériques découverts si jamais votre ordinateur est superéquipé. En réalité, contentez-vous d'identifier votre caméscope. Il y figure généralement sous son nom, comme DV Panasonic, DV Sony, etc.

7. **Dans la liste Périphériques détectés, cliquez sur le nom de votre caméscope.**

   Cette action ouvre un assistant de capture qui porte le nom de... Capture.

8. **Dans la liste Format, veillez à choisir DV.**

DV signifie Digital Video ou *vidéo numérique*. Ce choix va imposer à DVD Builder l'utilisation d'un système de compression dit DV qui, en réalité, ne va pas du tout compresser l'image, mais simplement la capturer telle qu'elle sort du caméscope numérique. Vous obtiendrez ainsi une copie de qualité équivalant aux images filmées avec votre caméscope. Préserver la qualité initiale d'une bande vidéo est primordial en matière de gravure de DVD vidéo.

9. **Ne vous préoccupez pas des autres options de capture DV, et cliquez sur le bouton Suivant.**

Cela vous amène à un nouvel écran de l'assistant : Aperçu de la capture, comme le montre la Figure 12.12.

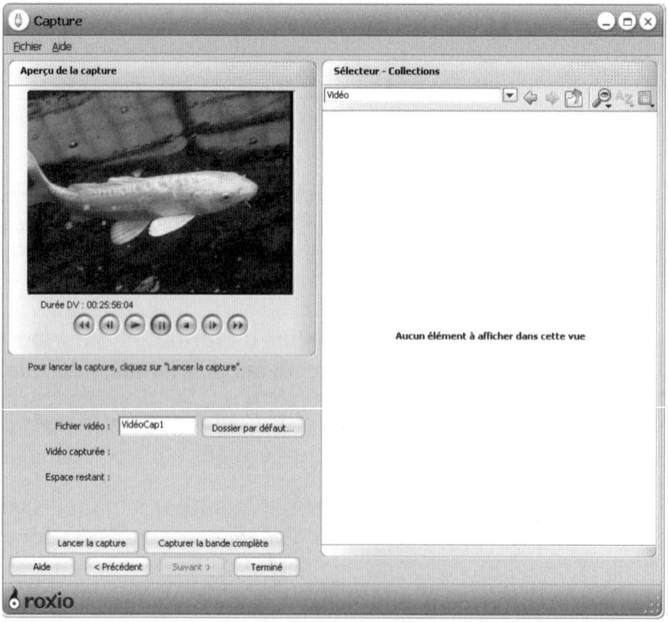

Figure 12.12 : Dans cette fenêtre va se dérouler l'opération de capture.

Il s'agit d'une interface dont le fonctionnement et l'aspect rejoignent ceux de Plug & Burn de ce même Roxio Easy Media Creator. L'ensemble des boutons situés sous l'image permet de naviguer dans la bande pour y repérer la ou les séquences à capturer. Comme votre caméscope est piloté par le programme, inutile d'appuyer sur ses touches.

Vous retrouvez également les deux boutons permettant soit de lancer la capture à la position actuelle de la tête de lecture sur la bande vidéo, soit de capturer la bande complète. (Pour plus d'explications à ce sujet, je vous invite à consulter le Chapitre 11.)

10. **Dans cette fenêtre Capture, effectuez les actions suivantes :**

    - Dans le champ Fichier vidéo, saisissez le nom que vous désirez donner à la vidéo capturée. Il est recommandé d'attribuer un nom significatif du contenu. En effet, si vous effectuez plusieurs captures successives de diverses bandes n'ayant rien à voir les unes avec les autres, vous serez tout heureux de les identifier par leur nom pour en déduire le contenu. (Par défaut, DVD Builder assigne le nom de VidéoCap1. Si vous effectuez une capture sous ce nom, et que vous enchaînez sur une autre, il incrémentera le chiffre d'une unité, donnant ainsi le nom VidéoCap2, et ainsi de suite de capture successive en capture successive.)

    - Cliquez sur le bouton Dossier par défaut. C'est une action fondamentale. Elle ouvre la boîte de dialogue Rechercher qui vous permet de sélectionner le disque dur et le dossier dans lequel vont être stockées les vidéos ainsi capturées. Et là encore j'insiste, je vautre ma dignité dans une fange immonde, affrontant mes ennemis et pourfendant mes amis en répétant qu'il est impératif de réserver un disque dur aux travaux vidéo, et plus particulièrement à la capture ! Par défaut, et suivant les principes bon enfant de Microsoft en la matière, DVD Builder choisit le dossier Mes vidéos du disque système C. N'importe quoi ! Donc, dans la boîte de dialogue Rechercher, sélectionnez un autre disque dur (et j'espère bien que vous en avez un depuis le temps que je le répète). Le cas échéant, cliquez sur le bouton Nouveau dossier. Ainsi, vous en profiterez pour créer un dossier que vous nommerez, par exemple, "Captures vidéo Roxio", et dans lequel vous stockerez systématiquement les vidéos capturées avec l'utilitaire de capture de DVD Builder. Une fois le disque dur sélectionné et le dossier choisi (ou créé), cliquez sur OK.

11. **A l'aide des boutons de navigation, placez-vous sur la première image de la scène que vous désirez capturer.**

12. **Une fois cette image atteinte, cliquez sur le bouton Lancer la capture.**

    C'est parti ! Le caméscope lit le contenu de la cassette qui s'enregistre en temps réel sur le disque dur de votre ordinateur, disque dur devenu une sorte de supermagnétoscope numérique.

    Pendant la phase de capture, la fenêtre distille un certain nombre d'informations. D'abord, Capture en cours apparaît sous la zone d'affichage de la vidéo. On ne peut pas être plus explicite. Ensuite, à proximité de l'image, un point rouge clignote exactement comme dans le viseur d'un caméscope, preuve supplémentaire que la capture est en cours. Ensuite, dès la première image capturée, une vignette s'affiche dans le Sélecteur situé dans la partie droite de l'interface.

    Vidéo capturée indique la durée de la capture. Vous pouvez suivre précisément le nombre d'heures, de minutes et de secondes capturées.

    Espace restant permet de savoir, eu égard à l'espace de stockage restant sur le disque dur sélectionné à l'étape 9, le nombre d'heures, de minutes et de secondes que vous pouvez encore capturer.

13. **Dès que la capture est finie, cliquez sur Terminé pour quitter la fenêtre Capture.**

    TRUC

    Toutefois, vous n'êtes pas obligé d'arrêter là votre session de capture, bien au contraire. Imaginez que vous ayez d'autres bandes vidéo traitant d'un sujet identique dont vous désirez regrouper le contenu sur un seul DVD. Profitez que DVD Builder est actif pour procéder à la capture de ces fameuses séquences. A chacune d'elles, DVD Builder attribuera une vignette d'identification reprenant le nom que vous aurez pris soin de saisir dans le champ Fichier vidéo avant de lancer une nouvelle capture.

14. **Lorsque vous cliquez sur Terminé, le module de capture de DVD Builder vous donne une nouvelle chance de poursuivre votre session de capture.**

    Comme le montre la Figure 12.13, soit vous continuez la capture, soit vous revenez à l'application de lancement, ce qui signifie, en langage humain, au programme DVD Builder.

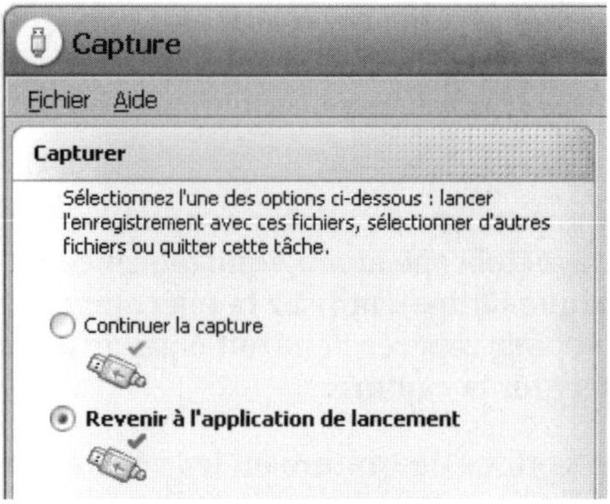

Figure 12.13 : Interrompre ou non définitivement la session de capture.

15. **Optez pour Revenir à l'application de lancement et cliquez sur le bouton Terminé.**

Voilà ! Vous venez d'effectuer une capture vidéo numérique avec DVD Builder. Le fichier vidéo ainsi obtenu peut immédiatement (ou presque) être gravé sur DVD, comme cela est expliqué un peu plus loin dans la section "Gravure sur DVD vidéo". Mais avant cela voyons comment DVD Builder peut effectuer l'acquisition d'une vidéo analogique provenant par exemple de votre magnétoscope VHS.

Acquisition analogique avec DVD Builder

Je vous renvoie aux mises en garde proférées dans la section identique de NeroVision Express en ce qui concerne les problèmes de compatibilité avec les matériels de capture analogiques.

Lorsque votre carte ou boîtier d'acquisition analogique est reconnu par DVD Builder, voici comment se déroule une capture analogique :

1. **Répétez les mêmes opérations que pour la capture numérique, sauf qu'à l'étape 7 vous sélectionnerez le nom de votre périphérique de capture analogique.**

   Il peut s'agir d'un boîtier externe dont les pilotes sont compatibles avec DVD Builder.

2. **Allumez votre appareil analogique, par exemple votre magnétoscope.**

Si vous ne savez plus comment réaliser les connexions analogiques au boîtier d'acquisition, reportez-vous à la section "Les préparatifs à l'acquisition", plus haut dans ce chapitre.

3. **Comme il est impossible de piloter avec un logiciel de capture un magnétoscope analogique (absence de communication numérique oblige), utilisez la télécommande de votre magnétoscope pour repérer l'endroit à partir duquel vous souhaitez effectuer la capture.**

4. **Définissez les options de capture en les vérifiant par un clic sur les boutons Paramètres avancés et Paramètres :**

   4a Dans la boîte de dialogue Propriétés, sélectionnez le décodeur vidéo adapté à la France (si vous résidez en France). Vérifiez si le contenu analogique correspond à une vidéo PAL ou SECAM. A priori, votre magnétoscope supporte les deux formats. Par conséquent, votre choix se portera soit sur Pal_B, soit sur Secam_L.

   4b Dans l'onglet Amp Proc Vidéo, vous pouvez améliorer certains aspects de l'image vidéo pendant la capture. Ainsi, vous pouvez agir sur la Luminosité, le Contraste, la Saturation (c'est-à-dire l'intensité des couleurs) et la Netteté (qui donne une image analogique plus ou moins douce, c'est-à-dire qui réduit légèrement le bruit vidéo analogique).

   4c Dans l'onglet Audio Properties, c'est-à-dire Propriétés audio, optez pour un son en 16 bits, 48 kHz, si le boîtier ou la carte d'acquisition permet une capture analogique en pleine qualité DV. Cependant, de nombreux boîtiers effectuent l'encodage MPEG-2 durant la capture. Si c'est le cas, l'audio aussi doit être encodé. Pour obtenir une excellente qualité sonore, choisissez Dolby Digital.

   4d Lorsque l'encodage MPEG-2, c'est-à-dire au format DVD vidéo, se fait à la capture, cliquez sur l'onglet Video Properties. Là, vous sélectionnez un *bitrate*, un débit binaire de type CBR ou VBR, ensemble de paramètres renvoyant à des notions que je vous invite à réviser à la section "Les grands principes de l'encodage", plus haut dans ce chapitre.

5. **Dès que les paramètres sont définis, quittez cette boîte de dialogue en cliquant sur OK.**

6. **Comme vous savez que les périphériques analogiques ne sont pas pilotés par les logiciels de capture, repérez les premières images à capturer à l'aide de la télécommande de votre magnétoscope. Lancez la capture en cliquant sur le bouton Lancer la capture.**

7. **Dès que vous arrivez en fin de bande ou que vous atteignez la fin des séquences à capturer, cliquez sur le bouton Arrêter la capture.**

Dans les grandes lignes, il n'y a aucune différence entre les captures analogique et numérique sous DVD Builder et sous NeroVision Express. La seule chose dont il faut être conscient, c'est que, au niveau analogique, ces deux programmes ne sont pas souvent compatibles avec les cartes et boîtiers d'acquisition de constructeurs réputés comme Pinnacle, Matrox, etc. Cela tient au fait que les pilotes de ces matériels ne sont pas développés pour fonctionner avec des programmes tels que Nero et Roxio. En matière analogique, vous aurez en revanche quasiment 100 % de compatibilité si vous utilisez les entrées analogiques de votre carte graphique (toutes n'en possèdent pas). Dans ce cas, la capture ne sera peut-être pas de très bonne qualité, dans la mesure où les convertisseurs du signal vidéo analogique en signal vidéo numérique sont loin de valoir ceux de systèmes dédiés à la vidéo, au montage virtuel et à l'authoring qui sont présentés au Chapitre 12.

Gravure d'une capture sur DVD vidéo

Nous avons presque terminé notre DVD vidéo, dans la mesure où nous n'y ferons pas d'authoring, et que nous désirons que la lecture du film commence dès l'insertion du DVD dans un lecteur de salon.

Voici un bref récapitulatif de ce que nous avons fait avec DVD Builder :

1. **Vous avez capturé sur votre disque dur le contenu d'une cassette vidéo numérique ou analogique.**

2. **Il résulte de cette capture un fichier vidéo au format AVI de qualité DV. (Parfois, le fichier est encodé en MPEG-2 au**

moment de la capture, ce qui dispense de la troisième et dernière remarque ci-dessous.)

3. **Ce fichier doit maintenant être encodé en MPEG-2 pour être gravé sur un DVD reprenant la structure spécifique des DVD vidéo.**

Voici comment procéder avec DVD Builder :

1. **Démarrez DVD Builder si vous l'avez quitté entre la capture et votre intention de gravure.**

   Dans ce dernier cas, DVD Builder vous invite à démarrer un nouveau projet. Choisissez DVD et cliquez sur OK.

2. **Si la section Editeur de production est vide, il suffit de cliquer sur Ajouter un titre.**

3. **Dans la boîte de dialogue Ajouter des données multimédias au projet, naviguez jusqu'au disque dur où vous avez stocké votre capture réalisée dans les deux précédentes sections.**

4. **Cliquez sur Ajouter.**

   La première case de l'Editeur de production affiche une vignette dont l'image identifie le fichier capturé, comme l'illustre la Figure 12.14.

   Comme notre propos est de montrer que l'on peut graver un DVD vidéo sans authoring, soit vous ajoutez d'autres fichiers capturés en suivant les étapes ci-dessous, soit vous arrêtez là et passez à l'étape suivante.

5. **Laissez le menu d'introduction tel qu'il est puisque notre objectif n'est pas de faire de l'authoring.**

   A notre connaissance, dans DVD Builder on ne peut pas créer de DVD sans au moins un menu.

6. **Pour graver le contenu affiché dans l'Editeur de production, cliquez sur le bouton Graver.**

7. **Cliquez sur le bouton Afficher les paramètres avancés de la boîte de dialogue Configuration de gravure illustrée à la Figure 12.15.**

Figure 12.14 : Il faut un fichier vidéo à graver pour créer un DVD vidéo.

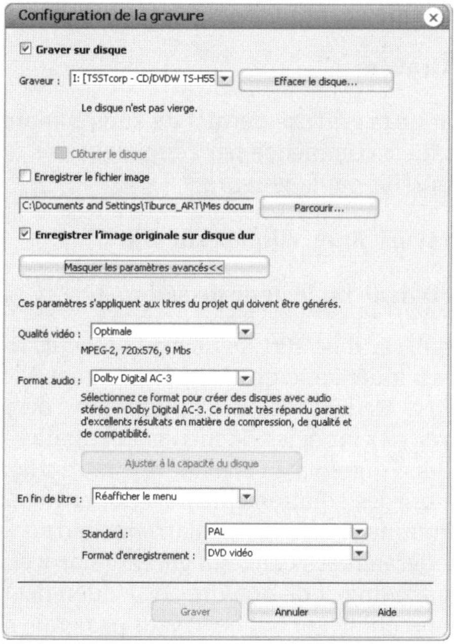

Figure 12.15 : Du paramétrage de la gravure dépend la qualité de votre DVD.

8. Voici les actions à exécuter et les paramètres à définir :

8a. Insérez un DVD vierge (ou non s'il est de type RW) dans votre graveur.

8b. Cochez la case Graver sur disque.

8c. Dans la liste Graveur, veillez à sélectionner le graveur où se trouve actuellement le disque.

8d. Dans la liste Qualité vidéo, choisissez Bonne ou Moyenne pour ne pas appliquer un débit binaire trop élevé qui est parfois incompatible avec certains lecteurs de salon. Si la durée de votre vidéo excède la capacité maximale d'un DVD, cliquez sur le bouton Ajuster à la capacité du disque. Dans ce cas, DVD Builder se charge de sélectionner le niveau d'encodage correct pour que tout tienne sur le DVD. Sachez toutefois qu'en dessous d'un bitrate de 4 000 Kbits/s, vous obtiendrez une qualité d'image très moyenne.

8e. Veillez que le Standard soit Pal et le Format d'enregistrement DVD vidéo.

9. Cliquez sur Graver.

La fenêtre Etat de la gravure permet de suivre la progression du processus. Cela commence par l'encodage des données vidéo et se poursuit par la gravure.

10. Une fois la gravure finie, cliquez sur OK.

11. Insérez le DVD dans un lecteur de salon.

Ce chapitre est partial, car il ne sert qu'un seul objectif, vous mettre l'eau à la bouche. Il est indéniable que les programmes Nero 6 Reloaded et Roxio Easy Media Creator 7.5 permettent de personnaliser un DVD vidéo avec des modèles de menus adaptables à vos besoins et à vos goûts. Toutefois, je considère que l'authoring est un art à part entière, et que les solutions proposées par Roxio et Nero nous en éloignent. Pour cette raison, la quatrième partie va envisager deux types de programmes : ceux qui gèrent le processus vidéographique, d'authoring et de gravure DVD vidéo de A à Z pour faciliter la vie du grand public, et qui ne savent pas graver des données ; et les logiciels professionnels dont le seul objectif est de structurer la navigation dans les DVD, et d'en contrôler tous les aspects créatifs conjointement à des logiciels graphiques et vidéographiques de très haute qualité.

Quatrième partie

L'authoring DVD sur PC

Dans cette partie...

Nous abordons ici une des phases de création les plus intéressantes du DVD vidéo : celle qui permet de structurer un disque avec des menus de manière à obtenir un DVD vidéo équivalant à ceux que vous achetez ou louez dans le commerce. Au Chapitre 13, vous découvrirez les deux solutions logicielles grand public tout-en-un que sont Pinnacle Studio et Premiere Elements. Elles permettent de capturer votre vidéo, d'en effectuer le montage virtuel, et de créer des menus et des chapitres définissant le système de navigation de votre futur DVD vidéo. Au Chapitre 14, en revanche, nous survolerons la solution d'authoring professionnel sur PC qu'est Adobe Encore DVD, et qui pousse bien plus loin l'expérience de l'authoring que ne le font les solutions grand public.

Chapitre 13

Les solutions complètes grand public

Dans ce chapitre :

- La capture, l'authoring, l'encodage et la gravure avec Pinnacle Studio 9 Plus et 10.
- Idem avec Adobe Premiere Elements.

Qu'entends-je, dis-je en écartant avec les doigts les pavillons de mes oreilles, en parlant de *solutions complètes grand public ?* Frappant un grand coup sur mon front avec la paume de la main, je me réponds : "Bien sûr, c'est les chutes !" – Ah ! là, là ! ça ne va pas du tout, je confonds avec la blague sur les chutes du Niagara !

Reprenons-nous. Les solutions complètes grand public sont des logiciels qui permettent à la fois de capturer de la vidéo numérique ou analogique, d'en faire le montage virtuel, de créer des menus interactifs en définissant l'interface graphique d'un futur DVD vidéo, d'encoder au format MPEG-2 tous les éléments nécessaires à ce disque, et enfin de le graver. Vous avez tout sous la main, alors inutile de multiplier les programmes sur un disque dur qui risque d'être déjà pas mal encombré.

TRUC

Malgré un alléchant programme promis par la présentation du contenu de ce chapitre, je tiens à vous avertir que, dans un ouvrage consacré à la gravure des DVD de données et des DVD vidéo, il n'est pas question que je traite d'autre chose. En conséquence, vous ne trouverez dans les prochains chapitres qu'une présentation et des exemples d'utilisation des fonctionnalités des programmes précités. Le montage virtuel ne sera pas abordé. Il est du registre d'autres ouvrages dont l'excellent *La vidéo numérique pour les nuls*, traduit maintes et maintes fois par votre serviteur.

TRUC

De même, j'écarte de mon étude les programmes qui ne sont pas spécifiquement destinés à la vidéo, à l'authoring et à la gravure de DVD vidéo. Ainsi, même si Nero et Roxio Easy Media Creator ont des fonctionnalités de ce type, ils ne rivalisent pas d'efficacité avec les deux programmes que nous allons étudier.

Maintenant que vous êtes averti, vous Monsieur et vous Madame en valez deux. (Note : Pour les lecteurs qui n'auraient pas compris cette astuce, je précise qu'elle s'appuie sur le fameux proverbe "Un homme averti en vaut deux".) Vous pouvez donc partir à la découverte de la première solution grand public que je soumets à votre sagacité : Pinnacle Studio 9 Plus et 10.

Pinnacle Studio 9 Plus et 10

Ce qui est dit ici à propos de Pinnacle Studio 9 Plus vaut pour Pinnacle Studio 9 et 10 (même 10 Plus). En effet, le "Plus" qui établit une différence certaine avec la précédente version de ce programme n'intéresse ni la capture ni l'authoring, pas plus que la gravure. Vous en déduisez donc que les explications données dans cette section sont reproductibles dans toutes les versions du logiciel Studio.

Voici ce que vous allez apprendre à faire :

- Capturer une source vidéo.
- Créer des menus et des chapitres.
- Encoder et graver un DVD vidéo.

Il s'agit d'effectuer une succession d'étapes logiques partant d'une cassette vidéo et permettant d'arriver à un DVD vidéo.

Capturer avec Pinnacle Studio

La capture est l'opération qui consiste à enregistrer sur le disque dur de votre ordinateur le contenu d'une cassette numérique ou analogique. Si la capture numérique ne pose pas de problème dans la majorité des cas, la capture analogique impose davantage de matériel, et surtout une compatibilité avec le logiciel Studio. Dans la mesure où Pinnacle tient à vendre ses systèmes complets, c'est-à-dire comprenant une carte ou un boîtier d'acquisition numérique et analogique, Studio 9 ou 10 n'est pas compatible avec tous les matériels d'acquisition analogique. Avant d'utiliser ce programme, vérifiez cette compatibilité. Je conclurai sur ce sujet en disant que le meilleur moyen de bien utiliser Pinnacle Studio est de le mettre en œuvre avec un système d'acquisition Pinnacle livré avec ce logiciel. (C'est d'ailleurs plutôt le logiciel qui est fourni avec la carte ou le boîtier d'acquisition – je ne sais pas si vous sentez bien la différence subtile qui existe entre ces deux acceptions.)

Cette section montre comment capturer des séquences vidéo depuis Pinnacle Studio. Pour cela, je suis obligé de passer outre certains problèmes techniques liés à votre configuration. De ce fait, je suppose que :

- Vous possédez Pinnacle Studio 9 ou 9 Plus, voire 10 et 10 Plus (même en version de démonstration).
- Vous possédez une carte d'acquisition avec entrée/sortie numériques (port IEE1394 dit FireWire ou encore Ilink).
- Les pilotes de la carte sont correctement installés et celle-ci est parfaitement reconnue par les utilitaires livrés par son constructeur (logiciel de capture, testeur de la rapidité des disques, etc.).
- Votre caméscope MiniDV, Digital8, MicroMV ou votre magnétoscope numérique est connecté au port DV de la carte.
- La carte apparaît parmi les périphériques vidéo pilotés par Pinnacle Studio.

Pour lancer une capture, utilisez l'ensemble des outils mis à votre disposition. Nous allons étudier ici la méthode la plus simple et la plus intuitive. Avant de lancer la capture, vérifiez les points suivants :

- Le caméscope est raccordé à la prise IEEE-1394 de la carte d'acquisition par le biais d'un câble généralement fourni avec l'appareil.
- Le caméscope est allumé. (Ne riez pas, c'est arrivé à plus malin que vous !)
- Une cassette est dans le caméscope.
- Le caméscope est en mode magnétoscope, c'est-à-dire VCR, Lecture ou encore VTR, et non pas en mode caméra.

Une fois ces vérifications effectuées et éventuellement corrigées, procédez comme suit :

1. **Sur le bureau de Windows XP, double-cliquez sur l'icône Studio Version 9 ou 10, placée là par le programme lors de son installation.**

2. **Dans l'écran de bienvenue, cliquez sur Lancer Pinnacle Studio 9 Plus (ou 10). (Figure 13.1.)**

Figure 13.1 : Pour utiliser Studio, il faut l'exécuter.

3. **Une fois dans l'interface du logiciel, cliquez sur son bouton Capturer.**

4. **Si vous ne voyez pas un caméscope virtuel, cliquez sur le menu Configuration/Source de capture, comme le montre la Figure 13.2.**

5. **Dans la boîte de dialogue Options de configuration de Pinnacle Studio, cliquez sur la liste Vidéo, et choisissez Caméscope DV (Figure 13.3).**

Ce nom peut varier en fonction du matériel de lecture DV raccordé au port FireWire de votre ordinateur ou de votre

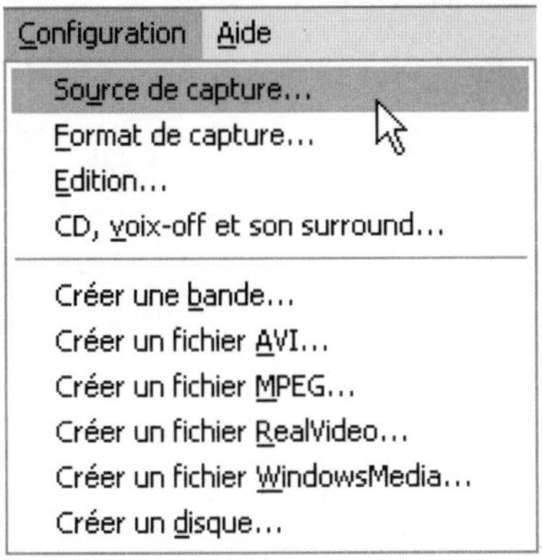

Figure 13.2 : Configurez la source de capture.

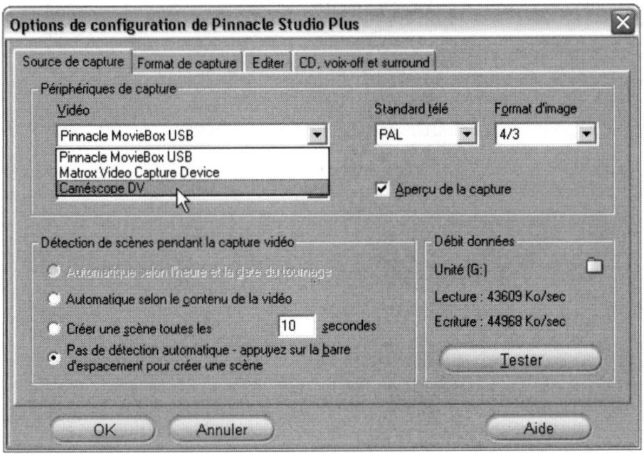

Figure 13.3 : Choisissez le matériel d'où proviennent vos images vidéo numériques.

carte de capture. Parfois, au lieu de Caméscope DV, vous lirez le nom de votre caméscope.

6. **Cliquez sur OK.**

   Vous voici dans l'interface de capture numérique de Studio (Figure 13.4).

7. **Cliquez sur le bouton Lecture ou Avance rapide du caméscope représenté dans l'interface de Studio pour repérer la séquence à capturer.**

   Le caméscope lance la lecture ou l'avance rapide sans appuyer sur l'un de ses boutons. Vous apercevez alors des images comme celle de la Figure 13.5, et appréciez la vidéo

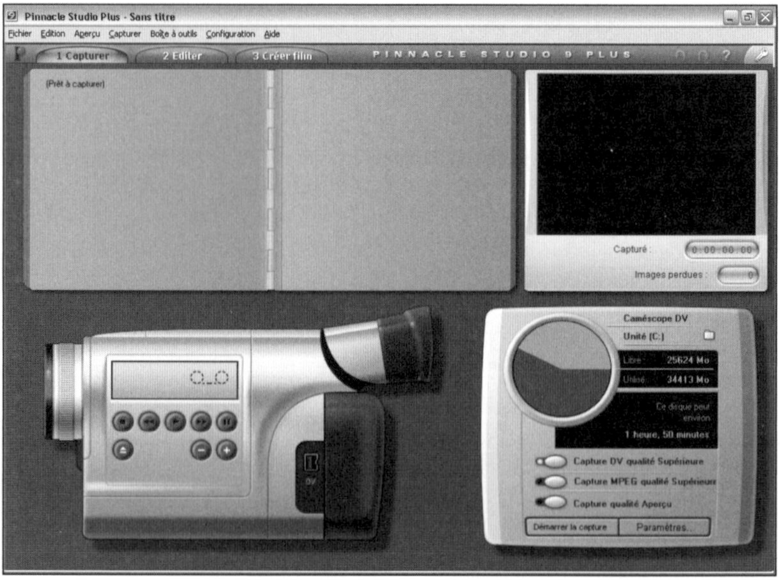

Figure 13.4 : L'interface de capture vidéo numérique de Studio.

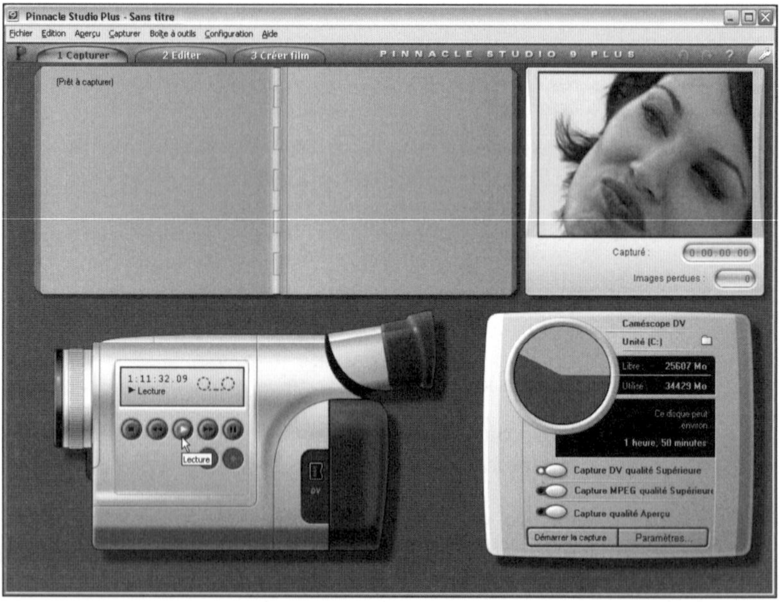

Figure 13.5 : Choisir le début de la séquence à capturer.

dans le Lecteur situé à droite. Dès que vous êtes au début de la séquence qui vous intéresse, cliquez sur le bouton Stop du caméscope virtuel.

8. **Cliquez sur le bouton Paramètres.**

   Vous accédez à l'onglet Format de capture de la boîte de dialogue Options de configuration représentée Figure 13.6.

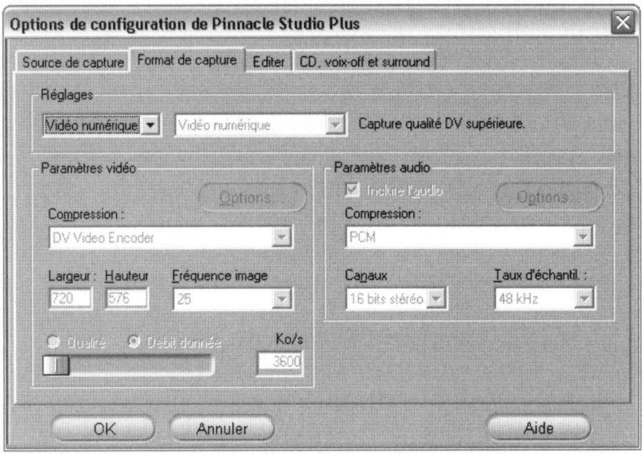

Figure 13.6 : Définissez le format de capture de votre vidéo.

9. **Dans la liste Préconfigurations, sélectionnez Vidéo numérique.**

   C'est l'option par défaut. Nous supposons ici que vous désirez créer un film que vous graverez sur un DVD vidéo. Donc, travaillons dans la pleine résolution vidéo, c'est-à-dire en DV (vidéo numérique) et dans une résolution de 720 x 576, de manière à définir ultérieurement le niveau d'encodage MPEG-2 en fonction de la durée du film.

   TRUC

   Pour éviter toute erreur, la préconfiguration Vidéo numérique de Pinnacle est grisée, ce qui rend inaccessibles tous les paramètres. C'est aussi bien pour vous !

10. **Validez ce format de capture en cliquant sur OK.**

    Avant de capturer, vous devez sélectionner un disque dur et un dossier de destination.

11. **Dans l'interface de capture, cliquez sur l'icône du dossier située à droite du mot Unité.**

Vous accédez à une petite boîte de dialogue qui permet de sélectionner un disque dur et un dossier. Par défaut, Studio stocke les vidéos dans le dossier Mes vidéos du répertoire Vidéos partagées de Windows XP du disque C. Vous pouvez choisir un autre disque (si vous en possédez un dédié à la vidéo par exemple, ce que je vous recommande fortement) et un dossier spécifique. Vous pouvez également créer un nouveau dossier en cliquant sur l'icône du même nom de cette petite boîte de dialogue. Cliquez sur OK pour valider l'emplacement de la capture.

Studio teste la vitesse des disques qu'il ne connaît pas. Si le taux de transfert du disque est inférieur aux exigences requises en vidéo numérique, vous risquez de capturer avec des pertes d'images, ce qui nuirait à votre travail en provoquant des sautes insupportables.

Une fois la destination choisie, passez à la capture.

12. **Cliquez sur Démarrer la capture.**

    Une boîte de dialogue apparaît, comme sur la Figure 13.7. Studio assigne un nom par défaut suivi du chiffre 1. C'est important pour classer vos captures dans un ordre chronologique. Vous pouvez donner un nom plus significatif comme "Arrivée à Venise", si c'est le sujet de la séquence capturée, bien entendu. Ensuite, vous pouvez modifier l'emplacement d'enregistrement de la séquence en cliquant sur l'icône du dossier. Vous pouvez également limiter la durée de la capture en saisissant des minutes et des secondes dans les champs prévus à cet effet. Par défaut, ils affichent la durée maximale d'enregistrement en fonction de la place disponible sur le disque dur de destination. Ne vous en préoccupez pas pour le moment.

13. **Cliquez sur le bouton Démarrer la capture.**

    C'est parti. Studio donne l'ordre au caméscope de lire la vidéo qui s'affiche alors dans le Lecteur de l'interface.

14. **Terminez la capture en cliquant sur le bouton Arrêter la capture.**

    Le caméscope s'arrête. Une vignette apparaît dans l'album. Studio crée un nouvel album de séquences dans le dossier du disque dur de capture.

Figure 13.7 : Derniers paramètres avant la capture.

Répétez les étapes pour capturer d'autres séquences d'une même cassette MiniDV ou d'une autre bande. Vous vous constituez ainsi un ensemble de clips qui seront organisés, coupés et enchaînés au moment du montage, phase de travail que nous n'aborderons pas ici, et pour laquelle je vous renvoie à un ouvrage consacré à la vidéo numérique en général et à Pinnacle Studio 9, 9 Plus, 10 et 10 Plus en particulier.

TRUC

Une fois la capture terminée, vous devez cliquer sur le bouton Editer pour accéder à l'interface de montage virtuel de Studio. Là, vous organisez vos différentes captures dans un Plan de montage, ajoutez des transitions, réalisez des effets spéciaux d'incrustation, de traitement de l'image ou encore du son. Vous allez en profiter pour éliminer des images inutiles, déplacer des clips vidéo à un autre emplacement du film, c'est-à-dire donner vie à un film qui est bien souvent morose quand on le regarde en intégralité sur son caméscope. Ce n'est qu'une fois les opérations de montage terminées que vous allez créer des menus, insérer des chapitres, c'est-à-dire constituer votre DVD vidéo avec ses interfaces de navigation.

TRUC

La phase de montage est facultative, vous pouvez très bien conserver vos vidéos telles que vous venez de les capturer. Cela n'empêche pas de structurer un DVD vidéo digne de ce nom, comme l'explique la prochaine section.

Créer des menus : les bases de l'authoring

Plus que de vous apprendre à maîtriser totalement l'authoring DVD sous Pinnacle Studio, je vais vous en communiquer les bases.

A partir de cet acquis, vous n'aurez aucun mal à progresser en vous aidant d'un ouvrage spécialisé sur ce programme.

Dans la mesure où Pinnacle Studio 10 et 10 Plus ne sont pas encore disponibles au moment où j'écris ces lignes, il se peut que vous notiez quelques différences lorsque vous utiliserez ces logiciels. Je n'y suis pour rien !

Dans cette section, vous allez créer un simple menu de chapitres, et définir lesdits chapitres dans votre film. Pour avoir déjà vu des films sur DVD, vous savez que les chapitres permettent d'accéder instantanément à une séquence spécifique ou de passer rapidement de séquence en séquence en ordre chronologique. Il suffit pour cela d'utiliser les boutons adéquats de votre télécommande.

Pinnacle Studio va créer un menu que vous piloterez à l'aide de la télécommande de votre lecteur de DVD de salon, une fois le DVD vidéo gravé avec ce logiciel.

Voici comment créer un menu de chapitres :

1. **Dans le module Editer, cliquez sur le bouton Afficher les menus.**

   Plus de quarante menus répartis sur quatre pages de cet album virtuel permettent de créer un bien joli menu de chapitres (Figure 13.8).

Figure 13.8 : Vous n'avez que l'embarras du choix !

2. **Pour prévisualiser un menu dans le moniteur de contrôle situé dans le coin supérieur droit, cliquez sur l'image du menu souhaité.**

Pinnacle Studio propose des menus fixes et des menus animés. Les menus animés sont identifiés par une petite icône jaune sur fond noir située dans le coin inférieur droit des vignettes. Cela signifie que l'arrière-plan du menu bouge, ce qui donne de la vie à un élément souvent très austère ou manquant singulièrement d'imagination.

3. **Dès que vous avez choisi un menu correspondant au thème de votre film, glissez-déposez-le au début du montage, comme à la Figure 13.9.**

Figure 13.9 : Mise en place du menu du film.

Dès que vous relâchez le bouton de la souris, un message apparaît. Studio propose de créer lui-même les chapitres, c'est-à-dire de définir automatiquement à quels endroits de votre film ils seront insérés. C'est une mauvaise proposition. En effet, un film est votre œuvre. Vous seul savez quelles scènes nécessitent d'être traitées comme des chapitres et d'apparaître comme tels dans le menu. Par conséquent, comme à la Figure 13.10, activez l'option Non, je créerai les chapitres manuellement, et cliquez sur OK.

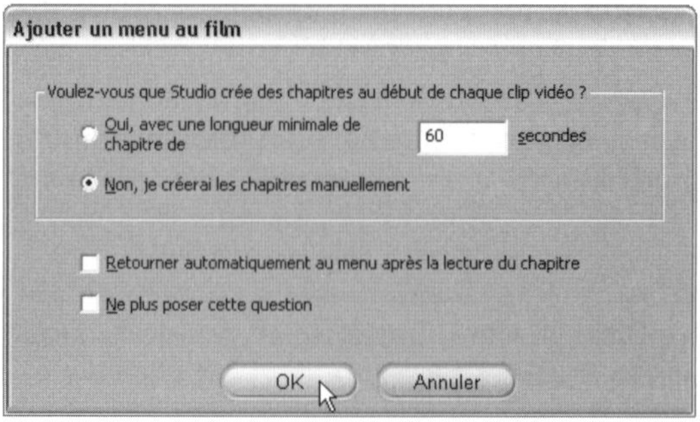

Figure 13.10 : Préférez la création manuelle des chapitres.

Il est impératif de placer le menu au début du montage, car lors de la création du DVD vidéo Studio suit l'ordre chronologique d'apparition des éléments à l'écran. Or, la première chose que vous désirez voir s'afficher, c'est ce menu. Donc, placez-le systématiquement au début du montage.

Si le menu inséré en début de montage ne vous convient pas, cliquez dessus pour le sélectionner, puis appuyez sur la touche Suppr de votre clavier. Le menu disparaît. Insérez-en un autre.

Une fois le menu en place, l'Editeur de menu s'ouvre, comme à la Figure 13.11. C'est par son entremise que vous allez pouvoir définir les chapitres, et aussi modifier certains éléments comme le titre du menu.

4. **Pour changer le titre du menu, en l'appelant par exemple Chapitres, cliquez sur le bouton Menu Edition (Figure 13.12).**

   Le menu s'affiche en grand dans l'éditeur.

5. **Avec l'outil Sélectionner (flèche), cliquez sur le titre et faites glisser le pointeur de la souris dessus afin de le sélectionner (Figure 13.13).**

6. **Tapez un nouveau nom, comme Chapitrage.**

7. **Si un autre élément de texte vous gêne, cliquez dessus pour faire apparaître un rectangle de sélection doté de points jaunes, comme à la Figure 13.14. Appuyez sur la touche Suppr. L'élément disparaît.**

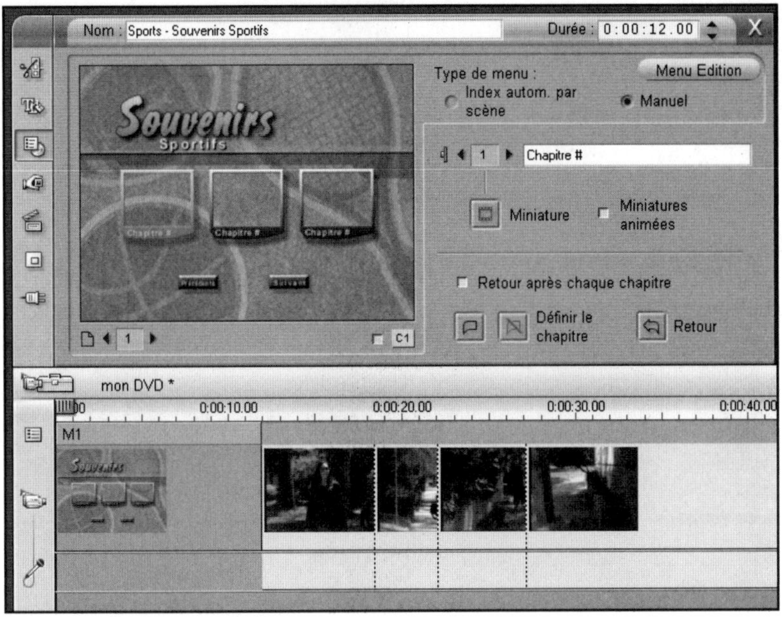

Figure 13.11 : Placer le menu ouvre l'Editeur de menu.

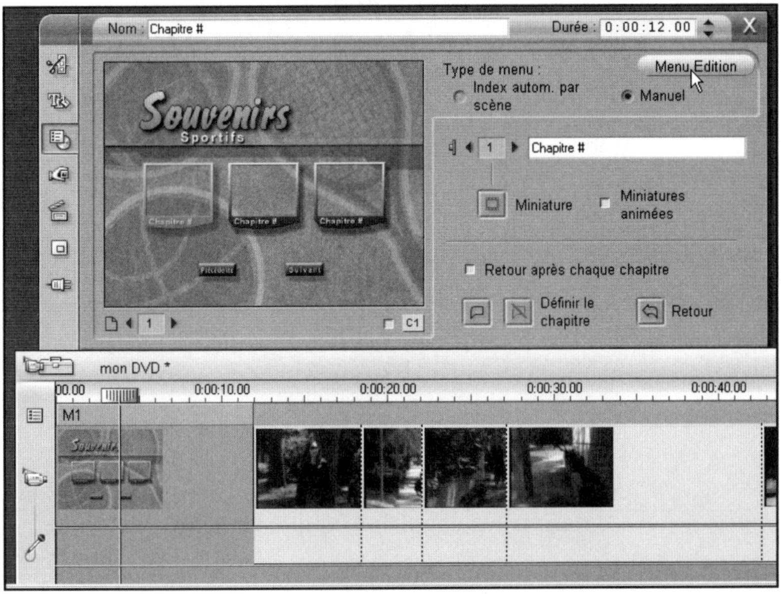

Figure 13.12 : Pour modifier, entre autres, le titre du menu.

Figure 13.13 : Changez le titre par défaut du menu.

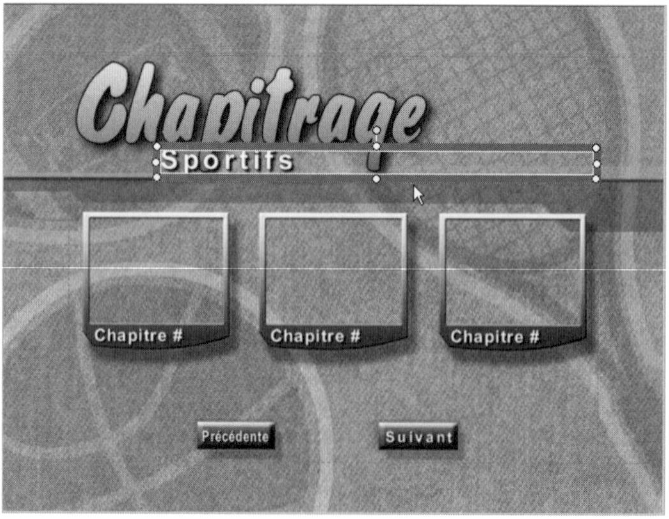

Figure 13.14 : Il suffit d'appuyer sur la touche Suppr du clavier pour supprimer cet élément.

8. **Pour valider vos modifications et revenir au menu afin d'y définir les chapitres, cliquez sur OK.**

Si le menu n'apparaît pas dans l'éditeur, cliquez de nouveau sur le bouton Créer ou éditer un menu disque.

9. **Utilisez les boutons du menu, c'est-à-dire les cadres d'affichage des chapitres, pour les créer directement dans le montage.**

10. **Pour créer le Chapitre 1, cliquez sur le premier cadre. Cliquez sur ce cadre et faites-le glisser au début du film, comme à la Figure 13.15.**

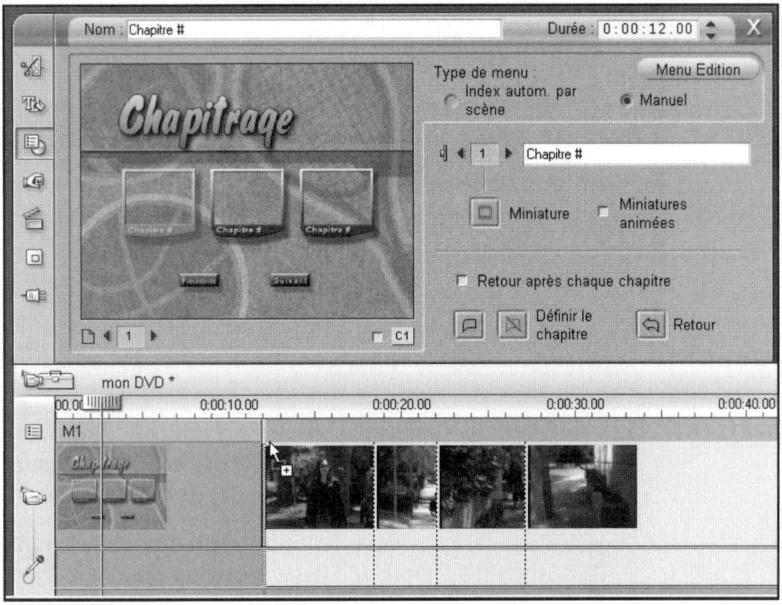

Figure 13.15 : Définissez le premier chapitre.

Le premier chapitre doit impérativement lancer le film au début. C'est une logique incontestable. Vous savez que le premier cadre correspond au Chapitre 1, car c'est indiqué dans la partie droite de l'éditeur. Vous lisez bien : 1 chapitre #.

Dès que vous relâchez le bouton de la souris, vous notez qu'une marque de chapitre C1 apparaît au début du film. Cette marque signifie Chapitre 1. Vous constatez également que, dans l'éditeur, la première image du film s'affiche dans le bouton du chapitre (cadre). En revanche, vous observez que le nom reste Chapitre 1 (Figure 13.16).

11. **Dans l'éditeur, sélectionnez le mot Chapitre et supprimez-le. Ne touchez pas au signe #.**

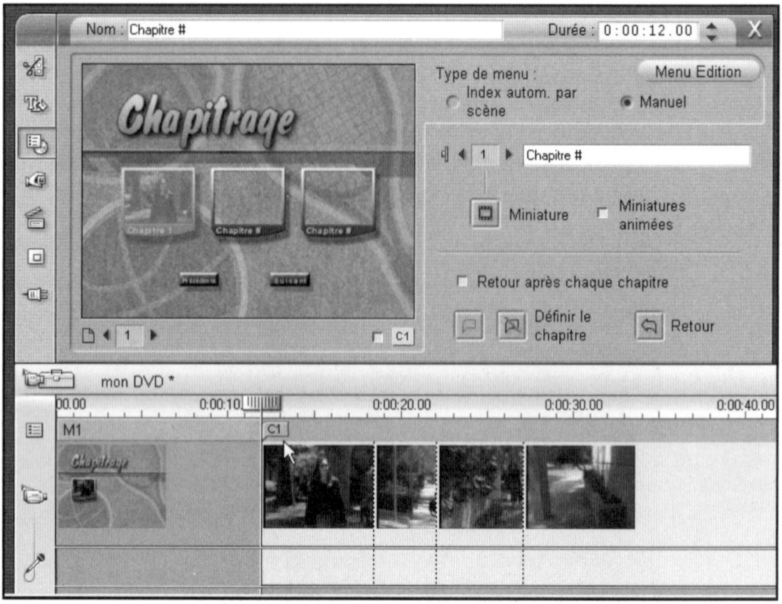

Figure 13.16 : Le chapitre défini doit être légèrement modifié.

12. **Derrière le signe #, saisissez le nom que vous désirez donner au chapitre, comme Arrivée. Appuyez sur la touche Tab pour valider ce changement de nom.**

    Le # est remplacé par le numéro du chapitre. Comme les boutons de chapitres laissent peu de place au texte, limitez-vous, autant que faire se peut, à un seul mot (Figure 13.17).

Figure 13.17 : Le chapitre renommé avec succès.

13. **Pour définir le Chapitre 2, faites défiler le contenu du montage en déplaçant rapidement la tête de lecture.**

14. **Dans l'éditeur, cliquez sur le deuxième cadre pour l'activer.**

15. **Cliquez sur ce cadre, et faites glisser le pointeur de la souris jusqu'à la tête de lecture dans le montage (Figure 13.18).**

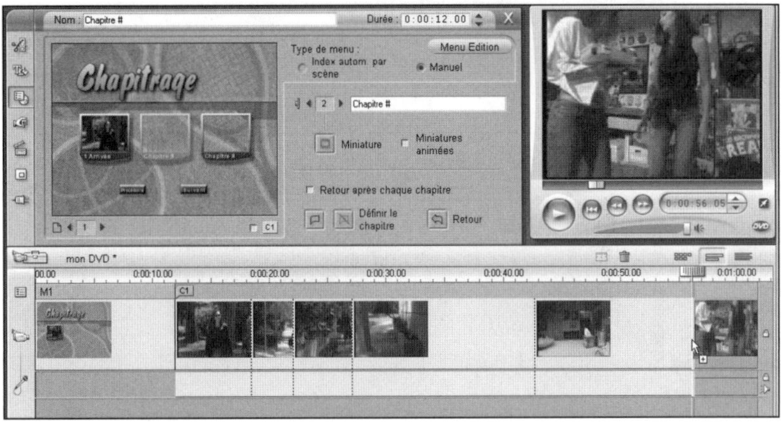

Figure 13.18 : Définition du deuxième chapitre.

Une marque C2 apparaît, et l'image située à l'emplacement de la tête de lecture s'affiche dans le bouton du Chapitre 2.

16. **Renommez ce chapitre comme vous l'avez fait à l'étape 12.**

17. **Répétez cette procédure pour tous les autres chapitres que vous désirez insérer dans le film.**

TRUC

Vous remarquez qu'il n'y a guère plus de quatre boutons de chapitres dans un menu. Si vous voulez créer davantage de chapitres, cliquez simplement sur le bouton Afficher la page suivante de l'éditeur, comme à la Figure 13.19. Cela met à votre disposition un nouveau jeu de boutons vides. Rajoutez autant de pages de chapitre que nécessaire. Sachez que, dans la dernière page, vous n'êtes pas obligé d'utiliser tous les boutons. Ceux qui resteront vides seront ignorés lors de la création du DVD vidéo.

Une fois les chapitres définis, votre travail n'en est pas terminé pour autant. En effet, un menu est fait pour s'afficher à l'insertion du DVD dans le lecteur, mais aussi lorsque l'on

Figure 13.19 : Un menu peut contenir plusieurs pages.

arrive à la fin du film. Vous devez indiquer ce retour vers le menu des chapitres.

18. **Placez la tête de lecture à la fin du film.**

    La méthode la plus rapide consiste à appuyer sur la touche Fin de votre clavier.

19. **Comme le menu est toujours sélectionné dans le montage, cliquez sur le bouton Retour (Figure 13.20).**

    Voilà ! Dès que la fin du film sera atteinte, le menu des chapitres s'affichera de nouveau.

    Vous notez désormais la présence d'une marque libellée M1. M signifie Menu et 1 premier. Elle indique qu'à la lecture de cette marque le DVD affichera le menu.

    Il faut maintenant tester le bon fonctionnement du menu.

20. **Placez la tête de lecture sur le menu (début du montage).**

21. **Dans le moniteur de contrôle, cliquez sur le bouton DVD (Figure 13.21).**

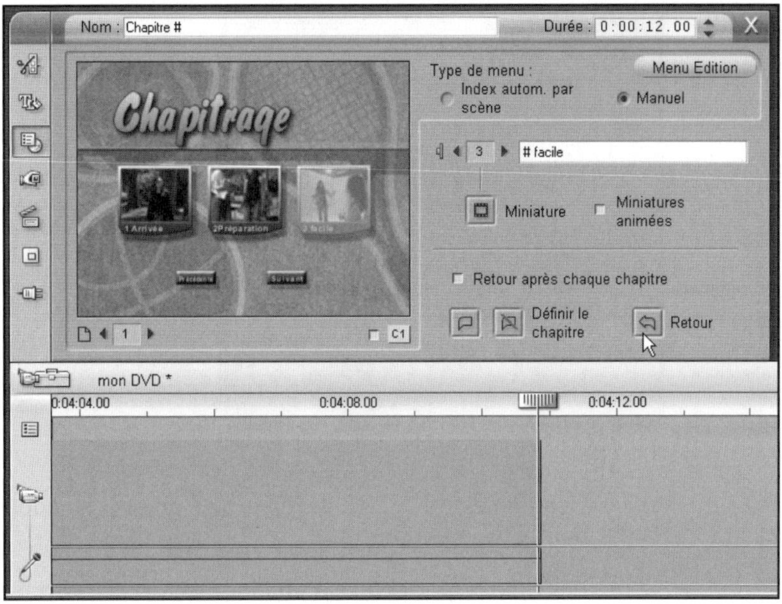

Figure 13.20 : Une fois le film terminé, il faut afficher automatiquement le menu.

Figure 13.21 : Test du DVD.

22. **Le moniteur se dote de boutons de commandes identiques à ceux de la télécommande de votre lecteur de salon. Cliquez sur le bouton Lecture pour lancer l'aperçu du DVD (Figure 13.22).**

Figure 13.22 : Lancer l'aperçu du DVD.

Le menu est lu en boucle jusqu'à ce que vous cliquiez sur un bouton du moniteur.

23. **Pour lancer la lecture d'un chapitre précis, cliquez dessus directement dans le moniteur.**

    Vous pouvez aussi vous déplacer dans le menu en utilisant les quatre boutons directionnels de la télécommande. Vous validez votre choix en cliquant sur le bouton central, comme à la Figure 13.23.

Figure 13.23 : Les boutons de la télécommande permettent de choisir le chapitre à lire.

Si toutes vos marques de chapitres sont bien positionnées, la lecture commence directement au chapitre choisi.

Une fois le fonctionnement des boutons de chapitres validé, testez le retour au menu quand le film se termine.

24. **Sans quitter le mode d'aperçu du DVD, placez la tête de lecture quelques secondes avant la fin du film, comme à la Figure 13.24.**

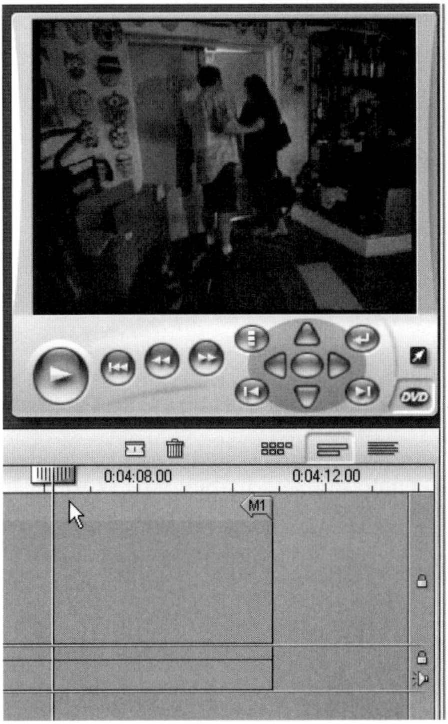

Figure 13.24 : Testez le retour au menu en fin de film.

25. **Cliquez sur le bouton Lecture ou appuyez sur la barre d'espace du clavier.**

La lecture du film commence à l'emplacement de la tête de lecture. Dès que la marque M1 est atteinte, le menu s'affiche de nouveau. Bravo !

TRUC

Nous n'avons vu que le principe de création des menus. Bien évidemment, il est possible de créer plusieurs menus qui se renvoient les uns aux autres. Par exemple, le premier menu peut contenir une simple image d'arrière-plan et deux boutons : Film et Chapitrage. Le bouton Film lance la lecture directe et intégrale du film, tandis que le bouton Chapitrage affiche le menu des chapitres. Le plus difficile dans l'imbrication des menus est de bien vérifier tous les liens pour que l'utilisation reste simple et intuitive. Un conseil : Ne créez jamais plus de trois menus par DVD.

TRUC

Il est possible de personnaliser les modèles, à l'instar du changement de nom que nous avons réalisé dans cette procédure. Sachez que vous pouvez aussi changer la police et la taille des caractères, leur couleur, les souligner, etc. Vous pouvez ajouter des boutons, changer les boutons existants et, si vraiment aucun menu ne vous plaît, créer le vôtre !

Une fois le ou les menus en place et correctement testés, passez à la phase sans doute la plus simple à réaliser dans Pinnacle Studio, je veux parler de l'encodage et de la gravure.

Encoder et graver le DVD vidéo

L'encodage, qui est une phase assez complexe à maîtriser, profite d'une automatisation salutaire aux débutants dans Pinnacle.

Une fois vos menus créés et testés, voici ce que vous devez faire pour obtenir un DVD vidéo qui sera lisible dans votre lecteur et/ou enregistreur de DVD de salon :

1. **Insérez un DVD vierge dans votre graveur.**

   TRUC

   Et j'insiste sur la virginité de ce DVD. En effet, c'est en fonction de l'espace disponible que Pinnacle Studio va calculer le niveau d'encodage, eu égard à la longueur du film et au nombre de menus à préparer en MPEG-2.

2. **Cliquez sur le bouton Créer film.**

3. **Dans l'interface de création du film, cliquez sur le bouton Disque, comme à la Figure 13.25.**

   Si Studio est bien configuré pour la gravure d'un DVD, le mot DVD et la capacité de stockage sont spécifiés à gauche de l'image du disque.

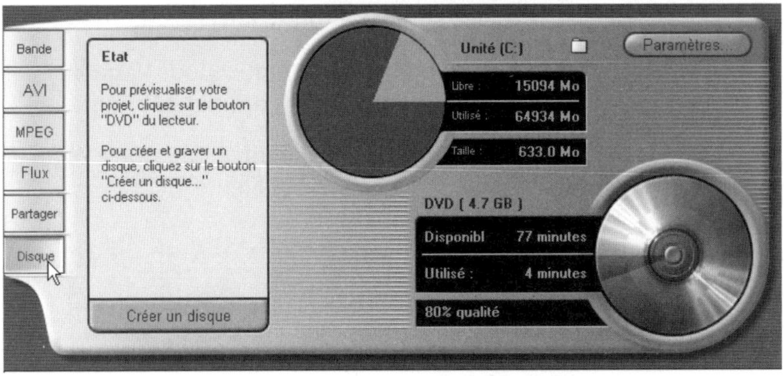

Figure 13.25 : Logique, puisque vous créez un DVD vidéo.

4. **Si ces informations sont mauvaises, cliquez sur le bouton Paramètres.**

5. **Dans l'onglet Créer un disque de la boîte de dialogue Options de configuration de Pinnacle Studio, définissez les paramètres suivants :**

5a. Dans la section Format de sortie, activez DVD.

5b. Dans la section Qualité vidéo/utilisation du disque, cliquez sur Automatique.

Ainsi, Studio définit l'encodage en fonction de la durée du film et du DVD vierge utilisé.

5c. Dans Options de gravure, choisissez DVD.

5d. Dans la liste Support, choisissez le type de DVD inséré dans votre graveur.

Normalement Studio l'identifie seul. Donc, n'effectuez une modification que si vraiment le support n'a pas été identifié. Vous constatez dans cette liste que Studio prend en charge les DVD doubles couches (DL).

5e. Vérifiez que votre graveur est bien sélectionné dans la liste Graveur.

5f. Vérifiez que la liste Vitesse n'affiche pas une vitesse supérieure à celle que peut gérer votre graveur et/ou le DVD vierge.

5g. Cliquez sur le bouton Avancé.

5h. Dans la section Débit, optez pour Variable (VBR). Ne touchez pas aux autres options et cliquez sur OK.

Si vous avez respecté ces indications, votre boîte de dialogue doit ressembler à celle de la Figure 13.26.

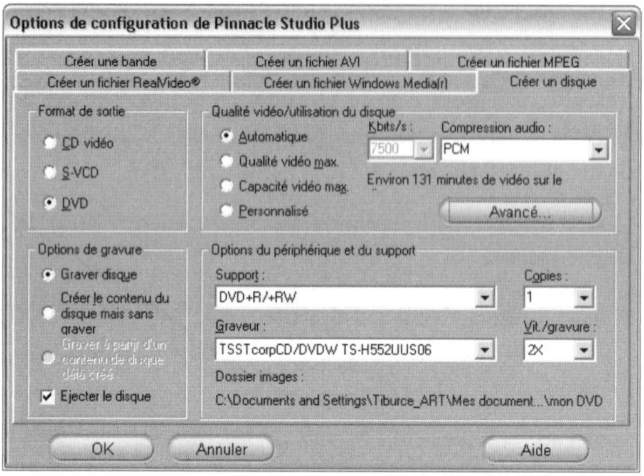

Figure 13.26 : Les paramètres d'encodage.

6. **Cliquez sur OK.**

7. **Pour lancer l'encodage MPEG-2, la structuration du DVD vidéo et la gravure, cliquez sur Créer un disque (Figure 13.27).**

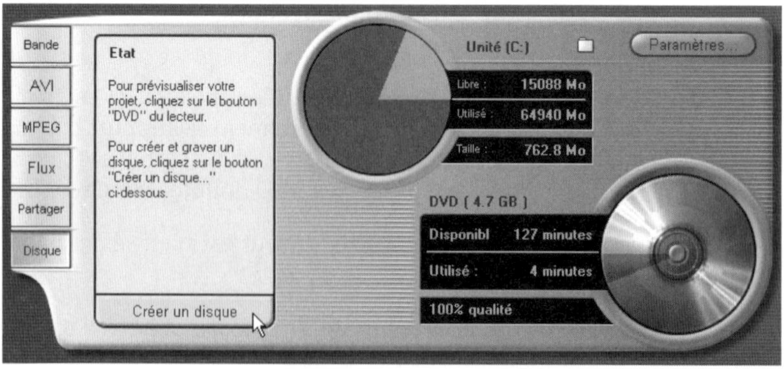

Figure 13.27 : Un clic sur ce bouton lance l'encodage et la gravure.

Le rendu du film commence. Vous en suivez la progression sous le moniteur de contrôle.

Le rendu dépend de la longueur de votre film et de l'application ou non d'effets vidéo (que nous ne traitons pas dans cet ouvrage). Patientez (Figure 13.28) !

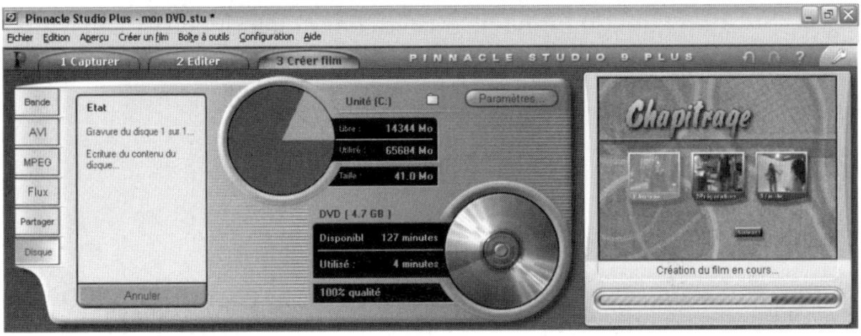

Figure 13.28 : Allez faire un tour !

8. **Une fois la gravure terminée, Studio éjecte le disque.**

9. **Prenez le disque et insérez-le dans votre lecteur de DVD de salon.**

   Elle est pas belle la vie du créateur de DVD !

Pinnacle Studio est l'un des logiciels grand public les plus complets et les plus simples. De la capture au montage, en passant par l'authoring et la gravure, il n'y a pas grand-chose qu'il ne sache faire. Néanmoins, s'il ravira le néophyte soucieux de créer des vidéos et des DVD de qualité, il risque de ne pas satisfaire des utilisateurs amateurs plus exigeants. Ceux-là pourront se tourner vers Adobe Premiere Elements.

Adobe Premiere Elements

Adobe Premiere Elements est une sorte de Pinnacle Studio légèrement plus évolué, dans la mesure où il reprend la philosophie du logiciel de montage virtuel professionnel Premiere Pro 1.5. Grosso modo, Premiere Elements sait en faire autant que Pinnacle Studio. Il dispose toutefois de fonctions de montage plus puissantes, d'un authoring DVD légèrement moins performant, mais le tout présenté souvent de manière plus complexe. Cela tient au fait qu'être héritier d'un grand nom n'est pas toujours facile à porter. (Demandez aux enfants des grandes vedettes de cinéma qui ont tellement de mal à tourner des films !) Je dirai que Premiere Elements a le derrière (pour être poli) entre deux chaises. Il est trop complexe pour le néophyte et trop simple pour le monteur vidéo averti. Malgré tout, Adobe présente Premiere Elements comme le pendant vidéo de Photoshop Elements, c'est-à-dire une application destinée au grand public. Nous allons, dans cette section, rester fidèle à la présentation faite de Pinnacle Studio. Par conséquent, et sans surprise, voici ce que vous allez apprendre :

- Capturer une source vidéo.
- Créer des menus et des chapitres.
- Encoder et graver un DVD vidéo.

TRUC

Sache, lecteur attentif, attentionné et reconnaissant (je n'en doute pas, alors ne m'enlevez pas mes illusions), que la phase de capture réalisée dans Premiere Elements est plus simple que dans Pinnacle Studio 9, 10 et Plus. En effet, Premiere Elements ne sait capturer que des sources vidéo numériques. Donc, même si je le voulais, il me serait impossible d'expliquer ici comment capturer vos films VHS, VHS-C, S-VHS et tout autre support vidéo analogique.

Capturer avec Premiere Elements

Dans Premiere Elements, on parle davantage d'*acquisition* que de capture. Ce n'est qu'une question de terminologie, puisque le résultat est le même : enregistrer sur le disque dur de votre ordinateur le contenu d'une cassette numérique... mais pas analogique. Comme nous l'avons expliqué il y a quelques lignes, dans Premiere Elements tout passe par le port FireWire (ou IEEE 1394) de l'ordinateur. Par conséquent, exit la capture d'un support analogique. Dans la mesure où il m'a été permis d'expliquer qu'en général la capture numérique est bien plus simple à réaliser que la capture analogique, cette phase ne vous posera pas plus de problème dans Premiere Elements qu'elle ne vous en a posé dans Pinnacle Studio.

Voici quelques présomptions de départ, c'est-à-dire les préalables (et non pas les *préliminaires*, pour éviter de faire fantasmer quelques-uns d'entre vous), et les vérifications à effectuer pour assurer une parfaite capture numérique avec Premiere Elements :

- Vous possédez Premiere Elements (même en version de démonstration).
- Vous possédez une carte d'acquisition avec entrée/sortie numériques (port IEE1394 dit FireWire ou encore Ilink).
- Si vous ne possédez pas de carte FireWire (IEEE 1394), votre ordinateur est au moins équipé d'une prise à cette norme compatible OHCI.
- Les pilotes de la carte sont correctement installés et celle-ci est parfaitement reconnue par les utilitaires livrés par son constructeur (logiciel de capture, testeur de la rapidité des disques, etc.).
- Votre caméscope MiniDV, Digital8, MicroMV ou votre magnétoscope numérique est connecté au port DV de la carte.

Pour lancer une capture, utilisez l'ensemble des outils mis à votre disposition. Nous allons étudier ici la méthode la plus simple et la plus intuitive. Avant de lancer la capture, vérifiez les points suivants :

- Le caméscope est raccordé à la prise IEEE-1394 de la carte d'acquisition par le biais d'un câble généralement fourni avec la carte.
- Le caméscope est allumé. (Ne riez pas ! c'est arrivé à plus malin que vous !)
- Une cassette est dans le caméscope.
- Le caméscope est en mode magnétoscope, c'est-à-dire VCR, Lecture ou encore VTR, et non pas en mode caméra.

Une fois ces vérifications effectuées et éventuellement corrigées, procédez comme suit :

1. **Sur le bureau de Windows XP, double-cliquez sur l'icône Premiere Elements placée là par le programme lors de son installation.**
2. **Dans l'écran de bienvenue du programme, cliquez sur le bouton Acquisition vidéo, comme à la Figure 13.29.**

Figure 13.29 : Il est possible d'invoquer la commande d'acquisition depuis l'écran de bienvenue de Premiere Elements.

TRUC

En revanche, si vous êtes déjà dans le programme, c'est-à-dire qu'en être pressé et avide de sensations fortes vous avez cliqué sur Nouveau projet, vous devez cliquer sur le bouton Acquisition de la barre d'outils de Premiere Elements, comme vous pouvez le voir sur l'interface du programme illustrée à la Figure 13.30.

Figure 13.30 : L'acquisition peut être lancée via le bouton... Acquisition.

La fenêtre Acquisition apparaît, comme à la Figure 13.31. L'icône d'une cassette et le terme Arrêt indiquent que le caméscope est parfaitement identifié par Premiere Elements. Si un message `Périphérique Off-Line` s'affiche, c'est que les connexions sont mal faites, ou que votre caméscope nécessite un pilote pour être reconnu par Premiere Elements.

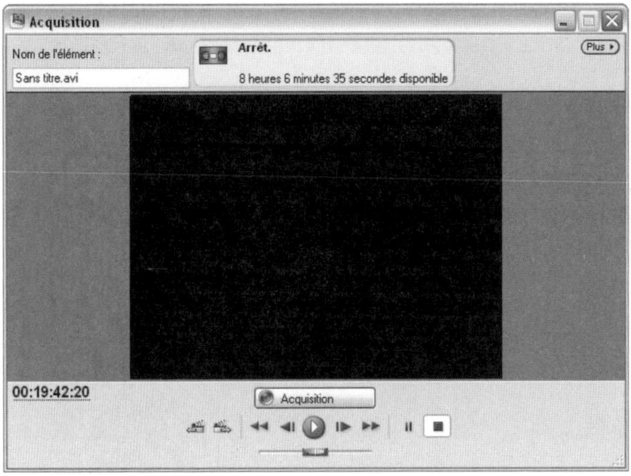

Figure 13.31 : L'interface d'acquisition de Premiere Elements.

3. **Utilisez le bouton de commande de la fenêtre pour afficher le début de la séquence à capturer.**

   L'interface d'acquisition présente des boutons identiques à ceux d'un magnétoscope. Ils permettent de piloter le caméscope à distance.

4. **Cliquez sur le bouton Lecture pour lire le contenu de la bande, puis cliquez sur le bouton Acquisition pour capturer les séquences vidéo.**

5. **Après avoir acquis quelques minutes d'images, cliquez sur le bouton Arrêter l'acquisition.**

6. **Fermez la fenêtre Acquisition.**

Comme le montre la Figure 13.32, la fenêtre Média s'est dotée d'un certain nombre de clips à utiliser dans votre montage.

TRUC

Une fois la capture terminée, vous devez cliquer sur le bouton Modifier pour accéder à l'interface de montage virtuel de Premiere Elements. Là, vous organisez vos différentes captures dans une fenêtre appelée Montage, ajoutez des transitions, réalisez des effets spéciaux d'incrustation, de traitement de l'image ou encore du son. Vous allez en profiter pour éliminer des images inutiles, déplacer des clips vidéo à un autre endroit du film, c'est-à-dire donner vie à un film qui est bien souvent morose quand on le regarde en intégralité sur son caméscope. Ce n'est qu'une fois les opérations de montage terminées que vous allez créer des menus, insérer des

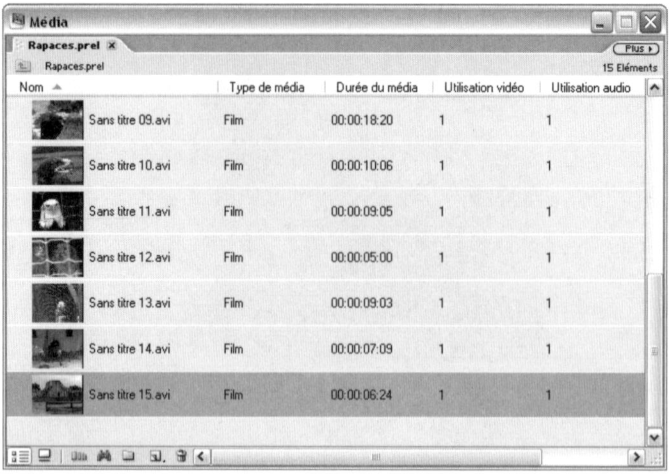

Figure 13.32 : Les clips vidéo capturés s'affichent dans la fenêtre Média.

chapitres, c'est-à-dire constituer votre DVD vidéo avec ses interfaces de navigation.

TRUC

Comme avec Pinnacle Studio, la phase de montage est facultative, vous pouvez très bien conserver vos vidéos telles que vous venez de les capturer. Cela n'empêche pas de structurer un DVD vidéo digne de ce nom, comme l'explique la prochaine section.

Créer des menus dans Premiere Elements : les bases d'un authoring grand public

Nous ne développerons pas davantage la création des menus (authoring) que nous ne l'avons fait pour Pinnacle Studio. Ceci est d'autant plus justifié que Premiere Elements nous semble moins puissant que Studio dans ce domaine.

Les lecteurs qui désirent pousser plus loin leur expérience du DVD sous Premiere Elements liront l'excellent *Premiere Elements pour les nuls*, traduit par votre serviteur et publié aux Editions First Interactive.

Dans cette section, vous allez créer un simple menu de chapitres, et définir lesdits chapitres dans votre film. Pour avoir déjà vu des films sur DVD, vous savez que les chapitres permettent d'accéder instantanément à une séquence spécifique, ou de passer rapidement de séquence en séquence en ordre chronologique. Il suffit pour cela d'utiliser les boutons adéquats de votre télécommande.

Il n'y a pas si longtemps, graver une vidéo sur DVD était une opération complexe, exigeant beaucoup de temps. Les programmeurs de la société Adobe ont cherché à simplifier cette création dans Premiere Elements. Dans cette acception même de l'authoring et de la gravure, je pense que le résultat est à la hauteur de leurs ambitions.

Choisir un modèle de DVD

Si vous regardez des DVD avec votre lecteur de salon, la structure d'un DVD n'a plus de secrets pour vous. Des menus très graphiques permettent de sélectionner divers éléments à consulter. Traditionnellement, un DVD contient un bouton de démarrage du film, et quelques accès à des menus comme le chapitrage, les bonus, le choix de la langue, etc. Créer des menus sophistiqués peut prendre beaucoup de temps. Cependant, avec Premiere Elements, c'est un jeu d'enfant.

Premiere Elements propose de nombreux modèles de DVD qui peuvent être rapidement personnalisés. Chaque modèle inclut un Menu principal et un Menu scènes. Bien évidemment, tous les liens sont prédéfinis pour naviguer correctement dans le DVD.

Il est possible de créer un DVD sans menu. Dans ce cas, vous gravez le contenu du montage sur DVD depuis Premiere Elements ; dès que vous insérerez le disque dans un lecteur de salon, le film démarrera automatiquement.

Lorsque vous ouvrez l'espace de travail DVD, vous voyez une fenêtre appelée Disposition DVD. Il suffit de cliquer sur le bouton Changer le modèle pour afficher la boîte de dialogue Modèles de DVD illustrée à la Figure 13.33.

Voici comment sélectionner un modèle :

1. **Dans la fenêtre Modèles de DVD, optez pour un DVD avec ou sans menu.**

   Pour créer un DVD autoexécutable sans menu, activez l'option Lecture automatique du DVD sans menu. Cliquez ensuite sur OK et lisez immédiatement la section "Encodage et gravure", plus loin dans ce chapitre. En revanche, pour créer un DVD

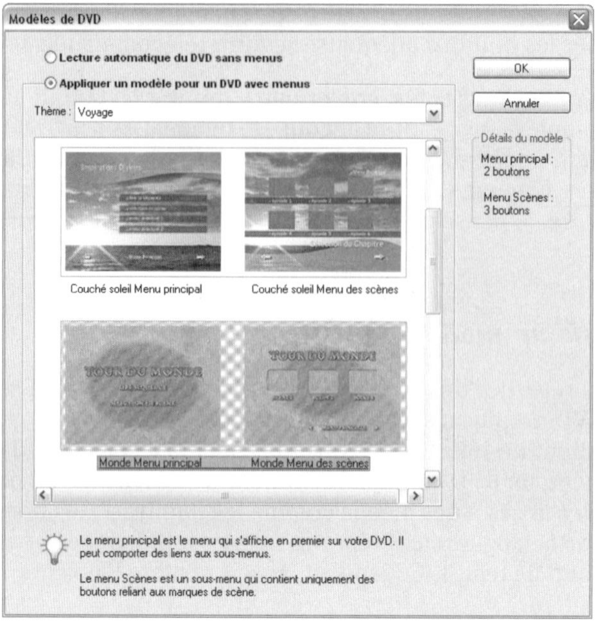

Figure 13.33 : Premiere Elements propose de nombreux modèles de DVD.

avec des menus, activez l'option Appliquer un modèle pour un DVD avec menus.

2. **Dans la liste Thème, sélectionnez un thème.**

   Les modèles de DVD de Premiere Elements sont répartis dans des catégories comme Joyeux anniversaire, Mariage ou Voyage. Sur la Figure 13.33, vous voyez que j'ai sélectionné le thème Voyage.

3. **Faites défiler le contenu de la liste et cliquez sur le modèle à utiliser.**

   Lorsque vous choisissez un modèle, quelques informations s'affichent dans la partie droite de la boîte de dialogue sous la section Détails du modèle. Sur la Figure 13.33, vous constatez que j'ai choisi le thème "Monde". A droite, je vois qu'il se compose d'un menu principal à 2 boutons et d'un menu des scènes à 3 boutons. Le nombre de boutons importe peu, car vous pourrez le modifier.

4. **Dès qu'un menu est choisi, cliquez sur OK pour fermer la boîte de dialogue Modèle de DVD.**

Les menus du DVD sont générés automatiquement ; ils apparaissent dans la fenêtre Disposition DVD, illustrée à la Figure 13.34.

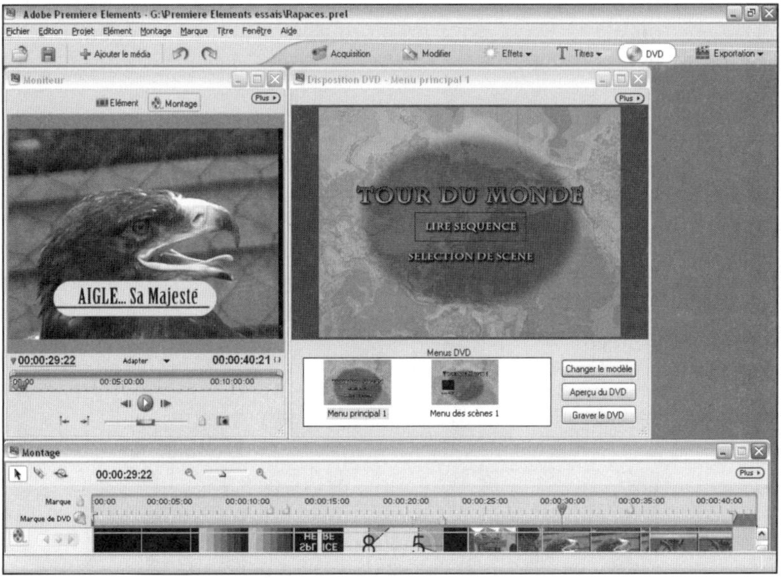

Figure 13.34 : Les menus du DVD sont automatiquement créés à partir d'un modèle de Premiere Elements.

TRUC

Si, après personnalisation du menu du DVD, le résultat n'est pas à la hauteur de vos espérances, cliquez sur le bouton Changer le modèle, de manière à en sélectionner un autre.

Personnaliser les menus du DVD de Premiere Elements

Lorsque vous créez un menu de DVD avec les modèles de Premiere Elements, certains textes et liens peuvent nécessiter des modifications. Le texte par défaut est générique. Vous devez l'adapter au contenu de votre film. Par exemple, la Figure 13.34 montre que le titre du menu est `Tour du monde`. C'est sans doute très prétentieux si votre film concerne la pose du papier peint dans les toilettes du rez-de-chaussée de votre maison à deux étages. Comme tour du monde, y a quand même mieux ! Lisez les sections qui suivent pour personnaliser le contenu d'un modèle.

Modifier le texte du menu

Pour modifier le texte d'un menu, double-cliquez dessus ! La boîte de dialogue Modifier le texte apparaît, comme à la Figure 13.35, avec le titre en surbrillance. Il suffit de saisir votre nouveau texte et de cliquer sur OK pour qu'il remplace l'ancien titre, comme le montre la Figure 13.36.

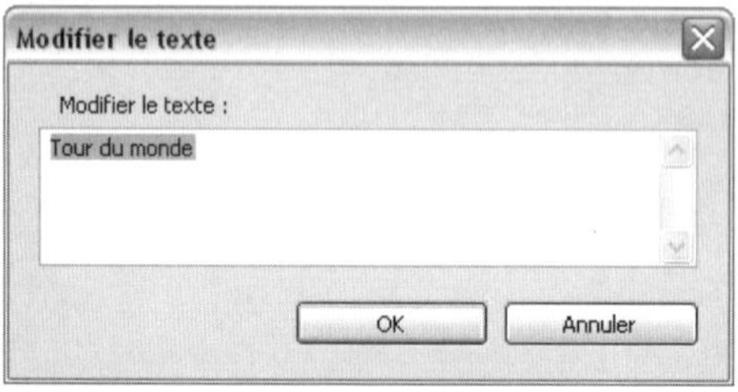

Figure 13.35 : Entrez un nouveau titre pour le DVD.

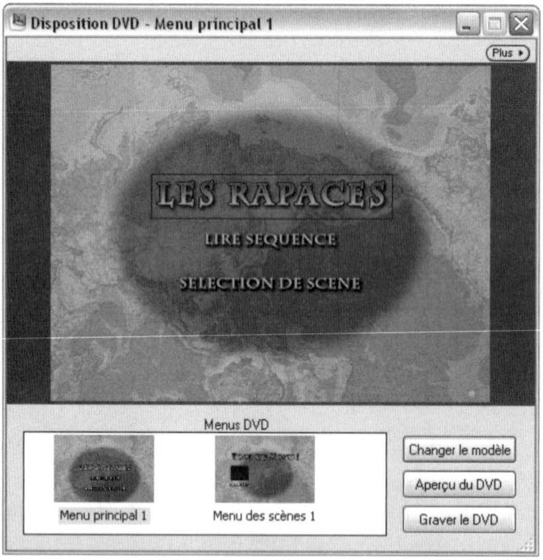

Figure 13.36 : Personnalisez vos menus !

Malheureusement, Premiere Elements ne permet pas de modifier la taille ou l'alignement du texte. Vous devez donc éviter de saisir un titre trop long dans la boîte de dialogue Modifier le texte. Sinon, les caractères risquent de sortir de l'écran ou de masquer des éléments importants.

Modifier le menu des scènes

Pour être certain que le menu des scènes renvoie bien à vos marques de DVD, vous devez le prévisualiser. Le nombre de boutons renvoyant aux scènes dépend :

- **Du nombre de marques de DVD placées dans le montage.** Premiere Elements considère chaque marque de DVD comme le début d'une scène du film. Donc, si vous avez inséré 8 marques, vous disposez de 8 boutons d'accès aux scènes dans le menu idoine de votre DVD.
- **Du nombre de scènes par page de menu géré par le modèle.** Lorsque vous créez vos menus à partir d'un modèle, la boîte de dialogue Modèles de DVD (voir la Figure 13.33) montre la disposition par défaut des vignettes des scènes. Le modèle que j'ai choisi affiche trois vignettes par page.

La personnalisation des scènes d'un DVD est une phase importante de création. En effet, lorsque Premiere Elements génère les scènes, il y a de fortes chances pour que les liens se chevauchent, et que les vignettes affichent des images mal choisies. Pour afficher vos menus de sélection de scènes, cliquez sur le menu en question dans la partie inférieure de la fenêtre Disposition DVD. Pour accéder à la bonne page, vous serez parfois obligé de faire défiler le contenu de la section Menus DVD.

Corriger les problèmes de chevauchement des liens

Le nom des liens est problématique, car cela empêche d'accéder à certaines parties du film. Pour apprécier et/ou identifier un tel chevauchement, cliquez sur le bouton Plus, puis sur Afficher les boutons de menu côte à côte. Lorsque des liens se chevauchent, un cadre rouge s'affiche, comme à la Figure 13.37.

Pour résoudre ce problème, vous devez raccourcir le nom du chapitre. Premiere Elements n'autorise ni le déplacement des liens ni la modification de la taille du texte. Vous ne pouvez pas insérer des retours à la ligne. Pour réduire la longueur d'un lien, double-cliquez dessus. Il s'affiche dans la boîte de dialogue Marque de DVD. Dans le champ Nom, modifiez le texte initial, comme je l'ai fait sur la Figure 13.38. En règle générale, limitez le nom des scènes à un mot. Modifiez les noms des chapitres jusqu'à ce qu'il n'y ait plus aucun cadre rouge autour des scènes.

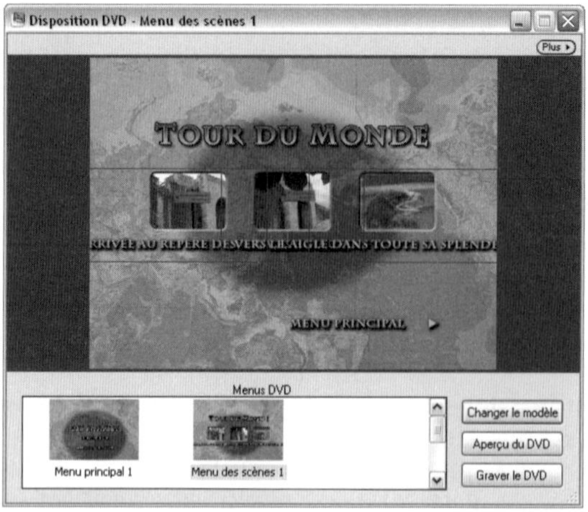

Figure 13.37 : Les liens qui se chevauchent doivent être rectifiés avant la gravure du DVD.

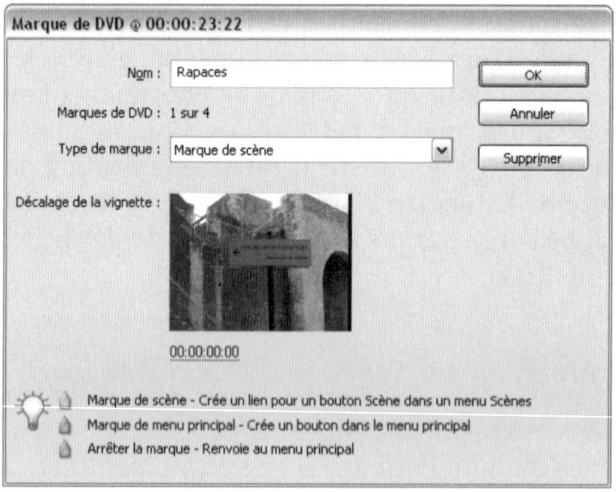

Figure 13.38 : Les noms courts posent moins de problèmes dans les menus.

Modifier les vignettes des liens

Lorsque vous ajoutez des marques de DVD dans votre montage, vous les placez généralement au début des scènes importantes du film. Par défaut, Premiere Elements utilise la première image située à droite de la marque comme vignette affichée par les boutons des scènes. Toutefois, cette image n'est peut-être pas représentative du contenu de la scène.

Pour changer l'image de la vignette, double-cliquez sur la scène concernée dans la fenêtre Disposition DVD. La boîte de dialogue

Marque de DVD s'ouvre. Placez le pointeur de la souris sur le code temporel affiché sous la vignette. Quand il prend la forme d'une main ornée d'une double flèche, cliquez et faites-le glisser vers la droite jusqu'à ce que vous affichiez une image intéressante. Sur la Figure 13.39, j'ai choisi l'image située une seconde plus loin que la marque de DVD d'origine.

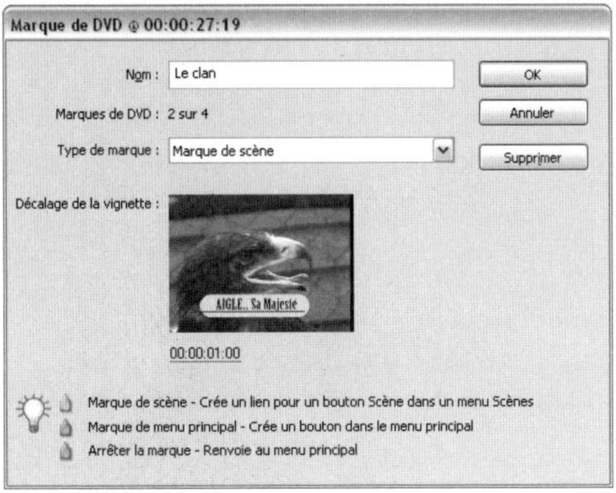

Figure 13.39 : Dans la boîte de dialogue Marque de DVD, changez l'image des vignettes de vos scènes.

Supprimer des liens

Si des liens vous semblent inutiles, double-cliquez dessus dans la fenêtre Disposition DVD. Dans la boîte de dialogue Marque de DVD, cliquez sur le bouton Supprimer. La scène disparaît du menu, et la marque du DVD est effacée du montage.

Ajouter une marque d'arrêt

Avez-vous pensé à ce qui doit se produire lorsque la lecture du film se termine ? L'idéal est de revenir au menu principal. Pour cela, vous devez insérer une marque d'arrêt en suivant cette procédure :

1. **Activez la fenêtre Montage.**
2. **Appuyez sur la touche Fin de votre clavier.**

   L'Indicateur d'instant présent (c'est-à-dire le tête de lecture) se place en fin de montage.

3. **Cliquez sur Marque/Définir la marque de DVD.**

La boîte de dialogue homonyme apparaît.

4. **Dans la liste Type de marque, choisissez Arrêter la marque, comme le montre la Figure 13.40.**

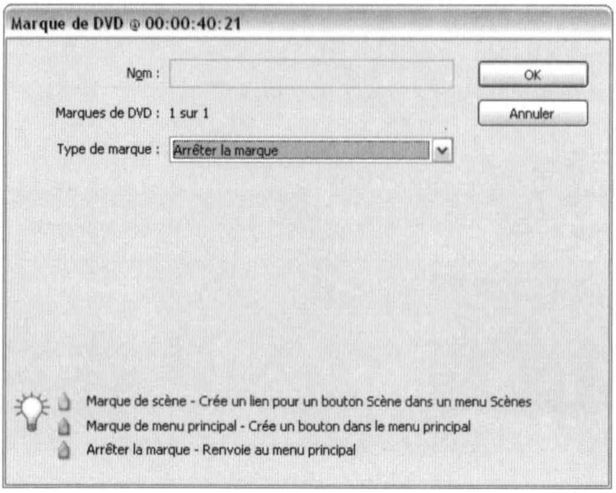

Figure 13.40 : Placez une marque de fin à la fin du projet pour revenir au menu principal.

5. **Cliquez sur OK pour positionner la marque et fermer la boîte de dialogue.**

Vous venez de faire tout ce qu'il faut pour structurer un DVD, ou plutôt un montage avec l'ensemble des éléments nécessaires aux futurs encodage et gravure du DVD vidéo : un montage (ou non, si vous avez un poil dans la main) ; un ou plusieurs menus ; une navigation cohérente.

Comme avec Pinnacle Studio, la phase qui suit est celle de l'aperçu ou de test du DVD. Si le test est réussi, viendra l'encodage, c'est-à-dire la compression de tous les éléments constituant le DVD au format MPEG-2, format d'image qui sera ensuite gravé sur un DVD reprenant la structure bien spécifique du DVD vidéo. Seule cette structure garantit la compatibilité de votre DVD avec les lecteurs de DVD de salon.

Encodage et gravure

Comme le veut la tradition des solutions logicielles complètes, et de surcroît grand public, le montage virtuel suivi de la conception d'un DVD se termine par une phase de test, d'encodage et de gravure. Ces trois phases, souvent effectuées lors d'une même session de travail, ont pour objectif :

- De s'assurer que la navigation dans le DVD s'effectue sans problème, et que les bonnes parties du ou des films sont lues lorsque l'on sélectionne tel bouton ou telle vignette de l'interface. On en profite également pour vérifier qu'en fin de film(s) le bon menu s'affiche.
- De convertir des images DV en fichiers vidéo MPEG-2, seul format identifié par les DVD vidéo. Il s'agit d'une phase de compression de très haute qualité, capable de transformer 25 Go de film en un DVD vidéo de 4,7 Go, sans que l'on puisse discerner une perte de qualité excessive.
- De graver le DVD ainsi structuré dans Premiere Elements sous la forme, la structure et la hiérarchie des DVD vidéo qui répondent à des spécificités techniques très précises, le rendant compatible avec la majorité des lecteurs et/ou lecteurs/enregistreurs de DVD de salon.

Je vous propose donc de voir comment on en arrive à un joli DVD vidéo après montage et authoring dans Premiere Elements.

Prévisualiser le DVD

Dès que la structure du DVD semble correcte, prenez quelques minutes pour le prévisualiser. Il est important de vérifier le bon fonctionnement des liens. Dans la fenêtre Disposition DVD, cliquez sur le bouton Aperçu du DVD. Vous accédez à une fenêtre portant le même nom. Elle se compose de boutons identiques à ceux d'une télécommande de lecteur de DVD de salon, comme le montre la Figure 13.41.

Lors d'une prévisualisation d'un DVD, portez votre attention sur les points suivants :

- Les menus sont-ils attrayants ? Si la réponse est négative, utilisez un autre modèle.
- Cliquez sur chaque scène du menu. Les scènes démarrent-elles au bon emplacement ? En cas de mauvais démarrage, vous devez repositionner les marques de DVD dans le Montage.

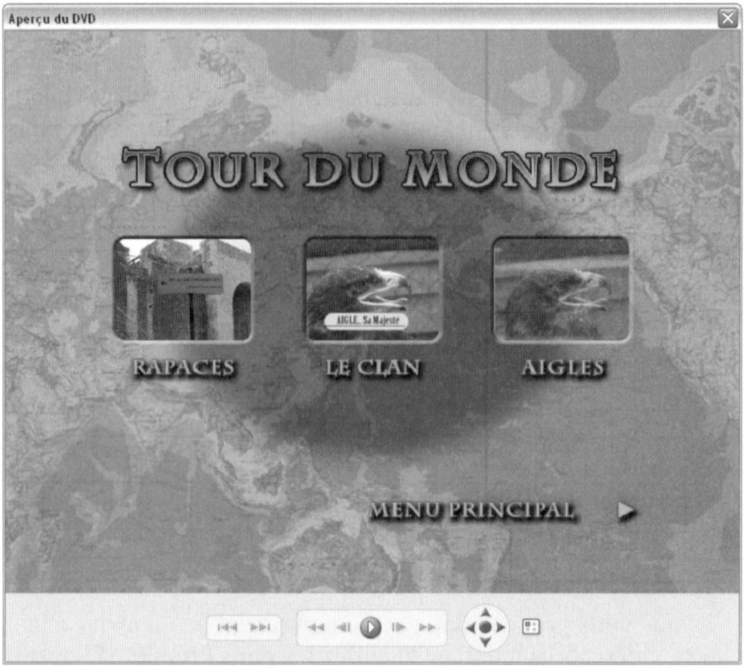

Figure 13.41 : Prévisualisez votre DVD en vérifiant le bon fonctionnement des liens.

- Cliquez sur le lien Lire séquence du menu principal pour voir si le film démarre. Ensuite, revenez au menu principal en cliquant sur le bouton correspondant de la fenêtre Aperçu du DVD. Après, cliquez sur le lien Sélection de scène pour afficher la première page contenant les chapitres du film. Là, testez tous les liens, et notamment ceux qui permettent d'accéder aux autres pages du menu. Testez également le lien de retour direct au menu principal à partir de n'importe quelle page du menu des scènes.
- Lisez la dernière scène du film jusqu'à la fin pour voir si le retour au menu principal s'opère correctement.

Une fois la prévisualisation effectuée, cliquez sur le bouton de fermeture (X) de la fenêtre Aperçu du DVD. Si nécessaire, effectuez les modifications qui s'imposent, puis procédez à un nouveau test. Quand l'aperçu du DVD est concluant, vous pouvez graver le disque.

Graver votre DVD

Lorsque la prévisualisation vous a donné entière satisfaction, l'heure a sonné de graver le DVD. Cette opération consiste à enregistrer les données vidéo sous une structure qui sera correctement interprétée par la grande majorité des lecteurs de DVD informatiques et de salon.

Avant de lancer la gravure, ayez conscience que cette procédure demande du temps. Si le film est assez long, l'encodage et la gravure peuvent prendre plusieurs heures. Pour cette raison, je conseille d'exécuter cette procédure en fin de journée, c'est-à-dire à une heure où vous n'utiliserez pas votre ordinateur. Comme l'encodage puis la gravure demandent beaucoup de ressources système, il est déconseillé d'utiliser son PC pendant cette dernière phase de création d'un film avec Premiere Elements.

Pour éviter des déconvenues, effectuez la gravure sur un DVD réinscriptible de type +RW ou -RW. Ainsi, en cas de problème, il vous suffira d'effacer le disque pour le réutiliser. Sur un DVD+R ou -R, vous risquez de perdre un disque, son contenu ne pouvant pas être supprimé. Le disque sera inexploitable, finissant sa vie dans votre poubelle.

Pour graver un DVD depuis Premiere Elements :

1. **Cliquez sur Montage/Rendu de la zone de travail.**

   Avant de lancer la gravure du DVD, vérifiez que tous les éléments du film ont été calculés : effets, transitions, titres et autres opérations de montage.

2. **Une fois le rendu effectué, cliquez sur le bouton Graver le DVD de la boîte de dialogue Disposition DVD.**

   La boîte de dialogue homonyme s'ouvre.

3. **Choisissez entre une gravure sur le disque ou dans un dossier.**

   Kézako ? Malheureux, vous vous posez encore la question ! Vous n'avez lu ce livre qu'en diagonale, c'est exaspérant ! Je suis bon prince et vous explique de nouveau la différence entre les deux :

- *Graver sur disque* signifie que vous enregistrez directement le film sur le DVD vierge inséré dans le graveur.
- *Graver dans un dossier* signifie que Premiere Elements va compiler une image du DVD, image qui pourra par la suite être gravée sur un disque par l'intermédiaire d'une application comme Nero, Roxio ou encore DVD Decrypter.

Si vous souhaitez graver plusieurs exemplaires de votre DVD sans passer par Premiere Elements, choisissez également de graver dans un dossier. Ainsi, il sera plus rapide de réaliser plusieurs copies du DVD avec un logiciel comme Nero ou Roxio.

4. **Dans le champ Nom du CD, attribuez un nom au DVD.**

5. **Si vous avez plusieurs graveurs dans la machine, sélectionnez celui à utiliser dans la liste Emplacement du graveur.**

   Si un graveur externe est raccordé au port FireWire ou USB de votre ordinateur, et qu'il n'apparaît pas dans cette liste, vérifiez son branchement et sa mise sous tension. Ensuite, cliquez sur le bouton Renumériser pour que le programme vérifie de nouveau la présence des graveurs installés sur votre ordinateur.

6. **Insérez un DVD enregistrable (plutôt réenregistrable) dans votre graveur.**

   Dans la boîte de dialogue, vous constatez que l'état est déclaré `Média absent`, qui signifie qu'aucun disque n'est présent dans le graveur. Une fois le disque inséré, l'état devient Prêt. Si rien ne se passe après cette insertion, cliquez sur le bouton Renumériser.

7. **Pour vous assurer que le disque ne présente aucun défaut et qu'il est totalement compatible, cochez la case Tester le média avant de le graver.**

   En général, lorsque le bouton Renumériser a été cliqué, cette option est inaccessible.

8. **Indiquez le nombre de copies à effectuer.**

Il est préférable de créer un DVD de test avant de se lancer dans une production en masse ! Si le DVD s'avère incorrect, vous ne perdez qu'un seul disque... d'où mon insistance sur l'utilisation d'un DVD+RW ou -RW.

9. **Réglez la qualité de la gravure.**

   Je conseille de laisser l'option Adapter le contenu à l'espace disponible. Premiere Elements détecte automatiquement l'espace disponible sur le DVD, et encode le film dans la qualité adaptée.

   Pour régler cette qualité, désactivez l'option en question, puis faites glisser le curseur Qualité vidéo. Plus cette qualité est élevée, plus le projet occupera d'espace disque.

   Contrôlez toujours la valeur affichée par la rubrique Espace requis, de manière à ne pas dépasser les limites de stockage du DVD.

10. **Choisissez un standard TV.**

    Optez pour PAL ou NTSC, selon la situation géographique des utilisateurs de votre DVD. Comme vous résidez probablement en Europe, et principalement en France, vous choisirez certainement le standard PAL.

11. **Dès que vous êtes prêt, cliquez sur le bouton Graver.**

    La boîte de dialogue Progression du gravage de DVD apparaît. Elle restera probablement très longtemps affichée, car la procédure d'encodage en MPEG-2 puis de gravure peut demander plusieurs heures.

12. **Lorsque la gravure est terminée, cliquez sur le bouton Fermer de la boîte de dialogue Progression du gravage de DVD.**

    Une fois la gravure effectuée, testez votre disque sur plusieurs types de lecteurs.

Certains lecteurs, souvent anciens, se refusent à lire des types particuliers de DVD, notamment les +R/+RW et les -R/-RW. D'autres lecteurs, parfaitement compatibles +R/RW et -R/RW, ne supportent pas telle ou telle marque de DVD. Essayez-en une autre ! Enfin, en cas d'incompatibilité systématique, créez une image du DVD avec l'option Dossier, puis gravez vos DVD avec Nero ou Roxio.

Voici terminée l'étude de la création d'un DVD vidéo avec deux logiciels de montage virtuel, d'authoring, d'encodage et de gravure grand public.

La vie est assez étonnante. Je termine en effet ce chapitre en traitant d'un logiciel de l'éditeur Adobe. Sachez que le suivant, le Chapitre 14, se consacre à un autre programme de ce même éditeur : Adobe Encore DVD. Cette fois, comme le disent les jeunes d'aujourd'hui, c'est du lourd. Il s'agit d'un programme qui ne sait faire que deux choses : l'authoring et la gravure. La différence avec les deux applications que nous venons d'étudier : le prix, environ 400 €. Machine infernale ou usine à gaz, il est sûr qu'un programme comme Adobe Encore DVD ouvre des possibilités d'authoring assez exceptionnelles. Jugez plutôt en lisant le chapitre suivant qui, malheureusement, se limitera aux grandes fonctions d'un programme aux fonctionnalités aussi complètes que complexes.

Chapitre 14

Adobe Encore DVD... l'authoring pro !

Dans ce chapitre :

- Présentation d'Adobe Encore DVD.
- Création d'un DVD.
- Encodage et gravure.

Cette fois, vous êtes dans le bain, le grand, par-dessus le marché. Rien qu'au titre du chapitre, le mot *authoring* sonne à vos oreilles comme une sorte d'ineptie tout droit sortie d'un ouvrage de science-fiction. A ce terme s'ajoute celui du logiciel, Adobe Encore DVD, dont on ne comprend que DVD parce que cela fait presque 450 pages qu'on vous rebat les oreilles avec.

Je vais vous rassurer en une phrase simple quant au contenu de ce chapitre : il envisage **le** logiciel de création de DVD professionnel sur PC. Son éditeur se nomme Adobe, et son nom est Encore DVD.

Présentation d'Adobe Encore DVD

Adobe Encore DVD n'est pas réservé aux débutants en matière de création de DVD vidéo. Il s'agit d'un logiciel monstrueux, en ce sens où il regorge de fonctionnalités présentées dans une interface qui est loin d'être simple à maîtriser, comme le laisse présumer la Figure 14.1.

A cette complexité évidente s'ajoute le fait que, pour profiter au maximum d'Adobe Encore DVD, il est préférable d'utiliser l'ensemble des produits Adobe consacrés à la vidéo numérique et à l'infographie. En d'autres termes, vous êtes à la tête d'un véritable petit

Figure 14.1 : L'interface d'Adobe Encore DVD n'est pas des plus conviviales.

studio de production de DVD de qualité professionnelle, vous permettant de proposer vos services à des sociétés d'édition de DVD.

Si le logiciel Premiere Pro n'est pas indispensable, car finalement lorsque l'on fait de l'authoring on n'est pas obligé de faire de la capture et du montage vidéo, il est en revanche recommandé d'utiliser Photoshop CS (ou Photoshop 7). En effet, il faut envisager un programme d'authoring comme un outil de mise en page de DVD. Au niveau professionnel, les choses sont bien compartimentées. Adobe Encore DVD n'ayant aucun outil graphique, les concepteurs du programme l'ont interfacé avec Photoshop d'une manière suffisamment subtile pour que vous vous aperceviez rapidement que sans ce programme graphique de référence Adobe Encore DVD perd de sa superbe.

TRUC

Adobe Encore DVD s'entend également très bien avec un autre programme de la famille Adobe : After Effects. Ce dernier va permettre d'animer des calques Photoshop pour offrir des menus d'ouverture très sophistiqués où l'interface se met en place sous vos yeux ébahis ; à la suite de quoi vous sélectionnerez les diverses parties du DVD à explorer.

Il est difficile de résumer les fonctionnalités d'un logiciel tel que celui-ci dont le pendant sur Macintosh est DVD Studio Pro que nous survolerons au Chapitre 19. Toutefois, force est de constater que, pour un prix relativement élevé, car supérieur à 400 euros, il faut savoir où l'on met les pieds avant de prendre un billet à ce tarif, sachant que s'il y a un aller la destination est sans retour.

La philosophie d'Adobe Encore DVD est relativement simple à comprendre. La mettre en pratique est une autre paire de manches qu'il vous faudra savoir relever pour tirer le meilleur parti d'un logiciel d'une puissance indéniable. Cette philosophie repose sur des concepts et principes bien simples :

- **Pas de capture vidéo.** La chose est entendue. Adobe Encore DVD ne permet pas de capturer une quelconque source vidéo. Il ne récupère que des fichiers existants que vous aurez capturés au format AVI ou MOV, ou que vous aurez déjà encodés en MPEG-2 au format M2V, par exemple, qui est le format d'encodage MPEG-2 professionnel. Donc, vous comprenez immédiatement qu'en plus du programme il vous en faudra un autre capable de capturer les éléments vidéo.
- **Authoring.** C'est la moindre des choses. Adobe Encore DVD est conçu pour structurer vos DVD avec des menus, des pistes audio, des montages, des boutons, des sous-titres, c'est-à-dire tout ce qu'il faut pour créer un DVD vidéo dont l'interface n'aura rien à envier à ceux que vous achetez dans le commerce.
- **Encodage.** Adobe Encore DVD accepte les fichiers MPEG-2 M2V (entre autres), c'est-à-dire des fichiers vidéo déjà encodés pour le DVD vidéo. Par conséquent, il ne *réencode* pas ces fichiers qui l'ont souvent été par du matériel professionnel haut de gamme, et en temps réel s'il vous plaît, grâce à un matériel dédié, produisant des images d'une grande qualité même lorsque le débit binaire est faible. Bien évidemment, si vous ne possédez pas ce genre de matériel très onéreux, Adobe Encore DVD acceptera de prendre en charge vos fichiers AVI ou MOV à partir du moment où ils respectent les spécifications de la vidéo numérique DV voire HDV, c'est-à-dire au minimum des images en 720 x 568 pixels, et une qualité audio 16 bits 48 kHz. Tout cela doit être soigneusement préparé, et quand on ne sait pas le faire, eh bien on opte pour une solution grand public moins contraignante mais

aussi très limitée. Donc, à partir du moment où vous donnerez à Encore DVD une *nourriture* vidéo digne de son appétit et de ses facultés digestives, il prendra en charge l'encodage MPEG-2. Cet encodage se fait soit à partir de réglages prédéfinis, soit en fonction de paramètres personnalisés si vous êtes un fin limier du MPEG-2.

- **Gravure.** Une fois l'encodage des menus, des musiques et des vidéos effectué, Adobe Encore DVD génère le DVD, c'est-à-dire qu'il crée la structure du DVD vidéo. Une fois la structure réalisée, il permet de graver sur tous les supports : DVD+R/+RW, -R/-RW, DVD-RAM et, bien sûr, les DVD doubles couches. Le disque ainsi obtenu est compatible avec la très grande majorité des lecteurs de DVD de salon.

Le déroulement du travail dans Adobe Encore DVD se fait en plusieurs phases :

1. **Vous importez des éléments dans le programme.**

   Il s'agit :

   - De fichiers vidéo déjà encodés ou pas en MPEG-2.
   - D'éléments graphiques créés dans Photoshop (ou autre).
   - De boutons personnalisés créés dans Photoshop (ou autre).
   - De fichiers audio qui serviront à illustrer vos menus.

2. **Vous organisez vos éléments en fonction de la place qu'ils doivent avoir sur le DVD.**

   Ainsi :

   - Les fichiers vidéo, comme le film principal ou les divers bonus : bandes-annonces, courts-métrages, etc., sont structurés dans des *montages*. Chaque montage est un film contenant ou non des chapitres.
   - Les menus sont des interfaces graphiques, c'est-à-dire de jolies images souvent très design (parce que c'est la mode) qui permettent de naviguer parmi les éléments du DVD. Ainsi, c'est à partir des boutons de vos menus que vous lancerez la lecture des montages ou que vous accéderez à d'autres menus, et ainsi de suite.

- Les menus peuvent également afficher un arrière-plan vidéo et/ou audio, que vous aurez préalablement créé dans un programme comme Adobe Premiere Pro, Adobe After Effects ou dans des programmes plus modestes capables de générer un fichier AVI ou MOV répondant aux spécificités de la vidéo numérique (DV).

3. **Vous définissez tous les liens des boutons.**

4. **Vous spécifiez ce qui doit se passer lorsqu'un film, c'est-à-dire le contenu d'un montage d'Adobe Encore DVD, est entièrement lu.**

   Par exemple, doit-il revenir au menu principal, à celui des bonus ou au chapitrage ? Ou bien la fin d'un film doit-elle lancer la lecture d'un autre film comme un générique imposé qui vante les mérites de l'auteur du DVD ?

5. **Vous ajoutez des pistes audio si le film est distribué sous différentes langues comme le français et l'anglais.**

6. **Vous définirez, le cas échéant, une ou plusieurs pistes de sous-titres.**

   Ainsi, si votre film est en français et que vous désirez le distribuer aux Etats-Unis, vous pourrez le sous-titrer en anglais.

7. **Vous spécifiez la zone de lecture du DVD.**

   Vous savez, il s'agit des fameuses zones 1, 2, 3, 4, etc. En France, nous sommes en zone 2, ce qui, normalement, nous interdit de lire des DVD venant de la zone 1. Sachez que, dans Adobe Encore DVD, vous pouvez spécifier la zone de lecture, voire l'autoriser à être lu partout dans le monde.

8. **Vous protégez ou non le DVD contre la copie.**

9. **Vous définissez les actions que peut faire l'utilisateur avec la télécommande de son lecteur de DVD.**

   Cela permet de l'empêcher de zapper certains films promotionnels qui apparaissent parfois au début des DVD.

   Cela permet aussi d'indiquer quel menu s'affiche quand il appuie sur la touche Menu, Retour ou Titre de sa télécommande.

10. **Vous indiquez quelle est la piste audio et/ou de sous-titre par défaut.**

    De cette manière, si le DVD est en français, mais qu'il existe un sous-titre anglais, il suffira d'appuyer sur la touche sous-titre ou subtitles de la télécommande pour afficher instantanément les sous-titres.

11. **Vous prévisualisez le DVD.**

12. **Vous lancez une vérification du projet pour être certain que tous les liens ont bien été définis.**

13. **Vous corrigez vos erreurs !**

14. **Vous encodez et vous gravez !**

Richesse est vraiment le mot qui colle le mieux à la peau d'Adobe Encore DVD. Mais qui dit richesse dit souvent complexité de mise en œuvre. Alors, plutôt que de vous assommer de théorie et de vanter un produit dont je me sers quasi quotidiennement pour l'authoring DVD d'une société de distribution d'un de mes amis, nous allons mener un projet simple, très simple, le plus simple possible, mais en vous précisant chaque fois ce que vous pourriez faire pour améliorer davantage les choses.

TRUC

Vous ne possédez pas Adobe Encore DVD ? Mais pourquoi cela ? Parce que c'est cher, que vous êtes nul et que vous avez peur de jeter 400 euros par la fenêtre. Alors, rendez-vous à l'adresse suivante : `www.adobe.fr`. Là, comme le montre la Figure 14.2, placez le pointeur de la souris sur le mot Produits, et cliquez sur Vidéo et Audio. En fonction de la résolution d'affichage de votre moniteur, vous serez peut-être obligé de faire défiler le contenu de la fenêtre de votre navigateur Web. Cliquez alors sur le lien Adobe Encore DVD, comme à la Figure 14.3. Dans la section Téléchargements de la nouvelle page qui s'affiche, cliquez sur Version d'évaluation (Figure 14.4). Une nouvelle page s'affiche. Dans la liste des produits proposés, cliquez sur Encore DVD 1.5. Dans la page suivante, déroulez la liste Choisissez la version à télécharger, et sélectionnez Adobe Encore DVD 1.5 – Win – Français [150 MB], et cliquez sur Go (Figure 14.5). Remplissez le formulaire que vous soumet Adobe (allez-y sans crainte, vous ne risquez rien), et validez-le en cliquant sur le bouton proposé en bas de page. Passez-vous de la lecture interminable des conditions d'utilisation de la version d'évaluation et cliquez sur le bouton Accepter (sinon, pas de téléchargement, pas d'évaluation, et vous lirez un chapitre pour rien). Le parcours du combattant est terminé. Cliquez sur le lien Adobe Encore DVD 1.5 Tryout comme à la Figure 14.6. La boîte de dialogue Téléchargement de fichier apparaît. Cliquez sur Enregistrer. Localisez le disque dur et le dossier dans lequel vous désirez stocker le programme ainsi téléchargé, et cliquez sur le bouton Enregistrer de la boîte de dialogue Enregistrer sous. Le téléchargement commence. Comme 150 Mo ce n'est pas rien, j'espère que vous avez ADSL ou un forfait 50 000 heures ! Une fois le téléchargement terminé, la suite est simple. Vous dézippez le fichier, et lancez l'installation en double-cliquant sur l'exécutable Setup.exe. Acceptez toutes les propositions par défaut. Dès que l'installation est terminée, cliquez sous Windows XP sur Démarrer/Tous les programmes/Adobe Encore DVD 1.5. Vous tombez sur une interface fort simple puisque entièrement vide, car vierge de tout projet, comme le montre la Figure 14.7.

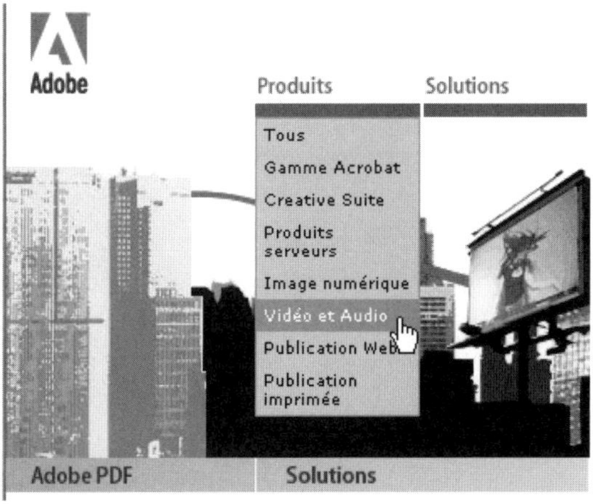

Figure 14.2 : Accédez à la page des produits vidéo de Adobe.

Figure 14.3 : C'est Adobe Encore DVD qui vous intéresse...

Figure 14.4 : ... alors évaluez-le...

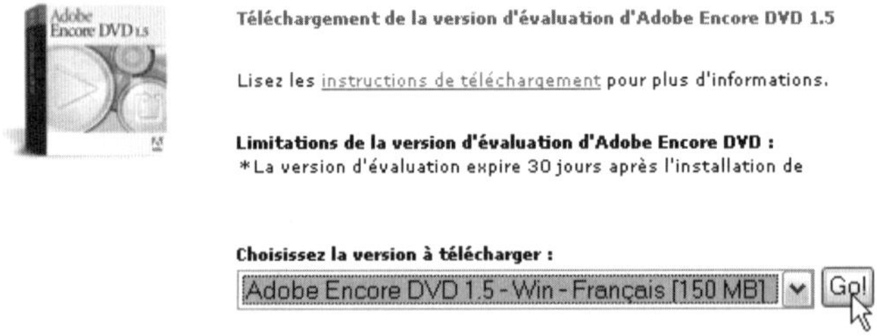

Figure 14.5 : ... en version française...

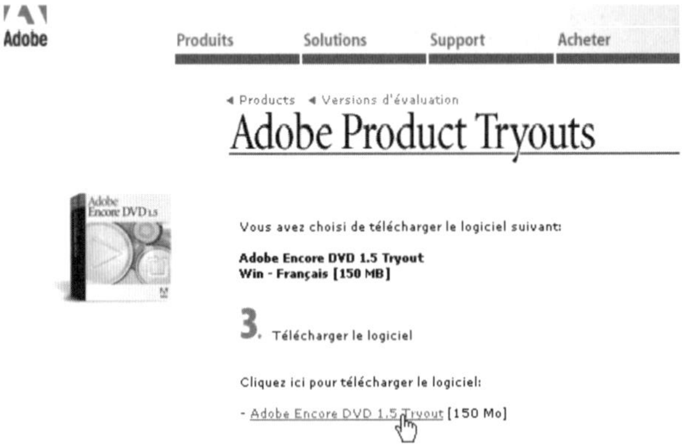

Figure 14.6 : ... par un téléchargement gratuit !

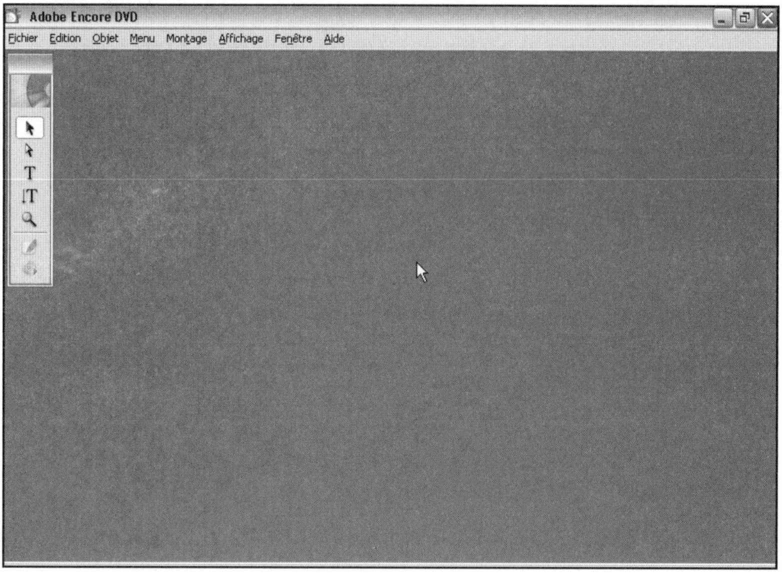

Figure 14.7 : Ouais ! Pas terrible comme logiciel.

TRUC

Tout ce que vous venez de faire est simple à côté de ce qui vous attend...

ATTENTION !

Attention à votre carte graphique ! De nombreux utilisateurs se plaignent des blocages intempestifs d'Adobe Encore DVD. Sachez que bien souvent le logiciel n'est pas en cause, mais bel et bien les pilotes des cartes graphiques. En effet, toute la prévisualisation des éléments, notamment le sous-titrage et l'affichage des films sur le moniteur de votre ordinateur, impose une parfaite compatibilité des pilotes des cartes graphiques avec DirectX. Donc, en cas de plantage répété du programme, mettez à jour DirectX (voir le site Microsoft), puis le pilote de votre carte graphique. Vous verrez, tout rentrera dans l'ordre ! Je sais de quoi je parle, puisque tous mes problèmes ont été résolus le jour où j'ai changé ma carte graphique pour un modèle dont la compatibilité DirectX n'est plus à démontrer.

Création d'un DVD avec Adobe Encore DVD

Je vais de nouveau jouer les radoteurs, mais voici une petite liste de ce dont vous avez besoin pour créer un DVD avec Adobe Encore DVD :

- Adobe Encore DVD ! (Ah c'est fin ça !)

- Des fichiers vidéo encodés ou non en MPEG-2, mais dans tous les cas au format AVI ou MOV respectant les caractéristiques de la norme digital video.
- Eventuellement des fichiers audio WAV ou AIFF.
- Des fichiers graphiques. De préférence des fichiers Photoshop, c'est-à-dire au format PSD, car Adobe Encore DVD en identifie les calques, et surtout permet d'ouvrir directement un menu dans Photoshop pour apporter toutes les modifications graphiques nécessaires. Une fois les modifications faites, enregistrez-les dans Photoshop, basculez vers Encode DVD, et le menu est instantanément actualisé. (Bien évidemment, si vous n'avez pas Photoshop, vous ferez avec les moyens du bord, mais attention de ne pas passer par-dessus (bord) et de vous noyer dans les eaux tumultueuses du logiciel !)
- Des idées et du talent, mais ça aucun logiciel ne vous en donnera !
- De la patience, de l'intelligence et de l'abnégation pour maîtriser tous les aspects d'Adobe Encore DVD.

Créer un projet et importer les éléments

Dans Adobe Encore DVD, on ne part pas à l'aventure en se disant : "Ben, je verrai au fur et à mesure de l'avancée du projet !"... Raisonner ainsi c'est courir à la catastrophe.

Vous avez vos films, vos éléments graphiques, vos sons, il faut maintenant faire tenir tout cela ensemble dans un projet qui aboutira à la gravure d'un DVD vidéo.

Créer un projet Adobe Encore DVD

Adobe Encore DVD ne fait pas exception à la règle. Vierge de toute fonctionnalité à son ouverture, vous allez créer un projet qui va déterminer des choses élémentaires. Je dirais que c'est certainement la phase la plus simple de la conception d'un DVD vidéo :

1. **Dans Adobe Encore DVD, cliquez sur Fichier/Nouveau projet ou bien appuyez sur Ctrl+N.**

2. **Dans la boîte de dialogue Paramètres nouveau projet illustrée à la Figure 14.8, sélectionnez le standard de télédiffusion de votre DVD.**

Figure 14.8 : Choisissez le standard TV du DVD.

Deux options sont disponibles : NTSC et PAL. Comme vous avez installé Adobe Encore DVD en précisant le standard audiovisuel de votre pays d'origine qui, en France, est le SECAM, PAL est proposé par défaut, car il n'existe pas de DVD SECAM. Ce n'est pas un problème, puisque aujourd'hui tous les lecteurs de DVD sont PAL et/ou NTSC, et les téléviseurs PAL et SECAM. Donc, le standard PAL est proposé par défaut. Sauf si vous destinez votre DVD aux pays utilisant le standard NTSC, changez ce réglage. La plupart d'entre vous conserveront le PAL en cliquant sur OK.

3. **Choisissez PAL, en bon Européen que vous êtes, et cliquez sur OK.**

Là, Adobe Encore DVD s'affole. Il prépare les paramètres de transcodage et ouvre un projet sans titre, comme le montre la Figure 14.9.

Un projet ne fait que définir le comportement futur du programme au regard de l'encodage, du transcodage et de la gestion ou non de certains formats de fichiers vidéo.

Un projet Adobe Encore DVD est vide de tout élément. Donc, pour structurer un DVD vidéo, vous devez savoir de quoi il va être composé. En règle générale, et lorsque l'on ne va pas très loin dans la structuration, le DVD vidéo contient... de la vidéo. Dans la prochaine section, voyons comment importer des éléments dans un projet de manière à les structurer dans le futur DVD vidéo.

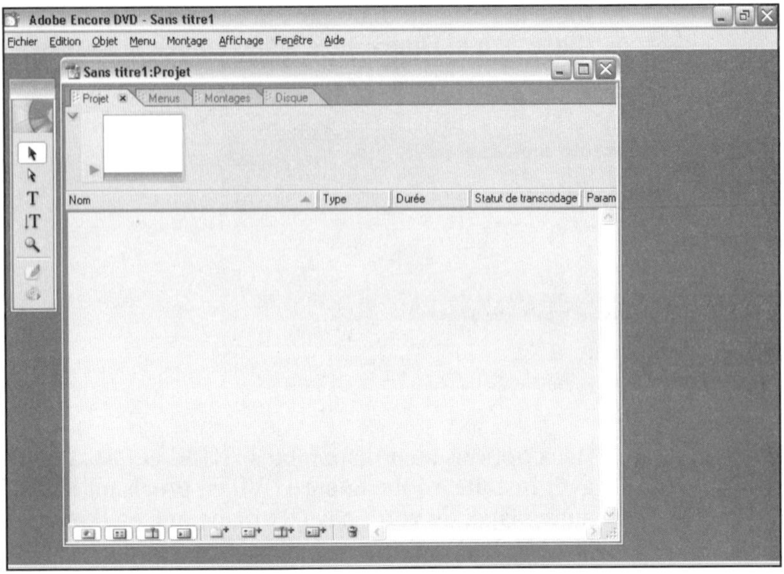

Figure 14.9 : Un nouveau projet PAL dans Adobe Encore DVD.

Importer les éléments du DVD

Tous les éléments, quelle qu'en soit la nature, sont regroupés dans l'onglet Projet de la fenêtre Projet. Bien évidemment, les DVD très complexes, multipliant les menus et les éléments multimédias, imposeront de créer des dossiers de manière à bien organiser les fichiers. Très rapidement, le concepteur d'un DVD mal organisé sera dépassé par les événements et perdra en productivité. Donc, sachez que, dans la partie inférieure de l'onglet Projet, un bouton Créer un dossier permettra de définir autant de dossiers que nécessaire en fonction de l'organisation logique de vos éléments (Figure 14.10).

Voici un exemple d'organisation qu'il m'a été donné de faire :

- Création d'un dossier pour les menus autres que le menu principal.
- Création d'un dossier pour les six fichiers vidéo des bonus.
- Création de quatre dossiers pour quatre biographies présentées sous forme de fichiers Photoshop, mais définis en tant que menus dans Adobe Encore DVD.

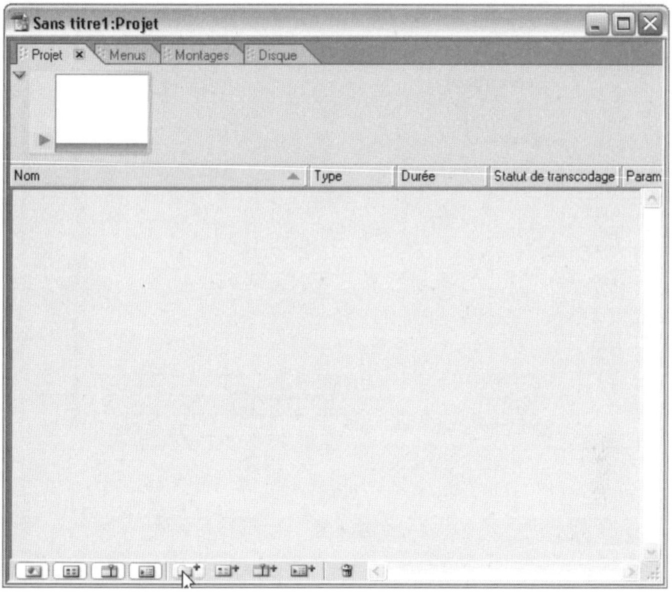

Figure 14.10 : Si besoin, créez des dossiers pour organiser logiquement vos éléments.

- Création d'un dossier pour tous les fichiers audio devant accompagner le menu principal, le menu des bonus, des chapitres, des biographies, etc.

Grâce à une répartition précise des éléments dans des dossiers quasi thématiques, je pouvais retrouver instantanément tel ou tel élément devant être lié à tel ou tel bouton.

Commencez par importer ce à quoi est destiné un DVD, c'est-à-dire la diffusion d'un film :

1. **Cliquez sur Fichier/Importer en tant qu'élément.**
2. **Dans la boîte de dialogue Importer en tant qu'élément, localisez le disque dur sur lequel se trouvent vos fichiers vidéo et audio.**
3. **Sélectionnez tous les fichiers audio et vidéo à inclure dans le DVD, et cliquez sur Ouvrir comme à la Figure 14.11.**
4. **Les éléments, que nous restreignons au maximum pour notre projet de DVD, apparaissent dans l'onglet Projet, comme le montre la Figure 14.12.**

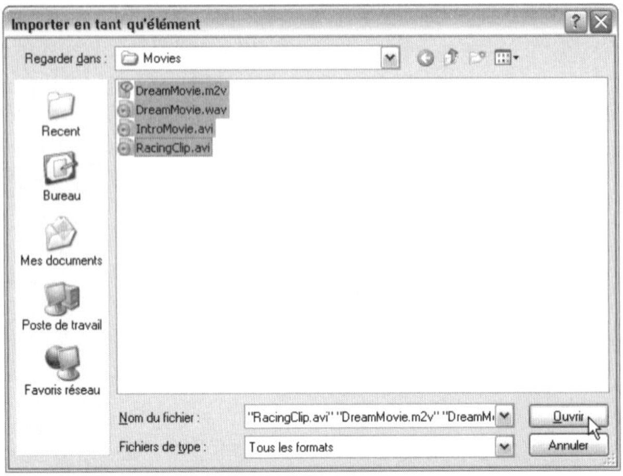

Figure 14.11 : Importer les fichiers vidéo et audio nécessaires au projet.

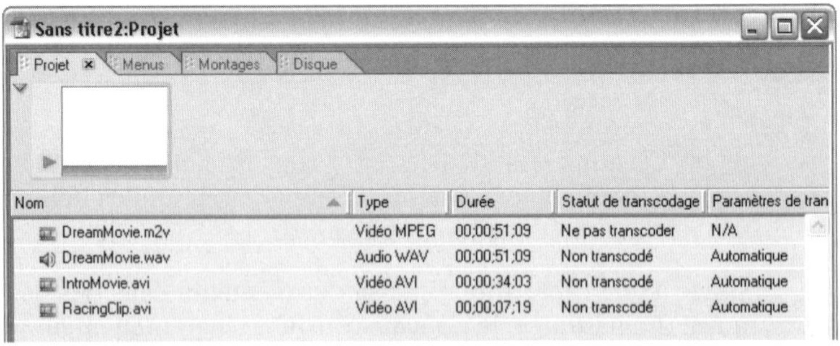

Figure 14.12 : Des éléments prêts à être utilisés dans la phase d'authoring.

Regardez attentivement les éléments importés dans le projet ; y figurent :

- Un fichier vidéo DreamMovie.m2v dont le statut de transcodage est `Ne pas transcoder`.
- Un fichier audio DreamMovie.wav qui est le contenu audio du fichier vidéo portant le même nom, et dont le statut de transcodage est `Non transcodé`. (Cela sous-entend qu'Adobe Encore DVD fera l'encodage de ce fichier.)
- Deux autres fichiers vidéo, au format AVI cette fois, dont le statut de transcodage est `Non transcodé`. (Les fichiers vidéo AVI ne sont pas accompagnés de fichiers audio WAV, car le son est intégré au fichier AVI lui-même.)

Ces observations vous permettent de comprendre, si ce n'est déjà appréhendé de votre part, la manière dont Adobe Encore DVD gère les éléments qu'on y importe. Un fichier vidéo `.m2v` est un fichier déjà encodé en MPEG-2 selon les spécificités MPEG-2 des DVD vidéo. Bien souvent, ces fichiers sont générés avec des systèmes d'encodage en temps réel comme les systèmes Matrox RT. Pour expliquer rapidement comment les choses se déroulent, vous effectuez le montage de votre film dans un logiciel comme Premiere Pro. Une fois le montage créé, et les marques de chapitre éventuellement réparties sur les moments clés du film, vous effectuez une exportation en invoquant l'utilitaire d'encodage en temps réel de Matrox (si vous utilisez un système Matrox. Vous pouvez utiliser n'importe quel autre système, je n'ai pas d'action dans cette société, et aucune royaltie ne m'est versée chaque fois que j'écris le nom Matrox dans une phrase ; c'est bien dommage, car je viens encore de perdre de l'argent !). Cet utilitaire est une petite boîte de dialogue où vous sélectionnez le disque dur et le dossier de destination du fichier encodé en MPEG-2 format `.m2v`. Un bouton de configuration permet de choisir le débit binaire exprimé en kilo-octets par seconde, et le type d'encodage CBR ou VBR. Ceux d'entre vous qui ont oublié ce qu'est le *bit rate* (débit binaire), les CBR et autres VBR retourneront au Chapitre 12, à la section "Les grands principes de l'encodage". Vous cliquez sur OK et c'est parti ! Si le film dure 90 minutes, l'encodage durera 90 minutes, et ce quel que soit le débit binaire choisi. En revanche, l'audio n'est pas encodé. C'est Adobe Encore DVD qui prendra en charge cette tâche.

L'encodage en temps réel c'est bien, mais cela revient cher, car les systèmes de capture et de restitution qui autorisent cet encodage matériel ne sont pas bon marché. D'accord, c'est cher, mais qu'est-ce que c'est bien ! Oui, c'est bien, mais qu'est-ce que c'est cher ! mais qu'est-ce que c'est bien, c'est cher... c'est bien. Par expérience, je peux vous faire une petite comparaison. J'ai fait l'encodage d'une série de courts-métrages représentant 2 heures de programme. Mettre 120 mn de vidéo sur un DVD 5, c'est-à-dire de 4,7 Go de données, impose l'application d'un débit binaire assez faible. Malgré cela, les images sont demeurées impeccables et l'encodage en VBR n'a pris que 120 mn (normal, c'est du temps réel). J'ai tenté l'expérience en produisant un fichier `.avi` répondant aux spécificités de la vidéo numérique (DV). Ce fichier avait une taille d'environ 25 Go. Encodé en VBR double passe pour se garantir de tout défaut dans Adobe Encore DVD, l'opération a duré... 6 heures !

Ce n'est pas parce que les films sont en `.m2v` qu'Adobe Encore DVD ne va rien encoder. Regardez le fichiers `.avi` et le fichier audio `.wav`. Eux n'étant pas encore encodés, c'est le logiciel qui va y procéder selon un paramétrage automatique ou de votre fait. Il encodera également les menus qui, étant des fichiers *graphiques*, ne sont bien évidemment pas en MPEG-2. Le transcodage automatique est une bonne solution, car Adobe Encore DVD adapte le niveau d'encodage à la place disponible sur le DVD vierge. Vous obtiendrez de bons résultats. En revanche, si tous vos fichiers étaient en `.avi` ou `.mov`, il serait judicieux de procéder à un encodage manuel. Cela permet d'appliquer un débit binaire élevé aux éléments vidéo les plus importants de manière à maintenir un haut niveau de qualité, et d'appliquer un débit binaire plus faible aux éléments vidéo les moins importants, de façon que tout puisse tenir sur un DVD simple couche.

Maintenant que vos éléments sont importés dans Adobe Encore DVD, vous devez les organiser dans des montages qui eux-mêmes vont être déclenchés par des boutons de menus.

Créer des montages : organisation des films du DVD

Avant de créer les différents menus d'un DVD, il faut en connaître la structure définitive, et ce même si, à tout moment, il est possible d'opérer quelques aménagements en ajoutant ou en supprimant des films et/ou des menus.

Dans Adobe Encore DVD, les éléments vidéo auxquels l'utilisateur accède via un menu sont représentés sous forme de montages. Par conséquent, vous allez créer deux montages différents pour préparer les deux éléments vidéo à leur insertion dans la structure du futur DVD.

La création d'un montage est très simple dans Adobe Encore DVD :

1. **Cliquez sur Montage/Nouveau montage.**

   Deux autres méthodes consistent soit à appuyer sur Ctrl+T, soit à cliquer sur l'icône Créer un montage de l'onglet Projet.

   Instantanément, une fenêtre Montage sans titre apparaît. Comme le montre la Figure 14.13, elle se compose d'une piste vidéo et d'une piste audio.

Vous constatez également qu'un élément Montage sans titre s'affiche dans l'onglet Projet. Vous le retrouvez également sous l'onglet Montage, comme le montrent les deux illustrations de la Figure 14.14.

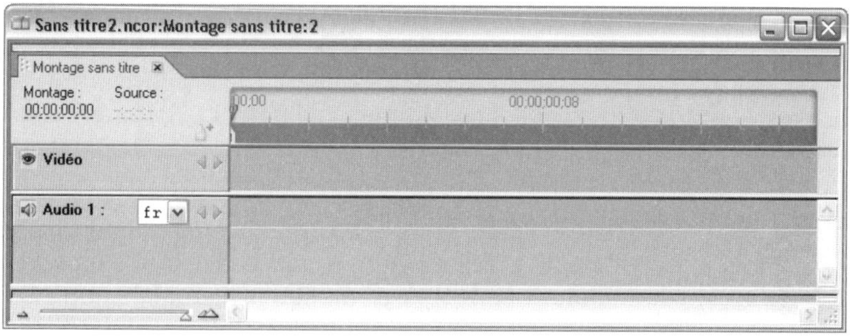

Figure 14.13 : Un nouveau montage prêt à être utilisé.

Figure 14.14 : Un nouveau montage devient un élément des onglets Projet (à gauche) et Montage (à droite).

2. **Depuis l'onglet Projet, glissez-déposez un élément vidéo, comme DreamMovie.m2v sur la piste vidéo.**

TRUC

Dans Adobe Encore DVD, essayez de travailler dans une résolution d'écran maximale, sinon vous serez obligé de déplacer et/ou d'ouvrir et de fermer sans cesse des fenêtres afin de travailler correctement avec les bons éléments. C'est un des gros handicaps du programme : une interface confuse et surchargée.

3. **Comme cette vidéo est sonore, glissez-déposez le fichier DreamMovie.wav sur la piste Audio.**

Une fois ces deux éléments en place, vous vous retrouvez avec un premier montage semblable à celui de la Figure 14.15.

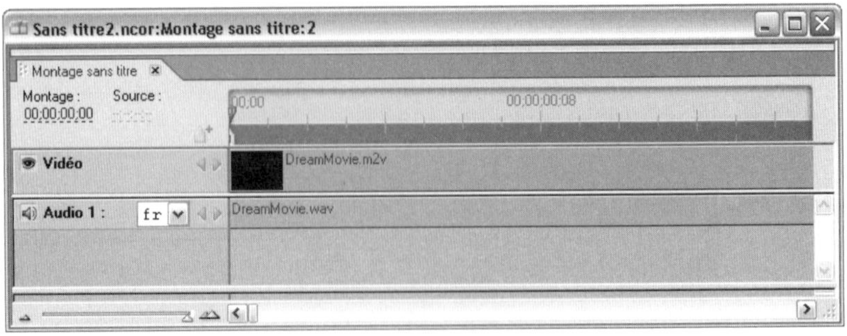

Figure 14.15 : Un montage, élément vidéo qui sera déclenché par un bouton d'un menu.

TRUC

Toujours dans un souci d'organisation, il faut identifier les éléments créés. Ce nouveau montage porte un nom par défaut. Comme il s'agit du film principal de notre DVD, renommez-le.

4. **Pour renommer le montage, cliquez sur son icône avec le bouton droit de la souris, soit dans l'onglet Projet, soit dans l'onglet Montage.**

5. **Dans le menu contextuel, choisissez Renommer, comme à la Figure 14.16.**

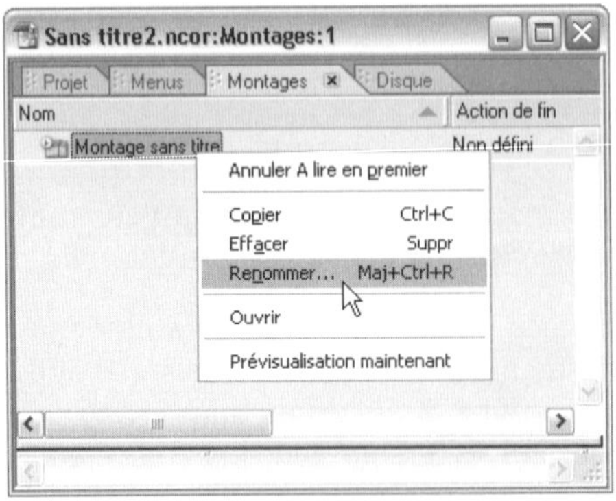

Figure 14.16 : Dans un souci d'organisation et d'identification de vos éléments, renommez systématiquement les montages et les menus.

6. **Dans la boîte de dialogue Renommer Montage, saisissez par exemple `Film` (Figure 14.17) et cliquez sur OK.**

Tous les éléments faisant référence à ce montage sont renommés automatiquement dans les diverses fenêtres d'Adobe Encore DVD.

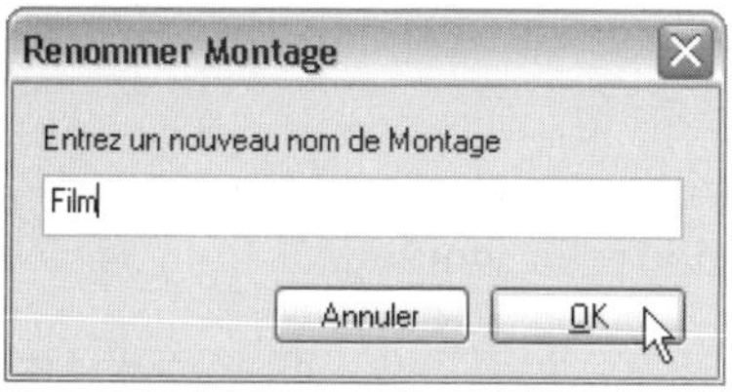

Figure 14.17 : Saisissez le nouveau nom du montage.

7. **Pour vérifier que la vidéo et l'audio ainsi montés dans le projet sont ceux que vous pensez, il suffit de les visionner. Si le moniteur de montage n'est pas visible, cliquez sur Fenêtre/Moniteur.**
8. **Cliquez sur le bouton Lecture du Moniteur ou appuyez sur la barre d'espace (Figure 14.18).**

Figure 14.18 : Le moniteur diffuse le contenu du montage actif.

Le moniteur diffuse le contenu du montage actif, c'est-à-dire de l'onglet du montage actuellement ouvert dans la fenêtre Montage.

TRUC

Il se peut que la lecture soit saccadée. Ne vous en formalisez pas. Il s'agit d'une simple prévisualisation. Une fois gravé sur

DVD, ce film sera d'une fluidité exemplaire. Donc, pas de panique !

9. **Fermez le moniteur en cliquant sur son bouton de fermeture X, et créez un nouveau montage.**

10. **Dans la piste vidéo de ce nouveau montage, glissez-déposez le fichier IntroMovie.avi.**

11. **Renommez ce montage en lui attribuant, par exemple, le nom de Vidéo Intro.**

12. **Prévisualisez cette vidéo via le moniteur de montage.**

Comme nous parlons de menu, nous voici dans l'obligation d'en créer au moins un qui va permettre de choisir entre la lecture de la vidéo DreamMovie ou IntroMovie.

Créer un menu dans Adobe Encore DVD

Je rappelle qu'Adobe Encore DVD fonctionne sur le principe des *montages*, c'est-à-dire d'éléments contenant les fichiers vidéo et audio auxquels vous accédez par l'intermédiaire de divers menus.

Comme il s'agit dans ce chapitre de montrer le fonctionnement général d'Adobe Encore DVD, et qu'il faudrait écrire un livre entier pour faire état de toutes ses fonctionnalités, nous allons créer un seul menu contenant deux boutons renvoyant chacun à un des deux montages créés.

Pour créer un menu, soit vous partez de rien, c'est-à-dire d'une image noire, le vide complet, le néant, soit vous vous rabattez sur un modèle prédéfini d'Adobe Encore DVD, soit vous concevez le menu dans Photoshop. Cette dernière opération est de loin la plus complexe, mais aussi la plus riche... Je dirais même qu'il faut être riche pour la mettre en œuvre, puisqu'elle exige le logiciel Photoshop 7, CS ou CS2.

Si vous souhaitez créer un menu à partir d'un modèle :

1. **Cliquez sur Fenêtre/Bibliothèque ou appuyez sur F8.**

   Une nouvelle palette apparaît, dotée de quatre onglets, dont Bibliothèque qui est actif.

Comme le montre la Figure 14.19, l'onglet Bibliothèque propose une liste Jeu qui répartit les modèles en catégories : Général, Administration, Education, Entreprise, Mariage et Sport. Entre nous soit dit, les modèles d'Adobe Encore DVD ne sont pas terribles, mais ils permettent de s'entraîner et peuvent être facilement personnalisés pour peu que l'on possède Photoshop.

Figure 14.19 : La bibliothèque de modèles d'Adobe Encore DVD.

Dans la partie située sous l'aperçu, vous découvrez une série de boutons. Ils sont tous actifs par défaut, ce qui fait que la bibliothèque correspondant au jeu choisi dans la liste Jeu affiche tous les éléments du modèle : menus, images et boutons.

2. **Pour sélectionner facilement un menu, cliquez sur le bouton Afficher/Masquer les menus, comme le montre la Figure 14.20.**

3. **Cliquez sur chaque menu pour afficher son aperçu.**

4. **Eventuellement, changez de jeu de menus en sélectionnant une autre catégorie dans la liste Jeu de l'onglet Bibliothèque.**

   Le contenu des menus s'actualise en conséquence.

5. **Dès qu'un menu vous plaît, double-cliquez dessus.**

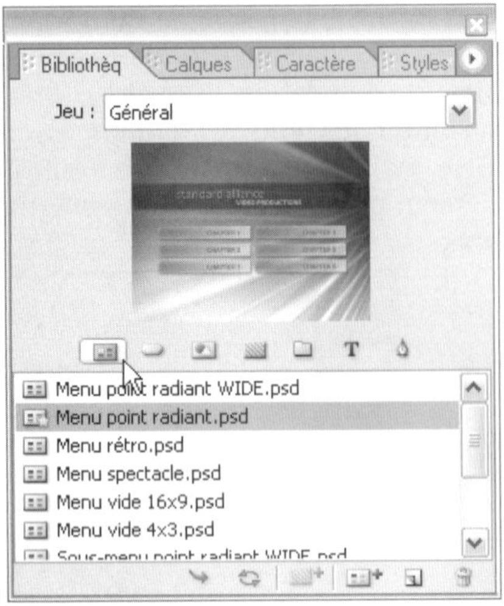

Figure 14.20 : N'affichez que les menus pour mieux les sélectionner.

Il s'ouvre dans une vaste fenêtre que vous serez obligé de redimensionner et dont vous devrez probablement réduire le facteur de zoom dans la liste inférieure gauche (Figure 14.21).

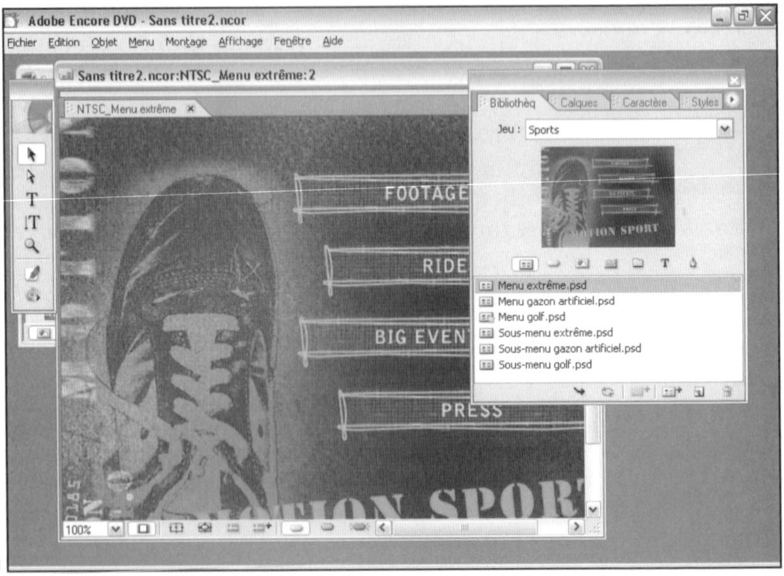

Figure 14.21 : Un menu prêt à l'emploi qu'il suffit de personnaliser.

Mais je suis un perfectionniste et je hais les modèles. Comme je le disais, donc vais le redire, Adobe Encore DVD est particulièrement bien interfacé avec Photoshop. Donc, l'idéal est de créer toute la structure graphique dans Photoshop, et de l'importer dans Adobe Encore DVD comme menu à partir duquel le DVD sera structuré.

Pour importer un fichier Photoshop en tant que menu Adobe Encore DVD :

1. **Cliquez sur Fichier/Importer en tant que menu.**
2. **Dans la boîte de dialogue du même nom, parcourez vos disques durs et dossiers pour localiser le fichier PSD qui va être utilisé en tant que menu, et cliquez sur Ouvrir.**

   La Figure 14.22 montre ce que cela peut donner quand on possède un certain talent artistique.

Figure 14.22 : Il est souvent bien plus beau de créer le menu soi-même.

La création graphique dans Photoshop est un art qui n'est pas à la portée de tous. Toutefois, il faut savoir que l'authoring DVD est avant tout un travail graphique et vidéographique, le reste n'étant que technique pure de création de liens identiques à ceux d'une page Web, ni plus ni moins.

Ce menu est sans bouton. Nous allons voir comment en créer deux qui vont diffuser des images des vidéos vers lesquelles ils renvoient.

Je rappelle qu'un bouton renvoie vers un montage, montage à l'issue de la lecture duquel il faudra définir une action de fin. Eh oui, à la fin du film que doit-on afficher : rien ? le menu principal ? un autre montage ? Nous verrons cela plus tard.

3. **Ouvrez de nouveau l'onglet Bibliothèque.**

4. **Dans la liste Jeu, cliquez sur Administration.**

5. **Dans la partie inférieure, cliquez sur l'icône Afficher/ Masquer les boutons.**

6. **Sélectionnez le bouton Bouton vidéo transparent, comme à la Figure 14.23.**

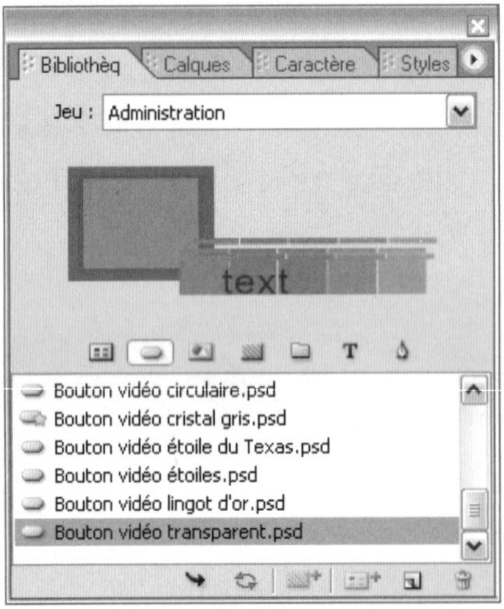

Figure 14.23 : Sélection d'un bouton qui diffusera de la vidéo.

7. **Glissez-déposez le bouton depuis l'onglet Bibliothèque sur le menu, comme l'illustre la Figure 14.24.**

Le bouton étant en place, vous devrez probablement l'ajuster pour qu'il soit bien visible à l'écran.

8. **Pour être sûr qu'il sera affiché correctement sur les téléviseurs, cliquez sur le bouton Afficher la zone admissible**

située dans la partie inférieure de la fenêtre du menu (Figure 14.25).

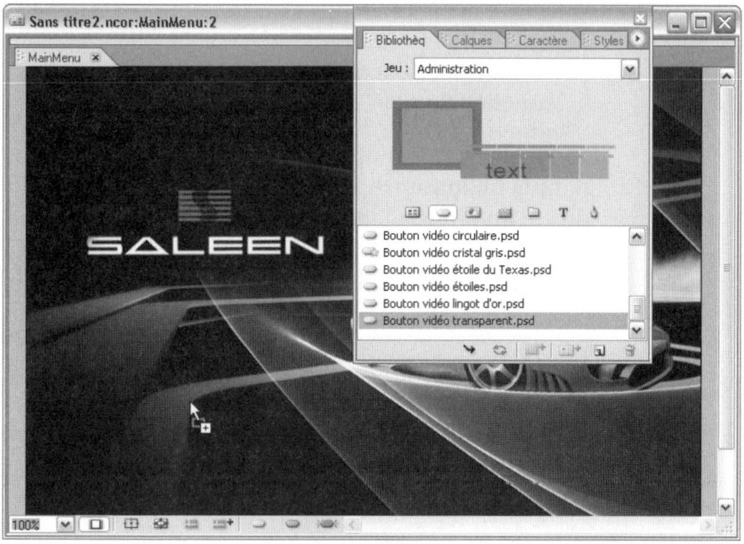

Figure 14.24 : Mise en place intuitive d'un bouton sur un menu.

Figure 14.25 : Afficher la zone admissible.

Tous les éléments graphiques doivent se trouver à l'intérieur de cette zone. Sur la Figure 14.25, vous constatez qu'il faut légèrement décaler le bouton vers la droite. Comme l'outil Sélection est actif, cliquez sur le bouton et faites-le glisser vers la droite. Pour une mise en place plus précise, cliquez sur le bouton, relâchez le bouton de la souris, et appuyez sur les touches du pavé directionnel.

La Figure 14.26 montre un bouton en bonne position, mais dont la taille est trop grande pour permettre d'ajouter à sa droite un bouton identique.

Figure 14.26 : Le bouton est en place mais il est trop grand.

9. **Comme l'outil Sélection est actif, placez-le sur la poignée supérieure droite du bouton.**

10. **Quand il prend la forme d'une double flèche de redimensionnement, cliquez, appuyez sur la touche Maj, et faites glisser le pointeur vers l'intérieur pour réduire proportionnellement la taille du bouton.**

    La Figure 14.27 montre un bouton bien placé et bien proportionné.

Figure 14.27 : Le bouton est à la bonne taille.

Maintenant, il faut placer l'autre bouton. Pour conserver une cohérence graphique, il est essentiel d'ajouter le même bouton. Devez-vous pour cela refaire toute la procédure ci-dessus ? Mais non ! Lisez plutôt.

11. **Le bouton étant sélectionné dans le menu, cliquez sur Edition/Dupliquer ou appuyez sur Ctrl+D.**

    Une copie conforme du bouton apparaît, mais en mauvaise position, puisqu'il doit se situer sur la partie droite du menu. De plus, il faut qu'il soit inversé.

12. **La copie du bouton étant sélectionnée, cliquez sur Objet symétrie horizontale.**

    Et voilà, le bouton est retourné !

13. **A l'aide de l'outil Sélection ou des touches du pavé directionnel, placez le bouton sur le côté droit du menu.**

    Vous obtenez une configuration de boutons identique à celle de la Figure 14.28.

Figure 14.28 : Nos boutons sont en place !

Il reste un petit détail à régler : celui du texte. Par défaut, Adobe Encore DVD assigne au bouton le nom Text. Il serait plus judicieux soit de lui donner le nom de la vidéo qu'il va lancer, soit celui du menu qu'il va ouvrir. Je rappelle que, pour des raisons évidentes de temps et d'apprentissage, ces deux boutons vont chacun lancer une vidéo, c'est-à-dire un montage. Voici donc comment changer le texte par défaut :

14. **Dans la palette d'outils d'Adobe Encore DVD, activez l'outil Texte.**

15. **Placez le curseur sur le mot Text du bouton gauche.**

16. **Cliquez et faites glisser l'outil sur le mot de manière à le sélectionner.**

17. **Saisissez INTRO.**

    En effet, ce premier bouton lancera la lecture de la vidéo IntroMovie.

    La couleur gris sur gris ne rend pas le texte très visible. Modifiez-la comme suit :

18. **Cliquez sur Fenêtre/Caractère.**

19. **Dans l'onglet Caractère, cliquez sur le rectangle de couleur de manière à ouvrir le Sélecteur de couleurs. Là, définissez un gris très clair et cliquez sur OK.**

    Le texte est bien plus visible. Pour le texte du second bouton, nous allons procéder autrement, car la symétrie horizontale l'a placé à l'envers (effet miroir).

20. **Dans la palette d'outils, activez l'outil Sélection directe et cliquez sur le texte.**

    Il n'est pas toujours facile de sélectionner les éléments d'un menu. Heureusement pour vous, Adobe Encore DVD repose sur un interfaçage avec Photoshop. Il reprend donc la philosophie de ses calques. Par conséquent, si vous rencontrez des problèmes de sélection, cliquez sur Fenêtre/Calques. Là, ouvrez le dossier correspondant au calque de votre bouton, et cliquez sur le calque Text, comme à la Figure 14.29. Le texte est instantanément sélectionné dans le menu.

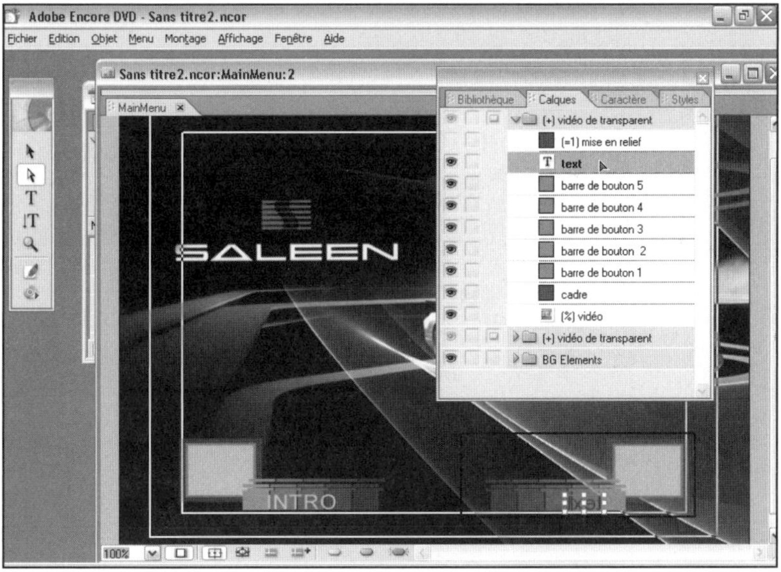

Figure 14.29 : Les calques sont essentiels à la gestion des éléments d'un menu.

21. **Appuyez sur la touche Suppr de votre clavier.**

    Le texte disparaît.

22. **Sélectionnez le texte Intro soit dans le menu, soit dans la palette Calques.**

23. **Appuyez sur Ctrl+D pour le dupliquer.**

24. **Cette copie étant sélectionnée, effectuez un Ctrl+X pour couper l'objet et le placer dans le Presse-papiers de Windows.**

25. **Dans la palette Calques, activez le dossier du bouton de droite.**

26. **Cliquez sur l'un des éléments de ce dossier.**

27. **Appuyez sur Ctrl+V.**

    Voilà, le bouton INTRO est copié sur le bon bouton.

28. **Renommez le texte INTRO en FILM, et positionnez-le correctement sur son bouton.**

    Au final, vous devez obtenir un menu identique à celui de la Figure 14.30.

Figure 14.30 : Notre menu est terminé.

Certes, nous voici avec un bien joli menu, cependant plusieurs choses sont à remarquer et quelques options à indiquer :

- En l'état, le menu n'est qu'un objet graphique. Il ne renvoie vers aucun montage et ses boutons sont totalement inopérants.
- Peut-être qu'il manque des éléments graphiques ou que vous souhaitez modifier certaines choses ? Ici, seul Photoshop peut vous venir en aide.
- Pour invoquer Photoshop depuis Adobe Encore DVD, cliquez sur l'image du menu avec le bouton de la souris. Dans le menu contextuel, choisissez Modifier dans Photoshop, comme à la Figure 14.31. Photoshop démarre automatiquement et affiche l'image PSD du menu. Il demandera une mise à jour des éléments que vous validerez en cliquant sur Oui. Là, vous effectuerez toutes les modifications que vous jugerez nécessaires. Il faut savoir qu'en utilisant un codage particulier des calques, vous pouvez facilement créer des boutons originaux en utilisant l'outil Formes de Photoshop. Vous créez alors des formes vectorielles réduites à une seule couleur, restriction incontournable de la gestion des boutons dans les logiciels d'authoring. Comprenez qu'avec de la pratique, une bonne connaissance des outils et un brin d'astuce, vous saurez mettre en œuvre des boutons très originaux dignes des meilleurs DVD professionnels. Une fois vos modifications terminées dans Photoshop, enregistrez-les via Ctrl+S, et basculez purement et simplement vers Adobe Encore DVD. A son tour, il actualise le contenu du menu, validant ainsi les modifications apportées dans Photoshop. Cette symbiose entre les deux programmes est tout bonnement géniale.

Bien ! Vous n'allez pas rester planté là comme un imbécile à contempler un menu qui ne sert à rien. Alors, passez à la section suivante qui explique comment créer toute la navigation dans un DVD conçu avec Adobe Encore DVD.

Création des liens et des autres fonctionnalités

Dans cette section cruciale, il faut être des plus attentifs ! C'EST COMPRIS ! La moindre maladresse et c'est le cauchemar assuré.

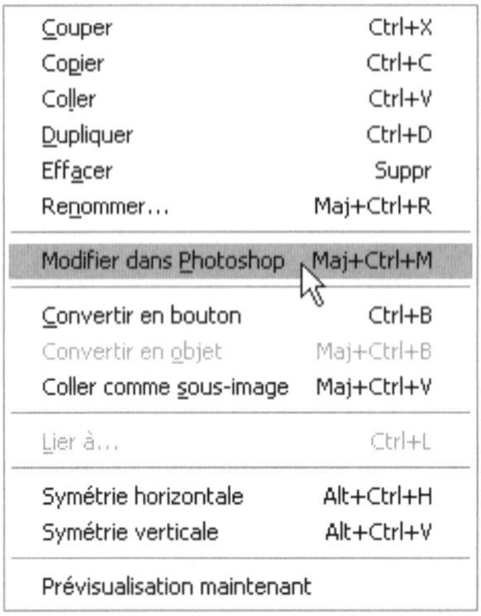

Figure 14.31 : L'authoring d'Adobe Encore DVD a du mal à se faire sans Photoshop.

Il faut de la rigueur, car voilà ce à quoi vous devez systématiquement penser, et donc ce pour quoi vous devez trouver la solution technique :

- Qu'est-ce qui doit s'afficher lors de l'insertion d'un DVD ?
- Quel bouton est actif par défaut ?
- Que lance chaque bouton ?
- De quelle couleur est un bouton sélectionné ?
- De quelle couleur est un bouton activé ?
- Que doit afficher une vidéo quand elle se termine ?
- Que se passe-t-il si l'utilisateur appuie sur le bouton Titre, Retour ou encore Menu de sa télécommande ?
- Quelles sont toutes les autres questions auxquelles je n'ai pas pensé ?

J'ai bien envie de vous dire, et c'est d'ailleurs ce que je vais faire, que la partie de plaisir de l'authoring reste la conception graphique. En revanche, tout le reste est purement technique, et surtout doit fonctionner impeccablement. Sur un petit projet comme celui-ci, les choses sont simples, et j'ai même envie de dire qu'on se complique la vie à le réaliser avec Adobe Encore DVD. En revanche, sur les projets complexes, aux dizaines de menus imbriqués, aux vidéos qui n'en finissent pas, Adobe Encore DVD est un fameux gestionnaire qu'il faut malgré tout pratiquer un bon moment pour obtenir exactement ce que l'on veut.

Pour établir tous les liens et penser à toutes les actions, vous allez ouvrir simultanément de nombreuses fenêtres. Sans entrer dans les détails, je me suis confectionné un espace de travail auquel j'ai donné le nom fort original de Liens, et qu'Adobe Encore DVD permet de sauvegarder pour l'afficher dès que l'utilisateur en a besoin. Cet espace met sous mes mains expertes tout ce dont j'ai besoin pour créer la navigation intelligente de mes DVD.

La procédure qui suit va répondre à toutes les interrogations et surtout tenter l'approche la plus logique qui soit de la définition des liens et des actions :

1. **Veillez à ouvrir les onglets suivants : Montages, Menus et Propriétés.**

   Ces onglets sont généralement regroupés avec d'autres. Il est très facile de les désolidariser. Cliquez sur l'onglet et faites-le glisser à un autre endroit de l'interface. Ensuite, fermez la fenêtre contenant les onglets dont vous n'avez pas besoin.

2. **Réfléchissez. Comme à l'insertion d'un DVD vidéo s'affiche généralement un menu, vous devez indiquer à Adobe Encore DVD que le menu doit s'afficher en premier.**

3. **Dans l'onglet Montages, cliquez sur le menu avec le bouton droit de la souris.**

4. **Dans le menu contextuel, choisissez Définir A lire en premier, comme à la Figure 14.32.**

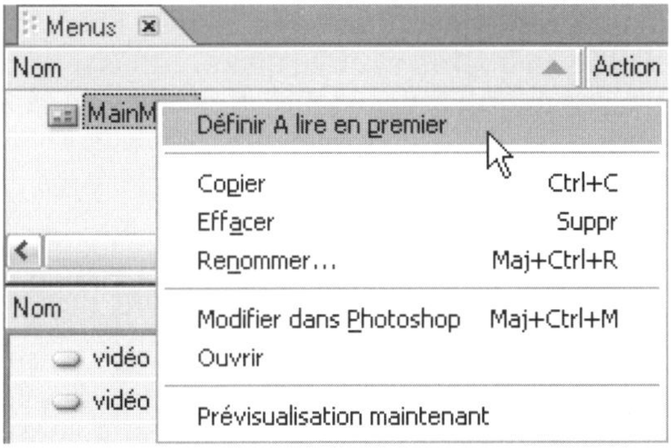

Figure 14.32 : Voici le premier élément qui sera lu : le menu !

L'icône du menu s'orne d'un petit cercle jaune avec un triangle dirigé vers la droite. Cela témoigne que cet élément sera lu en premier sur le DVD.

5. **Dans l'onglet Propriétés, vous allez définir les propriétés du menu.**

   - **Action de fin.** Que se passe-t-il une fois que le menu a été lu ? Dans la liste, choisissez Revenir ici. Cela indique que, par défaut, le menu boucle sur lui-même.

   - **Animer boutons.** Cochez cette case pour que chaque bouton diffuse le contenu de la vidéo vers laquelle il renvoie. Le champ Durée indique la durée de cette diffusion. Ainsi, 00;00;15;00 signifie que chaque bouton diffuse 15 secondes du film auquel il correspond, et qu'ensuite il recommence la boucle de diffusion.

   - **Nombre de boules.** Dans cette liste, sélectionnez le nombre de fois où le menu va boucler sur lui-même avant, par exemple, d'envoyer la lecture du film principal. Ici, vous pouvez sélectionner Toujours. Alors, le menu bouclera jusqu'à la fin des temps, ou du moins jusqu'à ce que l'utilisateur se décide à consulter telle ou telle partie du DVD.

   - **Bouton par défaut.** Permet de choisir le bouton qui est activé par défaut au démarrage du menu. Il s'agit en général de celui du film principal. Les boutons sont tous numérotés dans leur ordre de création. Le premier créé porte le numéro 1, le deuxième le 2, et ainsi de suite. Il est bien évidemment possible de modifier la numérotation des boutons.

   - **Boutons routage automatique.** Adobe Encore DVD définit quel bouton s'active quand l'utilisateur appuie sur l'une des quatre touches directionnelles de sa télécommande. C'est cela qui lui permet de naviguer de bouton en bouton. Si vous décochez cette case, vous devrez effectuer manuellement l'assignation des boutons. C'est impératif sur les projets présentant beaucoup de boutons sur une même page de menu, car Adobe Encore DVD est un peu perdu avec ses automatismes.

Pour le moment, laissons de côté les autres paramètres de l'onglet Propriétés.

6. **Maintenant, faites en sorte que les contenus des onglets Montages, Propriétés et Menus soient simultanément visibles à l'écran. En effet, vous devez indiquer à Adobe Encore DVD ce qui se passe quand on sélectionne le bouton 1 et le bouton 2.**

   Une disposition comme celle de la Figure 14.33 est assez bonne.

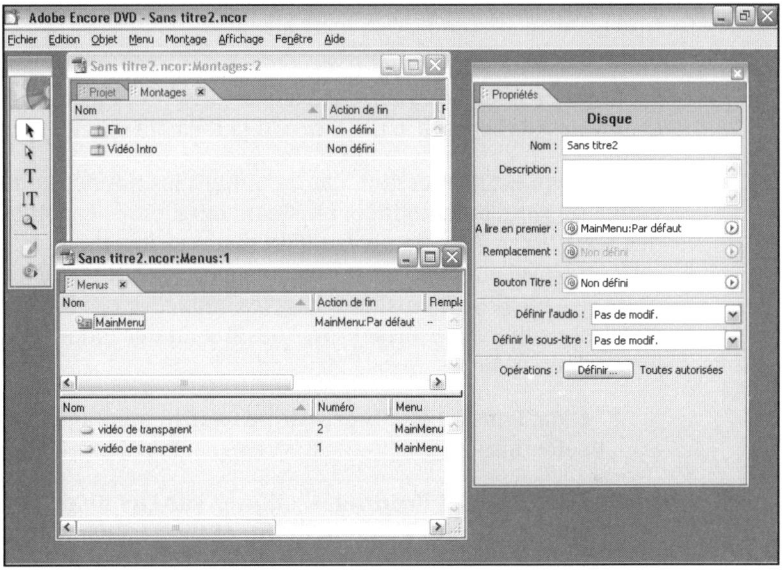

Figure 14.33 : Ces trois fenêtres sont indispensables pour créer correctement les liens de navigation.

7. **Cliquez sur le bouton 1 de l'onglet Menus.**

8. **Dans l'onglet Propriétés, cliquez sur l'icône en forme d'escargot de la liste Lien en face de laquelle figure Non défini. Faites glisser le pointeur de la souris jusqu'au montage Vidéo Intro, comme le montre la Figure 14.34.**

   Lorsque vous relâchez le bouton de la souris, la liste Lien indique que le bouton déclenche Vidéo Intro. C'est fait ! Un bouton va lancer une vidéo comme sur un DVD de pro !

9. **Répétez cette opération pour le second bouton, mais en établissant le lien avec le montage Film.**

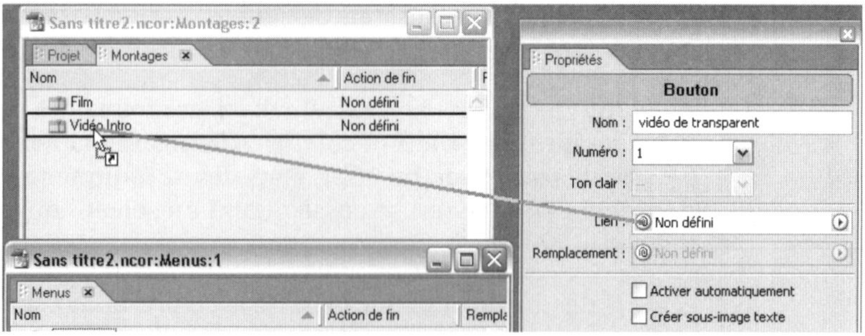

Figure 14.34 : Définir le lien du bouton 1.

10. **Appuyez sur Ctrl+S pour enregistrer votre projet.**

Mine de rien, je suis assez fier de vous, car vous venez de définir l'action des deux boutons, c'est-à-dire envoyer la lecture d'une vidéo qui, dans Adobe Encore DVD, prend la forme d'un montage.

Le montage est intéressant, car il contient les données audio et vidéo, ou simplement vidéo, plusieurs langues, et éventuellement des sous-titres. A notre niveau d'étude de ce logiciel puissant, retenez simplement qu'il est possible d'inclure des sous-titres et de proposer un film en plusieurs langues. Donc, ce qui nous intéresse ici, c'est ce qui va se passer lorsque chacun des montages aura été intégralement lu :

1. **Dans l'onglet Montage, cliquez sur le montage Film pour le sélectionner.**

2. **Dans l'onglet Propriétés, cliquez sur l'icône de l'escargot située à droite d'Action de fin et tirez-la jusqu'au menu de l'onglet Menu, comme à la Figure 14.35.**

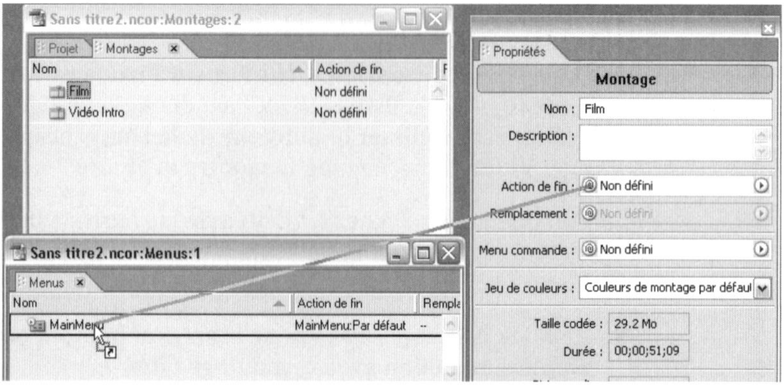

Figure 14.35 : A la fin du film, le menu s'affiche de nouveau.

Vous venez d'indiquer qu'à la fin du film, en l'occurrence du montage Film, le menu s'affiche automatiquement, permettant alors à l'utilisateur d'explorer une autre section du DVD.

3. **Répétez cette opération avec le paramètre Menu commande.**

   Ainsi, si en cours de film l'utilisateur appuie sur la touche Menu de sa télécommande (ou sur tout autre bouton équivalent), c'est à nouveau le menu principal qui s'affiche.

4. **Répétez ces deux opérations pour le montage Vidéo Intro.**

A cet instant de la création des liens, les plus grandes hypothèses ont été envisagées. Il faut tester les liens pour voir si tout fonctionne bien. Le test peut se faire de plusieurs manières, mais comme cette initiation est rudimentaire, voici celle que je vous propose :

1. **Cliquez sur l'icône du menu avec le bouton droit de la souris.**

2. **Dans le menu contextuel, choisissez Prévisualiser maintenant, comme le montre la Figure 14.36.**

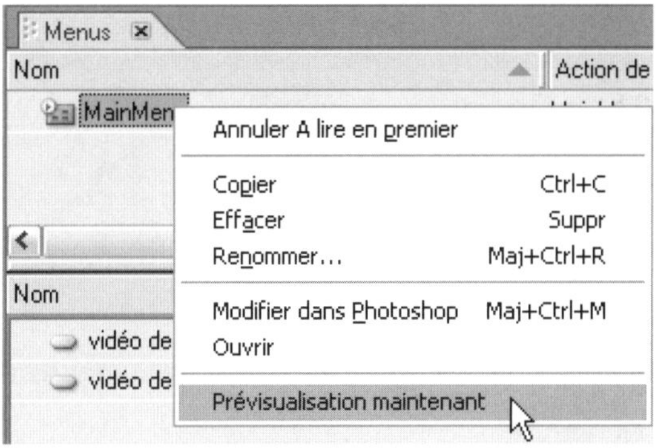

Figure 14.36 : La prévisualisation du menu en teste le fonctionnement.

Adobe Encore DVD ouvre une fenêtre de prévisualisation que vous pouvez redimensionner à votre gré.

Vous constatez que le bouton INTRO est actif par défaut. La fenêtre de prévisualisation comporte également une zone de télécommande. Cliquez sur les flèches directionnelles pour voir si vous passez bien d'un bouton à l'autre.

3. **Pour le moment, activez le premier bouton, c'est-à-dire INTRO, et cliquez sur le cercle plein situé au centre des flèches directionnelles, comme le montre la Figure 14.37.**

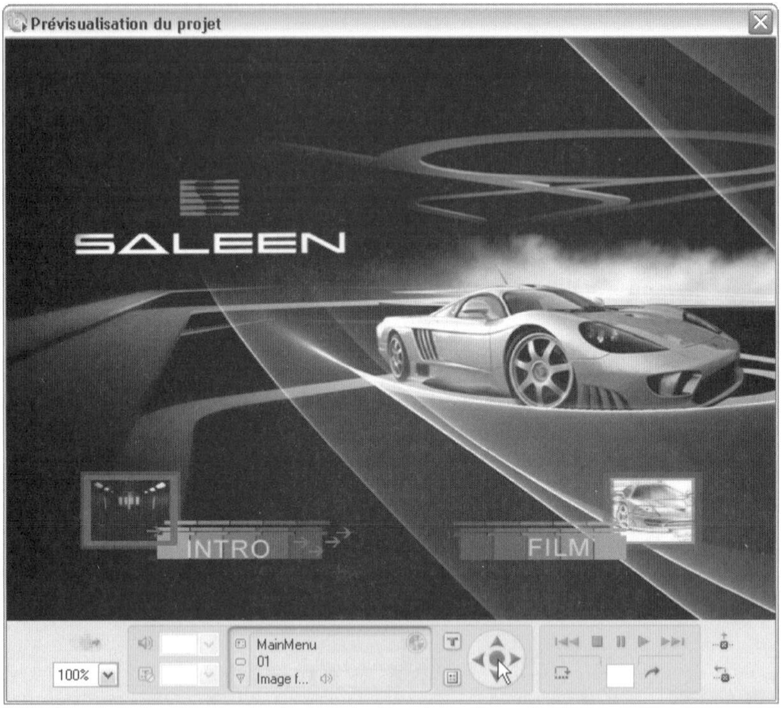

Figure 14.37 : Lancez la lecture de la vidéo INTRO.

La diffusion de la vidéo commence. Quand elle se termine, vous revenez au menu.

4. **Revenu dans le menu, cliquez sur la flèche de droite pour activer le bouton FILM.**

5. **Cliquez sur le bouton du centre.**

La lecture du film démarre. A la fin, le menu s'affiche de nouveau.

6. **Quittez la prévisualisation en cliquant sur son bouton de fermeture.**

Mais vous remarquez une chose qui déjà vous désole. Aucune vidéo n'est affichée dans les boutons alors que vous avez activé l'option

Animer les boutons des Propriétés du menu. C'est normal, car Adobe Encore DVD n'a pas encodé lesdites vidéos. Il faut lui demander de le faire de la façon suivante :

1. **Dans la palette Outils, cliquez sur le bouton Prévisualiser.**

   Le menu s'affiche, sans diffuser la moindre vidéo dans les boutons.

2. **Dans le coin inférieur gauche de la fenêtre Prévisualisation du projet, cliquez sur le bouton Rendu du bouton animé courant, comme à la Figure 14.38.**

Figure 14.38 : Ce bouton encode les vidéos diffusées dans le menu.

Comme la durée est ici de 15 secondes, l'encodage ne dure pas très longtemps. Vous en suivez la progression dans une fenêtre intitulée Rendu du menu en cours.

3. **Une fois le rendu terminé, les vidéos sont diffusées dans les boutons.**

Une fois les 15 secondes écoulées, la lecture reprend depuis le début.

Par défaut, Adobe Encore DVD considère que vous souhaitez diffuser le début des films dans chaque bouton. Sachez qu'il est possible de sélectionner une autre partie des films, parfois plus représentative de leur contenu. Comme il s'agit d'une fonction avancée d'Adobe Encore DVD, nous ne l'étudierons pas ici.

Ce rendu préalable est facultatif. En effet, Adobe Encore DVD y procédera au moment de l'encodage et de la gravure. Vous prévisualiserez au début de vos travaux dans Adobe Encore DVD. Par la suite, vous éviterez l'aperçu des vidéos dans les boutons, car l'encodage prend du temps. Malgré tout, si vous encodez lors de cette prévisualisation, Adobe Encore DVD ne réencodera pas les boutons animés, puisqu'il y aura déjà procédé.

Vous venez de goûter aux bases les plus basiques (alors, imaginez à quel niveau nous en sommes) d'Adobe Encore DVD en matière d'interactivité.

Lorsque je vois ce menu fort séduisant, je trouve qu'il lui manque quelque chose, ou plutôt que quelque chose a été mal fait. Il s'agit de la couleur des boutons qui ne permet pas de bien distinguer quand un bouton est activé et quand il est sélectionné. Voyons comment améliorer l'affichage d'un bouton.

Les jeux de couleurs des boutons

Un menu et ses boutons doivent être efficaces. Pour être efficace, il faut une superbe visibilité, ce qui n'est pas le cas dans notre exercice.

Voici comment modifier les couleurs d'activation et de sélection d'un bouton :

1. **Double-cliquez sur l'icône du menu de manière à l'ouvrir dans une grande fenêtre.**

2. **Cliquez sur le bouton INTRO pour le sélectionner.**

3. **Cliquez sur Menu/Modifier le jeu de couleurs de menu, comme à la Figure 14.39.**

Figure 14.39 : Pour modifier la couleur d'affichage des menus.

4. **Dans la boîte de dialogue Jeu de couleurs de menu, activez la case Prévisualiser.**

   Cela va permettre d'apprécier directement sur le menu l'impact du changement de couleur.

   Vous constatez que, dans la section Tons clairs – Groupe 1, qui est le groupe par défaut des boutons de ce menu, les couleurs des états Sélectionné et Activé sont identiques, à savoir une sorte de gris bleu assez sombre.

5. **Dans la liste Jeu de couleurs, choisissez Couleurs de menu par défaut.**

   Cette action change immédiatement les couleurs des états Sélectionné et Activé. L'un est gris clair et l'autre rouge, avec un facteur d'opacité que vous gérez à votre gré dans la liste correspondante.

6. **Pour voir l'aspect du bouton quand vous appuyez sur la touche de la télécommande pour l'activer, cliquez sur le dernier bouton du paramètre Prévisualiser.**

   Le bouton passe au rouge à 67 %. Esthétiquement, ce n'est pas mal du tout.

   En revanche, l'état Sélectionné n'est pas terrible.

7. **Cliquez sur le rectangle de couleur de l'état Sélectionné du groupe 1.**

8. **Dans le Sélecteur de couleurs, définissez un jaune et cliquez sur OK.**

9. **Dans la liste des pourcentages de cet état, sélectionnez 80 %.**

La Figure 14.40 montre la nouvelle définition du jeu de couleurs dans la boîte de dialogue Jeu de couleurs de menu.

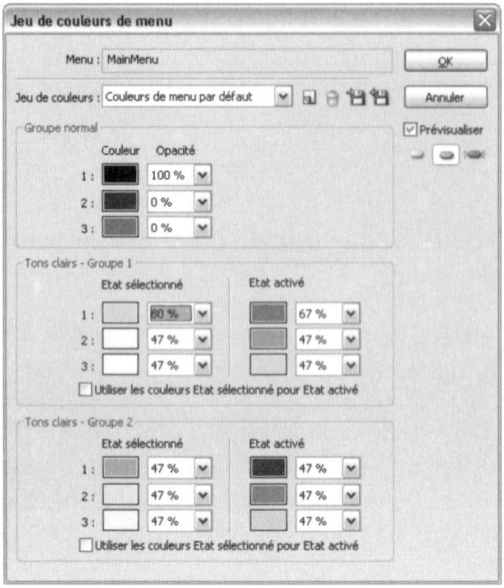

Figure 14.40 : Redéfinir les couleurs des boutons est essentiel à une bonne visibilité des choix.

10. Cliquez sur OK.

Revenu dans la fenêtre d'aperçu de menu, vous disposez, dans la partie inférieure de la fenêtre, de boutons de prévisualisation de l'état des boutons. Ne soyez pas étonné que les deux boutons réagissent simultanément. Cela prouve qu'ils appartiennent tous les deux au même jeu de couleurs.

Cette fois, lancez l'aperçu en cliquant sur le bouton Prévisualiser de la palette d'outils, comme le montre la Figure 14.41.

Répétez les opérations effectuées un peu plus haut. Vous constatez que les boutons sont bien plus visibles.

TRUC

Je ne saurais énumérer tout ce qu'il reste à faire avec Adobe Encore DVD. Couplé avec Photoshop, Premiere Pro et After Effects, les possibilités sont quasi illimitées. Une vidéo peut tourner en arrière-plan et aussi dans chaque bouton. Un son, une musique, tout ce que vous pouvez imaginer d'audio peut boucler sur chaque menu. Un montage, plutôt que de renvoyer à un menu, peut aussi renvoyer à un autre montage. Des sous-titres en plusieurs langues sont définissables et surtout sélectionnables à discrétion avec le bouton adéquat de la télécommande du lecteur de DVD. En résumé, Adobe

Figure 14.41 : Ce bouton est utilisé pour l'aperçu de l'ensemble du DVD avant gravure.

Encore DVD permet vraiment tout ce que ne permettent pas les produits tout-en-un comme Pinnacle Studio 10 et Premiere Elements.

La conclusion d'un authoring réalisé dans Adobe Encore DVD est l'encodage et la gravure. L'un étant le prolongement souvent automatique et systématique de l'autre, je vous invite à les découvrir dans l'ultime section de ce chapitre.

Encoder et graver le DVD vidéo avec Adobe Encore DVD

Tout logiciel d'authoring DVD qui se respecte doit pousser sa logique jusqu'au bout, c'est-à-dire qu'il doit prendre en charge l'encodage et la gravure des DVD.

Adobe Encore DVD encode en fonction du type de médias que vous y avez importé. Si vous vous souvenez bien, ce programme accepte les fichiers `.m2v` qui sont des fichiers MPEG-2 répondant aux spécificités du DVD vidéo. De facto, ces fichiers étant déjà encodés, Adobe Encore DVD ne va pas les réencoder. En revanche, tout ce qui est fichier `.avi` contenant de la vidéo et de l'audio sera encodé par Adobe Encore DVD. Il en va de même pour les parties audio des fichiers `.m2v` qui sont au format WAV ou AIFF, et que le programme doit encoder si possible en Dolby dans un débit binaire acceptable, comme 192 kbps.

Débutant en authoring et en encodage, sachez que la plupart de ces tâches seront automatisées, c'est-à-dire qu'Adobe Encore DVD va évaluer le contenu du projet et le comparer avec le disque de destination (simple couche ou double couche). A partir de là, il va appliquer les meilleurs débits binaires qui soient pour maintenir la plus haute qualité audio et vidéo.

Voici comment se déroulent les phases d'encodage et de gravure dans Adobe Encore DVD :

1. **Fermez la fenêtre de Prévisualisation du projet.**

2. **Cliquez sur Fenêtre/Disque, puis sur Fenêtre/Propriétés.**

3. **Dans l'onglet Propriétés, repérez le paramètre Bouton Titre.**

   Il ne faut jamais oublier ce paramètre, car il va déterminer la réaction du DVD lorsque l'utilisateur appuie sur le bouton Titre de sa télécommande.

4. **Cliquez sur le triangle situé à droite de ce paramètre.**

5. **Dans le menu local qui apparaît, choisissez MainMenu/Par défaut, comme à la Figure 14.42.**

   Ainsi, lorsqu'en cours de film ou de lecture de toute autre partie du DVD l'utilisateur appuie sur la bouton Titre de sa télécommande (ou sur un bouton équivalent tel que Title), il revient au menu principal.

6. **Dans l'onglet Disque, cliquez sur le bouton Vérifier le projet (Figure 14.43).**

   Cette vérification permettra de savoir, surtout pour les projets complexes, si des boutons n'ont pas de lien, si le projet dépasse la capacité du disque, si les sous-titres ont été correctement placés, etc.

7. **Laissez toutes les options cochées, et cliquez sur Démarrer.**

   La durée de l'analyse dépend du nombre d'éléments et d'options à contrôler. Dans un projet aussi simple que le nôtre, elle ne durera guère plus de 5 secondes.

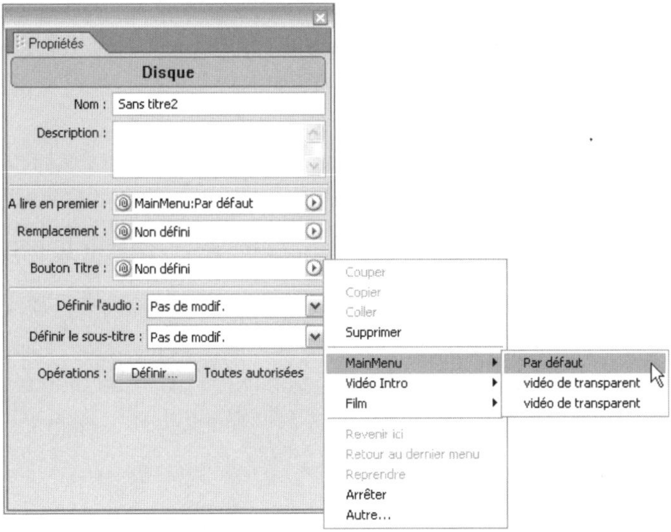

Figure 14.42 : Définissez l'action du bouton Titre de la télécommande du lecteur de DVD.

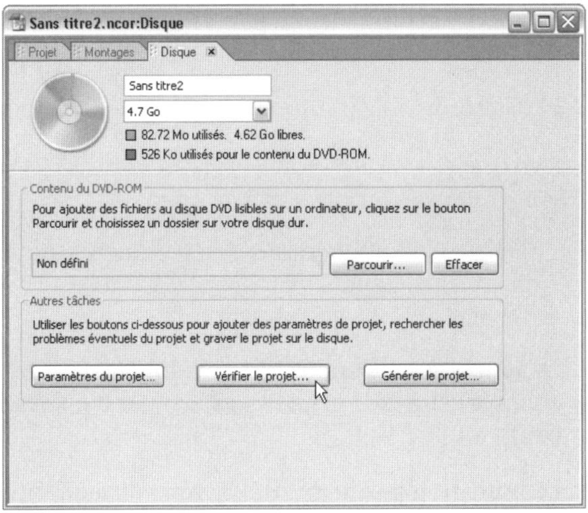

Figure 14.43 : Vérifiez que rien n'a été omis.

Si des problèmes sont rencontrés, Adobe Encore DVD les liste dans la partie inférieure de la fenêtre Vérifier le projet. La colonne Problème permet d'identifier l'oubli, donc de le corriger facilement dans l'onglet correspondant à l'élément incriminé.

8. **Une fois la vérification effectuée et les problèmes éventuellement corrigés, cliquez sur le bouton Terminé de la boîte de dialogue Vérifier le projet, et insérez un DVD vierge dans votre graveur.**

   Si vous avez encore quelques hésitations sur les DVD vierges, reportez-vous au Chapitre 3.

9. **Dans la fenêtre Disque, cliquez sur Générer le projet.**

10. **Dans le message qui s'affiche, cliquez sur Enregistrer et continuer.**

    Apparaît alors la boîte de dialogue Créer un disque DVD, illustrée à la Figure 14.44. Elle indique :

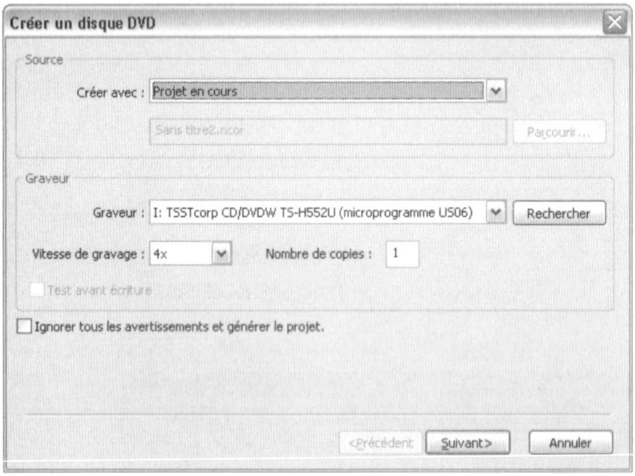

Figure 14.44 : L'encodage et la gravure ne vont plus tarder.

- **La source à graver.** Il s'agit généralement du projet en cours, c'est-à-dire celui qui est ouvert dans Adobe Encore DVD.

- **Le nom du graveur utilisé.** Si vous possédez plusieurs graveurs connectés à votre PC, choisissez, dans la liste Graveur, celui dans lequel vous avez inséré le DVD vierge. Normalement, Adobe Encore DVD l'identifie automatiquement, mais on ne sait jamais.

- **La vitesse de gravage.** Cela tient à un savant calcul fait par Adobe Encore DVD entre le graveur et le disque utilisé. La vitesse pourra donc s'échelonner de 2,4x à 16x.

- **Nombre de copies.** Indiquez le nombre de DVD que vous désirez graver à partir d'un même projet. Je vous conseille de faire un premier DVD et d'en contrôler le bon fonctionnement, si possible, dans plusieurs lecteurs de DVD de salon avant de vous lancer dans une dizaine de copies qui risquent d'être inutilisables si le DVD est mal conçu.

11. Cliquez sur Suivant.

Cette nouvelle fenêtre affiche un résumé du DVD.

12. Cliquez sur Générer (Figure 14.45).

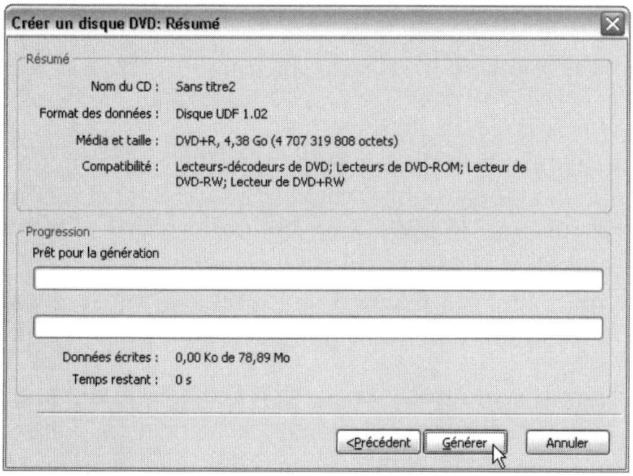

Figure 14.45 : Générez le projet pour le graver.

A partir de cet instant, Adobe Encore DVD se met au travail. Vous en suivez l'avancée dans la section Progression de la boîte de dialogue. Le programme commence par encoder tout ce qui doit l'être, c'est-à-dire les vidéos au format AVI ou MOV, et l'audio au format WAV ou AIFF.

La durée de l'encodage dépend de celle des médias à encoder et du débit binaire appliqué par Adobe Encore DVD. Plus ce débit est faible, plus les images sont compressées et plus l'opération est longue. Cet encodage est d'autant plus long qu'il est de type logiciel, c'est-à-dire non pris en charge en temps réel par une carte spéciale installée dans votre ordinateur. Un DVD 5, c'est-à-dire de 4,7 Go comprenant 2 heures de programme et devant être entièrement encodé par Adobe Encore DVD, se fera en 6 heures environ.

Même si vous ne fournissez au programme que des vidéos préalablement encodées en M2V, c'est-à-dire le format MPEG-2 professionnel, Adobe Encore DVD devra encoder :

- Tous les fichiers audio, dont les fichiers WAV ou AIFF des fichiers vidéo M2V.
- Tous les menus créés dans le logiciel.
- Les vidéos des boutons.
- Les fichiers audio sélectionnés pour illustrer l'affichage des menus.

Une fois l'encodage de tous les éléments terminé, Adobe Encore DVD structure le DVD pour le rendre compatible avec le format des DVD vidéo. Cette phase n'est pas très longue, même si le projet est complexe.

Enfin, arrive l'opération de gravure. Si le DVD est copieusement rempli et que la vitesse de gravage est faible, il faudra compter une trentaine de minutes. Evidemment, plus le graveur et le DVD vierge acceptent une vitesse élevée, plus la gravure se fait dans un temps réduit. Comptez une quinzaine de minutes pour graver un DVD rempli de 4,38 Go de données vidéo avec un graveur et un DVD 4x.

A la fin de la gravure, Adobe Encore DVD éjecte le disque. Prenez-le et insérez-le dans un lecteur de salon. Si vous avez bien travaillé, la magie opère. C'est génial !

Ainsi se termine notre étude du DVD et de ses aspects fondamentaux sur la plate-forme PC où règne en maître le système d'exploitation Windows.

Le lecteur qui n'envisage pas d'utiliser un Mac peut fermer ce livre et y revenir dès qu'une interrogation pèse sur ses frêles épaules d'utilisateur débutant ou intermédiaire. En revanche, celui qui possède un Mac va presque commencer sa lecture où se termine celle des PCistes. Enfin, pour celui qui veut savoir ce que recèle le Mac en matière de gravure de DVD de données, et surtout de DVD vidéo, je l'invite à entamer la lecture de la cinquième partie.

A tout de suite, les amis !

Cinquième partie

La gravure de DVD sur Mac

"Tu as pris ton portable ? J'aimerais bien regarder un DVD au campement ce soir."

Dans cette partie...

Limitée à quatre petits chapitres, cette partie vous conte l'aventure de la gravure de données et de DVD vidéo avec les outils natifs proposés par Mac OS X (le système d'exploitation du Mac) et de quelques rares programmes exclusivement développés pour la marque à la pomme.

Ce qui a été dit dans les précédentes parties, notamment concernant les graveurs, les ordinateurs et les DVD vierges, vaut pour le PC comme pour le Mac. Le Chapitre 15 présente la gravure de données en s'appuyant sur l'illustre Toast 7 Titanium, et sur les fonctions propres à Mac OS X en personne. Au Chapitre 16, nous envisagerons la copie d'un DVD vidéo avec des logiciels comme Toast 7 Titanium, son homologue spécialisé en DVD Popcorn, et avec deux applications gratuites que sont Mac The Ripper et DVD Imager. Le Chapitre 17 montre comment asservir iDVD 5 à la gravure directe sur DVD vidéo et à l'authoring, permettant de créer des DVD presque aussi beaux que ceux loués ou achetés dans le commerce. Au Chapitre 18, nous verrons comment Toast crée des DVD lisibles dans un lecteur de DVD de salon. Enfin, nous terminerons notre périple Macintosh en survolant le *must* de l'authoring DVD : le très célèbre DVD Studio Pro 4.

Tout comme pour le PC, voyons comment vous pouvez graver des données sur DVD avec un Mac.

Chapitre 15

Graver des données sur DVD

Dans ce chapitre :

- Utiliser le logiciel de référence Toast 7 Titanium.
- Utiliser les fonctionnalités de Mac OS X.

Toast 7 Titanium, la référence sur Mac

Toast est un programme destiné au Mac. Son éditeur ne vous est pas inconnu, car c'est lui qui développe, entre autres, Roxio Easy Media Creator 7.5 sur PC. Vous ne serez donc pas surpris de voir que certains modules de ce programme portent le même nom sur Mac que sur PC, comme le fameux Plug & Burn qui permet de réaliser des gravures directes de cassettes vidéo numériques sur DVD.

J'aurais pu consacrer une section à l'installation de Toast. Oui, en effet, j'aurais pu, mais cela eût paru, en vérité je vous le dis, tout à fait superfétatoire. Alors, en quelques étapes, voici le déroulement des événements :

1. **Insérez le CD de Toast dans le SuperDrive d'Apple (ou tout autre lecteur de CD/DVD installé sur votre Mac).**

2. **A l'insertion du CD, une fenêtre d'installation apparaît.**

3. **Ouvrez le Finder depuis le Dock.**

4. **Organisez les fenêtres de telle sorte que vous puissiez accéder simultanément au contenu de l'une et de l'autre.**

5. **Dans le Finder, ouvrez le dossier Applications.**

6. **Glissez-déposez, comme à la Figure 15.1, le dossier Toast Titanium 7 dans le dossier Applications du Finder.**

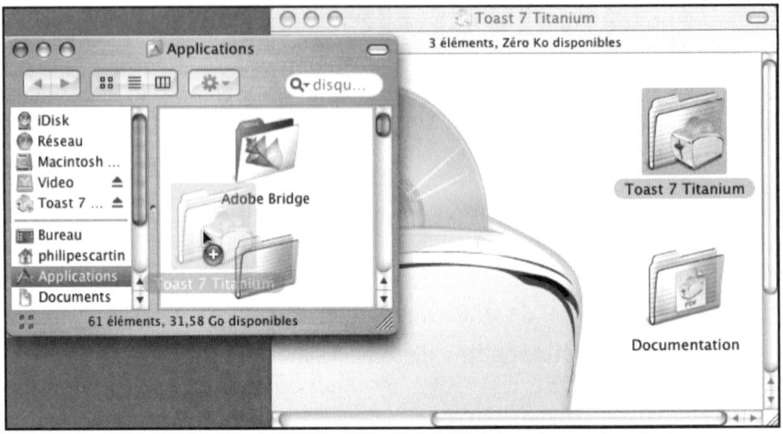

Figure 15.1 : Si toutes les installations pouvaient être aussi simples que celle de Toast !

L'installation du programme s'opère en même temps que sa copie. Lorsque vous démarrez Toast depuis le Finder, le numéro de série du programme vous est alors demandé.

Vous voyez qu'il n'y avait vraiment pas de quoi consacrer une section entière à l'installation du logiciel, comme c'est malheureusement trop souvent le cas sur PC.

TRUC

Pour la petite histoire, voici les applications supplémentaires qui sont installées en même temps que Toast 7 :

- Le logiciel d'enregistrement audio CD Spin Doctor.
- Le programme de création de diaporamas Motion Pictures HD.
- L'application de création d'étiquettes Discus.
- L'utilitaire de programmation de sauvegardes Déjà Vu, que vous trouverez non pas dans le Finder, mais dans les Préférences Système.

Créer un disque de données avec Toast 7

La procédure de création d'un disque de données est assez simple, linéaire et... rectiligne. Je ne vous ferai pas l'injure d'expliquer une fois encore ce qu'est un disque de données. Pour les lecteurs qui auraient un doute à ce sujet, je conseille un retour de quelques centaines de pages en arrière, jusqu'au Chapitre 1. Les autres peuvent tranquillement poursuivre leur lecture.

Vous devez savoir, avant de commencer à graver des données avec Toast 7 Titanium, que ce logiciel est capable de graver plusieurs types de disques de données :

- **Mac uniquement.** Cette option limite l'utilisation du DVD à un ordinateur Macintosh. Lorsque vous êtes certain d'en limiter l'usage à l'univers Mac, ce format est le meilleur qui soit pour sauvegarder vos données.
- **Mac & PC.** Le DVD sera compatible avec les Mac et les PC. Vous opterez pour ce format lorsque vos données devront être partagées également avec un ordinateur fonctionnant sous Windows.
- **DVD-ROM.** Format assez spécial qui assure la compatibilité du disque avec un ordinateur Mac ou PC et avec un lecteur de DVD de salon, à condition dans ce dernier cas que le disque contienne des données vidéo au standard des DVD vidéo.
- **ISO 9660.** Le DVD créé sous ce format est compatible avec n'importe quel type d'ordinateur.

Quel que soit le type de DVD de données que vous désirez créer, et ce principalement en fonction d'une potentielle compatibilité avec les ordinateurs PC, voici comment graver des données avec Toast 7 Titanium :

1. **Si vous n'avez pas installé l'icône de Toast dans le Dock, ouvrez le Finder, puis le dossier Applications, et double-cliquez sur le dossier Toast 7 Titanium.**

2. **Double-cliquez sur l'icône Toast Titanium.**
3. **Insérez un DVD vierge dans le graveur.**

   Ce DVD peut être de tout type. Si vous insérez un DVD de type RW contenant déjà des données ou s'il s'agit d'un DVD vidéo, effacez-le comme ceci :

   3a. Cliquez sur Graveur/Effacer.

3b. Dans le message qui apparaît, choisissez soit Effacement rapide, soit Effacer. Effacement rapide vous obligera à utiliser Toast ou Jam pour graver le disque.

3c. Comme vous comptez graver avec Toast, et dans la mesure où l'effacement standard est assez long, cliquez sur Effacement rapide, comme à la Figure 15.2.

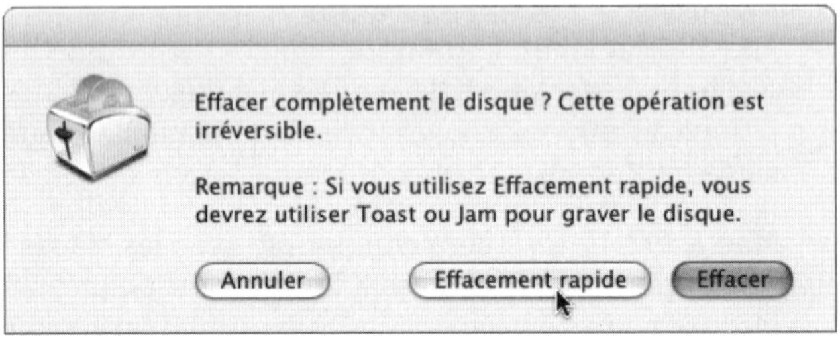

Figure 15.2 : Effacer rapidement un DVD réinscriptible.

3d. Une fois le disque effacé, un message vous en avertit. Cliquez sur OK.

3e. Le disque est éjecté. Faites attention, car avec un SuperDrive il arrive que vous soyez obligé de rattraper le disque en plein vol. (On croirait le ball-trap !)

3f. Réinsérez le DVD dans le graveur.

4. **Mac OS affiche un message vous invitant à sélectionner une opération à faire avec le DVD. Comme Toast est déjà ouvert, cliquez sur Ignorer.**

5. **Cliquez sur l'onglet Données de Toast.**

6. **Dans l'onglet Formats, sélectionnez le type de DVD de données à créer, comme cela est expliqué au début de cette section.**

   Comme nous ne possédons qu'un Mac et que nos données sont spécifiques à cet ordinateur, nous optons pour Mac seulement.

7. **Pour sélectionner les données à graver, cliquez sur le bouton Ajouter situé dans le coin inférieur gauche de Toast, ou bien choisissez Disque/Ajouter.**

8. **Dans la fenêtre Choisissez un objet, naviguez jusqu'au disque dur et au dossier contenant les fichiers de données à graver.**

9. **Sélectionnez un dossier complet ou des fichiers, et cliquez sur Choisir.**

10. **Pour ajouter d'autres données provenant d'un autre disque ou dossier, répétez l'opération.**

Il est essentiel d'ajouter un maximum de données, car Toast ne sait pas créer des DVD multisessions. En d'autres termes, votre DVD est gravé une fois pour toutes. Si vous n'utilisez qu'un seul gigaoctet par exemple, vous ne pourrez pas en ajouter trois autres lors de sessions ultérieures. Pensez bien à cette restriction.

Par défaut, Toast attribue au DVD le nom du premier dossier ou fichier sélectionné. Modifiez-le comme cela est expliqué à l'étape 12.

Une autre technique consiste à glisser-déposer directement les fichiers ou les dossiers depuis le Finder dans Toast.

11. **Si vous avez ajouté des données que finalement vous ne désirez pas graver, sélectionnez-les dans la zone qui liste les fichiers à graver, et cliquez sur le bouton Retirer.**

12. **Cliquez sur le nom du disque. Il passe en surbrillance.**

13. **Saisissez le nouveau nom, et appuyez sur Retour pour le valider.**

    Autant que faire se peut, donnez un nom significatif du contenu des données.

14. **Pour lancer la gravure, cliquez sur le gros bouton rouge de l'interface, comme le montre la Figure 15.3, ou bien cliquez sur Graveur/Graver, ou appuyez sur Cmd+R.**

15. **Dans la boîte de dialogue qui apparaît, laissez les options par défaut, et cliquez sur Graver.**

    La gravure commence. Il n'y a plus qu'à attendre qu'elle se termine. Comme un DVD peut contenir une grande quantité de données, et que le graveur et le disque vierge peuvent être

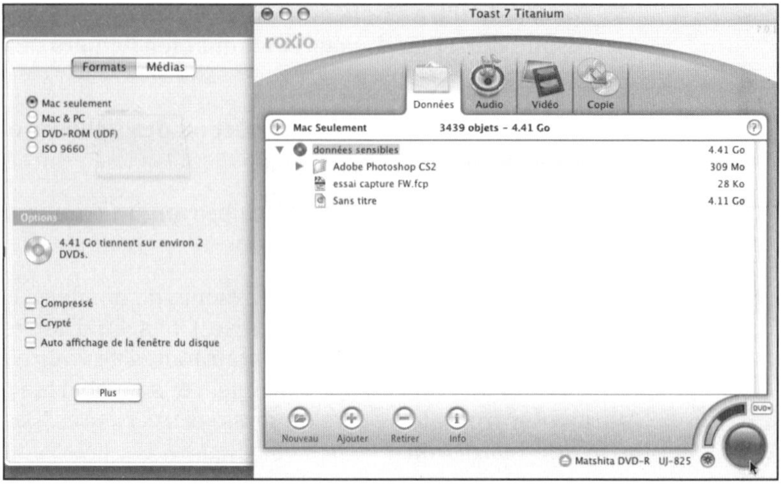

Figure 15.3 : Lancez la gravure des données.

plus ou moins rapides, vous avez le temps de vaquer à d'autres occupations.

Vous suivez la progression de la gravure des données dans une barre affichée dans la partie inférieure de la fenêtre de Toast.

16. **Une fois la gravure des données terminée, un *bip* retentit, et un message vous propose de Monter ou d'Ejecter le disque, comme en témoigne la Figure 15.4.**

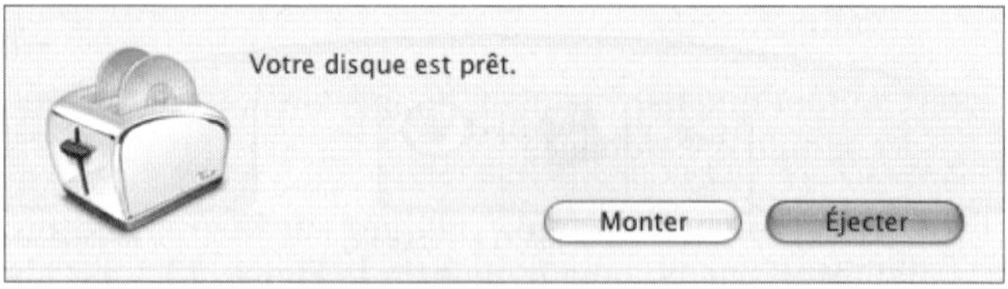

Figure 15.4 : Monter ou éjecter ? That is the question !

- **Monter** est une option qui *transforme* votre DVD en une icône se comportant comme un disque physique réel inséré dans votre lecteur de DVD. En d'autres termes, le DVD n'est pas éjecté ; il apparaît sous la forme d'une icône d'un lecteur aussi bien sur le Bureau que dans le Finder. Cliquez dessus pour en consulter les données.

- **Ejecter** éjecte purement et simplement le disque. Il sera utilisable comme un disque DVD de données ordinaire.

J'insiste sur le fait que, pour ne pas perdre le bénéfice d'un stockage conséquent sur DVD, vous devez ajouter autant de données que possible, car Toast 7 Titanium ne grave pas de DVD multisessions.

Si à l'insertion d'un DVD vierge vous désirez que Toast s'ouvre automatiquement, dans la boîte de dialogue qui apparaît, cliquez sur la liste Opération. Choisissez Ouvrir autre application. Dans le dossier Applications, optez pour Toast Titanium et cliquez sur Ouvrir. Cochez la case Opération à réaliser par défaut et cliquez sur OK. Désormais, dès qu'un DVD vierge sera identifié, Toast Titanium s'ouvrira par défaut. En revanche, il faut être conscient que cette ouverture systématique peut devenir à la longue très fastidieuse, d'autant que, lorsque vous fermez Toast, il éjecte le disque. Le processus est alors sans fin. Donc, pour ne plus démarrer Toast à l'insertion d'un DVD vierge :

1. **Depuis le Dock, ouvrez les Préférences Système.**

2. **Dans la section Matériel, cliquez sur CD et DVD.**

3. **Dans la liste A l'insertion d'un DVD vierge, choisissez Demander que faire.**

4. **Validez ce choix en cliquant sur le bouton de fermeture de la fenêtre CD et DVD. Ensuite, quittez les Préférences Système.**

Si vous créez un disque de données Mac seulement, et que l'ensemble des fichiers et dossiers sélectionnés dépasse la capacité d'un seul DVD, Toast 7 Titanium procède à un *découpage* du disque. Cela signifie qu'il va graver le projet sur plusieurs DVD. Dès qu'un disque est rempli, Toast vous invite à en insérer un vierge pour poursuivre la gravure. Vous obtenez ainsi un jeu de disques. Dans ce jeu, chaque disque contient un index des fichiers. Ensuite, avec l'application Roxio Restore, vous accédez à l'ensemble des fichiers et choisissez ceux à récupérer. Si les données convoitées ne sont pas sur le disque actuellement présent dans votre lecteur/graveur de DVD, l'application vous indique lequel vous devez insérer.

Créer un disque de données avec Toast It Desktop Burning

Graver directement avec Toast 7 n'est peut-être pas la méthode la plus rapide, dans la mesure où le programme doit être démarré et que vous n'avez pas forcément sélectionné cette option à l'insertion d'un DVD vierge dans votre graveur. Ce n'est pas pour autant que Toast 7 Titanium ne peut pas être utilisé.

Son utilitaire Toast It est installé par défaut. Il permet, à partir de n'importe quel dossier du Bureau ou du Finder, de lancer la gravure sans exécuter préalablement Toast. Cette fonction est plus appréciable avec un CD multisession qu'avec un DVD devant être rempli au maximum du fait même que la multisession lui est interdite. La mise en œuvre de Toast It Desktop Burning est ultrasimple :

1. **Ouvrez le Finder.**
2. **Localisez le dossier ou les fichiers que vous souhaitez graver sur DVD.**
3. **Sélectionnez le(s) dossier(s) et fichier(s).**
4. **Faites un Ctrl+clic sur un des éléments.**
5. **Dans le menu contextuel, choisissez Toast It, comme à la Figure 15.5.**

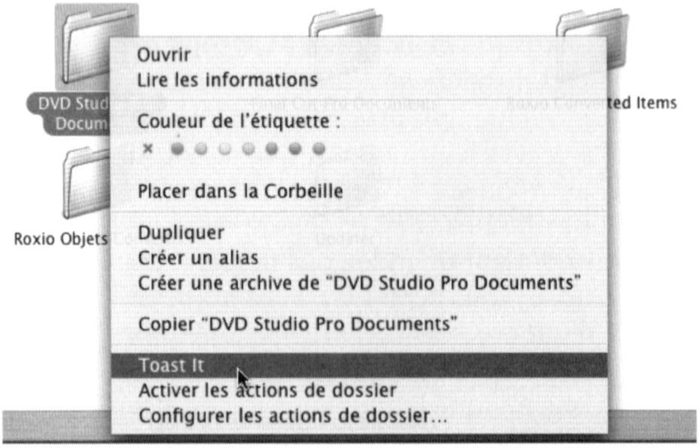

Figure 15.5 : Gravure directe de données sans passer par Toast 7.

Cette action ouvre instantanément Toast, et saute toutes les étapes manuelles que vous avez effectuées dans la précédente section.

6. **Dans la fenêtre vous demandant ce que Mac OS doit faire avec le DVD vierge présent dans le graveur, cliquez sur Ignorer.**

7. **Maintenant que vous êtes dans la fenêtre de gravure, cliquez simplement sur Graver.**

   Il arrive que la fenêtre vous demandant ce qu'il faut faire s'affiche une nouvelle fois. Cliquez systématiquement sur Ignorer.

   La gravure commence en tâche de fond. Vous en suivez l'évolution dans la fenêtre de Toast.

8. **Une fois la gravure effectuée, cliquez sur Ejecter dans la fenêtre qui apparaît.**

Toast It sélectionne automatiquement le type de disque le mieux adapté aux dossiers et fichiers sélectionnés. Ainsi, si le contenu n'est composé que de données ne permettant pas de créer un DVD spécifique, Toast It choisira l'onglet Données. En revanche, si vous choisissez un dossier VIDEO_TS, Toast It sélectionnera l'onglet Vidéo pour permettre de graver un DVD vidéo.

Le gros problème avec le DVD est qu'il ne peut pas être multisession. Cette restriction réduit considérablement l'utilité de cette fonction sur ce support. Malgré tout, elle a le mérite d'exister, et surtout évite un démarrage manuel de Toast pour graver des données.

Tout le monde n'appréciera peut-être pas la présence de Toast It dans le menu contextuel. Dans ce cas, voici comment le supprimer de la plus simple des manières :

1. **Démarrez Toast 7 Titanium.**

2. **Cliquez sur Toast Titanium/Préférences de Toast.**

3. **Dans l'onglet Général, décochez la case Installer le Menu Contextuel "Toast It".**

Rien de plus !

Copier un DVD de données (ou autre)

La copie d'un DVD de données est une opération consistant, comme aurait dit M. de La Palice, à copier un DVD. Ceci pour vous dire que, quelle que soit la nature du DVD, sa copie sera conforme à l'original. Donc, si le disque ne contient que des données, vous copiez un disque de données, et s'il s'agit d'un DVD vidéo, vous copiez un DVD vidéo (à partir du moment où il n'est pas protégé contre la copie).

Cette copie de DVD est un jeu d'enfant à réaliser dans Toast 7 Titanium. Toutefois, comme pour les données, plusieurs types de copies sont possibles :

- **Copie de DVD.** Cette option permet de copier un DVD de données ou un DVD vidéo non protégé contre la copie.
- **Fichier Image Disque.** Permet de copier sur un DVD l'image disque d'un autre DVD. Toast reconnaît un grand nombre d'images telles que les images `.toast`, `.dmg`, `.img`, `.iso`, `.cdr`, `.sd2` et j'en passe.
- **Fichiers BIN/CUE.** Il s'agit ici de copier une paire de fichiers image disque qui se compose de deux parties. La combinaison des deux parties permet de créer le fichier final.

Dans les deux prochaines sections, nous allons voir comment copier un DVD, et comment créer une image disque que nous copierons ensuite sur un DVD.

Copie de DVD

La copie d'un DVD consiste à réaliser une copie de sauvegarde de vos données ou de vos DVD vidéo. Pour ces derniers, seuls les DVD non protégés contre la copie pourront être ainsi dupliqués. C'est la nature même du disque, donc de son contenu, qui va dicter à Toast les paramètres adéquats.

TRUC

Cependant, pour ne pas copier n'importe quoi, n'importe comment, je vous invite à lire la section "Principes et limites de la copie des DVD", au Chapitre 10.

Pour copier un DVD quel qu'il soit :

1. **Insérez dans votre graveur de DVD le disque à copier.**

2. **Démarrez Toast 7 Titanium depuis le Finder (dossier Applications), ou depuis le Dock si vous y avez installé l'icône de l'application.**

3. **Dans Toast, cliquez sur l'onglet Copie.**

   Comme le montre la Figure 15.6, le DVD à copier est identifié par Toast.

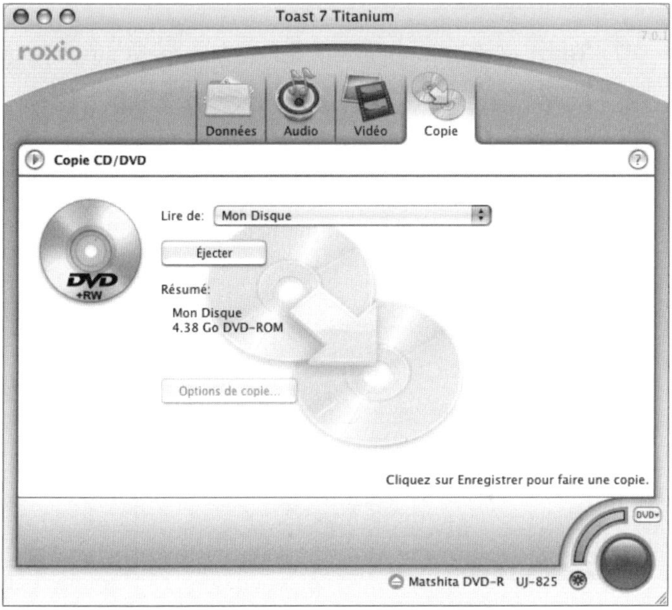

Figure 15.6 : Toast identifiant la nature du disque, la copie est simple à réaliser.

   Lorsqu'il s'agit de la copie d'un DVD de données, le bouton Options de copie n'est pas accessible. La procédure n'en devient alors que plus simple.

4. **Comme indiqué dans l'interface, cliquez sur le bouton rouge Graver le disque.**

   Vous pouvez également cliquer sur Graveur/Graver, ou appuyer sur Cmd+R.

5. **Dans la nouvelle fenêtre qui s'ouvre, cliquez sur Graver.**

   Cette action lance la mise en cache, c'est-à-dire la création d'un fichier de disque temporaire qui sera ensuite gravé sur le DVD vierge. Durant cette phase, Toast ne fait rien d'autre que de créer une copie conforme de la structure du DVD. Cette copie passe par la lecture préalable des pistes du disque.

6. **Une fois la copie effectuée, Toast éjecte le disque et vous invite à en insérer un vierge. Exécutez-vous.**

TRUC

Toast n'emploie pas le terme *vierge* mais *gravable*.

Si vous insérez un disque RW contenant déjà des données, il est immédiatement rejeté.

7. **Toast vérifie la virginité du disque, puis lance la gravure sans aucune intervention de votre part.**

Comme pour toute gravure, vous en suivez l'évolution dans la barre de progression située dans la partie inférieure du logiciel. Un compte à rebours vous donne une idée du temps de gravure restant, comme le montre la Figure 15.7.

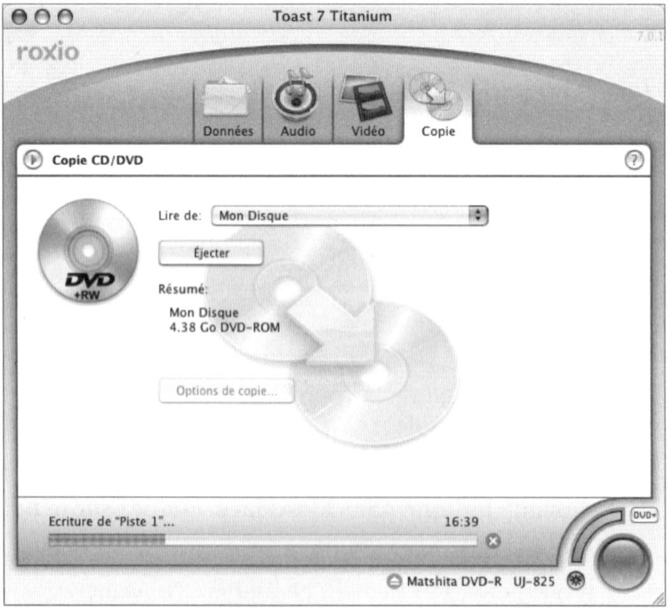

Figure 15.7 : Dernière phase de la copie : la gravure sur un DVD "gravable".

8. **Une fois la copie effectuée, le petit avertissement sonore retentit, et la fenêtre aux boutons Monter ou Ejecter apparaît.**

Si vous désirez utiliser les données du disque, cliquez sur Monter. Le DVD apparaît alors sur votre Bureau comme n'importe quel autre lecteur (disque dur). Si vous désirez ranger le DVD ainsi copié dans son boîtier cristal, cliquez sur Ejecter.

Cette méthode de copie *directe* d'un DVD est idéale lorsque vous ne souhaitez qu'un seul exemplaire de votre DVD. Mais il est des hypothèses où vous désirerez créer la structure d'un DVD sous forme d'une image, par exemple ISO, image qui pourra être sauvegardée sur un DVD de données en tant que fichier informatique, ou qui servira à recréer un DVD identique à celui ayant servi à créer l'image disque. Toutes ces procédures vous sont expliquées dans la prochaine section.

Graver un fichier image disque

L'autre méthode pour graver l'intégralité d'un DVD consiste à en faire préalablement une image disque que l'on gravera ensuite sur un DVD vierge.

La gravure d'une image induit deux hypothèses :

- Vous disposez déjà sur votre disque dur d'une image disque dont le format est pris en charge par Toast. Ce programme en refuse très peu. Je vous rappelle que l'image disque la plus universelle est un fichier d'image au format `.iso`.
- Vous ne disposez pas d'image disque et vous devez par conséquent en créer une. L'avantage de l'image disque est que le fichier d'image reste sur votre disque dur jusqu'à ce que vous preniez la décision de le mettre dans la Corbeille du Dock. C'est donc tout le contraire d'une simple copie de DVD dont l'image disque temporaire est supprimée dès que la gravure est terminée.

Pour parfaire votre formation à l'utilisation de Toast, nous allons créer une image disque que nous graverons dans la foulée.

TRUC

Si vous ne savez plus très bien ce qu'est une image disque, reportez-vous à la section "Copier un DVD d'après une image ISO", au Chapitre 10.

Créer l'image disque

Si vous ne possédez pas l'image d'un disque à graver, vous devez la créer. Cette création est utile lorsque vous souhaitez plusieurs niveaux de sauvegarde du contenu d'un DVD de données ou d'un DVD vidéo. Par exemple, peut-être souhaiterez-vous conserver deux copies des logiciels que vous avez achetés si cher dans le commerce ? Vous réaliserez alors une image disque du DVD. A partir de cette image, voici ce que vous ferez :

- Une copie de l'image sur un DVD produisant alors le même DVD que celui ayant servi à la création de la copie.
- Une copie de sauvegarde de l'image elle-même sur un autre DVD de données.

Pour créer une image disque avec Toast 7 Titanium :

1. **Insérez le DVD dont vous souhaitez faire l'image disque.**
2. **Démarrez Toast soit depuis le Dock, soit depuis le dossier Applications du Finder.**

   TRUC

   Et n'oubliez pas une troisième solution qui consiste à effectuer un Ctrl+clic sur l'icône du DVD affichée sur le Bureau, et à choisir Toast It dans le menu contextuel.

   Quelle que soit la méthode employée, Toast 7 Titanium s'ouvre.

   TRUC

   Cependant, si vous choisissez la méthode du menu contextuel, Toast considère que vous désirez effectuer une copie intégrale du DVD. Donc, il passe directement à la phase de copie, affichant une fenêtre arborant un superbe bouton Graver. Si vous cliquez dessus, vous reproduisez la procédure étudiée dans la précédente section. Donc, abstenez-vous en cliquant sur Annuler.

3. **Cliquez sur Fichier/Enregistrer comme Image Disque, ou bien appuyez sur Cmd+D.**
4. **Dans la boîte de dialogue Enregistrer l'Image Disque sous, sélectionnez le disque dur et/ou le dossier dans lequel vous souhaitez stocker l'image en question.**

   En effet, cette fois l'image n'est pas temporaire. Elle va bien être physiquement écrite sur un de vos disques durs.

Par défaut, Toast donne à l'image le nom du volume (DVD) dont vous allez créer l'image. Il ajoute l'extension des images par défaut qu'il génère, c'est-à-dire `.toast`.

N'oubliez pas que, pour la circonstance, vous pouvez créer un dossier où vous prendrez l'habitude de stocker vos images disques. Pour cela, il suffit de cliquer sur le bouton Nouveau dossier de la boîte de dialogue Enregistrer l'Image Disque sous. Dans la boîte de dialogue Nouveau dossier qui apparaît, saisissez un nom, comme Images Disques, et cliquez sur Créer.

5. **Renommez éventuellement le nom de l'image.**

   Renommer une image me paraît toujours un peu étrange, dans la mesure où l'on désire réaliser la copie conforme d'un DVD. Par conséquent, il semble opportun, pour bien identifier le contenu de cette image, de laisser le nom du volume qui va servir à la créer.

6. **Une fois la destination de l'image choisie, cliquez sur Enregistrer.**

   La phase de création de l'image débute. Vous en suivez la progression dans la partie inférieure de la fenêtre de Toast. Prenez votre mal en patience, car il y en a pour un petit moment.

7. **Une fois l'image créée, le signal sonore retentit. Vous pouvez éjecter le disque en cliquant sur le bouton Ejecter de l'onglet Copie, ou en appuyant sur la touche d'éjection de votre clavier.**

8. **Pour vérifier que l'image a bien été créée, ouvrez le Finder.**

9. **Naviguez jusqu'au disque dur et au dossier que vous avez sélectionnés à l'étape 4.**

   Comme le montre la Figure 15.8, le fichier `.toast` est bien là. Dans la mesure où il restera disponible jusqu'à ce que vous le mettiez dans la Corbeille ou que votre disque dur tombe en panne, il n'y a aucune urgence à le graver immédiatement. Oui, mais voilà, je vous connais ! On a un nouveau programme alors on veut voir si tout marche bien ! Dans ce cas, procédez à la gravure de l'image, comme cela est expliqué dans la prochaine section.

Figure 15.8 : L'image disque est bien créée.

Graver l'image disque

Pour graver l'image disque que vous venez de créer, la procédure est d'une rectitude qui réduit l'utilisateur à un simple exécutant. Toutefois, je n'ai pas envie que vous fassiez les choses sans comprendre pourquoi vous les réalisez. Graver l'image d'un disque peut se faire de deux manières :

- Graver l'image en elle-même pour créer un DVD identique à l'original. Ainsi, si vous avez copié un DVD vidéo sous la forme d'une image disque, vous reconstituez ledit DVD vidéo sur un disque vierge.
- Graver l'image en tant que données. Ici, le fichier de l'image n'est plus utilisé pour recréer un disque à l'identique, mais simplement pour être sauvegardé sur un DVD de données. Vous effectuez une copie de l'image de manière, par exemple, à l'effacer de votre disque dur. Dans ce cas, si vous désirez graver ultérieurement une copie conforme du DVD ayant servi à la création de l'image, il suffira de copier ce fichier image sur votre disque dur, et de graver le contenu de l'image selon la première procédure étudiée ci-dessous.

Pour graver l'image disque de manière à produire un DVD conforme à l'original :

1. **Insérez un DVD vierge dans votre graveur de DVD.**

Je rappelle que Toast ne supporte pas les DVD déjà enregistrés. Si vous désirez copier une image disque sur un +RW ou -RW contenant des données, vous devez préalablement l'effacer, comme cela est expliqué à la section "Créer un disque de données avec Toast 7", en début de chapitre.

2. **Démarrez Toast 7 Titanium avec la méthode de votre choix.**

3. **Dans l'interface de Toast, cliquez sur l'onglet Copie.**

4. **Dans la section Formats (à gauche), activez l'option Fichier Image Disque.**

5. **Dans la section centrale de l'interface, cliquez sur le bouton Sélectionner.**

6. **Dans la boîte de dialogue Veuillez choisir un fichier Image Disque, naviguez jusqu'au disque dur et au dossier contenant l'image.**

7. **Sélectionnez le fichier d'image disque.**

Je rappelle que si le fichier de l'image disque a été créé avec Toast, il porte l'extension `.toast`. Toutefois, Toast accepte de graver les fichiers `.iso`, `.cdr`, `.nrg` et j'en passe.

8. **Cliquez sur Choisir.**

9. **Enfin, comme le montre la Figure 15.9, cliquez sur le bouton Graver le disque, ou appuyez sur Cmd+R.**

Une autre méthode de gravure consiste à afficher simultanément le Finder et l'onglet Copie de Toast 7. Dans le Finder, localisez le fichier d'image disque, et glissez-déposez-le dans la section centrale de l'interface. Il n'y a plus qu'à cliquer sur le bouton Graver le disque.

La gravure prend du temps. Allez faire un tour dehors, il y a des gens, du soleil, de l'air, des arbres, et encore quelques oiseaux. Cela vous changera de l'informatique.

Avec cette méthode, vous venez de copier le contenu de l'image disque sur un DVD vierge. Vous obtenez donc une copie conforme du contenu du DVD d'origine. S'il contenait des données, vous récupérez lesdites données ; s'il contenait la structure d'un DVD vidéo, vous récupérez ledit DVD vidéo qui peut alors être instantanément inséré dans un lecteur de DVD de salon.

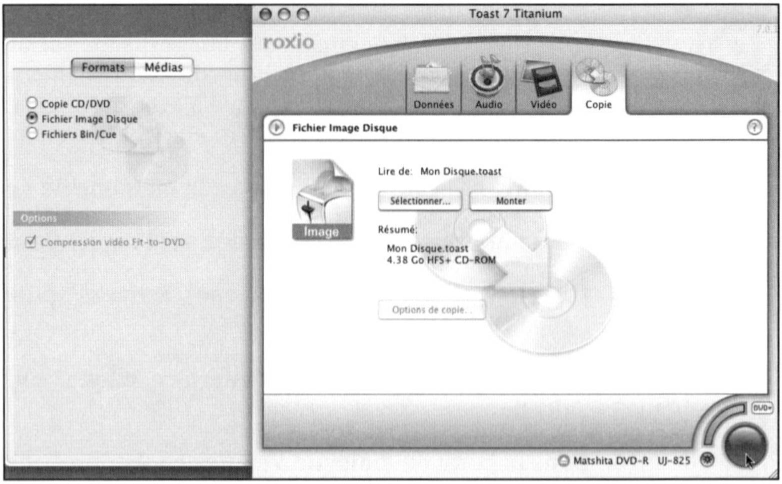

Figure 15.9 : L'image disque prête à être gravée de manière à délivrer une copie conforme du DVD ayant servi à la créer.

L'autre possibilité est de faire une copie de sauvegarde de l'image disque. Elle sera ainsi stockée sur un DVD de données qui contiendra le fichier `.toast` ou tout autre fichier d'image disque qui aurait pu être créé avec une autre application que Toast 7 Titanium. Une fois sauvegardée, l'image pourra être effacée de votre disque dur, ce qui libérera un espace assez conséquent, puisque le contenu d'un DVD simple couche est de 4,7 Go de données et celui d'un double couche de 8,5. Voici comment graver le fichier image disque lui-même :

1. **Dans Toast, cliquez sur l'onglet Données.**

2. **Ensuite, soit avec la technique du glisser-déposer depuis le Finder, soit en cliquant sur le bouton Ajouter, placez le fichier d'image disque dans la zone Déposez ici fichiers et dossiers.**

   Cette fois, comme le montre la Figure 5.10, vous allez bien copier le fichier image disque et non pas reconstituer le DVD d'après son image disque.

3. **Sélectionnez éventuellement le format du DVD de données à graver.**

   TRUC

   Les formats sont décrits dans la section "Créer un disque de données avec Toast 7", en début de chapitre.

Figure 5.10 : Effectuer une sauvegarde d'un fichier d'image disque.

4. **Cliquez sur le bouton Graver le disque ou appuyez sur Cmd+R, ou encore choisissez Graveur/Graver.**

Voilà, vous disposez d'une copie du fichier image disque. Vous pouvez alors effacer l'original de votre disque dur. Vous l'y copierez de nouveau si vous avez besoin de graver une copie conforme du DVD d'origine à partir de cette image disque.

Comme ce livre traite de la gravure des DVD en général, il ne saurait approfondir toutes les fonctionnalités d'un programme comme Toast. Toutefois, si vous hésitez sur un programme de gravure prenant en charge les DVD, toutes les sections de cette cinquième partie qui seront consacrées à Toast vous donneront un aperçu assez précis du fonctionnement du logiciel, précision qui, je viens de m'en rendre compte, enlève au principe même de l'aperçu toute sa signification.

Au Chapitre 17, vous verrez comment copier des DVD vidéo en recourant à Toast 7 Titanium.

Bien évidemment, l'univers Mac est moins prolifique que l'univers PC en utilitaires payants ou gratuits permettant de copier des données et/ou des DVD vidéo. Si cela vous intéresse, vous pouvez tester un programme assez sympathique appelé Dragon Burn 4. A son nom, Dragon Burn 4 fait plus penser à un jeu vidéo qu'à un utilitaire de gravure. Il n'en est rien. Vous pouvez le télécharger à l'adresse suivante : `www.logicielmac.com/logiciel/Dragon%20Burn.html`. Vous y trouverez aussi un excellent didacticiel permettant de tirer intégralement parti des fonctionnalités de ce programme.

Toast 7 Titanium est la référence sur Mac. Toutefois, l'achat d'un ordinateur Apple coûte si cher que vous n'aurez peut-être pas les moyens d'investir quelques euros de plus dans ce programme. Sachez que, sous Mac OS X Panther et Tiger, il est possible de créer des DVD de données et des images disques sans passer par un utilitaire quelconque. Je vous en explique les tenants et les aboutissants dans la prochaine section.

Graver avec Mac OS X

Que vous possédiez Panther ou Tiger, la procédure est sensiblement la même dans les deux versions du système d'exploitation. Je vais montrer comment procéder sous Panther, et ensuite préciser les apports de Tiger en la matière.

Graver des données sur DVD

Vous n'avez donc que Mac OS X pour graver vos données. Cela n'est pas rédhibitoire, et si vous disposez du SuperDrive d'Apple, les choses sont d'autant plus simples à réaliser.

Pour graver des données sous Panther :

1. **Insérez un DVD vierge dans votre graveur.**
2. **A l'invite de Mac OS, choisissez Ouvrir dans le Finder dans la liste Opération, et cliquez sur OK, comme à la Figure 15.11.**

   Le DVD vierge est maintenant monté sur le Bureau comme un lecteur quelconque.

3. **Ouvrez le Finder pour localiser les fichiers à copier sur votre DVD de données.**

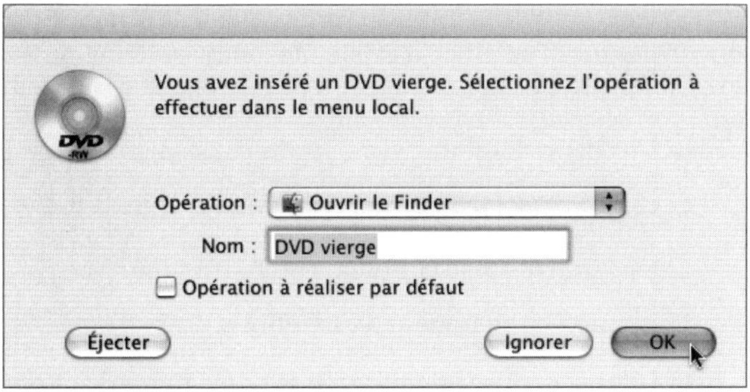

Figure 15.11 : Pour graver sur un DVD avec Mac OS, affichez-le dans le Finder.

Vous remarquez que le DVD est présent dans la liste des lecteurs. Sur sa gauche, figure la petite icône symbolisant l'acte de gravure sous Mac OS.

4. **Glissez-déposez les fichiers et/ou le dossier de vos données sur l'icône du DVD vierge.**

5. **Pour lancer la gravure, soit vous cliquez sur l'icône de gravure située à gauche de celle du DVD, soit vous glissez-déposez l'icône du DVD du Bureau sur l'icône Graver le disque du Dock ; soit enfin vous cliquez sur Fichier/Graver le disque.**

6. **Dans la fenêtre vous demandant si vous désirez graver le disque, laissez les options par défaut et cliquez sur Graver.**

   Suivez la progression de la gravure dans la fenêtre Graver.

   Pour plus de précision sur l'opération en cours, je vous invite à cliquer sur le petit triangle situé à gauche de Gravure du disque.

7. **Une fois la gravure terminée, aucun message ne vous en avertit. Par conséquent, ouvrez le contenu du DVD dans le Finder.**

   Pour encore plus de sécurité, éjectez le DVD et réinsérez-le ! Ouvrez son contenu dans le Finder. Pas de problème, les fichiers sont bien là.

A l'instar de Toast, sous Mac OS X, vous ne pouvez pas créer de DVD multisessions ! Donc remplissez-les intégralement avant de procéder à leur gravure.

Sous Tiger, vous pouvez effectuer exactement la même procédure que ci-dessus. Toutefois, il existe une nouveauté qui passe par la création d'un "dossier à graver". Voici comment procéder :

1. **Ouvrez le Finder.**
2. **Cliquez sur Fichier/Nouveau dossier à graver.**

   Un dossier à graver apparaît sur votre bureau.

3. **Donnez-lui le nom de votre choix.**
4. **Glissez-déposez-y les dossiers et les fichiers à graver.**

Le gros avantage du dossier à graver est que vous constituez progressivement le contenu qui sera gravé sur le DVD. Dans la précédente méthode, vous étiez obligé de graver le DVD immédiatement après y avoir déposé des données. Eh bien, avec le dossier à graver, vous pouvez lancer la gravure ultérieurement en suivant exactement la même procédure que celle décrite dans la précédente section.

Effacer un DVD réinscriptible

Sous Mac OS X, il est très facile d'effacer un DVD-RW ou +RW, de manière à obtenir un DVD vierge qui sera de nouveau utilisable comme tel :

1. **Dans le dossier Utilitaires, exécutez l'Utilitaire de disque.**
2. **Dans le volet gauche de l'utilitaire, sélectionnez l'icône de votre DVD.**
3. **Dans la partie droite, cliquez sur le bouton Effacer.**

   Par défaut, Mac OS propose un Effacement rapide. Ne décochez pas cette option.

4. **Comme à la Figure 15.12, cliquez sur le bouton Effacer.**
5. **Dans le message vous informant que toutes les données vont être effacées, cliquez sur Effacer.**

   La partie inférieure droite de la fenêtre Utilitaire de disque affiche la progression de cette opération.

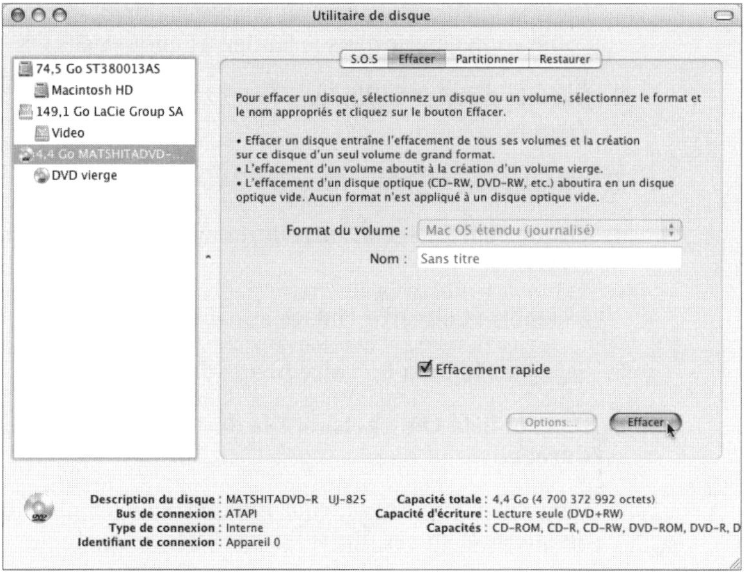

Figure 15.12 : Effacer rapidement un DVD.

6. **Une fois le disque effacé, la fenêtre des opérations à exécuter apparaît.**

   Cliquez sur Ejecter pour éjecter le disque, ou bien sélectionnez une opération comme Ouvrir dans le Finder, et cliquez sur OK.

Vous disposez d'un DVD vierge prêt à l'emploi.

Créer et graver une image disque

Mac OS X permet aussi d'effectuer la création et la gravure d'une image disque. La procédure est un peu moins simple qu'avec un logiciel comme Toast, mais néanmoins à la portée de ceux qui n'ont plus un centime d'euro à dépenser dans des logiciels souvent assez onéreux.

Pour créer une image disque sous Mac OS, en d'autres termes effectuer la copie d'un DVD quel qu'il soit :

1. **Dans votre graveur, insérez le DVD à copier, c'est-à-dire celui à partir duquel vous allez créer une image disque.**

Dans la fenêtre qui apparaît éventuellement, choisissez l'opération Ouvrir dans le Finder, et cliquez sur OK.

2. **Dans le dossier Utilitaires, lancez l'application Utilitaire de disque.**

3. **Sélectionnez l'icône de votre DVD.**

4. **Cliquez sur Images/Nouvelle/Image de <nom de votre DVD>.**

   La fenêtre Convertir l'image apparaît.

5. **Saisissez le nom de votre image dans le champ Enreg. sous.**

6. **Dans la liste Où, choisissez la destination de l'image, comme Bureau.**

   Dans cette hypothèse, vous indiquez que le fichier d'image disque sera stocké sur le Bureau.

7. **Dans la liste Format de l'image, choisissez Maître DVD/CD, comme le montre la Figure 15.13.**

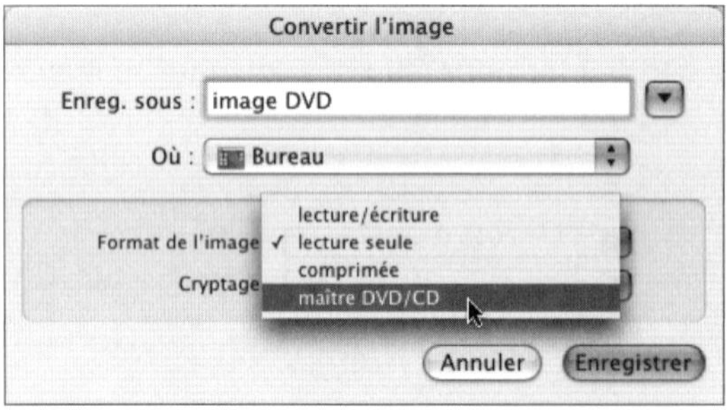

Figure 15.13 : Créez l'image maître de votre DVD.

8. **Dans la liste Cryptage, choisissez Vide.**

9. **Cliquez sur le bouton Enregistrer.**

   Une fenêtre affiche la progression de création de l'image disque.

   Une fois la création terminée, l'icône du fichier `.cdr` trône sur votre bureau. L'extension `.cdr` est l'extension du nom des fichiers des images disques créées avec Mac OS.

10. **Ejectez le disque ayant servi à créer l'image.**

La procédure est plus complexe qu'avec Toast 7, mais l'image est créée plus rapidement.

Vous avez maintenant le choix entre sauvegarder l'image sur un DVD de données ou utiliser cette image pour effectuer une copie conforme du DVD d'origine. Intéressons-nous à cette seconde possibilité :

1. **Insérez un DVD vierge dans le graveur.**

   Si vous n'avez pas de DVD vierge, mais que vous désirez effacer le contenu d'un DVD réinscriptible, consultez la section "Effacer un DVD réinscriptible", un peu plus haut dans ce chapitre.

2. **Exécutez de nouveau l'Utilitaire de disque.**
3. **Dans le volet gauche, sélectionnez le fichier d'image disque portant l'extension** `.cdr`**.**
4. **Dans le menu Images, cliquez sur Graver.**
5. **Comme le montre la Figure 15.14, la fenêtre Graver le disque apparaît. Laissez les options par défaut et cliquez sur Graver.**

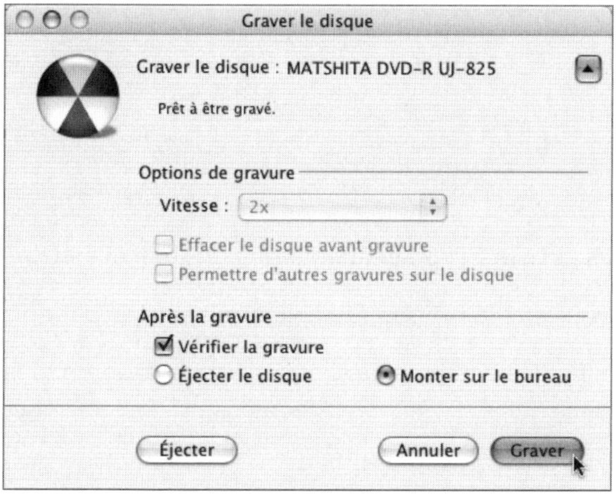

Figure 15.14 : Gravez l'image disque créée avec l'Utilitaire de disque.

Une fenêtre Progression permet de suivre l'évolution de la copie.

Une fois la gravure effectuée, vous disposez d'un DVD dont le contenu est la copie à l'identique du DVD ayant servi à la création de l'image disque.

Cette dernière procédure marque la fin de l'étude de la gravure des DVD de données sur Mac. Nous allons, dès le prochain chapitre, nous intéresser à un domaine de gravure qui excite la curiosité de nombreux utilisateurs : le DVD vidéo.

Chapitre 16

Copier ou restructurer des DVD vidéo

Dans ce chapitre :

- La copie de DVD vidéo avec Toast 7 Titanium.
- Copier avec un programme spécialisé comme Popcorn.
- Bidouiller avec Mac The Ripper, DVD Imager et Mac OS X.

Après l'effort, comme le veut la tradition, le réconfort. Enfin, pas tout à fait, car si le DVD vidéo est au cœur de l'activité informatique de nombreux utilisateurs, il faut malgré tout savoir que sa création reste un domaine parfois complexe à maîtriser. Cela tient au fait que vous êtes exigeant, mais que de cette exigence personne ne saurait vous blâmer. Pour commencer en douceur, nous allons voir comment copier et/ou restructurer des DVD vidéo avec les principales armes de l'arsenal Macintosh. Nous commencerons notre étude par les deux logiciels de référence de l'éditeur Roxio : Toast 7 Titanium et Popcorn, pour terminer avec deux logiciels gratuits qui vous permettent de restructurer des DVD à pas cher. (Evidemment, puisque c'est gratuit !)

En matière de copie et de restructuration des DVD vidéo, je vous intime l'ordre, eh oui ! vous avez bien compris, de lire la section "Principes et limites de la copie des DVD", au Chapitre 10.

Copier et restructurer des DVD avec Toast 7 Titanium

Juste un petit rappel, tout petit puisque je sais que vous avez lu en long, en large et en travers les chapitres communs au Mac et au PC, pour vous dire que les DVD vidéo sont vendus et/ou enregistrés par vos soins sur des DVD 5, c'est-à-dire simples couches, et des DVD 9 c'est-à-dire doubles couches. Toast est capable de copier les deux sur des DVD d'une capacité de 4,7 Go de données. Impossible ? Pas Mac !

Copier et restructurer un DVD 5

Toute copie ne sera autorisée par Toast 7 Titanium que si le disque n'est pas protégé contre cette opération. Par conséquent, vous exercerez votre droit à la copie privée sur les DVD que vous avez achetés et/ou que vous avez gravés avec votre enregistreur de salon. Ces copies resteront des sauvegardes dont vous ne pourrez user que dans le cadre familial.

Pour copier et restructurer un DVD vidéo simple couche avec Toast :

1. **Insérez le DVD vidéo dans votre lecteur/graveur de DVD vidéo, comme le SuperDrive d'Apple.**

2. **Effectuez un Ctrl+clic sur l'icône de ce DVD affichée sur votre Bureau.**

3. **Dans le menu contextuel, choisissez Toast It.**

   Toast It identifie le contenu du DVD. Comme il voit qu'il s'agit d'un disque reprenant la structure des DVD vidéo lisibles dans les lecteurs de salon, il s'apprête à le copier comme tel ainsi que vous pouvez le voir à la Figure 16.1.

   Pour ceux qui auraient désactivé Toast It dans le menu contextuel, il ne reste plus qu'à ouvrir Toast 7 traditionnellement, et à cliquer sur l'onglet Copie.

4. **Cliquez sur le bouton Options de copie.**

   - Dans la petite fenêtre qui apparaît, comme vous copiez un DVD 5 sur un DVD 5 vierge, la liste Vidéo affiche Tout, avec entre parenthèses l'indication du nombre de films et des bonus (ici des extras). A priori, vous n'avez pas à vous priver de la copie du DVD entier, puisqu'il tiendra sans compression supplémentaire, c'est-à-dire altération des images, sur le disque de destination.

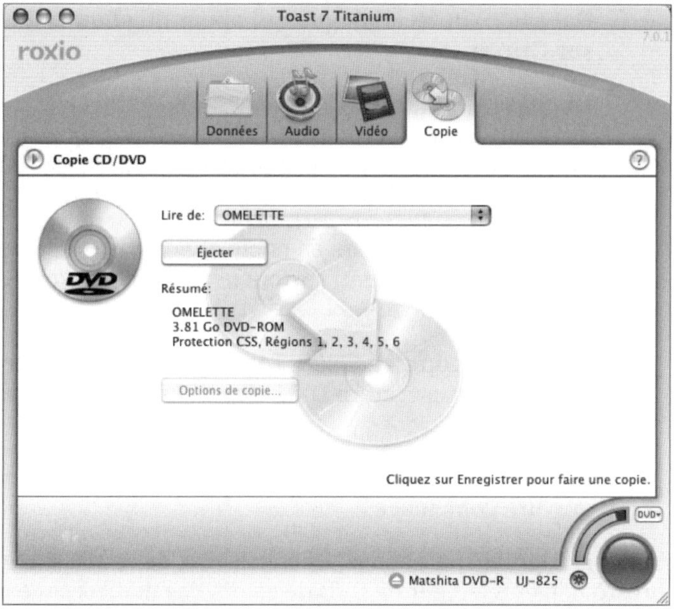

Figure 16.1 : Toast It, le superraccourci pour ne pas perdre du temps et se tromper.

- Toutefois, dans la liste Vidéo, vous pouvez également opter pour Film principal seulement. Dans ce cas, vous ne copierez que le film, option qui est souvent de mise lorsque l'on désire faire une copie de sauvegarde d'une œuvre cinématographique majeure ou d'un film de famille particulièrement bien réussi.
- Si vous optez pour le Film principal seulement, une nouvelle liste apparaît : Audio. Vous y sélectionnez la qualité du son à copier. Généralement, vous n'aurez qu'un seul choix, Dolby.
- Vous notez que, dans la section Qualité, figure la mention Identique à l'original, ce qui assure un respect total de la qualité intrinsèque du DVD copié. Nous verrons qu'avec les DVD 9 ce n'est pas le cas.
- Enfin, vous constatez que le paramètre Compression indique Aucune, valeur qui confirme le précédent point.

5. **Là, ni une ni deux, vous cliquez sur le bouton Graver le disque ou appuyez sur Cmd+R, ou enfin passez par Graveur/Graver.**

6. **Dans la boîte de dialogue qui apparaît, cliquez de nouveau sur Graver.**

   La phase d'extraction des données vidéo du DVD commence. Toast va créer une image disque que vous ne verrez jamais, et qu'il gravera sur le DVD vierge de destination, produisant ainsi une copie à l'identique de votre DVD vidéo.

   Il faut, comme toujours en copie et autre extraction, patienter un assez long moment, surtout si vous choisissez de copier la totalité du DVD vidéo.

7. **Une fois la copie réalisée, Toast éjecte le DVD source et vous demande d'insérer un DVD vierge. Conformez-vous à cet ordre.**

   Dès que le DVD vierge est parfaitement identifié, la phase de gravure commence.

Une fois la gravure terminée, éjectez le disque et insérez-le illico presto dans un lecteur de DVD de salon. Pas mal, n'est-ce pas ?

Vous constatez que copier un DVD vidéo n'est pas plus complexe que copier un DVD de données, puisque Toast est suffisamment intelligent pour identifier la structure du disque qu'on lui demande de copier.

Si tout est relativement simple dans la copie et/ou la sélection des éléments à copier sur un DVD 5, d'autres paramètres sont à considérer quand vous souhaitez copier un DVD 9 sur un DVD 5, c'est-à-dire un disque disposant d'une capacité de données deux fois moindre.

Copier et restructurer un DVD 9 pour le graver sur un DVD 5

Ici, l'hypothèse est on ne peut plus claire. Il s'agit de copier tout ou partie du contenu vidéo d'un DVD 9 sur un DVD 5. Dans l'absolu, si le DVD 9 est plein, il faudra le compresser de moitié pour qu'il tienne sur un disque n'acceptant que 4,7 Go de données au lieu de 8,5. Voyons comment les choses sont prises en charge par Toast 7 Titanium :

1. **Procédez comme pour un DVD 5, mais en insérant cette fois un DVD 9, c'est-à-dire un disque DVD vidéo double couche.**

2. **Si vous souhaitez sélectionner le contenu à copier, par exemple uniquement le film principal, cliquez sur le bouton Options de copie.**

3. **Comme à la Figure 16.2, choisissez Film principal seulement dans le menu local Vidéo.**

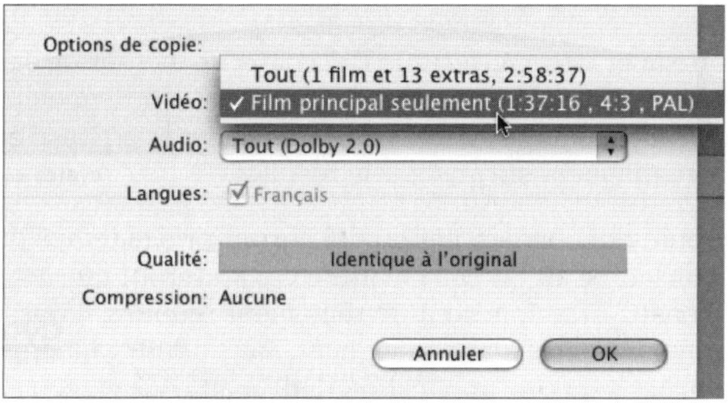

Figure 16.2 : Vous pouvez sélectionner le contenu à graver de manière à ne pas recompresser les données vidéo.

En fonction du contenu du disque, vous pourrez sélectionner la ou les langues à conserver.

Lorsque le film dure moins de 120 minutes, l'indicateur Qualité précise Identique à l'original, ce qui signifie qu'aucune compression ne sera appliquée, comme le précise le paramètre Compression.

4. **Pour copier l'intégralité du disque, laissez le paramètre par défaut Tout du menu local Vidéo.**

   Cette fois, la mention Qualité varie. Si le DVD n'est pas plein à craquer, vous obtiendrez une Qualité dite Bonne, avec un taux de compression de l'ordre de 40 %, voire moins ou plus.

TRUC

Plus le taux de compression est élevé, moins la qualité des images sera bonne.

5. **Pour que la compression du DVD 9 s'adapte à une cible de 4,7 Go de capacité de stockage, laissez cochée l'option Compression vidéo Fit-to-DVD de la section Format.**

   Fit-to-DVD signifie que le contenu du DVD 9 doit impérativement tenir sur un DVD 5. (Dans cette hypothèse en tout cas.)

6. **Cliquez sur le bouton Graver le disque.**

A partir de là, tout se déroule comme dans la précédente section. La grande différence est que la création de l'image disque va durer plus longtemps, car les données du DVD vidéo doivent préalablement être compressées. Plus le taux de compression est important, plus l'opération est longue.

7. **A la demande de Toast, insérez un DVD vierge d'une capacité de 4,7 Go.**

A la fin de la gravure, insérez le DVD dans un lecteur de salon. Malgré la compression supplémentaire, c'est-à-dire une opération qui supprime des informations dans les images, je pense que vous serez agréablement surpris par le résultat.

Les lecteurs qui connaissent ou qui auront pris le temps de lire la partie consacrée au PC en la matière constateront que les possibilités de Toast 7 Titanium sont extrêmement réduites. Vous ne contrôlez aucun paramètre. Par conséquent, sans doute gagnerez-vous à vous tourner vers une application dédiée au DVD vidéo comme Popcorn de Roxio.

Puis-je copier un DVD 5 voire 9 avec Mac OS X ?

Eh oui ! Mac OS X ne fait pas de différence entre un DVD de données et un DVD vidéo, puisque son seul objectif est de créer une image disque qu'il gravera par la suite sur un DVD vierge. Donc, reportez-vous à la section "Graver avec Mac OS X" du Chapitre 15. Toutefois, si votre image disque provient d'un DVD 9, vous devrez la graver sur un DVD double couche, car Mac OS X ne recompresse pas les données, d'autant plus qu'il s'agit d'une image disque.

Copier et restructurer des DVD avec Popcorn

Popcorn est le logiciel de copie de DVD vidéo sur Mac, mais surtout de DVD vidéo où les algorithmes de compression des DVD 9 à copier sur DVD 5 sont d'une redoutable efficacité.

Je ne vais pas vous refaire le coup de l'installation, que je me suis amusé à alimenter d'une certaine malice (ah le taquin !) avec Toast. Non, l'installation est identique. Vous insérez le DVD de Popcorn dans le lecteur, puis vous glissez-déposez l'icône du programme dans le dossier Applications de votre disque dur.

A partir de là, voyons comment copier un DVD 5, c'est-à-dire un DVD vidéo simple couche, avec Popcorn :

1. **Depuis le Finder ou le Dock, si vous y avez placé l'icône de l'application, double-cliquez (ou cliquez) sur Popcorn.**
2. **Insérez le DVD vidéo simple couche dont vous souhaitez faire la copie.**
3. **Suivez exactement la même procédure qu'avec Toast.**

Voyez que Popcorn est sans surprise. Sa grande différence avec Toast est qu'il ne fait que copier des DVD vidéo. Pour cette raison, il coûte moins de 50 euros.

Pour graver un DVD 9 sur un DVD 5 avec Popcorn :

1. **Démarrez Popcorn.**
2. **Insérez le DVD vidéo double couche à copier.**
3. **Là encore, dans une interface sensiblement équivalente à celle de Toast 7, mais réduite à sa plus simple expression comme le montre la Figure 16.3, répétez la procédure décrite pour Toast.**

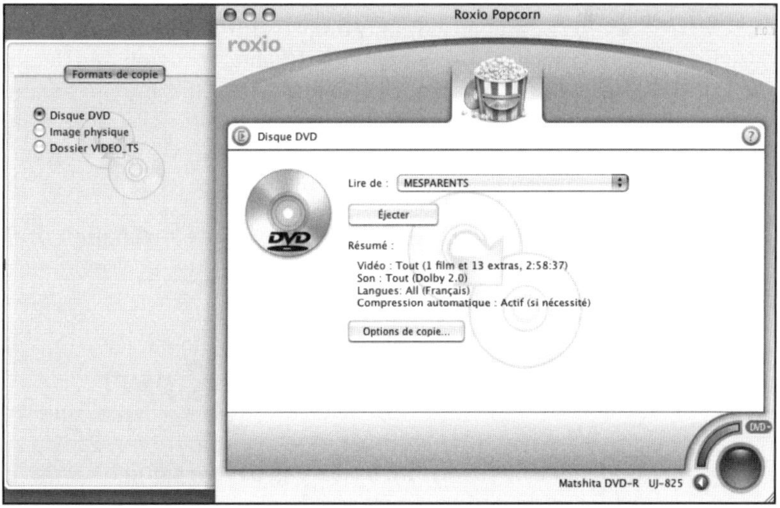

Figure 16.3 : Toast aurait du mal à nier la paternité de Popcorn.

Après les logiciels grand public qui, finalement, ne permettent pas autant de choses qu'on le souhaiterait, à l'instar du couple mythique DVD Shrink et DVD Decrypter sur PC, il n'en reste pas moins possible de faire des choses assez intéressantes en mettant à contribution deux logiciels peu onéreux : Mac The Ripper et DVD Imager.

Copier et restructurer avec Mac The Ripper

Ce que nous avons fait avec Toast et Popcorn, ce sont des interventions assez limitées sur le DVD vidéo lui-même. Vous avez soit copié l'intégralité d'un DVD 5 ou d'un DVD 9 sur un DVD simple couche vierge, soit sélectionné le film ou les extras, mais sans pouvoir choisir, par exemple, de conserver le film principal plus un bonus. Non, rappelez-vous, c'était soit l'un, soit l'autre.

Ce que je vous propose dans cette section, c'est d'entrer dans la structure même d'un DVD pour en extraire, c'est-à-dire *ripper*, les sections vidéo qui vous intéressent, de manière à compiler votre propre DVD à partir des éléments d'un ou de plusieurs autres DVD vidéo. Nous allons voir comment y procéder avec deux logiciels souvent complémentaires, pour lesquels je vous indique une adresse de téléchargement :

- Mac The Ripper est un programme d'extraction très complet que je vous invite à télécharger gratuitement à l'adresse `www.releasethedogs.com/mtr/`.
- DVD Imager est un utilitaire gratuit capable notamment de graver le dossier VIDEO_TS sous la forme de l'image disque d'un DVD vidéo, c'est-à-dire le dossier indispensable à la lecture d'un DVD vidéo sur un lecteur DVD de salon. Vous pouvez le télécharger à `http://lonestar.utsa.edu/llee/applescript/dvdimager.html`.

Une fois ces logiciels téléchargés sur votre ordinateur, installez-les de la manière la plus simple qui soit, et voyons comment en tirer parti.

Extraction avec Mac The Ripper

Dans le nom Mac The Ripper, il y a le mot *Ripper*. Parents dépassés car vieillissants, vous ne savez pas ce que signifie *ripper*, alors que tous les ados de la planète, ou du moins ceux qui n'ont plus à se soucier de savoir s'ils auront ou non quelque chose dans leur assiette à midi, emploient cet anglicisme à tout va : "J'ai rippé le dernier album de machin", "et moi celui de truc", et tous de rajouter que l'ensemble a été encodé en MP3 et gravé sur CD, voire importé dans le lecteur qui va avec ce format de fichier, le fameux lecteur MP3 !

N'ayez pas honte d'être plus âgé et de ne pas très bien comprendre de quoi il retourne. *Ripper* signifie en réalité extraire. Donc, avec un programme comme Mac The Ripper, vous allez effectuer l'extraction non pas d'un CD audio mais d'un DVD vidéo dont vous souhaitez sélectionner les sections à conserver. En d'autres termes, vous extrayez du DVD tout ou partie des fichiers très spécifiques qui font la nature même d'un DVD vidéo. Il en résultera un dossier appelé VIDEO_TS que vous graverez ensuite sur un DVD vierge avec l'application de votre choix. Par exemple, DVD Imager créera une image disque du DVD vidéo ainsi personnalisé, et en permettra la gravure avec l'Utilitaire de disque de Mac OS.

Je répète une fois encore que vous ne pouvez ripper que les DVD vidéo dont vous avez acquis la "propriété", c'est-à-dire dont vous désirez faire des copies de sauvegarde dans le pur esprit de l'exercice légal de votre droit à la copie privée auquel je consacre une section qu'il faut impérativement lire au Chapitre 10.

Ripper le contenu de votre DVD entraînera trois choses :

- Vous pourrez lire le contenu ainsi rippé directement sur votre ordinateur. En effet, un logiciel de lecture de DVD s'en fiche de savoir où se trouve le dossier VIDEO_TS contenant les données audio et vidéo qu'il doit lire.

  Dans cette interprétation du rippage, vous y voyez la possibilité de réserver un disque dur sur lequel vous ripperez vos DVD vidéo afin de créer une DVDthèque entièrement informatique. L'ordinateur devenant le diffuseur de vos DVD, mais cette fois sans insérer le moindre disque dans le plus humble des lecteurs puisque tout est sur le disque dur.

- Employer d'autres utilitaires qui vont permettre d'encoder, dans le format de votre choix, le contenu du DVD ainsi rippé. En effet, puisque la structure du DVD se trouve désormais sur votre disque dur, rien ne vous oblige à en faire un DVD vidéo classique. Par exemple, vous pourriez l'encoder en DivX, puisque ce format est bien mieux supporté avec les nouvelles versions de Mac OS qu'il ne le fut par le passé.

- Graver le contenu sélectionné sur un DVD, mais cette fois au format pur et dur du DVD vidéo, c'est-à-dire structuré dans un dossier VIDEO_TS.

Avant d'exploiter le résultat de l'extraction, encore faut-il extraire. La procédure suivante vous explique comment :

1. **Insérez dans votre lecteur et/ou graveur de DVD le DVD vidéo que vous désirez ripper.**

2. **Depuis le dossier Applications où je suppose que vous avez installé Mac The Ripper, double-cliquez sur son icône.**

   Le programme s'ouvre en affichant toutes les informations concernant le DVD, comme le montre la Figure 16.4. Sur cette illustration, vous retirez plusieurs enseignements :

Figure 16.4 : Le DVD vidéo devant être rippé s'affiche dans la fenêtre de Mac The Ripper.

   - Le DVD inséré a une capacité de 7,39 Go, ce qui signifie que nous sommes en présence d'un DVD double couche.
   - Son titre s'affiche en haut de la fenêtre de Mac The Ripper.
   - La ou les zones de compatibilité du DVD sont affichées dans la section DISC RPC. Sur la Figure 16.4, nous consta-

tons que le DVD dont vous allez faire l'extraction est compatible avec toutes les zones de lecture.

- Pour les autres indications et options, nous allons comprendre leur rôle pendant la phase d'extraction.

3. **Avant toute chose, vous devez spécifier le disque dur et/ou le dossier dans lequel vous désirez effectuer l'extraction. Cliquez sur File/Save To ou appuyez sur Maj+Cmd+S.**

4. **Dans la fenêtre identique à une fenêtre Enregistrer sous, mais entièrement libellée en anglais, sélectionnez le disque dur et le dossier dans lequel vous désirez effectuer l'extraction.**

   Si vous n'avez pas pensé à créer un dossier préalablement à cette action, cliquez sur le bouton New Folder (nouveau dossier). Dans la boîte de dialogue homonyme, saisissez le nom de votre dossier, comme "Mac The Ripper Extraction", puis cliquez sur Create (créer). Voilà, un nouveau dossier prêt à recevoir les fichiers extraits apparaît sur votre disque dur.

5. **Une fois le disque dur et le dossier de destination sélectionnés, cliquez sur Open (ouvrir).**

6. **Dans la zone d'affichage des informations du DVD à ripper, localisez l'indication DISC RCE.**

   Si vous y lisez CLEAR, tout va pour le mieux dans le meilleur des mondes. Laissez sur OFF le paramètre RCE Region.

   Si un code régional a été détecté, vous devez absolument sélectionner le même dans le menu local RCE region. Ainsi, tout DVD acheté aux Etats-Unis par exemple, a le code régional 1. Il faut que vous choisissiez RCE 1 dans le menu RCE region.

   Ensuite, à vous de décider si, suite à l'extraction, la copie du DVD vidéo sera ou non lisible dans toutes les régions. Par défaut, le champ New Region affiche ALL, c'est-à-dire une compatibilité du disque avec tous les pays du monde. Si cela ne vous convient pas, procédez comme à l'étape 7.

7. **Cliquez sur ALL.**

8. **Dans la fenêtre Select Your Regions qui apparaît comme à la Figure 16.5, ne cochez que les régions pour lesquelles vous souhaitez rendre le DVD compatible.**

Figure 16.5 : Choisissez les zones de compatibilité de votre copie.

Par exemple, si vous souhaitez que le DVD ne soit compatible qu'avec les lecteurs de DVD estampillés Zone 2, comme c'est le cas en France, cochez uniquement la case 2.

Mac The Ripper garde en mémoire votre dernière sélection de région du disque. Par conséquent, si vous optez pour une seule région, et désirez que le prochain DVD rippé soit compatible avec toutes les zones, n'oubliez surtout pas de cliquer sur le paramètre New Region, afin de procéder à une sélection des régions exclues lors de la dernière utilisation du programme.

9. **Laissez l'option De-macrovision active.**

La protection Macrovision est faite pour empêcher la copie d'un DVD vidéo sur une cassette vidéo. C'est un système anticopie de DVD à VHS qui crée des ondulations sur la bande vidéo, rendant le film inexploitable. Normalement, vous seriez en droit de vous dire que, si cette protection existe, elle ne vous donne pas le droit de ripper le DVD. Non, ce n'est pas du tout la même chose. Ce qui est interdit, c'est ripper un DVD protégé contre la copie de DVD à DVD.

Donc, si nous préconisons l'activation de l'option De-Macrovision, c'est que de nombreux utilisateurs, manquant de prises péritels, font passer leur lecteur DVD par leur magnétoscope. Ainsi, la copie sera lue sans produire l'effet de vagues qui empêche de lire convenablement le DVD, et qui vous obligerait à effectuer d'autres branchements de péritels toujours fastidieux pour raccorder directement le lecteur au téléviseur.

10. **Cliquez sur le bouton UOPs.**

11. **Dans la fenêtre qui apparaît, activez les options Disable DVD UOPs et Enable Advanced Features.**

    Comme le montre la Figure 16.6, vous vous retrouvez face à un nombre impressionnant d'options que vous pouvez désactiver en cochant les cases correspondantes. Ces options ne s'adressent qu'aux utilisateurs avancés et qui en plus connaissent l'anglais. La plupart d'entre vous ne se poseront pas de question. Ils n'activeront pas les deux options Disable DVD UOPs et Enable Advanced Features, et s'empresseront de cliquer sur le bouton Close (Fermer).

Parmi ces options, signalons par exemple la possibilité d'évincer les messages d'avertissement, les bandes-annonces imposées, etc.

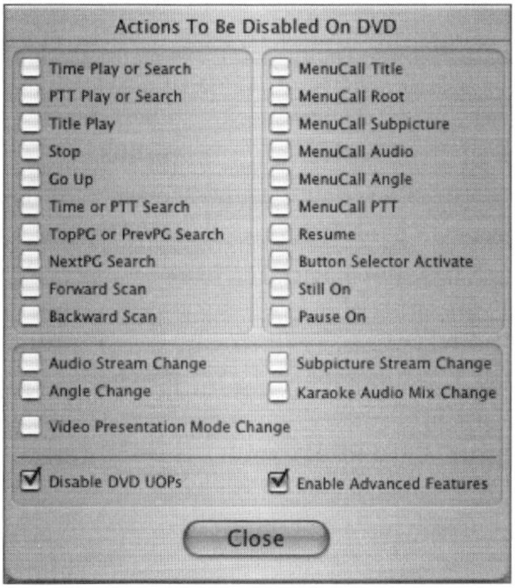

Figure 16.6 : Les connaisseurs apprécieront de pouvoir désactiver certaines fonctions du DVD.

Une fois les options définies, vous devez sélectionner le mode d'extraction. En règle générale, vous ripperez tout le contenu du DVD de manière à le graver sur un DVD vierge de type +R ou -R, ou bien vous en compresserez la taille avec un programme comme DVD Remaster.

Ce pourrait être le cas dans notre exemple où l'intégralité du DVD rippé dépasse la capacité de stockage d'un DVD simple couche.

12. **Cliquez sur le bouton Mode de manière à sélectionner le type d'extraction.**

    - Pour extraire la totalité du contenu du DVD, c'est-à-dire en conserver toutes les informations vidéo, menus, chapitres et autres, choisissez l'option Full Disc Extraction (extraction complète du disque) dans le menu local situé en dessous du bouton Mode.

    - En revanche, si vous ne désirez conserver que le film principal, et éviter par la suite une recompression des images lors de la gravure, choisissez Main Feature Extraction (extraction du film principal).

    - Si vous souhaitez singulariser votre futur DVD en effectuant un rippage titre par titre, choisissez Title Set Extraction (extraction d'un jeu de titres). Dans la liste juste en dessous de ce mode, sélectionnez le jeu à extraire. Ici, le problème est que seul le film principal est facile à identifier, puisque son jeu de titres (Title Set) précise Main Feature entre parenthèses. (Eh oui, à l'inverse des utilitaires PC, aucune image n'est diffusée.) Donc, pour vous constituer un DVD contenant exactement les éléments que vous désirez, vous n'avez pas fini de faire des essais et des extractions. Cela fait perdre du temps, mais pas de DVD vierges dans la mesure où, je le rappelle, vous visionnerez le dossier VIDEO_TS depuis votre ordinateur avant d'en lancer la gravure sur disque.

    - Pour extraire un titre spécifique du DVD, optez pour Title Only Extraction (extraction d'un seul titre). Dans la liste située en dessous, choisissez le titre... à l'aveuglette. La durée est une indication au même titre que la fameuse mention (MF) qui identifie le film principal. De même, si le film contient plusieurs angles, vous pouvez sélectionner celui à extraire.

TRUC

Une fonction de Mac The Ripper est ici particulièrement intéressante. Dans la partie inférieure droite du programme, vous notez la présence de la lettre D. Si vous cliquez dessus, vous activez une fonction qui va convertir les flux vidéo et audio individuels (qui sont des fichiers VOB, comme cela est expliqué à la section "Logiciels de création de DVD", au Chapitre 7) aux formats `.m2v` et `.ac3`. Le fichier m2v pourra être utilisé dans un programme d'authoring de DVD.

13. **Une fois vos options d'extraction déterminées, cliquez sur le bouton Disc, puis sur le bouton Go!.**

    L'extraction démarre dans le dossier défini à l'étape 4. Vous en suivez la progression dans une barre qui s'affiche dans la partie supérieure de la fenêtre.

    TRUC

    Si, pour une raison... ou une autre, vous décidez d'annuler l'extraction, cliquez sur le bouton Cancel. Dans ce cas, vous ne perdez pas les fichiers qui ont déjà été rippés. Si vous utilisez le contenu du dossier VIDEO_TS en l'état, vous risquez alors d'obtenir un DVD très incomplet.

Un petit signal sonore vous avertit de la fin de l'extraction. A partir de cet instant, vous avez trois possibilités :

- Démarrer le Lecteur DVD de Mac OS pour lire le contenu du dossier VIDEO_TS ainsi rippé sur votre disque dur.
- Graver le contenu du dossier VIDEO_TS avec un programme comme Toast ou Popcorn.
- Créer une image disque du DVD avec DVD Imager, image que vous graverez par la suite avec les fonctionnalités de Mac OS X.

Si vous désirez lire le DVD depuis votre disque dur :

1. **Exécutez le Lecteur DVD de Mac OS.**
2. **Cliquez sur Fichier/Ouvrir le dossier VIDEO_TS.**

3. **Dans la fenêtre Choisissez un dossier VIDEO_TS à lire, naviguez jusqu'à votre disque dur contenant ce que vous venez de ripper.**

4. **Sélectionnez le dossier VIDEO_TS et cliquez sur Choisir.**

5. **Cliquez sur le bouton Lecture/Pause du Lecteur DVD.**

   Vous lisez un DVD rippé sur votre disque dur.

Ripper un DVD et en sélectionner des éléments servent généralement à effectuer une copie de sauvegarde du DVD. Cette copie sera gravée sur un DVD vierge sous la forme d'un DVD vidéo. Comme Mac The Ripper ne propose pas de fonctions de gravure, vous pouvez y procéder avec un programme gratuit et très simple d'emploi : DVD Imager.

Créer une image disque avec DVD Imager

Comme nous jouons le jeu de la gratuité, utilisons un petit programme simple et convivial qui va permettre de créer l'image d'un DVD vidéo que vous pourrez ensuite graver avec les fonctionnalités de Mac OS X étudiées au Chapitre 15, ou d'un autre programme comme Popcorn ou Toast. (Cependant, si vous possédez l'un de ces deux programmes, vous n'avez pas besoin de DVD Imager !)

1. **Démarrez DVD Imager en double-cliquant sur l'icône de son programme.**

   Sa petite interface, en français s'il vous plaît, s'affiche comme à la Figure 16.7.

2. **Ouvrez le Finder, et affichez le dossier VIDEO_TS à partir duquel vous désirez créer l'image disque du futur DVD vidéo.**

3. **Glissez-déposez le dossier VIDEO_TS sur l'icône de DVD Imager.**

4. **Pour choisir le dossier de stockage de l'image disque qui va être crée, activez l'option Demander la nouvelle destination.**

5. **Cliquez sur le bouton Créer l'image.**

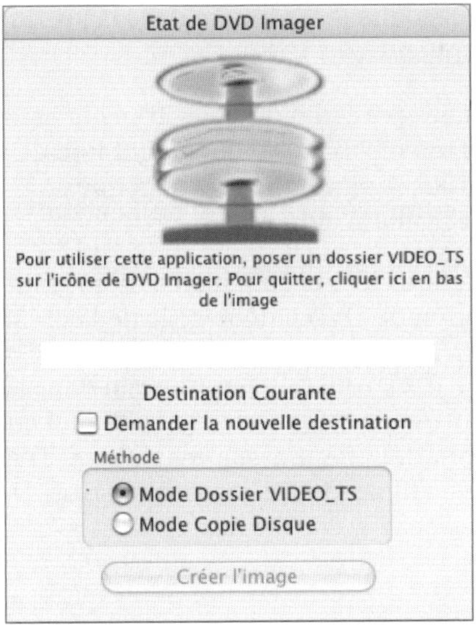

Figure 16.7 : Le très rudimentaire mais efficace DVD Imager.

6. **Dans la boîte de dialogue Choisissez un dossier, naviguez jusqu'au lecteur et au dossier dans lequel vous désirez enregistrer l'image ainsi créée.**

7. **Cliquez sur Choisir.**

8. **Dans la fenêtre qui apparaît, saisissez un nom en majuscule.**

   Respectez bien les consignes de cette fenêtre, c'est-à-dire un nom en majuscule, sans espace. Pour séparer les mots, utilisez uniquement le signe de soulignement.

9. **Cliquez sur OK.**

   Une barre de progression permet de suivre l'évolution de la création de l'image disque créée à partir du dossier VIDEO_TS.

   Comme d'habitude, la création est d'autant plus longue si vous avez rippé la totalité du DVD vidéo avec Mac The Ripper. Alors une nouvelle fois prenez votre mal en patience.

Une fois l'image créée, il faut la graver. Toujours dans l'optique de l'économie, et partant de facto du principe que vous ne voulez pas investir dans Toast ou Popcorn, vous utiliserez les fonctions de gravure de Mac OS X telles que je les étudie dans la section "Graver avec Mac OS X" du Chapitre 15.

Nous en avons fini avec les petites bidouilles, trucs et astuces hérités du PC qui, nous devons bien l'avouer, sont loin de valoir les possibilités offertes par les programmes gratuits que sont DVD Shrink et DVD Decrypter sous Windows.

A partir du Chapitre 17, nous allons commencer à nous intéresser à une toute autre perception du DVD vidéo : celle de la création pure. Sur Mac, vous disposez dès l'achat de votre ordinateur d'un excellent programme nommé iDVD, qui fonctionne main dans la main avec le petit programme de montage virtuel iMovie ; lui aussi fourni avec le système d'exploitation. Pour créer vos propres DVD vidéo à partir, notamment, de vos films MiniDV, tournez la page !

Chapitre 17

Graver vos DVD avec iDVD

Dans ce chapitre :

- Gravure directe sur DVD avec OneStep DVD.
- Préparation à la gravure avec iMovie HD.
- Authoring et gravure avec iDVD.

Ce nouveau chapitre aborde le logiciel de création de DVD grand public iDVD livré en standard avec tous les ordinateurs Macintosh. Contrairement aux utilisateurs d'un PC, qui n'ont à se mettre sous la dent que le très approximatif Windows Movie Maker, incapable de créer des DVD, les heureux possesseurs d'un Mac disposent d'un couple redoutable pour qui n'a pas de velléités professionnelles en la matière : iMovie HD et iDVD.

TRUC

Comme cet ouvrage se consacre exclusivement à la gravure des DVD de données et des DVD vidéo, iMovie ne sera pas étudié en détail. Il sera mentionné çà et là pour montrer comment passer rapidement du montage vidéo virtuel à l'authoring DVD réalisé dans iDVD.

Le logiciel iDVD que vous trouverez sur votre iMac, Mac Mini, e-Mac, PowerMac et autre PowerBook permet de réaliser les choses suivantes :

- La copie directe de tout ou partie d'une bande vidéo numérique sur un DVD vidéo, en occultant la phase d'authoring.
- L'authoring DVD, c'est-à-dire la création d'une interface graphique et/ou vidéographique affichant des menus en tout genre et des diaporamas à partir de modèles que vous pouvez facilement personnaliser.

La grande force d'iMovie et d'iDVD est que, si vous faites l'effort de monter vos films de famille, vos fictions ou encore vos documentaires tournés en MiniDV, voire en haute définition, il est très facile de chapitrer vos films dans iMovie et de basculer vers l'authoring dans iDVD en un simple clic de souris.

En deux sections, nous allons aborder les deux principales fonctions d'iDVD que sont OneStep DVD d'un côté et l'authoring de l'autre.

Gravure directe sur DVD avec OneStep DVD

Au début de cet ouvrage, je distinguais deux types de personnes :

- Celles qui ne veulent pas se casser la tête avec la création des DVD vidéo, mais qui veulent tout de même en créer.
- Celles qui veulent se casser la tête en créant des DVD vidéo semblables à ceux que l'on achète ou loue dans le commerce.

La fonction OneStep DVD est plutôt réservée à la première catégorie. Il s'agit de graver directement, c'est-à-dire sans phase de capture préalable et définitive sur disque dur, le contenu d'une cassette vidéo numérique. Donc, personnellement, j'y vois plus une fonction d'archivage sur DVD de vos films de famille qu'autre chose. Pourquoi ? Parce que :

- Vous n'effectuez aucun montage vidéo virtuel dont le résultat sera ensuite gravé avec iDVD sur un DVD vidéo présentant des menus, des chapitres, des bonus, etc.
- Vous copiez le contenu de la bande vidéo brut de brut, c'est-à-dire que le DVD contiendra exactement les mêmes séquences que celles enregistrées sur la cassette MiniDV (ou autre format numérique).
- Cette copie permet de mettre à l'abri la bande vidéo numérique, support magnétique sensible à quantité de facteurs dont les plus dommageables sont la lecture répétée de la bande, l'humidité, la chaleur et les champs magnétiques.

Tout le monde peut-il profiter de la fonction OneStep DVD d'iDVD ? Ma réponse est "Oui si les exigences techniques suivantes sont respectées" :

- Vous possédez un ordinateur Mac ! Ah la grande découverte ! Evidemment, si vous possédez un PC, vous aurez bien du mal à y trouver iDVD, puisque ce programme est installé d'origine avec Mac OS X.

- Vous possédez un graveur de DVD !

  Certes, mais pas n'importe lequel ! Pour graver directement depuis iDVD, vous devez utiliser le SuperDrive d'Apple. Il existe sur le Web quelques astuces pour graver à partir, par exemple, d'un graveur de DVD externe. Toutefois, si elles s'avèrent payantes lorsque vous procédez à un authoring dans iDVD, les explications sont plus floues quand il s'agit de mettre en œuvre la fonction OneStep DVD. Au Chapitre 5, je vous mettais déjà en garde contre le quasi-monopole des applications Apple et des périphériques de la même marque. Donc, si vous avez investi dans un Mac ne disposant, par exemple, que d'un lecteur/graveur de CD, et que vous l'équipez d'un graveur externe, ne soyez pas étonné si la fonction OneStep DVD ne peut pas être utilisée par iDVD et ce graveur spécifique.

  Je rappelle qu'il est inutile aux possesseurs d'un PC d'acheter la suite logicielle iLife '05 qui propose entre autres iMovie HD et iDVD 5. Bien entendu, cette suite répond aux spécificités Mac et reste donc incompatible avec un PC. (Depuis le temps, je pense que vous devez quand même savoir cela, non ?!)

- Vous possédez un caméscope MiniDV, Digital8 ou encore MicroMV, c'est-à-dire un appareil disposant d'une sortie DV à la norme standardisée IEEE 1394. (Je vois mal comment vous pourriez effectuer la copie directe sur bande sans posséder de caméscope.)

- Vous disposez d'un câble FireWire permettant de connecter le caméscope au port IEEE 1394, c'est-à-dire FireWire, de votre Mac.

  Sur ce dernier point, soyez très attentif. En effet, les caméscopes sont souvent fournis avec un câble FireWire dont les deux extrémités sont de type 4 broches, c'est-à-dire toutes petites. Elles permettent simplement de connecter deux caméscopes entre eux de manière à effectuer des copies de cassette à cassette, ou encore de connecter un caméscope à l'entrée iLink (c'est-à-dire FireWire) d'un enregistreur de salon. Or, le port FireWire des ordinateurs est de type 6 broches, c'est-à-dire bien plus gros que le 4 broches. Vous serez sans doute obligé d'investir dans ce type de câble. Cela permettra alors de capturer vos vidéos numériques sur le disque dur de votre ordinateur, ou de profiter pleinement de la fonction OneStep DVD d'iDVD.

Phase préliminaire à la copie

Avant d'effectuer la copie directe sur DVD vidéo, vous devez effectuer quelques branchements et vérifications :

1. **Insérez dans votre caméscope une cassette contenant des images.**

2. **Veillez à alimenter le caméscope en électricité, de manière que la lecture ne se coupe pas en pleine copie.**

   Par mesure de sécurité, évitez d'utiliser une batterie. Employez l'appareillage qui est fourni avec votre matériel pour le brancher directement sur le secteur. L'alimentation sera ainsi continue et sans risque tout au long de la diffusion des séquences à graver directement sur DVD.

3. **Branchez l'extrémité 4 broches du câble FireWire dans la prise d'entrée/sortie DV de votre caméscope.**

4. **Branchez l'extrémité 6 broches du câble FireWire dans la prise IEEE 1394 de votre Mac.**

5. **Allumez le caméscope.**

   Rembobinez éventuellement la bande pour être certain de graver son contenu de la première à la dernière image.

6. **Insérez un DVD vierge dans votre graveur de DVD.**

   Si vous insérez un DVD réinscriptible, c'est-à-dire de type +RW ou -RW, iDVD se chargera de l'effacer à votre demande.

Dès cet instant, vous êtes prêt à mettre en œuvre OneStep DVD, comme l'explique la prochaine section.

Utilisation de OneStep DVD

OneStep DVD étant une fonction d'iDVD, c'est en démarrant ce dernier que vous pourrez en profiter :

1. **Dans le Dock, cliquez sur l'icône d'iDVD.**

   Normalement, iDVD est installé dans le Dock lors de l'installation de Mac OS. Si vous ne trouvez pas son icône, cherchez-la dans le dossier Applications.

2. **Dans l'écran d'accueil d'iDVD, représenté à la Figure 17.1, cliquez sur OneStep DVD.**

Figure 17.1 : Lancez OneStep DVD.

Si OneStep DVD détecte l'absence de cassette dans le caméscope, il vous invite à en insérer une. Suivez ce conseil avisé et aux conséquences nécessaires, puis cliquez sur le bouton OK.

Si les problèmes perdurent, un nouveau message vous explique ce que vous devez faire, notamment relier votre appareil à l'ordinateur par le biais d'une prise FireWire, l'allumer, le basculer en mode Magnétoscope et insérer un DVD vierge dans le graveur. (Ce mode est souvent libellé VTR ou VCR sur les caméscopes.) Une fois que vous avez vérifié et réglé ces quelques points, cliquez sur le bouton OK.

Il arrive, à la suite de ce message et malgré que vous vous soyez conformé aux exigences de OneStep DVD, que le programme refuse de démarrer. Dans ce cas, plutôt que de cliquer sur OneStep DVD, cliquez sur Quitter. Comme votre caméscope est prêt et que vous avez inséré un DVD vierge dans le graveur, redémarrez iDVD, puis cliquez de nouveau sur OneStep DVD.

TRUC

Si OneStep DVD détecte la présence d'un DVD contenant des informations, il vous invite soit à l'éjecter pour en insérer un vierge, soit à l'effacer. (A vous de voir !)

3. **Si vous cliquez sur Effacer, ou si le disque est bien vierge, OneStep DVD lance immédiatement la procédure de capture (Figure 17.2).**

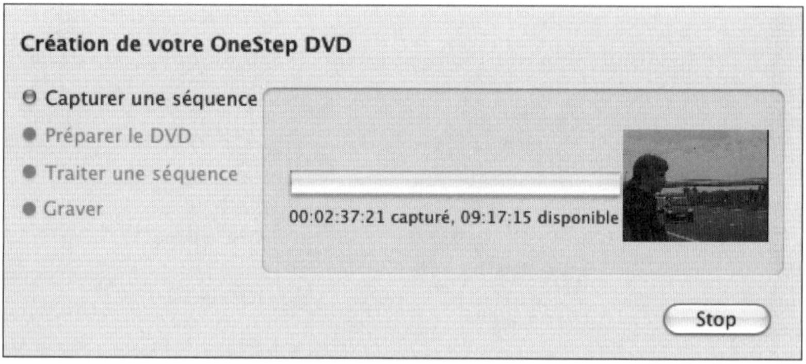

Figure 17.2 : OneStep DVD démarre la procédure.

Le programme rembobine la cassette, bascule le caméscope en mode lecture et débute la phase d'enregistrement. Vous pouvez l'interrompre à tout moment en cliquant sur le bouton Stop.

OneStep DVD capture le contenu de la bande jusqu'à ce qu'il rencontre un vide de plusieurs secondes.

4. **Dès que vous arrivez en fin de bande, OneStep DVD passe à la phase de préparation du DVD.**

TRUC

Si vous cliquez sur le bouton Stop, notamment quand vous ne désirez pas graver l'intégralité d'une cassette sur un DVD, OneStep DVD affiche un message vous permettant soit d'annuler la création du DVD, soit de la continuer. Dans notre hypothèse, et surtout si vous vous contentez de tester OneStep DVD, cliquez sur Continuer.

5. **Une fois le DVD préparé, OneStep DVD lance le traitement de la séquence capturée.**

   En d'autres termes, il encode la vidéo et l'audio. Il s'agit bien entendu d'un encodage logiciel MPEG-2, c'est-à-dire au seul format vidéo compatible avec les DVD vidéo, qui assure une excellente qualité d'image.

   La durée de l'encodage tient à la durée de la bande capturée et à la rapidité de votre ordinateur. Une barre de progression permet de suivre l'évolution de l'encodage.

   Vous pouvez interrompre cette procédure à tout moment en cliquant sur le bouton Annuler.

6. **Une fois l'encodage terminé, OneStep DVD lance la gravure.**

   Si le disque est de type RW contenant des données, OneStep DVD l'efface.

   La phase de gravure est conditionnée par la durée de la vidéo capturée et par la vitesse supportée par le DVD vierge et par votre graveur SuperDrive.

   Là encore, suivez l'évolution de l'écriture sur une barre de progression.

7. **A la fin de la gravure, le disque est éjecté.**

   OneStep DVD vous invite à créer un autre DVD vidéo, c'est-à-dire à faire une seconde copie en insérant un nouveau DVD vierge. Si vous ne désirez pas copier le DVD, passez à l'étape 8.

8. **Cliquez sur Terminé.**

   Vous revenez à l'écran d'accueil d'iDVD. Vous pouvez alors lancer le programme en cliquant sur Créer un projet ou Ouvrir un projet (au cas où vous auriez un projet iDVD non terminé), ou bien quitter le programme en cliquant sur le bouton homonyme.

9. **Insérez le DVD dans un lecteur de salon.**

Je sais, toutes les personnes qui utilisent OneStep DVD n'en reviennent pas. La lecture démarre instantanément, conscient alors que vous êtes d'avoir réalisé une copie de sauvegarde sur DVD vidéo du contenu d'une cassette vidéo numérique, avec une qualité d'image surprenante. Votre graveur SuperDrive a un peu joué le rôle d'un enregistreur de salon auquel vous auriez raccordé un caméscope.

Toutefois, il serait injurieux de limiter l'utilisation d'iDVD à la fonction OneStep DVD. iDVD est par-dessus tout un logiciel d'authoring et d'encodage que vous pouvez utiliser de manière autonome, ou conjointement avec iMovie. C'est d'ailleurs cette dernière hypothèse qui est la plus intéressante et la plus logique. En effet, pour faire de l'authoring, il faut préalablement capturer et éventuellement monter vos séquences dans iMovie. Vous en profiterez alors pour ajouter des marques de chapitres, et pour invoquer iDVD depuis iMovie. L'interfaçage entre les deux programmes est tellement intéressant que vous aurez du mal à vous en passer.

Dans la prochaine section, nous allons montrer ce travail commun réalisé avec iMovie et iDVD. Toutefois, ne perdez pas de vue que si vous possédez des fichiers vidéo que vous n'avez pas capturés vous-même, vous pouvez très facilement les importer dans iDVD, et procéder à l'authoring de votre disque.

Capture, préparation et authoring

L'authoring DVD effectué avec les applications livrées en standard par Mac OS X se déroule en trois phases :

- La capture depuis iMovie de vos séquences vidéo sur le disque dur de votre ordinateur.
- Le montage des séquences capturées que vous enrichissez de transitions, de titres, d'effets vidéo, de musique, et la définition des chapitres de votre DVD.
- L'authoring lancé depuis iMovie et réalisé dans iDVD.

Les trois prochaines sections présentent une session de travail type iMovie et iDVD.

TRUC

Je le répète, la phase de capture n'est pas obligatoire pour faire de l'authoring dans iDVD. Toutefois, vous ne pouvez rien graver avec iDVD si vous ne lui donnez pas des ressources vidéo ou photo. Donc, en règle générale, la première phase du travail consiste à capturer les séquences que vous souhaitez voir figurer sur le DVD créé avec iDVD. En revanche, je répète que si vous disposez de fichiers vidéo au format MOV et répondant aux spécificités techniques DV (digital video ou vidéo numérique), vous pouvez les importer dans iDVD.

Capture vidéo avec iMovie

La capture est souvent le préalable indispensable à la création d'un DVD vidéo avec iDVD. En effet, vous allez monter un film de famille, un documentaire ou une fiction. Comme vous disposez d'excellents outils, et de surcroît gratuits, sur votre Mac, tirez-en parti un maximum.

Voici comment capturer, sur votre disque dur, le contenu vidéo que vous monterez et enrichirez de diverses manières dans iMovie avant d'effectuer l'authoring dans iDVD :

1. **Dans le Dock, cliquez sur l'icône d'iMovie.**

   Normalement, cette icône est placée dans le Dock lors de l'installation de Mac OS X. Si ce n'est pas le cas, vous la trouverez dans le dossier Applications.

   iMovie refuse de s'ouvrir quand la résolution d'affichage est inférieure à 1 024 x 720.

2. **Dans l'écran d'accueil, cliquez sur Créer un nouveau projet, comme à la Figure 17.3.**

Figure 17.3 : Création d'un projet iMovie.

3. **Dans la boîte de dialogue Créer un projet, indiquez le disque dur et le dossier dans lesquels vous souhaitez enregistrer le projet.**

   Sur ce disque et dans ce dossier seront capturées vos séquences vidéo et enregistrées toutes vos opérations de montage.

4. **Dans la liste Format vidéo, sélectionnez le format correspondant à celui du contenu de votre film, nommez votre projet, et cliquez sur Créer.**

   Il s'agira généralement du format DV, car votre caméscope sera probablement un MiniDV ne filmant pas en 16:9, et encore moins en HD. (Ces derniers existent, mais leur prix est si prohibitif que je ne les considère pas encore comme des matériels grand public.)

5. **Dans l'interface d'iMovie, veillez à cliquer sur l'icône de la petite caméra située dans le coin inférieur gauche, en face de l'icône d'une paire de ciseaux.**

   En effet, la caméra symbolise la capture. Ici, les règles sont les mêmes qu'avec OneStep DVD. Votre caméscope doit être raccordé au Mac par un câble FireWire, allumé, et avec une cassette dont vous capturerez tout ou partie du contenu.

   Vous notez que, dans la vaste zone d'aperçu bleue, sont affichées la mention Caméra connectée ainsi que l'indication du timecode (code temporel) de la cassette.

   Si vous voyez la mention Caméra déconnectée ou éteinte, soit vous avez oublié de brancher les prises FireWire, soit vous avez omis d'allumer le caméscope, soit vous avez oublié les deux à la fois. Corrigez le problème à l'origine de cette indication, et vous verrez s'afficher Caméra connectée.

   Utilisez les boutons de navigation situés dans la partie inférieure pour repérer sur la bande ce que vous désirez capturer. En effet, la connexion FireWire permet de piloter le caméscope avec les boutons d'iMovie.

6. **Dès que vous avez repéré la partie de la cassette à capturer, cliquez sur le bouton Importer, comme à la Figure 17.4.**

   Au fur et à mesure que vous capturez, la partie droite de l'interface affiche des vignettes. Elles symbolisent les plans de

Figure 17.4 : Capture en cours... facile.

votre film. iMovie les détecte automatiquement. Ce sont ces plans qui vont servir à monter le film dont vous ferez un DVD vidéo avec iDVD.

7. **Interrompez la capture à tout moment en cliquant sur Importer.**

C'est une introduction rapide de ce que vous pouvez faire d'iMovie en matière de capture. Je n'irai d'ailleurs pas plus loin dans l'étude de ce logiciel. Il existe d'excellents ouvrages traitant des fonctions de montage virtuel d'iMovie. Le reste de mon propos intéresse l'interaction qui existe entre iMovie et iDVD pour mener à terme un projet allant de la capture des images vidéo à leur authoring dans iDVD. Toutefois, avant d'en arriver là, une petite préparation de vos séquences s'impose dans iMovie

Préparation dans iMovie pour iDVD

Une fois vos séquences capturées, vous allez rapidement les préparer pour iDVD. J'occulte volontairement toutes les fonctions de montage plus ou moins avancées d'iMovie. Donc voici ce que vous devez faire :

1. **Eteignez la caméra.**

   Eventuellement, débranchez le cordon FireWire si vous n'avez plus rien à faire avec votre caméscope et iMovie.

2. **Cliquez sur l'icône de la paire de ciseaux.**

   Vous passez en mode édition, c'est-à-dire montage.

3. **Dans la partie droite, où sont affichées les vignettes de vos clips capturés, sélectionnez tous ceux que vous désirez faire apparaître dans votre film.**

   Si vous ne voyez pas les clips en question, cliquez sur le bouton Clips situé sous la partie droite de l'interface d'iMovie, où vous trouverez les boutons Photo, Audio, Titres, Trans., Effets et iDVD.

4. **Glissez-déposez les clips dans la zone où est textuellement écrit Glissez ici les clips pour construire votre projet.**

   Par défaut, les clips apparaissent sous forme de vignettes. Ce n'est pas très précis pour introduire des marqueurs de chapitres.

5. **Cliquez sur le bouton représentant une horloge, situé dans le coin inférieur gauche, à côté de l'icône de la caméra.**

   Cette fois, vos séquences s'affichent comme une longue bande permettant d'y déplacer facilement la tête de lecture.

   Montez le film à votre convenance en ajoutant des transitions, des titres, des effets, des photos, etc. Dès que vous avez le film qui vous convient, définissez ce qui nous importe ici : des marqueurs de chapitres. Ils vont permettre à iDVD de savoir exactement où se situent les différents chapitres du film et de les placer correctement sur le DVD vidéo.

6. **Dans le coin inférieur droit d'iMovie, cliquez sur le bouton iDVD.**

7. **Placez la tête de lecture au début de la vidéo, et cliquez sur le bouton Ajouter chapitre.**

   Comme le montre la Figure 17.5, un premier chapitre apparaît, avec son nom en surbrillance. Saisissez un nom bref et significatif de la scène, que vous validez en appuyant sur Retour.

Ce nom a une grande importance, car il sera repris par les boutons des chapitres d'iDVD. Donc n'écrivez pas n'importe quoi !

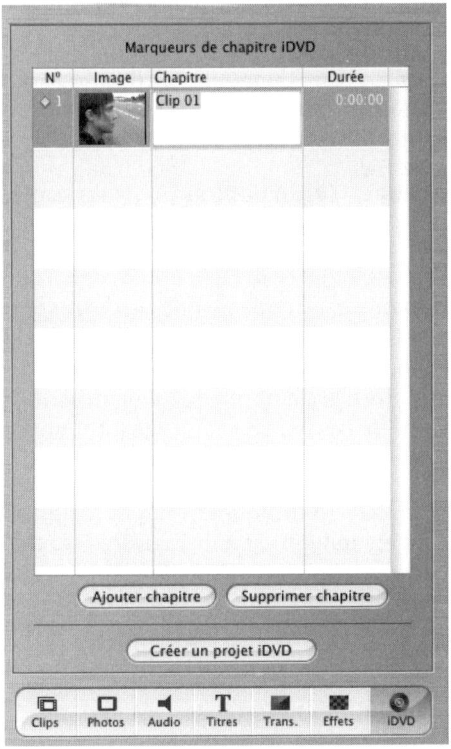

Figure 17.5 : La création des chapitres du film est simple comme bonjour.

8. **Répétez l'étape 7 pour ajouter d'autres chapitres, en prenant soin de bien placer la tête de lecture sur l'image du début de ce chapitre.**

   Dans cet exemple, je crée quatre chapitres différents.

   Si vous créez un marqueur de chapitre et le regrettez, pas de panique. Sélectionnez le marqueur dans la section Marqueurs de chapitres iDVD, et cliquez sur le bouton Supprimer chapitre.

La préparation d'un projet iDVD dans iMovie consiste uniquement à définir vos marqueurs de chapitres. Avouez que la procédure est on ne peut plus simple. Maintenant que le projet de DVD est prêt, il faut véritablement le créer, ce que je vous propose de découvrir dans la prochaine section.

Authoring dans iDVD

Pour que le film que vous venez de monter et de chapitrer aboutisse à un DVD digne de ceux que vous achetez ou louez dans le commerce, voici ce que vous devez faire :

1. **Dans iMovie, cliquez sur le bouton Créer un projet iDVD.**

   iDVD s'ouvre. Le projet reprend le nom de celui donné à iMovie et, comme le montre la Figure 17.6, une interface de DVD par défaut vous est imposée. Elle ne correspondra pas forcément à vos Goûts. Rassurez-vous, vous pourrez en changer facilement. Notez également que le nom du projet apparaît en caractère gras, et que juste en dessous vous avez deux boutons en forme de texte : "Lire le film" et "Sélection de scènes".

   TRUC

   Je ne vais pas étudier en profondeur iDVD, mais simplement vous montrer qu'en se limitant à des modèles et des fonctions prédéfinis, on peut créer sans effort un magnifique DVD.

   Commencez par sélectionner un autre modèle que celui imposé par défaut.

2. **Cliquez sur le bouton Personnaliser, situé dans le coin inférieur gauche.**

   Par défaut, l'onglet Thèmes est sélectionné. Un menu local indique que les thèmes de menus actuellement affichés sont ceux livrés avec iDVD 5.

   Pour afficher davantage de thèmes, cliquez sur ce menu local, et choisissez par exemple Tous. Ainsi, tous les thèmes disponibles pour iDVD seront listés dans cet onglet.

   Pour le moment, contentons-nous des Thèmes 5.0.

3. **Faites défiler le contenu de la liste, et cliquez sur Fenêtres glissantes.**

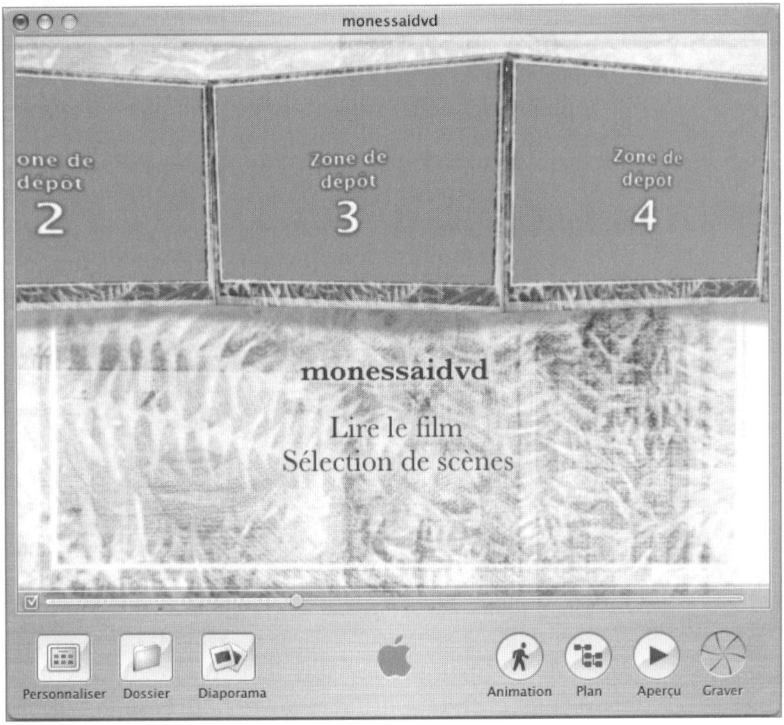

Figure 17.6 : Ben si c'est ça iDVD, merci !

Le modèle en question remplace instantanément celui imposé par défaut.

TRUC

Lorsque vous observez de près les vignettes des thèmes, vous voyez sur certaines l'icône d'un petit bonhomme dans un cercle plein. Cela signifie que le menu est animé.

4. **Pour voir ce que donne le menu animé, cliquez sur le bouton Animation.**

   Ouais ! Pas terrible ! On voit des bandes grises qui se déplacent sur un fond noir, il n'y a pas de quoi pavoiser, et je vous comprends. Suivez plutôt cette direction.

5. **Cliquez de nouveau sur le bouton Animation pour l'arrêter.**

6. **Dans la ligne située juste en dessous de la zone d'affichage du DVD, placez le petit rond dans la section hachurée.**

Cette section n'est pas toujours facile à comprendre pour le profane. Voici une rapide explication. Un *menu animé* se compose de deux parties : une partie totalement animée pendant laquelle l'utilisateur ne peut pas intervenir, et une partie "fixe" où les boutons d'accès aux différents menus et au lancement du film principal peuvent être sélectionnés et activés. La partie hachurée correspond au temps d'introduction du menu. Cette introduction ne s'affiche qu'une seule fois. Vous notez, à la fin de cette section hachurée, la présence d'un petit trait vertical. Il marque ce que l'on appelle le *point de boucle*. Une fois que l'introduction est lue, le menu va boucler sur ce point précis jusqu'à ce que l'utilisateur effectue un choix, en l'occurrence "Lire le film" ou "Sélection de scènes".

Vous voyez également dans la zone d'affichage du menu des parties libellées Zone de dépôt suivies d'un numéro. Ce sont ces zones de dépôt qui vont donner à votre DVD un caractère très personnel.

Dans une zone de dépôt, vous pouvez placer des photos ou des vidéos, de la plus simple des manières. Bien entendu, pour la cohérence du DVD, il est préférable de placer des éléments en rapport avec votre film. Pour cet exemple, nous allons remplir les zones de dépôt avec des vidéos, et pas n'importe lesquelles, les clips que nous avons créés dans iMovie. Se pose alors la grande question de savoir où iMovie a bien pu les cacher. Pour le savoir, passez à l'étape 7.

Il est évident que, dès que vous maîtriserez bien iMovie, vous créerez des vidéos spécialement pour vos zones de dépôt. Mais pour le moment faisons avec ce que nous avons sous la main.

7. **Ouvrez le Finder, et accédez au dossier où vous avez enregistré votre projet iMovie.**

   Que constatez-vous ? Qu'il n'y a qu'une icône portant le nom du projet et aucune trace des vidéos capturées. L'étape 8 vous dit tout !

8. **Effectuez un Ctrl+clic sur l'icône du projet iMovie, et choisissez Afficher le contenu du paquet.**

Plusieurs dossiers apparaissent. Vous trouverez les clips capturés dans le dossier Media, et le film qui sera gravé sur DVD dans le dossier Shared Movies. Conservez bien cette fenêtre ouverte, car tout va se dérouler en glisser-déposer.

9. **Faites en sorte que cette fenêtre du Finder et iDVD soient visibles simultanément.**

10. **Dans le Finder, cliquez sur un des clips du dossier Media ou sur le film du dossier Shared Movies, et glissez-déposez-le sur la Zone de dépôt 1.**

11. **Répétez cette opération pour toutes les zones de dépôt du thème choisi.**

Si vous laissez une zone de dépôt vide, seules des barres grises seront animées. Cela peut créer un style. Faites de nombreux tests.

12. **Placez la tête de lecture au début de la zone hachurée, et cliquez sur le bouton Animation.**

Eh oui, c'est tout de suite autre chose ! Le fond du menu est animé d'une manière très originale, et les boutons "Lire le film" et "Sélection de scènes" apparaissent depuis le bord droit de l'écran.

En mode animation, et en fonction de la puissance de votre Mac, les images risquent d'être saccadées. Ce n'est qu'un effet du logiciel en manque de puissance. Il n'en sera rien sur votre DVD vidéo.

Vous pouvez changer le nom par défaut des boutons. Pour cela, rien de plus simple ! Double-cliquez dessus et saisissez le nouveau nom. Validez-le en cliquant simplement à l'extérieur de la zone de saisie du texte.

Si le contenu d'une zone de dépôt ne vous plaît pas, effectuez un Ctrl+clic dessus. Dans le menu contextuel, choisissez Effacer. Vous pourrez y placer une autre ressource de votre choix.

Voilà, vous venez de créer le menu principal du DVD dont les deux boutons permettent respectivement de lancer la lecture du film et d'accéder aux chapitres. Le second bouton, Sélection de scènes, induit la présence d'un autre menu. Mais voilà, comment est-il, le bougre ? Pour le savoir, poursuivez votre lecture.

13. **Cliquez sur le bouton Plan situé dans le coin inférieur droit de l'interface.**

    Vous accédez à la structure du DVD où vous voyez, comme à la Figure 17.7, que le menu des chapitres affiche le modèle par défaut. Le conserver trancherait beaucoup trop avec le design du menu d'ouverture.

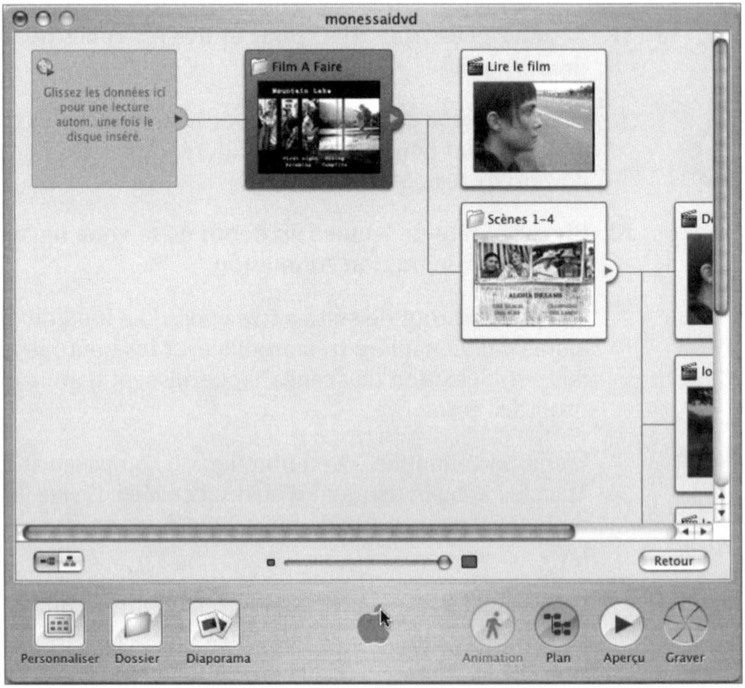

Figure 17.7 : La structure du DVD permet d'un seul coup d'œil d'appréhender les erreurs et de comprendre le fonctionnement des boutons.

14. **Double-cliquez sur l'icône du menu des scènes affichée dans le Plan.**

    Le menu s'affiche dans iDVD, prêt à être modifié.

    TRUC

    En matière d'authoring, je déconseille la multiplication des styles et des menus.

15. **Cliquez sur le bouton Personnaliser.**

16. Sélectionnez le thème Plein cadre.

Diantre ! Il est tout aussi design que le précédent, mais cette fois, le fond est gris. C'est normal, car il s'agit d'un menu sans zone de dépôt. Le fond, c'est-à-dire l'arrière-plan, peut alors être rempli soit avec une photo, soit avec une vidéo. Nous allons le remplir avec une vidéo, celle du film pour lequel vous créez ce DVD.

17. En haut du panneau Personnaliser, cliquez sur Réglages.

Dans la section Menu de ce panneau, vous voyez un cadre libellé Arrière-plan et un autre Audio. Parfait ! Ne les quittez pas des yeux !

18. Dans la fenêtre du Finder, ouvrez le dossier Shared Movies, puis iDVD.

Vous y découvrez votre film, dont le nom de fichier porte l'extension `.mov`.

19. Glissez-déposez l'icône de ce fichier sur le cadre Arrière-plan, comme à la Figure 17.8.

Figure 17.8 : Comment afficher une vidéo en arrière-plan d'un menu !

Vous constatez que le cadre Audio affiche désormais une icône QuickTime. Le son diffusé sera celui de la vidéo. Vous pouvez facilement éviter cela en supprimant le son de cet arrière-plan. Cliquez sur le cadre audio et, sans relâcher le bouton de la souris, glissez-déposez l'icône en dehors d'iDVD. Relâchez le bouton de la souris. Le son s'évanouit dans un nuage de fumée !

Si vous disposez de fichiers audio AIFF ou MP3, vous pouvez parfaitement les glisser-déposer dans le cadre Audio pour attribuer un accompagnement sonore au menu. Si vous êtes féru en son, vous pourrez même créer une boucle audio spéciale avec GarageBand, programme puissant et sympathique livré avec Mac OS et enrichi avec Life '05.

Dans la mesure où vous avez choisi le film comme arrière-plan de votre menu, iDVD l'utilise par défaut en totalité. Cela peut être un peu long et surtout doubler le volume du DVD, ce qui entraînerait une énorme compression MPEG-2.

20. **Faites glisser le curseur Durée de telle sorte que le champ numérique affiche 30 secondes.**

    Cela signifie que les trente premières secondes du film sont utilisées comme arrière-plan. Donc, toutes les 30 secondes, le menu va boucler sur cette durée. C'est souvent suffisant. Si vous trouvez que c'est trop court ou trop long, augmentez ou réduisez encore la durée. Seul un test Animation permet d'apprécier la bonne durée et le bon point de boucle.

    Les meilleurs arrière-plans vidéo sont ceux que vous créez vous-même spécialement pour le DVD. Vous connaissez iMovie ? Alors profitez-en pour créer de sympathiques vidéos d'arrière-plan de quelques secondes que vous mettrez en œuvre dans iDVD comme je le décris depuis le début de cette section.

21. **Modifiez la couleur de certains textes peu lisibles qui reposent directement sur l'image vidéo. Pour cela, cliquez sur le texte pour le sélectionner. Dans la section Texte de l'onglet Réglages, cliquez sur le menu local Couleur, et choisissez une teinte adaptée.**

    Difficile de faire plus simple pour changer la couleur d'un texte !

    Vous pouvez également jouer sur le paramètre Taille pour augmenter ou réduire la taille des caractères, sur le paramètre Police pour choisir un autre style de caractères ; enfin, pour positionner librement un texte sur l'image, choisissez

Personnaliser dans le menu local Position, et glissez-déplacez le texte à votre convenance directement sur la zone d'affichage du menu.

A priori, le DVD est fini. Cependant, une question reste en suspens et je suis étonné qu'elle ne vous vienne pas à l'esprit, à moins que vous ne vous la posiez depuis le début : "Oui, mais est-ce qu'il fonctionne ?"

Tester et graver le DVD

Avant de graver un DVD, il faut s'assurer de son bon fonctionnement. Avec iDVD, le test est encore plus simple que le reste. En voici la procédure :

1. **Cliquez sur le bouton Plan, et double-cliquez sur l'icône du premier menu afin de l'afficher dans iDVD.**

2. **Cliquez sur le bouton Aperçu.**

   Une petite télécommande virtuelle reprenant toutes les fonctions (ou presque) de celle de votre lecteur de DVD de salon apparaît.

   iDVD lit le DVD tel qu'il sera gravé. Après une très brève animation des boutons, l'arrière-plan reste animé, et le menu boucle sur des boutons statiques. Vous pouvez effectuer votre choix.

   Vous notez que "Lire le film" est activé en rouge. Cela signifie que, si vous cliquez sur le bouton Enter de la télécommande, vous lancez la lecture du film.

3. **Ne lancez pas la lecture du film, et cliquez sur la flèche bas de la télécommande afin d'activer le bouton Sélection de scènes.**

   Le texte de ce bouton passe au rouge.

4. **Cliquez sur le bouton Enter.**

   Le menu des scènes s'affiche.

5. **Avec les touches directionnelles de la télécommande, passez de bouton en bouton.**

Testez-les tous pour être certain qu'ils renvoient chacun au bon chapitre du film.

6. **Pour interrompre la lecture d'un chapitre, il suffit de cliquer sur le bouton Menu ou Title de la télécommande.**

   Dans les deux cas, vous revenez au menu principal.

   Vous pouvez effectuer les mêmes actions directement sur la zone d'affichage des menus, en utilisant le pointeur de la souris.

   Lisez toujours intégralement le dernier chapitre du film pour voir si le DVD affiche le menu principal quand le film est terminé. A priori, ce devrait être le cas, puisque iDVD programme par défaut cette action.

Le test étant concluant, il faut maintenant graver ! Cette opération est également des plus faciles à réaliser, comme en témoigne cette nouvelle procédure :

1. **Insérez un DVD vierge dans votre graveur SuperDrive.**

   Oui, il s'agit bien du SuperDrive d'Apple, car officiellement seul ce graveur est pris en charge par iDVD. Toutefois, certains sites Web donnent une astuce pour graver directement depuis un graveur externe. Je vous laisse seul juge de l'opportunité d'une telle recherche de solution.

2. **Dans le coin inférieur droit d'iDVD, cliquez sur le bouton Graver.**

   Si votre disque est de type RW et qu'il contient des données ou une vidéo, un message vous invite soit à éjecter le disque, soit à l'effacer. Dans cette circonstance particulière, vous êtes le seul maître à bord.

   Comme le montre la Figure 17.9, iDVD lance le rendu des ressources, c'est-à-dire qu'il encode les menus et les vidéos utilisés dans les zones de dépôt en MPEG-2 de manière à les rendre compatibles avec la norme du DVD vidéo. Il encodera également le fichier `.mov`, c'est-à-dire votre film créé dans iMovie et importé dans le projet iDVD.

   La procédure de préparation, de traitement des menus et des séquences est d'autant plus longue que vous multipliez les

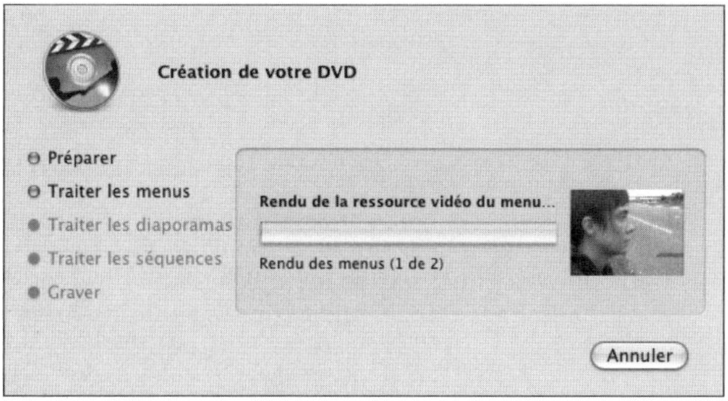

Figure 17.9 : Création de votre DVD.

éléments vidéo et audio dans un menu. Si vous limitez les zones de dépôt et les arrière-plans à des images fixes, le rendu complet est beaucoup plus rapide.

Vous suivez l'évolution de la procédure grâce à une barre de progression et à une vignette qui affiche les images en cours d'encodage.

3. **Une fois la gravure terminée, à l'instar de OneStep DVD, iDVD éjecte le disque, et vous invite à insérer un nouveau DVD vierge pour effectuer une nouvelle copie.**

   Procédez-y si vous désirez une copie immédiate sans repasser par la phase d'encodage des menus et du film. Toutefois, je vous rappelle qu'il est très facile d'effectuer des copies de DVD avec Toast, Popcorn et même l'Utilitaire de disque de Mac OS.

4. **Insérez votre DVD dans un lecteur de salon.**

   Et encore un émerveillement !

Nous en avons terminé avec notre étude de l'authoring et de la gravure de vos vidéos personnelles par iDVD. Ce n'est pas en quelque 20 pages que je prétendrai avoir traité d'iMovie et d'iDVD. En effet, ces deux programmes permettent de faire de nombreuses choses, mais mon approche d'iDVD montre que, même débutant et ignorant des techniques propres au DVD vidéo, vous pouvez facilement créer le vôtre. L'expérience et l'apprentissage vous mèneront progressivement à un niveau de technicité avancé d'iDVD, niveau qui sera décuplé si vous prenez la peine de lire quelques ouvrages consacrés à ce logiciel grand public.

Chapitre 18

Créer vos DVD avec Toast 7 Titanium

Dans ce chapitre :

- Gravure directe sur DVD avec Plug & Burn.
- Authoring et gravure avec Toast 7 Titanium.

Vous connaissez Toast 7 Titanium pour l'avoir probablement utilisé au Chapitre 7 consacré à la gravure de données sur Mac (et sur DVD). Sachez, mes amis, que Toast gère la vidéo en tant que média susceptible d'être organisé et structuré sous forme d'un DVD vidéo compatible avec la majorité des lecteurs de DVD de salon. Dans ce chapitre, nous verrons :

- La gravure directe sur DVD du contenu d'une cassette vidéo numérique avec l'utilitaire Plug & Burn (comme sur PC), c'est-à-dire l'équivalent de OneStep DVD d'iDVD.
- L'authoring le plus rudimentaire qui soit avec la fonction DVD-Vidéo qui permet d'organiser les éléments vidéo dans une interface sommaire, de sélectionner un menu prédéfini et d'apporter quelques modifications mineures.

TRUC

Voici une remarque toute personnelle. Sincèrement, mais alors sincèrement, je me demande pourquoi vous limiteriez votre génie créatif en utilisant un logiciel comme Toast 7 Titanium pour créer vos DVD vidéo, alors que vous disposez gratuitement d'un outil comme iDVD dont la puissance surpasse les capacités ridicules et complexes de Toast dans ce domaine. Enfin, vous seul êtes maître de votre destin.

Dans les sections qui suivent, et vraiment pour faire plaisir aux utilisateurs de Toast 7 Titanium qui ne savent pas très bien comment s'en sortir pour créer un DVD vidéo avec ce programme frustrant, nous allons voir comment profiter de la fonction Burn & Plug, et comment créer des DVD vidéo avec menu dont l'interface et la navigation font pleurer de rire ma grand-mère.

Gravure directe sur DVD avec Plug & Burn

Les utilisateurs d'un PC qui possèdent la suite Roxio Easy Media Creator 7.5 connaissent cette fonction. Pour les curieux qui souhaiteraient savoir comment elle fonctionne, je vous donne rendez-vous à la section "Gravure directe avec Plug & Burn de Roxio Easy Media Creator 7.5" du Chapitre 11.

TRUC

Toutes les considérations faites dans la section "Gravure directe sur DVD avec OneStep DVD" du Chapitre 17 valent pour la gravure directe avec Plug & Burn. Je vous invite donc à en prendre connaissance.

Voici les étapes qui vont permettre de graver directement tout ou partie d'une cassette vidéo numérique sur un DVD vidéo avec Plug & Burn :

1. **Préparez votre caméscope en établissant la connexion FireWire décrite au Chapitre 17, en insérant une cassette contenant vos séquences, et en allumant l'appareil.**
2. **Insérez un DVD vierge dans votre graveur de DVD.**

   ATTENTION !

   Vous savez que les applications fonctionnant sous Mac OS sont très sensibles à la nature même du graveur utilisé. Bien que je n'en aie pas fait l'expérience, il se pourrait que la fonction Plug & Burn de Toast 7 Titanium ne soit pas utilisable avec un autre graveur que le SuperDrive d'Apple. Je dis cela sous toute réserve. Ainsi, si vous possédez un graveur externe et que Plug & Burn échoue, ne vous étonnez pas. Cherchez éventuellement une solution, mais dans cette hypothèse je crains qu'il ne vous faille la trouver du côté du SuperDrive. Comme cela est expliqué au Chapitre 5, chez Apple, le choix d'un SuperDrive est crucial lors de l'achat de votre ordinateur.
3. **Démarrez Toast 7 Titanium depuis le dossier Applications du Finder.**

Bien entendu, si vous avez placé l'icône de Toast dans le Dock, contentez-vous de cliquer dessus.

4. **Cliquez sur l'onglet Vidéo.**

   Si tous les branchements ont été correctement réalisés, l'icône d'un caméscope s'affiche dans la zone principale de Toast 7 Titanium (zone Contenu), comme le montre la Figure 18.1.

Figure 18.1 : Il suffit de connecter un caméscope pour profiter de Plug & Burn.

5. **Si nécessaire, cliquez sur le petit triangle bleu situé dans le coin supérieur gauche pour afficher les options.**

6. **Dans l'onglet Formats, activez DVD-Vidéo.**

7. **Dans le menu local Style de menu, choisissez le menu qu'affichera le DVD.**

   Si vous ne souhaitez pas de menu, c'est-à-dire si vous désirez que la lecture du contenu du DVD commence immédiatement, sélectionnez Aucun menu.

8. **Dans la section Encodage, choisissez Automatique, et laissez l'option Qualité vidéo sur Très bonne.**

Pour en savoir plus sur les différentes options d'encodage, lisez la prochaine section consacrée à l'authoring.

9. **Dans la zone Contenu affichant le caméscope, utilisez les boutons de commande pour repérer l'emplacement de la bande à partir duquel vous désirez enregistrer la vidéo sur DVD.**

   Si vous désirez graver la totalité de la cassette, cliquez sur le bouton Retour de manière à la rembobiner jusqu'au début.

   Vérifiez le contenu en cliquant sur le bouton Lecture/Pause. Vous voyez les images dans un cadre réduit et entendez la bande-son.

10. **Dès que vous atteignez la séquence à partir de laquelle vous souhaitez effectuer la gravure directe, cliquez sur le bouton Importer.**

    Cette action ouvre une fenêtre proposant les options suivantes :

    - **Description du nouveau clip.** Saisissez ici le texte qui apparaîtra sur le bouton du menu principal que créera automatiquement Toast suite à la gravure directe sur DVD.
    - **Importation.** Dans ce menu local, choisissez Bande entière pour capturer tout le contenu de la cassette vidéo ou une des durées prédéfinies.
    - **Rembobiner la bande** et **Position actuelle.** Ces deux options s'excluent mutuellement. Pour capturer la totalité de la bande ou une durée prédéfinie depuis le début de la cassette, choisissez Rembobiner la bande. En revanche, pour graver le DVD à partir de l'endroit où se situe actuellement la tête de lecture du caméscope, choisissez Position actuelle.

11. **Une fois les options définies, utilisez la fonction Plug & Burn en cliquant sur le bouton Importer et Graver.**

12. **Dans la boîte de dialogue qui s'affiche, vérifiez le graveur de destination, spécifiez le nombre de copies que vous désirez réaliser (en général une), et cliquez sur Graver.**

TRUC

Si vous aviez mis un DVD-R/+R ou +RW/-RW, il est instantanément éjecté. Insérez un DVD vraiment vierge.

13. **Dès que le DVD vierge est identifié en tant que tel, l'importation DV commence.**

    La durée de cette importation dépend des options définies à l'étape 8.

14. **Dès que l'importation est terminée, Toast encode la vidéo, c'est-à-dire qu'il la convertit au format MPEG-2.**

    L'encodage dépend de la durée importée et de la vitesse de votre ordinateur.

15. **Dès que l'encodage est fini, Toast met le contenu en mémoire cache, de manière à enchaîner avec l'opération de gravure.**

16. **Dès que la gravure est terminée, une fenêtre vous propose deux options :**

    - **Ejecter.** Option sélectionnée par défaut. Si vous cliquez sur ce bouton, le disque est éjecté et vous pouvez immédiatement l'insérer dans un lecteur de salon pour vérifier que le DVD vidéo a bien été créé.
    - **Monter.** Affiche l'icône du DVD vidéo sur le bureau comme s'il s'agissait d'un disque dur ordinaire. Cela permet alors de lire le contenu du DVD avec le Lecteur DVD de Mac OS.

17. **Cliquez sur Ejecter et insérez le DVD dans votre lecteur de salon.**

    Evidemment que ça marche !

TRUC

Evidemment, évidemment, cela est peut-être vite dit. En effet, certains anciens lecteurs de salon ne prennent pas en charge les DVD+R/-R et/ou +RW/-RW.

Il y aurait quelques autres précisions à donner, mais je pars du principe que la fonction Plug & Burn est avant tout une fonction d'archivage de vos cassettes vidéo numériques MiniDV ou autres sur un DVD vidéo. En conservant la majorité des réglages par défaut, l'utilisateur débutant, et par conséquent hésitant, obtiendra un DVD vidéo dont la qualité d'image sera excellente.

La fonction Importer de Plug & Burn

Plug & Burn propose une option intéressante lorsque l'on souhaite créer un DVD vidéo contenant des films, voire des diaporamas provenant d'autres sources. Il s'agit de la fonction Importer. Vous l'invoquez à l'étape 11 en lieu et place de Importer et Graver.

Cette fois, le programme lance la lecture du caméscope et importe la vidéo sur le disque dur. Cette nouvelle vidéo apparaît dans la liste de la zone Contenu. En répétant cette procédure, vous ajoutez autant de vidéos que vous le désirez.

L'intérêt de cette importation dans le cadre de Plug & Burn est que la vidéo est temporairement stockée sur votre disque dur. Donc, dès que vous disposez de toutes les séquences vidéo nécessaires à votre DVD, gravez-le en cliquant sur le bouton Graver le disque.

Authoring DVD avec Toast 7 Titanium

Que vous capturiez ou non la vidéo définitivement sur votre disque dur, c'est-à-dire que vous l'importiez au lieu de l'importer et de la graver (fonction de Plug & Burn), vous pouvez organiser vos séquences dans une interface rudimentaire dont le seul mérite est peut-être d'exister... et encore.

Les vidéos utilisées pourront provenir de projet iMovie. Là encore, j'émets des réserves dans la mesure où iMovie et iDVD fonctionnent tellement bien main dans la main que je ne vois guère d'intérêt de passer par Toast.

Nous allons voir comment fonctionne Toast 7 Titanium lorsqu'on y importe par exemple un fichier `.dv` comme ceux que nous avons obtenus lors de notre étude d'iMovie/iDVD.

1. **Démarrez Toast 7 Titanium.**

2. **Cliquez sur l'onglet Vidéo.**

3. **Dans l'onglet Format, activez DVD-Vidéo.**

   Cela indique que vous allez créer un DVD compatible avec les lecteurs de DVD de salon.

4. **Dans la section Options, choisissez un Style de menu.**

Toast 7 Titanium propose 10 styles prédéfinis que vous ne pouvez pas personnaliser. Par exemple, optez pour Cinéma.

5. **Comme nous l'avons fait avec iDVD, utilisez le Finder pour localiser un ou plusieurs fichiers vidéo DV.**

   Vous pourriez par exemple utiliser un des clips qui se trouvent dans le dossier Media de votre projet iMovie.

N'utilisez surtout pas le fichier MOV du dossier Shared Movies/iDVD. En effet, j'ai procédé à ce test. Toute la procédure fonctionne parfaitement, mais dès que le film est encodé et que vous lancez la lecture du DVD, il n'y a aucune image vidéo. Seule la bande-son se fait entendre. Je pense que cela tient au fait que ce fichier MOV est défini pour iDVD et qu'il n'est pas exploitable par une autre application d'authoring, ou du moins par Toast 7 Titanium.

6. **Glissez-déposez le fichier vidéo depuis le Finder dans la zone Contenu de Toast 7 Titanium.**

   Vous vous retrouvez alors dans une configuration identique à celle de la Figure 18.2.

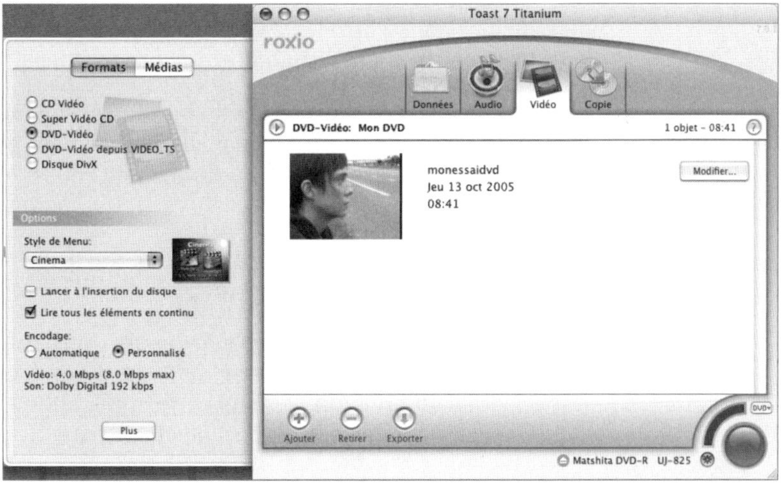

Figure 18.2 : Début d'un projet de DVD vidéo dans Toast.

Si vous cliquez sur la vignette de la vidéo, un curseur bleu apparaît à sa base ; déplacez-le pour consulter son contenu.

7. **Ajustez la vidéo par un clic sur le bouton Modifier.**

8. **Dans la nouvelle fenêtre qui apparaît, cliquez sur le bouton Vidéo.**

   Vous y découvrez un certain nombre d'options que je vais vous décrire ici :

   - **Régler le Bouton image.** Affiche une image qui sera celle du premier bouton de votre menu. En effet, il arrive souvent qu'une vidéo débute par un fondu au noir dont la première image est, bien entendu, noire. Ce n'est pas significatif du contenu de la séquence. Pour afficher une autre image, faites glisser la tête de lecture (le gros triangle situé sous l'affichage vidéo) jusqu'à ce que vous voyiez une image qui vous convienne. Laissez la tête de lecture sur cette image précise, et cliquez sur Régler le Bouton image. Voilà, l'image de la vignette est remplacée par la nouvelle.

   - **Marqueurs de début et de fin.** Il s'agit d'un marqueur situé à gauche (début) et d'un autre situé à droite (fin) sur la grosse barre bleue qui symbolise la durée de la vidéo. Il suffit de faire glisser respectivement ces marqueurs vers la droite et la gauche pour spécifier la partie de la vidéo que vous désirez conserver, c'est-à-dire inclure dans votre DVD vidéo. Ne touchez pas à ces marqueurs si vous souhaitez inclure tout le clip !

   - **Chapitres DVD.** Permet de définir des marqueurs de chapitres. Vous ne pouvez malheureusement pas décider de l'endroit précis où ils apparaîtront. Vous avez le choix entre :

     - **Aucune :** Le terme est parlant. Aucune marque de chapitre ne sera prise en compte.

     - **Automatique :** Utilise les marqueurs de chapitres que vous avez définis dans iMovie. (A condition bien sûr que la vidéo ait été montée dans cette application et que vous y ayez défini des marqueurs de chapitres.)

     - **Chaque minute :** Une marque de chapitre est insérée au rythme régulier et implacable de 60 secondes.

     - **Toutes les *x* minutes :** Cette fois, une marque de chapitre est insérée en fonction du nombre de minutes spécifié par l'option choisie.

9. **Dès que vos options sont définies, cliquez sur Terminé.**

A ce niveau, il reste encore deux phases essentielles qu'il me faut traiter dans deux sections distinctes. Elles sont fondamentales, car elles définissent deux éléments majeurs d'un DVD vidéo :

- Les réglages du disque lui-même qui incluent le nom du disque, le titre de menu, le style, la navigation et les données éventuelles.
- L'encodage dont le paramétrage détermine la qualité des images du DVD vidéo.

Les réglages du disque

Pour régler le disque DVD, vous devez afficher l'onglet Formats. Si vous ne le voyez pas dans la partie gauche de l'interface, cliquez sur le petit triangle bleu situé dans la partie supérieure gauche de l'onglet Vidéo et qui porte le nom de DVD-Vidéo. Ensuite, conformez-vous à ces étapes :

1. **Tout en bas de l'onglet Formats, cliquez sur le bouton Plus.**

   Vous accédez au contenu Réglages du disque qui fourmille d'options, comme le montre la Figure 18.3.

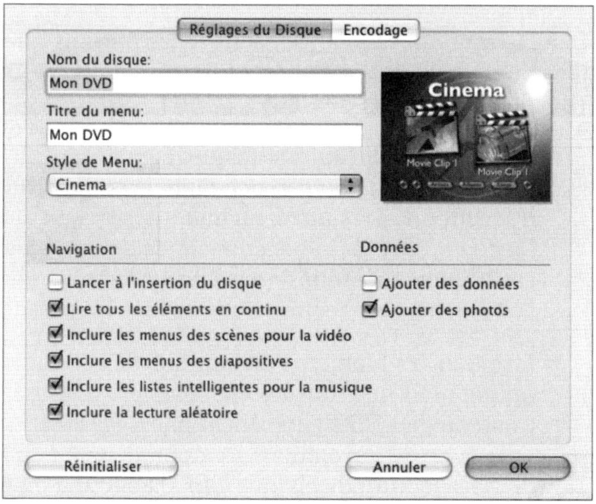

Figure 18.3 : Les réglages du disque créé avec Toast.

2. **Dans le champ Nom du disque, donnez un nom au DVD.**

   Ce nom s'affiche uniquement lorsque vous insérez le DVD vidéo dans un ordinateur Mac ou PC.

3. **Dans le champ Titre du menu, indiquez le titre du menu principal du DVD.**

   Ne choisissez pas ce titre à la légère dans la mesure où il sera visible sur le menu du DVD, c'est-à-dire sur votre téléviseur.

4. **Dans le menu local Style de menu, il vous reste une dernière chance de sélectionner un autre type de menu prédéfini.**

   Par ce principe rudimentaire qui ne demande aucun effort de création (mais quelle monotonie mon Dieu !), vous obtenez un DVD vidéo qui n'est qu'une pâle imitation de ce que l'on peut trouver dans le commerce ou encore faire avec iDVD. Dans Toast 7 Titanium, un menu comporte un maximum de 6 boutons, chacun renvoyant à un chapitre ou à un autre clip. Dès que vous dépassez 6 chapitres et/ou 6 clips, Toast crée automatiquement un menu supplémentaire.

   Une fois ces éléments du disque définis, vous devez réfléchir sur la navigation dans le DVD. Ce sont les options de la section Navigation qui vous y aident.

5. **Dans la section Navigation, activez les options que vous jugez nécessaires à la bonne utilisation de votre DVD. Je vous les présente ci-dessous :**

   - **Lancer à l'insertion du disque.** Lance immédiatement la première vidéo du DVD occultant le menu principal. Vous n'accéderez alors au menu qu'en appuyant sur la touche Menu ou Titre de la télécommande de votre lecteur de DVD. Sachez toutefois que certains lecteurs ne prennent pas en charge la lecture automatique du disque.

   - **Lire tous les éléments en continu.** Sélectionnez cette option pour que tous les éléments présents dans le Contenu du DVD s'enchaînent une fois la lecture lancée. Cela évite, par exemple, un retour au menu du DVD à la fin de la lecture de chaque clip, diaporama ou liste de lecture.

- **Inclure les menus des scènes pour la vidéo.** Avec cette option, vous créez un menu de scènes pour toutes les vidéos placées dans le Contenu. Ce menu permet de lire le DVD depuis plusieurs points différents.

- **Inclure les menus des diapositives.** Le menu du DVD sera doté d'un menu propre au diaporama (si vous en avez créé un). Là encore, le menu spécifique permettra de naviguer parmi plusieurs points du diaporama lui-même.

TRUC

Comme les autres options n'intéressent guère le DVD vidéo, je ne les mentionnerai pas.

Une fois les options de disque définies, passez aux options d'encodage.

Le paramétrage de l'encodage

L'encodage est une opération primordiale, car il détermine la qualité finale de votre DVD vidéo. Pour accéder aux fonctions d'encodage, il suffit de cliquer sur le bouton Plus. Toutefois, si vous avez suivi chronologiquement les procédures de ce chapitre, le bouton Encodage doit être visible dans votre interface, puisqu'il partage la même fenêtre que le bouton Réglages du disque. Donc, cliquez sur le bouton Encodage. Vous découvrez une série d'options illustrées à la Figure 18.4, dont il faut bien comprendre les incidences avant de faire n'importe quoi.

1. **Choisissez Automatique ou Personnalisé.**

   Automatique définit un encodage réglé par Toast pour donner le débit binaire le mieux adapté à votre projet. L'encodage vidéo se fera en VBR, c'est-à-dire en débit binaire variable, et l'audio en Dolby Digital 192 kHz.

   Personnalisé permet de sélectionner manuellement les options d'encodage. Il n'est recommandé qu'aux utilisateurs avertis.

TRUC

Si l'encodage est encore un mystère pour vous, reportez-vous à la section "Les grands principes de l'encodage", au Chapitre 12.

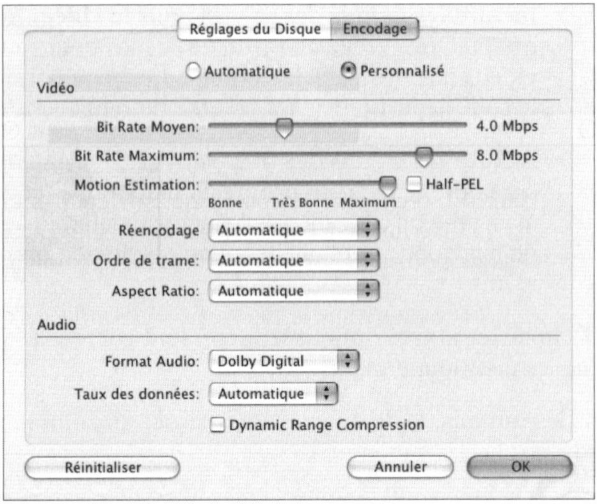

Figure 18.4 : Les options de l'onglet Encodage.

2. **Si vous choisissez Automatique, vous pouvez préciser une Qualité vidéo Bonne, Très bonne ou Maximum.**

   - **Bonne** est un paramètre destiné aux vidéos longues, ne présentant pas beaucoup de mouvement, comme des interviews. Ici, le traitement, c'est-à-dire l'encodage, se fait très rapidement.

   - **Très bonne** est un réglage quasi universel. Il conviendra donc aux vidéos de toute nature. L'encodage est plus long.

   - **Maximum** est destiné aux vidéos où le mouvement est prédominant, comme on en rencontre dans les films d'action. Basé sur un algorithme d'encodage VBR puissant, le traitement est vraiment long.

3. **Si vous optez pour un encodage Personnalisé, voici les options auxquelles vous devez prêter attention :**

   - **Bit Rate moyen** envisage le débit binaire moyen qui doit être maintenu sur toute la durée de la vidéo. En d'autres termes, l'encodeur ne descendra pas sous ce seuil.

   - **Bit Rate maximum** fixe le débit binaire maximal, c'est-à-dire au-delà duquel l'encodeur n'ira pas.

- **Motion Estimation** est un paramètre essentiel qui va permettre une adaptation précise du débit binaire pour les scènes présentant beaucoup de mouvement. Cela augmente considérablement le temps d'encodage, mais pour une qualité sans reproche.

- **Half-PEL** recherche les pixels qui se déplacent d'un demi-pixel d'une image à l'autre. Il est conseillé d'activer ce réglage pour améliorer la qualité de l'encodage.

- **Réencodage** peut être fixé sur Toujours, Jamais ou Automatique. Automatique est une bonne option, car seul ce qui a besoin d'être réencodé (ou encodé) le sera.

- **Ordre de trame** correspond à l'ordre de trame de la source vidéo. En DV, la priorité est souvent donnée à la première trame. Si vous avez un doute, laissez Toast procéder à cette détection en fixant ce paramètre sur Automatique.

- **Aspect Ratio** permet de conserver les proportions, c'est-à-dire la dimension des images de la vidéo d'origine. Vous avez le choix entre 4:3, 16:9 et Automatique. Ce dernier paramètre laisse Toast détecter le bon format d'image TV.

- **Format audio** vous laisse le choix entre Dolby Digital et PCM. Le premier constitue le meilleur choix, car l'encodage est plus important que pour le format PCM tout en garantissant une qualité audio quasi identique.

- **Débit de données** permet de sélectionner le débit binaire d'encodage des données audio Dolby Digital. Ne descendez pas sous les 192 kbps. En mode Automatique, c'est cette valeur qu'utilise Toast.

- **Dynamic Range Compression**, c'est-à-dire compression de la plage dynamique, permet de réduire l'écart qui existe entre les sons graves et aigus. C'est une sorte d'équilibrage par application d'un compresseur audio afin de rendre le son plus audible, notamment dans les dialogues.

4. **Une fois vos réglages effectués, cliquez sur OK.**

5. **Si vous avez besoin de modifier le standard de télédiffusion, cliquez sur Toast Titanium/Préférences.**

6. **Dans la fenêtre Préférences de Toast, choisissez NTSC ou PAL.**

   NTSC produira un DVD répondant à la norme audiovisuelle d'Amérique du Nord, du Japon et d'une partie de l'Asie et de l'Amérique du Sud.

   PAL génère un DVD compatible avec les téléviseurs d'Europe, d'Asie (en partie) et de quelques pays d'Amérique du Sud.

7. **Vous sélectionnerez normalement PAL, et fermerez la boîte de dialogue Préférences de Toast Titanium pour valider votre choix.**

Tester et graver le DVD

Le test d'un DVD vidéo réalisé avec Toast 7 Titanium est loin d'être la panacée. En effet, le programme n'intègre pas de module d'aperçu comme iDVD. Ainsi, pour être certain que le DVD fonctionne selon vos souhaits, voici ce que vous devez faire :

1. **Cliquez sur Fichier/Enregistrer comme Image Disque.**

2. **Dans la boîte de dialogue Enregistrer l'Image Disque sous, choisissez le disque dur et le dossier dans lequel vous désirez stocker l'image disque.**

3. **Cliquez sur Enregistrer.**

   La création de l'image disque dure aussi longtemps que celle du DVD vidéo.

4. **Une fois l'image disque créée, cliquez sur Utilitaires/Monter une image disque.**

5. **Dans la fenêtre qui apparaît, naviguez jusqu'au disque dur où vous avez enregistré l'image. Sélectionnez-la et cliquez sur Choisir.**

   L'image disque apparaît sur le Bureau, exactement comme si vous aviez inséré un DVD vidéo dans votre lecteur/graveur de DVD. Il vous suffit d'exécuter le Lecteur DVD de Mac OS pour voir à quoi ressemble votre DVD ainsi créé. Si le résultat ne vous convient pas, procédez aux modifications nécessaires et répétez l'opération.

Dès qu'une image disque convient, vous pouvez la graver en répétant les diverses procédures expliquées tout au long de cette partie du livre. Vous pouvez notamment y procéder avec Toast 7 Titanium.

Pour graver directement le DVD depuis Toast :

1. **Insérez un DVD vierge dans votre graveur.**

2. **Dans Toast, cliquez sur le bouton Graver le disque.**

3. **Dans la fenêtre qui apparaît, vérifiez que le graveur est bien sélectionné, déterminez le nombre de copies, et cliquez sur Graver.**

   Si vous avez déjà prévisualisé le DVD avec la technique expliquée ci-dessus, Toast va graver le disque depuis l'image. Sinon, il va encoder les données, structurer le DVD et enfin lancer la gravure.

4. **Une fois la gravure terminée, un signal sonore retentit, et Toast vous propose de Monter ou d'Ejecter le disque.**

   Vous connaissez la différence entre les deux, parce que cela fait pas mal de fois que nous rencontrons cette situation.

5. **Pour la beauté du geste, cliquez sur le bouton Ejecter.**

6. **Insérez le DVD dans un lecteur de salon, et admirez le travail.**

TRUC

Toast peut réaliser bien d'autres choses en matière de gravure de DVD. Par exemple, si vous rippez un DVD avec Mac The Ripper comme cela est expliqué au Chapitre 16, vous obtenez un dossier VIDEO_TS. Sachez que ce type de dossier peut être gravé avec Toast sous forme de DVD vidéo.

Nous avons vu, d'une manière relativement bien détaillée, la gravure directe et l'authoring DVD avec Toast 7 Titanium. Vous constatez que, comparé à un outil comme iDVD, Toast fait bien pâle figure. Eh bien sachez qu'iDVD à son tour fait bien pâle figure face à un des *must* en matière d'authoring DVD, je veux parler de l'incontournable DVD Studio Pro, dont nous ne ferons qu'esquisser le portrait au Chapitre 19.

Chapitre 19

DVD Studio Pro 4... l'authoring pro !

Dans ce chapitre :

- Présentation de DVD Studio Pro 4.
- Déroulement du travail dans DVD Studio Pro 4.
- Création d'un DVD dans DVD Studio Pro.

Arrivé au terme de l'étude de la gravure sur Macintosh, et plus particulièrement de l'authoring DVD, je me devais de parler d'un programme de référence en matière d'authoring professionnel. J'emploie le verbe "parler" à bon escient, dans la mesure où un seul chapitre d'un livre consacré à la gravure des DVD ne saurait étudier en profondeur un logiciel aussi complet, même s'il est perfectible, que DVD Studio Pro 4.

Ne vous attendez donc pas ici à apprendre à utiliser DVD Studio Pro. En une vingtaine de pages, je ne saurais aborder toutes les fonctions que son manuel d'utilisation étudie en quelque 800 pages d'une densité effrayante. Mon propos sera de vous montrer les possibilités du programme, en essayant d'être le plus clair possible et de relever les différences essentielles qui existent entre l'authoring grand public et l'authoring professionnel.

Les lecteurs qui se seront arrêtés au Chapitre 14 pour découvrir l'application professionnelle de création de DVD sur PC qu'est Adobe Encore DVD risquent de tomber de haut quand ils mettront les pieds dans DVD Studio Pro 4. Cependant, y a-t-il vraiment un choix à faire ? La question posée n'a pas vraiment de réponse. Dans la mesure où aucun de ces deux logiciels n'existe en version Mac et PC, vous serez bien obligé de choisir l'un ou l'autre, ou l'un et l'autre si vous possédez un ordinateur PC et un ordinateur Mac, et une tirelire bien garnie.

Lorsque l'on aborde des logiciels dont le prix flirte avec les 500 euros, on peut légitimement se demander si l'on en a besoin. Cette réflexion intéressera sans nul doute les possesseurs d'un Mac qui disposent en standard des applications iMovie et iDVD permettant de réaliser des DVD vidéo de fort belle qualité. Devez-vous passer d'iDVD à DVD Studio Pro 4 ? Voici quelques éléments de réponse :

- Si vous créez des DVD dans le cadre purement familial, je pense sincèrement qu'iDVD comblera largement vos besoins.
- Si vous désirez créer des DVD de qualité professionnelle, en multipliant les options interactives, et pour répondre aux besoins de sociétés d'édition de DVD, nul doute qu'il vous faudra passer à DVD Studio Pro 4.
- Si votre ordinateur n'est pas un PowerMac disposant d'au moins 2 Go de mémoire vive, vous pourrez utiliser DVD Studio Pro 4, mais avec des temps d'attente de réponse fort long, et vous ne pourrez pas tester le futur DVD dans des conditions optimales.

  TRUC

  Personnellement, j'ai utilisé DVD Studio Pro sur un iMac 1,8 GHz doté de 512 Mo de RAM. Je ne rencontre pas de problèmes majeurs lorsque les menus ne contiennent que des images fixes. En revanche, dès que j'enrichis leurs contenus d'extraits vidéo et d'arrière-plans audio, les prévisualisations sont saccadées et l'affichage des menus à modifier assez long, ce qui ne permet pas de travailler en toute sérénité. De plus, le processeur est énormément sollicité, ce qui impose un refroidissement important se soldant par un ventilateur qui tourne à sa vitesse maximale en émettant un bruit infernal.

- Si vous trouvez iDVD trop limité et vous sentez capable d'apprendre à utiliser un programme tel que DVD Studio Pro.
- Si vous êtes riche, et que dépenser 500 euros dans un programme que vous n'utiliserez peut-être jamais ne vous pose pas de problème, alors testez DVD Studio Pro 4.

TRUC

Les utilisateurs d'un PC qui maîtrisent Adobe Encore DVD n'auront pas beaucoup de mal à se former à DVD Studio Pro. En effet, dans les grandes lignes, la logique reste la même, mais avec en prime des possibilités bien supérieures.

La meilleure approche que l'on puisse avoir d'un programme comme DVD Studio Pro 4 est de commencer par comprendre ce qu'il est et ce qu'il fait.

Présentation de DVD Studio Pro 4

DVD Studio Pro 4 est un programme destiné à manipuler des données audio, vidéo, graphiques et textuelles que vous aurez préalablement créées. Il va assembler ces éléments de manière à produire un DVD vidéo lisible sur un lecteur de DVD de salon, ou encore sur un ordinateur équipé d'un lecteur de DVD-ROM et du logiciel de lecture approprié.

Vous déduisez de la constatation ci-dessus que, pour pouvoir alimenter DVD Studio Pro 4 en ressources vidéo, il faut un programme comme iMovie ou même mieux comme Final Cut Pro, ou au pire Final Cut Express. Il s'agit de logiciels de montage virtuel qui vont permettre de préparer les films qui seront inclus dans le DVD, mais aussi de créer des vidéos d'introduction, des vidéos d'arrière-plan pour les menus et même des transitions, mais là, c'est une autre histoire !

DVD Studio Pro 4 est fourni avec des utilitaires qui, justement, permettent de préparer ces fameuses ressources vidéo et/ou audio de votre futur DVD vidéo. Il s'agit :

- Du décodeur MPEG QuickTime capable d'afficher des flux, c'est-à-dire des éléments vidéo ou de menus en MPEG-2 avec le célèbre utilitaire Mac qu'est QuickTime.
- Le programme Compressor développé par Apple qui prendra en charge l'encodage MPEG-2 des vidéos QuickTime, et qui convertira l'audio non compressé en Dolby Digital AC-3.

Rien qu'à l'énoncé de ces deux possibilités, on comprend que DVD Studio Pro 4 n'est pas un logiciel tout-en-un comme ceux que l'on trouve sur PC sous la forme de Pinnacle Studio 10 ou encore de Premiere Elements.

Je vais maintenant penser aux utilisateurs des anciennes versions de DVD Studio Pro en faisant état des nouveautés de cette version 4. Cette présentation ne saurait nuire à tous ceux qui n'ont jamais entendu parler de ce programme et qui sentent comme un mystère planer autour d'une application qui n'est pas loin de devenir mythique. (Mais il faudra sans doute attendre pour cela une version 5).

Parmi les grandes nouveautés de DVD Studio Pro 4 notons :

- **La prise en charge de la création de DVD haute définition.** Avec DVD Studio Pro 4 vous êtes déjà en relation avec le standard DVD de demain, c'est-à-dire le fameux DVD HD. De facto, DVD Studio Pro 4 est capable non seulement de graver sur des graveurs à laser rouge, c'est-à-dire ceux qui permettent de créer nos DVD simples et doubles couches actuels, mais aussi sur des graveurs à laser bleu, ceux dont la confirmation du standard est en attente. (Irons-nous vers le DVD HD ou le Blu-Ray ?)

- **Affichage sur des moniteurs vidéo et audio externes.** Il s'agit d'une fonction native au logiciel, alors que sur PC avec Adobe Encore DVD elle dépend entièrement de votre système de montage virtuel. L'affichage sur moniteur vidéo externe signifie qu'en connectant la seconde sortie vidéo de votre moniteur informatique, tel qu'un Cinema Display ou un Cinema Display HD d'Apple, vous pouvez simuler votre projet sur un téléviseur externe ou un moniteur vidéo PAL ou NTSC. Cela est essentiel, car les écrans informatiques et les écrans PAL ou NTSC ne travaillent pas dans le même espace de couleur. Il peut donc y avoir une différence chromatique entre ce que vous voyez sur votre écran Apple et ce que vous verrez sur un téléviseur. De plus, vous pourrez vérifier les proportions réelles de l'image, et ainsi vous assurer que tous les éléments de vos menus, et plus particulièrement les boutons, seront bien visibles à l'écran. Enfin, en connectant un décodeur AC-3 ou DTS approprié, vous pourrez entendre un son surround.

- **Editeur VTS (video title set ou ensemble de titres vidéo).** A la lecture des précédents chapitres consacrés au DVD vidéo, vous avez appris que la structure d'un DVD compatible avec les lecteurs de salon repose sur un dossier VIDEO_TS rempli de fichiers VOB et autres. L'existence d'un éditeur VTS permet de contrôler la structure de votre projet. Cela est fondamental, car vous pouvez affecter manuellement des éléments à des blocs VTS. A quoi cela sert-il ? Je suppose qu'en regardant des DVD du commerce vous vous êtes aperçu que le passage d'un menu à un autre se soldait souvent par une pause plus ou moins longue. Grâce à l'éditeur VTS de DVD Studio Pro 4, vous optimisez la présentation du DVD, et réduisez ainsi au maximum le temps de passage d'une section à une autre d'un DVD.

- **Amélioration de l'intégration au programme Motion.** Motion 2 est un programme d'animations et d'effets spéciaux vidéo qui permet, entre autres, de préparer de superbes compositions vidéo pour vos menus, boutons et autres zones de dépôt. DVD Studio Pro 4 gère désormais des marqueurs spécifiques définis dans vos projets Motion. Ces marqueurs aident à créer des points de boucle dans un menu animé, ainsi que le point de passage d'une transition lorsque vous créez des transitions alpha. En effet, dans DVD Studio Pro 4, vous pouvez appliquer des effets de telle sorte que le passage d'un menu à un autre ne soit pas brutal, mais se fasse progressivement, comme dans un film. Une grande quantité de transitions existent par défaut, et vous pouvez créer les vôtres.

- **Compressor prend en charge l'encodage AC-3 et l'encodage distribué.** Compressor est l'utilitaire d'encodage MPEG-2 d'Apple qui, au niveau vidéo, génère des fichiers `.m2v`. En matière audio, Compressor peut encoder des ressources audio non compressées contenant de 1 à 5.1 canaux. Il gère désormais l'encodage distribué. Qu'est-ce que c'est que ce truc ? Bien. Vous savez que l'encodage, quand il n'est pas fait en temps réel par une solution matérielle très coûteuse, prend énormément de temps si vous désirez obtenir une qualité d'image exempte de tout reproche. Avec la fonction d'encodage distribué, Compressor répartit cette tâche sur plusieurs ordinateurs. Le processus d'encodage s'en trouve largement accéléré.

- **Prise en charge de formats audio DTS supplémentaires.** DVD Studio Pro 4 utilise sans problème l'audio DTS ES pouvant inclure jusqu'à 6.1 canaux, ainsi que l'audio utilisant une fréquence d'échantillonnage de 96 kHz dans une résolution audio de 24 bits.

Voilà globalement ce que sait faire de plus DVD Studio Pro 4. D'accord, me direz-vous, il sait faire ça en plus, mais que sait-il faire exactement ? Pour bien comprendre les fonctionnalités de DVD Studio Pro 4, il faut d'abord comprendre comment se déroule un projet dans ce logiciel exceptionnel.

Déroulement du travail dans DVD Studio Pro 4

Comme tout bon logiciel d'authoring qui se respecte, DVD Studio Pro 4 sait créer tous les types de DVD possibles, qu'il s'agisse de présentations d'entreprise, de supports de formation, de DVD interactifs, de vidéos événementielles, de longs métrages, de compilations de courts métrages, etc. Bien que le contenu et la structure des DVD varient, le processus de création est sensiblement toujours le même :

- Vous préparez vos données source, c'est-à-dire les vidéos, l'audio et les images fixes.
- Vous procédez à l'encodage de la vidéo et de l'audio dans un format compatible avec le DVD vidéo.
- Vous structurez les éléments dans DVD Studio Pro 4.
- Vous gravez le DVD vidéo sur un disque vierge.

Il faut envisager DVD Studio Pro comme une sorte de chef d'orchestre. Vous lui donnez des vidéos, du son, des images fixes (ou des dessins), et il va faire en sorte que tout cela soit accessible interactivement par le biais de menus dotés de boutons. Nous ne sommes pas loin de la création de pages Web. Mais DVD Studio Pro 4 donne également la possibilité de "programmer" certaines choses comme la langue d'origine, le choix d'une autre langue (pour les films doublés en plusieurs langues étrangères) ou encore l'affichage de sous-titres qui peuvent, eux aussi, être en plusieurs langues.

Pour travailler dans DVD Studio Pro 4, il faut commencer par le lancer depuis le dossier Applications du Finder. Vous arrivez dans une interface qui peut s'afficher de trois manières : Simplifiée, Intermédiaire, Avancée. Chacune correspond à un degré de connaissance du logiciel. Ainsi, lorsque vous débutez avec le programme, vous choisissez l'interface Simplifiée qui réduit au strict nécessaire l'ensemble des fenêtres et des outils dont vous avez besoin. En revanche, pour profiter pleinement de toutes les fonctionnalités, rien ne vaut l'interface Avancée, illustrée à la Figure 19.1.

TRUC

Il semble évident sur la Figure 19.1 que, pour travailler confortablement avec DVD Studio Pro, vous devez disposer d'un grand moniteur

Figure 19.1 : DVD Studio Pro 4 et son interface avancée.

et opter pour un affichage d'au moins 1 440 x 900. En dessous de cette résolution, vous n'allez pas arrêter de déplacer les fenêtres pour accéder aux éléments dont vous avez besoin.

Voici les étapes de création d'un DVD vidéo dans ce programme très fourni en fonctions :

1. **Définition de la norme du DVD et de celle de la vidéo.**

   Comme cela a été évoqué au début de ce chapitre, DVD Studio Pro permet de créer des DVD SD, c'est-à-dire standard simples ou doubles couches, ou des DVD HD, à la norme audiovisuelle NTSC ou PAL. Comme vous vivez en France ou dans un pays francophone proche de notre Hexagone, vous opterez probablement pour le PAL. En revanche, dès que vous travaillez pour un pays tel que les Etats-Unis, vous utilisez le format NTSC. Nous verrons comment y procéder un peu plus loin dans ce chapitre.

2. **Importation des ressources.**

   Vous importez dans DVD Studio Pro tout ce qui va alimenter le contenu du DVD, c'est-à-dire des vidéos, de l'audio, des graphiques et des sous-titres. Si les données importées ne sont pas compatibles avec les normes des DVD vidéo, le logiciel peut être programmé pour procéder instantanément à l'encodage avec l'encodeur intégré MPEG. (Toutefois, il est préférable d'encoder préalablement vos ressources avec Compressor avant toute importation.)

3. **Création des menus.**

   Il s'agit de la phase réelle de structuration de la navigation dans votre DVD. Elle se fait par l'intermédiaire de menus. Ces menus peuvent être créés à partir des modèles et des styles fournis avec le logiciel, ou bien à partir de vos propres graphiques, notamment créés avec Photoshop.

4. **Ajout de boutons aux menus.**

   Les boutons sont indispensables pour passer d'un menu à un autre, mais aussi pour exécuter des actions comme lancer la lecture de tel ou tel diaporama, vidéo ou encore script. Le mode d'affichage du DVD, c'est-à-dire 4:3 ou 16:9, et la norme DVD (SD ou HD) déterminent le nombre maximal de boutons dans chaque menu.

5. **Création des pistes et des diaporamas.**

   Il s'agit ici de créer les pistes vidéo et audio qui vont contenir vos films, vos sous-titres, vos bandes-son, ainsi que vos marqueurs de chapitres et vos scénarios. Que ce soit pour créer des pistes ou des diaporamas, vous pouvez procéder par glisser-déposer, et profiter d'une fonction appelée Drop Palette que nous verrons un peu plus loin.

6. **Etablissement des liens entre les divers éléments du projet.**

   Il s'agit de la phase de configuration des différents liens et actions dont dépend le fonctionnement correct du futur DVD. Par exemple, vous spécifiez ce qui se passe à l'insertion du DVD dans un lecteur de salon, où revient la tête de lecture du DVD lorsqu'une piste vient d'être entièrement lue, ou encore ce qui se passe quand l'utilisateur appuie sur la touche Menu ou Titre de sa télécommande.

7. **Simulation du DVD.**

   Dans cette procédure capitale, vous testez votre DVD en temps réel, c'est-à-dire comme si vous aviez inséré un disque dans un lecteur de salon. Vous vérifiez le fonctionnement des boutons, leurs états, et le bon fonctionnement des liens.

8. **Création et gravure du DVD.**

   Dernière phase. Voilà, le projet est gravé sur un DVD respectant les spécificités du laser rouge ou du laser bleu, et devenant ainsi compatible avec les lecteurs de DVD de salon appropriés au format du DVD créé.

Sans entrer dans les détails, car nous ne le pouvons pas, nous allons reprendre ces quelques étapes de manière à montrer le plus simplement du monde comment effectuer ces tâches dans DVD Studio Pro 4.

Création d'un DVD dans DVD Studio Pro 4

Dans cette section, nous allons reprendre pas à pas quelques-unes des étapes succinctement présentées ci-dessus. Ne soyez pas formalisé par le fait que je ne puisse pousser plus avant mes investigations dans le programme. En effet, la création d'un DVD dans ce logiciel est un peu comme un château de cartes. Il suffit d'en enlever une pour que tout s'écroule. Souhaitant éviter cela à tout prix, j'ai arbitrairement décidé de ne pas poser certaines de ces cartes pour ne pas avoir à les enlever.

La gestion d'un projet DVD Studio Pro 4 tourne autour d'une fenêtre primordiale qui se nomme Inspecteur. L'intitulé de sa barre de titre change en fonction des fenêtres actives dans l'interface. Par conséquent, et dès maintenant, ouvrez le menu Présentation et cliquez sur la commande Afficher l'inspecteur.

TRUC

Si, dans le menu Présentation, vous voyez la mention Masquer l'inspecteur en lieu et place d'Afficher l'inspecteur, c'est que ce dernier est bel et bien visible dans l'interface. Vous le verrez généralement dans le coin inférieur droit.

Définition de la norme du DVD et de la vidéo

Définir ces normes est essentiel, car un DVD vidéo doit être structuré autour d'un même format. Par conséquent, le choix d'un format de DVD se fait entre PAL et NTSC.

1. Dans l'inspecteur Disque situé dans le coin inférieur droit, cliquez sur l'onglet Général.

Comme le montre la Figure 19.2, vous accédez aux caractéristiques techniques de votre futur DVD.

Figure 19.2 : Définissez la norme de votre DVD dans l'inspecteur Disque.

2. Dans la section Standard DVD, choisissez DVD SD ou DVD HD, selon que vous créez un DVD standard ou haute définition.

Attention ! ce n'est parce que vous choisissez HD que vous pourrez graver un DVD HD. Il faut pour cela un graveur compatible avec le laser bleu, graveur non encore disponible auprès du grand public.

3. Dans la section Format vidéo, activez NTSC ou PAL.

Si vous travaillez pour le marché européen, vous devrez sélectionner PAL.

Pour définir le format vidéo par défaut que vous utilisez systématiquement, par exemple DVD SD PAL avec le français comme langue par défaut, cliquez sur DVD Studio Pro/Préférences. Dans la fenêtre homonyme, cliquez sur le bouton Projet. Dans le menu local Standard DVD, choisissez DVD SD ; dans la section Format vidéo, optez pour PAL ; et enfin, dans la liste Langue par défaut, sélectionnez français.

4. **Validez par un clic sur OK.**

Si vous désirez créer un DVD lisible sur tous les lecteurs de DVD NTSC et PAL, vous devez créer deux titres et deux versions sources. Le travail est gigantesque.

Définir la norme du DVD et de la vidéo est une chose, mais DVD Studio Pro 4 a besoin de connaître un autre élément : le support de gravure.

Spécifier le type de DVD

Par défaut, DVD Studio Pro 4 considère que vous gravez votre DVD sur un DVD 5, c'est-à-dire d'une capacité de stockage de 4,7 Go de données.

La spécification du type de DVD simple ou double couche a une forte incidence sur le calcul que fait le programme du remplissage ou non du DVD. En effet, en fonction des ressources importées, allez-vous ou non dépasser la capacité de stockage de ce DVD ?

Voici comment indiquer à DVD Studio Pro 4 que vous utilisez un DVD 5 ou un DVD 9 :

1. **Dans l'inspecteur Disque, cliquez sur l'onglet Disque/volume.**

2. **Dans la section Options de couche, choisissez Simple ou Double.**

   Simple correspond à un DVD 5, tandis que Double identifie un DVD 9.

   Vous notez également qu'il est possible d'indiquer si vous graverez sur un disque à une ou deux faces, et sur un disque de 8 ou 12 cm. En règle générale, vous graverez sur un Simple couche, une face, d'un diamètre de 12 cm.

Si vous créez un disque HD, vous avez en plus le choix entre Laser rouge et Laser bleu.

Il existe d'autres choses que vous pouvez configurer comme la région, le copyright, c'est-à-dire la protection contre la copie, et la fonction Macrovision qui empêche toute copie sur VHS d'un DVD. Vous découvrirez de nombreuses autres fonctions en achetant le programme et en vous attaquant à sa volumineuse documentation.

Importation des ressources

Dans DVD Studio Pro 4, vous devez importer des *ressources*. Ce terme peut en déboussoler plus d'un, dans l'ignorance de ce dont il s'agit.

Les ressources sont tous les fichiers multimédias qui vont définir le contenu de votre DVD vidéo :

- Le film lui-même, qui a pu être monté avec Final Cut Pro, Final Cut Express ou iMovie, voire importé depuis une autre application. En général, il sera au format DV `.mov` ou `.dv`.
- Des sons, des musiques, c'est-à-dire un ensemble d'éléments audio que vous pourrez utiliser pour l'illustration sonore de vos menus, diaporamas, arrière-plans de menus, etc.
- Des images fixes, sous forme de photos ou de graphismes, pour illustrer vos menus ou créer des diaporamas.

En d'autres termes, tout le contenu image et son du DVD est considéré comme une ressource qu'il faut importer dans DVD Studio Pro, car il est incapable de les créer, par exemple, par capture de clips vidéo ou audio.

De ce fait, deux types de ressources peuvent être importés dans DVD Studio Pro 4 : des vidéos et de l'audio compressés avec Compressor (ou autre), et qui correspondent au format MPEG-2 conforme au DVD vidéo ; des vidéos et de l'audio non encodés (c'est-à-dire non compressés), et que DVD Studio Pro 4 encodera lui-même avec son encodeur MPEG intégré. Vous devez donc configurer cet encodeur avant toute importation de ressources.

Configuration de l'encodeur MPEG intégré

Ce préalable est indispensable, car il va déterminer le niveau d'encodage des ressources qui ne sont pas conformes aux spécificités du DVD, comme les vidéos et l'audio non encodés, ainsi que les menus que vous allez créer dans le programme :

1. **Cliquez sur le menu DVD Studio Pro, puis sur Préférences.**

2. **Dans la boîte de dialogue des préférences, cliquez sur le bouton Encodage.**

3. **Pour définir les paramètres d'encodage d'un DVD SD, cliquez sur l'onglet MPEG-2 SD.**

   Vous accédez à une série d'options illustrée à la Figure 19.3.

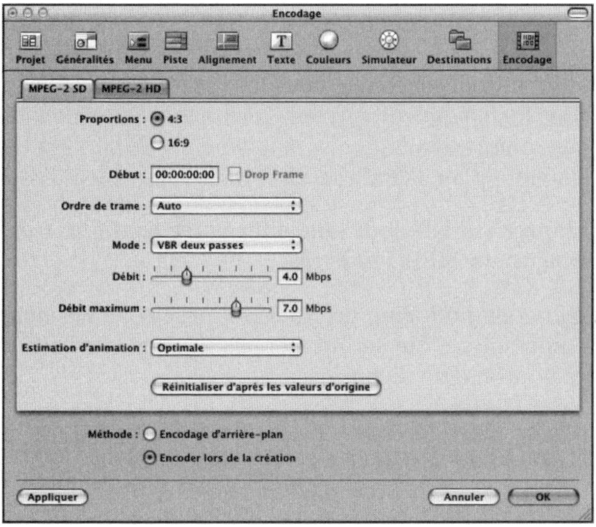

Figure 19.3 : Configurez l'encodage des ressources non conformes aux spécificités des DVD.

Fixez les proportions, c'est-à-dire 4:3 ou 16:9. Ne choisissez 16:9 que si vous êtes certain que toutes vos ressources sont au format 16:9. Dans la majorité des cas, vous créerez un DVD 4:3, car il s'affichera sans problème sur les téléviseurs standard et sur les téléviseurs 16:9 qui disposent de multiples options d'affichage du format 4:3 de manière à ne pas anamorphoser les images.

Comme ce livre n'est pas consacré à l'utilisation de DVD Studio Pro 4, et que ce chapitre n'en est qu'une présentation détaillée, vous pouvez laisser les autres options par défaut, et vous reporter au manuel d'utilisation du programme pour en connaître les tenants et les aboutissants.

4. **Dans la section Méthode, choisissez entre Encodage d'arrière-plan et Encodage lors de la création.**

   L'Encodage d'arrière-plan encode les ressources dès leur importation tout en vous laissant la possibilité de travailler dans DVD Studio Pro 4. En revanche, avec l'Encodage lors de la création, la compression des ressources ne se fait qu'une fois le projet terminé et les fichiers VIDEO_TS ou HVDVD_TS, c'est-à-dire les dossiers qui contiennent les éléments compatibles avec les lecteurs de DVD de salon, créés.

   L'intérêt de l'encodage d'arrière-plan est que, lors de la simulation de votre projet dans DVD Studio Pro, les vidéos s'afficheront telles que vous les verrez sur le DVD et non pas sous forme de leur version QuickTime. L'inconvénient est que, pour travailler convenablement pendant cet encodage d'arrière-plan, il faut disposer d'une machine puissante.

5. **Cliquez sur OK pour entériner votre configuration de l'encodeur MPEG intégré.**

Vous voici donc prêt à importer dans votre projet les éléments vidéo, audio et fixes qui seront affichés lorsque vous sélectionnerez tel ou tel bouton d'un menu.

Importer les ressources

Comme la plupart des logiciels aux fonctionnalités avancées, DVD Studio Pro 4 permet d'importer des ressources de plusieurs manières. Quelle que soit la méthode utilisée, les ressources seront traitées identiquement.

Vous pouvez importer vos ressources en passant, très logiquement, par les commandes de l'onglet Ressources, par le bouton Importer ressources de la barre d'outils, ou par glisser-déposer des éléments depuis le Finder dans l'onglet Ressources.

Pour importer depuis l'onglet Ressources :

1. **Si la fenêtre Ressources n'est pas visible, cliquez sur Fenêtre/Ressources.**

   Dans l'interface Avancée de DVD Studio Pro, la fenêtre des ressources et l'onglet correspondant sont affichés dans le coin inférieur gauche.

2. **Depuis l'onglet Ressources, effectuez une des actions suivantes :**

   - Cliquez sur le bouton Importer.
   - Effectuez un Ctrl+clic dans une portion vide de l'onglet, et choisissez Importer dans le menu contextuel.
   - Double-cliquez dans une zone vide de l'onglet Ressources.

3. **Dans tous les cas, vous ouvrez la boîte de dialogue Importer les ressources.**

   Parcourez vos disques durs pour accéder aux fichiers vidéo, audio et aux images fixes à importer dans le projet. Je rappelle que ces éléments constituent prioritairement le contenu du futur DVD. Vous choisirez donc le film QuickTime préalablement encodé ou non en MPEG-2, et les autres médias qui pourraient servir à l'habillage de vos menus pour leur donner un caractère résolument professionnel.

Pour importer avec la technique du glisser-déposer :

1. **Ouvrez le Finder.**

   Arrangez les fenêtres de telle façon que l'on puisse voir à la fois le Finder et DVD Studio Pro.

2. **Localisez le disque dur et le dossier contenant les ressources à importer.**

3. **Cliquez sur la ressource et, sans relâcher le bouton de la souris, glissez-déposez-la dans l'onglet Ressources.**

   DVD Studio Pro affiche les éléments dans l'onglet Ressources et procède à leur mise en conformité avec votre projet. Lorsque le programme doit encoder en arrière-plan une ressource, la colonne Etat de la fenêtre Ressources affiche la lettre E, et une barre de progression permet de suivre l'opération. Je répète qu'il n'est pas nécessaire d'attendre la fin de l'encodage en arrière-plan pour travailler dans DVD Studio Pro 4.

4. **Les ressources sont affichées comme à la Figure 19.4. A partir de là, vous pouvez les organiser dans des dossiers, et surtout les intégrer à votre DVD.**

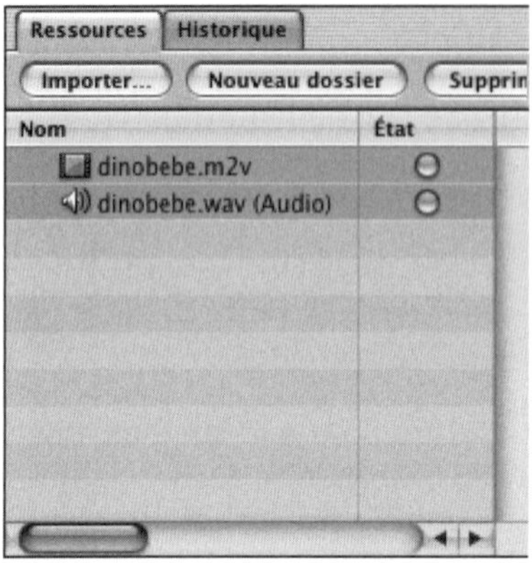

Figure 19.4 : L'ensemble des ressources importées est affiché dans l'onglet Ressources.

TRUC

Si vous importez accidentellement des ressources, ou si vous décidez de ne pas les utiliser dans le projet, cliquez dessus dans l'onglet Ressources pour les sélectionner, puis cliquez sur le bouton Supprimer.

TRUC

Lorsque vous supprimez des ressources intégrées au projet, par exemple un bouton d'un menu qui fait référence à la ressource pour en lancer la lecture, un message répertorie les ressources sélectionnées en cours d'utilisation. La suppression est impossible. Vous devez préalablement couper tout lien entre les éléments du DVD et les ressources pour pouvoir les supprimer du projet.

Les ressources peuvent devenir très lourdes à gérer, surtout dans les projets complexes multipliant les fichiers multimédias et les menus. Cette gestion est largement expliquée dans le manuel d'utilisation de DVD Studio Pro 4.

TRUC

Je vais rapidement vous parler d'une expérience personnelle. Travaillant sur Mac et PC, je dispose d'un ensemble d'encodage en temps réel sur PC qui produit des fichiers vidéo MPEG-2 au format `.m2v` et des fichiers WAV non compressés. L'avantage d'un système d'encodage en temps réel est qu'il est pris en charge par la puce de la carte d'encodage et qu'il ne dure pas plus longtemps que la ressource encodée. Ainsi, si le film dure 90 minutes, l'encodage, quel que soit le débit binaire appliqué, durera lui aussi 90 minutes. Effectuer un encodage dans Compressor d'Apple, donc sur Mac, demande beaucoup plus de temps. Ainsi, je travaille intelligemment avec un PC et un Mac. Le PC prend en charge l'encodage en temps réel. Ensuite, je grave un DVD+RW de données contenant les fichiers `.m2v` et `.wav` créés sur le PC. J'insère ce DVD dans mon Mac et copie les fichiers sur mon disque dur. Les ressources étant déjà encodées, je les importe dans DVD Studio Pro qui ne fait que les rendre conformes au projet, sans compression supplémentaire puisque les médias, à l'exception de l'audio WAV, sont conformes au DVD. Bien évidemment, si vous disposez d'un système d'encodage en temps réel sur Mac, vous évitez et l'achat d'un PC et le transfert de fichiers d'une machine à l'autre.

Dans DVD Studio Pro 4, pour utiliser des ressources, il faut créer des menus. Le menu est au cœur même d'un projet de DVD.

Création des menus

Dans cette section, je vais aller au plus simple en me basant sur un modèle prédéfini de DVD Studio Pro 4. Grâce à un modèle, vous comprendrez toutes les possibilités offertes par les menus, les boutons, les zones de dépôt et les transitions. Tout ceci peut vous paraître obscur, mais n'oubliez pas que je suis celui dont peut jaillir la lumière (Ah ! la belle prétention, ma foi !)

TRUC

DVD Studio Pro 4 permet de créer deux types de menus selon deux méthodes respectivement appelées *standard* et *par couches*. Dans la mesure où les menus utilisant des couches offrent bien moins de possibilités que la méthode standard, je n'évoquerai que cette dernière.

Créer un menu de toutes pièces est une opération assez longue et complexe qui impose de passer par un logiciel graphique comme Photoshop. Plusieurs règles sont à respecter. Le temps de les étudier manquerait à mon devoir didactique de présentation simple et claire de DVD Studio Pro 4. Donc, pour vous faciliter la vie et vous montrer la puissance du programme, nous allons appliquer un modèle de menu.

DVD Studio Pro 4 est livré avec une quantité impressionnante de modèles de menus. En l'état, vous pouvez facilement les asservir à vos besoins, et les personnaliser avec des arrière-plans vidéo ou fixes, de la musique ou des bandes-son originales, et des zones de dépôt qui sont des éléments donnant un caractère résolument professionnel au DVD.

Pour utiliser un modèle de menus dans DVD Studio Pro 4 :

1. **Dans le coin supérieur droit de l'interface, localisez la fenêtre Palette.**

   Cette fenêtre se compose des onglets Modèles, Styles, Formes, Audio, Images et Vidéo.

   En mode d'affichage Avancée, et en fonction de la résolution de votre Bureau, la fenêtre Palette risque de ne montrer qu'un nombre limité de modèles. Pour accéder aux modèles masqués, soit vous faites glisser la barre de défilement vertical, soit vous cliquez dans le coin inférieur droit de la fenêtre et vous l'agrandissez en faisant glisser le pointeur de la souris vers le bas. Vous obtenez une palette de modèles identique à celle de la Figure 19.5.

2. **Depuis l'onglet Modèles, glissez une vignette jusqu'à l'onglet Menu, et ne relâchez pas encore le bouton de la souris.**

   L'onglet Menu est en réalité la fenêtre de mise en forme de votre menu.

3. **Un menu contextuel appelé Drop Palette apparaît, comme l'illustre la Figure 19.6.**

4. **Pour profiter d'un menu bien structuré avec des boutons, déposez la vignette sur l'option "Appliquer au menu, ajouter tous les boutons", et relâchez le bouton de la souris.**

   Quelques secondes plus tard, vous avez la structure du Menu 1 dans la fenêtre Menu.

   Pour travailler plus facilement à la personnalisation des menus, vous pouvez fermer des fenêtres en cliquant sur leur bouton de fermeture. Dès que vous aurez besoin d'une fenêtre spécifique, vous l'afficherez de nouveau en l'invoquant dans le menu Fenêtre de l'interface.

Figure 19.5 : DVD Studio Pro 4 foisonne de modèles personnalisables.

Les éléments disponibles dans le menu dépendent du modèle sélectionné. Pour obtenir un menu original, je vous conseille d'en sélectionner un disposant de zones de dépôt. Elles accueilleront des images fixes ou des vidéos qui vont s'incruster sur une couche alpha du menu, apportant à la fois originalité et professionnalisme.

Les textes standard et ceux des boutons sont génériques. Vous les modifier de manière à répondre aux besoins de votre projet de DVD.

5. **Depuis la fenêtre Ressources, glissez-déposez un clip vidéo dans une des zones de dépôt comme à la Figure 19.7.**

   Dans la Drop Palette, choisissez Définir la ressource. Ainsi, la zone de dépôt ne joue que le rôle d'élément décoratif, ce qui est à l'origine même de la singularité d'un menu.

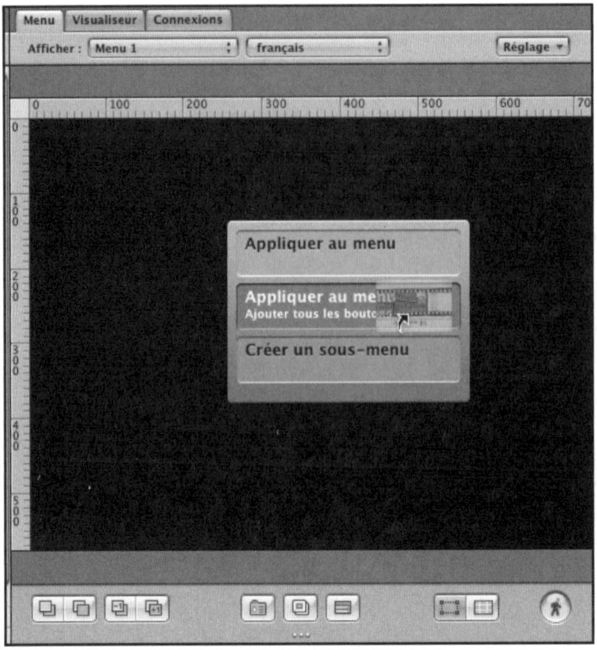

Figure 19.6 : Les Drop Palettes permettent de définir la fonction exacte du modèle.

Figure 19.7 : Les zones de dépôt s'utilisent comme dans iDVD, mais sur certains modèles les couches alpha sont particulièrement originales.

6. **Pour appliquer une vidéo comme arrière-plan du menu, glissez-déposez-la depuis l'onglet Ressources jusqu'à une portion vide du menu. Cette fois, dans la Drop Palette, choisissez Définir arrière-plan.**

TRUC

Dans DVD Studio Pro 4, vous pouvez enrichir tous les modèles d'autres zones de dépôt dont la superposition permet d'obtenir des menus très originaux. La personnalisation des menus dépend entièrement de la nature de votre DVD. Il est bien évidemment possible de créer des clips vidéo avec iMovie, Final Cut Pro ou Express, voire Motion 2, uniquement destinés à vos zones de dépôt ou à vos boutons, ou encore à l'arrière-plan du menu. Si vous utilisez un programme graphique comme Photoshop, vous pourrez également créer vos propres menus, vos propres formes, c'est-à-dire des zones de dépôt, et des boutons. Tout un univers créatif est à portée de vos doigts. Si les boutons proposés par défaut ne vous plaisent pas, il suffit de les sélectionner par un simple clic de souris, et d'appuyer sur la touche Suppr de votre clavier.

Pour ajouter de nouveaux boutons ou remplacer les boutons proposés par défaut, mais aussi pour substituer de nouvelles zones de dépôt ou en ajouter, cliquez sur l'onglet Styles de la fenêtre Palette, puis sur les boutons Zones de dépôt et Boutons. Avec la technique simple et efficace du glisser-déposer, placez les éléments de votre choix dans le modèle de menu.

TRUC

Je ne peux malheureusement indiquer que des possibilités, car l'étude complète de DVD Studio Pro 4 exigerait la rédaction d'un ouvrage entier.

Fort d'un menu et de boutons, vous devez préparer les pistes vidéo et audio vers lesquelles lesdits boutons vont envoyer la tête de lecture du lecteur de DVD.

Créer des pistes

Les *pistes* sont des éléments qui permettent au bouton de définir ce que va afficher le DVD lorsque l'utilisateur le sélectionnera et l'activera. La piste contient en fait des ressources. Vous organisez vos ressources sur des pistes vidéo et/ou audio, et chaque bouton peut renvoyer à une piste bien précise qui sera alors lue par le lecteur de DVD. Ainsi, vous aurez une piste pour le film principal et une piste pour chaque bonus.

Il est impératif de préparer soigneusement vos pistes, car ce sont elles qui vont définir ce qui se passe lorsque la lecture d'une piste est terminée. Par exemple, à la fin du film principal, que doit-on afficher ? De nouveau le menu principal ? Un autre menu, par exemple de remerciement créé spécialement pour l'occasion ? Une autre vidéo, c'est-à-dire le contenu d'une autre piste ?

Les pistes vont permettre de définir la piste des sous-titres qui ne s'affichera qu'en fonction d'une sélection effectuée dans un menu du DVD ou lorsque l'utilisateur appuiera sur la touche *sous-titre* ou *subtitle* de sa télécommande.

Les pistes permettent également de poser des marqueurs de chapitres si vous n'y avez pas procédé dans iMovie ou Final Cut Pro, ou si vous n'en avez pas suffisamment créé.

Par défaut, chaque projet DVD Studio Pro 4 dispose d'une piste. Nous allons l'utiliser pour structurer le contenu vidéo chapitré de notre DVD :

1. **Depuis l'onglet ressource, glissez-déposez un fichier vidéo sur la piste V1 de l'éditeur de piste situé dans la partie inférieure de l'interface.**

   Si le clip vidéo ainsi déposé contient de l'audio, ce média est automatiquement ajouté à la piste A1.

2. **Par la même technique, vous pouvez ajouter d'autres clips derrière celui que vous venez de poser.**

   Vous effectuez une sorte de montage de clips vidéo. Cela peut être intéressant lorsque vous créez, par exemple, un bonus enchaînant plusieurs bandes-annonces. Chaque bande-annonce étant un clip indépendant des autres, si vous les placez les uns à la suite des autres, vous assurez une continuité de lecture. Rien ne vous empêche alors de créer des marqueurs de chapitres pour permettre à l'utilisateur de passer rapidement d'une bande- annonce à une autre.

   Il peut en être de même si vous créez un DVD ne contenant que des courts métrages que vous souhaitez enchaîner comme un seul et même grand film.

3. **Pour créer un marqueur de chapitre, placez la tête de lecture à l'endroit où vous désirez créer le chapitre dans**

l'éditeur de piste, et cliquez juste au-dessus, comme à la Figure 19.8.

Figure 19.8 : Création d'un marqueur de chapitre.

Vous apprendrez à configurer les marqueurs de chapitres dans l'Inspecteur Marqueur qui s'affiche dès que vous sélectionnez un marqueur sur une piste.

4. **Pour lire le contenu d'une piste, cliquez sur le bouton Lecture/Pause de l'onglet Visualiseur.**

   Vous voyez alors exactement ce que diffusera le DVD lorsque l'utilisateur activera le bouton renvoyant à la lecture de cette piste.

Vous comprenez ainsi le principe des pistes. Si vous désirez en créer d'autres, il suffit de cliquer sur le bouton Ajouter une piste de la barre d'outils. Ainsi, de piste en piste, vous créez les différentes parties du DVD vidéo, parties auxquelles renvoient et les menus et leurs boutons.

Configuration des boutons

Par défaut, les modèles contiennent des boutons. Ces boutons présentent ce que l'on appelle des *états* : Normal, Sélectionné et Activé. Les *états* permettent de modifier la couleur d'un bouton ou de faire apparaître un élément graphique pour que l'utilisateur identifie le bouton qu'il sélectionne et celui qu'il décide d'utiliser en appuyant sur la touche Entrée ou Lecture de la télécommande de son lecteur de salon. Vous pouvez les conserver tels qu'ils sont ou les personnaliser. Vous pouvez également les supprimer et en ajouter par glisser-déposer depuis l'onglet Styles de la fenêtre Palette. Bien évidemment, en suivant une technique très précise, vous pouvez utiliser Photoshop pour créer des boutons personnalisés que vous importerez dans DVD Studio Pro 4.

Ce qui m'intéresse ici est de vous montrer comment configurer l'action d'un bouton et la transition qu'il va opérer.

Les transitions sont une des grandes forces de DVD Studio Pro 4. En règle générale, lorsqu'en lisant un DVD vidéo vous sélectionnez un bouton puis l'activez, soit il vous fait passer à un autre menu, soit il lance la lecture de la vidéo correspondante. Généralement, ce passage du menu à un autre ou à l'affichage de la vidéo s'opère brutalement. DVD Studio Pro 4 permet d'affecter des effets de transition qui vont donner beaucoup d'originalité à votre DVD.

Pour configurer un bouton :

1. **Dans l'onglet Menu qui affiche votre menu, cliquez sur un des boutons à configurer.**

   Le bouton se retrouve sélectionné, et l'Inspecteur Bouton affiche les onglets Style, Avancé, Couleurs et Transition.

2. **Dans le champ Nom, vous pouvez donner un autre nom au bouton.**

   Ce nom n'intéresse que DVD Studio Pro. Cela va permettre de s'y référer dans un script, par exemple, et de bien comprendre la structure de chaque menu lorsque vous contrôlerez toutes les connexions établies entre un bouton et vos ressources. En effet, il faut bien comprendre qu'un bouton doit toujours servir à quelque chose : lancer la lecture d'une piste, passer à un autre menu ou encore lancer un script, voire sélectionner une piste audio et/ou de sous-titre.

3. **Dans le menu local Cible, sélectionnez l'élément qui sera affiché lorsque l'utilisateur activera ce bouton.**

   On peut par exemple, comme à la Figure 19.9, spécifier intuitivement que le bouton affichera le Menu 2 avec sélection de son Bouton 1.

4. **Dans le champ Texte, sélectionnez le texte par défaut et saisissez celui qui s'affichera soit en tant que bouton lui-même, soit en tant que texte accompagnant le bouton.**

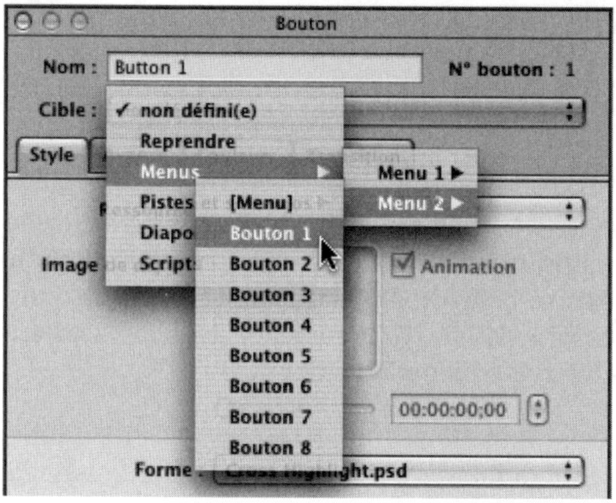

Figure 19.9 : Un bouton doit toujours cibler quelque chose sinon il ne sert à rien.

Ce texte du bouton est important, car il permet à l'utilisateur de savoir vers quelle partie du DVD il va naviguer. Par exemple, pour accéder au menu Bonus, nommez Bonus le bouton de navigation correspondant.

Comme je l'expliquais quelques lignes plus haut, la plupart des DVD affichent brutalement le nouveau menu. Avec DVD Studio Pro 4, vous pouvez assigner une transition au bouton de manière à passer progressivement d'un menu à un autre. Voici comment procéder :

5. **Cliquez sur l'onglet Transition.**

   Par défaut, la transition est dite Identique au menu. Si aucune transition n'est prévue pour ce menu, l'Inspecteur indique Pas applicable. En d'autres termes, le bouton ne lance aucun effet de transition pour passer d'un menu à un autre, ou pour visionner le contenu d'une piste.

6. **Cliquez sur la liste Transition.**

   Vous affichez un nombre impressionnant de transitions prédéfinies.

Comme les transitions et la création de vos propres transitions vidéo demanderaient une étude très approfondie, je suis aussi frustré que vous de me limiter à la simple utilisation d'une transition par défaut. Toutefois, vous verrez que ce n'est déjà pas si mal.

7. **Dans la liste, choisissez par exemple Cube.**

   L'Inspecteur affiche toutes les options permettant de paramétrer cette transition. Faites des tests en modifiant les réglages par défaut et en cliquant sur le bouton Preview.

L'utilisation des transitions est une fonction très puissante du programme. Les possibilités sont infinies, d'autant que vous pouvez créer vos propres transitions alpha qui sont identifiées par le signe α dans la liste des transitions. Grâce à elles, les transitions se font par le biais d'une courte séquence vidéo.

Ainsi, de menu en menu et de bouton en piste, vous définissez le contenu du DVD et la manière dont va s'effectuer la navigation. Lorsque vos ressources sont prêtes et que tous vos boutons sont définis avec leur cible et leur transition, il faut simuler le DVD avant de le graver. Cette phase de simulation permettra de vérifier le bon fonctionnement des boutons et des transitions, de voir si à la fin d'une piste le DVD affiche le bon élément (par exemple un menu bien précis), et de vérifier ce qui se passe lorsque l'utilisateur appuie sur les touches Menu, Titre (Title) ou Retour (Return) de sa télécommande.

TRUC

Les fonctions de programmation des actions de l'utilisateur sont assez complexes à présenter en quelques lignes. Aussi, m'abstiendré-je. Sachez cependant qu'en fonction de la ressource affichée, c'est-à-dire de la piste, chaque bouton peut avoir une action différente. Ainsi, le bouton Menu pourra être programmé de telle sorte que l'utilisateur revienne au menu où il a sélectionné le bouton affichant la piste, et le bouton Titre renverra, par exemple, systématiquement au menu principal du DVD.

Simulation du DVD

Pour simuler le DVD :

1. **Cliquez sur le bouton Simuler de la barre d'outils.**

   Le Simulateur apparaît, comme à la Figure 19.10.

2. **Utilisez les boutons de la télécommande virtuelle pour effectuer toutes les opérations que pourra lancer l'utilisateur avec la télécommande de son lecteur de salon.**

Figure 19.10 : Le Simulateur permet de tester le DVD tel qu'il sera gravé.

TRUC

L'affichage principal montre les menus, et diffuse le contenu des pistes en fonction du bouton sélectionné puis activé. Vous pouvez également agir directement sur le menu ainsi affiché en plaçant le pointeur de la souris sur les éléments susceptibles de déclencher une action.

3. **Si vous avez suivi notre exemple, choisissez le bouton Bouton un, et cliquez soit directement dessus, soit sur le bouton enter de la télécommande.**

   Comme le bouton 1 renvoie à un menu, l'effet de transition se déclenche, et le nouveau menu fait son apparition.

TRUC

Notez que sur tout ce qui n'est pas PowerMac, vous risquez de voir parfois des vidéos saccadées. Cela tient au fait que le processeur n'est pas assez puissant pour simuler les images en temps réel. Rassurez-vous, il n'en sera rien sur le DVD.

Dès que la simulation vous convient, vous pouvez passer à la phase de gravure.

Gravure du DVD

La gravure directe sur DVD n'est qu'une des options de gravure de DVD Studio Pro 4. En effet, lorsqu'un projet est terminé, DVD Studio Pro permet les quatre choses suivantes :

- Graver.
- Créer.
- Formater.
- Créer et formater.

La *gravure* nécessite simplement d'insérer un DVD vierge dans le graveur. A partir de là, DVD Studio Pro 4 encode les dernières ressources à convertir, structure le DVD, et en lance la gravure. Au final, vous obtenez un DVD vidéo lisible dans votre lecteur de salon.

La *création* ne fait que créer le dossier VIDEO_TS ou HVDVD_TS. Ce dossier sera stocké à l'emplacement que vous spécifiez sur votre disque dur.

Le *formatage* nécessite qu'un dossier VIDEO_TS ou HVDVD_TS existe déjà. Cette fonction sert principalement à l'enregistrement d'un disque ou d'une bande DLT.

La *création et le formatage* combine les deux opérations précédentes. Il y a création d'un dossier VIDEO_TS ou HVDVD_TS qui est ensuite gravé sur DVD ou enregistré sur bande DLT.

Pour graver simplement un DVD :

1. **Cliquez sur le bouton Graver de la boîte à outils.**

   Une autre méthode consiste à sélectionner Fichier/Graver.

2. **DVD Studio Pro 4 vous demande alors d'insérer un DVD inscriptible. Procédez-y !**

   TRUC

   Si le disque inséré est de type RW contenant des données, DVD Studio Pro affiche un message avertissant de l'effacement du disque, donc de la perte de son contenu. Si vous êtes sûr de vous, cliquez sur Continuer ; sinon, cliquez sur Annuler et répétez l'opération en insérant cette fois un disque vraiment vierge.

3. **DVD Studio Pro lance la procédure.**

   Il effectue le rendu des menus, et éventuellement des ressources qui ne sont pas encore en MPEG-2.

La durée de l'opération dépend de la quantité de menus, de boutons, de zones de dépôt, de transitions et de durée vidéo, ainsi que de la puissance de votre Mac.

A la fin de cette première phase, DVD Studio Pro 4 entame le multiplexage des pistes, c'est-à-dire l'association des flux audio et vidéo des pistes, puis le formatage éventuel du disque s'il contient des données, et enfin la gravure.

4. **A la fin de la gravure, un message atteste de sa réussite et le disque est éjecté.**

5. **Insérez le DVD dans un lecteur de salon.**

Voilà ! Ainsi se termine une étude succincte de l'authoring DVD professionnel réalisé avec DVD Studio Pro 4, et dans le même temps celle de la gravure des DVD sur PC et Macintosh. Mais je sais que les irréductibles lecteurs de la collection *pour les nuls* vont se ruer sur la dernière partie de ce livre, c'est-à-dire "Les dix commandements".

Sixième partie

Les dix commandements

"Il paraît que ça marche très bien, tu insères un DVD dans la trappe, tu appuies sur graver et le tour est joué !"

Dans cette partie...

Un ouvrage *pour les nuls* se reconnaît, entre autres, à ses fameux dix commandements, c'est-à-dire une série de rappels, de conseils et/ou d'astuces qu'il est bon de consulter régulièrement. Dans le cours de l'unique chapitre de cette partie, je vous rappelle quelques notions essentielles de la gravure des DVD, pour vous éviter de commettre quelques impairs et pour faire tomber certains lieux communs.

Chapitre 20

Dix thèses et antithèses

Dans ce chapitre :

- Graveur de CD vs graveur de DVD.
- Enregistreur de salon vs graveur de DVD-ROM.
- Graveur de DVD et DVD vierges.
- Gravure de DVD Lightscribe.
- Gravure sans logiciel.
- Gravure des DVD DL.
- DVD 5 et DVD 9.
- Transfert vidéo sur DVD.
- Graver des DVD vidéo.
- Limitation à 120 mn de vidéo.

J'ai un graveur de CD, donc un graveur de DVD ne me sert à rien

Vrai et faux. Là, tout dépend de vos besoins en capacité de stockage et en gravure de DVD vidéo. Avec un graveur de CD, vous êtes limité à la lecture et à la gravure de CD d'une capacité allant de 650 à 900 Mo. Le CD peut contenir des données, de l'audio et de la vidéo sous forme d'un VCD, S-VCD ou miniDVD. En revanche, vous ne pourrez lire et graver des DVD que si vous possédez un graveur de DVD. De plus, ce type de graveur prend également en charge les CD. Par conséquent, la polyvalence d'un graveur de DVD est nettement supérieure à celle d'un graveur de CD. Ajoutez à cela une capacité de stockage 7 fois supérieure à celle d'un CD pour les DVD simples couches et 14 fois pour les DVD doubles couches.

Un enregistreur équivaut à un graveur de DVD-ROM

Faux ! Il est impératif de bien comprendre la différence entre les deux. Un graveur de DVD-ROM s'installe dans un ordinateur ou s'y connecte en externe par le biais d'un port FireWire ou USB. Il est capable de graver des DVD de données et des DVD vidéo. L'enregistreur quant à lui doit être envisagé comme un magnétoscope capable d'enregistrer sur des DVD vierges et/ou sur disque dur vos émissions de télévision préférées, le contenu d'une cassette MiniDV en raccordant le caméscope à une prise iLink, voire S-VHS ou Composite de l'appareil. Certains enregistreurs sont équipés d'un lecteur de carte mémoire d'appareil photo numérique permettant alors de graver directement leur contenu sur DVD vidéo, ou de les copier sur le disque dur pour les graver ultérieurement sur DVD. Si un graveur de DVD-ROM sait graver et lire des DVD de données et des DVD vidéo avec les logiciels appropriés, l'enregistreur de salon est incapable de lire le contenu d'un DVD de données. D'ailleurs, que pourrait-il bien en faire ?

Un graveur de DVD-ROM accepte tous les types de DVD vierges

Faux ! Ici, tout est question de compatibilité du graveur et des DVD eux-mêmes. Ainsi, lorsque vous achetez un graveur dont les spécifications techniques précisent, par exemple, DVD +R/-R et DVD +RW/-RW, vous devez impérativement utiliser les DVD vierges de ce type, c'est-à-dire inscriptibles +R ou -R et réinscriptibles +RW ou -RW. Idem pour la vitesse de gravure. Un graveur 16x peut a priori graver à toutes les vitesses, c'est-à-dire que si vous utilisez un DVD vierge 8x le graveur 16x le gravera à la vitesse de 8x. En revanche, un graveur 8x ne pourra pas graver un DVD vierge 16x à la vitesse de 16x, puisqu'il est limité par une vitesse de 8x. Dans ce cas, peut-il le graver en 8x ? Oui, mais si et seulement si le DVD vierge 16x est compatible avec les graveurs de vitesse inférieure. Donc, lorsque vous achetez des DVD vierges, vérifiez toujours leur compatibilité avec la vitesse maximale de gravure de votre graveur de DVD-ROM.

Les DVD vierges Lightscribe ne peuvent être gravés que par un graveur compatible Lightscribe

Vrai et faux. C'est faux dans la mesure où la surface de gravure des données peut-être gravée par n'importe quel graveur de DVD-ROM, voire par un enregistreur de salon. En revanche, c'est vrai car la face imprimable d'un DVD Lightscribe ne peut être gravée que par un graveur Lightscribe. Je rappelle que la surface imprimable est celle où vous avez l'habitude d'identifier vos DVD en y écrivant avec un marqueur spécial ou en y collant une étiquette. La gravure sur cette surface imprimable se fait uniquement en monochrome avec un graveur de DVD de type Lightscribe.

Dès que mon graveur est installé, je peux graver des données et des DVD vidéo

Faux ! Un graveur seul ne sert à rien, sauf à lire le contenu de DVD de données déjà enregistrés. Pour graver, vous avez besoin d'un logiciel de gravure. Généralement, ce logiciel est fourni avec votre graveur de DVD. Toutefois, certains sites Web vendent des graveurs à très bas prix mais sans logiciel de gravure. Les logiciels de gravure les plus complets, comme Nero 6 Reloaded et Roxio Easy Media Creator 7.5 sur PC et Toast 7 Titanium sur Mac, savent aussi bien graver des DVD de données que des DVD vidéo.

Je peux effacer et regraver un DVD double couche

Faux ! Pour le moment, la technologie du DVD double couche se limite uniquement à l'écriture. De facto, vous ne trouvez sur le marché que des DVD doubles couches de type +R ou -R. Ici, l'erreur n'est pas de mise, et surtout pas recommandée pour votre porte-monnaie. En effet, les DVD DL, *dual layer* ou *double couche*, coûtent assez cher, c'est-à-dire plus que le prix de deux DVD vierges simples couches. Donc, pour archiver des données, il est préférable d'utiliser deux DVD simples couches qu'un seul DVD double couche. En revanche, pour obtenir 240 mn de vidéo en bonne qualité, vous serez obligé d'utiliser des DVD doubles couches.

Les DVD 5 et les DVD 9 sont des DVD bien spécifiques

Faux ! DVD 5 et DVD 9 sont les deux autres noms d'identification des DVD simples et doubles couches. Toutefois, on utilise plutôt ces noms pour les DVD vidéo enregistrés. Ainsi, lorsque sur la jaquette d'un DVD vidéo vous lisez DVD 5, vous savez que vous êtes en présence d'un DVD simple couche, c'est-à-dire d'une capacité de stockage de 4,7 Go. Lorsque, sur cette même jaquette, vous lisez DVD 9, cela indique que vous avez entre les mains un DVD double couche, c'est-à-dire d'une capacité de stockage de 8,5 Go.

Je peux transférer le contenu de mes cassettes vidéo sur DVD sans matériel spécial

Faux ! Pour effectuer le transfert du contenu d'une cassette vidéo sur un DVD vidéo, il faut préalablement raccorder le caméscope ou le magnétoscope à l'ordinateur. Avec un programme spécial, l'ordinateur sera capable de capturer le contenu de votre cassette que vous graverez ensuite sur votre DVD. Ainsi, pour graver une cassette MiniDV, Digital8 ou MicroMV sur DVD, vous devez raccorder le caméscope à une prise FireWire de votre ordinateur. Les PC n'en sont pas systématiquement équipés. Dans ce cas, vous devez investir dans une carte FireWire de type PCI. En revanche, si vous possédez un ordinateur Mac, vous disposez de tout ce qu'il faut pour réaliser ce transfert : prise FireWire, plus le logiciel de montage virtuel iMovie qui prendra en charge la capture des images de votre cassette numérique, et ensuite le programme iDVD qui assurera l'encodage MPEG-2 de la vidéo capturée et sa gravure sous forme d'un DVD vidéo. En revanche, que ce soit sur PC ou sur Mac, le transfert d'une cassette VHS sur un DVD vidéo exige l'utilisation d'un convertisseur analogique-numérique, interne ou externe. Dans la plupart des cas, il s'agit d'un boîtier externe qui se connecte soit à un port USB 2.0, soit à un port FireWire. Ce boîtier est équipé d'entrées et de sorties analogiques vidéo et audio permettant de raccorder une prise péritel sortant d'un magnétoscope. Ainsi, les images VHS entrent dans le boîtier, sont converties en images numériques qui elles-mêmes sont alors enregistrées sur le disque dur de votre ordinateur. Souvent, lors de l'acquisition, c'est-à-dire de l'enregistrement sur le disque dur de l'ordinateur, la vidéo est encodée en MPEG-2 de manière à pouvoir être immédiatement gravée sur un DVD vidéo.

Je ne peux graver un DVD vidéo que sur un type de DVD spécial

Faux ! Sauf mention expresse sur l'emballage des DVD, n'importe quel DVD vierge peut produire un DVD de données ou un DVD vidéo. La différence de gravure n'est qu'une question de logiciel. Toutefois, pour éviter tout problème, achetez des DVD sur l'emballage desquels sont indiquées les mentions Data et Video (données et vidéo), ou 4,7 Go 120 mn pour les DVD simples couches et 8,5 Go 240 mn pour les DVD doubles couches. Vous êtes alors certain de pouvoir y graver indifféremment des données ou de la vidéo.

Je ne peux graver que 120 mn de vidéo sur un DVD

Faux ! Ce n'est pas parce que l'emballage indique 120 mn Video que vous êtes limité à cette durée. En matière de DVD vidéo, tout est une question de niveau d'encodage des images, c'est-à-dire de l'application d'un débit binaire exprimé en kilo-octets par seconde. Plus le débit binaire est élevé, par exemple 8 000 kbps, moins la vidéo est encodée. Il en résulte une excellente image, mais pour une durée vidéo plus faible. Dans certains cas, vous ne pourrez même graver que 60 minutes de vidéo sur un DVD simple couche. Vous disposerez alors de ce que l'on appelle la *pleine qualité DVD*. En revanche, plus vous abaissez le débit binaire, plus vous compressez les images, donc plus vous en faites tenir sur un DVD. Dans ce cas, vous pouvez dépasser sans problème les 120 mn de vidéo, sachant alors que les images risquent d'être considérablement dégradées. Pourquoi les emballages de DVD indiquent-ils 120 mn Video pour les DVD simples couches et 240 mn pour les doubles couches ? Tout simplement parce qu'il s'agit de la durée maximale pour obtenir un DVD vidéo conservant une bonne qualité d'image. Je dirai que jusqu'à cette limite de 120 minutes vous aurez du mal à percevoir la différence entre la vidéo d'origine et sa copie sur DVD. Au-delà, vous prenez vos responsabilités. Faites des essais sur des DVD réinscriptibles (DVD -RW/+RW, voire RAM). Si la qualité ne vous convient pas, il sera toujours possible d'effacer ces DVD, et de procéder à un nouvel encodage vidéo avec un débit binaire plus élevé.

Index

D

E

F

G

H

I

S

T

U

V

Y